中国民族统计年鉴 2021

CHINA'S ETHNIC STATISTICAL YEARBOOK 2021

国家民族事务委员会经济发展司
国家统计局国民经济综合统计司 编

中国统计出版社
China Statistics Press

重大选题备案号：国新出审〔2023〕1067号

图书在版编目（CIP）数据

中国民族统计年鉴. 2021 = China’s Ethnic Statistical Yearbook 2021 / 国家民族事务委员会经济发展司, 国家统计局国民经济综合统计司编. -- 北京 : 中国统计出版社, 2023.8
ISBN 978-7-5230-0137-0

Ⅰ. ①中… Ⅱ. ①国… ②国… Ⅲ. ①民族地区－统计资料－中国－2021－年鉴 Ⅳ. ①D633-66

中国国家版本馆 CIP 数据核字(2023)第 095552 号

中国民族统计年鉴—2021

作　　者/国家民族事务委员会经济发展司　国家统计局国民经济综合统计司
责任编辑/郭　栋
封面设计/李雪燕
出版发行/中国统计出版社有限公司
通信地址/北京市丰台区西三环南路甲 6 号　邮政编码/100073
出版电话/邮购（010）63376907　书店（010）68783172
网　　址/http://www.zgtjcbs.com
印　　刷/河北鑫兆源印刷有限公司
经　　销/新华书店
开　　本/880×1230mm　1/16
印　　张/45.5
字　　数/1400 千字
版　　别/2023 年 8 月第 1 版
版　　次/2023 年 8 月第 1 次印刷
定　　价/360.00 元

《中国民族统计年鉴—2021》

编辑委员会名单

地方民委系统

王　斌　北京市民族宗教事务委员会副主任
元绍峰　天津市民族和宗教事务委员会副主任
范战考　河北省民族事务委员会一级巡视员
刘国庆　山西省民族事务委员会主任
云国盛　内蒙古自治区民族事务委员会副主任
林　娜　辽宁省民族和宗教事务委员会副主任
孟庆东　吉林省民族事务委员会副主任
王玉升　黑龙江省民族宗教事务委员会主任
王　钰　上海市民族和宗教事务局局长
邓　飞　江苏省民族宗教事务委员会副主任
金　伟　浙江省民族宗教事务委员会副主任
陆友勤　安徽省民族事务委员会主任
兰明尚　福建省民族与宗教事务厅厅长
廖　敏　江西省民族宗教事务局副局长
马　辉　山东省民族宗教事务委员会副主任
郭瑞疆　河南省民族宗教事务委员会副主任
吴红娅　湖北省民族宗教事务委员会一级巡视员
胡建新　湖南省民族宗教事务委员会副主任
叶民文　广东省民族宗教事务委员会二级巡视员
杨启标　广西壮族自治区民族宗教事务委员会副主任
黎梁东　海南省民族宗教事务委员会副主任
丁时勇　重庆市民族宗教事务委员会主任
刘向鸿　四川省民族宗教事务委员会副主任
王泉松　贵州省民族宗教事务委员会副主任
丹　业　云南省民族宗教事务委员会副主任
尼玛多吉　西藏自治区民族事务委员会主任
王晓斐　陕西省民族宗教事务委员会副主任
赵凌云　甘肃省民族事务委员会主任
马志敏　青海省民族宗教事务委员会副主任
陈建龙　宁夏回族自治区民族事务委员会主任
牙合甫·排都拉　新疆维吾尔自治区民族事务委员会副主任
李　毅　新疆生产建设兵团民族宗教事务局局长

《中国民族统计年鉴—2021》
编辑工作人员名单

编辑部主任	陈传康				
编辑部副主任	万晓璐				
责任编辑	马 帅 侯 运				
特约编辑	北 京	刘 刚	丁希松	天 津	冯振攀	刘佩年
	河 北	张 伟	陈泽辉	山 西	王一伶	解全东
	内蒙古	李日树	陈 平	辽 宁	赵经纬	赵 瑞
	吉 林	孟祥超	田永亮	黑龙江	张泽坤	倪晓岩
	上 海	何赛杰	杜宇平	江 苏	洪 静	鲍蜀生
	浙 江	潘 晶	潘友明	安 徽	吴柏林	陆友勤
	福 建	赖龙娣	李 瑛	江 西	杨贻茂	王希贤
	山 东	刘朝阳	罗 军	河 南	王 霞	余德海
	湖 北	陈燕辉	刘 来	湖 南	黄 淼	唐志兵
	广 东	余森河	叶民文	广 西	翚 丽	覃凤前
	海 南	韦公宁	王 践	重 庆	谢婧灵	向远道
	四 川	杨成凯	滕明兵	贵 州	张发刚	吴继堂
	云 南	易永红	陈新华	西 藏	洛桑群佩	尼玛多吉
	陕 西	姚 媛	王晓斐	甘 肃	孔庆斌	魏兰兰
	青 海	王姿琪	孙 勇	宁 夏	金晓玲	马汉功
	新 疆	任 波	买合木提·吾斯曼			
	新疆生产建设兵团		田惠敏	李卫强		

编者说明

一、由国家民族事务委员会主办的《中国民族统计年鉴》，是一部全面反映全国少数民族和民族自治地方国民经济社会发展情况的统计资料工具书。

二、本书由“综述篇”“统计资料篇”“附录”共3部分组成。

1.综述篇。分“民族自治地方发展综述”“民族乡发展综述”等类目，收录了2020年全国、各省（自治区、直辖市）民族自治地方和民族乡经济社会发展情况的综合性文稿。

2.统计资料篇。分“民族自治地方”“陆地边境县”“牧区半牧区县”“民族乡”“全国少数民族发展情况”“其他资料”等6部分。涉及到的全国性统计数据均不包括台湾省和香港特别行政区、澳门特别行政区的资料。统计资料主要来源于国家政府主管部门、各级统计和民族工作部门。部分数据合计数或相对数由于单位取舍不同而产生的计算误差均未作机械调整。全部统计资料均经国民经济综合统计司审核。

3.附录。包括相关行政区划名单，以及历史、文化、旅游、文学、体育等相关内容。

目 录

综述篇

民族自治地方发展综述

民族乡发展综述

统计资料篇

民族自治地方

一、行政区划

二、综合

三、人口

四、财政

五、人民生活

六、城市概况

十三、旅游

十四、金融

十五、教育和科技

十六、文化和出版

牧区半牧区县

附　　录

综述篇

分“民族自治地方发展综述”“民族乡发展综述”2类目，收录了2020年全国、各省区市民族自治地方、民族乡经济社会发展情况的综合性文稿。

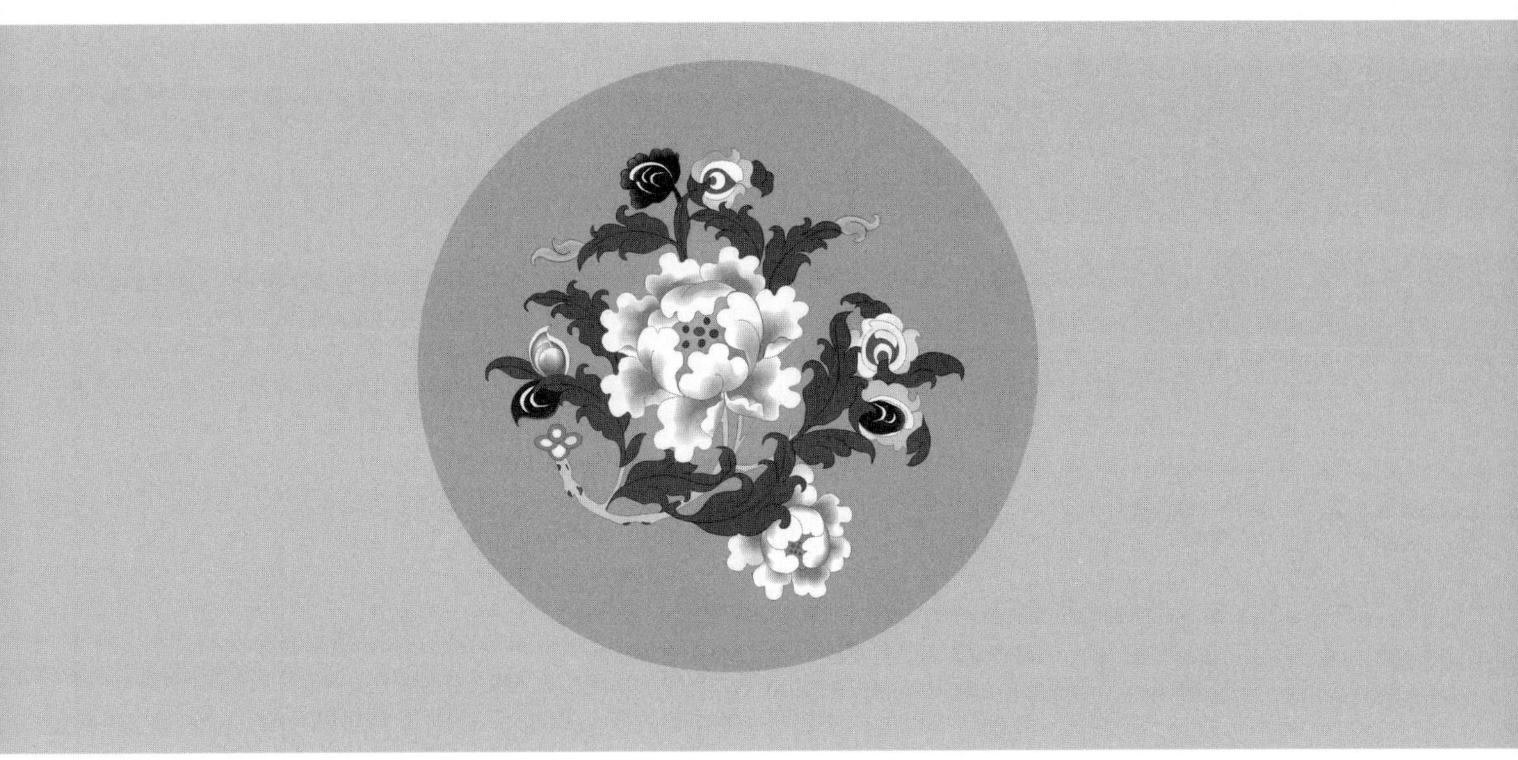

民族自治地方
发展综述

全国民族自治地方经济社会发展综述

2020 年，面对严峻复杂的国际形势和新冠肺炎疫情的严重冲击，在党中央和国务院的正确领导下，民族自治地方各族干部群众坚持以习近平新时代中国特色社会主义思想为指导，按照党中央、国务院决策部署，统筹疫情防控和经济社会发展，扎实做好“六稳”工作，全面落实“六保”任务，推动经济运行逐步恢复常态。

一、经济发展情况

（一）地区生产总值增速企稳

2020 年，民族自治地方地区生产总值 86925 亿元，按可比价格计算，同比（下同）增长 2.3%，与全国平均水平持平。其中，第一产业增加值完成 13747 亿元，增长 4.0%，高于全国 1.0 个百分点；第二产业增加值完成 29464 亿元，增长 2.7%，高于全国 0.1 个百分点；第三产业增加值完成 43714 亿元，增长 1.5%，低于全国 0.6 个百分点。三次产业占比为 15.8%：33.9%：50.3%，第三产业占比连续 2 年超过 50%。

（二）农业生产持续稳定

2020 年，民族自治地方农林牧渔业总产值 24260 亿元，增长 11.7%。农畜产品总产量总体平稳，全年粮食产量 10637 万吨，棉花产量 516 万吨，油料产量 550 万吨。大牲畜、羊、猪年末存栏头（只）数分别为 5213 万头、15893 万只和 6123 万只，分别占全国总量的 50.8%、51.8%和 15.1%。

（三）工业建筑业生产平稳发展

2020 年，民族自治地方规模以上工业企业资产总计 11.6 万亿元，增长 8.4%，共实现营业收入 6.0 万亿元，利润总额达 4349 亿元。工业产品产量保持稳定，其中原盐 1049 万吨，成品糖 1024 万吨，天然气 396 亿立方米，发电量 1.9 万亿千瓦时，粗钢 9687 万吨，水泥 3.7 亿吨。建筑业总产值完成 13940 亿元，增长 6.2%。施工房屋面积、竣工房屋面积分别为 61322 万平方米、19101 万平方米，分别增长 6.0%、7.6%。

（四）对内对外贸易回暖

2020 年，民族自治地方消费市场活力逐步回升，全年社会消费品零售总额完成 25961 亿元。全年进出口贸易总额完成 9392 亿人民币，其中出口 5243 亿元，进口 4149 亿元。

（五）运输邮电较快增长

2020 年，民族自治地方铁路运营里程 3.6 万公里，增长 5.5%；公路线路里程达到 141 万公里，增长 8.5%。铁路和公路客运量 13.1 万人，货运量 63.5 万吨。邮政业务总量 507 亿元，电信业务总量 14701 亿元，分别增长 26.5%和 51.0%。互联网宽带接入用户 5458 万户，增长 18.1%。

（六）财政金融运行健康平稳

2020 年，民族自治地方财政收支保持平稳。全年完成地方一般公共财政预算收入 7750 亿元，下降 1.8%；地方一般公共财政预算支出 31255 亿元，增长 5.1%。金融机构各项存款年末余额 13.3 万亿元，贷款余额 12.1 万亿元，分别增长 9.5%、12.4%。

（七）城乡居民收入稳定增长

2020 年，民族自治地方城乡居民收入稳定增长，人民生活持续明显改善。城镇居民人均可支配收入为 35987 元，增长 2.6%；农村居民人均可支配收入为 13806 元，增长 7.6%，增速高于全国平均 0.7 个百分点。

二、社会事业发展情况

（一）科研技术水平稳步提升

2020 年，民族自治地方研究与开发机构及情报文献机构 848 个，从业人员 5.6 万人，从事科技活动人员 4.2 万人。科技活动经费收入 1445.9 亿元，科技活动经费支出 1257.0 亿元。拥有有效发明专利总数 3874 件，专利申请数 2672 件，专利授权数 2248 件，发表科技论文 12245 篇，出版科技著作 483 种。

（二）教育资源均衡得到进一步保障

2020 年，民族自治地方共有普通高等院校 271

所，在校本、专科生 279.8 万人，专任教师数 13.7 万人。普通高中 2030 所，在校学生 377.5 万人，专任教师数 26.9 万人。初中 6704 所，在校学生数 730.8 万人，专任教师数 54.1 万人。普通小学 30146 所，在校学生 1621.5 万人，专任教师数 98.7 万人。

（三）文化艺术事业繁荣发展

2020 年，民族自治地方有各种艺术表演团体 1319 个，公共图书馆 762 个，文化馆 789 个，博物馆 718 个。全年图书、杂志、报纸印数分别为 7.1 亿册、0.6 亿册、15.3 亿份。共有广播电视机构 713 个。广播综合人口覆盖率 98.3%，电视人口综合覆盖率 99.0%。

（四）卫生医疗条件不断改善

2020 年，民族自治地方卫生医疗事业进一步发展，卫生医疗条件进一步改善。共有卫生机构（其中包括医院、基层医疗卫生机构、专业公共卫生机构）5.7 万个，增长 2.7%；卫生机构床位 112.6 万张，增长 2.6%；卫生技术人员 127.1 万人，增长 5.8%。

（撰稿：马帅　审稿：陈传康）

河北省

2020 年，河北省委、省政府坚持以习近平新时代中国特色社会主义思想为指导，深入学习领会党的十九届五中全会和全国民委主任会议精神，认真贯彻落实习近平总书记关于加强和改进民族工作的重要思想，坚持以铸牢中华民族共同体意识为主线，强化担当、主动作为、攻坚克难，持续深化供给侧结构性改革，统筹抓好民族自治地方改革、发展、稳定各项工作，扎实推进民族团结进步事业创新发展，坚决维护民族领域和谐稳定，为民族自治地方加快脱贫攻坚步伐，与全省如期同步实现全面小康奠定了坚实基础。

一、基本情况

河北省共有 6 个自治县（丰宁满族自治县、围场满族蒙古族自治县、宽城满族自治县、青龙满族自治县、大厂回族自治县、孟村回族自治县），行政区域面积 23993.7 平方公里，占河北省总面积的 12.71%；总人口 2129407 人，其中城镇人口 599206 人、乡村人口 1530201 人；共有少数民族人口 1361596 人，占 6 个县总人口的 63.94%；共有 61 个乡、52 个镇、6 个街道办事处，61 个居民委员会、1453 个村民委员会。

二、经济实现较快增长，但仍面临不少困难

民族自治地方实现地区生产总值 845.17 亿元，较上年增长 5.72%，高于全省平均增速 1.82 个百分点。其中大厂回族自治县经济总量最大，达 175.94 亿元；经济总量最小的是孟村回族自治县，为 90.01 亿元。分产业看，第一产业增加值 179.71 亿元，较上年增长 10.17%；第二产业增加值 244.05 亿元，较上年增长 3.28%；第三产业增加值 421.42 亿元，较上年增长 5.35%。人均地区生产总值 43187 元，较上年增长 6.1%。第一、二、三产业增加值与 2019 年相比，均呈现较快增长势头。但经济发展中仍然面临诸多问题，经济总量仍然偏低，发展水平相对滞后，基础设施和公共服务水平仍有不小差距；贫困自治县虽然已全部退出国家和省级扶贫开发重点县行列，但经济基础仍然较为薄弱。

三、农业基本保持平稳

民族自治地方农林牧渔业总产值 293.72 亿元，按可比价计算，较上年增长 10.5%。其中农业产值 140.8 亿元，增长 6.5%；林业产值 30.66 亿元，增长 33.3%；牧业产值 111.59 亿元，增长 18.5%；渔业产值 0.67 亿元，减少 18.3%。农作物播种面积 252.99 千公顷，较上年减少 5.75 千公顷，其中粮食播种面积 207.59 千公顷，油料播种面积 9.29 千公顷。全年粮食产量 101.55 万吨，较上年增长 7.57%；油料产量 2.17 万吨，较上年减少 4.4%；水果产量 51.3 万吨，较上年增长 5.14%。畜牧业生产方面，大牲畜存栏 41.86 万头，较上年增长 8.95%；出栏 41.74 万

头，较上年增长 62.73%；猪存栏 46.65 万头，较上年增长 15.99%；出栏 82.82 万头，较上年下降 3.5%；羊存栏 87.27 万头、出栏 131.55 万头，分别较上年增长 30.47%和 5.6%；奶类产量 9.73 万吨，较上年增长 12.75%。

四、工业和建筑业发展持续回升

民族自治地方规模以上企业 286 家，较上年增加 22 家，资产总计 1172.7 亿元，较上年增长 30.3%；主营业务收入 765.84 亿元，较上年增长 13.8%；利润总额 62.08 亿元，较上年增长 61.92%。全年建筑业总产值 48.76 亿元，较上年增长 12.56%；增加值 48.85 亿元，较上年增长 8.48%。房屋施工面积 160.63 万平方米，较上年下降 16.4%；竣工面积 104.71 万平方米，较上年增长 10.97%。工业废水排放量 296.35 万吨，较上年下降 7%，一般工业固体废物产生量 3696.15 万吨，较上年增长 15.3%，一般工业固体废物综合利用量 1672.15 万吨，较上年增长 95.4%。

五、地方财政收入稳步增加

民族自治地方一般公共预算收入 67.88 亿元、税收收入 52.14 亿元，分别较上年增长 4.1%、2.34%。财政支出结构继续优化，各项民生保障力度进一步加大，地方一般公共预算支出 234.13 亿元，较上年增长 7.42%，其中一般公共服务 22.21 亿元、教育 39.06 亿元、科学技术 1.53 亿元、文化体育与传媒 3.09 亿元、社会保障和就业 29.15 亿元、医疗卫生与计划生育 27.4 亿元、农林水 49.51 亿元。金融机构人民币各项存款余额 1396.71 亿元、城乡居民储蓄存款年末余额 1059.75 亿元，分别较上年增长 12.12%、16.1%。

六、城乡居民生活水平不断提高

随着支持少数民族和民族地区差别化政策持续落实，民族自治地方居民收入不断增加。城镇居民人均可支配收入 33710 元，较上年增长 4.34%，为全省平均水平（37286 元）的 90.41%；农村居民人均可支配收入 12873 元，较上年增长 6.64%，为全省平均水平（16467 元）的 78.17 %。城镇居民人均消费支出 20466 元，较上年增长 8.38%；农村居民人均消费支出 10490 元，较上年增长 2.18%。

七、贸易发展相对平稳

民族自治地方社会消费品零售总额 233.32 亿元，较上年减少 2.4%；网上零售额 7.12 亿元，较上年增长 4.96%；批发业销售额 22.96 亿元，零售业销售额 20.63 亿元，住宿业营业额 1.57 亿元，餐饮业营业额 0.39 亿元。进出口总额 1.42 亿元，其中进口总额 0.38 亿元、出口总额 1.04 亿元。

八、交通、邮电和旅游业快速发展

民族自治地方公路总里程达 13334 公里，其中等级公路 5742 公里、高速公路 313 公里。客运量总计 648.2 万人，较上年下降 58.02%，其中铁路客运量 40 万人，公路客运量 608.2 万人；货运量总计 4912.1 万吨，较上年下降 7.35%，其中铁路货运量 12 万吨，公路货运量 4900.1 万吨。民用汽车拥有总量 24.25 万辆，较上年增长 1.5%，其中载客汽车 4.58 万辆，载货汽车 0.96 万辆。邮政业务总量 1.93 亿元，电信业务总量 9.02 亿元。移动电话用户 181.62 万户，较上年增长 10.88%；固定电话用户 12.71 万户，较上年下降 12.05%。互联网宽带接入用户 54.58 万户。电子商务企业数 7063 个，较上年增长 2.44%；企业拥有网站数 1962 个，较上年增长 2.29%；电子商务销售额 13.14 亿元，较上年增长 327.68%。全年旅游人数 773.76 万人、国内旅游收入 50.47 亿元，分别较上年下降 33.24%、41.9%。

九、社会事业稳步推进

1. 教育方面：民族自治地方共有普通高中 13 所，在校生 36960 人，毕业生 9918 人，教职工 2853 人；中等职业学校 7 所，在校生 15178 人，毕业生 4246 人，教职工 1236 人；初中 65 所，在校生 78259 人，专任教师 5995 人；普通小学 253 所，在校生 166655 人，专任教师 10280 人。教育经费支出 36.28 亿元，较上年增长 3.72%。

2. 文化方面：民族自治地方共有艺术表演团体 29 个，艺术表演场所 405 个，文化馆 6 个，公共图书馆 7 个，博物馆 5 个。

3. 卫生方面：民族自治地方共有医疗卫生机构 2084 个，较上年增长 1.02%；卫生人员 11344 人，较上年增长 3.57%；医疗机构床位 10930 张，较上年增长 1.88%。

4. 社会保障方面：民族自治地方城镇居民最低生活保障人数 0.92 万人，较上年减少 2.1%；农村居民最低生活保障人数 11.26 万人，较上年增加 3.49%。年末参加城镇职工基本养老保险人数 16.31 万人，年末参加城乡居民基本养老保险人数 112.81 万人，年末参加城镇职工基本医疗保险人数 15.53 万人，年末参加城乡居民基本医疗保险人数 169.04 万人。

（撰稿：张伟　审稿：陈泽辉）

内蒙古自治区

2020 年，面对复杂严峻的国内外形势特别是新冠肺炎疫情严重冲击，在以习近平同志为核心的党中央坚强领导下，全区深入贯彻党中央、国务院各项决策部署，科学统筹疫情防控和经济社会发展，紧扣全面建成小康社会目标任务，着力推动高质量发展，做好“六稳”工作，落实“六保”任务，全区主要指标逐季回升，地区生产总值、规模以上工业增加值、民间投资、居民人均可支配收入增速年内实现转正，经济恢复态势持续巩固。

根据地区生产总值统一核算结果，全区地区生产总值为 17360 亿元，按可比价格计算，比上年增长 0.2%。其中，第一产业增加值为 2025 亿元，比上年增长 1.7%；第二产业增加值为 6868 亿元，比上年增长 1.0%；第三产业增加值为 8467 亿元，比上年下降 0.9%。

一、三次产业生产逐步恢复，一、二产业增加值实现由负转正

农牧业综合生产能力稳步提高。2020 年，全区第一产业增加值增速较前三季度提高 1.5 个百分点。粮食总产、单产实现增长。全区粮食产量达到 732.8 亿斤，比上年增长 0.3%，连续 3 年保持在 700 亿斤以上；粮食单位面积产量 715 斤/亩，每亩产粮增长 1.6 斤，有力保障粮食供应的安全稳定。畜牧业产量实现由降转增。猪牛羊禽四肉产量达 260.7 万吨，由前三季度下降 2.3%转为全年增长 1.5%。其中，猪肉产量下降 1.9%，降幅较前三季度收窄 0.7 个百分点，存栏量比上年增长 24.3%，生猪产能持续恢复；牛羊肉产量分别增长 3.9%和 2.9%。奶业振兴全力推进。奶牛存栏达到 129.3 万头，比上年增加 6.8 万头；牛奶产量 611.5 万吨，增长 5.9%。

规模以上工业增加值增速实现转正。2020 年，全区规模以上工业增加值由 1—11 月份下降 0.2%转为全年增长 0.7%，年内实现正增长。38 个工业行业大类中，有 31 个行业增加值实现增长，增长面达 81.6%，较 1—11 月份扩大 5.3 个百分点。产业链供应链循环畅通。全区制造业增加值比上年增长 8.4%，拉动规模以上工业增加值增速 3.1 个百分点。上游行业中金属制品业和非金属矿物制品业增加值分别增长 26.3%和 25.3%；下游行业中通用和专用设备制造业增加值分别增长 3.3%和 64.4%；支柱产业中冶金建材工业、化学工业、农畜产品加工业增加值分别增长 10.6%、3.8%和 8.6%，合计拉动规模以上工业增加值增速 2.8 个百分点。着力保障能源市场供应稳定。受经济持续恢复叠加冬季冷空气影响，全国能源需求旺盛。2020 年，全区规模以上工业企业累计生产原煤 10.0 亿吨，12 月份原煤当月产量年内首次实现转正，同比增长 3.1%；规模以上工业企业累计发电量 5633.8 亿千瓦时，比上年增长 3.9%。

服务业支柱行业持续回暖。2020 年，全区服务业增加值比上年下降 0.9%，较前三季度收窄 2.1 个百分点，降幅呈现逐季收窄态势。1—11 月份，31 个服务业行业大类中，11 个行业营业收入增长，行业增长面达 35.5%。网络购物、无接触式消费带动物流行业快速发展。1—11 月份，全区规模以上交通运输、仓储和邮政业营业收入同比增长 1.1%，其中装卸搬运和仓储业营业收入增长 90.8%。2020 年，全区邮政业务总量和邮政业务收入分别比上年增长 26.4%和 19.3%。完成快递业务量近 2 亿件，快递收入实现 42.1 亿元，分别比上年增长 37.1%和 27.9%。12 月份，全区物流业景气指数为 54%，连续 9 个月保持在荣枯线以上。

二、两大需求持续恢复，民间投资由降转增

有效投资进一步扩大。2020 年，全区固定资产投资（不含农户）比上年下降 1.5%，较前三季度收窄 6.2 个百分点。民间投资增速实现转正。全区民间投资由 1—11 月份同比下降 0.3%转为全年增长 3.4%，占全部投资的比重为 52.2%。基础设施、民生领域投资持续补短板。生态保护和环境治理业投资比上年增长 23.2%，铁路运输业、航空运输业投资分别增长 12.3%和 5.1 倍。教育、卫生行业投资分别增长 12.5%和 19.0%。高技术产业投资实现较快增长。高技术产业投资比上年增长 11.8%，其中高技术制造业增长 26.1%。房地产开发投资和商品房销售额保持“双增”。全区房地产开发投资完成 1176.5 亿元，比上年增长 12.9%；商品房销售额为 1365.5 亿元，增长 9.8%。

消费需求持续恢复。2020 年，全区社会消费品零售总额比上年下降 5.8%，较前三季度收窄 4.1 个百分点。乡村消费恢复快于城镇消费。城镇消费品零售额下降 5.9%，乡村消费品零售额下降 4.7%。实物消费恢复快于餐饮消费。商品零售下降 3.6%，餐饮收入下降 18.8%。基本生活消费保持较快增长。全区限额以上粮油、食品类零售额增长 15.0%，中西药品类零售额增长 12.2%。汽车类消费恢复好于预期。2020 年下半年以来，全区限额以上汽车零售额连续保持增长，其中 12 月份当月同比增长 8.8%，新能源汽车当月零售额增长 48.4%。线上消费保持较好增势。2020 年初以来，全区实物商品网上零售额增速保持在 30%以上，全年增长 36.5%，较上年提高 7.3 个百分点。

三、物价涨幅符合预期目标，工业产品价格降幅收窄

全年消费价格涨幅低于控制目标。2020 年，全区居民消费价格比上年上涨 1.9%，低于控制目标 1.6 个百分点。其中，城市上涨 1.6%，农村上涨 2.7%。八大类消费价格呈现“六升二降”格局。食品烟酒类价格上涨 5.7%，衣着类上涨 0.1%，居住类上涨 0.2%，生活用品及服务类下降 0.1%，交通和通信类下降 3.6%，教育文化和娱乐类上涨 0.5%，医疗保健类上涨 3.6%，其他用品和服务类上涨 3.0%。工业产品价格降幅低于全国平均水平。工业生产者出厂价格比上年下降 0.3%，工业生产者购进价格比上年下降 0.5%，降幅分别低于全国平均降幅 1.5 个和 1.8 个百分点。

四、居民收入增速快于经济增速，市场主体收益进一步改善

居民收入保持增长。2020 年，全区全体居民人均可支配收入 31497 元，比上年增长 3.1%，较前三季度提高 1.0 个百分点，快于经济增速。其中，城镇常住居民人均可支配收入 41353 元，增长 1.4%，较前三季度提高 0.6 个百分点；农村牧区常住居民人均可支配收入 16567 元，增长 8.4%，较前三季度提高 2.0 个百分点。城乡居民收入比为 2.50，较上年缩小 0.17，收入差距持续缩小。居民收入保障机制作用突显。全区围绕落实做好“六稳”“六保”工作，切实保障基本民生，全区居民收入中转移净收入增长 7.5%，占居民收入比重为 17.2%，较上年提高 0.8 个百分点；在税费减免、金融政策支持下，居民财产净收入和经营净收入由前三季度分别下降 0.8%和 1.1%转为全年增长 0.6%和 1.9%。

市场主体效益逐步恢复。全区大力深化“放管服”改革，减税降费取得积极成效，企业收益获得改善。1—11 月份，全区 38 个工业大类行业中，有 13 个行业利润同比实现增长，行业利润增长面达 34.2%。规模以上工业企业每百元营业收入成本低于全国平均水平 3.9 元。规模以上工业企业资产负债率为 59.6%，低于上年同期 1.4 个百分点。高新技术企业利润实现倍增，同比增长 1.2 倍，其中医药制造业利润增长 90.7%。

五、产业结构调整优化，高质量发展稳步推进

2020 年，全区规模以上工业中，非煤产业增加值比上年增长 6.6%，占比达到 63.6%，较上年提升 1.0 个百分点。新产业逆势增长，规模以上装备制造业增加值比上年增长 38.1%，高新技术产业增长 7.5%，增速分别快于规模以上工业 37.4 个和 6.8 个百分点。新产品中，单晶硅产量比上年增长 93.3%，石墨及碳素制品增长 20.4%，稀土磁性材料增长 15.4%，智能电视增长 5.5%。能源绿色转型发展形

势向好。新能源发电量比上年增长 4.7%，占规模以上工业发电量的比重达到 14.4%。其中，规模以上风力、光伏发电量分别增长 4.7%和 4.8%。

（撰稿：李日树　审稿：陈平）

辽宁省

2020 年是全面建成小康社会和“十三五”规划的收官之年，是第一个百年奋斗目标实现之年，也是应对挑战、负重前行的一年。面对复杂的外部环境和突如其来的疫情，辽宁省民族自治地方坚持以习近平新时代中国特色社会主义思想为指导，深入落实习近平总书记关于东北、辽宁振兴发展重要讲话和指示批示精神，紧扣决战决胜脱贫攻坚、全面建成小康社会目标不动摇，努力克服疫情带来的负面影响，统筹推进新冠肺炎疫情防控和经济社会发展，经济社会发展稳中有进，基础设施建设不断完善，人民生活水平逐步提高，全面建成小康社会取得决定性成就。

一、基本情况

辽宁省共有岫岩满族自治县、清原满族自治县、新宾满族自治县、本溪满族自治县、桓仁满族自治县、宽甸满族自治县、阜新蒙古族自治县、喀左蒙古族自治县 8 个自治县，行政区域共计 34163.13 平方公里，占全省总面积的 23%，共有 29 个乡（其中 2 个民族乡），120 个镇，8 个街道办事处，136 个居民委员会，1513 个村民委员会。

二、经济总量

2020 年全年实现生产总值 827.4 亿元，按可比价格计算，比上年增加 3.6%。其中，第一产业增加值实现 225.6 亿元，增加 7.4%；第二产业增加值实现 186.9 亿元，减少 3.2%；第三产业增加值实现 411.9 亿元，增加 8.0%。生产总值三次产业构成为 27：23：50。

三、农林牧渔业

2020 年农林牧渔业总产值 449.8 亿元，按可比价格计算，比上一年增加 3.7%。其中，农业产值 171.3 亿元，减少 4.9%；林业产值 49.0 亿元，减少 1.6%；牧业产值 209.6 亿元，增加 10.4%；受疫情影响，渔业产值 16.1 亿元，减少 25.5%。

2020 年农作物总播种面积 588.4 千公顷，比上年减少 4.7%。粮食作物播种面积 488.6 千公顷，比上年增加 2.8%。2020 年年末耕地面积 694.5 千公顷，有效灌溉面积 136.4 千公顷。粮食总产量 276.1 万吨，比上年增加 30.1%。油料播种面积 53.4 千公顷，比上年减少 40%，油料产量 12.8 万吨，比去年减少 21.5%。烟叶产量 0.58 万吨，比上年减少 2.7%。水果产量 35.1 万吨，比去年增加 13.1%。年末农业机械总动力 358 万千瓦，比上年末增加 14.8%。农村用电量 28.2 亿千瓦小时，比上年增加 2.7%。

全年大牲畜存栏 55.9 万头，比上年减少 4.8%。猪存栏 138.8 万头，比上年减少 6.8%。羊存栏 259.3 万头，比上年增加 12.7%。全年大牲畜出栏 45.8 万头，比上年增加 4.6%。猪出栏 337.4 万头，比上年增加 7.8%。羊出栏 298.2 万头，比上年减少 26.4%。全年肉类总产量 79.5 万吨，比上年增加 32.7%。其中，猪肉产量 31.3 万吨，比上年增加 7.8%；牛肉产量 8.4 万吨，比上年增加 13.5%；羊肉产量 9.1 万吨，比上年增加 16.7%；奶类产量 5.3 万吨，比上年增加 17.8%；羊绒产量 247.9 吨，比上年减少 30.7%；羊毛产量 2740.7 吨，比上年减少 38.2%；水产品产量 2.4 万吨，比上年增加 2.1%。全年造林面积 43.72 千公顷，比上年增加 4.8%。

四、工业和建筑业

2020 年规模以上工业企业 318 家，比上年增加了 11 家。规上工业企业中：国有企业 23 个，比上年增加 3 个；集体企业 21 个，比上年增加 4 个；外商及港澳台商投资企业 8 个，与上年持平；股份合作企业 18 家。规模以上工业企业本年资产总计 626.9 亿元，流动资产合计 257.3 亿元，负债合计

358.9 亿元，所有者权益 268.0 亿元，应收账款 66.5 亿元，存货价值 61.8 亿元，主营业务收入 378.2 亿元，利润总额 35 亿元。

全年建筑企业 189 家， 比上年增加 7 家。建筑业增加值 24.6 亿元，从业人员 3.4 万人，建筑业总产值 57.1 亿元。房屋建筑施工面积 357.7 万平方米，房屋建筑竣工面积 162.4 万平方米，资产总计 89.7 亿元，负债合计 63.5 亿元，所有者权益 32.1 亿元，实现利润 1.9 亿元。

五、贸易

全年社会消费品零售总额 185.4 亿元，比上年减少 9.5%。限额以上批发企业 40 个，年末从业人数 1239 人，批发商品购进额 40.9 亿元，批发商品销售额 48.6 亿元，商品库存额 2.1 亿元，主营业务收入 34.4 亿元，主营业务利润 1.4 亿元；限额以上零售企业 53 个，年末从业人数 1051 人，零售商品购进额 6.1 亿元，零售商品销售额 12.3 亿元，商品库存额 0.7 亿元，主营业务收入 9.4 亿元，由于企业扩大生产线，主营业务利润为-0.2 亿元；限额以上住宿业企业 15 个，年末从业人数 577 人，营业额 1.2 亿元，主营业务收入 1.0 亿元，主营业务利润 0.2 亿元；限额以上餐饮企业 14 家，年末从业人数 732 人，营业额 1.0 亿元，主营业务收入 0.7 亿元，主营业务利润 0.2 亿元。全年进出口总额 13.7 亿元，其中进口总额 0.9 亿元，出口总额 12.8 亿元。年末实有外商投资企业 25 个，注册资本 0.98 亿美元，投资总额 2.9 亿美元。

六、交通运输、邮电和旅游

全年客运量总计 6654.6 万人，由于新建高铁站通车，客运量比上年增加 82.1%。货运总量 7520 万吨，比上年减少 4.0%。全年完成邮电业务总量 4.4 亿元，邮电营业网点 238 处，邮路总长度 1.6 万公里，农村投递路线总长度 2.0 万公里，城市邮递线路总长度 639 公里。移动电话用户 206.8 万户，比上年增加 12.0%；固定电话用户 65.1 万户，比上年减少 7.3%，国际互联网络用户 47.3 万户，比上年减少 6.3%。电子商务企业 722 家，其中 568 家拥有网站，485 家有电子商务交易活动，全年销售额 35.5 亿元，采购额 11.7 亿元。

旅行社总数为 65 家，比上年增加 10 家。全年接待国内外旅游者 2858.4 万人次，比上年减少 37.3%。其中，接待国内旅游者 2858.2 万人次，比上年减少 37.2%；受疫情影响，接待国际旅游者 0.2 万人次，比去年大幅度减少。

七、财政

全年地方财政一般预算收入 56.4 亿元，比上年增加 2.4%。其中，各项税收 35.9 亿元，比上年减少 7.7%。在各项税收中，国内增值税 13.4 亿元，企业所得税 4.6 亿元，个人所得税 1.8 亿元。全年地方财政一般预算支出 249.6 亿元，比上年增加 21.9%。其中，一般公共服务支出 22.4 亿元，比上年增加 38.3%。

八、金融

全年各个金融机构各项存款 1687.9 亿元，比上年增加 12.1%。其中，城乡居民储蓄存款年末余额 1477.0 亿元，比上年增加 13.2%；全部金融机构各项贷款 766.8 亿元，比上年增加 1.0%。

九、教育

年末共有普通高中 24 所，在校生 4.4 万人，当年招生 1.2 万人，毕业生 1.3 万人，教职工 4309 人，其中专任教师 3106 人。共有中等职业学校 8 所，在校生 6952 人，招生 2470 人，毕业生 1412，教职工 872 人，其中专任教师 527。共有初中 116 所，在校生 7.4 万人，专任教师 7955 人。普通小学 314 所，在校生 12.1 万人，专任教师 1.3 万人，教育经费支出 40.7 亿元。

十、文化、卫生

年末有艺术表演团体 84 个，艺术表演场所 12 个，文化馆 8 个，公共图书馆 8 个，博物馆 9 个。全年出版图书 1 种，总印数 11.8 万册，出版报纸 3 种，出版量 377 万份。

年末有各类医疗卫生机构 2700 个。其中，医院 99 个，卫生院 164 个，村卫生院 1896 个。各类卫生机构拥有病床 13958 张。其中，医院有病床 8604 张，卫生院有病床 3414 张。卫生机构人员 17943 人，其中卫生技术人员 13700 人，执业医师 6857 人。

十一、人民生活和社会保障

全年城镇居民人均可支配收入 26555 元，平均每人消费性支出 18159 元；农民人均可支配收入 17008 元，平均每人消费性支出 11435 元。年末城镇居民最低生活保障 2.6 万人，城镇居民最低生活保障支出 1.0 亿元。

农村最低生活保障 26.6 万人，农村最低生活保障支出 2.8 亿元。年末参加城镇职工基本养老保险人数 55.0 万人，参加城乡居民基本养老保险人数 108.8 万人；参加城镇职工基本医疗保险人数 40.7 万人，参加城乡居民基本医疗保险人数 230.2 万人。

十二、环境保护和安全生产

全年工业废水排放总量 270.1 万吨，工业废水中化学需氧排放量 0.04 万吨。工业固体废物产生量 765.0 万吨，工业固体废物综合利用量 353.1 万吨。

（撰稿：赵经纬　审稿：赵瑞）

吉林省

一、民族自治地方经济发展

（一）综合。2020 年，全省民族自治地方实现地区生产总值 1012.38 亿元，按可比价格计算，比上年降低 12.45%，其中，第一产业 182.90 亿元，按可比价格计算，增长 28.91%；第二产业 274.18 亿元，按可比价格计算，降低 7.48%；第三产业 555.31 亿元，按可比价格计算，降低 22.67%。工业总值 200.31 亿元，建筑业总值 73.96 亿元。

（二）财政。地方一般公共预算收入 74.515 亿元，比上年增加 1.81%，其中，税收收入 45.49 亿元，其中国内增值税 12.22 亿元、企业所得税 4.66 亿元、个人所得税 1.70 亿元；全年完成地方一般公共预算支出 524.64 亿元，比上年增加 4.07%。其中，一般公共服务支出 39.69 亿元、公共安全 17.32 亿元、教育支出 54.37 亿元、科学技术支出 1.27 亿元、文化体育与传媒 10.72 亿元、社会保障和就业 110.09 亿元、医疗卫生与计划生育 37.87 亿元、农林水 104.07 亿元、交通运输 29.23 亿元；全部金融机构人民币各项存款余额 2694.02 亿元，其中城乡居民储蓄存款年末余额 1910.58 亿元，全部金融机构人民币各项贷款余额 1595.46 亿元。

（三）农业。2020 年末实有耕地面积 822.78 千公顷，化肥施用量 39.32 万吨，农村用电量 15.33 亿千瓦小时。民族自治地方农林牧渔业总产值 369.31 亿元，其中，农业产值 136.20 亿元、林业产值 11.22 亿元、牧业产值 176.01 亿元、渔业产值 9.29 亿元，农作物总播种面积 519.16 千公顷，粮食播种面积 497.79 千公顷，油料播种面积 1.77 千公顷。粮食总产量 467.73 万吨，油料总产量 16.16 万吨，水果总产量 21.14 万吨。

（四）畜牧业。大牲畜年末存栏头数为 48.1 万头、猪年末存栏头数为 106.19 万头、羊年末存栏只数为 71.93 万只。当年出栏大牲畜 279.27 万头、当年出栏猪 175.46 万头、当年出栏羊 75.29 万只，全年肉类总产量达到 15.90 万吨，其中猪肉产量为 13.69 万吨、牛肉产量 6.43 万吨、羊肉产量 0.9148 万吨。奶类产量 1.83 万吨，羊毛产量 383.97 吨，水产品总产量 3.5 万吨。

（五）工业。规模以上工业企业单位数 362 个，其中，国有企业 6 个，集体企业 1 个，股份合作企业 298 个，外商及港澳台商投资企业 20 个。资产总计 854.01 亿元，流动资产合计 436.06 亿元，负债合计 518.65 亿元，所有者权益 413.57 亿元，应收账款 75.93 亿元，存货 151.43 亿元，主营业务收入 557.97 亿元，利润总额 32.67 亿元。

（六）国内贸易。实现社会消费品零售总额 356.88 亿元；限额以上批发业经营法人企业 55 个，年末从业人数 1775 人，商品购进额 57.16 亿元，商品销售额 78.65 亿元，期末商品库存额 15.95 亿元，主营业务收入 149.38 亿元；限额以上零售业法人企业 143 个，年末从业人数 8996 人，商品购进额 72.17

亿元，商品销售额 99.34 亿元，期末商品库存额 10.6 亿元，主营业务收入 80.93 亿元，主营业务利润 437.3 万元；限额以上住宿业法人企业 28 个，年末从业人数 1643 人，营业额 2.23 亿元，主营业务收入 1.73 亿元，主营业务利润 130 万元；限额以上餐饮业法人企业 12 个，年末从业人数 540 人，营业额 0.98 亿元，主营业务收入 0.88 亿元。

（七）人民生活水平。2020 年全省民族自治地方城镇居民人均可支配收入达到 28660 元，农村居民人均纯收入达到 14286 元。

（八）交通运输和邮电通信业。2020 年，全省民族自治地方公路总里程 1.58 万公里以上，其中，等级公路 1.12 万公里以上，高速公路 645.62 公里以上。

（九）旅游业。截至 2020 年末，全省民族自治地方旅游人数 1101.17 万人次，其中国内旅游 1098.89 万人次，国际旅游 2.29 万人次。

二、全省民族自治地方社会发展

（十）教育事业。2020 年末，全省民族自治地方小学 417 所，在校生 12.6 万人，专任教师数 1.26 万人。普通中学 242 所，在校生 12.67 万人，专任教师数 6172 人。中等职业学校 24 所，招生 4946 人，在校学生数 12995 人，毕业生 3562 人，教职工数 1973 人，其中，专任教师数 1720 人。普通高中 37 所，招生 7140 人，在校学生数 44278 人，毕业生 5790 人，教职工数 1088 人，其中，专任教师数 987 人。普通高等学校 3 所，在校研究生 5391 人，招生 10323 人，在校本科、专科学生 29231 人，毕业生 7590 人，专职教师数 2923 人。

（十一）文化事业。截至 2020 年末，全省民族自治地方拥有文化馆 12 个，艺术表演场所 2 个，艺术表演团体 4 个；公共图书馆 12 个；博物馆 14 个。全省民族自治地方图书总印数 4659 万册；报纸总印数 11489 万份。

（十二）卫生事业。截至 2020 年末，全省民族自治地方拥有医疗机构 3240 个，其中医院 73 个，基层医疗卫生机构 2598 个，卫生院 127 个，村卫生室 1218 个，专业公共卫生机构 41 个。拥有卫生人员 25378 人，其中卫生技术人员 17566 人，执业医师 7739 人，乡村医生和卫生员 73 人。医疗卫生机构拥有病床 14888 张，其中医院有 10539 张，基层医疗卫生机构 2010 张，卫生院 2010 张，专业公共卫生机构 12 张。

（撰稿：孟祥超　　审稿：田永亮）

黑龙江省

2020 年，黑龙江省杜尔伯特蒙古族自治县认真贯彻落实党的十九大和十九届历次全会精神和习近平总书记系列重要讲话精神，特别是两次针对黑龙江重要讲话精神，沉着应对困难挑战，全面深化改革创新，坚定实施工业立县战略，着力建设食品工业强县，积极做好“六稳”工作、坚决落好“六保”任务，经济社会发展成效显著。较“十二五”末，地区生产总值、社会消费品零售总额分别增长 53.4%、32.9%，城乡居民人均可支配收入分别增长 35.6%、42%，“十三五”规划胜利收官，决胜全面建成小康社会取得决定性成就。全县紧抓招商、扩大投资，综合实力实现新跨越。工业经济突飞猛进，全县工业企业总数达到 135 家，规上工业企业达到 38 家；成立招商引资专班，开展定向定位招商，成功引进伊品、圣泉、九阳、元盛等千万元以上项目 76 个，到位资金 123.3 亿元，较“十二五”时期增长 37.7%；德力戈尔园区晋升省级开发区，入驻企业和在建项目 43 家（个），吸纳就业 4000 余人，较“十二五”末分别增长 22%、60%。农业产业转型升级，新建高标准农田 51.7 万亩，新打抗旱井 2526 眼，新增输电线路 3877 公里，中草药发展到 8.1 万亩，连续 7 年获评“全国产粮大县”；元盛和牛、谷实生猪、圆方鹅业等 6 家企业落户，规模养殖场达 75 处，牧业总产值实现 230.7 亿元；连环湖大闸蟹走俏香港市场，省部级水产健康养殖示范场达 12 处，水产品产量达 21.2 万吨，获评“中国大银鱼第一县”“国家级渔业健康养殖示范县”。现代服务业蓬勃发展，电子商务产业园销售产品 120 余种、年均交易额 5000 万元，快递物流企业发展到 62 家，实现村级配送全覆盖；投资 1500 万元，集中打造嘎日迪景区，连续举办 5 届冰雪渔猎那达慕，获评“中国最佳康养旅居度假名县”“中国雪地风筝之乡”，累计接待游客 730 万人次、实现收入 39 亿元。

一、全力推进产业项目建设

开发区应急排水、伊品路、变电站增容、双回路供电线路保障项目建成投用，伊品铁路专用线、圣泉路工程实施过半，奥德燃气长输管线贯通供气，伊品生物基尼龙盐中试线、红奥豆制品、格润康冷凉蔬菜项目顺利投产，圣泉项目一期工程完成投资 11 亿元、主体施工接近尾声，伊利公司增产扩能、实缴税金 1.21 亿元，“古道庄园”大米喜获第十四届中国国际有机食品博览会金奖，“朵儿边”他拉哈大米获评第三届黑龙江国际大米节银奖，靠山牧业园区落成投用，奶之源牧场、元锦和牛牧场、谷实生猪扶贫养殖场、大承牛牧场落户园区，中国水科院科研基地、省大银鱼博士工作站挂牌成立，江湾蟹稻综合种养、连环湖盐碱水养殖取得成功。

二、全力推动富民脱贫攻坚

农村产权交易中心成立运营，土地流转 56 万亩，村集体经济持续发展壮大；严格落实“四个不摘”要求，投入专项资金 519 万元，集中突破基础设施、人居环境短板，农村饮水全部达标；探索建立长效机制接续推进减贫工作，举办消费扶贫大集 5 次，安排专项资金 5900 万元，实施巴彦他拉村生猪养殖、好尔陶村和牛养殖、前进村鲜食玉米、幸福村蔬菜种植等产业项目 21 个，实现户均增收 3000 元以上。

三、全力夯实基础设施建设

4 个老旧小区、25 栋楼房完成改造，生活污水处理厂达一级 A 排放标准，总投资 3194 万元，城镇周边水系连通排水管线和城内应急排水等工程建成投用，南城急雨内涝和开发区、打点屯、万丈村低洼地段易涝问题彻底解决，人工智能供热全面铺开，新增 100 蒸吨锅炉 1 台，城镇集中供热能力达到 520 万平方米。72.4 公里他和路、南阳路、胡江路全线通车，修缮危桥 8 座，采购垃圾桶 10.8 万个、垃圾车 339 辆，4 处垃圾转运站、83 个分拣中心启动运行，全县环境空气质量优良天数达到 346 天。

四、全力抓好疫情防控工作

面对来势汹汹的疫情，全县上下坚决贯彻习近平总书记重要讲话指示精神，坚决落实省委省政府、市委市政府和县委各项决策部署，第一时间启动“一级响应”，及时“四门落锁”防输入，建立“四项机制”防院感，新建核酸检测实验室 3 处，医疗救治、物资储备充分保障，快速畅通农资下摆、余粮收购绿色通道，727 名公安干警、医务人员、交通执法人员连续 196 天不舍昼夜、坚守全县 7 个卡口，外来车辆全程封条闭环管控；4148 名党员干部、社区工作人员和 2329 名志愿者不畏雨雪、轮班值守，严格管控 236 个居民小区、380 个村屯卡口、12 个集中隔离点；部分企业和 9000 余名爱心人士慷慨解囊、施以援手，659.5 万元资金、11.2 万个口罩、10.6 吨酒精等捐赠款物无私奉献，6 名医护人员驰援武汉、孝感，3 名医护人员、1 名公安干警获省级表彰。经济社会秩序全面恢复，交出了疫情防控高分答卷。

五、全力落实改革实践任务

国有企业退休人员社会化管理稳步推进，乡镇政府服务能力建设等改革任务全面启动；放管服改革走深走实，“首席服务员”“四零承诺”“承诺即开工”制度深入推行，乡镇便民服务中心可办民生事项增至 30 项，“一网四级”全面铺开，“60 小行业”实现“一窗办理、一窗出件、一日办结”，网办率、一窗受理率分别达 92%、100%。同时，统计、审计、退役军人、妇儿、老龄、残疾人、气象、人防等事业取得显著进步。

回顾过去，全县跟进增速换挡、推动转型升级，取得一系列令人振奋、弥足珍贵的工作成绩，先后获评国家生态县、全国民族团结进步模范集体、全国旅游标准化示范单位等荣誉 10 余项，成功跻身黑龙江省县域经济高质量发展“十强县”行列。始终坚持责任在肩，以“跑好自己这一棒”为使命，脚踏实地、履职尽责，全角度优化营商环境、兑现优惠政策、完善制度建设，统筹推进一系列涉及全局、关乎长远的富民产业，伊品、圣泉、九阳、谷实等知名企业入驻助推“工业立县”战略走向深入，和牛繁改、生猪养殖、肉牛育肥、鹅鸭规模饲养不断丰富多元牧业内涵，水科院科研基地、大银鱼博士工作站、冰雪渔猎那达慕有力带动水产业异军突起，重点突破的发展路径越来越精准。始终坚持实干在先，以坚决贯彻国家省市各项部署为抓手，破除万难、砥砺前行，全过程用行动落实、依标准执行、拿结果说话，攻坚突破一系列急难任务，成功摘掉省级贫困县“帽子”，全面完成大棚房清理、河湖“清四乱”、违建清底、中央环保督察等重点难点工作，加快发展的基础优势越来越明显。始终坚持宗旨在民，以持续提高民生福祉为目标，同心同德、齐心协力，全方位凝聚广泛共识、激发改革创新、营造发展合力，集中办成一系列夯基垒台、普惠共享的大事实事，民生支出占一般公共预算支出 82%。

（撰稿：张泽坤　　审稿：倪晓岩）

浙江省

2020 年，景宁畲族自治县坚持以习近平新时代中国特色社会主义思想为指导，深入贯彻习近平总书记视察浙江重要讲话精神，统筹推进疫情防控和经济社会发展，扎实做好“六稳”工作，全面落实“六保”任务，全县上下顶住各方压力，逐步克服疫情带来的不利影响，经济呈现稳步复苏、回升提速、增收增效态势，整体好于预期，经济发展取得新实效，高水平全面建成小康社会取得决定性成就。2020 年，全县地区生产总值（GDP）达到 74.76 亿元，按可比价计算，同比增长 3.5%，增速排名全市第三。三次产业结构为 9.1：22.6：68.3。一般公共预算收入 8.96 亿元，同比增长 28.4%，排名全市第一；城镇常住居民人均可支配收入 41735 元，同比增长 4.3%，排名全市第六；农村常住居民人均可支配收入 21625 元，同比增长 8.1%，排名全市第三。

一、产业转型升级步伐加快

一产总体平稳增长。实现一产增加值 6.8 亿元，同比增长 2.7%。完成粮食播种面积 9.6 万亩，全县生猪出栏 3.4 万头。出台惠明茶产业发展条例实施细则，全年惠明茶产业产值 4.89 亿元。“景宁 600”农产品基地加快建设，新增基地 1 万亩，建成“景宁 600”综合服务中心和销售网点 26 家，实现销售额 6.8 亿元。大力发展农村新型农业经营主体，新增家庭农场 140 家。

二产企稳回升。实现二产增加值 16.86 亿元，同比增长 0.1%。建筑业产值大幅提升。建筑业省内产值同比增长 13.6%，排名全市第一。加快工业平台整合提升，新上规宇海幼教木玩等 8 家企业，规上工业增加值 4.41 亿元，同比增长 1.1%。规下工业增加值同比增长 2.6%。

服务业主导作用突出。实现服务业增加值 51.1 亿元，同比增长 4.8%。金融运行平稳。截至 12 月末，全县金融机构人民币各项存款余额 125.84 亿元，同比增长 4.32%；人民币各项贷款余额 106.28 亿元，同比增长 13.94%。房地产业增速强劲。完成房地产投资 8.19 亿元，同比增长 33.1%。全域旅游积极推进。全力开展 5A 级景区城创建，那云 • 天空之城、惠明禅茶文化产业园等重大项目开工建设。旅游业逐步回暖，全县实现旅游总收入 67.46 亿元，恢复到上一年度同期的 85.07%。

二、双循环格局积极构建

项目建设不断加快。大力推进新型基础设施、新型城镇化和交通、水利、文旅等领域重大项目建设，G235 溪口至澄照段改建工程、东弄田园综合体、农村客运中心等一批项目建成，新建 5G 基站 125 个。全年完成固定资产投资同比增长 8.1%，排名全市第三。“4 +1”结构性指标呈现一升三降，生态环境和公共设施投资增长 32.6%，民间项目投资等 3 个指标呈现负增长，省市县长项目落地率达到 50%。

消费逐步回暖。消费市场稳定恢复，全年社会消费品零售总额 38.33 亿元，同比增长 3.9%，排名全市第七。发放“畅游景宁”消费券 200 万元，有效促进文旅消费回补和潜力释放。批发业销售额同比增长 20.2%；零售业销售额同比增长-6.1%，比前三季度收窄 3.6 个百分点；住宿业营业额同比增长-39.4%，比前三季度收窄 4.7 个百分点；餐饮业营业额同比增长-7.9%，比前三季度收窄 3.6 个百分点。全县实现网络零售额 9.26 亿元，同比增长-3.7%。

进出口总额小幅提升。实现进出口总额 41.36 亿元，同比增长 22.27%，增幅全市排名第六。其中，出口总额 16.26 亿元，同比增长-9.5%，排名全市第七；进口总额 25.1 亿元，同比增长 58.27%，排名全市第四。

三、收入质效不断提升

财政收入快速增长。全县实现财政总收入 20.21 亿元，同比增长 35.2%，排名全市第一。其中，一般公共预算收入 8.96 亿元，同比增长 28.4%，排名全市第一。一般公共预算支出 43.81 亿元，同比增长-7.8%。税收收入增速强劲。7 月份以来税收单月增速呈持续上升态势。全县一般公共预算税收收入 7.78 亿元，同比增长 32.9%，税收收入对全县一般公共预算收入贡献达 86.8%。

居民收入稳步增长。全体居民人均可支配收入 31130 元，同比增长 6.5%，排名全市第四；城镇常住居民人均可支配收入 41735 元，同比增长 4.3%，排名全市第六；农村常住居民人均可支配收入 21625 元，同比增长 8.1%，排名全市第三。城乡居民人均收入比为 1.93，首次缩小到 2 倍以内。

企业效益逐步回稳。全县规模以上工业企业营业收入 14.53 亿元，同比增长 8.3%，比上半年(-9.4%)提升 17.7 个百分点；规模以上工业企业营业成本 11.21 亿元，同比增长 12.3%，比上半年（-11.1%）提升 23.4 个百分点。

四、生态底色成色更足

生态环境持续保持良好。全县市控及以上断面水质达标率 100%，岭根交接断面 I 类水体占比达 100%，全县空气环境质量优良率 100%；平均降尘量为 0.8 吨/平方公里·月；PM2.5 平均浓度为 20 μg/m³，PM10 平均浓度为 35 μg/m³，环境空气质量综合指数 2.28，全省并列第五、全市第四。

生态文明建设持续开展。全面开展国家生态文明建设示范县和无废城市创建工作，积极推进垃圾分类，持续推进固废源头减量和资源化利用，着力推动形成绿色发展方式和生活方式，努力探索低碳县发展模式。制定生物多样性保护优先行动方案，率先开展实施生物多样性保护。全面推进“一园五美”九大工程，形成了“整体谋划、协同作战、压茬推进”的良好态势，全力打造“诗画畲乡”大花园。

美丽乡村建设扎实推进。落实建设项目资金 4500 万元，全面启动第一批 7 个乡镇美丽城镇建设项目工作，东坑镇创成美丽城镇省级样板乡镇。创成省级美丽乡村示范乡镇 2 个，建成省级美丽乡村风景线 2 条，省级美丽乡村特色精品村 3 个，创成省级历史文化村落保护与利用项目示范村 1 个。

五、改革试点步伐加快

城乡融合试点扎实推进。试点改革八大领域开展原创性改革 15 项，试点改革入围省政府 2020 年度改革创新项目奖候选，案例列入丽水市高质量绿色发展 20 大创新样本，在全国自治州自治县脱贫攻坚奔小康经验交流现场会上作交流发言，相关试点经验在《中国民族报》《丽水日报》等媒体上宣传报道。

生态产品价值试点亮点纷呈。开展全县及各乡镇 GEP 核算，制定出台生态产品价值实现专项资金管理办法、政府采购试点暂行办法，在全市率先设立“生态产品价值实现专项资金”。开展典型示范乡镇创建，在全市设立首个两山转化金融服务站，支持农户从事民宿经营等“两山”转化项目。生态产品价值实现机制试点经验做法上了《新闻联播》；在全市“丽水之赞”两周年专题新闻发布会上作为唯一的县级发布单位介绍试点经验，并在全市试点推进大会上做典型交流。

营商环境改革不断深化。推进营商环境“10+N”便利化行动，在全市率先出台政商交往“亲”“清”两张清单，构建新型政商关系。及时公布《市场准入负面清单（2019 年版）》，投资项目 3.0 版迭代升级，全面实现一般企业投资项目全流程审批“最多跑一次”和“最多 80 天”，实现网上申报、网上受理、网上审批、网上出件，网上办结 5 个 100%。营商环境评价全市第六。

六、发展新动能加速汇聚

招商引资成效显著。积极融入长三角，深化山海协作五县联盟机制，开放合作力度进一步加大。招商引资成效明显，全年内资到位资金 10.38 亿元，完成任务的 115%；完成大项目 14 个，完成任务的 280%，“筑商”平台不断提升，完成注册个体工商户 3449 户，个人独资企业 192 家。

人才培育力度不断加大。聚焦青年学生、本土人才及柔性引才的培育，出台畲乡人才新政 18 条。积极对接小水电、小宾馆、小超市等“三小”经济主体，吸引乡贤回归创业，新培育青年“农创客” 20 名，招引农业项目 10 个。

科技创新支撑持续加强。全社会研发经费投入同比增长 17.4%。浙江华企正邦、丽水首信 2 家企业纳入数字经济核心产业名单，全县国家高新技术企业 15 家，省级科技型中小企业 54 家。“企业上云”计划有序实施，累计完成 410 家企业上云。

七、民生福祉不断增进

高质量就业全力推进。构建扩大就业良性机制，提升就业优先政策效能。截至 12 月底，全县城镇新增就业岗位 3066 人，城镇登记失业人员实现再就业 1617 人，困难人员实现就业人数 77 人，城镇登记失业率为 1.41%。

社会保障体系不断完善。全县基本养老保险参保率达到 99.33%，户籍人口医疗保险参保率 99.72%。精准落实社保费“免、减、缓、降”政策，全年共阶段性减免社会保险费（不含医疗保险）10044 万元。完善医疗救助体系，全国首创困难群众高额医疗费补助政策，发放首批救助金 75 人次 39.64 万元。完善商业补充医疗保险，全面推开“浙丽保”。全面推进低收入农户高水平全面小康攻坚行动，家庭人均年收入 8000 元以下农户全面完成清零，低收入农户人均可支配收入 12857 元，同比增长 14.5%。应急体制基本形成，全县总体保持平安稳定。

民生事业加快发展。省级学前教育普及普惠县创建全面推进，景宁二中新建和职高迁建项目积极推进，景宁中学高考成绩实现九连增。健康景宁扎实推进，民族医院建成并投入使用，深化“互联网+医疗健康”服务，医疗卫生能力得到新提升。公共文化服务不断加强，实施文化基因解码工程，推进畲族文化遗产保护传承，畲族彩带编织技艺入选第五批国家级非物质文化遗产名录。成功举办国家体育锻炼标准达标赛浙江站丽水市分站赛、浙江省全民健身运动汇（景宁站）等体育赛事。养老、托育、残疾人、妇女儿童等各项民生事业不断发展。

（撰稿：潘晶　审稿：潘友明）

湖北省

2020 年，湖北省民族自治地方“一州两县”（即恩施土家族苗族自治州、五峰土家族自治县和长阳土家族自治县）在省委、省政府的正确领导下，坚持以习近平新时代中国特色社会主义思想为指导，深入学习宣传党的十九大和十九届历次全会精神，深入学习贯彻习近平总书记关于加强和改进民族工作的重要思想，坚持稳中求进总基调，统筹推进民族自治地方战疫、战贫、战洪与经济社会发展各项工作，经济复苏步伐坚定，社会大局和谐安定，民生福祉稳步提升，绝对贫困和区域性整体贫困得到历史性消除。据统计，2020 年，民族自治地方“一州两县”实现生产总值 1354.89 亿元，比上年下降 3.25%。其中，第一产业 265.92 亿元，增长 9.03%，第二产业 316.20 亿元，下降 14.46%，第三产业 772.78 亿元，下降 1.83%。

一、农业生产态势较好

农业有效灌溉面积 97.29 千公顷，比上年增长 17.37%。造林面积 8.61 千公顷，农业机械总动力 276.46 万千瓦，比上年增长 1.47%；农用化肥施用量 27.16 万吨，农村用电量 79619.93 万千瓦小时。农作物总播种面积 543.97 千公顷，其中粮食总产量 164.21 万吨，油料产量 13.65 万吨，烟叶产量 4.06 万吨，水果产量 54.07 万吨，茶叶产量 15.34 万吨，比上年增长 1.79%。农林牧渔业总产量 492.61 亿元，比上年增长 16.36%。

二、工业经济发展稳中向好

全年规模以上工业企业资产总计 560.97 亿元，增长 12.54%。主营业务收入 272.49 亿元，下降 0.27%。全年规模以上工业企业达到 416 个，国有企业 11 个，比上年增长 120%，集体企业 1 个，股份合作企业 85 个，外商及港澳台商投资企业 1 个，企业总体数量相较去年增加 54 家，新的市场主体不断培育，规模以上工业企业后劲强大，民族地区工业质量和效益增加。

三、固定资产投资下降

恩施土家族苗族自治州固定资金投资（不含农户）下降 22.1%。从企业类型的增长速度看，国营企业下降 49%，私营业企业下降 0.3%；从资金来源的增长速度看，国家预算资金下降 43.7%，国内贷款下降 46.1%，利用外资增长 3.7%。长阳土家族自治县全年固定资产投资比上年下降 16.2%。从企业类型的增长速度看，固定资金投资（不含农户）下降 16.2%，国营企业下降 19.79%，私营业企业下降 13.84%；从资金来源的增长速度看，国家预算资金下降 52.89%，国内贷款下降 89.72%。五峰土家族自治县全年固定资产投资比上年下降 3.2%。

四、国内贸易均呈下降趋势

国内贸易全年实现社会消费品零售总额 655.74 亿元，下降 23.68%；限额以上批发业商品销售总额 113.68 亿元，下降 8.71%；住宿业营业总额 3.33 亿元，下降 46.38%；餐饮业营业总额 1.72 亿元，下降 29.80%；进出口总额 16.83 亿元，增长 15.67%。

五、财政收入稳中有进

全年地方一般公共预算收入 86.58 亿元，下降 5.54%。地方一般公共预算支出 549.60 亿元，增长 10.16%。全部金融机构各项存款余额 1971.23 亿元；增长 10.92%。全部金融机构各项贷款余额 1578.75 亿元，增长 13.15%。

六、城乡居民收入较平稳

全年城镇居民人均可支配收入 30850 元，城镇居民人均消费支出 21766 元。全年农村居民人均可支配收入 11889 元，农村居民人均消费支出 10146 元。

七、建筑业发展有回落

全年建筑业总产值 140.87 亿元，比上年下降 26.84%。2020 年房屋施工面积 636.48 万平方米，房屋竣工面积 221.16 万平方米，均呈下降趋势。

八、教育事业改革激发活力

湖北民族自治地方“一州两县”深化教师队伍建设改革，继续实施农村教师定向委培，完成农村义务教育学校老师招聘，不断强化师资队伍建设；落实义务教育有保障，教师队伍质量明显提高。恩施州义务教育阶段入学率 100%，初中三年巩固率 100%，适龄残疾儿童少年义务教育八学安置率 100%。据统计，长阳、五峰自治县 2020 年度教育经费共支出 9.21 亿元。

九、文化、卫生事业持续健康发展

2020 年末，民族自治地方“一州两县”共有艺术表演团体 13 个，比上年增长 8.3%。艺术表演场所 10 个，文化馆 12 个，较上年增长 9.1%。公共图书馆 24 个，比上年增长 4.3%。博物馆 12 个。一州两县卫生机构数 3276 个，比上年增长 0.37%。医疗机构床位数 29986 张，比上年增长 6.0%。卫生机构人员数 31169 人。

（撰稿：陈燕辉　审稿：刘来）

湖南省

2020 年，湖南省坚持以习近平新时代中国特色社会主义思想为指导，全面贯彻落实党的民族政策，坚持把铸牢中华民族共同体意识作为民族工作的第一遵循，把加快民族地区发展作为民族工作的第一要务，把巩固民族团结和维护社会稳定作为民族工作的第一责任，把落实党的民族工作方针政策和法律法规作为民族工作的第一动力，推动全省民族工作取得了长足发展。

一、民族地区经济社会快速发展，高质量发展基础有效夯实

2020 年，湖南省民族地区 24 个县市区 GDP 共 2652.86 亿元、人均 GDP 33821 元，比 2015 年分别增长 36.63%、46.17%；民族地区 24 个县市区城镇居民、农村居民人均可支配收入分别为 27361 元、11639 元，比 2015 年分别增长 45.43%、68.91%。全省民族地区 200 多万贫困人口实现全部脱贫，2571 个贫困村全部出列，贫困县全部摘帽，绝对贫困问题得到历史性解决，党的民族政策优越性得到充分体现。

二、民族地区社会事业稳步提升，民生福祉得到改善

把改善民生作为重中之重，推动民族地区公共服务水平显著提高，教育、文化、科技、医疗卫生、就业和社会保障等基本公共服务资源配置更加合理，居民人均可支配收入增长、基本养老保险参保率等民生指标超规划目标任务。2020 年，民族地区 24 个县市区每千人口拥有执业（助理）医师数 2.61 人、每千人口医疗机构拥有床位数 7.77 张，比 2015 年分别增长 43.58%、41.63%；小学适龄儿童入学率达到 100%，高中阶段教育毛入学率高于 91.2%；基本医疗保险和基本养老服务补贴实现全覆盖，建档立卡贫困家庭学生义务教育就学保障率 100%。

三、各民族和睦相处和衷共济和谐发展，民族团结进步事业深入推进

深入开展民族团结进步宣传教育，中华民族共同体意识不断增强，中华民族共有精神家园建设成效显著。进一步加强民族团结进步创建工作，成功创建 39 个全国示范区（单位）、98 个全省示范区（单位），331 个全国模范集体和模范个人受到表彰。大力推进民族地区基本公共服务均等化，加强和改进城市民族工作，促进社区服务市民化、就业创业便利化、就学就医均等化，建立嵌入式社会结构和社区环境，形成各民族群众共居共学共事共乐的社会氛围。

四、全省上下勠力同心齐抓共管民族工作，民族事务治理能力不断提升

各级各部门认真履行守护民族团结生命线的政治责任，把民族团结进步事业融入全省工作大局，把民族工作摆上重要议事日程，把制度优势转化为治理效能，全省上下齐心协力、齐抓共管，推动党的民族工作方针政策措施落地落实，各民族广泛交往交流交融，形成了民族团结和睦、社会和谐的大好局面。

“十三五”时期湖南省民族团结进步事业发展主要指标完成情况

序号	指标名称	单位	2015 年	2020 年	增长幅度（%）
1	地区生产总值	亿元	1941.57	2652.86	36.63
2	人均地区生产总值	元	23137	33821	46.17
3	常住人口城镇化率	%	40.38	46.99	16.38
4	地方一般公共预算收入	亿元	123.64	158.1	27.87
5	一般公共预算支出	亿元	668.01	968.97	45.05

续表

序号	指标名称	单位	2015 年	2020 年	增长幅度（%）
6	农林牧渔业生产总值	亿元	549.13	849.49	54.7
7	社会消费品零售总额	亿元	787.25	925.22	17.53
8	城镇居民人均可支配收入	元	18813	27361	45.43
9	农村居民人均可支配收入	元	6891	11639	68.91
10	每千人口拥有执业（助理）医师数	人	1.82	2.61	43.58
11	每千人口医疗机构拥有床位数	张	5.49	7.77	41.63
12	小学适龄儿童入学率	%	>99.4	100	约 0.6
13	高中阶段教育毛入学率	%	>80.7	>91.2	约 13.01
14	森林覆盖率	%	65.74	72.6	10.44
15	命名为“中国少数民族特色村寨”个数	个	27	87	222.22
16	评为“湖南省最美（美丽）少数民族特色村寨”个数	个	20	80	300
17	省级及以上民族团结进步示范区、示范单位个数	个	46	137	198
18	省级及以上民族团结进步教育基地个数	个	3	16	433

备注：1—14 项指标数据统计范围为湖南省民族地区 24 个县市区，15—18 项指标数据统计范围为全省。

（撰稿：黄淼　审稿：唐志兵）

广东省

广东省设有乳源瑶族自治县、连南瑶族自治县和连山壮族瑶族自治县等 3 个自治县。3 个自治县行政区划面积共计 4804.91 平方公里，下辖 23 个镇，其中 19 个居民委员会和 219 个村民委员会。3 个自治县总人口 53.38 万人，少数民族人口 21.06 万人。

2020 年，广东民族自治地方以习近平新时代中国特色社会主义思想为指导，深入贯彻落实党的十九大和十九届历次全会精神，以及习近平总书记对广东重要讲话、重要批示精神和关于疫情防控工作的重要讲话重要指示精神，落实省委、省政府的统一部署要求，切实提高政治站位，把疫情防控工作作为最重要最紧迫的工作来抓，把增强“四个意识”、坚定“四个自信”、做到“两个维护”落实到防控工作具体行动中，依法科学有序有力有效抓好各项防控措施落实，一手抓疫情防控，一手抓经济发展，坚决打赢疫情防控阻击战，努力克服新冠肺炎疫情的影响，确保经济社会持续健康发展。

一、克服疫情影响实现稳步发展

2020 年，乳源、连南和连山自治县分别实现地区生产总值 95.03 亿元、57.00 亿元、38.13 亿元，同比增长 0.32%、6.62%、11.53%；3 个自治县共计实现地区生产总值 190.16 亿元，同比增长 4.27%。第一产业产值 31.37 亿元，同比增长 16.27%；第二产业产值 64.73 亿元，同比增长 9.21%；第三产业产值 94.06 亿元，因受新冠疫情影响，同比增长-2.15%。人均地区生产总值 43955 元，同比增长 5.19%。城乡居民生活水平稳步提高。乳源、连南、连山自治县城镇居民人均可支配收入分别为 29698.3 元、27607.1 元、26278.2 元。农村居民人均可支配收入分别为 17185.2 元、15456.1 元、15019.8 元。从支出结构看，食品、居住、交通通信、教育文化娱乐、医疗保健等项目居前列。

二、农业生产持续发展

3个自治县全年完成农林牧渔业总产值47.41亿元，同比增长 11.37%。其中，农业产值 257993 万元，同比增长 5.95%；林业产值 77832 万元，同比增长-4.38%；畜牧业产值 121393 万元，同比增长 41.8%，主要是受到猪肉价格大幅上涨影响，养殖户养殖意愿高，加上龙头企业在自治县投资大型养殖项目；渔业产值 8830 万元，同比增长 6.28%。农作物总播种面积 54.30 千公顷，粮食作物播种面积 22.71 千公顷，粮食总产量 115359.6 吨；茶叶产量 1950 吨，同比增长 5.69%；水果产量 73818 吨，同比增长 7.50%。

三、商贸旅游下降明显

3 个自治县全年社会消费品零售总额 36.98 亿元。限额以上批发业主营业务收入 174.54 亿元；限额以上零售业主营业务收入 3.94 亿元。限额以上住宿业主营业务收入 6404 万元。限额以上餐饮业主营业务收入 7877 万元。3 个自治县共接待游客 601.73 万人次，同比减少 468.02 万人次，同比增长-43.76%。实现旅游收入 46.72 亿元，同比减少 24.37 亿元，同比增长-37.28%。

四、财政收入维持稳定

2020 年，3 个自治县地方一般公共预算收入 9.06 亿元，比减少 0.6 亿元，同比增长-6.21%。其中，乳源自治县 5.65 亿元，比减少 1.26 亿元，同比增长 -18.23%；连南自治县 1.79 亿元，比增加 0.23 亿元，同比增长 14.74%；连山自治县 1.62 亿元，比增加 0.43 亿元，同比增长 36.13%。3 个自治县地方一般预算支出为 69.87 亿元，比增加 3.26 亿元，同比增长 4.89%。乳源、连南、连山自治县地方一般预算支出分别为 30.10 亿元、21.00 亿元、18.77 亿元。金融流通运行平稳。3 个自治县全部金融机构年末各项存款余额 197.26 亿元，比增加 8.91 亿元，同比增长 4.73%。其中，城乡居民储蓄存款年末余额 136.31 亿元，全部金融机构人民币各项贷款余额 95.62 亿元。

五、社会事业长足发展

基础教育平稳发展。3 个自治县共有普通中学 28 所，在校学生 24696 人，专任教师 1945 人。小学 55 所，在校学生 44954 人，专任教师 2461 人。中等职业学校 3 所，在校学生数 1748 人，教职工 189 人，专任教师 160 人。在 2020 年高考招生录取工作中，广东参加高考的少数民族考生 1431 人，有 1350 人被各类高校录取，录取率约 94%，比 2019 年录取率提高 1 个百分点。其中本科录取 459 人，比 2019 年增加 46 人，专科（含高职类）录取 891 人，少数民族班本科录取 299 人。

文化事业扎实推进。广东认真做好第六届全国少数民族文艺会演筹备工作。会同广东省文化与旅游厅对少数民族题材文艺作品进行摸底和遴选，制定了广东参演筹备工作方案，指导民族地区认真搞好参演剧目的复排遴选工作，报送了舞剧《瑶山那抹红》和音乐剧《过山“谣”》参加遴选。经国家有关方面评审，正式确定舞剧《瑶山那抹红》入选第六届全国少数民族文艺会演剧目，并按计划于 2021 年参演。非遗保护取得新进步。广东省“文化和自然遗产日”非遗宣传展示暨“全域旅游在行动·广东人游广东”健康出行季活动在乳源世界过山瑶风情园举办，活动以迎接“文化和自然遗产日”为契机，围绕“魅力非遗·五彩瑶乡”主题，全方位展示了乳源特色文化建设和全域旅游发展新成果，对“非遗+旅游”新模式新业态新品牌的打造起着积极促进作用。国家公园建设出台新规划。广东南岭国家公园规划出台，民族地区多处纳入建设范围。南岭国家公园规划总面积约 2121 平方公里，包括南岭—石门台片区和丹霞山片区，涉及韶关、清远市的 9 个县（市、区）、30 个乡镇，范围内有 18 处自然保护地和国有林场（涉及民族地区的主要有：乳源瑶族自治县、阳山县秤架瑶族乡、英德市石牯镇联山瑶族村）。《广东乳源西京古道国家石漠公园总体规划（2020—2030）》通过专家评审，认为功能分区合理，规划内容全面，建设重点突出，符合区域需求，对落实“一核一带一区”发展战略和建设粤港澳大湾区生态保护屏障具有重要意义。

卫生事业不断改善。3 个自治县共有医院 7 所，基层医疗卫生机构 293 个。医院床位 1554 个，基层医疗卫生机构 618 个。乳源瑶族自治县紧密型医共体总医院揭牌，为县域居民提供公平可及、系统连续、优质高效的预防、治疗、康复、健康促进等卫生健康服务，提升了县域综合服务能力及专科特色品牌，提高医疗资源利用效率和整体效益，积极推动基层首诊、双向转诊、急慢分治、上下联动的分级诊疗模式，努力打造“小病不出镇，大病不出县”的医疗服务体系。连山自治县顺利通过复审，被确认为国家卫生县城，被评为国家森林康养基地。连南中医院（瑶医医院）正式开业。连南瑶族自治县于 2019 年 8 月启动县中医院（瑶医医院）升级改造工作，历经一年时间建设，顺利完成机构编制、人才引进、基础设施建设等工作。该院开业有利于推动连南卫生医疗资源的均等化发展，有利于传承弘扬民族医药文化，辐射带动瑶医瑶药、康养、民族文化旅游等产业发展，对推动连南瑶医瑶药事业高质量发展具有里程碑意义。

（撰稿：余森河　审稿：叶民文）

广西壮族自治区

一、综合

初步核算，全年全区生产总值（GDP）22156.69 亿元，按可比价计算，比上年增长 3.7%。其中，第一产业增加值 3555.82 亿元，增长 5.0%；第二产业增加值 7108.49 亿元，增长 2.2%；第三产业增加值 11492.38 亿元，增长 4.2%。第一、二、三产业增加值占地区生产总值的比重分别为 16.0%、32.1%和 51.9%，对经济增长的贡献率分别为 21.9%、19.9%和 58.2%。

二、农业

全年全区粮食种植面积 2806 千公顷，比上年增加 59 千公顷。全年全区粮食总产量 1370 万吨，比上年增加 38 万吨，增长 2.9%。全年全区油料产量 73.88 万吨，比上年增长 3.2%。甘蔗产量 7412.47 万吨，下降 1.0%。蔬菜产量（含食用菌）3830.77 万吨，增长 5.4%。园林水果产量 2461.11 万吨，增长 15.0%。全年全区猪牛羊禽肉产量 371.3 万吨，与上年基本持平。全年全区水产品产量 343.96 万吨，比上年增长 1.1%。全年全区木材产量 3600 万立方米，比上年增长 2.9%。

三、工业和建筑业

全年全区全部工业增加值 5221.24 亿元，比上年增长 1.2%。规模以上工业增加值增长 1.2%。全年全区规模以上工业企业利润 876 亿元，比上年增长 13.6%。全年全区全社会建筑业增加值 1903.37 亿元，比上年增长 4.9%。全区具有资质等级的总承包和专业承包建筑业企业实现总产值 5853.24 亿元，比上年增长 8.2%。其中国有控股企业 2679.56 亿元，比上年增长 14.6%。

四、服务业

全年全区批发和零售业增加值 1820.31 亿元，比上年增长 3.1%。全年规模以上服务业企业营业收入比上年增长 6.5%，营业利润增长 46.1%。年末全区公路总里程 13.16 万公里，比上年末新增 0.38 万公里；其中，高速公路里程 6803 公里，比上年末新增 777 公里。年末铁路营业总里程 5206 公里，其中高速铁路营业里程 1792 公里。全年全区货物运输总量 18.75 亿吨，比上年增长 2.4%。全年港口货物吞吐量 4.69 亿吨，比上年增长 23.7%，其中外贸货物吞吐量 1.39 亿吨，增长 0.4%。年末全区民用汽车保有量 752.06 万辆，比上年末增长 11.3%，其中私人汽车保有量 688.62 万辆，增长 11.9%。轿车保有量 401.93 万辆，增长 13.5%，其中私人轿车 385.78 万辆，增长 14.3%。

五、国内贸易

全年全区社会消费品零售总额 7831.01 亿元，比上年下降 4.5%。全年全区实物商品网上零售额 614.8 亿元，按可比口径计算，比上年增长 37.7%，占社会消费品零售总额的比重为 7.9%，比上年提高 2.5 个百分点。

六、固定资产投资

全年全区固定资产投资（不含农户）比上年增长 4.2%，其中，第一产业投资增长 9.9%；第二产业投资增长 9.4%，其中工业投资增长 7.7%；第三产业投资增长 2.6%。基础设施投资增长 12.9%。民间固定资产投资下降 6.1%。全年全区房地产开发投资 3845.62 亿元，比上年增长 0.8%。年末商品房待售面积 1281.21 万平方米，比上年末增加 12.25 万平方米。

七、对外经济

全年全区货物进出口总额 4861.34 亿元，比上年增长 3.5%。对东盟国家进出口总额 2375.70 亿元，比上年增长 1.7%。全年全区对外实际投资额（不含银行、证券、保险）4.75 亿美元，比上年增长 52.2%。全年全区对外承包工程营业额 2.70 亿美元，比上年下降 60.4%；对外劳务合作实际收入总额 0.05 亿美元，比上年下降 18.7%。

八、财政金融

全年全区财政收入 2800.61 亿元，比上年下降 5.7%；一般公共预算收入 1716.94 亿元，下降 5.2%，其中税收收入 1113.22 亿元，下降 2.9%，占一般公共预算收入的比重为 64.8%。全区一般公共预算支出 6155.42 亿元，比上年增长 5.2%，其中，民生重点领域支出 4943.95 亿元，增长 5.4%，占一般公共预算支出的比重为 80.3%。年末全区金融机构本外币各项存款余额 34665.55 亿元，比年初增加 3019.55 亿元，其中人民币各项存款余额 34515.57 亿元，增加 3010.59 亿元。年末金融机构本外币各项贷款余额 35196.77 亿元，比年初增加 4699.38 亿元，其中人民币各项贷款余额 34738.99 亿元，增加 4750.47 亿元。

九、居民收入消费和社会保障

全年全区居民人均可支配收入 24562 元，比上年名义增长 5.3%，扣除价格因素，实际增长 2.4%。全年全区居民人均消费支出 16357 元，比上年名义下降 0.4%，扣除价格因素，实际下降 3.1%。年末全区参加城镇职工（包括企业和机关事业单位）基本养老保险人数 919.52 万人，比上年末增加 50 万人。参加城乡居民基本养老保险人数 2437.73 万人，增加 454.05 万人。参加基本医疗保险人数 5214.75 万人，增加 7.6 万人。年末全区共有为儿童提供救助收养服务的机构 47 个，床位 0.40 万张，年末收养 0.20 万人。各类社区服务设施 2357 个，其中社区服务中心 226 个，社区服务站 2131 个。

十、科学技术和教育

全年全区安排科学研究与技术开发计划项目 2799 项，资助经费 71091.90 万元。取得省部级以上登记科技成果 6171 项，其中，应用技术成果 5571 项，软科学研究成果 6 项，基础理论成果 594 项。全年全区专利申请量 54149 件，比上年增长 29.0%，其中发明专利申请量 13703 件，比上年增长 10.0%。

全年全区研究生教育招生 1.99 万人，在校研究生 4.67 万人，毕业生 1.11 万人。普通高等教育招生 38.35 万人，在校生 118.4 万人，毕业生 26.30 万人。各类中等职业教育（不含技工）招生 27.10 万人，在校生 69.99 万人，毕业生 19.10 万人。普通高中招生 40.87 万人，在校生 115.10 万人，毕业生 33.70 万人。普通初中招生 75.50 万人，在校生 225.50 万人，毕业生 70.70 万人。普通小学招生 85.90 万人，在校生 507.20 万人，毕业生 74.70 万人。特殊教育招生 0.75 万人，在校生 4.20 万人，毕业生 0.51 万人。学前教育在园幼儿 226.60 万人。九年义务教育巩固率为 96%，高中阶段毛入学率为 91%。

十一、文化旅游和卫生健康

年末全区共有县级以上公共图书馆 115 个，文化馆 124 个，博物馆 143 个，国有艺术表演团体 95 个。全区共有 52 个项目列入国家级非物质文化遗产名录，914 个项目列入自治区级非物质文化遗产名录。全年全区国际旅游（外汇）消费 0.79 亿美元，下降 97.8%；接待国内旅客 6.61 亿人次，下降 24.0 %；国内旅游消费 7262.08 亿元，下降 27.4%。

年末全区共有医疗卫生机构 33875 个，其中医院 733 个，乡镇卫生院 1265 个，社区卫生服务中心 184 个，诊所（卫生所、医务室）10785 个，村卫生室 19298 个，疾病预防控制中心 121 个，卫生监督所（中心）125 个，妇幼保健院（所、站）105 个。年末全区卫生技术人员 37.21 万人，其中执业医师和执业助理医师 12.55 万人，注册护士 16.75 万人，乡村医生和卫生员 3.01 万人。医疗卫生机构床位 29.56 万张，其中医院 20.20 万张，乡镇卫生院 7.29 万张。

十二、资源、环境和应急管理

全年全区原煤产量比上年增长 1.8%，发电量增长 6.7%，水电、风电、核电等清洁能源发电量增长 7.9%。初步核算，全年全区能源消费总量比上年增长 4%以上。电力消费量增长 6.2%。年末全区共有大型水库 60 座。水资源总量 2169 亿立方米。用水总量 260 亿立方米，比上年下降 8.3%。森林面积 1485.0 万公顷，森林覆盖率 62.5%。全年完成造林面积 223.8 千公顷，其中人工造林面积 87.8 千公顷，占全部造林面积的 39.2%。在监测的 14 个设区市中，空气质量达标率 100%。

（撰稿：翚丽　审稿：覃凤前）

海南省

一、概况

海南省有 6 个民族自治县，分别是昌江黎族自治县、乐东黎族自治县、陵水黎族自治县、白沙黎族自治县、保亭黎族苗族自治县、琼中黎族苗族自治县。民族自治地区陆地面积约 11488.44 平方公里，占全省陆地面积 33.9%。民族自治地区总人口 177.27 万人，其中少数民族人口 92.94 万人，主要以黎、苗族为主。2020 年，民族自治地方围绕建设海南自由贸易港，践行新发展理念，坚决打赢精准脱贫攻坚战，助力乡村振兴，经济结构优化、效益提升，全年自治地方生产总值（GDP）642.87 亿元，按可比价格计算，比上年增长 3.07%，受疫情影响，增长速度明显下滑。其中，第一产业增加值 233.02 亿元，第二产业增加值 120.95 亿元，第三产业增加值 288.89 亿元。

二、农业

民族自治地方大力发展热带特色高效农业，不断完善农业基础设施，加快转型农业发展方式，把农业打造成绿色产业、生态产业、品牌产业。继续巩固橡胶、槟榔等传统产业，大力发展热带特色高效农业，培育一大批国家农产品地理标志和品牌。琼中黎族苗族自治县依托区域优势，按照“打绿色牌，走特色路”的总体发展思路，扎实推进“三农”各项工作，建成槟榔管理示范园区 1.8 万亩，皇爷、湘左记等槟榔加工厂顺利落地，槟榔产值突破 20 亿元，琼中绿橙被国家市场监督总局列入地理标志运用促进项目。乐东黎族自治县引进榴莲、牛油果、燕窝果、葡萄等优新特品种 8000 亩；开工建设 30 万头生猪生态养殖基地，加快恢复生猪产能，存栏 12.86 万头、出栏 13.15 万头。

三、工业

在民族自治地方开展企业复工复产评估工作，帮助解决复工复产企业困难，协调解决企业复工人员管理和留观等实际问题，努力克服新冠疫情影响。昌江黎族自治县严格落实重点项目“六个一”责任模式，全力服务好核电二期、核电小堆、华盛金光等在建项目。琼中黎族苗族自治县积极谋划园区“1+4+X”产业布局，与海口海关开展“一企一策”政策研究，全面推行“极简审批”制度，启动 1586.8 亩用地范围内的土地平整、路网和标准厂房建设，建成生产生活配套设施 2.7 万平方米，完成“三横三纵”路网建设 6.4 公里，新开工项目 8 个。建设园区法治服务中心和组建专业招商服务队伍，引进园区企业 5 家，累计入园企业 40 家，年产值 2 亿元。

四、旅游业

民族自治地方积极探索“旅游+”和“+旅游”发展模式，以节庆赛事为媒，创新推动旅游、文化和体育融合发展。全年接待游客 904.62 万人，旅游总收入 66.77 亿元。乐东黎族自治县积极融入“大三亚”旅游经济圈，推动旅游产业差异化发展，椰林阳光等一批高端酒店项目相继落地，完成尖峰岭3A 级景区初评工作。琼中黎族苗族自治县百花岭热带雨林文化旅游区成为海南中部首家国家 4A 级景区。保亭黎族苗族自治县建成 2 个国家 5A 级景区呀诺达雨林文化旅游区和槟榔谷原生态黎苗文化旅游区、1 个国家 4A 级景区——七仙岭温泉国家森林公园。昌江黎族自治县精心策划了黎花一里 • 三派村 •诗里画里旅游配套展示、“芒果熟了 •好运来了”自驾之旅等内容丰富的旅游活动。

五、重大项目投资建设

民族自治地方持续推动文化体育和娱乐业、制造业、信息传输计算机服务和软件业、农业等行业投资稳速增长，卫生社会保障和社会福利业、教育、水利环境和公共设施管理业等民生和生态领域投入加大。在万洋高速全线贯通的基础上，五指山至保亭至海棠湾高速公路、儋州至白沙高速公路也全线通车。乐东黎族自治县实施调度总投资 500 万元以上的项目 47 个(含省重点项目 3 个)完成投资 30.85 亿元。琼中黎族苗族自治县全年开工建设项目 23 个，总投资 73.6 亿元。保亭黎族苗族自治县完成省重点项目 2 宗，完成年度投资 9.13 亿元。昌江黎族自治县完成重点项目共 77 个，年度累计完成投资 48.8 亿元。

六、人民生活

民族地区城乡居民收入稳定增长，生活水平明显改善，摆脱疫情影响，坚持步伐不乱、热度不减、韧劲齐发，不调减任务，坚持调结构、上项目、增投资、打基础。城镇常住居民人均可支配收入 3.36 万元，增长-4.76%；农村常住居民人均可支配收入 1.48 万元，增长 0.67%。自治地方一般公共财政预算收入 67.13 亿元，上升 6.2%；地方一般公共预算支出 294.18 亿元，增长 9.7%。

七、文化体育

在民族自治地方深入推进“体育+旅游”产业发展。琼中女足“体教融合”模式获得中央领导同志高度认可，6 名队员入选 U19 国家女足集训名单。乐东黎族自治县成功举办羽毛球、乒乓球、业余篮球公开赛等赛事活动。保亭黎族苗族自治县出台《保亭黎族苗族自治县非物质文化遗产优秀代表性传承人奖励办法》，为非遗工作保驾护航。白沙黎族自治县成功承办 2020 年海南省农民男子篮球赛、2020 年全国射箭冠军赛等十余场省级及国家级赛事。

八、教育

2020 年海南省考上世界一流大学和一流学科建设高校获奖励的少数民族学生 408 名，攻读研究生毕业获奖励的少数民族学生 73 名，拨付学生奖励金 255 万元，加快培养海南省少数民族优秀人才，促进各民族共同团结奋斗，助推海南自由贸易港建设。乐东黎族自治县高标准建成县第一小学，新增学位 2160 个。琼中黎族苗族自治县 27 所“一村一园”全面启用，新建 4 所乡镇幼儿园、16 个校园游泳池投入使用。白沙黎族自治县 2020 年有标准化学校 38 所，县级规范化学校 33 所，省级规范化学校 5 所。

九、医疗卫生

民族自治地方全面深化“合作办医”，深化医药卫生体制改革，持续完善急救网络体系建设。武汉大学的常驻专家在昌江黎族自治县举办各类专业授课和业务培训近百场，培训基层医务人员 12000 余人次。乐东黎族自治县组建流行病学调查、核酸采样及消杀专业队伍 1113 人，监测发热病人 1.57 万人次，未出现聚集性感染病例和二代传播病例。白沙黎族自治县有基层医疗卫生机构标准化建设项目共 75 个，均于 2020 年 12 月前全部竣工。陵水黎族自治县落实“四早”措施。全年对重点人群累计核酸检测共 6 万余人次，结果均为阴性。

十、社会保障

民族自治地方实现五项社会保险省级统筹，完善社会保障体系。提高养老保险、工伤保险和失业保险基金共济能力和使用效率。推动形成低保、特困人员和低收入家庭梯度救助格局。完善大病保险、困难群众大病补充医疗保险保障。加强残疾人权益保障，发挥公办养老机构兜底作用，优化养老服务供给，做好城乡低收入家庭专项救助和困难职工解困脱困工作。琼中黎族苗族自治县组建“菜篮子”平台公司，全面落实粮食安全和“菜篮子”县长责任制。保亭黎族苗族自治县按时足额发放 20590 名离退休人员养老金，共支出 7.03 亿元；陵水黎族自治县城镇新增就业 7946 人，农村劳动力转移就业 10893 人。

（撰稿：韦公宁　审稿：王践）

重庆市

一、民族自治地方经济发展

重庆市民族地区共有 4 个自治县，分别为石柱土家族自治县、酉阳土家族苗族自治县、秀山土家族苗族自治县和彭水苗族土家族自治县，辖 55 个乡，71 个镇，12 个街道办事处，总面积 14540.25 平方公里。年末常住人口 227.6545 万人，其中少数民族人口 203.5554 万人。按城乡分，城镇人口 85.8634 万人，乡村人口 191.7911 万人。按性别分，男性人口 146.4043 万人，女性人口 131.2502 万人。

2020 年，重庆市民族地区坚持以习近平新时代中国特色社会主义思想为指导，全面贯彻党的十九大和十九届历次全会精神，增强“四个意识”，坚定“四个自信”，做到“两个维护”，深化落实习近平总书记对重庆提出的“两点”定位、“两地”“两高”目标、发挥“三个作用”和营造良好整治生态的重要指示要求，紧扣全面建成小康社会目标任务，坚持稳中求进工作总基调，坚持新发展理念，坚持以供给侧结构性改革为主线，坚持以改革开放为动力，坚决打赢“三大攻坚战”，深入实施“八项行动计划”，全面做好“六稳”“六保”工作，确保了民族地区经济稳步增长，脱贫攻坚取得决定性成效。

（一）经济运行基本情况

2020 年，民族地区地区生产总值（当年价格）达到 9185707 万元，增速 3.3%。其中：第一产业增加值 1402583 万元，增速 5%；第二产业增加值 2820992 万元，增速 3%；第三产业增加值 4962132 万元，增速 3%；人均生产总值 45375 万元。

（二）农业生产稳步增长

2020 年，全年实现农林牧渔业总产值 2322684 万元，增速 5.3%。其中：农业 1307878 万元，增速 6.4%；林业 149025 万元，增速 10.3%；牧业 801847 万元，增速 3.1%；渔业 31444 万元，增速-0.9%。

全年农作物总播种面积为 452.6915 千公顷，粮食作物播种面积 256.7456 千公顷，油料播种面积 58.124 千公顷。全年粮食总产量为 1202172 吨；油料产量 110371.9 吨；烟叶产量 22519 吨；茶叶产量 11370.2 吨。

年末实有耕地面积 266.75 千公顷，有效灌溉面积 63.84 千公顷，造林面积 78.85 千公顷；农业化肥施用量 11.63 万吨；农村用电量 71801 万千瓦小时。

年末大牲畜存栏 33.93 万头，猪 113.95 万头，羊 55 万头。大牲畜出栏 17.94 万头，猪 153.1 万头，羊 74.66 万头。肉类总产量达到 176136 吨，其中猪肉 116050 吨，牛肉 23832 吨，羊肉 11322 吨。

（三）工业结构调整成效初显

2020 年，民族地区规模以上工业企业 170 个，其中国有企业 15 个，集体企业 1 个，股份合作企业 41 个。规模以上工业企业资产合计 4776426 万元，较上年增加 189800 万元；流动资产合计 1466777 万元，所有者权益 1801016 万元，实现主营业务收入 1997063 万元，利润总额 200787 万元。全年发电量 112.4 亿千瓦时，水泥产量 380.42 万吨。

（四）固定资产投资增速平稳

2020 年，民族地区全年固定资产投资（不含农户）增速为 6.5%。按企业类型分：国有企业固定资产增速-24.6%；私营企业固定资产投资增速 41.8%；利用外商和港澳台投资企业增速 455.9%。按资金来源分：国家预算资金增速 4.75%；国内贷款-37%；利用外资 82.5%。

（五）地方财政税收收入取得突破

2020 年，民族地区一般公共预算收入 445313 万元，比上年增长 4260 万元。其中税收收入 329425 万元，较上年增加 8828 万元。全年一般公共预算支出 2564822 万元。其中教育支出 548506 万元，社会保障和就业支出 290267 万元，医疗卫生与计划生育支出 312777 万元，文化体育与传媒支出 28031 万元，科技技术支出 14632 万元。

（六）金融业稳定运行

2020 年，民族地区金融机构存贷款额有所增加。全部金融机构各项存款总额 10386438 万元，其中，城乡居民储蓄存款年末余额 7958204 万元；全部金融机构各项贷款总额 9545199 万元。

（七）商贸旅游发展和对外贸易态势良好

2020 年，民族地区实现全年社会消费品零售总额 4790801.7 万元，同比增长-1.8%；网上零售额 76630.4 万元，同比增长 5.6%。限额以上批发业商品购进额 1474572.6 万元，商品销售额 1770778.9 万元；期末商品库存额 49675.9 万元；主营业务收入 1702774 万元，主营业务利润 106013.1 万元。限额以上零售业商品购进额 765854.4 万元，销售额 927057.4 万元，商品期末库存 48630.8 万元；主营业务收入 783546.8 万元，主营业务利润 27976.2 万元。限额以上住宿也法人企业 32 个，年末从业人数 1184 人；营业总额 33544 万元；主营业务收入 24341 万元，主营业务利润 1026 万元。限额以上餐饮业法人企业 56 个，年末从业人数 1037 人；营业总额 63907 万元；主营业务收入 36275 万元，利润 3877 万元。

2020 年，民族地区进出口总额 506448 万元。其中：进口总额 236097 万元，出口总额 270351 万元。共接待游客 77425538 人次，共实现旅游收入 4256984 万元。

（八）城乡居民收入持续增长

2020 年，民族地区全体城镇居民人均可支配收入 34381 元，城镇居民人均消费支出 20039 元。其中：食品烟酒 6926 元；生活用品及服务 1371 元；交通通信 1854 元；教育文化娱乐 2031 元；医疗保健 1332 元。农村居民人均可支配收入 13115 元，农村居民人均消费支出 10786 元。其中：食品烟酒 4214 元；生活用品及服务 774 元；交通通信 1129 元；教育文化娱乐 1069 元；医疗保健 750 元。

（九）交通运输、邮电、互联网加快完善

2020 年，重庆市民族地区进一步加大基础设施建设力度，交通运输、邮电、互联网条件进一步改善。公路线路里程总计 25134.66 公里。其中等级公路 22153.42 公里，高速公路 353.76 公里；完成客运量总计 2920.2533 万人次；完成货运量总计 2203.6517 万吨。拥有民用汽车 39.4964 万辆，其中载客汽车 31.9853 万辆，载货汽车 7.5111 万辆。邮政业务总量 44229.18 万元，营业网点 222 处，邮路总长度 6554.4 公里，电信业务总量 131602.325 万元；互联网宽带计入用户 62.4817 万户。

二、社会事业发展

（一）教育事业稳步发展

2020 年，民族地区教育事业得到进一步发展。共有中等学校 113 所，（普通中学 104 所，职业中学 9 所）；小学 421 所。年末在校学生：普通中学 160537 人，职业中学 17526 人，小学 178969 人。专任教师：普通中学 11379 人，职业中学 1157 人，小学 12626 人。教育经费支出 647892 万元，比上年增加 39081.42 万元。

（二）卫生事业健康发展

2020 年，民族地区共拥有医疗卫生机构 1425 个。其中：医院 38 个，基层医疗卫生机构 1371 个，卫生院 130 个，村卫生室 1016 个。拥有医疗卫生机构床位 13511 张。卫生人员 14233 人，卫生技术人员 11020 人（执业/助理医生 4475 人），乡村医生和卫生员 1724 人。医疗卫生基础设施和医疗器械设备得到进一步完善，医疗技术人员能力不断提高，处置突发性公共卫生事件的能力进一步增强。

（三）社会保障体系进一步健全和完善

2020 年，民族地区城镇居民最低生活保障人数 27197 人，最低生活保障支出 19047.65 万元；农村居民最低生活保障人数 91510 人，最低生活保障支出 47856.28 万元。参加城镇职工基本养老保险 19.21 万人，基本医疗保险 17.3 万人；参加城乡居民基本养老保险 116.07 万人，基本医疗保险 229.74 万人。

（四）生态环境保护不断提升

在发展经济的同时，重庆市民族地区更加注重生态环境的保护和综合治理，水环境质量、声环境质量、大气环境质量有了明显改善，有力地促进了生态环境质量的改善和经济、社会、环境的协调发展。全年环境空气质量满足优良天数平均为 356 天，环境空气质量优良天数比率平均值为 97.4%。

（撰稿：谢婧灵　审稿：向远道）

四川省

2020 年，四川民族自治地方在省委、省政府的坚强领导下，坚持把稳增长放在突出位置，着力统筹城乡、区域协调发展，着力加快新型城镇化进程，着力深化改革开放，着力加强节能减排和生态建设，保持经济平稳较快发展。在国家有关部委的关心支持下，持续用力聚焦脱贫攻坚成果持续巩固拓展，乡村振兴战略高位开局，全域旅游格局不断深化，城镇化进程持续加快，道路交通条件显著改善，构建特色生态产业体系初见规模，全力推动中央支持民族地区发展政策措施不折不扣落地落实，促进民族自治地方经济社会发展取得新成效。

一、经济规模继续扩大，经济结构持续优化

2020 年，四川民族自治地方实现地区生产总值（GDP）2746.1 亿元。其中，第一产业 606.2 亿元，第二产业 827.9 亿元，第三产业 1311.9 亿元，人均地区生产总值达 27135 元。第一产业比上年增长 5.1%；第二产业比上年增长 5.1%；第三产业比上年增长 1.6%。三次产业结构从上年的 20.7 : 31.3 : 48.0 调整为 20.2 : 30.8 : 49.0。

二、乡村振兴深入实施，居民收入显著提升

在乡村振兴战略的深入实施和巩固脱贫攻坚成果的强力推进下，着力培育发展特色农牧业，“圣洁甘孜”入选全省十佳农产品区域公用品牌，“净土阿坝”“大凉山”品牌影响力持续扩大。民族自治地方民生持续改善，居民收入继续保持较快增长。其中，城镇居民人均可支配收入 35495 元，增长 5.6%；农村居民人均可支配收 14675 元，增长 6.9%。其中，阿坝州、甘孜州、凉山州农村居民人均可支配收入分别增长 10.5%. 10.8%. 10.8%，均高于全省平均水平。

三、着力做强做大产业，推动结构优化升级

农业生产保持稳定。实现第一产业增加值 606.24 亿元，比上年增长 1.4%，增速比全省平均水平高 0.4 个百分点。民族自治地方粮食产量达 309 万吨，油料产量 7.1 万吨，糖料、茶业、水果产量分别为 4.9、11.9、235.4 万吨，其中，凉山州的水果产量占民族自治地方的 85%。工业生产实现工业增加值 827.97 亿元。其中，凉山州实现工业增加值 559.55 亿元，占民族自治地方工业比重 67.5%；甘放州工业增加值 105.34 亿元，增长 41.2%；阿坝州工业增加值 96.45 亿元，增长 20%。服务业稳步发展。实现服务业增加值 1311.94 亿元，增速比上年提高 0.8 个百分点。其中，凉山州实现服务业增加值 766.86 亿元，占民族自治地方服务业总量的 58.4%，增长 2.3%；甘孜州全年实现服务业增加值 224.6 亿元。

四、投资快速回升，消费市场增势平稳

全社会固定资产投资比上年增长 9.6%，增速比上年低 0.35 个百分点。其中，凉山州全社会固定资产投资增长 12.4%。同时主要基础设施投资大幅增长，电、热、燃气和水生产和供应业投资增长近 5 倍，高速公路投资增长 1.7 倍。甘孜州全社会固定资产投资增长 0.7%，其中服务业投资占比超过六成。阿坝州全社会固定资产投资增长 12.3%，增速比去年提高 0.1 个百分点，其中 5000 万以上项目投资增长 55%。民族自治地方全年实现社会消费品零售总额 966.91 亿元，比上年减少 0.9%。

五、基础设施加快建设，发展瓶颈逐步突破

不断加大对基础设施加快建设投入。甘孜机场投入运营，会东机场已开展选址工作，北川通用机场正加快前期。铁路方面，川藏铁路雅安至林芝段前期工作取得突破性进展，推动成昆铁路峨眉至米易段扩能改造工程、成兰铁路成都至黄胜关段加快建设。推动雅安至康定高速公路全线建成通车，汶川至马尔康高速部分通车，结束阿坝、甘孜州府不通高速公路历史。积极支持民族地区大中型水利工程建设，凉山州大桥水库灌区二期工程开工建设。

商财政厅、水利厅提前安排下达省级补助投资，大力支持工程加快建设。积极推进盐源县龙塘水库及灌区项目前期工作。白玉赠科等骨干水利工程推进顺利。继续推进实施贫困县省级“宽带乡村”工程。加快实施村村通光纤、村村通 4G 和道路沿线移动通信网络覆盖三大工程，同时，积极推进网络扶贫试点相关工作。加快推动“互联网+”政务服务、益民服务、现代农业、电子商务、普惠金融、乡村旅游等向广大民族地区延伸，让广大民族地区群众在共享互联网发展成果上有更多获得感。

六、巩固脱贫攻坚成效显著，加强生态环境保护

大力实施全省十项民生工程及 20 件民生实事，深入落实综合帮扶凉山州脱贫攻坚政策。“六项民生工程计划”持续推进，会同涉藏州县和省级相关部门，共同努力、协同推进，打好政策组合拳，各项民生工程有序推进。到位资金超过 70 亿元，中央、省级、州县均已超计划完成年度筹资任务，涉藏州县全部实现整体脱贫。深入实施民族自治地方十五年免费教育，严格落实义务教育“控辍保学”工作。持续实施民族地区卫生发展十年行动计划，务实推进易地扶贫搬迁工程。深入开展天然林资源保护、退耕还林、退牧还草、石漠化综合治理和沙化土地治理等重点生态工程建设，治理中、重度沙化土地 15.2 万亩。大力实施县级污水、垃圾处理工程，已建成 90 个、在建 6 个。奋力推进九寨沟地震、白格堰塞湖、汶川泥石流等灾后恢复重建，加强防灾减灾项目建设。严格落实《国家重点生态功能区产业准入负面清单》，积极探索建立禁止开发区域保护制度，建立完善生态文明建设信息共享制度。阿坝州成功获评为全国生态保护与建设典型示范区。

（撰稿：李学华　审稿：滕明兵）

贵州省

贵州有 17 个世居少数民族，少数民族常住人口 1405.03 万人，占全省常住总人口（3856.21 万人）的 36.44%。有 3 个自治州、11 个自治县和 193 个民族乡，民族自治地方（3 州 11 自治县）总面积 9.8 万平方公里，占全省面积的 55.5%，民族自治地方常住人口 1434.00 万人，占全省常住总人口的 37.2%。森林覆盖率 60%，城镇人口占比为 35.3%。

一、地区生产总值

2020 年，民族自治地方地区生产总值 5408.22 亿元，比上年（5100.23 亿元）增加 308.99 亿元，其中第一产业、第二产业、第三产业分别为 1128.25、1543.18、2737.79 亿元；地区生产总值增速为 4.39%，比全省低 0.1 个百分点；其中第一产业、第二产业、第三产业增速分别为 6.48%、3.95%、3.67%；人均地区生产总值 37108 元，比上年（36964 元）增加 144 元。

二、脱贫攻坚

党的十八大以来，民族自治地方累计脱贫 492.1 万人，占全省脱贫人口总数（923 万人）的 53.3%；42 个贫困县全部摘帽，占全省摘帽贫困县总数（66 个贫困县）的 64%；4829 个贫困村全部退出，占全省退出贫困村总数（9000 个贫困村）的 54%，2020 年民族自治地方农村常住居民人均可支配收入 11553 元，比上年（10617 元）增加 936 元，比 2015 年（7214 元）增加 4339 元，增长 60.15%，各族群众生活水平大幅提高。

三、农业

民族自治地方全年农林牧渔业总产值 1879.59 亿元，比上年增长 6.9%。其中，农业 1133.59 亿元，增长 8.98%；林业 151.45 亿元，增长 5.63%；牧业 473.64 亿元，增长 3.32%；渔业 31.34 亿元，增长 11.06%。全年农作物播种面积 2167.7 千公顷，粮食作物种植面积 1110.4 千公顷；烟叶产量（未加工烟

草）10.43 万吨。粮食总产量 644.75 万吨。茶叶产量 9.7 万吨，水果产量 239.44 万吨，油料产量 47.82 万吨。年末实有耕地面积 1472 千公顷，有效灌溉面积 532.46 千公顷，造林面积 218.8 公顷；农业机械总动力 936.66 万千瓦，农村用电量 453604 万千瓦小时。年末大牲畜存栏 151.6 万头，猪 652.14 万头，羊 203.51 万头。大牲畜出栏 61 万头，猪 691.4 万头，羊 162.5 万头。肉类产量 83.2 万吨，水产品产量 67 万吨。

四、工业和建筑业

全年民族自治地方规模以上工业企业 1998 个，其中国有企业 44 个，集体企业 3 个，股份合作企业 91 个，港、澳、台商投资企业 35 个，外商投资企业 82 个。规模以上工业企业资产总计 3800 亿元，流动资产合计 1309.7 亿元，所有者权益合计 1227.29 亿元，全年规模以上工业企业主营业务收入 2261.52 亿元，实现利润总额 124.77 亿元。原煤产量 1466 万吨，农用氮磷钾化肥总计（折纯）94.6 万吨，比上年增加 1%。发电量 722.4 亿千瓦时。水泥 3623.54 万吨。建筑业总产值 703.25 亿元，建筑业增加值 182.92 亿元，实现利润 21.7 亿元。

五、市场和物价

民族自治地方全年社会消费品零售总额 1826.99 亿元，比上年增长 4.7%，比全省低 0.2 个百分点。限额以上批发业经营法人企业 264 个，限额以上零售业经营法人企业 507 个，限额以上住宿业经营法人企业 156 个，限额以上餐饮业经营法人企业 141 个，对外贸易、利用外资进出口总额 27.5 亿美元，其中进口总额 1.25 亿元，出口总额 26.2 亿元。

六、交通运输、邮电和旅游

民族自治地方民用汽车 172.6 万辆，载客汽车 54.7 万辆，载货汽车 22.5 万辆；民用机场 5 个，定期航班航线 43 条。全年邮电业务总量 211.8 亿元，比上年增长 10.9%。年末移动电话用户 1609.4 万户，固定电话年末用户 276.3 万户，互联网宽带接入用户 530 万户，邮政局所（营业网点）2184 处，邮政总长度 31423.5 公里，农村投递线路总长度 519074.8 公里。互联网宽带接入 10283.5 万户。电子商务企业 5630 个，电子商务交易额达 19.35 亿元。全年全省邮政行业业务总量 85.48 亿元，比上年增长 12.4%。全年完成邮政函件业务 3809.24 万件，比上年下降 37.5%；快递业务量 2.82 亿件，增长 14.5%；快递业务收入 52.21 亿元，增长 13.2%。旅游业持续“井喷”，贵州省民族自治地方旅行社总数 156 个，旅游总人数 2.8 亿人次。其中，接待国内旅游人数 2.69 亿人次。实现国内旅游收入 2623 亿元，国际旅游收入 5114.7 万美元。

七、财政和金融

民族自治地方一般公共预算收入 354.15 亿元，比上年增长 6.3%，其中税收收入 217.08 亿元；全年一般公共预算支出 1771.7 亿元，比上年增长 3.7%。其中，教育支出 380.67 亿元，增长 4.2%；社会保障和就业支出 199.1 亿元，增长 7.0%；医疗卫生与计划生育支出 193.2 亿元，增长 4.6%；农林水支出 335.6 亿元，文化体育与传媒支出 21.1 亿元，科技技术支出 32.3 亿元。黔西南州、黔东南州和黔南州一般公共预算财政收入增长率分别为 3.1%、2.8%和 0.4%，一般公共预算财政支出分别增长 6.2%、-5.1%和 2.3%，财政收入乏力、支出缺口大的现象更加明显，产业发展对域外“支持型”资金的依赖度高成为 3 个自治州发展的唯一选择。

八、人民生活

居民收入持续增加，贵州省民族自治地方全年城镇常住居民人均可支配收入、农村常住居民人均可支配收入分别为 32741 元和 10617 元，分别比全省低 1769 元和 1025 元，比上年名义增长 9.8%和 14.0%。

九、教育

民族自治地方年末普通高等学校、普通中学、中等职业学校、普通小校分别为 15、148、65、2645 所，在校生数分别为 127947、418351、147187、1190325 人，各级各类学校专任教师数为 139035 人。教育经费支出 287.68 亿元。九年义务教育巩固率 92.5%，高中阶段毛入学率 88.5%，高等教育毛入学率 36.0%，在西部率先实现县域义务教育基本均衡发展。小学学龄儿童入学率 99.6%，比上年提高 0.1

个百分点；初中阶段毛入学率 99.1%，比上年提高 0.1 个百分点；高中阶段毛入学率 88.5%，比上年提高 0.5 个百分点。

十、文化、卫生和体育

民族自治地方年末共有艺术表演团体 100 个，文化馆 54 个，公共图书馆 50 个，博物馆 54 个。全年图书印数 40.5 万册，图书种类 349 种，报纸种类 109 种，报纸印数 2800 万册。

民族自治地方年末共有医疗卫生机构 11528 个。其中，医院 534 个、卫生院 771 个，村卫生室 8783 个。医疗卫生机构床位数 94635 张，比上年末增长 9.5%。卫生机构人员数 118580 人，比上年末增长 1.9%，卫生技术人员 90414 人，比上年末增长 2.5%。其中，执业（助理）医师数 31719 人，乡村医生和卫生员 13454 人。千人床位数 6.6 张，比全省平均水平低 0.5 张，千人卫生人员数 8.2 人，比全省平均水平低 1.7 人，千人卫生技术人员数 6.3 人，比全省平均水平低 1.2 人。

十一、人口、就业和社会保障

民族自治地方年末总人口 1848 万人。其中，少数民族人口 1129 万人。按性别划分，男性 965.6 万人，女性 862.4 万人；按城乡划分，城镇人口为 647.66 万人，乡村人口为 1197.5 万人。年末全省常住人口 3622.95 万人，比上年末增加 22.95 万人。其中，城镇常住人口 1775.97 万人，占年末常住人口的比重为 49.02%，比上年末提高 1.5 个百分点。全年出生人口 49.30 万人，出生率为 13.65‰；死亡人口 25.10 万人，死亡率为 6.95‰；自然增长率为 6.7‰。

社会保障网进一步织密兜牢。民族自治地方年末城镇居民最低生活保障人数 39.9 万人，农村居民最低生活保障人数 138.7 万人，比上年下降 9.4%；城镇社区服务机构 4093 个。年末参加城镇职工基本医疗保险 146.5 万人，年末参加城乡居民基本医疗保险 1532.7 万人，年末参加城镇职工基本养老保险 128.3 万人，年末参加城乡居民基本养老保险 868.9 万人。

（撰稿：张发刚　审稿：吴继堂）

云南省

2020 年，面对新冠肺炎疫情的严重冲击，在省委、省政府的坚强领导下，云南民族自治地方全面贯彻落实党中央、国务院和省委、省政府决策部署，科学统筹疫情防控和经济社会发展，扎实做好“六稳”工作，全面落实“六保”任务，经济呈现良好复苏势头，“十三五”规划圆满收官，脱贫攻坚战取得全面胜利，民族团结进步的局面进一步巩固提升。

一、经济复苏趋稳发展

推动“两新一重”建设，深入打造世界一流“三张牌”，加快构建五个万亿级、八个千亿级现代产业体系，实施产业发展“双百”工程。加快优势产业数字化转型发展，持续实施服务业经济倍增计划。启动各类开发区优化提升工作。数字经济等新动能快速发展。绿色能源成为第一大产业。高原特色农业全面提升。智慧旅游站到行业制高点。抓好消费领域复业复市、稳增长促消费各项工作，市场消费加快复苏回暖。民族自治地方经济发展主要指标增幅保持高于全省平均水平。2020 年，民族自治地方实现地区生产总值 10090.8 亿元，比上年增长 4.6%，增幅高于全省平均水平 0.6 个百分点，其中：第一产业增加值 2005.97 亿元，第二产业增加值 3227.37 亿元，第三产业增加值 4857.46 亿元，分别比上年增长 5.8%、5.0%、3.8%，增幅分别高于全省平均水平 0.1、1.4、0 个百分点。人均地区生产总值 45761 元，比上年增长 5.0%，高于全省平均增速 1.3 个百分点。实现全部工业增加值 1992.22 亿元，比上年增长 3.1%，高于全省平均增速 0.7 个百分点。社会消费品零售总额 3973.99 亿元，比上年减少 4.35%。固定资产投资（不含农户）比上年增长 8.6%，比全省平均增速高 0.9 个百分点。城镇常住居民人均可支配收入 36241 元，比上年增长

3.7%，比全省平均增速高 0.2 个百分点；农村常住居民人均可支配收入 12840 元，比上年增长 7.9%，与全省平均水平持平。

二、城乡区域发展协调性不断增强

出台促进区域协调发展实施方案、建立健全城乡融合发展体制机制政策措施。滇中城市群和蒙自、大理等城市加快建设。民族自治地方农业转移人口市民化步伐加快。大力发展县域经济，奖补一批县域经济发展 10 强县及县域跨越发展先进县、进位县。加快实施乡村振兴战略规划，农业供给侧结构性改革深入推进，高原特色现代农业不断发展壮大。全省茶叶、花卉等 8 个重点产业综合产值保持两位数的增长速度。2020 年出口农产品 323.8 万吨，出口额 360.7 亿元，同比分别增长 16.4%、8.9%，为全省第一大出口商品。正式发布全国首个省级区块链溯源商品码“孔雀码”，成立全国首个省级区块链中心。认定 200 个“绿色食品牌”省级产业基地，电商进农村示范县数量居全国前列。民族自治地方农业经济指标稳步增长，农民收入水平稳步提高。2020 年云南省民族自治地方农林牧渔业总产值 336.92 亿元，比上年增长 5.0%。粮食总产量达到 1048.08 万吨，比上年增长 1.3%；人均粮食产量 459 千克，比上年增加 21 千克，比全省人均粮食产量多 63 千克。水果产量 734.08 万吨，比上年增长 10.6%，人均水果产量 333 千克，比全省人均水果产量多 129 千克。蔬菜产量 1355.31 万吨，比上年增长 11.3%，人均蔬菜产量 614 千克，比上年增加 98 千克，比全省人均蔬菜产量多 82 千克。烤烟产量 44.43 万吨，比上年增长 4.3%。茶叶产量 27.7 万吨，比上年增长 6.1%。油料产量 26.37 万吨，比上年增长 3.0%，人均油料产量 12 千克。甘蔗产量 1315.56 万吨，比上年增长 4.3%；年末大牲畜存栏数 569.6 万头，猪存栏 1392.2 万头，羊存栏 704.6 万头。农业机械总动力 1833.8 万千瓦，比上年增长 8%。

三、基础设施建设迈上新台阶

出台云南省推进新型基础设施建设实施方案，实施基础设施“双十”重大工程项目，“五网”基础设施建设取得新突破。高速公路建设“能通全通”“互联互通”加快推进，2020 年全省新增高速公路 3000 公里，总里程超过 9000 公里，110 个县（市、区）实现通高速。其中，全省民族自治地方高速公路通车里程 4600 公里。全省铁路营业里程 4233 公里，其中高铁里程 1105 公里。大理至临沧铁路建成通车。红河、文山、楚雄、大理 4 个自治州进入高铁时代。红河州蒙自机场开工建设。乌东德水电站首批机组投产发电。滇中引水工程加快建设，水利投资增速全国第一。实施“数字云南”信息通信基础设施建设三年行动计划。全省基本实现光网覆盖。建成 5G 基站 1.85 万个，4G 和固定宽带实现行政村全覆盖。16 个州市建成区块链服务网络城市节点，建成一批智慧交通、智慧能源、智慧旅游、工业互联网试点示范。

四、生态文明建设不断加强

稳步推进国土空间规划编制，初步建立“三线一单”生态环境分区管控体系。建成一批美丽县城、美丽乡村、美丽公路、美丽湖泊。全年新增水土流失治理面积 5243.53 平方公里。六大水系出境跨界断面水质 100%达标。州市政府所在地城市空气质量优良天数比率达 98.8%。能耗双控目标全面完成，规模以上单位工业增加值能耗下降 6.9%。化肥、农药使用量连续 4 年负增长。农村人居环境整治三年行动计划目标任务基本完成，全省创建一批农村人居环境省级示范县和省级示范村。全年全省完成人工造林面积 25.4 万公顷，退化林修复面积 2.6 万公顷，森林覆盖率达 65.04 %，楚雄、景洪等 6 个城市荣获“国家森林城市”称号，全省 235 个乡村获评“国家森林乡村”，评价认定“省级森林乡村”1081 个。全省呈现出绿化造林稳步推进、森林面积和活立木蓄积量持续增长、森林覆盖率持续提高、森林固碳能力持续增强，生态底色进一步夯实的可喜局面。

五、民生保障水平不断提高

2020 年全省压缩政府一般性支出和非急需、非刚性支出，保障民生支出，财政民生支出占比 73.9%，用政府紧日子换来百姓的好日子。民族自治地方城乡居民人均可支配收入分别增长 3.7%、7.9%。教育方面：实施“一村一幼”、“一乡一公办”建设项目和义务教育薄弱环节改善与能力提升工程。九年义务教育巩固率 96.2%，比上年提高 1.4

个百分点。实施全省普通高中新建、改扩建项目，高中阶段教育毛入学率达 91.0%。高等教育毛入学率达 50.1%“双一流”建设成效明显。医疗卫生方面：公共卫生补短板力度空前，三甲医院实现州市全覆盖，在全国率先启动实施重大传染病救治能力和疾控机构核心能力“双提升”工程，实现核酸检测能力县级全覆盖。完成县级公立医院提质达标晋级工作。采取医保特殊报销、临时纳入支付范围等政策，及时保障新型冠状病毒感染患者救治。出台促进 3 岁以下婴幼儿照护服务发展的政策措施。文化方面：公共图书馆、文化馆实现县（市、区）以上全覆盖。全省广播、电视人口覆盖率分别达到 99.3%和 99.4%。

六、对内对外改革开放水平持续提升

2020 年云南省民族自治地方实现进出口总额 1202.3 亿元，比上年增长 3.5%。接待国内外游客 2.55 亿人次，比上年同期减少 35.9%，实现国际旅游收入 3.1 亿美元，比上年大幅减少，实现国内旅游收入 2962.1 亿元，比上年同期减少 42.8%。政务服务“好差评”、营商环境“红黑榜”等制度全面推开，审批事项网上可办率达 95%，58 项政务服务事项实现“跨省通办”。新增一批国家级文旅品牌，大滇西旅游环线、半山酒店、特色小镇等成为旅游新亮点。发展动力活力持续增强。

七、财政金融运行持续稳健

2020 年云南民族自治地方完成地方一般公共预算收入 613.11 亿元，比上年增长 3.3%；完成地方一般公共预算支出 2805.08 亿元，比上年同期增长 1.8%。民族自治地方全部金融机构人民币各项存款余额为 10435.1 亿元，比年初增长 6.8%，其中：城乡居民储蓄存款年末余额 6659.1 亿元，比年初增长 10.1%；全部金融机构各项人民币贷款余额 8342.9 亿元，比年初增长 13.2%。金融风险总体可控，省属国有企业负债率持续下降。地方政府隐性债务风险进一步得到化解。银行不良贷款余额和不良率持续双降。P2P 网贷风险整治效果明显。无分歧欠款清偿工作提前完成。

（撰稿：易永红　审稿：陈新华）

西藏自治区

2020 年，西藏自治区党委、政府坚决贯彻党中央决策部署，统筹推进疫情防控和经济社会发展，坚持稳中求进工作总基调，扎实做好“六稳”工作，全面落实“六保”任务，复工复产复商复市加快推进，经济运行平稳向好，就业民生保障有力，主要指标加快恢复。

2020 年，全年地区生产总值 1902.74 亿元，按可比价格计算，比上年增长 7.8%。分产业看，第一产业增加值 150.65 亿元，增长 7.7%；第二产业增加值 798.25 亿元，增长 18.3%；第三产业增加值 953.84 亿元，增长 1.4%。

一、农业生产形势良好，主要农产品产量稳中有升

全年全区农林牧渔业总产值 233.5 亿元，比上年增长 7.9%；粮食产量 103.96 万吨，“十三五”期间连续 5 年稳定在 100 万吨以上，其中青稞产量 79.50 万吨；牛存栏 624.02 万头，增长 0.3%；生猪存栏 50.15 万头，增长 61.0%；牛出栏 139.05 万头，增长 1.1%；生猪出栏 14.21 万头，增长 12.6%；猪牛羊肉产量 27.79 万吨，增长 0.1%；奶类产量 49.17 万吨，增长 5.4%；蔬菜产量 84.36 万吨，增长 8.9%。

二、工业生产加快，主要产品产量持续增长

全年全区规模以上工业增加值比上年增长 9.6%，增速比上年提高 6.6 个百分点。分经济类型看，国有企业增长 4.4%，股份制企业增长 5.7%，外商及港澳台企业增长 21.0%，非公有工业增长 10.1%。

三、规模以上服务业企业营业收入降幅持续收窄，企业营业利润扭亏为盈

1—11 月份，全区规模以上服务业企业营业收入 143.42 亿元，比上年同期下降 19.1%，降幅较 1—10 月份收窄 1.6 个百分点。其他营利性服务业营业收入 40.20 亿元，下降 34.1%，降幅较 1—10 月份收窄 2.0 个百分点。规模以上服务业企业营业利润 118.60 万元，实现扭亏为盈。从盈利面看，19 个行业大类中，11 个行业实现盈利，行业盈利面为 57.9%。

四、固定资产投资平稳增长，民间投资占比提高

全年全区固定资产投资比上年增长 5.4%。分产业看，第一产业投资增长 18.0%，第二产业投资增长 28.0%，第三产业投资下降 0.2%。从项目规模看，500—5000 万元项目完成投资增长 31.9%，5000 万元以上项目（含房地产）完成投资增长 0.9%。民间投资增长 31.1%，占固定资产投资比重由上年的 11.9%提高到 14.8%，提高 2.9 个百分点。

五、消费市场加快回暖，刚需类商品增长较快

全年全区社会消费品零售总额 745.78 亿元，比上年下降 3.6%，降幅比一季度、上半年、前三季度分别收窄 16.2、9.0、3.8 个百分点。其中限额以上消费品零售额 182.59 亿元，下降 4.3%。按经营单位所在地分，城镇消费品零售额 614.92 亿元，下降 4.5%；乡村消费品零售额 130.86 亿元，增长 1.2%。按消费类型分，餐饮收入 68.58 亿元，下降 7.0%；商品零售 677.20 亿元，下降 3.2%。吃、用等基本生活刚需类商品增长较快，粮油食品类、中西药品类、日用品类分别增长 20.7%、53.6%、54.1%。

六、城乡居民收入较快增长，物价指数保持平稳

全年全区居民人均可支配收入 21744 元，比上年增长 11.5%。其中，城镇居民人均可支配收入 41156 元，增长 10.0%；农村居民人均可支配收入 14598 元，增长 12.7%。城乡居民人均收入比值为 2.82，比上年缩小 0.07。居民消费价格比上年同期上涨 2.2%，涨幅较全国平均水平低 0.3 个百分点，低于全区全年 3.5%的物价调控目标。

七、财政收支基本平稳，金融存贷款余额稳定增长

全年全区实现一般公共预算收入 220.98 亿元，比上年下降 0.5%，降幅比前三季度收窄 0.9 个百分点；实现一般公共预算支出 2207.77 亿元，增长 1.2%。年末，全区金融机构人民币存款余额 5418.09 亿元，增长 8.9%；金融机构人民币贷款余额 4956.89 亿元，增长 5.6%。

八、旅游市场平稳复苏，交通运输持续好转

全年全区接待国内外游客 3505.01 万人次，比上年下降 12.6%，降幅比前三季度收窄 1.2 个百分点；实现旅游收入 366.42 亿元，下降 34.5%，降幅比前三季度收窄 2.4 个百分点。完成货物运输量 4093.13 万吨、货物周转量 156.96 亿吨公里，分别增长 1.6%、1.2%，比前三季度提高 2.3、1.0 个百分点；完成客运量 1215.96 万人、旅客周转量 85.29 亿人公里，分别下降 35.8%、34.7%，降幅比前三季度收窄 5.2、6.0 个百分点。

九、市场活力逐步增强，就业形势持续稳定

截至 2020 年底，全区市场主体实有登记 36.48 万户，比上年末增长 12.2%。其中，企业数增长 15.7%，个体工商户增长 11.9%。全区城镇新增就业 4.8 万人，完成年初目标任务的 120%，城镇登记失业率控制在 4%以内；转移农牧区富余劳动力 60.1 万人，增长 5.3%；实现城镇零就业家庭动态消零。

（撰稿：洛桑群佩　审稿：尼玛多吉）

甘肃省

甘肃省有 2 个自治州、7 个自治县。民族自治地方国土面积 18.36 万平方公里，占全省总面积的 43%。根据第七次人口普查结果，全省少数民族人口 265.64 万人，占全省常住人口的 10.62%，民族自治地方常住人口 325.08 万人，占全省常住人口的 12.99%。2020 年，全省民族自治地方认真学习贯彻党的十九大和十九届历次全会精神，全面贯彻落实习近平总书记对甘肃重要讲话和指示精神，统筹推进“五位一体”总体布局和协调推进“四个全面”战略布局，坚持稳中求进工作总基调，落实新发展理念和高质量发展要求，统筹推进疫情防控和经济社会发展，绝对性贫困问题得到历史性解决。

一、经济综合实力显著增强

2020 年以来，全省民族自治地方坚定贯彻新发展理念，全面落实高质量发展要求，坚决打赢“三大攻坚战”，扎实做好“六稳”工作，全面落实“六保”任务，圆满完成了各项目标任务，呈现出经济发展、民生改善、社会稳定、民族团结的良好态势。2020 年，全省民族自治地方生产总值 687.46 亿元，增长 5.7%；固定资产投资增长 6.29%；社会消费品零售总额 192.23 亿元，增长-1.7%；一般公共预算收入 40.46 亿元，增长 8.4%；一般公共预算支出 666.41，增长，12.4%；城镇居民人均可支配收入 25275 元，增长 4.6%；农村居民人均可支配收入 8540 元，增长 7.8%。与“十二五”末相比，2020 年底民族自治地方主要经济指标均有不同程度增长，甘南州地区生产总值 219.06 亿元，比“十二五”末增加 60.61 亿元，年均增长 4.4%；累计完成固定资产投资 855.29 亿元，比“十二五”期间增加 17.65 亿元。城乡居民人均可支配收入分别达到 27656 元和 9129 元，比“十二五”末增加 8000 元和 3201 元，年均增长 7.1% 和 9%。临夏州地区生产总值达到 317 亿元，增长 5%，比“十二五”末增加 105.5 亿元；社会消费品零售总额达到 110 亿元，增长 3.8%，比“十二五”末增加 34.6 亿元；城镇、农村居民人均可支配收入分别达到 23338 元、8113 元，比“十二五”末增加 6830 元、2868 元。天祝、张家川、肃南、肃北、阿克塞 5 个自治县的各项主要经济指标与“十二五”末相比都有显著提升。

二、脱贫攻坚取得决定性胜利

全省民族自治地方始终把脱贫攻坚作为头等大事和第一民生工程，紧盯“两不愁、三保障”目标，紧密结合民族自治地方实际，尽锐出战、攻坚克难，坚决打赢打好脱贫攻坚战。全省民族自治地方当年剩余 3.82 万贫困人口全部脱贫、66 个贫困村全部退出，19 县（市）全部摘帽，历史性解决了绝对贫困问题，实现了民族自治地方各族群众“小康梦”。一是基础条件极大改善。甘南州累计投入扶贫资金 87.75 亿元、“两州一县”方案资金 75.96 亿元，实施了一大批农牧村基础设施、产业扶贫等项目，建设村级标准化卫生室 560 个，贫困人口医疗保险参保和资助实现全覆盖，改造农牧村危房 9602 户，易地扶贫搬迁工作入选全国“十三五”典型案例，完成搬迁 7381 户 34575 人。实施饮水安全工程 1097 处，农牧村饮水全部达到安全标准。临夏州累计建成易地扶贫搬迁安置点 164 个、搬迁安置 1.47 万户 7.51 万人，新建 15 项饮水安全巩固提升工程，完成户籍信息“四项变动”24.84 万人。投资 13.6 亿元，实施农村道路硬化项目 2175 公里，全州 124 个乡镇全部通四级及以上沥青（水泥）路、1116 个行政村全部实现“两通”目标。二是夯实群众产业增收基础。临夏州发放创业担保贷款和扶贫小额信贷 72.59 亿元，大力发展高原夏菜、食用菌、中药材等特色种植业 158.2 万亩、林下经济 22.4 万亩；牛羊饲养量分别达到 89.7 万头、923.6 万只，规模养殖场（小区）达到 1467 个；新增牛肉拉面馆 1804 家；106 座光伏扶贫电站，累计发电 3.17 亿度、收益 1.65 亿元。培训劳动力 15.69 万人，输转 55.86 万人，340 家扶贫车间吸纳就业 1.56 万人，开发公益性岗位 8808 个。甘南州建设全域旅游培训基地等扶贫车间

190 个，2502 名贫困群众就近就业。开发公益性岗位 5533 个，选聘 10907 名建档立卡贫困人口就地转化为生态护林员和草管员。培训贫困劳动力 8.14 万人。三是持续深化东西部协作。临夏州纵深推进东西部协作六大任务，厦门市帮扶落实财政援助资金 6.14 亿元，实施帮扶项目 445 个，新引进厦门企业 16 家。中央统战部、中国石化、中建公司等 8 家中央单位共落实帮扶资金 2.56 亿元，实施帮扶项目 81 个。方大集团先后投资 5.5 亿元，实施产业项目 27 个，盘活扶贫车间 31 个；碧桂园集团投资 3 亿元，援建了国强职业技术学校。甘南州中央定点帮扶、东西部扶贫协作和对口支援力度持续加大，落实资金 19.08 亿元。

三、高质量发展基础不断夯实

民族自治地方积极应对挑战，奋力攻坚克难，采取有力措施，推进民族地区基础设施、特色产业、城镇化建设，高质量发展基础不断夯实。一是基础设施建设取得新突破。甘南州兰合、西成铁路甘南段建设有序推进，卓尼至合作、王格尔塘至夏河高速公路开工建设，夏河至同仁、碌曲至河南等多条二级公路建成通车，“铁公机”立体化交通运输体系加快形成。引洮入潭等 132 项水利项目全部竣工。临夏州临大高速、双达高速、东乡县沿洮河经济带安居工程、州妇幼保健院搬迁改造等 500 万元以上重点项目 551 项、总投资达 1009.6 亿元。临夏市北环路、临和二级公路、东乡县达板至三甲集公路、广河县旅游扶贫大通道开工建设，临夏机场正式签订军地协议，兰合铁路、水源置换等重大项目取得突破性进展。二是特色产业持续发展。临夏州推动农村一二三产业融合发展，全州粮食总产达到 70.2 万吨，3 家企业被认定为省级绿色工厂，临夏市、临夏县被列为省级农产品质量安全县，农业增加值达到 40.3 亿元。编制完成《全域旅游总体规划（2020—2030）》，推进旅游基础建设、综合开发、宣传推介和融合发展。甘南州建成牲畜养殖小区（场）347 个，改扩建牲畜暖棚 1.4 万座，发展专业养殖户 3.5 万户，各类牲畜存栏 351.23 万头只。合作生态产业园区晋升为国家农业科技园区和省级开发园区。持续打造“十大景区”“七条精品旅游风情线”和高原花卉彩色长廊，建成旅游专业村 167 个、观景台 82 处、旅游厕所 286 座。甘南被中国乳制品工业协会授予“中国牦牛乳都”称号。三是城镇化建设步伐明显加快。甘南州投资 232 亿元，实施城区美化亮化、给排水、供暖供气、垃圾污水处理等一大批市政基础设施建设项目，城乡公共服务功能进一步完善。临夏州推动深度融入兰西城市群建设，加快市县一体化进程，拓展城市发展空间，加快农业转移人口市民化步伐，全年实施棚户区改造 2.7 万户、老旧小区改造 4100 户，城镇化率上升 1.5 个百分点。

四、生态文明建设成效显著

民族自治地方坚持生态优先、绿色发展，严守生态安全红线，生态环境质量持续好转。甘南州深入推进“蓝天、碧水、净土”三大保卫战，大气污染防治“九张清单”全面落实，合作市空气质量优良天数比率达到 98.8%。累计义务植树 1514.2 万株，净增绿化面积 70 万亩。草原综合治理 660 万亩，推行草畜平衡 2938.84 万亩，核减超载牲畜 131.48 万个羊单位。投资 26.73 亿元，实施河流治理、水土保持、地质灾害防治等 430 个生态治理项目。临夏州着力实施南北两山、广河北山、康乐西山、和政大南岔河流域和金剑山、临夏县东西两山、积石山沿路项目和临夏州智慧生态平台建设项目，大力推进植树造林、退耕还林、荒山造林、天然林保护等工程，全年营造林面积 35 万亩，水土流失治理面积达到 75 万亩。全面加强生态监管，有效保护森林草原资源，生态状况持续改善。

五、切实增进社会民生福祉

始终坚持以人民为中心的发展思想，持续加大民生领域建设力度，推进城乡基本公共服务均等化，不断提升人民群众幸福感获得感安全感。一是教育质量稳步提升。甘南州兴办农牧村中小学温暖工程、学前教育三年毛入园率、九年义务教育巩固率、高中阶段升学率较“十二五”末分别提高 26.82%、11.03%、15.03%，义务教育基本均衡发展目标提前实现。临夏州继续加大普惠性幼儿园、义务教育供给，实施临夏现代职业学院文旅学院、河州中学、临夏中学三期等建设项目。加大教师培训招录力度，发展“互联网+教育”，扩大城镇学校学位供给、新增学位 5000 个以上。二是医疗卫生事业持续发展。

甘南州县级综合医院全部达到二甲等级，乡镇、村社医疗机构实现全覆盖，床位数、医护人员数、居民平均寿命稳步提高。天津定向培养甘南籍医学本科生 445 名。临夏州实施州人民医院二期、州中医院医养结合、临夏州精神病人服务福利中心等建设项目，加强医联体和医共体、医疗机构标准化、智慧医院、薄弱学科、区域医学中心建设，实现“50+N”种常见病普通病患者 90%在基层医疗卫生机构就诊。三是社会保障水平显著提升。临夏州深入实施就业优先战略，推动组织输转、职业技能培训、扶贫车间转型升级、公益性岗位开发、高校毕业生就业创业、农民工资拖欠整治等工作，为农村劳动力、零就业家庭、残疾人、大学生、退役军人等重点群体就业创业提供保障，新增城镇就业 1.8 万人以上、城镇登记失业率控制在 4.5%以内。甘南州新增城镇就业 2.54 万人，输转城乡劳动力 61.83 万人，劳务创收 107.35 亿元，发放城乡低保金、特困供养金 16.87 亿元。临时救助 28.3 万人次，发放救助金 3.41 亿元。7710 名困难残疾人享受生活补贴，1 万余名重度残疾人享受护理补贴。养老机构、社区日间照料中心覆盖所有县市城区，乡镇覆盖率达到 65%。四是文化事业长足进步。甘南州保护传承非物质文化遗产 518 项，保护管理各级文物单位 544 处，夏河丹尼索瓦人研究入选 2019 世界十大考古发现，临潭尕路田大房子列入全国重点文物保护单位。州县第二轮志书修编完成，《甘南州志（1991—2010）》出版发行。建成甘南州多功能体育健身中心，县、乡、村文体公共场所覆盖率达到 90%以上。临夏州推进文化惠民工程，实施临夏州科技馆、档案馆、美术馆建设项目，丰富群众精神文化生活。

（撰稿：孔庆斌　审稿：魏兰兰）

青海省

2020 年，面对突如其来的新冠疫情，全省民族自治地方深入贯彻习近平总书记重要讲话和重要指示精神，全面落实党中央、国务院及省委省政府各项决策部署，统筹推进疫情防控和经济社会发展，坚持稳中求进工作总基调，全力打赢“三大攻坚战”，决胜全面建成小康社会，深入推进“一优两高”发展战略和“五个示范省”建设，全年全省民族自治地方经济运行平稳，和谐美丽新青海建设扎实推。

一、综合

全年自治地方生产总值 16080545.5 万元，按可比价格计算，比上年增长 3.3%。分产业看，第一产业增加值 2969357.56 万元，增长 11.3%；第二产业增加值 7160360.96 万元，增长 6.9%；第三产业增加值 5949826.98 万元，增长 2.9%。第一产业增加值占自治地方生产总值 18.5%，第二产业增加值比重为 44.5%，第三产业增加值比重为 37%。人均生产总值 653120 元。

年末自治地方人口 404.63 万人，比上年末增加 0.39 万人。按城乡分，城镇常住人口 130.97 万人，比上年末减少 12.51 万人。乡村常住人口 273.67 万人，比上年末增加 5.14 万人。

二、种植业和畜牧业

全年农作物总播种面积 491.77 千公顷，比上年增加 70.77 千公顷。粮食作物播种面积 252.8 千公顷，比上年增加 9.45 千公顷。全年粮食产量 962055 吨，比上年增产 37215 吨。

羊存栏 5016.38 万只，增长 73.4%；生猪存栏 47.5 万头，增长 36%；当年猪出栏 17.9 万头，比上年下降 70%；羊出栏 500.06 万只，下降 56%；全年肉类产量 303305.45 吨。

三、工业和建筑业

规模以上工业企业单位数 356 个，比去年增加 3 个。规模以上工业企业资产总计 28602476.4 万元，比上年下降 27.2%。

建筑业总产值 797338.8 万元，比上年增长 5%。建筑业增加值 432627.1 万元，比上年下降 78%。

四、服务业

公路里程 65873.2 公里,比上年增加 1792 公里,其中高速公路 2096.6 公里,比上年增加 635.85 公里。

邮电业务总量 33586 万元，比上年增长 20%，移动电话用 184.71 万户，比上年增加 2%。电信业务总量 49414.46 万元，比上年增加 2.3%。互联网宽带接入用户 52.28 万户，比上年增长 7%。电子商务企业数 463 个，比去年减少 49 个。

五、固定资产投资

全社会固定资产投资增长速度-37%。按企业类型的增长速度分，国有企业-63.9%。

六、国内贸易

社会消费品零售总额 2842904.6 万元，比上年增长 4.2%。按限额以上批发业经营情况分，法人企业 58 个,比去年增加 20 人;年末从业人数 2384 人,比去年增加 179 人;按限额以上零售业经营情况分,法人企业 61 人，比上年减少 10 人；年末从业人数 2153 人，比上年减少 50 人。

七、对外贸易

进出口总额 25167.9 万元，比上年下降 53.4%。其中，进口总额 1815.56 万元，下降 62.1%；出口总额 23316.34 万元，下降 53.2%。

八、财政和金融

地方一般公共预算收入 1242467 万元，比上年增加 31.1%。其中，税收收入 768836 万元，比上年增加 28.1%。地方一般公共预算支出 9585743 万元，比上年增长 8.3%；其中：一般公共服务 906343 万元，比上年增长 11.8%；教育 1277796 万元，比上年下降 2.8%；科学技术 23960 万元，比上年下降 2.5%；文化体育与传媒 244143，比上年增长 8.2%；社会保障和就业 1564744 万元，比上年增长 17%；医疗卫生与计划生育 720364 万元,比上年下降 2%。全部金融机构人民币各项存款余额 18442987 万元，比上年增长 11.5%。其中：城乡居民储蓄存款年末余额 8627055 万元，比上年增长 16.3%。全部金融机构人民币各项贷款余额 11554961 万元，比上年增长 1.7%。

九、居民收入消费和社会保障

城镇居民人均可支配收入 34854 元，比上年增长 4.6%。城镇居民人均消费支出 235883.2 元。农村居民人均可支配收入 11640.7 元，比上年增长 4.2%。农村居民人均消费支出 11666 元,比上年增长 0.2%。年末参加城镇职工基本养老保险人数 48.9 万人，比上年增长 10.3%；年末参加城乡居民基本养老保险人数 191.2 万人，比上年增长 9.5%；年末参加城镇职工基本医疗保险人数 71.8 万人；城乡居民医疗保险年末参保人数 250 万人。

（撰稿：王姿棋　审稿：孙勇）

宁夏回族自治区

2020 年，面对严峻复杂的国内外形势，特别是新冠肺炎疫情的严重冲击，自治区党委和政府坚持以习近平新时代中国特色社会主义思想为指导，深入贯彻党的十九大和十九届历次全会精神，全面落实习近平总书记视察宁夏重要讲话重要指示精神，紧扣决胜全面小康目标任务，坚持稳中求进工作总基调，坚持新发展理念，深化供给侧结构性改革，扎实做好“六稳”工作，全面落实“六保”任务，统筹疫情防控和经济社会发展工作取得积极成效，经济运行稳步向好，社会和谐稳定。

全年实现地区生产总值 3921 亿元，增长 3.9%，高于全国 1.6 个百分点，居全国第 4 位；地方一般公共预算收入 419.4 亿元，下降 1%（扣除新增减税因素影响，增长 5.6%），好于全国平均水平；全体居民人均可支配收入 25735 元、增长 5.4%，其中城镇 35720 元、增长 4.1%，农村 13889 元、增长 8%，分别高于全国 0.6 和 1.1 个百分点。最后一个贫困县西吉县顺利摘帽，剩余 1.88 万贫困人口全部脱贫，全区历史性告别了绝对贫困、区域性整体贫困。

一、统筹疫情防控和经济社会发展工作取得积极成效

坚决听从习近平总书记和党中央号令，把疫情防控作为最重要的政治任务、最紧迫的头等大事来抓。坚持人民至上、生命至上，在自治区党委领导下，第一时间组建专门机构，及时启动一级响应，动态调整防控策略，在全国率先实行发热门诊全免费，集中患者、集中专家、集中资源、集中免费救治，仅用 41 天就阻断了疫情传播，没有发生死亡病例，没有发生社区传染，没有发生医护人员感染。坚决响应国家号召，组织 785 名优秀医疗队员驰援湖北，尽全区所能捐赠抗疫物资，选派专家支援沙特、科威特抗疫，完成国外包机入境银川隔观疏散，为全国防控大局作出了宁夏贡献。及时制定恢复“六大秩序”实施方案，分区分类推进复工复产，推广使用防疫健康码，优化常态化防控机制，将疫情影响降到了最低。不断积极应对疫情对经济社会发展带来的不利影响，定期研究经济形势，综合精准施策，研究出台了“六保 36 条”“财政 21 条”“服务业 16 条”“中小企业 18 条”“就业 12 条”等一揽子政策，全面落实国家各项政策措施，累计降低实体经济成本 100 亿元以上，清偿民营企业中小企业账款 40 亿元以上，发放企业纾困基金近 40 亿元，减免三项社保费 35 亿元以上，发放就业补贴 4.25 亿元，有效稳住了经济基本盘。

二、转型升级步伐加快

建立了枸杞、葡萄酒、奶产业、肉牛和滩羊、绿色食品、新兴材料、电子信息、清洁能源、文化旅游九大产业工作机制，重大任务有序推进，产业链精准招商等加快实施。特色农业与休闲农业进一步融合，全年粮食总产 380 万吨，特色农业产值占农业总产值的 87%以上；休闲农业经营主体达到 820 家，20 个村列入全国乡村旅游重点村名录。优化供给结构，新旧动能加快转换，实施技改项目 100 个，新增国家绿色工厂、园区 10 家，建成 23 个企业级和 3 个重点领域工业互联网平台。制造业增加值占规上工业比重超过 60%，战略性新兴产业、高技术产业占规上工业比重分别达 16%和 5.5%。大数据和云计算产业加快发展，大型数据中心达到 7 家，安装服务器 26 万台。认定 5 个服务业集聚区，服务业对经济增长的贡献率超过 60%。

三、创新能力加快提升

东西部科技合作深入推进，组织实施东西部科技合作项目 143 项，引进新工艺、新技术、新成果 100 多项，柔性引进区外创新人才 550 余人。科技攻关加快实施，组织实施自治区重大科技项目 12 项，重点研发计划项目 477 项，形成了高效 N 型单晶硅棒制备、钽酸锂晶体晶片黑化技术、分散式多点受料移置式带式输送机等一批先进适用技术成果。加强科技型企业培育，国家高新技术企业总数达到 293 家，技术合同成交额与 GDP 之比为 0.492%；工业高新技术企业达到 202 户，规模以上工业企业有研发活动企业占比 34%。

四、三大攻坚战成效显著

脱贫攻坚取得决定性成果，西吉县脱贫摘帽，剩余 1.88 万贫困人口全部脱贫。着力巩固脱贫成果，产业、就业、金融、生态、教育等扶贫政策协同发力，2.63 万边缘易致贫人口、1.48 万脱贫不稳定人口消除致贫返贫风险。污染防治力度持续加大，中央环保督察“回头看”及水环境问题专项督察反馈的问题已完成整改 40 项。全区地级城市空气质量优良天数比例达到 85%以上。黄河干流宁夏段水质连续三年保持“Ⅱ类进Ⅱ类出”。农用地土壤质量状况整体较好，无受污染耕地。重大风险防范化解取得阶段性成效，累计化解隐形债务 785.5 亿元，全区债务风险总体可控。严格落实不良贷款“双控”措施，银行业不良贷款率较年初下降 0.42 个百分点。企业信用风险、非法集资等得到妥善处置，守住了不发生区域性系统性行业性风险的底线。

五、扩大内需稳步推进

有效投资不断扩大，全年固定资产投资增长 4.0%，比上年同期加快 13.8 个百分点；全区高技术制造业投资增长近 70%，占制造业投资比重超过 20%。强化重点项目“四个一”推进机制，项目建设提质增效，银西高铁、京藏高速改扩建、银百高速宁东至甜水堡段等基础设施工程建成投运，宝廷

新能源煤焦油及低碳烷烃循环利用、银川隆基光伏年产 15GW 单晶硅棒及切片等重大项目建成投产。大力开展购物季、电商节等促消费活动，网络购物、直播带货、在线教育、远程医疗等新业态加速发展，全年社会消费品零售总额下降 7%，降幅比年初收窄 10.5 个百分点；实物商品网上零售额同比增长 40%以上。

六、协调发展格局初步形成

科学谋划先行区建设，研究出台关于建设黄河流域生态保护和高质量发展先行区的实施意见，《黄河流域生态保护和高质量发展规划》、先行区实施方案加快编制。银川都市圈城镇化率达到 74.66%，西线供水等一批重大基础设施工程加快建设。固原市、中卫市副中心城市建设扎实推进，县县实现通高速，污水处理厂实现城市全覆盖并达到一级 A 标准排放。乡村振兴战略加快推进，建设美丽村庄 100 个、美丽小城镇 20 个、改造农村危窑危房 1.73 万户，3 个农村产业融合发展示范园通过国家认定，西夏区被评为全国农村人居环境整治激励县。全面取消城镇落户限制，加快城市环境卫生、公用设施、公共服务提标扩能。

七、生态环境明显改善

实施精准造林和银川都市圈绿色生态廊道绿化工程，完成营造林 121.6 万亩，草原生态修复 37.4 万亩，森林覆盖率达到 15.8%，草原综合植被盖度达到 56.5%，湿地保护率稳定在 55%。探索开展支持引导黄河全流域建立横向生态补偿机制试点工作。加快发展清洁能源产业，年底全区可再生能源发电装机将达到 2640 万千瓦，占比将超过 44%，发电量占比达到 21%，每天发绿色电力约 1 亿千瓦时。纵深推进园区优化整合和低成本化改造，淘汰化解过剩产能 155.7 万吨，节约标准煤 55.6 万吨。吴忠市荣获“国家生态文明建设示范市”称号，大武口区被命名为第四批“绿水青山就是金山银山”实践创新基地。

八、改革开放不断深化

新出台“优化营商环境 148 条”，加快“数字政府”建设，全面推进“多规合一”“多审合一”等改革和“证照分离”试点，企业开办时间压缩至 1 个工作日以内；全面清理对民营、小微和外资企业歧视性规定和做法，银川市在国家首次营商环境评价中位列第 11 位。推进土地、资本、技术、价格要素市场化配置改革，提高要素配置效率。试点推行科研项目“包干制”，激发全社会创新活力，规模以上企业研发投入同比增长 10%以上。落实国有企业改革三年行动方案，区属企业混改面达到 37.3%。全面复制推广第六批自由贸易试验区改革试点经验，银川跨境电商综试区兴庆园投入使用，中国—沙特（吉赞）产业园中沙合资沙特丝路产业服务公司正式运营，实际利用外资同比增长 7.9%。强化与京津冀、长三角、黄河全流域等经贸协作，招商引资实际到位资金 1013.7 亿元。

九、民生保障水平稳步提升

实施企业稳岗扩岗专项支持计划，拨付稳岗返还资金 2.25 亿元，惠及 36.2 万人。发放困难群众救助补助资金和价格临时补贴 26.9 亿元。开工改造城镇棚户区住房 5613 套、老旧小区 51295 户，超额完成年度任务。“互联网+教育”示范区建设取得阶段性成效，新建扩建城镇中小学校 126 所，义务教育学校大班额问题基本解决。深入推进学前教育行动计划，普惠性幼儿园覆盖率达到 81%。“互联网+医疗健康”示范区加快建设，五级远程医疗服务体系初步形成，启动建设自治区人民医院重大疫情救治基地，建成一批区域医疗中心。继续提高退休人员基本养老金、城乡居民基础养老金和低保标准，退休人员人均调增养老金 172 元，农村低保标准每人每年提高 760 元。

（撰稿：金晓玲　审稿：马汉功）

新疆维吾尔自治区

2020年，面对突如其来的新冠肺炎疫情带来的严峻考验和复杂多变的国内外环境，全区上下坚持以习近平新时代中国特色社会主义思想为指导，全面贯彻党的十九大和十九届历次全会精神，深入贯彻第三次中央新疆工作座谈会精神，全面贯彻新时代党的治疆方略，牢牢扭住社会稳定和长治久安总目标，准确把握新发展阶段，深入贯彻新发展理念，加快构建新发展格局，坚持稳中求进工作总基调，统筹疫情防控和经济社会发展，扎实做好“六稳”工作，全面落实“六保”任务。在自治区党委的坚强领导下，2020年，全区经济运行呈现生产持续回升，需求稳定恢复，发展质效提升，活力不断增强，民生保障有力，各项社会事业全面发展，“十三五”规划主要目标任务顺利完成，高质量发展取得新成效，为开启全面建设社会主义现代化新征程奠定坚实基础。

一、综合

根据地区生产总值统一核算结果，全年实现地区生产总值(GDP)13797.58亿元，比上年增长3.4%。其中：第一产业增加值1981.28亿元，增长4.3%；第二产业增加值4744.45亿元，增长7.8%；第三产业增加值7071.85亿元，增长0.2%。第一产业增加值占地区生产总值比重为14.4%，第二产业增加值比重为34.4%，第三产业增加值比重为51.2%。

全年城镇新增就业46.11万人，城镇就业困难人员实现就业4.21万人。年均城镇调查失业率为5.2%，年末城镇登记失业率为3.30%。全年转移就业农村富余劳动力315.47万人。

全年居民消费价格（CPI）比上年上涨1.5%。工业生产者出厂价格（PPI）下降8.4%。工业生产者购进价格下降6.6%。农产品生产者价格上涨11.0%。农业生产资料价格上涨6.2%。

二、农业

全年粮食种植面积2230.15千公顷，比上年增长1.2%。其中：小麦种植面积1069.01千公顷，增长0.7%；玉米种植面积1051.05千公顷，增长5.4%。棉花种植面积2501.93千公顷，下降1.5%。油料种植面积177.21千公顷，下降18.9%。甜菜种植面积62.32千公顷，增长4.2%。

全年猪牛羊禽肉产量157.66万吨，比上年下降1.8%。其中：羊肉产量56.98万吨，下降5.5%；牛肉产量43.99万吨，下降1.2%；猪肉产量37.51万吨，下降0.3%；禽肉产量19.17万吨，增长5.7%。禽蛋产量40.16万吨，下降0.8%。牛奶产量200.04万吨，下降2.1%。牛羊猪存栏5075.15万头，比上年增长2.7%；牛羊猪出栏4279.15万头，下降5.2%。

三、工业和建筑业

全年全部工业增加值3633.33亿元，比上年增长5.8%。其中：规模以上工业增加值增长6.9%。在规模以上工业中，分经济类型看，国有控股企业增加值增长5.5%，股份制企业增长5.8%，外商及港澳台商投资企业增长5.9%，私营企业增长8.9%。分工业门类看，采矿业增长6.4%，制造业增长4.4%，电力、热力、燃气及水的生产和供应业增长16.7%。分轻重工业看，轻工业增长3.8%，重工业增长7.2%。

全年规模以上十个主要行业中，石油和天然气开采业增加值比上年增长7.2%，电力、热力生产和供应业增长17.2%，石油、煤炭及其他燃料加工业下降3.5%，化学原料和化学制品制造业增长6.7%，煤炭开采和洗选业增长17.6%，有色金属冶炼和压延加工业增长1.2%，非金属矿物制品业增长9.0%，开采专业及辅助性活动下降19.8%，黑色金属冶炼和压延加工业下降0.9%，纺织业增长3.6%。

全年规模以上工业企业利润629.09亿元，比上年下降2.9%。分经济类型看，国有控股企业实现利润282.28亿元，下降21.2%；股份制企业574.33亿元，下降3.8%；外商及港澳台商投资企业23.33亿元，增长27.5%；分工业门类看，采矿业实现利润163.66亿元，下降41.9%；制造业314.85亿元，下降 20.3%；电力、热力、燃气及水生产和供应业 150.59 亿元，增长 44.7%。全年规模以上工业企业每百元营业收入中的成本为 81.60 元，比上年增加 0.61 元；营业收入利润率为 5.5%，资产负债率为 60.2%。

四、服务业

全年批发和零售业增加值 682.20 亿元，比上年下降 8.7%；交通运输、仓储和邮政业增加值 613.39 亿元，下降 13.8%；住宿和餐饮业增加值 142.89 亿元，下降 21.6%；金融业增加值 1086.45 亿元，增长 5.2%；其他服务业增加值 3807.73 亿元，增长 3.9%。全年规模以上服务业企业实现营业收入 2593.71 亿元，比上年下降 4.9%；营业利润 197.73 亿元，下降 33.7%。

五、国内贸易

全年社会消费品零售总额 3062.55 亿元，比上年下降 15.3%。按经营地统计，城镇消费品零售额 2641.89 亿元，下降 15.5%；乡村消费品零售额 420.66 亿元，下降 14.2%。按消费类型统计，商品零售额 2660.29 亿元，下降 15.2%；餐饮收入额 402.26 亿元，下降 16.2%。

六、固定资产投资

全年固定资产投资（不含农户）比上年增长 16.2%。在固定资产投资中，第一产业投资比上年增长 1.1 倍；第二产业投资增长 5.4%；第三产业投资增长 18.5%。民间固定资产投资增长 11.9%。基础设施投资增长 28.0%。六大高耗能行业投资增长 4.1%。

全年房地产开发投资 1260.89 亿元，比上年增长 17.4%。其中：住宅投资 878.42 亿元，增长 21.3%；办公楼投资 32.36 亿元，下降 12.2%；商业营业用房投资 222.43 亿元，增长 18.1%。

七、对外经济

全年货物进出口总额 213.87 亿美元，比上年下降 9.8%。其中：出口 158.36 亿美元，下降 12.2%；进口 55.51 亿美元，下降 2.0%。货物进出口顺差（出口减进口）102.85 亿美元，比上年减少 20.94 亿美元。

全年外商直接投资合同金额 4.51 亿美元，下降 87.4%；实际利用外商直接投资 2.16 亿美元，下降 34.6%。

八、财政和金融

全年一般公共预算收入 1477.21 亿元，比上年下降 6.4%。其中：税收收入 910.18 亿元，下降 10.4%；非税收入 567.02 亿元，增长 1.0%。一般公共预算支出 5539.10 亿元，增长 4.2%。其中：民生财政支出 4053.61 亿元，增长 7.2%，卫生健康支出 466.70 亿元，增长 52.6%。

年末金融机构（含外资）人民币各项存款余额 24824.70 亿元，比上年增长 6.6%。其中：非金融企业存款余额 6327.30 亿元，增长 7.2%；住户存款余额 11898.50 亿元，增长 15.0%。年末金融机构（含外资）人民币各项贷款余额 22377.60 亿元，比上年增长 12.1%。住户贷款 5050.60 亿元，增长 12.4%；企（事）业单位贷款 17306.40 亿元，增长 12.1%，其中，小微企业贷款 4469.80 亿元，增长 29.1%。

九、居民收入消费和社会保障

全年全区居民人均可支配收入 23845 元，比上年增长 3.2%，扣除价格因素，实际增长 1.7%。按常住地分，城镇居民人均可支配收入 34838 元，比上年增长 0.5%，扣除价格因素，实际下降 0.8%。其中：工资性收入 22408 元，下降 3.4%；经营净收入 3161 元，下降 12.8%；财产净收入 1518 元，增长 0.6%；转移净收入 7751 元，增长 22.4%。农村居民人均可支配收入 14056 元，比上年增长 7.1%，扣除价格因素，实际增长 5.0%。其中：工资性收入 4024 元，增长 18.0%；经营净收入 6372 元，下降 5.8%；财产净收入 299 元，增长 15.3%；转移净收入 3361 元，增长 24.9%。

十、科学技术和教育

全年自治区级科技计划新立项项目 2349 个，自治区重大科技专项 9 个，自治区重点研发专项 36 个，自治区创新条件（人才、基地）建设专项 1003 个，自治区科技成果转化示范专项 1000 个。年末拥有县以上部门属研究与技术开发机构 110 个。其中：自然科学研究与技术开发机构 89 个，科技信息与文献机构 6 个，社会与人文科学领域研究与技术开发机构 6 个，转制科学研究与技术开发机构 9 个。重点实验室 90 个，其中：国家重点实验室 4 个。已挂牌的工程技术研究中心 149 个。拥有高新技术企业 791 个；高新技术产业开发区 19 个，其中：国家级 2 个，自治区级 17 个。星创天地 42 个，其中：国家级 34 个。众创空间 64 个，其中：国家级 24 个。科技企业孵化器 30 个，其中：国家级 10 个。

年末共有普通高等学校 56 所。全年研究生教育招生 1.32 万人，比上年增长 30.8%；在学研究生 3.21 万人，增长 19.4%；毕业生 0.75 万人，增长 15.0%。普通本专科招生 15.87 万人，增长 9.5%；在校生 48.67 万人，增长 14.0%；毕业生 9.09 万人，增长 7.8%。

十一、文化旅游、卫生健康和体育

年末全区文化系统共有艺术表演团体 92 个，博物馆 92 个，公共图书馆 106 个，文化馆 116 个。年末广播节目综合人口覆盖率为 98.68%，电视节目综合人口覆盖率为 98.85%。

全年接待游客 1.58 亿人次，比上年下降 25.9%，实现旅游收入 992.12 亿元，比上年下降 72.7%。接待国内游客 15805.36 万人次，实现国内旅游收入 991.03 亿元；入境游客 6.1 万人次，入境旅游收入 1576.29 万美元。

全年全区运动员在国际比赛中荣获金牌 1 枚，银牌 2 枚，铜牌 1 枚。在全国比赛中荣获金牌 21 枚，银牌 43 枚，铜牌 18 枚。

十二、资源、环境和应急管理

全区已发现矿种 152 种。查明资源储量的矿种 98 种，其中：能源矿产 7 种，金属矿产 34 种，非金属矿产 57 种。新增查明资源储量 16 种。

全年水资源总量 801.00 亿立方米，用水总量 549.93 亿立方米，其中：农业用水 500.03 亿立方米，工业用水 11.52 亿立方米，生活用水 17.49 亿立方米。

全年完成造林面积 14.67 万公顷。退耕还林面积 6.16 万公顷。森林覆盖率 5.0%。自治区级以上自然保护区 28 个，其中：国家级自然保护区 15 个，自治区级自然保护区 13 个，保护区总面积 1987.5 万公顷。

全年共发生各类生产经营性安全事故 821 起，比上年下降 26.89%；死亡 381 人，下降 15.52%。单位国内生产总值生产安全事故死亡率 0.0276，下降 18.55%；煤矿百万吨死亡率 0.0512，增长 73.53%。道路交通万车死亡率 2.0465，下降 17.28%。

（撰稿：任波　审稿：买合木提・吾斯曼）

民族乡发展综述

北京市

北京市有 5 个民族乡，其中 2 个回族乡、2 个满族乡和 1 个满族蒙古族乡，共涉及 62 个行政村，人口 89539 人，其中少数民族人口为 20209 人，占 22.6%（乡统计机构当年数据）。朝阳区常营回族乡、密云区檀营满族蒙古族乡已基本完成城市化。

一、铸牢中华民族共同体意识，民族团结进步创建成效突显

2020 年，北京市 5 个民族乡以铸牢中华民族共同体意识为主线，深入推动民族团结进步创建。持续开展以“共同团结奋斗、共同繁荣发展”为主题的宣传教育活动，铸牢中华民族共同体意识宣传和民族团结进步创建在民族乡中小学实现全覆盖。在民族乡村积极弘扬中华优秀传统文化，依托端午节等中华民族传统节日举办各类丰富多彩的文体活动，组织文明家庭评选，营造平等、团结、互助、和谐的民族团结氛围，努力建设团结、富裕、文明、和谐、美丽的相互嵌入式乡村和社区。以“京韵满乡民族团结文旅精品示范带”为重点，在产业发展、特色民居、文化展示等方面更加突出京韵京味，更加注重体现中华文化符号和中华民族形象，积极开展全国民族乡村振兴试点工作，打造北京市民族乡村振兴样板。组织各族群众手拉手、心连心共同开展疫情防控，共同守卫家园，在抗击疫情的过程中促进各民族交往交流交融，在战胜疫情的斗争中铸牢中华民族共同体意识。

二、持续优化经济结构，经济实力稳步增强

2020 年，4 个民族乡（檀营满族蒙古族乡因城市化已无集体经济发展数据）实现财政收入 57983.3 万元，财政支出 79898.3 万元，财政自给率约为 72.6%。因疫情影响，4 个民族乡财政收入略有降低。4 个民族乡农林牧渔业总产值 30491 万元，乡镇企业总产值 2886780 万元，其中，工业企业总产值 141864 万元。5 个民族乡农民人均可支配收入均实现正增长，低收入农户全部实现脱低目标，其中：朝阳区常营回族乡人均可支配收入达 35433 元，较上年增长 9.5%，通州区于家务回族乡人均可支配收入达 29999 元，而怀柔区喇叭沟门满族乡和长哨营满族乡因位于北部山区，经济发展水平较低，农民人均可支配收入分别为 23060 元和 24861 元。

三、立足首都功能定位，巩固拓展特色发展

北京市 5 个民族乡根据不同地区的区位功能条件，持续巩固拓展符合乡域特色的乡村发展模式。长哨营满族乡和喇叭沟门满族乡立足生态涵养区的功能区定位，深度挖掘生态文化资源，着力发展乡村特色旅游业；依托独有的气候土壤条件，着力培育中药材种植业，持续优化中药材品种，提升中药材种植成活率和应用标准化栽培模式。于家务回族乡结合地处城市副中心优势，创建现代农业产业园平台，聚集土地、人才、技术、资金等要素，推进种业科技创新转化、科研综合服务、会展展示等功能建设，形成具备以航天育种、基因科技、智能农业三大功能为特色，打造以现代种业为核心的科技农业全产业链；通过整合蔬菜种苗繁育、产加销等蔬菜产业链各环节，并利用产业园区所搭建的线下销售渠道及与京东、美团等电商平台合作建立的线上销售渠道，打造线上线下协同、优质高效的蔬菜全产业链，提升蔬菜种苗繁育、种子技术服务和蔬菜综合生产能力。常营回族乡和檀营满族蒙古族乡积极推动城市化进程，构建集城市商圈、社区服务、文化体育等于一体的新型商业经济框架，激发乡村发展活力；通过引进大量集中办公区和注册企业提升地区税收，推动重点房地产项目和城市道路网建设，发展城市社区服务，方便居民生活。

四、生态水平不断提升，人居环境持续改善

北京市 5 个民族乡坚持疏解整治与优化提升同步推进，深入开展“清脏、治乱、控污、增绿”专项行动。全面落实《北京市生活垃圾管理条例》新规，科学设置垃圾分类投放站亭，垃圾分类实现乡

域全覆盖，推动垃圾分类工作精细化。全面拆除违法建筑，及时清运生活垃圾和建筑垃圾，继续推进厕所革命。持续推进生态修复，落实生态综合治理项目，开展林木抚育工程、百万亩造林工程和留白增绿工程，高标准完成国家森林城市建设指标任务。打好碧水攻坚战，充分发挥“北京河长 APP”作用加强河湖管理，常态化开展清河行动，持续推进村级污水处理设施建设。打赢蓝天保卫战，持续深化“一微克”行动，推进扬尘精细化管控，做好煤改电及优质燃煤配送工作，空气质量持续向好。

五、基本公共服务明显改善，民生保障水平持续提升

北京市 5 个民族乡围绕“七有”“五性”，努力为群众办好事、办实事、解难题。民族乡基础养老金、福利养老金、新农合和低保等“四项”社会保障继续同步提升，村级医疗卫生室、养老驿站、温馨家园、无障碍设施建设等民生项目辐射面持续扩大，养老助残服务体系进一步完善。村级文化室及乡级文化服务中心的功能更加完善，保障群众文化需求的各类资源更加丰富。绿色发展、生态环保、和谐包容意识不断提升，村民民主自治程度不断提高，村务公开和民主管理进一步加强，民族乡村群众平等参与、平等发展的权益得到保障。多措并举推动“接诉即办”向“未诉先办、一办到底”深化，积极推进服务型政府建设，持续提升行政服务水平，切实增强人民群众获得感幸福感。

（撰稿：刘刚　审稿：丁希松）

天津市

天津市蓟州区孙各庄满族乡是天津市唯一的少数民族乡，全乡行政区划面积 25.48 万平方千米，共有 13 个行政村，其中满族村 7 个，总人口 7241 人，其中满族人口 3046 人，占全乡人口的 42%，该乡位于蓟州区东北部，全乡具有深厚的历史文化和浓郁的满族民俗风情。2020 年，孙各庄满族乡在区委、区政府的正确领导下，深入贯彻习近平新时代中国特色社会主义思想，高举民族团结进步旗帜，深入践行“两山理论”，凝聚各族群众奋进之魂，坚持调结构、促发展、惠民生，圆满完成全年各项工作任务。

一、坚定信念稳增长、促发展，经济实力再突破

1.经济指标超额完成，全乡实现地方分成税收 600 万元，完成年度计划 109%。全乡预计实现农民人均可支配收入 25500 元，同比增长 10%。

2.招商引税成效卓然。在克服疫情不利形势下，深度开展线上线下谈判、签约、推介、招商活动，新注册楼宇企业 86 家，超额完成阶段性税收任务，位居全区前列。

3.产业结构持续优化。以核桃、板栗、蜂蜜、柿子、富硒鸡蛋、红提葡萄六大特色农产品为依托，积极打造以第一产业为主引擎、第三产业为拉动经济增长新动力的发展模式。2020 年林果产业产值达到 12300 万元，同比增长 10%。成熟满蜜产量达到 32 万斤，实现产值 1600 万元，同比增长 8%。新发展农家院、旅游餐饮商贸等经济主体 53 家，特色民宿和农家院总数达 100 多家，年游客达 10 多万人次，初步形成全域旅游格局。

二、锲而不舍保环境、优生态，人居环境再提升

一是优化生态持续发力。建立起森林防火巡查，矿业盗采盗运、树木乱砍滥伐、污水乱排乱放监督管理等一系列机制体制，坚决守护好绿水青山这个金饭碗，全乡森林覆盖率、空气优良指数，地表水环境质量等各项指标位居全区先进行列。

二是乡镇形象持续改善。大力开展环境综合治理“百日会战”工作，制定村庄房屋建设规划导则，对建筑楼层、建筑风格、建筑立面等提出统一标准和要求。依照天津市文明促进条例，制定了满乡文

明有礼 20 条，提高村民环保意识，认真落实月检查、月考评、月奖惩制度，全乡村容村貌明显改善，成功创建全国卫生乡镇。全面开展土地清查“疾风厉势”专项行动，采取支持自拆、依法强拆方式，重拳出击、铁腕整治，治理完成 69 宗违建图斑，坚决打赢违法建设治理攻坚战，

三是美丽乡村持续提升。以道路美化、环境洁化、村庄绿化、村庄智能化“四化”为工作目标，对乡域内 6 个满族村实施市级人居环境整治示范村提升工作，重点进行文化墙粉刷等项目，乡土风貌得到显著体现。

三、持之以恒重特色、促振兴，农业农村再发展

一是产权改革圆满完成。强化村集体经济发展工作组织领导，对各村集体经济发展实行全面部署，分类施策，13 个村全部完成产权制度改革，其中马家庄村、王家坎村以村委会代行职能，其余 11 个村为选择股份经济合作社模式的行政村，经营性资产 864754.50 万元，为进一步增强农村集体经济发展活力、发展壮大集体经济奠定基础。

二是龙头企业效应明显。天津市爱益乐峰公司投资 600 万元新建蜂蜜灌装车间项目，引进了先进蜂蜜罐装和过滤系统，所生产的蜂蜜取得了 SC 认证。该车间建成两个月来，已经从本乡蜂农收购并灌装蜂蜜 3 万公斤，实现销售额 300 万元。

三是结对帮扶显著。围绕提高群众人均收入，大力推实施的智慧农业平台和直播销售平台已投入运营，两座 1200 立方米智能保鲜库已建设完成，正在对外发包，即将投入使用。

四、慎终如始战疫情、保民安，社会和谐稳定再巩固

一是疫情防控常态开展。自天津市启动应对新冠肺炎一级响应，孙各庄满族乡积极响应上级工作部署和要求，迅速反应，全面摸排，联防联控，取得了无一例新冠确诊病例的阶段性成果。深刻把握秋冬季呼吸道传染病高发的季节特点，对防控漏洞再排查、对防控重点再加固、对防控要求再落实，建立起疫情常态化防控机制。

二是企业生产安全有序。统筹推进疫情防控和经济社会发展双战双赢，全力为企业复工复产保驾护航。重点突出企业、消防、食品卫生和建筑施工安全，坚持强化监督，严格检查，督促整改，全乡未发生一起安全生产事故。

三是治理能力显著提升。乡村两级建立了矛盾调解中心，认真落实四方调解机制，依照党在农村的民族各项政策和法律法规，精准解决群众各种问题和困难，实现了小矛盾小问题不出村，大矛盾大问题不出乡。全乡连续三年实现了无进京访、无大规模集体访、无极端恶性事件和舆论负面炒作“三无”乡镇，成为蓟州区最团结、最和谐、最稳定的乡镇。

五、全力以赴惠民生、抓文化，人民群众幸福指数再提高

一是民生事业高效推进。抓实抓好低保、五保、残联等工作，完成 6 户危房改造任务，扎实做好困难群众保障工作。持续做好促进就业服务、劳动用工登记备案工作，实现农村劳动力转移 300 余人。全乡城乡居民基本医疗保险和养老保险参保率分别达 98%和 95%以上。

二是基础设施不断完善。采取选址外迁、借力新建、自筹翻建等多种方式，全乡 13 个村党群服务中心全部达到 300 平方米和“十个有”的标准。积极争取市民政专项资金，与卫健委共同合资启动卫生院新址医养结合项目。实施饮水提质增效工程，在 13 个村建设大型净水设备，满足群众生活用水需求。

三是文化事业蓬勃发展。深入挖掘各民族文化，组织举办庆祝“颁金节”等满族传统节日和民族乡村农民丰收节等文艺演出活动，展示满族乡脱贫攻坚取得的成就和民族团结进步事业的生动局面。

孙各庄满族乡隆福寺村 2020 年被评为第七批全国民族团结进步示范单位、2017—2019 周期国家卫生乡镇、天津市 2018—2020 年度文明村镇；孙各庄满族乡隆福寺村被评为第六届全国文明村镇。

（撰稿：冯振攀　审稿：刘佩年）

河北省

河北省现有42个民族乡，辖有550个行政村，行政区划面积3866平方公里，占河北省总面积的2.4%；总人口72.55万人，其中少数民族人口26.99万人，占全省少数民族人口的8.19 %。近年来，省市县党委政府高度重视民族乡经济社会发展，认真落实民族乡补助金等支持政策和制度。省民委将民族乡科学发展作为重点工作，谋划调研课题、借鉴先进经验，推动加快发展。积极推动指导石家庄等有关市政府组织赴民族乡现场办公，凝聚市直部门力量，帮助民族乡解决经济社会发展中的突出困难和问题，特别是加大对民族乡基础设施建设的支持力度。创新完善了一系列支持自治县民族县、民族乡、民族村加快发展的制度机制，强化了对民族乡科学发展的指导，打通了民族工作的断头路，充分发挥了民族乡在维护民族领域和谐稳定中的积极作用。

截至2020年底，全省民族乡所辖村全部实现了通公路、通邮、通电、通网络、通电话，有539个村通自来水，占行政村总数的90.74%。

2020年，由于受疫情影响，全省民族乡企业发展放缓，总产值366.45亿元；乡企业从业人员8.79万人；乡企业年净利润总额36.23亿元。

农林牧渔业总产值92.49亿元，粮食产量44.26万吨，肉类产量9.1万吨；农作物总播种面积为94804公顷，其中粮食总播种面积为58870公顷。农民专业合作社1145个，合作社成员13841户。

全省民族乡财政收入有所减少，公共财政收入7.55亿元，其中沧州市黄骅市羊二庄回族乡完成财政收入9030万元，黄骅市新村回族乡人均财政收入为5162.4元，分别居全省46个民族乡之首。全省民族乡公共财政支出7.5亿元。

全省民族乡农民人均可支配收入为11876元，是全省平均水平（全省为16467元）的70.61%，比上年增长0.68个百分点。农民人均可支配收入最高的是沧州市黄骅市新村回族乡，为22085元。

全省民族乡共有学校205所，在校学生58600人，教师4063人；图书馆102个，文化站75个，村文化活动室541个；医院、卫生院（所）51个，村卫生室593个；卫生技术人员664人，乡村医生和卫生员760人；病床1229张。

（撰稿：张伟　　审稿：陈泽辉）

内蒙古自治区

内蒙古自治区现有17个民族乡和1个民族苏木，主要分布在内蒙古自治区的呼伦贝尔市、兴安盟、赤峰市和乌兰察布市。18个民族乡中鄂温克族民族乡7个，满族民族乡4个，达斡尔族民族乡2个，鄂伦春族、朝鲜族、回族、俄罗斯族、达斡尔族与鄂温克族联合乡各1个。面积共计27633.04平方公里，约占内蒙古自治区土地面积的2.34%；人口总数为201374人，约占全区人口总数的0.83%。内蒙古自治区18个民族乡普遍具有以下两个特点：一是多民族聚居。大部分民族乡均由10个左右民族成分构成。各民族间和睦相处，不同民族间通婚比较普遍。二是地处偏远，交通不便。18个民族乡中除阿荣旗新发朝鲜民族乡、额尔古纳市三河回族乡、根河市敖鲁古雅鄂温克民族乡、赤峰市松山区当铺地满族乡4个民族乡外，大部分民族乡远离干线公路和旗县政府所在地，莫力达瓦达斡尔族自治旗杜拉尔民族乡距111国道60公里，恩和俄罗斯族民族乡距额尔古纳市政府所在的拉布大林镇168公里。

民族乡抓住发展机遇，利用国家、自治区和盟市、旗县（市、区）政府对民族乡在项目安排和资金扶持上的优惠政策，大力改善农牧民生产生活的基础设施条件，文化、体育、广播电视事业快速发展，村村通工程基本完成；全面推进新型农村合作医疗，积极发展乡村医疗服务，社会事业不断完善。内蒙古自治区呼伦贝尔市、兴安盟、赤峰市、乌兰察布市及相关旗县（市、区）不断加强对民族乡的工作力度，加快推进民族乡经济社会发展和全面建成小康社会的步伐。

一、采取有效措施，加快少数民族贫困人口脱贫步伐

民族乡按照自治区安排部署，结合实际，以增加民族乡贫困人口收入为核心，始终坚持“开发扶贫”和“精准扶贫”相结合，因村施策、因人施策，大力推进民族乡扶贫开发工作，通过实施整村推进、科技扶贫及扶持产业、就业发展、政府救助等带动和帮助贫困户脱贫致富，取得了较好的效果，脱贫人数逐年增加。

二、凝神聚力支持和推进民族乡优势经济产业的发展

因地制宜，大力发展肉牛、肉羊、奶牛、玉米、大豆、马铃薯、柞蚕、木耳等各具地方特色的支柱产业。畜牧业养殖向规模化、集约化、产业化迈进。积极发展设施农业，建立现代化农业园区，推广公司加基地加农户生产模式，带动农牧民发展生产，增加收入，农牧业基础地位进一步加强。如：阿荣旗新发朝鲜民族乡依托朝鲜族传统水稻种植优势，大力发展绿色水稻产业，推行“龙头企业+合作社+基地+农户”和企业自建基地等发展模式，并通过“绿色产业链”打造出“阿伦新米”“笑顺稻”“口粮田”等绿色大米品牌，形成了市场竞争力强的优势产业。

三、积极保护和传承优秀民族文化

民族乡大部分都建有民族乡博物馆。各民族乡努力打造文化名片，如：阿荣旗新发朝鲜民族乡组建了朝鲜族专业文化团体；鄂温克民族乡在传统节日“瑟宾节”开展具有民族特色的文体活动；恩和俄罗斯民族乡的俄罗斯“巴斯克节”和俄罗斯族民间舞蹈列入自治区首批非物质文化遗产，使优秀少数民族传统文化得到了传承与保护。

四、大力发展旅游业，促进各民族间开放和交流

一些民族乡依托乡域内丰富的自然资源和民族文化优势，积极发展文化旅游产业，促进民族乡群众转产增收。如：额尔古纳市恩和俄罗斯族民族乡通过扶持人口较少民族发展和特色村寨项目资金建设，依托俄罗斯族民俗风情积极发展旅游项目，成为当地经济发展的支柱产业。根河市聘请专家对敖鲁古雅乡进行总体规划，从民俗、旅游和建筑风格上再现“敖鲁古雅风情、驯鹿部落文化”特色，打造具有鄂温克民族风情的敖鲁古雅。

（撰稿：李日树　审稿：陈平）

辽宁省

2020 年，辽宁省有 54 个民族乡，其中：满族乡 38 个，蒙古族乡 9 个，朝鲜族乡 2 个，民族联合乡 5 个。民族乡行政区划总面积为 7433.1 平方公里，年末总人口达到 87.6 万人，其中少数民族人口达到 51.1 万人，占民族乡总人口的 58.3%。

2020 年，全省民族乡经济社会得到进一步发展，基础设施不断改善，人民生活水平不断提高。全省民族乡共有 515 个村民委员会，已通自来水的村有 380 个，占 73.8%；515 个村全部通公路、通电、通邮、通电话。

2020 年，全省民族乡乡镇企业从业人员 42529 人，乡镇企业总产值 161.3 亿元，其中工业总产值 124.5 亿元，乡镇企业年净利润总额 13.5 亿元。

2020 年，全省民族乡农作物总播种面积 264.4 万亩，其中粮食播种面积 187.3 亩。2020 年，民族乡粮食产量 104.8 万吨，肉类总产量达到 24.7 万吨。

民族乡实现农林牧渔业总产值 104.9 亿元。

2020 年，全省民族乡财政收入为 8.5 亿元，财政支出为 9.4 亿元；农民人均可支配收入达到 12612 元。全省共有农民合作社 1707 个，合作社成员 2.4 万户，农业技术服务机构 153 个，农技机构从业人员 530 位。

2020 年，全省民族乡共有学校 193 所，在校学生总数 4.4 万人，教师总数 5472 人；图书馆 34 个，文化站 54 个，村文化活动室 504 个。医疗卫生机构 681 个，其中医院 11 个，卫生院 53 个，村卫生室 615 个，卫生人员 1568 人，病床 1788 张。

（撰稿：赵经纬　审稿：赵瑞）

吉林省

一、全省民族乡经济发展

2020 年底，全省有民族乡 28 个，其中：村民委员会 313 个，总行政区划面积 6169.87 平方公里。民族乡总人口数 442835 人，其中少数民族人口 132817 人，少数民族人口占人口的 29.99%。财政收入 5.84 亿元，财政支出 5.85 亿元。

（一）农业生产发展平稳

2020 年，全省民族乡实现农林牧渔业总产值 67.23 亿元；农作物总播种面积 311.35 万亩，其中粮食播种面积 274.98 万亩。粮食总产量达到 137.58 万吨，肉类总产量 4.94 万吨。

（二）农业生产条件有所改善

2020 年，全省民族乡农民合作社个数 1657 个，农民合作社成员数 22611 户，农业技术服务机构个数 103 个，农业技术服务机构从业人数 384 人。

（三）工业发展情况

2020 年，全省民族乡在乡镇企业从业人员 3.2942 万人，乡镇企业总产值 168.34 亿元，其中工业企业产值 84.01 亿元，乡镇企业年净利润总额 19.26 亿元。

（四）人民生活水平进一步改善

2020 年，全省 313 个民族乡村全部通电、通邮、通电话、通公路，300 个民族乡村通自来水。

二、全省民族乡社会发展

2020 年，全省民族乡拥有初中 31 个，在校学生 6171 人，教师 1173 人；小学 73 个，在校学生 10077 人，教师 2123 人。图书馆 48 个，文化站 27 个，村文化活动室 301 个。拥有医疗机构 327 个，其中医院 1 个，基层医疗卫生机构 326 个，卫生院 31 个，村卫生室 289 个。拥有卫生人员 949 人，其中卫生技术人员 531 人，执业（助理）医师 273 人，乡村医生和卫生员 388 人。医疗卫生机构拥有病床 540 张，其中基层医疗卫生机构 426 张，卫生院 407 张。

（撰稿：孟祥超　审稿：田永亮）

黑龙江省

黑龙江省现有 52 个少数民族乡，民族乡总人口 67.5 万人，其中少数民族人口 25.4 万人。 2020 年，全省 52 个民族乡实现地区生产总值 176.7 亿元，比上年增长 1.6%，高于全省 2020 年地区生产总值增长 1%的平均水平。农村居民人均可支配收入达到 16670 元，高于全省平均水平，民族乡镇经济运行总体呈现稳定发展态势。“十三五”期间，全省民族乡经济社会发展速度较快，民生事业得到较大改善，省市有关部门和各级地方政府通过多项措施齐抓并举、花大力气做好少数民族地区的发展建设工作，以加强民族乡基础设施建设为着力点，逐年加大投入，不断改善农民生产生活条件，少数民族群众收入水平已经普遍超过当地农民平均收入水平，经济社会民生等各项事业都取得长足发展，已成为当地整体发展较快，发展基础较好的区域。

一、提前谋划推动民族乡建设发展

2020 年是“十三五”收官之年，也是“十四五”开局之年。针对“十三五”时期部分民族乡还存在经济发展质量不高、基础设施存在短板、社会民生尚需加强等问题，黑龙江省在“十四五”期间重点将在空间协调、绿色发展、乡村振兴与社会发展四个方面做好文章，以兴边富民、促进民族地区发展等规划为引领，指导各地立足民族特色和长远发展，综合考虑基础设施、产业发展、民族文化、生态旅游等要素，推动民族乡建设提档升级，提升群众的获得感和幸福感。

二、积极助力脱贫攻坚决战决胜

2020 年是决战脱贫攻坚，决胜全面建成小康社会的关键之年，全省聚焦脱贫攻坚重点难点问题，坚持问题导向，持续加大对定点驻村和贫困民族地区的帮扶力度。坚持把实现民族乡贫困户全部脱贫作为根本任务，精准落实各项政策，指导民族乡推进安全饮水、产业扶贫、危房改造、教育扶贫、健康扶贫、兜底保障等巩固提升行动，科学制定脱贫后续帮扶计划，做到扶贫政策不变、支持力度不减、包保责任不松。为保障民族地区剩余贫困人口按时脱贫，组成脱贫攻坚挂牌督战进展情况专项督导工作组，深入各地进行调研，制定脱贫攻坚工作台账，确保剩余贫困有专人包保，脱贫对策和脱贫时限，重点督战有民族村和有民族村扶贫任务的县（市、区），对扶贫中的各类问题进行梳理，及时查缺补漏，逐项对账销号。2020 年底，全省民族地区建档立卡贫困户全部实现脱贫退出。

三、因地制宜加速产业结构调整

通过结合民族地区资源禀赋、区位特点，加速产业结构调整力度，以特色村镇建设、特色农产品生产、特色种植养殖业为依托，拉动广大民族乡经济增长。加大农业技术推广力度。重点强化新品种、新技术的推广应用，保护农户的种粮收入和种粮积极性，持续提高民族乡粮食产量，持续增加畜牧存栏量及家禽数量。发展民族乡特色产业，根据民族乡产业优势和资源禀赋，培育壮大具有区域特色的农业主导产业。以哈尔滨市为例，依兰县加大特色产品种植面积，药材、大果榛子、万寿菊、瓜菜、杂粮等种植面积增至 1.2 万亩。尚志市启动大星民俗风情小镇项目，项目总投资 3.5 亿元，建设期为 5 年。五常市民乐朝鲜族乡通过强化水稻示范区建设，培育和着力推广五优稻系列品种，水稻连年高产，创造了“民乐香”品牌，在国内外享有较高声誉。巴彦县、道外区、方正县、宾县加大产业结构调整力度，涌现出 12 户专业种植户和 42 户科技示范户，产业结构调整成效斐然。

四、发挥民族特色旅游资源优势

积极为促进旅游业发展研究对策、搭建平台、搞好推介。促进特色产业与特色民居保护、民族文化传承、生态环境保护、特色旅游相融合，推进建设集特色景观、民俗体验、产业赏鉴于一体的边境少数民族特色村镇廊带，改善偏远民族乡的基础设施，扶持产业发展，以展现民族文化、民族形象为主体，围绕土特产、草原风貌、民间艺术、绿色有机食品等加强研究与开发，推出具有地方特色、民俗特色的旅游纪念品和工艺品，带动民族乡域经济快速发展。

五、推动互联网经济发展

在疫情常态化下，积极组织民族乡通过网络直播、网络带货等形式，线上销售农特产品。鼓励民族乡广大群众学习网络技术，利用电商平台，充分发挥“互联网+农业”的巨大作用，将疫情影响降至最低。

（撰稿：张泽坤　审稿：倪晓岩）

江苏省

2020年，高邮市菱塘回族乡面对严峻复杂的形势和艰巨繁重的改革发展稳定任务，特别是面对新冠肺炎疫情严重冲击，坚持以习近平新时代中国特色社会主义思想为指导，在乡党委的坚强领导下，在乡人大的监督支持下，主动践行新发展理念，着力打好三大攻坚战，经济社会保持健康稳定发展，被列为全市唯一乡村振兴试点乡镇，被省委、省政府授予“为江苏改革开放作出突出贡献的先进集体”，决胜全面建成小康社会和“十三五”发展圆满收官，为开启全面建设社会主义现代化新征程奠定了坚实基础。

一、坚持稳增长、促转型，经济越来越强

2020年实现地区生产总值51.9亿元，新开工高邮市级以上项目11个。2020年，工业集中区被评为扬州市重点发展型工业集中区。建筑业总产值突破100亿元大关，2020年达107亿元。提前完成农业结构战略性调整三年行动计划，实施北大片高标准农田15000亩，累计新增高效设施农业1500亩、现代农业园休闲观光农业4212亩、精品水产品养殖5619亩、稻田综合种养1781亩、环高邮湖休闲观光带546亩，培植新型农业经营主体10个，创成省级农业龙头企业1家、扬州市级农业龙头企业3家、扬州市级现代农业产业园区2个、国家农民合作示范社和省农机合作示范社各1个。完成环高邮湖大堤菱塘段旅游化改造和路面黑色化，创成全国休闲渔业示范基地、全国休闲农业与乡村旅游四星级示范企业、省休闲观光示范村各1个，古清真寺景区创成国家AAA级旅游景区；成功举办两届江苏高邮民族旅游美食节和两届江苏高邮菱塘老鹅节，“菱塘鹅”制作技艺亮相央视，菱塘盐水鹅入选省百道乡土地标菜，获评中国老鹅地标美食文化小镇、省菱塘老鹅饮食文化传承基地。

二、坚持保民生、增福祉，百姓越来越富

村集体经营性收入从435万元增加到582万元，年均增幅6.7%；农村居民人均可支配收入从2.62万元增加到3.92万元，年均增幅8.4%。累计投入2.1亿元，办成民生实事项目186件，民生支出占财政总支出比重保持在60%以上。高邮湖小堰塘渔港、湖西水厂、民族敬老院等民生工程相继建成并投入使用，中小学、幼儿园基础设施进一步完善。先后创成全国社区教育示范乡镇、国家卫生乡、省健康镇，创成省卫生村6个、省健康村（社区）4个、省健康单位3家、省健康企业2家、扬州市健康企业3家，曙光社区创成扬州市“颐养示范社区”。累计完成农村无害化卫生户厕改造6335座，普及率99%。先后成立乡老龄协会、红十字会、慈善会、退役军人服务站和优抚驿站。村（社区）居家养老服务站实现全覆盖。累计发放城乡低保金、特困人员供养金、医疗救助金、尊老金、计划生育奖励扶助金、重残人员“两项补贴”等2963万元。累计投入60多万元，对部分村（社区）有线数字电视进行网络升级改造，为180多户困难家庭减免有线电视收视费超15万元。实施精准帮扶“3+N”机制，完成90多户农村危房改造，267户建档立卡低收入农户545人全部脱贫，乡扶贫开发协会获评扬州市脱贫攻坚先进集体。

三、坚持重统筹、提品质，环境越来越美

先后创成国家园林城镇、省首批生态文明建设示范乡镇、省水美乡镇，3个村创成省水美乡村，8个自然村庄建成扬州市美丽宜居村庄。抓好重点行业企业深度治理和精细化管控，完成62家企业挥发性有机物治理和12家企业锅炉改造。在全市率先开展生活垃圾分类收集处理试点。秸秆综合利用率96%，畜禽规模养殖场粪污无害化处理率100%。大力实施公园体系建设，高标准打造民族体育休闲公园和8个村级公园。累计提档升级农村公路21公里，“三纵两横”骨干公路网基本形成，创成扬州市“四好农村路”示范乡镇。完成近500户零散村庄撤并，新增土地复垦面积近2000亩。新增成片造林面积

2100 多亩。2020 年，在全市率先打赢长江流域重点水域禁捕退捕攻坚战，完成 95 户渔民退捕和转产安置工作；投入 1500 万元，实施向阳河中型灌区改造工程；获评扬州市级耕地保护激励单位；清真村获评中国美丽休闲乡村、国家森林乡村，入选省首批传统村落名录，被命名为省级特色田园乡村、省生态文明建设示范村；菱塘村入选“美丽家园”省级示范点。

四、坚持优治理、护和谐，社会文明程度越来越高

第四次被国务院表彰为“全国民族团结进步模范集体”。8 个村（社区）全部创成省民主法治示范村（社区），2 个社区全部创成省和谐社区建设示范社区。创新网格化社会治理，“圆桌议事”模式在全市推广。谋划出台并落实民族团结进步创建工作五年行动计划实施意见，被命名为“第八批全国民族团结进步示范区”，建成“红石榴家园”阵地。顺利通过全国文明镇复审，建成新时代文明实践所和全市首家“非物质文化遗产展示馆”。高标准完成“三整合”改革任务，“一办八局”实质性运转，被扬州市评为基层“三整合”改革示范乡镇。

五、切实加强政府自身建设

坚持依法行政，主动接受乡人大法律监督和工作监督，办复代表建议 142 件。畅通“12345”政府服务热线、乡级“店小二”微信群等平台，办理群众反映各类热点难点问题 1300 余件。全力优化营商环境，累计减税降费 8500 万元。严格执行“三重一大”集体决策制，厉行勤俭节约，“三公”经费下降 15%。高标准完成“七五”普法任务，政府法律顾问制度、规范性文件和重大行政决策合法性审查制度、重大决策社会稳定风险评估制度不断完善，阳光法治政府建设取得新成效。高质量完成第七次全国人口普查登记工作。获评扬州市老干部工作先进集体。

（撰稿：洪静　审稿：鲍蜀生）

浙江省

浙江省世居少数民族以畲族为主，具有大分散、小聚居的特点。全省有 14 个民族乡，均为畲族乡，分布在杭州市、温州市、金华市、衢州市和丽水市的 13 个县（市、区），它们是：杭州市桐庐县的莪山畲族乡，温州市平阳县的青街畲族乡，苍南县的岱岭畲族乡、凤阳畲族乡，文成县的周山畲族乡，泰顺县的竹里畲族乡，金华市兰溪市的水亭畲族乡，衢州市龙游县的沐尘畲族乡，丽水市莲都区的丽新畲族乡，龙泉市的竹垟畲族乡，云和县的雾溪畲族乡、安溪畲族乡，遂昌县的三仁畲族乡，松阳县的板桥畲族乡。民族乡主要分布浙南或浙西南，一般地理位置较偏，一半左右的民族乡离县城有 30 至 50 公里路程。多数是革命老区乡镇，其中有 10 个曾被列入全省 211 个重点扶持的欠发达乡镇、或省重点欠发达县特别扶持计划范围，分布在山区 26 县。

全面巩固拓展脱贫攻坚成果同乡村振兴有效衔接，浙江省民族乡经济发展稳步向前。14 个民族乡农林牧渔总产值达 16.25 亿，规上工业增加值也稳步提升，财政总收入为 3.72 亿元。在村级集体经济收入方面，截至 2020 年底，全省村级集体经济总收入低于 10 万元且经营性收入低于 5 万元的民族村全面消除，为民族村提前全面消薄奠定了坚实基础。在人均可支配收入方面，2020 年少数民族农村居民人均可支配收入达到 27523 元，为全省农村居民人均可支配收入的 83%，少数民族人均可支配收入增幅普遍高于全省平均水平，民族地区农民人均收入和少数民族人均收入的差距进一步缩小。

（撰稿：潘晶　审稿：潘友明）

安徽省

2020 年，全省各民族乡深入贯彻落实习近平总书记在决战决胜脱贫攻坚座谈会以及民族团结进步表彰大会上的重要讲话和考察安徽重要讲话指示精神，以铸牢中华民族共同体意识为主线，以改革创新有效推动少数民族和民族聚居地区加快发展，稳步推进脱贫攻坚成果与乡村振兴有效衔接，统筹抓好疫情防控、抗灾救灾和经济社会发展各项工作，全省少数民族和民族聚居地区实现同步全面建成小康社会。截至 2020 年底，全省 9 个民族乡建档立卡贫困户 4399 户、12745 人实现全部脱贫。经济运行平稳，农民人均可支配收入达 18719 元，比上年增长 7%；农林牧渔业总产值 22.3 亿元，比上年增长 8.2%。财政收支运行平衡，公共财政收入完成 3.54 亿元，比上年增收 0.54 亿元，增长 18%；公共财政支出 3.97 亿元，增支 0.67 亿元，比上年增长 20%，基本实现均衡支付，较好地完成了预定目标。

一、持续巩固脱贫成效

各民族乡深入贯彻落实中央和省市县关于脱贫攻坚决策部署要求，筑牢“两不愁三保障一安全”底线，全面加快脱贫致富、同步小康步伐，圆满完成脱贫攻坚收官任务。坚决打赢脱贫攻坚战。民族乡始终把脱贫攻坚作为最大的民生工程，继续落实各项帮扶政策和保障措施，确保贫困户的稳定脱贫、持续增收。2020 年，全省 9 个民族乡最后一批 58 户、163 人实现全部脱贫，全省少数民族和民族聚居地区实现同步全面建成小康社会。

二、不断夯实基础设施

民族乡紧盯发展后劲，多方协调争取，集中力量解决涉及人民群众切身利益的突出问题，不断加强农村基础设施建设。道路基础设施不断完善。孤堆回族乡投入少数民族发展资金 45 万元对孤堆村、杨镇村部分道路硬化，完成 102 省道改扩建项目沿线 94.8 亩临时用地和永久性占地征地工作。二龙回族乡新修中汤六房至三苏、中汤小陈的水泥路 1200 米，争取扶贫项目资金 445 万元重建了中汤至三苏水泥路。投入 548 万元修建宽 9 米，跨度 30 米的友谊桥一座，解决了红卫、小岗两村多年来的“建桥梦”和发展“瓶颈”。农电水利建设不断加快。二龙回族乡投资 2478 万元新建 35 千伏变电站，投资 577 万元新改建变压器 8 台和高压线路 14.1 千米，入户改造 734 户。

三、加快调整产业结构

民族乡坚持以农民增收致富为目标，积极培育发展特色产业，大力实施产业结构调整。深度拓展乡村旅游业。云梯畲族乡注重品质提升，着力发展全域旅游。承办“5.19”旅游节系列活动，与多家媒体合作宣传，提升畲乡的知名度和美誉度。省非遗项目在非遗演艺厅常态化演出，在农家乐固定式、规范化展示，支持非遗传承人在畲族文化交流中心建立工作室，引导游客参与体验。2020 年全乡实现旅游收入 8000 余万元。

四、全面发展社会事业

民族乡坚持把保障和改善民生摆在更加突出的位置，加大投入，狠抓落实，多措并举固本强基，稳步推进各项社会事业发展。教育基础设施不断完善。赛涧回族乡推动教育“均衡化”发展，配套完善周台民族小学、赛涧回族乡中心小学的基础设施，占地 6500 平方米的乡中心幼儿园主体工程竣工并投入使用。医疗卫生条件稳步提升。

五、不断推动美丽乡村建设

民族乡坚持绿色生态发展理念，从人居环境整治、污染防治、生态保护等多方面协同发力，不断推动美丽乡村建设。人居环境不断改善。例如：临北回族乡开展“百日攻坚”和“美丽庭院”创建活动，累计投入资金 240 余万元，发动干群参与 12000 余人次。绘制“一图一表一职责”，明晰责任片区，动态梳理存在的环境问题。清除卫生死角 61240 余处，清理沟塘 165 条约 58400 平方米，规范畜禽散养 183 户。创造性地将“美丽庭院”创建与爱心超市积分兑换相挂钩，建立长效激励机制。

六、深入推进铸牢中华民族共同体意识

民族乡牢牢把握铸牢中华民族共同体意识的工作主线，坚持以“共同团结奋斗，共同繁荣发展”为主题，以民族团结进步宣传月、民族团结进步创建活动等工作为载体，以多种形式营造宣传党的民族政策、促进民族团结进步的良好氛围，促进各民族交往交流交融，平等、团结、互助、和谐的社会主义民族关系不断发展。例如：陶店回族乡深入开展民族团结进步创建，举办少数民族文化体育活动，成功举办乡村春晚，丰富少数民族群众的精神文化生活，形成“中华民族一家亲，同心共筑中国梦”的良好氛围。

（撰稿：吴柏林　审核：陆友勤）

福建省

2020 年，全省各民族乡坚持以习近平新时代中国特色社会主义思想为指导，全面贯彻落实党的十九届五中全会精神，在省委省政府的高度重视和有关部门的大力支持下，锐意进取，开拓创新，不断推进经济持续发展，社会事业不断进步。

一、举措到位有力，民族乡村经济发展总体平稳

2020 年，在乡镇企业受新冠疫情冲击下，民族乡党委政府认真按照省委省政府工作部署，果断采取措施，及时调整计划，促使当地经济平稳发展。据统计，全省 19 个民族乡地方一般公共预算收入 65571.03 万元，同比增长 5.3%，地方一般公共预算支出 65910.52 万元，同比增长 12.3%。农林牧副渔产值 52.28 亿元，同比增长 7.4%，粮食作物播种面积 26.1 万亩，同比增长 2.6%，粮食产量 10.6 万吨，同比 5.6%，肉类总产量为 3.7 万吨，同比增长 1.9%。

二、争取部门支持，积极巩固拓展脱贫攻坚成果

确保少数民族和民族乡村稳定脱贫，巩固拓展脱贫攻坚成果，是扶贫工作的重要任务。一是财政支持。省财政厅安排省级财政专项扶贫资金 2220 万元，支持经营性收入在 10 万元以下的 111 个少数民族村发展村级集体经济，每村补助 20 万元；下达整村推进专项资金 200 万元，扶持 10 个年平均收入 4500 元以下民族贫困村，每村补助 20 万元。二是建立防止返贫监测及帮扶机制。省民族宗教厅对全省少数民族已脱贫不稳定户 165 户 366 人，因疫情影响存在致贫风险户 118 户 274 人，全部纳入监测对象重点扶持。助力民族乡村疫情防控能力。三是落实疫情防控责任。省民族宗教厅投入专项资金 295 万元，支持疫情影响较重的 59 个民族薄弱村开展疫情防控和发展生产。

三、发挥帮扶优势，推动少数民族乡村持续发展

全省各地挂钩帮扶单位持续发挥自身优势，继续做好挂钩帮扶工作。2020 年，省直单位、沿海经济发达县（市、区）、省财政厅和民族乡所在市、县（区）财政部门共投入 19 个民族乡帮扶资金 8431 万元，拉动社会各类资金 8161 万元，重点用于基础设施、民生保障等 120 个项目建设。各市、县（区）相关部门也加大挂钩帮扶力度，促进民族乡村脱贫攻坚成果取得明显进展。全省 321 个少数民族村全部实现通路、通电、通邮和通电话，315 个村实现通自来水。

四、注重民生建设，促进民族社会事业不断进步

全省各民族乡重视提升基础公共服务能力，努力争取部门支持，不断加强民族教育、文化、卫生、体育项目建设，群众就学、就医和文化生活条件得到明显改善。如省民族宗教厅投入资金 1000 万元，

建设项目 75 个，支持民族乡村教育、文化、卫生、体育事业的发展。1.在民族中小学校开展铸牢中华民族共同体意识宣传教育活动，推动民族团结教育进学校、进课堂。组织优秀教师到民族中学开展送教下乡活动，受到欢迎。2.加强医疗卫生机构建设。全省民族乡村医疗卫生机构增加卫生技术人员 19 人，增加医院床位数 38 张。举办全省畲医畲药职业技能培训班，以进一步做大做强畲医畲药产业。3.在民族乡举办 2020 年福建省少数民族庆祝“中国农民丰收节”活动，全面展示民族乡村农耕文化传承、乡村振兴、民族团结进步等成果；持续加强乡村文化建设，去年全省民族村文化活动室增加了 22 个。4.在民族乡中小学校加强民族体育运动项目建设，组织开展民族体育项目比赛，以推动少数民族传统体育项目的普及推广和传承发展。

（撰稿：赖龙娣　审稿：李瑛）

江西省

2020 年是脱贫攻坚决胜之年，是全面建成小康社会和“十三五”规划收官之年。江西各民族乡坚持以习近平新时代中国特色社会主义思想为指导，深入贯彻落实党的十九大和十九届历次全会精神，以铸牢中华民族共同体意识为主线，传承红色基因，立足生态发展，凝聚“共同团结奋斗、共同繁荣发展”合力，同心绘就新时代江西民族乡村美丽画卷。

一、脱贫攻坚全面胜利

2020 年，江西省 8 个民族乡总人口 11.3 万余人，完成地方一般公共预算支出近 2.36 亿元，乡镇企业总产值 11.2 亿余元，农林牧渔业总产值 9.8 亿余元，农村居民人均可支配收入由 2019 年的 14569 元提升到 16570 元。随着最后一批贫困户高质量脱贫后，各乡建档立卡贫困户 3575 户 13012 人全部脱贫，高质量通过脱贫攻坚“国普”。各民族乡紧紧围绕脱贫攻坚“两不愁三保障”，持续加大政策保障支持，积极培育扶持产业发展，辐射带动贫困群众不断增收致富。赤土畲族乡打造提升省级现代农业示范园 1 个、省级 3A 乡村旅游点 2 个，培育扶贫产业基地、扶贫车间、生态农庄等 30 多个；樟坪畲族乡发展毛竹丰产林面积 1.8 万亩、高山蔬菜种植面积 100 亩、富硒稻种植面积 340 亩、茶叶种植 400 亩、油茶种植 100 亩，设置各类扶贫专岗 35 个，发放扶贫贷款 52 万，投入教育扶贫补贴 155 万元，发放低保、五保、残疾补贴 42.6 万余元；东固畲族乡巩固发展毛竹、油茶、茶叶 10 万余亩，扶持发展白莲、竹荪、山茱萸、黄金 3600 余亩，打造特色扶贫产业基地 9 个、扶贫车间 4 个、光伏产业基地 4 个，引进全省润田系列规模最大的润田矿泉水厂；金竹畲族乡集中实施基础设施建设、生态保护、农村卫生室等项目 104 个，完成危房改造 600 余户、移民搬迁 216 户，整修土坯房 1073 栋、改厕 800 多户、安装户户通 972 户；金坪民族乡组织各类扶贫培训 8 期，安排公益性岗位 33 人，发放产业直补资金 23 万余元，消费扶贫落实资金 4 万余元，9 个扶贫项目全部完工；篁碧畲族乡实施扶贫基础设施建设项目 6 个，完成产业扶贫项目 1 个，发放产业直补资金 4.3 万元，新建扶贫车间 1 个；太源畲族乡实施完成扶贫项目 4 个，实施产业直补 2.8 万元，举办贫困户种植养殖技术培训班 1 期，新增 10 个公益性岗位；龙冈畲族乡推进建设贫困村卫生室 2 个，完成贫困户改厕 100%，安排保洁员 102 名，落实贫困户低保政策 356 人，助力贫困户销售农产品 60 余万元等，有效助力各乡脱贫攻坚。

二、生态建设开创新局

随着大广高速南复线在赤土畲族乡设置出口、鹰潭花桥水利枢纽工程顺利推进实施、大连民族大学、中南民族大学、南昌大学等在金竹畲族乡建立实习基地等，为这些乡的发展迎来了全新机遇。尤其是近几年各民族乡发展“瓶颈”持续改善，公共服务水平和能力不断提高，人居环境得到快速提升，民族乡生态发展优势不断凸显，为民族乡开创生态旅游新发展格局奠定坚实基础。樟坪畲族乡“风情小镇”已成当地旅游品牌；太源畲族乡马鞍村已评为国家森林乡村，国家级传统村落水美自然村成为第二批“中国少数民族特色村寨”；金竹畲族乡金竹飞瀑景区已打造成国家 4A 级景区、省级旅游风情小镇，大通彩绘村已成为省级乡村旅游 4A 景区，2020 年该乡被评为“省级生态文明示范基地”，吓通畲族村还荣获“2019 年中国最美乡镇”精准扶贫典范奖；金坪民族乡荣获 2020 年全国卫生乡镇，5 月的“金坪民族风情园”开园吸引游客 5000 余人次，国庆期间吸引游客 2 万余人；龙冈畲族乡已成为国家级生态乡镇、江西省环境优美优秀乡镇、江西省卫生乡镇、全国民族团结进步教育基地，在“不忘初心、牢记使命”主题教育期间，迎接各级党员干部、群众学习红色革命历史 15000 余人次；东固畲族乡先后荣获全省魅力乡镇十强、省级生态乡镇、省级生态旅游示范区、江西十大红色旅游目的地、国家 4A 级旅游景区等称号，敖上村成功创建国家森林乡村、省 4A 级乡村旅游点，并被中组部列为“全国红色名村”示范点，2020 年全乡接待游客 25 万余人次，旅游收入逆势增长达 3000 余万元。

三、社会事业蓬勃发展

2020 年，各民族乡以落实民生、发展共享为根本，大力推进民生事业，切实解决关系民族乡村群众切身利益问题，让群众拥有更多的获得感、幸福感和安全感。赤土畲族乡不断壮大奖教助学基金，每年奖励优秀师生，同时组建乡民族文化艺术团和各村民族文艺队，举办第五届文化艺术节，营造全乡崇文重教好氛围；东固畲族乡完成危房改造 1042 户，完成深山移民搬迁 2517 人，打造 9 个移民安置点，实施中小学校危房改造 11 所，投资 300 万元提升改造东固卫生院综合大楼，15 个村级卫生所均已达到省级标准，打造 9 个老人颐养之家，建立 7 支居家养老服务队，实现村级老人颐养服务全覆盖；太源、篁碧畲族乡深入推进“厕所革命”，实现全乡无害化厕所建设完成率 100%；樟坪畲族乡大力推进农村环境卫生整治和各类民生保障，实现各村生活垃圾治理保洁率 100%，医疗、养老保险参保率接近 100%，全乡 11 个村全部建立公墓点，实现遗体火化率 100%，入公墓安葬率 100%；龙冈畲族乡大力推进美丽乡村建设，大力推进农村生活垃圾治理，共安排保洁员 102 名，实现垃圾清理无死角、全覆盖。当前民族乡文化活动场所、卫生院、卫生室等设施已经较完善，民族乡村基础教育投入充足，配套设施较完善，师资齐备，方便适龄儿童就近入学，基本公共服务能较好满足群众需求。

四、民族团结创新巩固

2020 年，各民族乡坚持以铸牢中华民族共同体意识为主线，积极开展民族团结进步创建活动，促进各民族交往交流交融，突出乡村治理能力水平提升，不断推进平安乡村建设，民族乡“共同团结进步、共同繁荣发展”不断创新巩固。东固畲族乡深入探索推进市域社会治理现代化试点，推行“站群众位置、说群众语言、解群众难事、带群众互助、让群众作主”的“杨慧芝群众工作法”，培育杨慧芝式“暖心人”55 名，组建群众自治队伍 24 支，各类矛盾纠纷化解率达 98%，信访事件下降 47.6%，东固红歌会演出 65 场，观演人数达 6000 余人次，不断传播东固红色文化，弘扬民族团结正能量；金坪民族乡开展农村“法律明白人”培养工程，倾力打造移山村“法律明白人”示范点和法治文化品牌，移山村先后获评全省民主法治示范村和全国民主法治示范村荣誉称号；樟坪畲族乡坚持建设平安和谐畲乡，营造良好的干事创业环境，发挥村支部和综治网格员的作用，深入做好矛盾纠纷排查、风险隐患研判、重点人群管理，将信访遏制在源头，2020 年信访案件、网格化录入事件及市长热线转接件等办结率全部 100%。尤其是 2020 年疫情来时，民族乡群众团结一致，群防群控，共克时艰，扎实做好疫情防控工作。

（撰稿：杨贻茂　　审稿：王希贤）

河南省

2020 年河南省民族乡以高质量发展为统领，不断加强公共服务设施建设，大力发展特色产业，加快农业转型升级。保持了经济社会稳步发展、民族关系和谐融洽、生态环境持续改善的良好局面。

一、特色产业加快发展

12 个民族乡深入推进高效种养业转型升级，发展优势特色产业，因地制宜发展优质专用小麦、花生、草畜、林果、蔬菜、花木、茶叶、食用菌、中药材、水产品等优势特色农业，建设优势特色农产品基地，开发地方特色品种，满足市场多元化、个性化消费需求。坚持发展现代畜牧业，提高养殖畜禽标准化、规模化、智能化水平，推进种养结合，做大牛羊产业，做优家禽产业。许昌艾庄乡在农业产业结构调整过程中，通过技术引导、财政奖励逐步壮大建成了 4650 亩葡萄、晚秋梨、桃树、桑树特色种植基地，550 亩食用菌、西瓜种植基地和 1000 亩葡萄、桃、桑椹、莲藕种植基地，带动了全乡广大农户的种植热情，为他们找到了致富门路。同时，充分发挥肉牛养殖和肉鸡养殖的优势地位，通过政策引导、项目资金扶持、技术指导，强化肉牛、肉鸡养殖业的主导地位。叶县马庄回族乡特色农业生机勃勃，全乡种植高油脂花生 100 余亩，红叶石楠绿化苗木基地 300 亩，林果基地 500 亩，流转土地投资建成食用菌种植基地项目，提高了各族群众收入。禹州山货回族乡农业效益稳步提升，紧紧围绕“因村制宜，一村一品”农业结构调整主线，巩固提升中药材种植、畜牧养殖、蔬菜种植等传统农业，进一步推进村集体经济做大做强。郏县姚庄回族乡做强特色产业，开发特色餐饮、发展壮大金镶玉加工产业，建设金镶玉文化产业园、历史展示馆、工艺体验馆，发展特色旅游采摘，发展特色旅游。民权县伯党民族乡依托当地资源禀赋，积极培育特色种植，新成立专业种植合作社 2 个，家庭农场 6 个，以伯东、伯南、伯西三个大型养殖基地为中心，以“公司+农户”的养殖模式，建设规模化养殖场，促进了全乡养殖业的迅速发展。

二、招商引资成效明显

12 个民族乡加大招商引资和项目建设力度，不断创新招商方式方法，进一步突出以商招商、产业招商，持续开展优化营商环境大行动，大力支持和鼓励在外能人返乡创业，打造“回归经济”。郏县姚庄回族乡紧盯县定主导产业和姚庄乡全域旅游特色产业，强化招商举措，扎实开展“四个拜访”工作，项目建设取得新突破，引进河南博客思建筑工程有限公司，在姚庄投资 1.4 亿元，建设标准化厂房 6000 平方米，设计年产装配式轻钢建筑 20 万平方米。引进河南立科达医疗用品科技有限公司，总投资 5000 万元，建成二期熔喷布及口罩生产线项目，年生产熔喷布 500 吨、口罩 600 万个，带动了就业，促进了发展。禹州市山货回族乡项目建设稳步推进，积极发展新型企业，工业规模迅速扩张，在全乡现有各类工业企业 65 家、规模以上企业 8 家的基础上，积极探索乡传统产业的发展方向，巩固发展了以精密铸造、机械加工等为主的工业体系。共完成新上项目 4 个，完成招商引资投资约 15 亿元。封丘荆乡回族乡种好招商“梧桐树”，营商环境不断优化。利用乡村振兴机遇，优化营商环境，拓宽合作领域，加强优质招商服务、打造诚信招商环境。引进河南万广农业科技有限公司到荆乡投资兴业，该公司是一家现代化农产品加工企业，在前荆乡村投资两千万元，可年产深加工芝麻 5000 吨左右，延伸了产业链条，带动乡域经济高质量发展。

三、乡村生态不断改善

生态振兴是乡村振兴的重要支撑。12 个民族乡坚持以环境修复保护促进“生态美”，以人居环境改善促进“生活美”，以农业循环发展促进“生产美”，加快建设生态宜居的美丽乡村。12 个民族乡 90%以上的行政村生活垃圾得到有效治理，卫生厕所普及率达到 81%，秸秆综合利用率达到 89%，行政村

100%实现通客车。农村饮水安全得到巩固提升，群众生活用水得到有效保障；信息网络普及水平不断提高，实现20户以上自然村4G网络全覆盖；农村公共服务水平有效提升，12个民族乡均有小学，适龄幼儿基本上都能就近入园；村级综合性文化服务中心和标准化村卫生室实现全覆盖。禹州市山货回族乡以农村人居环境改善为抓手，投资300多万元建成污水处理厂有效解决了污水排放问题，栽植各种果树7800余株，基本实现了四季见绿、三季见花、两季见果的生态绿化景观。西平县蔡寨回族乡积极推进国土绿化，累计投入资金160余万元，栽植5.4万余棵、绿化小苗12万株、铺设草皮3万平方，打造宜居生态环境。民权伯党乡加大农村人居环境整治、国土绿化工作。实施5公里绿化廊道农田林网建设，种植白蜡等乔木1.4万株，种植红叶碧桃、红叶石楠等4000株。荥阳市金寨回族乡提升街区品质，精心打造占地面积9788平方米的党建主题公园，在建设中将党建文化融入到公园的角角落路。

四、乡风文明持续提升

12个民族乡坚持开展精神文明创建活动，深入推进移风易俗、弘扬时代新风行动，着力培育文明乡风、良好家风、淳朴民风，不断提高乡村文明程度。积极开展“同心圆、共发展”活动，将增进民族团结、巩固脱贫攻坚、实施乡村振兴有效衔接、相互融入、共同发展，形成精神家园同建、社会和谐同创、小康社会同步。深化民族团结进步创建“进乡村”活动。广泛宣传党的民族政策，强化“三个离不开”“五个认同”教育，把增进民族团结作为“乡村光荣榜”人物选树和“四美乡村”的评价内容，倡树尊重差异而不强化差异、包容多样增进一体、各民族交往交流交融的文明风尚。以社会主义核心价值观为引领，引导群众养成科学法治的思维方式、健康文明的生活方式。郏县姚庄回族乡创新开展“公仆星”“公益星”“孝悌星”“四旁卫生星”“四旁绿化星”“庭院经济星”等“六星”评定活动，先后表彰108人，营造了争当先进、崇德向善的浓厚氛围。

（撰稿：王霞　审稿：余德海）

湖北省

2020年，湖北省10个民族乡在地方各级党委、政府的正确领导下，坚决落实党中央国务院关于脱贫攻坚的总体部署，深入贯彻习近平总书记关于加强和改进民族工作的重要思想，坚决贯彻落实中央、省委关于民族工作和疫情防控工作的重大决策部署和要求，以铸牢中华民族共同体意识为主线，开展民族团结进步创建，坚持脱贫攻坚与乡村振兴相衔接，实现民族乡地方特色产业发展，社会事业全面进步，少数民族群众生活幸福感显著提升，走出了一条具有地方特色的少数民族乡村振兴发展之路。2020年末，全省10个民族乡下辖125个村委会，人口共计249020人，其中少数民族人口142858人。

一、经济态势保持平稳

各民族乡以建设和谐乡村，展示湖北形象为发展思路，围绕“绿色生态立乡、特色产业富乡、民族文化兴乡、平安和谐稳乡”发展目标，不断壮大乡镇经济规模、努力提高工业化、城镇化和农业产业化水平，实现了乡村面貌快速变化、经济水平稳步提升、民生条件不断改善的局面。坚持以“和谐乡，幸福乡，富美乡”的总目标不动摇，结合乡情实际，统筹抓好发展、民生、稳定三件大事，实现了乡村经济、社会、文化、生态等方面持续发展的良好局面。2020年，全省10个民族乡财政总收入为30399.34万元，财政支出34379.22万元。

二、工业发展基本盘稳

创新招商引资方式，采用合作新模式，不断优化营商环境，筑巢引凤，坚持以商招商、敲门招商、精准招商，不断引入强劲市场主体，激发市场活力。企业服务更加精细，项目质量不断提升。2020年乡镇企业从业人员9083人，乡镇企业总产值288006.77

万元，其中工业企业产值 272411.77 万元；乡镇企业年净利润总额达到 53071.95 万元。

三、农业产业发展保持平衡

全力克服疫情影响，坚持做大做强民族乡产业布局。各民族乡依托本地资源禀赋优势，发展特色种养植业，稳定生猪等畜禽生产，着力做好非洲猪瘟等疫病防控；坚持质量兴农、品牌强农，着力抓好“烟、茶、畜、果、药、菜”六大特色主导产业，实现“一村一品”，持续推进特色产业示范基地建设，大力培育农民专业合作社、家庭农场等新型农业经营主体，鼓励农户通过土地入股、劳务入股、技术入股等方式参与市场主体经营，大力发展“订单式”农业，推动农业生产由生产导向向消费导向转变。积极发展农村电子商务，创新农产品的宣传推介方式、销售服务渠道。截至 2020 年底，全省 10 个民族乡年末农林牧渔业总产值 397611.99 万元，农作物总播种面积 642156 亩，其中粮食播种面积 338127 亩，粮食产量 103627 吨；肉类总产量 24020.55 吨；农民合作社 511 个，农业技术服务机构 19 个，农业技术服务机构从业人员数 90 人。

四、基础设施建设稳步推进

民族乡全面深化“两不愁三保障”，整合资金建档立卡贫困村，涉及到路、桥修建，沟渠硬化处理，农村电网改造，村级种植经济、产业基地等基础设施建设，全面落实。同时，各乡积极投资完成乡村道路提档升级，其中钟祥市九里回族乡实施一事一议财政奖补政策硬化通户路近 80 公里，全乡通组公路硬化率达 100%，水泥路通户率达 92%，黑化路面近 30 公里，创成省级“四好农村公路”示范乡镇。2020 年，10 个民族乡所辖的 125 个行政村全部实现通自来水、电，通公路、电话、通邮，有效解决了各族群众的所思所盼的问题。

五、教育发展实现新跨越

各民族乡始终围绕教育发展目标，全面推进依法治教，全面实施素质教育，不断提高办学水平和人才培养质量。洪湖市老湾回族乡切实加大经费投入、着力改善办学条件；开展“师德标兵”评比活动，树立师德榜样，切实提高教师队伍整体素质。老湾中心学校创编的民族舞《洪湖岸边是家乡》获得湖北省民族文艺汇演优秀节目奖，民族舞《走在春风里》走进中央电视台少儿频道。乡中心学校 2017 至 2020 年连续四年中考成绩排名全市第一，并于 2019 年荣获全省民族团结进步先进集体，获得学生家长广泛赞誉和社会认可。截至 2020 年底，全省 10 个民族乡共有学校 47 所，在校生 12294 人，教师 1066 人。

六、医疗服务能力日益增强

医疗资源配置总量增强，医疗卫生机构床位数增加，全省 10 个民族乡共有医院、卫生院等医疗卫生机构 159 个，医疗卫生机构床位数 550 张，卫生技术人员 468 名，其中执业医师 177 人，乡村医生和卫生员 197 人。医疗质量管理不断加强，恩施市芭蕉侗族乡卫生院与恩施市中心医院成功组建医共体，医疗资源和水平不断提升，村卫生室实现全覆盖。城乡居民医疗保险参保率达 97%以上。基层医疗服务能力稳步提升，郧西县湖北口回族乡建成乡镇“四化”卫生院，村村都有卫生室，解决了群众的就医难问题。村村配备卫生室，乡卫生院科室、设备不断完善。鹤峰铁炉白族乡孤寡、贫病、残疾等困难群体得到有效救助，社会养老保险和基本医疗保险参保缴费率达到 99%以上。

七、宜居环境不断提升

按照湖北美丽乡村建设要求，全省各乡在乡村规划布局上因地制宜，土地节约、集约利用。在住宅建设上，建筑肌理和建筑造型较好地与当地历史文化相响应，保护传统民居和古迹古建等历史文件遗产及乡土特色元素。在生活环境上，倡导垃圾分类处理，生活垃圾无害化处理，垃圾分类“潘家湾”模式在湖北日报平台得到推介。围绕“村容整洁、地绿、路洁、水净、居佳、景美”的目标，村庄内坑塘河道整治、清淤，河道、沟渠、水塘保持清洁，建设民族街、村环形路；完成全乡村道路硬化、路灯亮化、村庄绿化、环境净化、庭院美化，乡村已形成特色鲜明、环境整洁、形态优美的美丽新农村面貌。

（撰稿：陈燕辉　审稿：刘来）

湖南省

2020 年，湖南省各民族乡坚决贯彻落实习近平总书记“一个民族也不能少”的重要指示精神，着力加强党的基层组织建设，着力保障和改善民生，着力提高社会治理能力，着力改善基础设施建设，因地制宜发展特色产业，总体呈现稳中有进、持续向好的发展态势。截至 2020 年末，全省乡镇区划调整后，全省 83 个民族乡总面积 11742.3 平方公里，有 974 个村民委员会。总人口 1480365 人，其中少数民族人口 899457 人，少数民族人口占民族乡总人口达 60.76%。

一、经济社会发展稳中有进

全省 83 个民族乡农村居民人均可支配收入 11606 元，同比增长 18.73%；公共财政收入 135371.69 万元，公共财政支出 137699.02 万元，同比分别增长 10.42%、15.07%；实现农林牧渔业总产值 1282625.55 万元，同比增长 5.29%；全省民族乡企业总体发展形势较好，均实现正增长，总产值 1060423.26 万元，其中工业企业总产值 855723.43 万元，乡镇企业年净利润总额 177944.64 万元，同比分别增长 6.03%、11.18%、3.29%。全省民族乡农作物产量产值稳中有升，粮食产量 703586.44 吨，肉类总产量 173516.32 吨，农林牧渔业总产值 1282625.55 万元，同比分别增长 2.28%、8.75%、5.29%。农民合作社个数达到 3053 个 2460 个，成员数 72151 户；农业技术服务机构个数 104 个，从业人员数 507 人，农村经济保持增长态势，呈现多元发展格局。

二、基础设施建设持续改善

2020 年末，全省 83 个民族乡的 974 个行政村中，已通公路的村有 968 个，已通邮的村有 966 个，已通自来水的村有 966 个，已通电的村有 974 个，已通电话的村有 974 个，通电和通电话率达到 100%，基础设施建设得到进一步加强，人民群众生产生活条件得到进一步改善。

三、民生福祉水平不断提升

2020 年，全省民族乡共有学校 369 个，在校学生 94188 人，教师 7245 人；有图书馆 174 个，文化站 168 个，村文化活动室 941 个。全省民族乡共有医疗卫生机构 1041 个，医院 7 个，卫生院 120 个，卫生人员 2762 人，卫生技术人员 1849 人，床位 2961 张，民族地区教育、卫生、文化事业得到长足发展，进一步提升了民生保障水平。

（撰稿：黄淼　审稿：唐志兵）

广东省

广东省现有 7 个民族乡，分别为韶关市始兴县深渡水瑶族乡、河源市东源县漳溪畲族乡、惠州市龙门县蓝田瑶族乡、肇庆市怀集县下帅壮族瑶族乡及清远市阳山县秤架瑶族乡、连州市瑶安瑶族乡、连州市三水瑶族乡。7 个民族乡行政区划面积共计 1382.22 平方公里，下辖 50 个村委会。2020 年末总人口 87275 人，其中少数民族人口 36610 人。

一、经济发展稳中有进

2020 年，7 个民族乡实现农林牧渔业总产值 126995 万元，比增加 11784 万元，同比增长 10.23%。公共财政收入 12925.4 万元，比增长 3790.6 万元，同比增长 41.50%。公共财政支出 11637.5 万元，比增长 2592.6 万元，同比增长 28.66%。农民人均可支配收入 17569 元，比增长 1541 元，同比增长 9.61%。

与全省平均水平相比，仍有一定差距，比 2020 年广东省农村常住居民人均可支配收入 20143 元低 2574 元，仅为全省平均水平的 87.22%，与 2019 年相比，占比有所提升，但提升幅度较小。

二、特色文旅新进展

广东将少数民族特色村镇保护发展工作同乡村振兴战略、生态文明建设结合起来，按照“产业兴旺、生态宜居、乡风文明、治理有效、生活富裕”的总要求，扎实推动少数民族特色村镇保护发展工作，促进各民族广泛交往、全面交流、深度交融，助力全省民族地区高质量发展。7 个民族乡中有深渡水瑶族乡长梅三组、深渡水自然村、漳溪畲族乡下蓝畲族村、蓝田瑶族乡小洞村、上东村、社前新村、下帅壮族瑶族乡六桥村、秤架瑶族乡英明村、三水瑶族乡新八村、瑶安瑶族乡田心村等 10 个村在 2020 年被命名为“广东省少数民族特色村寨”。7 个民族乡不断完善基础设施建设，夯实文旅发展基础。例如：深渡水瑶族乡积极引导鼓励有条件的农民发展农家乐，成功打造圩镇、长梅一、三组、五组、冷水迳、石角林、樟树林、荔竹坝等一批网红打卡点，投资 3000 万元建设新农村示范线路项目，完成了包括地标、停车场、观景台等共 24 个节点的建设，旅游基础设施不断完善，成功承办始兴县 2020 年“农民丰收节”暨消费扶贫月主会场活动，同时也成为首届环车八岭骑行活动重要一站，旅游影响力不断扩大。

三、农旅产业新成效

7 个民族乡大力发展富民兴村产业，建设宜居宜游生态乡镇。例如：三水瑶族乡把发展瑶族高山茶和乡村旅游作为全乡高质量发展的两个主导产业，通过乡村旅游带动民宿、农家乐及特色养殖和当地农产品的销售，精心打好民族牌、旅游牌、特色牌。已种植野生茶 5000 多亩，建设有新八、大坦两个茶叶加工厂基地，建立“公司+基地+农户”的发展模式，建成一个 1000 平方米的茶叶及本地特色农产品产业交易中心。

四、人居环境新变化

7 个民族乡大力开展人居环境整治和社会主义新农村连片示范建设，基础设施、生产生活条件日趋改善。例如：下帅壮族瑶族乡一河两岸美化亮化工程（一期、二期）及卫生院康养主题公园项目工程已建设完工并投入使用，投入 60 多万元建设集党员教育、便民助农、教育培训等功能于一体的党建综合体；35kV 变电站建设项目已于 2020 年 5 月份正式并网投入使用；石梯大桥已经于 2020 年 5 月正式完成扩建，民族二桥已完成超过 90%工程量；东西大村古树保护绿美公园顺利完工。

五、社会事业新进步

目前，7 个民族乡共有初级中学 5 所，在校学生 1335 人，教师 157 人；小学校 7 所，在校学生 2973 人，教师 263 人；7 个民族乡共有图书馆 5 个，文化站 7 个，村文化活动室 91 个。医疗卫生机构 63 个，卫生院 7 个，村卫生室 56 个，卫生人员 177 人，卫生技术人员 123 人，其中：执业（助理）医师 49 人，乡村医生和卫生员 55 人，医疗卫生机构床位 122 张。

（撰稿：余森河　审稿：叶民文）

广西壮族自治区

广西壮族自治区有 59 个民族乡，分布在南宁、柳州、桂林、梧州、防城港、贵港、百色、贺州、河池等 9 个设区市。其中，有瑶族乡 47 个，苗族乡 8 个，瑶族苗族乡 1 个，侗族乡 1 个，回族乡 1 个，仫佬族乡 1 个。59 个民族乡行政区划面积为 15793 平方公里，占广西总面积的 6.65%，年末总人口 118.99 万人，其中少数民族人口 89.3 万人，占广西少数民族总人口的 4%。2020 年，在各级各部门的大力支持下，全区 59 个民族乡经济社会事业进一步发展，基础设施建设进一步加强，人民生活条件得到进一步改善。

一、民族乡经济实力稳步增长

2020 年，广西各民族乡立足乡情，不断调整产业结构，在主导产业、新兴产业、农林业、旅游业发展等方面取得了新进步。2020 年，民族乡经济发展稳中求进，大部分指标同比增长。59 个民族乡实现乡镇企业总产值 35.66 亿元，同比增加 30.96%，乡镇企业年净利润总额 4.86 亿元；实现农林牧渔业总产值 88.07 亿元，同比增加 39.02%；粮食产量 41.83 万吨，同比增加 17.93%；肉类总产量 7.23 万吨，同比增加 1.26%；公共预算收入 11.81 亿元，公共预算支出 13.45 亿元；农民人均可支配收入 10424 元，同比增加 12.89%。

二、基础设施建设持续改善

在各级政府的大力支持下，全区各民族乡在各部门资金、政策、项目等方面的大力倾斜扶持下，以交通为重点，着力加强村级道路建设、农村电网改造、农村饮水、电信通信设施、农田水利和乡村建设，通过民族乡各族群众的共同努力，民族乡的基础设施得到较大改善，各族群众的生产生活条件发生了翻天覆地的变化。截至 2020 年末，全区 59 个民族乡 589 个行政村中，已通公路的行政村有 589 个，占 100%；已通自来水的行政村有 536 个，占 91%；已通电的行政村有 589 个，占 100%；已通电话的行政村有 589 个，占 100%；已通邮的行政村有 531 个，占 90.15%。

三、社会民生事业不断发展

各级政府高度重视民族乡教育事业的发展，从人、财、物方面采取多种政策措施大力支持，通过投资完善教育基础设施，民族乡中小学校正在逐步推进教育均衡发展。2020 年末，全区 59 个民族乡有各类学校 426 所，教师人数 9930 人，在校学生 9.73 万人。

民族乡医疗卫生水平进一步提高，社会保险覆盖面继续扩大，城乡居民基本养老保险和医疗保险覆盖率不断提升，农村合作医疗、大病救助等政策的宣传和落实进一步加强。各级党委、政府不断加大对民族乡社会事业发展的扶持力度，逐步完善乡镇两级卫生体系。2020 年末，民族乡医疗卫生条件逐步改善，有各类医疗卫生机构 636 所，医疗卫生机构床位 1947 张，卫生院 86 个，村卫生室 594 个，乡村医生和卫生员 746 名。

各民族乡积极开展少数民族文化的保护与发展工作，深入挖掘打造民族文化品牌，努力实现保护、传承与创新的有机结合。在注重保护传承民族文化的同时，丰富群众文化生活，持续开展全民健身和文化下乡活动。2020 年末，广西 59 个民族乡建有文化站 68 个、村文化活动室 568 个。

（撰稿：翚丽　审稿：覃凤前）

重庆市

重庆市辖有 14 个民族乡，占全市乡镇数量（801 个）的 1.75%，其中有土家族民族乡 10 个，苗族民族乡 4 个。2020 年，14 个民族乡 98 个村民委员会，已通电的村 98 个；已通公路的村 98 个；已通电话的村 98 个；已通邮的村 98 个；已通自来水的村 98 个。年末总人口 165248 人，其中少数民族人口 62682 人。民族乡行政区划面积 1421.99 平方公里。地方一般公共预算收入 31139.4845 万元，地方一般公共预算支出 31458.364 万元。

2020 年，14 个民族乡农林牧渔业总产值 182007 万元；农作物总播种面积为 375702.29 亩，其中粮食作物播种面积为 206224.69 亩；全年粮食总产量为 104807.75 吨；全年肉类总产量达到 21316.87 吨。

2020 年，14 个民族乡共有农民合作社 352 个；农民合作社成员 7387 户；农业技术服务机构 14 个；农业技术机构从业人员数 93 人；农村居民人居可支配收入 13969 万元。

2020 年，14 个民族乡共有学校 26 所，在校学生总数 6779 人，教师总数 660 人。图书馆 7 个，文化站 18 个，村文化活动室 92 个。医疗卫生机构 115 个，其中基层医疗卫生机构 113 个（卫生院 15 个、村卫生室 98 个），卫生人员 371 人，其中卫生技术人员 258 人，病床 376 张。

（撰稿：谢婧灵　审稿：向远道）

四川省

1984 年以来，四川省先后建立过 128 个民族乡。由于乡镇行政区划和村级建制调整改革等因素，有 30 个民族乡相继撤乡建镇或两乡合并，截至 2020 年，全省共有 83 个民族乡，行政区划面积 1.48 万平方公里。总人口 71.55 万人，其中少数民族人口 33.2 万人，占民族乡总人口 46.4%。

四川民族乡分布在全省 12 个市（州）的 29 个县（市、区），大部分位于盆地边缘或高原向盆地过渡的高山峡谷地带，散杂居地方的民族乡还与云南、贵州、重庆、湖北、陕西等省市的民族地方毗邻。

2020 年，全省民族乡经济不断发展，基础设施进一步改善。有村民委员会 449 个。其中，已通公路的村 444 个，占 98.9%；已通自来水的村 427 个，占 95.1%；已通电的村 449 个，全部实现通电；已通有线电话的村 449 个，无线电话全覆盖；已通邮的村 387 个，占 86.1%。

2020 年，全省民族乡农林牧渔业总产值 264.4 亿元，农作物总播种面积 166.7 万亩，粮食产量突破 40 万吨，肉类总产量 75.1 万吨。农民合作社 1817 个，合作社成员 5.08 万户。

全省民族乡乡镇企业总产值 58.1 亿元，乡镇企业从业人员 2.58 万人，企业年净利润达 5.81 亿元。

民族乡公共财政收入 8.34 亿元，公共财政支出 9.45 亿元。人均纯收入 14371 元，比上年增加同比增长 9.8%。

2020 年，全省民族乡共有 559 个医疗卫生机构，图书馆 111 间，文化站 190 个，村文化活动室 442 个。图书馆 111 个，文化站 190 个。基层医疗卫生机构 559 个，医疗卫生人员 974 人，病床 1166 个。

（撰稿：李学华　审稿：滕明兵）

贵州省

2020 年贵州省各民族乡在各级党委、政府的领导下，坚持发展为要、民生为本、企业为基、环境为重的工作理念，牢牢守住发展和生态两条底线，以供给侧结构性改革为主线，大力实施主基调主战略，强力推进大扶贫、大数据两大战略行动，聚集民族乡基层组织建设、民族政策落实、脱贫攻坚进展，以开局就是决战、起步就要冲刺的劲头，认真贯彻国务院颁布的《民族乡工作条例》，按照《贵州省民族乡保护和发展条例》《贵州省人民政府关于支持民族自治县和民族乡加快发展若干政策措施的意见》精神，积极争取上级各部门大力支持，努力增强自我发展能力，促进了民族乡经济社会又好又快发展。

全省民族乡 193 个，占全省 1509 个乡镇（办事处）的 20.8%，占全国民族乡总数的 20.4%，居全国第一，共有 2101 个村民委员会，占全省 17819 个村民委员会（城市社区居民委员会）的 11.8%，行政区划面积 2.04 万平方公里，占全省行政区划面积的 20.8%。2020 年，年末总人口 454.5 万人，占全省年末常住人口的 12.2%，少数民族人口 234.1 万人，占民族乡总人口的 51.5%。

一、经济实力不断增强

财政一般公共收入 54.7 亿元，财政支出 41.3 亿元，保持收入相对平衡，略有节约。农村居民纯收入达 10898 元，比上年增长 1047 元。民族乡大多分布在较偏远地区，因劳动力外出和返回比较频繁，常住人口总量受此影响变动幅度较大，2020 年民族乡年末总人口略有上升，但少数民族人口较上年有所下降。

"十三五"以来，全省民族乡经济发展呈现良好态势，各项指标逐年递增，实现了持续健康发展。2016 年至 2020 年，民族乡公共财政收入从 31.8 亿元提高到 54.7 亿元，累计增加近 0.8 倍；农林渔牧总产值从 254.1 亿元提高到 301.9 亿元，累计增加近 0.2 倍；乡镇企业总产值从 265.8 亿元提高到 532.5 亿元，累计增加 1 倍；农民人均纯收入从 7533 元提高到 10898 元，累计增加近 0.5 倍。

二、基础设施建设不断加强

以交通为重点，着力加强交通、通讯、能源、农田水利和乡村建设，民族乡生产生活条件得到较大改善。2016 年至 2020 年，全省民族乡行政村公路通达率、通畅率分别由 99.7%、92.5%，提高到 100%、99%；通自来水率。

三、产业发展格局初步形成

各民族乡立足实际，在巩固发展烤烟、水果、茶叶、中药材和蔬菜种植等传统农业产业的同时，精心打造民俗风情、避暑纳凉和田园观光等特色旅游产业，初步形成具有比较优势和地域特色的产业发展格局。2020 年，全省民族乡农林牧渔业总产值达到 301.89 亿元，农作物总播种面积达到 760.9 万亩，农民合作社达到 6076 个。

四、社会事业不断发展

各级政府坚持财政资金向民族乡教育、卫生和文化事业倾斜，帮助各族群众解难题、谋福祉。截至 2020 年底，全省民族乡建有学校 1458 所，在校学生 455650 人、教师 34350 人；医疗卫生机构 2224 所，村卫生室 2357 个，执业医师 2773 人，乡村医生和卫生员 3528 人，床位 14102 张；乡文化站 274 个，图书馆 1581 个，村文化活动室 2063 个。

五、民族团结进步事业蓬勃发展

深入开展民族团结宣传教育，积极组织传统节日、区域文体和结对帮扶活动，促进了各族群众和睦相处、和谐发展。"十三五"以来，全省民族乡被国家民委命名为全国民族团结进步示范乡有 6 个，被省级命名为全省民族团结进步示范乡 21 个。

六、法治保障和政策促进取得进展

推动民族地区加快发展，让贫困民族地区和贫困群众如期脱贫进入全面小康，是贯彻落实习近平总书记关于扶贫开发工作系列重要讲话精神、"实现全面小康，一个民族都不能少"重要指示精神和中央民族工作会议精神的具体行动，它对全省 2020 年与全国同步实现全面小康的战略目标能否顺利完成有着十分重要影响。2016 年，省委省政府出台的《关于支持民族自治州脱贫攻坚同步小康的意见》（黔党发〔2016〕31 号）极大地促进了全省三个自治州的发展，为进一步完善支持州、县、市三级民族地区脱贫攻坚同步小康的支持体系。

七、生态旅游发展

制定"民族发展、乡村振兴"重点工作计划，加快推进民族乡发展步伐。有关区县人大常委会扎实开展了《中共贵州省委贵州省人民政府关于支持民族自治县和民族乡加快发展的意见》实施情况执法检查，重点对旅游产业发展和民族教育情况专题调研，保证民族工作法规政策全面有效实施，推动解决制约民族乡发展的突出问题。

（撰稿：张发刚　审稿：吴继堂）

云南省

2020 年云南省纳入统计范围的民族乡有 140 个，与上年一致，国土总面积 4.1 万平方公里，辖 1065 个行政村，总人口 284 万人，其中少数民族人口 180.2 万人，占总人口的 63.4%。云南省各级党委、政府按照产业兴旺、生态宜居、乡风文明、治理有效、生活富裕的总要求，围绕乡村产业振兴、人才振兴、文化振兴、生态振兴、组织振兴，奋力推进民族乡乡村振兴战略深入实施，各民族乡保持了农业农村发展稳中有进、生态宜居环境不断改善、农民收入稳步增加、民族团结进步、社会和谐稳定的良好局面。

一、综合经济发展稳中有进

云南省各级党委、政府一手抓新冠疫情防控，一手抓经济发展，云南省各民族乡推进乡村振兴战略取得重要进展，脱贫攻坚战取得了全面胜利，推进民族团结进步示范区建设百乡千村示范创建工程、改善沿边群众生产生活条件三年行动计划、沿边小康示范村建设、促进直过民族和人口较少民族发展等专项项目工程建设顺利实施，促进经济发展稳中有进。2020 年 140 个民族乡实现农林牧渔业总产值 433 亿元，比上年同期增长 22.3%。实现乡镇企业总产值 203.1 亿元，比上年减少 1%，其中：工业企业实现总产值 165.1 亿元，比上年增长 1.2%。财政支出 41.2 亿元，比上年减少 9.1%。实现农村居民人均可支配收入 11271 元，比上年增长 9.9%。

二、基础设施持续改善

按照抓重点、补短板、强弱项的要求，统筹城乡基础设施建设和公共服务发展。继续推进路网、光网、电网、气网、水网“五网”进村入户，补足农村基础设施建设“最后一公里”。全省所有乡镇和建制村 100%通硬化路、100%通邮，具备条件的建制村 100%通客车。完成“十三五”农村饮水安全巩固提升规划目标。农村电网供电可靠率达 99.8%。行政村 4G 网络 100%覆盖，超 90%的自然村覆盖 4G 信号。开展“百兆乡村”建设，所有行政村实现光纤接入，具备 100M 以上宽带接入能力。全省建成覆盖 96 个县、993 个乡镇、6433 个村的农村电商服务网络，民族乡电商服务也得到了快速发展。逐步实现贫困县乡镇电子商务服务站点全覆盖。建设农村流通基础设施，完善县、乡、村三级农村物流服务体系，对物流进行信息化管理，鼓励整合各类物流资源，降低物流成本，打通农村产品上行“最初一公里”、工业品下行“最后一公里”。民族乡生产生活条件大幅改善。

三、农业基础地位持续稳固

一大批农业农村重点改革任务深入推进，乡村振兴内生动力不断激发。坚持家庭承包经营基础性地位不动摇。开展第二轮土地承包到期后再延长 30 年试点。推进承包土地经营权抵押贷款、入股农业产业化经营。加快建立健全家庭农场名录管理制度。大力推进种业基地建设。开展全程农机化示范创建。乡村特色产业蓬勃发展，建设了一批“一村一品”专业村镇和全国“一村一品”示范村镇，创响一批“土字号”“乡字号”特色产品品牌。继续全面落实永久基本农田特殊保护制度，完善扶持粮食生产政策举措。2020 年 140 个民族乡农作物播种面积 912 万亩，人均农作物播种面积 3.2 亩，粮食播种面积 537.7 万亩，粮食产量达 169 万吨，人均粮食产量 595 千克，与上年基本持平，比全省人均粮食产量多 199 千克。肉类总产量 35.7 万吨，比上年同期略有减少，人均肉类总产量 125.6 千克。继续着力培育新型经营主体，推进高原特色现代农业加快发展，各民族乡积极引导发展农民专业合作社等新型农村合作经济组织，建立“公司+基地+农户”“龙头企业+合作社+农户”等多种利益联结模式，实现农企双赢。2020 年末 140 个民族乡有农民专业合作社 4300 多个，社员 20 万户。

四、乡村民生持续改善

推进公共服务向农村覆盖。2020 年 140 个民族乡建有学校 1036 所，教师 2.1 万人，在校学生 30.1 万人。所有民族乡都建了文化站，共有村（含行政村和自然村）文化活动室 3300 多个。医疗卫生条件不断改善，每个民族乡都有卫生院，有村卫生室 1066 个，共有卫生人员 7200 多人，其中卫生技术人员 4300 多人，执业医师和助理执业医师 1400 多人，乡村医生和卫生员 2700 多人，病床 4200 多张。保障标准和救助水平逐年提高，农村最低生活保障指导标准提高到 4770 元/人/年，比上年底增加 570 元。农村人居环境整治全面展开，农村卫生户厕覆盖率达到 50%以上，95%以上的乡镇镇区和村庄生活垃圾得到治理，乡镇镇区生活污水治理设施覆盖率达 60%以上。主要农作物绿色防控覆盖率提高到 35%以上。化肥、农药使用量连续 4 年负增长。健全覆盖城乡的公共就业服务体系，2020 年全省累计实现农村劳动力转移就业 1500 多万人。

五、社会大局和谐稳定

着力建立健全党组织领导的自治、法治、德治相结合的乡村治理体系，实现乡村有效治理。加强社会治安防控体系建设，深入开展扫黑除恶专项斗争。平安乡村建设、民主法治示范村创建等工作深入开展，共治共享的乡村治理新格局逐步形成。依法治理民族宗教事务，全面落实“一网两单”工作机制。大力宣传民族团结进步事业，深入开展民族团结进步创建示范工作，有超过一半的民族乡村建设成了民族团结进步示范乡镇和民族团结进步示范村，全省民族乡多年来没有发生因民族问题引发的重大群体性事件，持续保持了和谐稳定的良好局面。

（撰稿：易永红　审稿：陈新华）

西藏自治区

西藏自治区共有 9 个民族乡，除纳西民族乡外，其他 8 个民族乡均位于边境一线，且为西藏独有的 2 个人口较少民族（门巴族、珞巴族）较集中聚居区。2020 年，各民族乡深入贯彻落实党中央、国务院和自治区党委、政府决策部署，始终把民族乡经济社会发展作为全乡工作重中之重，因地制宜、统筹谋划、精准施策，不断巩固拓展脱贫攻坚与乡村振兴有效衔接，持续推进民族乡经济健康发展，社会事业全面进步，村容村貌焕然一新，人民生活水平显著提高。

一、基础设施条件不断改善，农牧民群众生活水平不断提高

2020 年全区 9 个民族乡总人口 9779 人，其中少数民族人口 6531 人。民族乡及其建制村通公路率达 100%；电力覆盖率达到 100%；通电话率达到 100%。电、水、路、通信等基础设施条件明显改善，方便了群众生活生产，人居环境得到极大改善，有效缓解了民族乡发展的瓶颈制约。

二、统筹推进民族乡脱贫攻坚工作和乡村振兴工作有效衔接，不断巩固和拓展民族乡小康阵地建设成果

2020 年全区 9 个民族乡农林牧渔生产总值达 1.7939 亿元，作物总播种面积 8184.32 亩，其中粮食作物总播种面积 5150.33；粮食产量达 21.8237 万吨，肉类总产量达 4.0199 万吨。9 个民族乡共有农广民合作社 48 个，共有成员 1986 人，农业技术服务机构 5 个，从业人员 77 人。深入推进乡村振兴战略，9 个民族乡农村居民人均可支配收入平均 2.0513 万元，远超全区农村居民人均可支配收入。

三、深入推进科教文卫事业，不断提高民族乡群众生活保障

9 个民族乡 2020 年适龄儿童入学率 100%，初中入学率 100%。2020 年，9 个民族乡共有初等级中学 1 所，在校学生 1361 人，教师 127 人。小学 6 所，在校学生 1138 人，教师 160 人。医疗卫生机构 20

个，其中医院 1 个，卫生院 9 个，村卫生室 24 个，卫生人员 113 人，其中卫生技术人员 56 人，乡村医生和卫生院 57 人。医疗卫生机构床位 51 张，其中医院 3 张，基层医疗卫生机构 19 张，卫生院 29 张。

（撰稿：洛桑群佩　审稿：尼玛多吉）

甘肃省

甘肃省共有 32 个民族乡，分布在白银、张掖、平凉、酒泉、庆阳、陇南、临夏、甘南 8 个市（州）的 16 个县（市、区）。32 个民族乡中，回族乡 14 个，东乡族乡 7 个，藏族乡 7 个，蒙古族乡 2 个，裕固族乡和土族乡各 1 个。

一、脱贫攻坚取得绝对性胜利

一是全面落实“两不愁三保障”目标。全省民族乡持续落实教育、医疗、住房、饮水等扶贫政策，积极构建教育帮、危房建、饮水改、医疗保脱贫攻坚工作体系，“两不愁三保障”全部实现达标。甘南州卓尼县杓哇土族乡全面落实“两免一补”政策，控辍保学率达到 100%，医疗费用报销、大病保险、大病救助等医疗救助政策全面落实到位，对危房户进行拆除重建和维修加固，实现住房安全全面达标。武威市天祝藏族自治县天堂镇扎实开展“3+1”冲刺清零后续行动、“5+1”专项提升行动，健全“1+5”防返贫工作机制，义务教育阶段 1106 名学生全部在校就读，落实基本医疗、大病保险代缴资金 41.5 万元，184 户因雨因灾降低安全等级住房全部改造完成并入住。二是产业发展效益稳步提升。临夏回族自治州广河县阿力麻土乡为四个贫困村发放基础母牛 649 头，申请发放奖补资金 368.6 万元，以奖代补增收产业资金 62 万元。甘南藏族自治州临潭县古战乡采取“合作社+贫困户”的订单种植模式，建设藜麦种植基地 485 亩，投资 5.5 万元扶持 11 户脱贫监测户发展特色增收产业，投资 10 万元扶持“五小”产业发展。陇南市文县铁楼藏族乡结合乡村旅游、大力发展药赏两用中药材产业，建成了千亩中药材产业示范基地。发展林果产业，建成了以花椒为主的万亩林果产业片带。三是基础设施建设实现新突破。白银市会宁县新添堡回族乡全力推进水、田、路、电、房等基础设施建设，脱贫攻坚以来，共实施危房改造 853 户，完成自来水入户 2172 户，新修梯田 4.66 万亩，硬化村组道路 170 余公里，农网改造实现全覆盖。武威市天祝藏族自治县天堂镇落实各类项目资金 5730.2 万元，实施了黄河支流大通河天堂段可持续发展工程、天堂寺院公共活动场所附属设施建设项目、祁连山国家公园体制试点、村组道路建设、宜机化耕地等 16 个在建续建项目，镇村基础设施不断完善，整体形象进一步提升。张掖市肃南县祁丰藏族乡新建、续建各类项目 22 项，总投资 2686 万元，年内完工 20 项。四是群众增收渠道不断拓宽。临夏回族自治州和政县梁家寺东乡族乡针对贫困村自身发展动力不足和村集体经济薄弱的短板，先后投入资金 250 万元，为 5 个贫困村注入 50 万元村集体经济发展资金，入股和政县扶贫开发公司，分红 20 万元。陇南市武都区磨坝藏族乡中药材种植已成为全乡群众发展致富的支柱产业，全年种植面积达 8000 亩，产值约 1200 余万元，7 个贫困村的村集体经济均超过了 2 万元。白银市会宁县新添堡回族乡通过引种补贴、产业达标补助政策扶持，全乡养牛户达到 1683 户 1.5 万头以上。

二、推动实施乡村振兴战略

全省民族乡接续推动乡村振兴战略实施，稳步有序做好乡村发展、乡村建设、乡村治理等重点工作。张掖市肃南县白银蒙古族乡率先在全县完成农牧村集体产权制度改革，界定组织成员 254 户 649 人，量化资产 222.9 万元，成立股份经济合作社 3 个，争取资金 434 万元，完成白银村烧烤营地、西牛毛村民俗风情体验区、白银乡人畜饮水及农牧业基础设施、丹霞湖水库防护设施工程等项目建设。甘南州卓尼县杓哇土族乡依托“乡村振兴”发展集体经济，根据地域差异科学谋划建立特色新型经营主体，大庄村依靠丰富的旅游资源设立公司，发展农家乐 15 户，宾馆 3 家吸纳贫困人口就业。陇南市宕昌县新城子藏族乡开展“拆危治乱”回头看工作，拆除危旧房屋 103 间，维修加固 25 间，拆除草棚、圈舍、厕所 61 处，拆除残垣断壁 563 米，拆除乱搭乱建 2 处，整治乱堆乱放 242 处，清理垃圾 80.4 吨，复垦土地 6.4 亩，植绿 15.7 亩，绿化打造小花园、小菜园 40 个，为接续推进乡村振兴打下了坚实基础。武威市天祝藏族自治县天堂镇持续巩固提升脱贫成效，大力发展种植业、文化旅游等产业，加快产业转型升级，实现了脱贫攻坚与乡村振兴有机融合，加快小城镇建设步伐，持续助力实施乡村振兴战略。

三、生态文明建设成效显著

坚持“绿水青山就是金山银山”的发展理念，聚焦绿色发展，不断加强生态保护和环境治理。一是深入践行绿色发展理念。武威市天祝藏族自治县天堂镇认真落实河长制，定期与青海省互助县加定镇开展联合巡河，深入推进河湖“清四乱”常态化、规范化，持之以恒推进国土绿化倍增行动，完成主干道绿化 32 公里、镇村绿化 386 亩、义务植树 7.6 万株，成功申创省级森林小镇，天堂村、那威村被评为国家级森林乡村。张掖市肃南县马蹄藏族乡严格落实禁牧、草畜平衡管理制度，积极鼓励农牧民“山下借牧”，异地借牧农牧户 257 户，借牧玉米茬地 11.65 万亩，牲畜 71074 头（只），有效减轻了天然草场压力。二是持续开展农村人居环境整治。平凉市崆峒区白庙回族乡全面实施“三大革命”，提升村容村貌，清运各类生活垃圾 618 吨，清理河塘沟渠 3.2 公里、门前“三堆”135 处，拆除残垣断壁 36 处，新建卫生厕所 550 户，绿化美化村庄 300 余平方米，对乡域内企业进行全面排查，对发现的环境问题及时督促限期整改，全乡人居环境得到了有效提升。武威市天祝藏族自治县天堂镇大力推进农村人居环境整治，拆除临违建筑 1.78 万平方米，残垣断壁 8590 米，平整土地 4.44 万平方米，改造农村厕所 223 座，创建清洁村庄 8 个。三是打好污染防治攻坚战。张掖市肃南县马蹄藏族乡深入实施“水十条”，以“河长制”助推“河长治”，实施“一河一策”行动计划，完善河流岸线治理。大力实施“气十条”，全面加强散煤管控、小集镇锅炉排放管控，餐饮单位全部安装油烟净化设备，完成二氧化硫等四项污染物减排指标。甘南州临潭县长川乡投资 70 多万对全乡河道、残垣断壁、道路沿线、村庄内外进行了集中全面清理，投资 260 多万建成并投入使用垃圾热气化处理站一处，有效解决了垃圾出口及污染问题。

四、社会事业协调发展

高度重视民族乡教育卫生、社会保障、救助就业等事业发展，民族乡各族群众民生福祉显著增强。一是教育实现高质量发展。目前，全省民族乡小学初中学校数 189 所，教职工 2571 人，在校学生达到 3 万多人。陇南市宕昌县新城子藏族乡全面落实教育优先发展战略，狠抓控辍保学工作，小学适龄儿童入学率达到了 100%，初中阶段入学率达到了 100%。甘南州临潭县卓洛回族乡全年义务教育入学人数 478 人，入学率 100%，学前教育入学人数 76 人，入学率 100%。张掖市肃南县祁丰藏族乡全力支持教育、卫生事业发展，统筹资金 7.6 万元用于祁丰学校和幼儿园基础设施维修改造。平凉市崆峒区峡门回族乡建成桂井小学教学楼 3 层 1264 平方米，完成配套工程项目建设。二是医疗卫生服务水平显著提升。目前，全省民族乡共有医疗卫生机构 255 个，卫生院 36 个，村卫生室 251 个，卫生技术人员 442 名。平凉市崆峒区峡门回族乡发放农村部分计划生育家庭奖励扶助资金 85 户 106 人 9.8 万元，完成“一人一策”家庭医生签约服务工作，免费为辖区内 65 岁及以上老年人、患慢性病人群进行健康体检。陇南市武都区磨坝藏族乡各村村级卫生服务室实现标准化全覆盖，村级医疗卫生设备逐步完善，村医医疗服务水平显著提升。三是社会保障能力显著增强。甘南州临潭县卓洛回族乡“两费”医疗保险参合人数达到 2840 人，参合率 99.82%、养老保险参保 1580 人，现缴费率达到 93%，全乡劳务输转 671 人（次），完成技能培训一期 53 人。平凉市华亭市神峪回族乡全面落实社会保障、医疗保险、大病救助等各项惠农政策，全乡农村低保保障 211 户 441 人、城市低保保障 31 户 39 人，“五保”保障 55 人，为 154 户困难群众发放临时救助资金 766183 元。张掖市肃南县祁丰藏族乡扎实做好保就业稳就业各项工作，完成职业技能培训 8 期 210 人（次），安置公益性岗位人员 26 人，输转劳动力 302 人。四是文化事业繁荣发展。张掖市肃南县白银蒙古族乡积极参与全国文明城市创建工作，累计投资 10 万余元，对乡境内宣传阵地及公共服务设施进行完善更新，新建成乡、村新时代文明实践所（站）3 处，举办“文明实践大讲堂”5 期、开展志愿服务活动 17 次。武威市天祝藏族自治县天堂镇建成镇、村（社区）两级新时代文明实践中心，开展义务志愿活动 168 次，争创县级文明村 3 个，天堂村被评为国家级文明村。

（撰稿：孔庆斌　审稿：魏兰兰）

青海省

青海省有 28 个民族乡，行政区划面积 5649 平方公里。分布在 4 个市（州）的 12 个县，其中藏族乡 18 个，回族乡 8 个，蒙古族乡 2 个，土族乡 1 个。

2020 年，民族乡总人口 22.5097 万人，其中少数民族人口 12.5542 万人，占民族乡总人口 55.8%。2020 年有村民委员会 340 个。其中，已通公路 340 个，占 100%；已通自来水的村 340 个，占 100%；已通电话的村 340，占 100%；已通邮的村 326 个，占 95%。财政收入 1.78 亿元，财政支出 1.79 亿元。学校 98 所，在校学生 1.87 万人，教师 1375 人。图书馆 100 个，文化站 81 个，村文化活动室 262 个。医院 5 个，医生 304 人，病床 395 张。

（撰稿：王姿琪　审稿：孙勇）

新疆维吾尔自治区

2020 年，新疆维吾尔自治区共有民族乡 42 个，其中：哈萨克族乡 13 个，回族乡 5 个，柯尔克孜族乡 6 个，蒙古族乡 10 个，锡伯族乡 1 个，乌孜别克族乡 1 个，塔吉克族乡 4 个，塔塔尔族乡 1 个，达斡尔族乡 1 个。从区域分布看，南疆 9 个、东疆 4 个、北疆 29 个；其中边境县（市）34 个、农区 8 个、牧区 34 个。民族乡行政区划总面积 5.71 万平方公里，年末总人口达到 28.7737 万人，其中少数民族人口 21.829 万人，占民族乡总人口的 76%。

一、综合经济方面

2020 年，全区 42 个民族乡经济发展稳定调整。全年实现农林牧渔业总产值 66.10 亿元。农作物播种总面积 193.13 万亩，比上年减少 7%。其中由于受种植结构调整影响，粮食播种面积 182.27 万亩，比上年增加 35%；全年实现粮食总产量 216.66 万吨，全区民族乡乡镇企业总产值达 19.91 亿元，其中工业总产值 9.60 亿元，乡镇企业年净利润总额 1.41 亿元，乡镇企业从业人员 4022 人。

二、财政收支状况

2020 年，全区民族乡公共财政收入达到 9.84 亿元，比上年增长 5%。公共财政支出 9.81 亿元，比上年下降 0.6%。

三、基础设施日趋完善

2020 年，全区民族乡 244 个村民委员会中，已通公路的村有 244 个，占 100%；已通自来水的村 244 个，占 100%；已通电的村 244 个，占 100%；已通电话的村有 242 个，占 99.2%；已通邮的村 218 个，占 89.3%。

四、社会事业取得进步

2020 年，全区民族乡共有学校 91 所，在校学生总数 3.18 万人，教师总数 3842 人；图书馆 118 个，文化站 70 个，村文化活动室 240 个。农村三级卫生保健网建设情况良好，有医院卫生院 40 个，医生 1148 人，病床 594 张；村卫生室 193 个。

五、农牧民收入增加

2020 年，42 个民族乡农牧民家庭人均可支配收入 16179 元。其中人均可支配收入 1 万元以上的民族乡超过 34 个。在农牧民家庭总收入中，非农业收入比重明显增加，主要包括农牧民家庭经营的第二、第三产业收入和乡镇企业、个体私营企业、转移劳动力等工资性收入。

（撰稿：任波　审稿：买合木提 • 吾斯曼）

统计资料篇

分“民族自治地方”“陆地边境县”“牧区半牧区县”“民族乡”“全国少数民族发展情况”“其他资料”6部分。涉及到的全国性统计数据均不包括台湾省和香港特别行政区、澳门特别行政区的资料。统计资料主要来源于国家政府主管部门、各级统计和民族工作部门。部分数据合计数或相对数由于单位取舍不同而产生的计算误差均未作机械调整。全部统计资料均经国家统计局国民经济综合统计司审核。

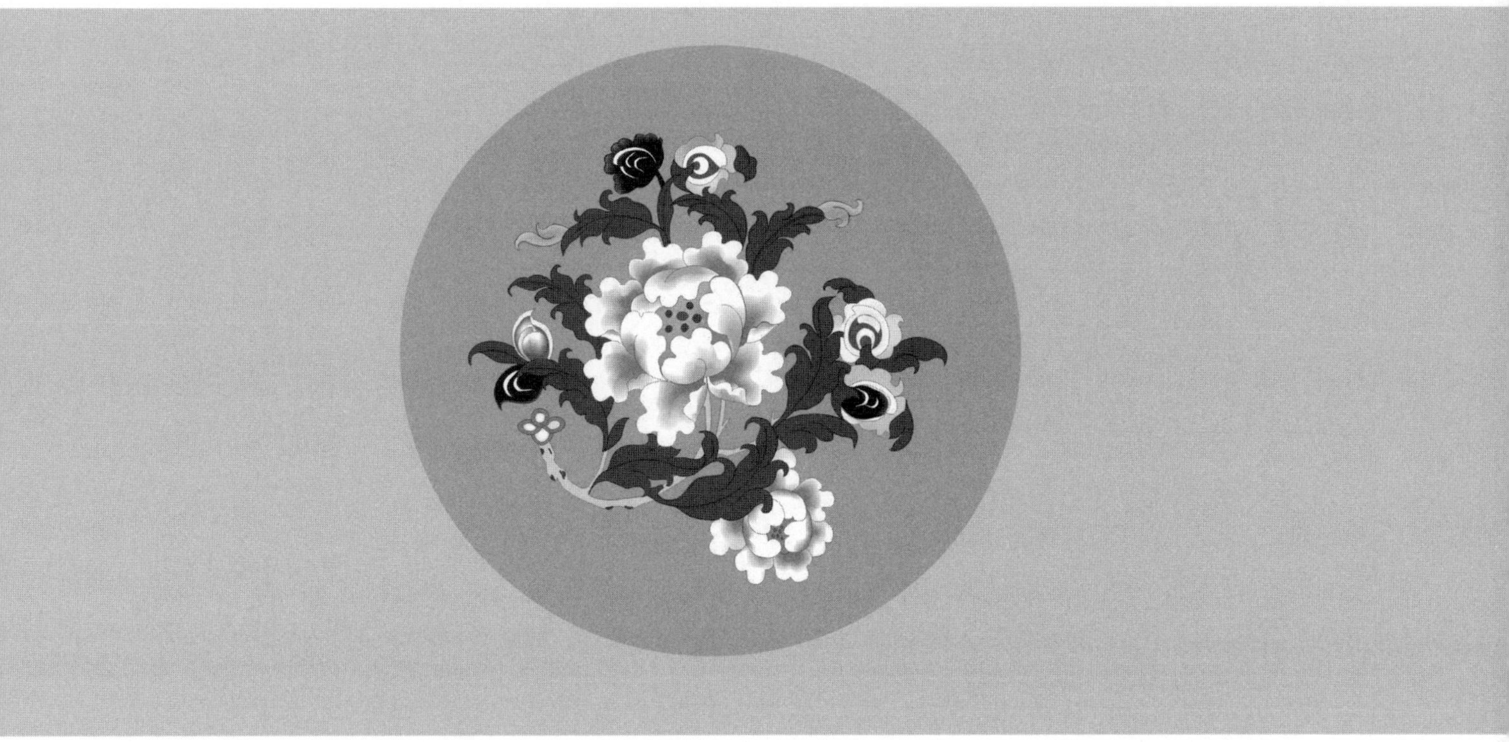

民族自治地方

一、行政区划

1–1 民族自治地方行政区划(2020年末)

省级		地级		县级		乡级
合计	行政区划单位	合计	行政区划单位	合计	行政区划单位	行政区划单位
5	5 自治区	77	38 地级市 6 地区 30 自治州 3 盟	713	94 市辖区 83 县级市 367 县 49 旗 117 自治县 3 自治旗	8334
河　北				6	6 自治县	120
内蒙古		12	9 地级市 3 盟	103	23 市辖区 11 县级市 17 县 49 旗 3 自治旗	1024
辽　宁				8	8 自治县	157
吉　林		1	1 自治州	11	6 县级市 2 县 3 自治县	141
黑龙江				1	1 自治县	11
浙　江				1	1 自治县	21
湖　北		1	1 自治州	10	2 县级市 6 县 2 自治县	107
湖　南		1	1 自治州	15	1 县级市 7 县 7 自治县	212
广　东				3	3 自治县	23
广　西		14	14 地级市	111	41 市辖区 9 县级市 49 县 12 自治县	1251

*乡级行政区划单位不包括街道办事处。

1-1 续表

省级	地级			县级			乡级
行政区划单位	合计	行政区划单位		合计	行政区划单位		行政区划单位
海　南				6	6	自治县	60
重　庆				4	4	自治县	138
四　川	3	3	自治州	51	3	县级市	930
					44	县	
					4	自治县	
贵　州	3	3	自治州	46	5	县级市	657
					30	县	
					11	自治县	
云　南	8	8	自治州	78	12	县级市	815
					37	县	
					29	自治县	
西　藏	7	6	地级市	74	8	市辖区	697
		1	地区		66	县	
甘　肃	2	2	自治州	21	2	县级市	279
					12	县	
					7	自治县	
青　海	6	6	自治州	36	4	县级市	322
					25	县	
					7	自治县	
宁　夏	5	5	地级市	22	9	市辖区	241
					2	县级市	
					11	县	
新　疆	14	4	地级市	106	13	市辖区	1128
		5	地区		26	县级市	
		5	自治州		61	县	
					6	自治县	

1－2 民族自治地方的地级、县级行政区划(2020年末)

地区	数量	县(旗)、市名称
河　北	6 自治县	秦皇岛市：青龙满族自治县 承德市：丰宁满族自治县、宽城满族自治县、围场满族蒙古族自治县 沧州市：孟村回族自治县
内蒙古	9 地级市 3 盟 23 市辖区 11 县级市 17 县 49 旗 3 自治旗	*呼和浩特市：新城区、回民区、玉泉区、赛罕区、托克托县、和林格尔县、清水河县、武川县、土默特左旗 *包头市：昆都仑区、东河区、青山区、石拐区、白云鄂博矿区、九原区、固阳县、土默特右旗、达尔罕茂明安联合旗 *乌海市：海勃湾区、海南区、乌达区 *赤峰市：红山区、元宝山区、松山区、林西县、宁城县、阿鲁科尔沁旗、巴林左旗、巴林右旗、克什克腾旗、翁牛特旗、喀喇沁旗、敖汉旗 *通辽市：科尔沁区、霍林郭勒市、开鲁县、科尔沁左翼中旗、科尔沁左翼后旗、库伦旗、奈曼旗、扎鲁特旗 *鄂尔多斯市：康巴什区、东胜区、达拉特旗、准格尔旗、鄂托克前旗、鄂托克旗、杭锦旗、乌审旗、伊金霍洛旗 *呼伦贝尔市：海拉尔区、扎赉诺尔区、满洲里市、牙克石市、扎兰屯市、额尔古纳市、根河市、阿荣旗、陈巴尔虎旗、新巴尔虎左旗、新巴尔虎右旗、莫力达瓦达斡尔族自治旗 鄂伦春自治旗、鄂温克族自治旗 *巴彦淖尔市：临河区、五原县、磴口县、乌拉特前旗、乌拉特中旗、乌拉特后旗、杭锦后旗 *乌兰察布市：集宁区、丰镇市、卓资县、化德县、商都县、兴和县、凉城县、察哈尔右翼前旗、察哈尔右翼中旗、察哈尔右翼后旗、四子王旗 兴安盟：乌兰浩特市、阿尔山市、突泉县、科尔沁右翼前旗、科尔沁右翼中旗、扎赉特旗 锡林郭勒盟：锡林浩特市、二连浩特市、多伦县、阿巴嘎旗、苏尼特左旗、苏尼特右旗、东乌珠穆沁旗、西乌珠穆沁旗、太仆寺旗、镶黄旗、正镶白旗、正蓝旗 阿拉善盟：阿拉善左旗、阿拉善右旗、额济纳旗
辽　宁	8 自治县	鞍山市：岫岩满族自治县 抚顺市：新宾满族自治县、清原满族自治县 本溪市：本溪满族自治县、桓仁满族自治县 丹东市：宽甸满族自治县 阜新市：阜新蒙古族自治县 朝阳市：喀喇沁左翼蒙古族自治县 四平市：伊通满族自治县
吉　林	1 自治州 6 县级市 2 县 3 自治县	白山市：长白朝鲜族自治县 松原市：前郭尔罗斯蒙古族自治县 延边朝鲜族自治州：延吉市、图们市、敦化市、珲春市、龙井市、和龙市、汪清县、安图县
黑龙江	1 自治县	大庆市：杜尔伯特蒙古族自治县
浙　江	1 自治县	丽水市：景宁畲族自治县
湖　北	1 自治州 2 县级市 6 县 2 自治县	宜昌市：长阳土家族自治县、五峰土家族自治县 恩施土家族苗族自治州：恩施市、利川市、建始县、巴东县、宣恩县、咸丰县、来凤县、鹤峰县

注：1. 内蒙古行政区划中的旗相当于县。

2. 表中有*号的为民族自治地方所辖地级市。

1-2 续表 1

地 区	数量	县(旗)、市名称
湖 南	1 自治州 1 县级市 7 县 7 自治县	邵阳市：城步苗族自治县 永州市：江华瑶族自治县 怀化市：麻阳苗族自治县、新晃侗族自治县、芷江侗族自治县、靖州苗族侗族自治县、通道侗族自治县 湘西土家族苗族自治州：吉首市、泸溪县、凤凰县、花垣县、保靖县、古丈县、永顺县、龙山县
广 东	3 自治县	韶关市：乳源瑶族自治县 清远市：连山壮族瑶族自治县、连南瑶族自治县
广 西	14 地级市 41 市辖区 9 县级市 49 县 12 自治县	*南宁市：青秀区、兴宁区、江南区、西乡塘区、良庆区、邕宁区、武鸣区、横县、隆安县、马山县、上林县、宾阳县 *柳州市：柳北区、城中区、鱼峰区、柳南区、柳江区、柳城县、鹿寨县、融安县、融水苗族自治县、三江侗族自治县 *桂林市：临桂区、秀峰区、叠彩区、象山区、七星区、雁山区、荔浦市、阳朔县、灵川县、全州县、兴安县、永福县、灌阳县、资源县、平乐县、龙胜各族自治县、恭城瑶族自治县 *梧州市：长洲区、万秀区、龙圩区、岑溪市、苍梧县、藤县、蒙山县 *北海市：海城区、银海区、铁山港区、合浦县 *防城港市：港口区、防城区、东兴市、上思县 *钦州市：钦南区、钦北区、灵山县、浦北县 *贵港市：港北区、港南区、覃塘区、桂平市、平南县 *玉林市：玉州区、福绵区、北流市、容县、陆川县、博白县、兴业县 *百色市：右江区、田阳区、靖西市、平果市、田东县、德保县、那坡县、凌云县、乐业县、田林县、西林县、隆林各族自治县 *贺州市：八步区、平桂区、昭平县、钟山县、富川瑶族自治县 *河池市：宜州区、金城江区、南丹县、天峨县、凤山县、东兰县、罗城仫佬族自治县、环江毛南族自治县、巴马瑶族自治县、都安瑶族自治县、大化瑶族自治县 *来宾市：兴宾区、合山市、忻城县、象州县、武宣县、金秀瑶族自治县 *崇左市：江州区、凭祥市、扶绥县、宁明县、龙州县、大新县、天等县
海 南	6 自治县	白沙黎族自治县、昌江黎族自治县、乐东黎族自治县、陵水黎族自治县、保亭黎族苗族自治县、琼中黎族苗族自治县
重 庆	4 自治县	石柱土家族自治县、秀山土家族苗族自治县、酉阳土家族苗族自治县、彭水苗族土家族自治县
四 川	3 自治州 3 县级市 44 县 4 自治县	绵阳市：北川羌族自治县 乐山市：峨边彝族自治县、马边彝族自治县 阿坝藏族羌族自治州：马尔康市、汶川县、理县、茂县、松潘县、九寨沟县、金川县、小金县、黑水县、壤塘县、阿坝县、若尔盖县、红原县 甘孜藏族自治州：康定市、泸定县、丹巴县、九龙县、雅江县、道孚县、炉霍县、甘孜县、新龙县、德格县、白玉县、石渠县、色达县、理塘县、巴塘县、乡城县、稻城县、得荣县、 凉山彝族自治州：西昌市、会理县、盐源县、德昌县、会东县、宁南县、普格县、布拖县、金阳县、昭觉县、喜德县、冕宁县、越西县、甘洛县、美姑县、雷波县、木里藏族自治县

1-2 续表 2

地　区	数量	县(旗)、市名称
贵　州	3 自治州 5 县级市 30　县 11 自治县	遵义市：道真仡佬族苗族自治县、务川仡佬族苗族自治县 安顺市：镇宁布依族苗族自治县、关岭布依族苗族自治县、紫云苗族布依族自治县 毕节市：威宁彝族回族苗族自治县 铜仁市：玉屏侗族自治县、印江土家族苗族自治县、沿河土家族自治县、松桃苗族自治县 黔西南布依族苗族自治州：兴义市、兴仁市、普安县、晴隆县、贞丰县、望谟县、册亨县、安龙县 黔东南苗族侗族自治州：凯里市、黄平县、施秉县、三穗县、镇远县、岑巩县、天柱县、锦屏县、剑河县、台江县、黎平县、榕江县、从江县、雷山县、麻江县、丹寨县 黔南布依族苗族自治州：都匀市、福泉市、荔波县、贵定县、瓮安县、独山县、平塘县、罗甸县、长顺县、龙里县、惠水县、三都水族自治县
云　南	8 自治州 12 县级市 37　县 29 自治县	昆明市：石林彝族自治县、禄劝彝族苗族自治县、寻甸回族彝族自治县 玉溪市：峨山彝族自治县、新平彝族傣族自治县、元江哈尼族彝族傣族自治县 丽江市：玉龙纳西族自治县、宁蒗彝族自治县 普洱市：宁洱哈尼族彝族自治县、墨江哈尼族自治县、景东彝族自治县、景谷傣族彝族自治县、镇沅彝族哈尼族拉祜族自治县、江城哈尼族彝族自治县、孟连傣族拉祜族佤族自治县、澜沧拉祜族自治县、西盟佤族自治县 临沧市：双江拉祜族佤族布朗族傣族自治县、耿马傣族佤族自治县、沧源佤族自治县 楚雄彝族自治州：楚雄市、禄丰县、双柏县、牟定县、南华县、姚安县、大姚县、永仁县、元谋县、武定县 红河哈尼族彝族自治州：蒙自市、个旧市、开远市、弥勒市、建水县、石屏县、泸西县、元阳县、红河县、绿春县、屏边苗族自治县、金平苗族瑶族傣族自治县、河口瑶族自治县 文山壮族苗族自治州：文山市、砚山县、西畴县、麻栗坡县、马关县、丘北县、广南县、富宁县 西双版纳傣族自治州：景洪市、勐海县、勐腊县 大理白族自治州：大理市、祥云县、宾川县、弥渡县、永平县、云龙县、洱源县、剑川县、鹤庆县、漾濞彝族自治县、南涧彝族自治县、巍山彝族回族自治县 德宏傣族景颇族自治州：芒市、瑞丽市、梁河县、盈江县、陇川县 怒江傈僳族自治州：泸水市、福贡县、贡山独龙族怒族自治县、兰坪白族普米族自治县 迪庆藏族自治州：香格里拉市、德钦县、维西傈僳族自治县
西　藏	6 地级市 1　地区 8 市辖区 66　县	*拉萨市：城关区、堆龙德庆区、达孜区、林周县、当雄县、尼木县、曲水县、墨竹工卡县 *日喀则市：桑珠孜区、南木林县、江孜县、定日县、萨迦县、拉孜县、昂仁县、谢通门县、白朗县、仁布县、康马县、定结县、仲巴县、亚东县、吉隆县、聂拉木县、萨嘎县、岗巴县 *昌都市：卡若区、江达县、贡觉县、类乌齐县、丁青县、察雅县、八宿县、左贡县、芒康县、洛隆县、边坝县 *林芝市：巴宜区、工布江达县、米林县、墨脱县、波密县、察隅县、朗县 *山南市：乃东区、扎囊县、贡嘎县、桑日县、琼结县、曲松县、措美县、洛扎县、加查县、隆子县、错那县、浪卡子县 *那曲市：色尼区、嘉黎县、比如县、聂荣县、安多县、申扎县、索县、班戈县、巴青县、尼玛县、双湖县 阿里地区：噶尔县、普兰县、札达县、日土县、革吉县、改则县、措勤县

1-2 续表 3

地区	数量	县(旗)、市名称
甘 肃	2 自治州 2 县级市 12 县 7 自治县	天水市：张家川回族自治县 武威市：天祝藏族自治县 张掖市：肃南裕固族自治县 酒泉市：肃北蒙古族自治县、阿克塞哈萨克族自治县 临夏回族自治州：临夏市、临夏县、康乐县、永靖县、广河县、和政县、东乡族自治县、积石山保安族东乡族撒拉族自治县 甘南藏族自治州：合作市、临潭县、卓尼县、舟曲县、迭部县、玛曲县、碌曲县、夏河县
青 海	6 自治州 4 县级市 25 县 7 自治县	西宁市：大通回族土族自治县 海东市：民和回族土族自治县、互助土族自治县、化隆回族自治县、循化撒拉族自治县 海北藏族自治州：海晏县、祁连县、刚察县、门源回族自治县 黄南藏族自治州：同仁市、尖扎县、泽库县、河南蒙古族自治县 海南藏族自治州：共和县、同德县、贵德县、兴海县、贵南县 果洛藏族自治州：玛沁县、班玛县、甘德县、达日县、久治县、玛多县 玉树藏族自治州：玉树市、杂多县、称多县、治多县、囊谦县、曲麻莱县 海西蒙古族藏族自治州：德令哈市、格尔木市、茫崖市、乌兰县、都兰县、天峻县
宁 夏	5 地级市 9 市辖区 2 县级市 11 县	*银川市：金凤区、兴庆区、西夏区、灵武市、永宁县、贺兰县 *石嘴山市：大武口区、惠农区、平罗县 *吴忠市：利通区、红寺堡区、青铜峡市、盐池县、同心县 *固原市：原州区、西吉县、隆德县、泾源县、彭阳县 *中卫市：沙坡头区、中宁县、海原县
新 疆	4 地级市 5 地区 5 自治州 13 市辖区 26 县级市 61 县 6 自治县	*乌鲁木齐市：天山区、沙依巴克区、新市区、水磨沟区、头屯河区、达坂城区、米东区、乌鲁木齐县 *克拉玛依市：克拉玛依区、独山子区、白碱滩区、乌尔禾区 *吐鲁番市：高昌区、鄯善县、托克逊县 *哈密市：伊州区、巴里坤哈萨克自治县、伊吾县 阿克苏地区：阿克苏市、库车市、温宿县、沙雅县、新和县、拜城县、乌什县、阿瓦提县、柯坪县 喀什地区：喀什市、疏附县、疏勒县、英吉沙县、泽普县、莎车县、叶城县、麦盖提县、岳普湖县、伽师县、巴楚县、塔什库尔干塔吉克自治县 和田地区：和田市、和田县、墨玉县、皮山县、洛浦县、策勒县、于田县、民丰县 昌吉回族自治州：昌吉市、阜康市、呼图壁县、玛纳斯县、奇台县、吉木萨尔县、木垒哈萨克自治县 博尔塔拉蒙古自治州：博乐市、阿拉山口市、精河县、温泉县 巴音郭楞蒙古自治州：库尔勒市、轮台县、尉犁县、若羌县、且末县、和静县、和硕县、博湖县、焉耆回族自治县 克孜勒苏柯尔克孜自治州：阿图什市、阿克陶县、阿合奇县、乌恰县 伊犁哈萨克自治州：伊宁市、奎屯市、霍尔果斯市、伊宁县、霍城县、巩留县、新源县、昭苏县、特克斯县、尼勒克县、察布查尔锡伯自治县 塔城地区：塔城市、乌苏市、沙湾县、额敏县、托里县、裕民县、和布克赛尔蒙古自治县 阿勒泰地区：阿勒泰市、布尔津县、富蕴县、福海县、哈巴河县、青河县、吉木乃县 自治区直辖区县级行政单位：石河子市、阿拉尔市、图木舒克市、五家渠市、北屯市、铁门关市、双河市、可克达拉市、昆玉市、胡杨河市

主要统计指标解释

行政区划 指国家对行政区域的划分。根据有关法规规定，民族自治地方的行政区域划分如下：(1) 自治区分为地区（市、自治州）、县、自治县、市；(2) 自治州分为县、自治县、市；(3) 自治县分为乡、民族乡、镇。

自治区、自治州、自治县都是民族自治地方。

二、综　合

2-1 民族自治地方国民经济与社会发展主要指标

指　　标	总量指标					
	1990年	1995年	2000年	2005年	2010年	2019年
人口(万人)						
年底总人口	15296	16044	16818	17311	18531	18981
地区生产总值		**4901**	**7486**	**15706**	**38989**	**84027**
第一产业(亿元)		1629	2022	3300	6198	12465
第二产业(亿元)		1747	2834	6419	18809	29102
第三产业(亿元)		1526	2629	5987	13982	42461
人均地区生产总值(元)		3055	4451	8991	22060	45733
人民生活(元)						
城镇居民人均可支配收入						35080
农村居民人均可支配收入						12826
财政(亿元)						
地方一般公共预算收入	166.7	248	476	1026	3257	7892
地方一般公共预算支出	304.4	595	1173	3050	10512	29732
对外经济贸易(亿元)						
进出口总额						9541
出口额						5417
进口额						4124
农业						
农林牧渔总产值(亿元)		2537	3200	5349	10374	21727
主要农畜产品产量						
粮食产量(万吨)	5373	5801	6381	7187	8308	10596
棉花产量(万吨)	47	95	146	188	248	500
油料产量(万吨)	208	264	353	372	422	569
大牲畜年底头数(万头)	5286	5618	5566	6153	6068	5117
羊年底头数(万头)	11362	11906	13076	16391	14885	16018
猪年底头数(万头)	5668	7240	8201	8526	8141	5664
工业						
主要工业产品产量						
原盐(万吨)					701	848
成品糖(万吨)	223	240	498	678	907	1084
天然气(亿立方米)					511	365
发电量(亿千瓦小时)	739	1187	1712	3052	6730	18055
粗钢(万吨)	368	700	647	1846	4005	8361
水泥(万吨)	1958	4296	5703	10156	21653	38369
规模以上工业企业(亿元)						
资产总计					45255	107332
营业收入					37395	60060
利润总额					4279	3544
建筑业						
建筑业总产值(亿元)			754	1656	5203	13126
施工房屋面积(万平方米)			9232	15964	35052	57866
竣工房屋面积(万平方米)			5326	8072	15418	17749

2020年	速度指标(%)								
	指数（2020为以下各年）						平均增长速度		
	1990年	1995年	2000年	2005年	2010年	2019年	1991—2020年	1996—2020年	2001—2020年
19089	124.8	119.0	113.5	110.3	103.0	100.6	0.7	0.7	0.6
86925		**1096.0**	**710.7**	**408.3**	**209.0**	**102.3**		**10.1**	**10.3**
13747		352.6	268.4	203.6	203.6	104.0		5.2	5.1
29464		1914.0	1136.8	545.4	232.4	102.7		12.5	12.9
43714		1150.2	715.2	416.7	223.3	101.5		10.3	10.3
47531		921.2	626.1	370.3	202.9	101.7		9.3	9.6
35987						102.6			
13806						107.6			
7750	4649.2	3123.8	1629.8	755.1	238.0	98.2	13.7	14.8	15.0
31255	10267.8	5252.1	2664.8	1024.6	297.3	105.1	16.7	17.2	17.8
9397						98.5			
5249						96.9			
4148						100.6			
24260	4665.0	956.4	758.2	453.5	233.8	111.7	13.7	9.5	10.7
10637	198.0	183.4	166.7	148.0	128.0	100.4	2.3	2.5	2.6
516	1098.5	545.8	353.0	274.7	207.8	103.2	8.3	7.0	6.5
550	264.5	208.4	155.8	147.9	130.3	96.7	3.3	3.0	2.2
5213	98.6	92.8	93.7	84.7	85.9	101.9		-0.3	-0.3
15893	139.9	133.5	121.5	97.0	106.8	99.2	1.1	1.2	1.0
6123	108.0	84.6	74.7	71.8	75.2	108.1	0.3	-0.7	-1.5
1049					149.7	123.8			
1024	460.2	427.7	205.6	151.1	112.9	94.5	5.2	6.0	3.7
396					77.4	108.4			
19228	2602.6	1620.5	1122.8	630.0	285.7	106.5	11.5	11.8	12.9
9687	2630.1	1384.6	1497.1	524.7	241.9	115.9	11.5	11.1	14.5
37388	1909.7	870.3	655.6	368.1	172.7	97.4	10.3	9.0	9.9
116385					257.2	108.4			
60415					161.6	100.6			
4349					101.6	122.7			
13940			1848.1	841.8	267.9	106.2			15.7
61322			664.2	384.1	174.9	106.0			9.9
19101			358.6	236.6	123.9	107.6			6.6

2-1 续表

指　　标	总量指标					
	1990年	1995年	2000年	2005年	2010年	2019年
社会消费品零售总额(亿元)					**11686**	**27590**
交通运输业						
铁路营业里程(万公里)	1.31	1.70	1.43	1.69	2.12	3.40
公路通车里程(万公里)	29	33	42	59	91	130
客运量(亿人)						31.7
货运量(亿吨)						74.1
邮政电信						
邮政业务总量(亿元)						401
电信业务总量(亿元)						9735
互联网宽带接入用户(万户)						4623
金融(亿元)						
金融机构各项存款余额			7906	16324	46622	121627
金融机构各项贷款余额			6548	11300	30579	107972
教育						
在校学生数(万人)						
普通高等学校	13.6	18.6	34.2	100.0	161.9	245.9
普通高中和初中	610	632	873	1082	1050	1061
普通小学	1853	1889	1886	1668	1536	1626
专任教师数(万人)						
普通高等学校	2.8	3.7	3.6	6.3	9.5	12.8
普通高中和初中	41.5	41.5	47.9	61.1	67.4	81.3
普通小学	84.8	85.8	89.9	88.1	90.7	96.1
卫生						
医疗卫生机构数(万个)	1.1	1.2	1.2	1.2	1.2	5.5
卫生技术人员数(万人)	50.0	52.7	48.5	47.8	68.1	120.1
医疗卫生机构床位(万张)	33.2	35.7	36.1	38.4	55.7	109.8
文化						
出版数量						
图书(万册)	30166	42275	42310	41958	43099	65119
杂志(万册)	6552	6567	7018	8966	6962	6516
报纸(万份)	79120	94985	123277	169518	174848	160951
社会服务						
福利类收养单位床位数(万张)					27.3	40.4
城镇社区服务设施数(个)					6188	13596
城乡最低生活保障人数(万人)					1907	1260

注：1.本表速度指标中，国内生产总值及三次产业增加值均按可比价格计算；其他指标按绝对数计算。
2.2000、2010、2020为常住人口数据，其余年份为户籍人口数据。

2020年	速度指标(%)								
	指数（2020为以下各年）						平均增长速度		
	1990年	1995年	2000年	2005年	2010年	2019年	1991—2020年	1996—2020年	2001—2020年
27451					**234.9**	**99.5**			
3.58	273.6	210.8	251.0	212.1	168.8	105.5			4.7
141	479.1	423.7	332.2	238.7	154.3	108.6	5.4	5.9	6.2
13.1						41.4			
63.5						85.7			
507						126.5			
14703						151.0			
5532						119.7			
133128			1683.9	815.5	285.5	109.5			15.2
121330			1852.9	1073.7	396.8	112.4			15.7
279.8	2057.0	1504.1	818.0	279.8	172.8	113.8	10.6	11.5	11.1
1108	181.8	175.4	127.0	102.4	105.5	104.4	2.0	2.3	1.2
1621	87.5	85.8	86.0	97.2	105.5	99.7	-0.4	-0.6	-0.8
13.7	488.0	369.3	375.5	216.9	144.3	106.9	5.4	5.4	6.8
81.0	195.3	195.4	169.2	132.6	120.2	99.6	2.3	2.7	2.7
98.7	116.4	115.1	109.8	112.1	108.8	102.7	0.5	0.6	0.5
5.7	537.1	460.6	454.7	479.5	474.9	102.7	5.8	6.3	7.9
127.1	254.2	241.0	262.0	265.7	186.8	105.8	3.2	3.6	4.9
112.6	339.2	315.4	311.7	292.9	202.0	102.6	4.2	4.7	5.8
70656	234.2	167.1	167.0	168.4	163.9	108.5	2.9	2.1	2.6
6425	98.1	97.8	91.5	71.7	92.3	98.6	-0.1	-0.1	-0.4
152344	192.5	160.4	123.6	89.9	87.1	94.7	2.2	1.9	1.1
43.1					157.9	106.9			
16349					264.2	120.2			
1252					65.7	99.4			

2-2 民族自治地方国民经济与社会发展主要指标占全国的比重

指 标	1990年	1995年	2000年	2005年	2010年
人口与就业					
年底总人口	13.38	13.25	13.27	13.36	13.82
地区生产总值		**8.52**	**7.70**	**7.94**	**8.92**
第一产业		13.68	13.62	14.35	15.29
第二产业		6.50	6.19	6.62	8.55
第三产业		8.14	7.19	7.69	7.92
人均地区生产总值		60.54	56.65	63.98	67.00
人民生活(元)					
城镇居民人均可支配收入					
农村居民人均可支配收入					
财政					
地方一般公共预算收入	8.60	8.31	7.42	6.80	8.02
地方一般公共预算支出	14.60	12.33	11.31	12.13	14.23
对外经济贸易					
进出口贸易			1.81	1.56	1.79
出口额			1.99	1.91	2.10
进口额			1.60	1.25	1.45
农业					
农林牧渔总产值	12.80	12.47	12.84	13.56	14.97
主要农牧产品					
粮食	12.00	12.43	15.75	14.85	15.20
棉花	10.40	19.84	33.11	32.89	41.68
油料	12.90	11.73	11.95	12.09	13.08
大牲畜年末头数	40.60	35.40	36.74	39.09	49.58
羊年末只数	54.10	43.00	45.04	43.98	53.00
猪年末头数	15.60	16.40	18.35	16.94	17.52
工业					
主要工业产品					
原盐					
成品糖	38.25	42.84	71.17	75.09	81.15
天然气					

2014年	2015年	2016年	2017年	2018年	2019年	2020年
13.71	13.54	13.55	13.63	13.57	13.56	13.52
10.12	**9.71**	**9.45**	**8.71**	**8.63**	**8.48**	**8.56**
16.41	16.33	16.49	16.40	17.39	17.69	17.68
10.92	10.44	10.06	8.41	8.20	7.54	7.67
8.21	7.94	7.81	7.76	7.76	7.95	7.89
73.60	70.37	73.37	66.41	65.60	64.51	66.02
					82.82	82.10
					80.06	80.59
8.74	8.49	8.18	7.94	7.73	7.81	7.74
15.01	14.48	12.58	14.81	14.87	14.59	14.85
2.51	2.61	2.76	2.55	2.87	3.02	2.92
3.09	2.84	2.73	2.56	2.81	3.14	2.93
1.82	2.30	2.79	2.55	2.95	2.88	2.92
11.10	15.77	15.74	17.28	17.34	17.53	17.61
16.11	15.77	15.85	15.29	15.75	15.96	15.89
59.61	63.09	67.92	80.82	83.79	84.97	87.35
13.84	14.50	15.59	16.57	15.52	16.29	15.34
47.98	45.72	49.70	57.79	53.21	52.01	50.78
53.90	52.96	53.18	55.41	53.96	53.31	51.84
18.77	18.64	19.14	18.82	16.29	16.85	15.06
				13.32	12.65	17.92
98.38	83.89	83.37	82.06	84.43	77.99	71.56
				22.80	20.73	20.56

2-2 续表

指　标	1990年	1995年	2000年	2005年	2010年
发电量	11.90	11.80	12.63	12.33	16.00
粗钢	5.60	7.30	5.04	5.24	6.28
水泥	9.34	9.03	9.55	9.55	11.51
建筑业					
建筑业总产值			4.50	4.77	5.42
施工房屋面积					
竣工房屋面积					
运输					
铁路营业里程	24.50	31.10	24.30	22.41	23.28
公路线路里程	28.40	28.70	30.20	17.63	22.75
客运量					
货运量					
邮政电信					
邮政业务总量(亿元)					
电信业务总量(亿元)					
互联网宽带接入用户(万户)					
教育					
在校学生					
普通高等学校	6.59	6.40	6.15	6.40	7.25
普通高中和初中	13.29	11.76	11.85	14.88	13.64
普通小学	15.14	14.32	14.49	15.35	15.45
专任教师					
普通高等学校	7.09	9.23	7.86	6.48	7.05
普通高中和初中	13.68	12.44	11.96	12.82	13.38
普通小学	15.19	15.15	15.35	15.75	16.15
卫生					
医疗卫生机构数	17.00	18.10	18.78	19.68	19.84
卫生技术人员	12.50	12.40	7.91	10.66	10.85
医疗卫生机构床位数	12.70	12.60	12.25	11.96	11.77

注：1.本表中涉及民族自治地方GDP占全国的比重，分母为全国31个省(区、市)相加的合计数。
　　2.财政收支占全国的比重是指占全国地方财政收支的比重。

2014年	2015年	2016年	2017年	2018年	2019年	2020年
20.17	21.50	22.29	24.27	22.64	24.06	24.72
6.19	6.38	6.57	6.81	6.27	7.16	9.10
14.52	15.43	16.45	15.66	15.94	16.37	15.61
3.64	5.04	5.05	5.19	5.13	5.28	5.28
					4.01	4.10
					4.41	4.75
21.38	24.98	24.55	24.73	24.12	24.28	24.49
25.08	25.24	25.50	25.90	26.03	25.85	27.07
					18.01	13.58
					15.72	13.41
					2.47	2.41
					9.11	10.75
					10.29	11.44
7.27	7.65	7.77	8.11	8.16	8.11	8.00
15.11	14.81	15.16	15.12	15.28	13.72	14.96
15.57	15.10	15.13	15.24	15.21	15.40	15.12
7.00	6.95	7.10	7.28	7.28	7.34	7.45
14.42	15.53	14.15	14.34	14.34	13.28	13.99
13.73	15.54	15.74	15.31	15.54	15.33	15.35
21.68	19.54	4.94	5.05	5.58	5.59	5.55
8.64	11.87	11.91	11.94	11.83	11.83	11.91
11.85	11.76	12.34	13.36	11.00	12.92	12.36

2-3 民族自治地方分地区生产总值(2020年)

单位：亿元

地　区	地　区 生产总值	第一产业	第二产业	第三产业	工　业	建筑业
合　计	**86924.91**	**13747.26**	**29463.58**	**43713.98**	**21905.19**	**7729.81**
河　北	845.17	179.71	244.05	421.42	200.25	38.59
内蒙古	17359.82	2025.12	6868.03	8466.66	5547.53	1320.51
辽　宁	827.42	225.59	189.92	411.92	144.07	26.84
吉　林	1012.38	182.90	274.18	555.31	200.31	73.96
黑龙江	105.62	45.67	15.54	44.41	11.73	3.80
浙　江	74.76	6.80	16.86	51.10	9.25	7.62
湖　北	1354.89	265.92	316.20	772.78	280.77	67.38
湖　南	1329.34	238.24	380.07	711.04	317.99	60.43
广　东	190.16	31.37	64.74	94.06	50.99	13.75
广　西	22156.69	3555.82	7108.49	11492.38	5221.24	1903.37
海　南	642.88	233.03	120.95	288.89	54.47	69.52
重　庆	918.57	140.26	282.10	496.21	183.58	98.52
四　川	2746.16	606.24	827.97	1311.95	688.85	140.91
贵　州	5409.22	1128.25	1543.18	2737.79	1060.65	473.47
云　南	10090.81	2005.98	3227.37	4857.46	1992.22	1236.96
西　藏	1902.74	150.65	798.25	953.84	145.16	653.09
甘　肃	687.49	131.04	124.52	431.93	73.10	44.79
青　海	1552.64	275.39	707.75	569.40	577.68	132.25
宁　夏	3920.55	338.01	1608.96	1973.58	1283.69	326.78
新　疆	13797.58	1981.28	4744.45	7071.85	3861.66	1037.29

2－4 民族自治地方分地区生产总值指数和人均地区生产总值（2020年）

地　　区	地　　区 生产总值 （以2019年为100）	第一产业	第二产业	第三产业	人均地区 生产总值 （元）
合　　计	**102.3**	**104.0**	**102.7**	**101.5**	**47531**
河　　北	103.4	103.7	104.0	103.0	43969
内 蒙 古	100.2	101.7	101.0	99.1	72062
辽　　宁	101.4	103.7	101.8	99.9	28684
吉　　林	101.1	102.8	101.7	100.2	32124
黑 龙 江	102.1	104.4	103.4	97.9	45707
浙　　江	103.5	102.7	100.1	104.8	67023
湖　　北	95.7	101.0	91.0	97.0	33861
湖　　南	103.3	104.3	104.2	102.5	29203
广　　东	103.1	105.4	106.0	100.8	41430
广　　西	103.7	105.0	102.2	104.2	44309
海　　南	101.8	100.6	98.8	104.0	40693
重　　庆	103.3	105.0	103.0	103.0	45360
四　　川	103.8	104.8	105.1	102.7	37058
贵　　州	104.4	106.5	104.0	103.7	37108
云　　南	102.0	103.4	102.3	99.3	44434
西　　藏	107.8	107.7	118.3	101.4	52345
甘　　肃	104.1	104.4	104.9	103.8	20855
青　　海	101.3	104.9	100.5	100.5	46995
宁　　夏	103.9	103.3	104.0	103.9	54528
新　　疆	103.4	104.3	103.8	100.2	53593

2－5 民族自治地方分地区生产总值构成（2020年）

单位：%

地　　区	地区生产 总　　值	第一产业	第二产业	第三产业	工　业	建筑业
合　　计	**100**	**15.8**	**33.9**	**50.3**	**25.2**	**8.9**
河　　北	100	21.3	28.9	49.9	23.7	4.6
内 蒙 古	100	11.7	39.6	48.8	32.0	7.6
辽　　宁	100	27.3	23.0	49.8	17.4	3.2
吉　　林	100	18.1	27.1	54.9	19.8	7.3
黑 龙 江	100	43.2	14.7	42.1	11.1	3.6
浙　　江	100	9.1	22.5	68.3	12.4	10.2
湖　　北	100	19.6	23.3	57.0	20.7	5.0
湖　　南	100	17.9	28.6	53.5	23.9	4.5
广　　东	100	16.5	34.0	49.5	26.8	7.2
广　　西	100	16.0	32.1	51.9	23.6	8.6
海　　南	100	36.2	18.8	44.9	8.5	10.8
重　　庆	100	15.3	30.7	54.0	20.0	10.7
四　　川	100	22.1	30.2	47.8	25.1	5.1
贵　　州	100	20.9	28.5	50.6	19.6	8.8
云　　南	100	19.9	32.0	48.1	19.7	12.3
西　　藏	100	7.9	42.0	50.1	7.6	34.3
甘　　肃	100	19.1	18.1	62.8	10.6	6.5
青　　海	100	17.7	45.6	36.7	37.2	8.5
宁　　夏	100	8.6	41.0	50.3	32.7	8.3
新　　疆	100	14.4	34.4	51.3	28.0	7.5

2–6 自治区、自治州、自治县(旗)基本情况(2020年)(一)

地　　区	年　末 总人口 (万人)	#少数民族	少数民族 占总人口 (%)	地　区 生产总值 (亿元)	第一产业 (亿元)	第二产业 (亿元)	第三产业 (亿元)
5个自治区合计	**11087.89**	**4464.83**	**40.27**	**59137.38**	**8050.88**	**21128.18**	**29958.31**
内蒙古自治区	2404.90	511.36	21.26	17359.82	2025.12	6868.03	8466.66
广西壮族自治区	5012.68	1880.80	37.52	22156.69	3555.82	7108.49	11492.38
西藏自治区	364.81	320.47	87.85	1902.74	150.65	798.25	953.84
宁夏回族自治区	720.27	258.97	35.95	3920.55	338.01	1608.96	1973.58
新疆维吾尔自治区	2585.23	1493.22	57.76	13797.58	1981.28	4744.45	7071.85
30个自治州合计	**5844.91**	**3480.94**	**59.56**	**24428.41**	**4595.10**	**7961.02**	**11872.28**
吉林省							
延边朝鲜族自治州	204.66	81.58	39.86	726.86	66.27	241.68	418.90
湖北省							
恩施土家族苗族自治州	402.22	219.80	54.65	1117.70	202.39	252.28	663.03
湖南省							
湘西土家族苗族自治州	248.81	192.76	77.47	725.11	111.68	204.25	409.18
四川省							
阿坝藏族羌族自治州	89.73	73.19	81.57	411.75	82.07	96.45	233.23
凉山彝族自治州	533.10	306.80	57.55	1733.15	406.74	559.55	766.86
甘孜藏族自治州	108.59	95.15	87.62	410.62	80.67	105.34	224.60
贵州省							
黔东南苗族侗族自治州	488.64	399.22	81.70	1191.52	244.81	258.53	688.18
黔南布依族苗族自治州	429.38	257.97	60.08	1595.40	254.73	563.29	777.38
黔西南布依族苗族自治州	371.90	156.63	42.12	1353.40	249.35	462.99	641.06
云南省							
西双版纳傣族自治州	101.35	79.02	77.96	604.18	138.26	151.56	314.36
文山壮族苗族自治州	350.32	201.48	57.51	1185.12	241.28	396.78	547.06
红河哈尼族彝族自治州	469.00	289.00	61.62	2417.48	344.78	940.44	1132.25
德宏傣族景颇族自治州	131.80	60.32	45.77	575.54	120.41	121.52	333.60
怒江傈僳族自治州	56.11	52.71	93.94	210.73	30.63	74.01	106.09
迪庆藏族自治州	38.75	32.27	83.28	266.94	18.47	102.67	145.81
大理白族自治州	364.36	191.48	52.55	1484.05	338.96	405.94	739.15
楚雄彝族自治州	266.04	97.74	36.74	1372.16	261.93	545.89	564.33

地区生产总值增长速度(%)	人均地区生产总值(元)	地方一般公共预算收入(亿元)	地方一般公共预算支出(亿元)	城镇居民人均可支配收入(元)	农村居民人均可支配收入(元)	规模以上工业企业数(个)	规模以上工业企业资产总计(亿元)	农林牧渔业总产值(亿元)	农业机械总动力(万千瓦特)
2.72	**53421**	**5885.78**	**20674.06**	**37117**	**14882**	**15125**	**92524.22**	**14637.91**	**12108.34**
0.20	72062	2051.20	5270.16	41353	16567	2985	34255.77	3472.36	4056.60
3.70	44309	1716.94	6179.47	35859	14851	7099	20709.93	5913.30	3901.40
7.80	52345	220.99	2210.92	41156	14598	167	2044.00	233.53	576.80
3.90	54528	419.44	1480.36	35720	13889	1241	10657.48	703.11	644.10
3.40	53593	1477.22	5533.16	34838	14056	3633	24857.05	4315.61	2929.44
3.65	**44596**	**1800.71**	**9241.27**	**33644**	**12562**	**5873**	**23750.47**	**6312.55**	**3711.79**
0.50	35296	58.71	385.74	28872	13585	278	811.42	124.21	291.24
-4.20	32653	57.65	470.19	30930	11887	329	445.25	370.59	249.94
2.20	29143	64.47	357.82	27853	11242	263	312.32	196.96	193.80
3.30	45888	28.73	367.95	37011	15539	123	624.10	142.21	76.29
3.90	35720	160.28	708.09	34636	15232	297	2569.30	686.68	363.98
3.60	36993	40.11	453.88	36521	13967	67	1145.23	123.29	101.36
4.50	31792	62.47	464.57	34520	11082	268	484.25	427.27	302.16
4.00	45654	111.05	441.93	35634	12876	929	1313.98	439.55	327.90
4.70	44881	113.13	407.93	35154	11441	438	1311.48	417.75	
3.60	46619	35.81	133.87	33147	15463	112	253.81	230.10	98.24
5.40	33798	65.66	384.38	33709	12001	184	923.99	335.66	312.56
5.20	53925	151.25	532.03	37500	13580	454	1883.65	564.39	240.13
7.90	43817	42.31	182.75	32770	12356	145	395.41	192.48	146.93
7.10	38141	15.08	163.18	27506	7810	23	355.82	47.08	20.72
5.10	68622	15.01	159.47	38547	10088	21	436.69	30.46	44.22
2.00	44346	108.48	391.19	38435	13645	269		618.35	
6.00	56433	90.28	293.61	38285	12861	345	1215.50	441.12	260.09

2-6(一) 续表 1

地 区	年末总人口（万人）	#少数民族	少数民族占总人口（%）	地区生产总值（亿元）	第一产业（亿元）	第二产业（亿元）	第三产业（亿元）
甘肃省							
临夏回族自治州	210.97	131.84	62.49	331.30	53.70	61.30	216.30
甘南藏族自治州	75.22	48.48	64.44	219.06	44.05	29.15	145.86
青海省							
海北藏族自治州	29.52	20.32	68.83	95.09	29.61	15.87	49.60
黄南藏族自治州	27.62	25.76	93.27	109.39	30.27	27.63	51.49
海南藏族自治州	47.33	37.06	78.30	181.56	49.20	75.24	57.13
果洛藏族自治州	21.56	20.12	93.33	48.90	9.77	14.73	24.40
玉树藏族自治州	41.84	41.41	98.97	63.57	39.42	4.16	19.98
海西蒙古族藏族自治州	40.36	13.66	33.85	619.81	41.47	391.98	186.36
新疆维吾尔自治区							
昌吉回族自治州	161.36	41.78	25.89	1387.25	242.45	581.28	563.51
巴音郭楞蒙古自治州	150.92	61.72	40.90	1106.29	178.97	546.99	380.33
克孜勒苏柯尔克孜自治州	62.22	55.69	89.50	169.24	17.98	48.79	102.47
博尔塔拉蒙古自治州	43.35	16.65	38.41	377.14	82.25	101.31	193.58
伊犁哈萨克自治州	277.89	179.34	64.54	2338.11	582.52	579.41	1176.19
120个自治县(旗)合计	**3698.89**	**2314.19**	**62.56**	**11117.57**	**2799.50**	**2897.47**	**5419.83**
河北省							
大厂回族自治县	14.25	3.35	23.54	175.94	4.64	25.37	145.93
孟村回族自治县	23.05	6.08	26.38	90.01	7.74	44.42	37.85
青龙满族自治县	55.96	42.03	75.10	126.62	49.47	24.91	52.24
丰宁满族自治县	40.42	29.34	72.59	131.26	33.62	40.40	57.24
围场满族蒙古族自治县	53.25	35.58	66.83	164.24	62.44	39.18	62.61
宽城满族自治县	26.02	19.78	76.02	157.11	21.80	69.77	65.54
内蒙古自治区							
鄂伦春自治旗	24.10	3.10	12.86	68.31	28.77	5.97	33.56
莫力达瓦达斡尔族自治旗	31.42	7.03	22.38	86.69	55.18	4.25	27.26
鄂温克族自治旗	13.63	5.99	43.97	110.63	9.61	62.65	38.36
辽宁省							
阜新蒙古族自治县	69.80	15.99	22.91	149.62	59.42	27.78	62.41
喀喇沁左翼蒙古族自治县	41.62	9.60	23.07	100.46	36.55	18.46	45.44
岫岩满族自治县	49.80	46.40	93.17	144.40	25.50	34.50	84.40

地区生产总值增长速度(%)	人均地区生产总值(元)	地方一般公共预算收入(亿元)	地方一般公共预算支出(亿元)	城镇居民人均可支配收入(元)	农村居民人均可支配收入(元)	规模以上工业企业数(个)	规模以上工业企业资产总计(亿元)	农林牧渔业总产值(亿元)	农业机械总动力(万千瓦特)
5.20	15747	19.18	320.30	23338	8113	46	20.43	96.92	96.70
1.60	31661	10.47	221.90	27656	9129	34	142.87	65.24	41.00
0.50	34564	5.41	93.76	35487	14842	24	84.16	42.48	52.34
5.30	39318	4.74	119.62	35021	10708	17		38.25	20.09
2.90	39257	13.70	128.70	34529	13380	43	419.16	70.69	55.38
2.10	22687	2.69	95.76	37328	9848	5	12.83	11.82	4.84
0.20	15194	2.52	128.84	37011	9800			45.20	
-2.10	153571	75.85	165.78	36806	16107	175	2012.17	64.07	43.24
5.30	85972	143.13	276.23	34024	20640	407	3889.79	22.58	
3.10	73303	88.16	277.04	33592					
4.10	27282	16.01	184.61	29918	8907	36	237.69	44.17	54.41
5.70	79275	28.89	128.44	34276	18978	116	186.84	93.97	83.06
4.40	84138	169.46	801.73	33000	15356	425	2262.36	329.02	231.17
3.29	**34904**	**609.76**	**4127.76**	**30808**	**12762**	**3125**	**9134.11**	**4820.79**	**2924.14**
3.60	127250	32.60	42.39	46846	19597	65	117.95	7.62	14.73
4.50	39059	4.46	18.44	36906	14354	68	78.87	14.15	28.26
3.20	25323	5.11	34.54	37896	12792	23	106.13	87.66	12.31
5.30	35862	7.79	55.27	26899	10497	28	293.75	57.93	49.81
4.20	38562	6.30	60.71	28216	11059	40	239.11	94.00	67.40
0.60	60069	11.62	22.78	36506	15452	62	336.90	32.35	9.89
-0.10	28128	1.74	36.19	27819	11502	5	29.26	47.09	
-0.90	37553	2.70	34.41	25490	12418	3	8.51	89.64	147.00
-1.90	80978	6.96	24.81	33812	26795	14	242.71	18.35	
3.00	27415	7.68	48.63	30438	17827	62	179.36	149.15	175.60
2.10	29022	6.15	34.85		15074	51	54.69	75.73	31.00
1.30	28700	10.76	34.02	20972	17970	76	103.66	24.76	25.20

2-6(一) 续表 2

地区	年末总人口（万人）	#少数民族	少数民族占总人口（%）	地区生产总值（亿元）	第一产业（亿元）	第二产业（亿元）	第三产业（亿元）
新宾满族自治县	28.16	23.94	85.00	52.13	17.93	7.38	26.83
清原满族自治县	30.97	21.49	69.37	58.64	18.90	12.31	27.43
本溪满族自治县	27.49	18.56	67.52	124.69	18.52	40.52	65.65
桓仁满族自治县	28.44	16.21	57.00	102.24	22.15	23.86	56.23
宽甸满族自治县	40.88	25.46	62.28	95.25	26.62	25.11	43.52
吉林省							
长白朝鲜族自治县	7.55	1.37	18.19	36.29	5.59	7.70	23.01
前郭尔罗斯蒙古族自治县	56.92	6.57	11.54	150.07	63.48	17.78	68.82
伊通满族自治县	44.40	17.20	38.74	99.16	47.56	7.02	44.58
黑龙江省							
杜尔伯特蒙古族自治县	23.11	4.64	20.08	105.62	45.67	15.54	44.41
浙江省							
景宁畲族自治县	16.95	2.02	11.92	74.76	6.80	16.86	51.10
湖北省							
长阳土家族自治县	38.36	24.93	65.00	156.44	40.88	41.11	74.46
五峰土家族自治县	19.48	16.47	84.54	80.75	22.65	22.81	35.29
湖南省							
城步苗族自治县	22.79	14.70	64.50	56.46	12.47	13.35	30.64
通道侗族自治县	24.04	21.13	87.90	53.43	7.85	15.29	30.28
江华瑶族自治县	54.02	40.28	74.56	137.69	31.11	47.26	59.32
新晃侗族自治县	25.65	22.65	88.29	71.67	12.17	20.59	38.91
芷江侗族自治县	37.46	24.46	65.29	105.95	24.31	27.87	53.78
靖州苗族侗族自治县	27.55	21.26	77.17	87.65	17.60	24.88	45.17
麻阳苗族自治县	39.35	37.40	95.03	91.39	21.06	26.57	43.76
广东省							
连南瑶族自治县	17.68	10.18	57.57	57.00	11.65	14.17	31.19
连山壮族瑶族自治县	12.47	8.15	65.33	38.13	11.07	6.60	20.46
乳源瑶族自治县	23.23	2.73	11.76	95.03	8.65	43.97	42.41
广西壮族自治区							
都安瑶族自治县	72.65	70.10	96.49	71.91	17.85	10.59	43.47
融水苗族自治县	52.41	39.93	76.19	131.51	20.00	40.40	71.10

地区生产总值增长速度（%）	人均地区生产总值（元）	地方一般公共预算收入（亿元）	地方一般公共预算支出（亿元）	城镇居民人均可支配收入（元）	农村居民人均可支配收入（元）	规模以上工业企业数（个）	规模以上工业企业资产总计（亿元）	农林牧渔业总产值（亿元）	农业机械总动力（万千瓦特）
-2.70	18230	5.69	24.74		15767	23	29.40	35.77	31.00
3.00	18935	6.12	25.90		15647	20	42.39	39.13	28.30
1.50	45357	7.72	22.68	27963	18281	35	80.61	37.04	18.80
2.30	35953	5.19	24.56	26848	18334	24	76.51	41.96	17.10
-0.90	28463	7.06	34.26		17163	27	60.30	46.28	31.00
0.70	47677	1.31	20.09	24537	12804	7	7.56	9.70	
2.90	26299	8.95	67.22	29033	15053	63	8.88	126.62	194.40
3.20	22261	5.54	51.59	27101	14736	14	26.15	108.78	
2.10	45707	3.64	26.90	25568	16687	40	134.56	98.79	82.00
3.50	67023	8.96	43.81	41735	21625	30	22.07	11.13	8.95
-4.50	40782	3.82	45.98	30563	11986	49	76.05	79.16	12.91
-4.70	41454	1.84	33.44	28172	11735	38	39.67	42.86	13.61
3.80	24774	2.59	30.02	26818	10205	30	386.60	23.28	21.09
8.20	25088	2.65	25.59	23324	9052	41	19.16	16.82	
4.30	30435	8.27	43.14	28629	12575	124	174.40	62.35	
3.80	27942	4.09	25.05	24084	10725	41	211.93	24.40	
4.40	32298	8.22	30.37	27427	10949	51	29.27	44.59	11.00
4.20	37520	3.37	26.66	25208	11959	51	15.18	32.60	
4.50	25919	4.11	35.40	26342	10641	37	16.45	37.10	27.06
4.10	32231	1.79	21.00	27607	15456	8	6.39	16.95	2.65
3.50	39990	1.62	18.77	26278	15020	6	4.04	16.07	
2.30	50875	5.65	30.10	29698	17185	58	239.57	14.40	9.65
3.40	13363	3.53	68.37	28512	9583	22	39.38	32.36	46.21
2.10	31865	5.80	54.11	32282	15077	54	45.00	33.27	28.90

2-6(一) 续表 3

地 区	年末总人口（万人）	#少数民族	少数民族占总人口（%）	地区生产总值（亿元）	第一产业（亿元）	第二产业（亿元）	第三产业（亿元）
三江侗族自治县	40.54	35.20	86.83	78.44	20.54	15.09	42.81
龙胜各族自治县	17.34	14.20	81.89	60.40	13.40	13.92	33.08
金秀瑶族自治县	15.70	13.11	83.50	44.45	10.64	11.43	22.38
隆林各族自治县	43.91	35.42	80.66	63.91	15.93	15.00	32.26
巴马瑶族自治县	29.90	25.71	85.99	82.99	14.23	27.09	41.67
罗城仫佬族自治县	38.85	29.72	76.50	58.35	23.40	4.73	30.22
富川瑶族自治县	34.33	20.41	59.45	91.90	31.31	27.91	32.68
大化瑶族自治县	48.62	45.57	93.73	75.07	12.28	31.93	30.86
环江毛南族自治县	37.91	35.80	94.43	59.06	21.19	10.35	27.52
恭城瑶族自治县	30.56	19.69	64.43	83.69	39.91	11.58	32.20
海南省							
白沙黎族自治县	19.49	13.04	66.91	56.85	23.59	6.96	26.30
昌江黎族自治县	25.66	10.78	42.03	124.12	33.82	49.44	40.86
乐东黎族自治县	54.96	21.28	38.71	151.11	82.78	18.84	49.50
陵水黎族自治县	38.87	22.35	57.50	195.52	51.84	30.60	113.08
琼中黎族苗族自治县	21.48	13.75	64.01	59.01	21.15	9.11	28.75
保亭黎族苗族自治县	16.82	11.73	69.77	56.27	19.86	6.01	30.40
重庆市							
石柱土家族自治县	54.75	44.38	81.06	171.05	31.30	48.63	91.12
秀山土家族苗族自治县	67.21	39.97	59.47	301.27	31.57	118.70	151.00
酉阳土家族苗族自治县	85.39	78.82	92.30	201.15	40.21	34.98	125.96
彭水苗族土家族自治县	70.30	40.39	57.45	245.10	37.18	79.78	128.14
四川省							
北川羌族自治县	23.28	9.07	38.97	79.12	14.66	19.89	44.56
木里藏族自治县	13.77	11.39	82.72	54.53	8.90	25.04	20.59
马边彝族自治县	22.29	11.67	52.36	53.97	13.06	19.90	21.00
峨边彝族自治县	14.84	6.64	44.76	57.56	9.04	26.83	21.69
贵州省							
松桃苗族自治县	72.98	49.98	68.48	170.11	39.94	40.66	89.52
镇宁布依族苗族自治县	41.80	25.06	59.95	116.13	27.65	24.91	63.57
紫云苗族布依族自治县	41.50	28.16	67.86	79.59	27.34	13.42	38.83

地区生产总值增长速度（%）	人均地区生产总值（元）	地方一般公共预算收入（亿元）	地方一般公共预算支出（亿元）	城镇居民人均可支配收入（元）	农村居民人均可支配收入（元）	规模以上工业企业数（个）	规模以上工业企业资产总计（亿元）	农林牧渔业总产值（亿元）	农业机械总动力（万千瓦特）
5.90	24544	4.84	46.18	27203	18842	17	15.58	34.58	23.04
2.50	43007	2.21	22.71	36304	13931	19	62.25	27.79	31.20
9.40	34127	1.92	20.10	36541	12116	19	14.87	17.34	11.83
9.70	17998	3.49	51.03	32582	9987	21	41.77	26.53	30.10
8.50	35225	4.41	37.72	29317	9941	19	18.34	23.58	16.03
2.10	21261	3.33	42.19	26072	9789	24	30.52	37.57	
3.60	34492	3.36	31.74	31835	13306	23	123.59	52.50	22.14
3.30	20566	4.49	55.34	26446	9991	15	55.36	21.91	21.06
5.80	21378	4.84	38.10	30386	11900	29	36.68	38.71	
3.60	34021	2.58	24.10	35578	15160	17	34.52	47.42	60.22
2.30	33441	1.82	38.32	31956	13978	5	1.53	37.23	13.20
-0.90	53019	15.88	43.08	37741	15921	21	4.18	53.76	18.18
2.20	32378	7.56	55.67	31380	15403	7	4.42	128.50	75.20
3.50	52388	33.80	82.77	33602	15406	7	9.92	77.60	26.89
2.00	32691	3.20	39.71	33417	14116	8	1.05	41.10	29.56
0.20	36235	4.87	34.63	33564	14067		0.43	31.67	6.77
2.50	44069	10.23	54.47	37194	15456	45	111.12	49.74	32.63
3.90	60930	11.04	59.77	37100	13352	73	109.40	52.51	34.87
2.00	33191	9.12	69.26	30123	11620	25	61.47	67.11	
4.20	45689	14.15	72.98	33775	13397	27	195.66	62.91	41.00
4.30	33987	4.16	24.86	34348	15811	57	67.76	25.13	9.30
6.30	44350	6.42	28.73	31151	12319	5	286.94	17.41	11.90
4.10	28707	3.93	26.13	35591	13921	22	87.36	20.97	6.00
4.00	44177	3.94	25.63	34866	13586	31	102.74	14.78	12.52
4.60	34879	4.66	55.05	32715	10645	49	53.04	66.39	67.00
3.90	38814	3.03	23.46	39187	10539	24	44.90	47.28	32.30
4.70	19175	2.93	38.85	30514	10539	12	11.78	48.74	34.20

2-6(一) 续表 4

地　　区	年末总人口（万人）	#少数民族	少数民族占总人口（%）	地区生产总值（亿元）	第一产业（亿元）	第二产业（亿元）	第三产业（亿元）
威宁彝族回族苗族自治县	159.14	36.14	22.71	287.83	115.88	49.35	122.60
关岭布依族苗族自治县	27.85	17.82	63.99	104.85	27.55	20.74	56.56
三都水族自治县	38.40	37.37	97.32	87.20	23.88	22.42	40.90
玉屏侗族自治县	17.55	14.36	81.82	94.53	12.43	36.77	45.33
道真仡佬族苗族自治县	35.31	30.12	85.30	79.49	27.04	13.68	38.77
务川仡佬族苗族自治县	48.37	43.34	89.60	84.91	28.39	12.74	43.78
印江土家族苗族自治县	44.46	33.79	76.00	119.76	35.23	22.63	61.91
沿河土家族自治县	69.02	36.42	52.77	131.70	37.91	23.48	70.31
云南省							
峨山彝族自治县	15.60	10.74	68.84	117.62	17.59	31.97	68.06
石林彝族自治县	25.52	9.32	36.52	117.07	30.73	16.17	70.18
沧源佤族自治县	16.02	13.95	87.08	51.57	15.21	13.24	23.11
耿马傣族佤族自治县	29.85	16.61	55.64	121.47	45.19	31.35	44.93
玉龙纳西族自治县	22.67	19.46	85.84	90.15	18.49	32.27	39.38
宁蒗彝族自治县	28.03	23.56	84.02	67.30	12.20	20.05	35.05
江城哈尼族彝族自治县	11.10	8.40	75.68	50.38	13.61	11.11	25.66
澜沧拉祜族自治县	44.15	34.43	77.99	120.07	30.52	34.30	55.25
孟连傣族拉祜族佤族自治县	14.50	11.52	79.43	51.68	17.26	6.35	28.06
西盟佤族自治县	8.70	7.90	90.80	26.03	5.12	4.72	16.18
河口瑶族自治县	9.34	6.53	69.94	110.22	15.38	33.72	61.12
屏边苗族自治县	16.11	11.12	69.04	61.04	10.70	22.90	27.44
贡山独龙族怒族自治县	3.48	3.36	96.40	18.81	3.49	5.22	10.10
巍山彝族回族自治县	32.37	15.01	46.37	91.05	31.53	19.03	40.49
南涧彝族自治县	22.71	12.39	54.57	79.38	20.82	21.30	37.27
寻甸回族彝族自治县	57.64	13.84	24.01	143.77	38.35	24.32	81.10
元江哈尼族彝族傣族自治县	21.17	17.41	82.26	124.26	31.30	33.60	59.35
新平彝族傣族自治县	28.05	20.72	73.88	213.86	29.53	87.93	96.41
墨江哈尼族自治县	36.97	28.84	78.01	85.45	24.42	17.37	43.66
双江拉祜族佤族布朗族傣族自治县	17.82	8.30	46.58	59.74	16.80	14.09	28.85
兰坪白族普米族自治县	19.59	18.00	91.88	88.60	11.69	36.55	40.36
维西傈僳族自治县	14.64	12.36	84.43	63.51	8.77	19.32	35.42

地区生产总值增长速度（%）	人均地区生产总值（元）	地方一般公共预算收入（亿元）	地方一般公共预算支出（亿元）	城镇居民人均可支配收入（元）	农村居民人均可支配收入（元）	规模以上工业企业数（个）	规模以上工业企业资产总计（亿元）	农林牧渔业总产值（亿元）	农业机械总动力（万千瓦特）
4.60	22235	13.48	112.51	33027	11241	80	232.82	151.83	2.50
8.10	37655	3.41	38.55	31880	10541	21	55.95	47.86	35.60
2.00	31555	3.22	33.13	32912	12167	35	24.31	38.38	20.82
0.30	62946	4.16	30.87	34755	13882	68	152.41	21.56	13.00
4.80	22512	3.07	26.23	33611	12214	19		42.83	30.00
4.90	26798	5.51	35.85	33736	12198	12	97.78	52.50	32.00
4.40	41038	3.13	32.12	32718	10601	46	19.28	55.37	60.00
4.30	30464	3.69	63.79	19352	10757	32	22.57	60.66	
1.60	81120	3.95	18.57	42441	15441	22	34.52	26.62	31.65
-2.20	48478	6.22	23.93	45213	17440	37	57.64	55.32	28.98
3.00	32031	3.36	26.63	30091	12401	15	15.12	25.62	9.54
4.40	42398	4.74	32.64	31492	13484	28	47.30	65.03	13.60
4.10	39895	7.38	23.88	31159	13413	9	17.20	33.96	21.00
10.10	27359	2.87	38.60	26042	8972			21.43	8.20
4.30	45181	1.15	18.92	31953	11879	14	40.63	21.90	13.01
2.60	27013	5.33	58.01	30651	11779	17	202.94	49.95	28.37
5.70	35664	1.70	19.35	28343	11934	8	10.07	28.94	17.68
6.10	29743	0.63	17.42	27865	11736	3	4.76	8.52	12.62
6.40	108054	3.49	25.88	37315	14973	14	20.13	22.56	2.84
4.30	46775	1.76	18.43	34551	10474	15	16.95	17.06	1.39
6.20	48861	1.14	18.19	26132	7681	2	14.71	5.03	4.10
2.40	33786	4.16	26.96	36369	12092	19		52.75	24.45
2.80	40920	3.72	20.68	36653	10969	17	7.30	40.33	9.33
4.00	31152	7.03	38.94	38634	10847	35	109.64	65.70	43.90
1.70	63075	3.86	19.81	41120	15128	21	41.01	52.26	9.54
4.90	80854	12.88	35.36	41952	15858	30	271.14	55.24	27.14
2.50	29929	3.79	30.82	31989	12142	12	99.09	40.11	20.09
2.50	36094	3.09	24.81	30569	12863	20	15.52	25.67	13.37
4.40	42403	5.48	44.81	28249	7920	2	271.49	18.10	6.35
5.40	43205	1.93	41.56	34940	10076	3	111.47	14.92	14.30

2-6(一) 续表 5

地　　区	年　末 总人口 （万人）	#少数民族	少数民族 占总人口 （%）	地　区 生产总值 （亿元）	第一产业 （亿元）	第二产业 （亿元）	第三产业 （亿元）
景东彝族自治县	36.30	18.74	51.61	109.99	36.46	18.06	55.48
景谷傣族彝族自治县	27.74	15.69	56.55	121.87	40.35	29.09	52.43
宁洱哈尼族彝族自治县	19.05	10.92	57.35	67.24	17.41	17.79	32.04
漾濞彝族自治县	10.57	7.21	68.25	35.17	11.46	7.98	15.74
禄劝彝族苗族自治县	48.78	16.16	33.12	146.50	41.64	22.04	82.82
金平苗族瑶族傣族自治县	39.61	34.91	88.13	89.01	18.45	31.76	38.80
镇沅彝族哈尼族拉祜族自治县	15.60	10.74	68.84	117.62	17.59	31.97	68.06
甘肃省							
张家川回族自治县	24.44	17.00	69.56	30.91	9.95	2.21	18.75
天祝藏族自治县	20.22	8.47	41.88	48.85	13.15	10.91	24.79
肃南裕固族自治县	3.93	2.26	57.43	30.25	7.89	10.60	11.76
肃北蒙古族自治县	1.24	0.52	41.56	16.91	1.23	7.35	8.33
阿克塞哈萨克族自治县	0.94	0.37	39.36	10.21	1.07	3.00	6.15
东乡族自治县							
积石山保安族东乡族撒拉族自治县	28.00	18.20	65.00	26.36	4.30	1.24	20.82
青海省							
互助土族自治县	40.14	11.35	28.28	118.01	24.02	40.06	53.93
化隆回族自治县	31.72	26.33	83.01	51.89	8.39	21.22	22.27
循化撒拉族自治县	13.43	12.62	94.00	37.67	6.37	12.84	18.35
河南蒙古族自治县	4.12	4.11	99.76	20.46	10.15	3.63	6.68
门源回族自治县	16.23	10.61	65.38	34.96	11.40	4.66	18.90
大通回族土族自治县	46.84	24.70	52.73	118.59	22.21	59.72	36.67
民和回族土族自治县	43.93	27.22	61.97	108.16	14.65	44.29	49.22
新疆维吾尔自治区							
巴里坤哈萨克自治县	6.55	3.59	54.81	76.47	10.86	42.49	23.12
塔什库尔干塔吉克自治县	3.99	3.61	90.48	17.79	1.27	5.36	11.17
木垒哈萨克自治县	6.73	3.05	45.32	48.72	11.02	14.07	23.63
焉耆回族自治县	12.30	8.47	68.86	66.32	16.87	20.23	29.23
察布查尔锡伯自治县	15.78	11.50	72.88	69.96	29.06	10.57	30.37
和布克赛尔蒙古自治县	6.18	3.32	53.72	44.51	11.29	15.71	17.51

地　区生产总值增长速度（%）	人均地区生产总值（元）	地方一般公共预算收　入（亿元）	地方一般公共预算支　出（亿元）	城镇居民人　均可支配收入（元）	农村居民人　均可支配收入（元）	规模以上工　业企业数（个）	规模以上工业企业资产总计（亿元）	农林牧渔业总产值（亿元）	农业机械总动力（万千瓦特）
3.90	35945	3.90	28.51	32049	12835	12	22.18	59.76	35.67
0.10	42067	5.22	27.16	34160	13143	17	42.70	65.84	22.79
3.90	40998	3.11	16.94	34503	12949	22	41.21	28.55	20.97
7.20	33277	2.24	13.73	34490	12855	18	11.69	20.74	10.72
6.90	35214	5.01	38.27	36807	10553	20	94.86	65.74	36.10
7.00	26729	2.03	38.14	34908	10311	19	43.24	29.74	6.21
1.60	81120	3.95	18.57	42441	15441	22	34.52	26.62	31.65
6.50	11394	1.15	32.69	27701	8198	7	11.74	16.96	
5.40	29428	3.36	48.75	27736	8844	30	32.62	24.30	21.00
5.40	76949	2.56	21.96	31197	19801	19	75.40	12.06	8.26
7.80	136285	3.00	14.28	41874	28888			1.25	
0.45	87123	0.79	7.66	43420	31145	4	19.87	2.11	2.74
	10616								
5.00	14685	1.04	33.78	22512	6859			9.12	12.70
4.70	29400	4.75	45.15	33624	12580		81.37	40.97	47.25
8.70	24598	1.31	27.68	32387		6	13.13	13.74	21.89
4.50	28187	1.04	20.62	32994	12452	9	43.87	8.51	
5.10	48825	0.39	19.16	35132	12708	6		12.97	
0.10	24242	1.48	27.41	35052	13244	8	27.16	17.70	36.40
4.50	37579	6.68	45.67	34809	13469	45	374.84	43.57	52.38
4.50	24622	3.65	40.43	32927	12520	18	166.40	24.70	
2.40	116687	6.09	24.53	32805	15704	26	208.71	14.51	12.13
4.00	44542	1.50	27.17	30875	9403	2		4.13	4.02
6.70	72438	4.58	20.44	29449	17542	24	127.41	19.20	20.07
2.60	56182	3.61	20.85	32779	20263	16	31.01	24.99	28.03
6.10	44344	4.54	35.30	28209	15431	24	74.70	3.81	31.48
4.40	72039	5.87	16.34	32404	14461	84	372.11	110.63	93.35

2-6 自治区、自治州、自治县(旗)基本情况(2020年)(二)

地　　区	粮　食 总产量 (万吨)	肉　类 总产量 (万吨)	社会消费品 零售总额 (亿元)	进出口 总　额 (亿元)	普通高中 在　校 学生数 (万人)	初　中 在　校 学生数 (万人)	小　学 在　校 学生数 (万人)
5个自治区合计	**6998.03**	**880.61**	**17701.17**	**7552.13**	**229.13**	**439.26**	**1017.87**
内蒙古自治区	3664.10	267.95	4760.45	1054.20	40.59	66.16	138.15
广西壮族自治区	1370.02	380.36	7831.01	4869.80	115.15	225.49	507.18
西藏自治区	0.01	27.79	745.78	21.33	7.50	14.29	35.29
宁夏回族自治区	380.49	33.77	1301.39	123.40	16.08	29.26	59.24
新疆维吾尔自治区	1583.40	170.74	3062.55	1483.40	49.81	104.05	278.01
30个自治州合计	**2492.03**	**385.12**	**7782.65**	**1710.77**	**108.70**	**216.17**	**459.65**
吉林省							
延边朝鲜族自治州	171.01	7.77	318.83	120.11	2.59	4.22	8.19
湖北省							
恩施土家族苗族自治州	144.12	25.46	562.59	10.78	7.20	13.80	25.83
湖南省							
湘西土家族苗族自治州	90.45		243.47	11.17	5.09	10.41	23.40
四川省							
阿坝藏族羌族自治州	16.00	10.74	96.81	1.79	1.48	2.79	6.41
凉山彝族自治州	246.96	44.18	678.23	4.14	7.30	25.59	62.39
甘孜藏族自治州	23.07	9.22	114.31	1.24	1.61	4.53	11.85
贵州省							
黔东南苗族侗族自治州	127.16	16.05	567.70	6.73	10.01	17.83	40.09
黔南布依族苗族自治州	118.40	17.49	643.46	17.54	8.18	14.81	34.74
黔西南布依族苗族自治州	81.65	16.00	236.60	3.11	9.11	16.97	
云南省							
西双版纳傣族自治州	47.64	3.60	272.52	230.74	1.71	4.32	9.81
文山壮族苗族自治州	169.76	16.65	578.16	17.87	7.86	16.74	38.20
红河哈尼族彝族自治州	183.49	35.51	883.01	402.80	9.15	18.73	41.79
德宏傣族景颇族自治州	68.69	7.23	328.18	395.08	2.26	5.13	12.01
怒江傈僳族自治州	16.00	3.84	42.09	8.91	1.19	2.18	5.32
迪庆藏族自治州	15.97	3.16	66.22	0.05	0.70	1.32	2.79
大理白族自治州	165.31	49.70	607.63	12.16	6.30	11.69	23.82
楚雄彝族自治州	126.67	27.34	518.66	99.49	4.92	7.93	15.29

医疗卫生机构（个）	卫生技术人员数（人）	医疗卫生机构床位数（张）	文化馆（个）	图书馆（个）	城镇居民最低生活保障人数（人）	城镇居民最低生活保障支出（万元）	农村居民最低生活保障人数（人）	农村居民最低生活保障支出（万元）
88095	**846589**	**698936**	**464**	**448**	**1041637**	**627631**	**5997713**	**2086891**
24549	202317	162072	120	117	314469	215405	1334022	494067
33875	371983	295562	124	116	349422	186901	2679474	856361
6939	22730	18586	74	81	24633	21488	131860	50634
4574	58627	41261	27	27	84096	55695	395650	161224
18158	190932	181455	119	107	269017	148142	1456707	524607
40134	**370721**	**354069**	**260**	**253**	**623801**	**398363**	**2697136**	**1172797**
2398	16349	10998	8	9	47066	27556	39364	15868
2966	24900	26700	9	9	8293	7065	235211	125707
3269	18536	20866	10	10	32155	17219	157078	
1728	7022	5381	14	14	15812	34447	73163	20971
1118	17934	29348	18	18	31273	15221	3131	191680
2813	7086	5606	18	20	8943	4722	152846	53127
3909	29016	27509	17	17	76263	30342	268224	78500
2206	23517	23011	13	13	52359	26143	178569	62258
2438	21483	19296	9	9	68496	31098	190545	64244
619	10765	7732	4	4	5000	2724	18549	7072
1397	23592	22188	9	9	22776	15199	303171	108059
2533	31815	32406	14	14	52861	29080	169848	58934
564	10795	10000	7	8	4023	2445	53107	16870
339	3521	3691	5	5	7120	4739	95865	32251
292	2933	1889	4	4	2929	1825	43521	13024
2077	26757	22058	14	13	18009	10465	170118	51644
1781	19520	17201	11	11	22025	19346	104312	35287

2-6(二) 续表 1

地　　区	粮　食总产量（万吨）	肉　类总产量（万吨）	社会消费品零售总额（亿元）	进出口总　额（亿元）	普通高中在　校学生数（万人）	初　中在　校学生数（万人）	小　学在　校学生数（万人）
甘肃省							
临夏回族自治州	69.97	6.14			3.74	8.44	24.20
甘南藏族自治州	10.86	9.74	44.86	0.30	1.57	2.95	6.66
青海省							
海北藏族自治州	8.75	4.87	27.07				
黄南藏族自治州	3.19	3.42	14.50		0.58	1.26	2.85
海南藏族自治州	15.13	6.97	31.58	0.36	1.16	2.08	4.49
果洛藏族自治州	0.07	2.77	10.21		0.29	0.95	2.58
玉树藏族自治州	1.15	3.11	19.47		1.08	2.24	5.57
海西蒙古族藏族自治州	8.83	3.98	79.67	2.11	0.81	1.56	3.56
新疆维吾尔自治区							
昌吉回族自治州	120.34	10.93	224.27	35.43	2.54	4.35	8.78
巴音郭楞蒙古自治州	49.90		216.77	14.00			
克孜勒苏柯尔克孜自治州	27.24	2.09	34.87	18.36	4.15		8.21
博尔塔拉蒙古自治州	57.50	3.27	44.18	226.81	0.75	1.39	3.00
伊犁哈萨克自治州	306.73	33.88	276.73	69.70	5.37	11.98	27.79
120个自治县(旗)合计	**2289.82**	**345.63**	**3393.90**	**239.03**	**66.31**	**127.01**	**259.08**
河北省							
大厂回族自治县	1.22	1.33	29.80	0.59	0.41	0.41	1.32
孟村回族自治县	14.61	4.23	37.79		0.29	0.75	2.43
青龙满族自治县	10.96	4.85	45.49		0.84	1.86	3.81
丰宁满族自治县	23.43	4.61	32.74	0.22	0.80	1.48	2.58
围场满族蒙古族自治县	45.52	5.06	44.46	0.03	1.06	2.23	4.15
宽城满族自治县	5.81	1.80	43.04	0.58	0.29	1.10	2.37
内蒙古自治区							
鄂伦春自治旗	57.84		16.77		0.21	0.44	0.81
莫力达瓦达斡尔族自治旗	159.28		19.71		0.40	0.70	1.52
鄂温克族自治旗	2.72	1.80	18.90		0.08	0.21	0.42
辽宁省							
阜新蒙古族自治县	114.58	40.14	23.91	4.74	1.11	1.66	2.36
喀喇沁左翼蒙古族自治县	25.09	10.20	23.68		0.86	1.11	2.06
岫岩满族自治县	30.04	4.73	54.10	4.00	0.61	1.37	2.31

医疗卫生机构（个）	卫生技术人员数（人）	医疗卫生机构床位数（张）	文化馆（个）	图书馆（个）	城镇居民最低生活保障人数（人）	城镇居民最低生活保障支出（万元）	农村居民最低生活保障人数（人）	农村居民最低生活保障支出（万元）
1350	11863	10312	9	1	38206	24406	2815	56743
804	4668	3121	9	1	11721	8409	37291	11940
					6416	6477	5429	8352
351	1606	1751	5	5	5394	6425	52066	23620
72	2900	2839	6	6	6376	8771	27875	
78	930	1174	1	7	6164	6545	33163	20290
14	1425	2432	7	7	12769	11130	71291	38907
516	4300	3600	9	9	2892	4557	3318	3287
1199	12306	9542	8	8	2083	1015	3697	3077
1053	9909	9821			6916	14497	24847	11356
334	4800	4665	5	5	8821	4406	64211	21423
457	3619	2634	5	5	5133	2863	9944	
1459	16854	16298	12	12	35507	19228	104567	38307
25390	**158808**	**170611**	**128**	**127**	**384063**	**287784**	**2011380**	**691776**
124	571	508	1	2	89	89	537	698
299	542	352	1	1	270	197	3807	1764
425	1010	1923	1	1	3633	2555	25443	10009
341	1299	2119	1	1	3811	1132	32016	12202
536	3069	3004	1	1	984	556	34333	13497
359	1999	3024	1	1	1755	5627	14014	4945
173	1491	876	1	1	6725	8806	4081	1655
449	1377	1652	1	1	6883	4584	14742	5426
120	1026	623	1	1	5843	4090	2133	1382
439	2318	2231	1	1	1716	944	32546	8765
657	2362	2486	1	1	1376	851	15237	
396	2082	2025	1	1	643	578	14639	5400

2-6(二) 续表 2

地　　区	粮　食总产量(万吨)	肉　类总产量(万吨)	社会消费品零售总额(亿元)	进出口总　额(亿元)	普通高中在　校学生数(万人)	初　中在　校学生数(万人)	小　学在　校学生数(万人)
新宾满族自治县	26.01	2.87	13.03		0.20	0.69	1.00
清原满族自治县	28.01	4.21	10.75	0.45	0.40	0.64	1.04
本溪满族自治县	12.90	4.60	13.49	1.17	0.34	0.54	0.85
桓仁满族自治县	15.00	1.98	19.40	0.79	0.32	0.55	1.09
宽甸满族自治县	24.49	10.80	27.08	2.50	0.51	0.81	1.35
吉林省							
长白朝鲜族自治县	2.09	0.16	7.10	0.08	0.10	0.12	0.23
前郭尔罗斯蒙古族自治县	190.43	8.12	8.62		0.90	1.60	2.55
伊通满族自治县	104.20	9.24	22.33		0.84	1.01	1.64
黑龙江省							
杜尔伯特蒙古族自治县	84.73	3.78	22.60		0.51	0.82	0.87
浙江省							
景宁畲族自治县	3.46	0.32	38.33	41.36	0.18	0.49	0.76
湖北省							
长阳土家族自治县	10.65	4.77	60.92	3.89	0.38	0.47	1.33
五峰土家族自治县	9.45	2.13	32.23	2.16	0.14	0.30	0.69
湖南省							
城步苗族自治县	10.21	1.18	34.74	0.31	0.33	1.05	2.17
通道侗族自治县	9.12	1.50	17.96		0.31	0.79	1.79
江华瑶族自治县	22.81	5.85	62.85	47.91	0.78	2.19	4.95
新晃侗族自治县	8.22	2.24	25.37	3.28	0.47	0.85	1.88
芷江侗族自治县	23.28	4.88	30.09	0.04	0.42	1.13	2.30
靖州苗族侗族自治县	13.62	2.41	28.76		0.36	0.85	2.08
麻阳苗族自治县	11.52	1.69	26.56	0.33	0.60	1.27	2.89
广东省							
连南瑶族自治县	3.29	0.73	9.69	0.33	0.26	0.55	1.61
连山壮族瑶族自治县	3.95	0.86	4.99		0.15	0.36	1.02
乳源瑶族自治县	4.30	0.84	22.31	9.77	0.41	0.74	1.87
广西壮族自治区							
都安瑶族自治县	12.10	3.03	20.67		1.59	3.15	6.81
融水苗族自治县	11.00	2.48	44.44	0.25	0.68	2.06	3.63

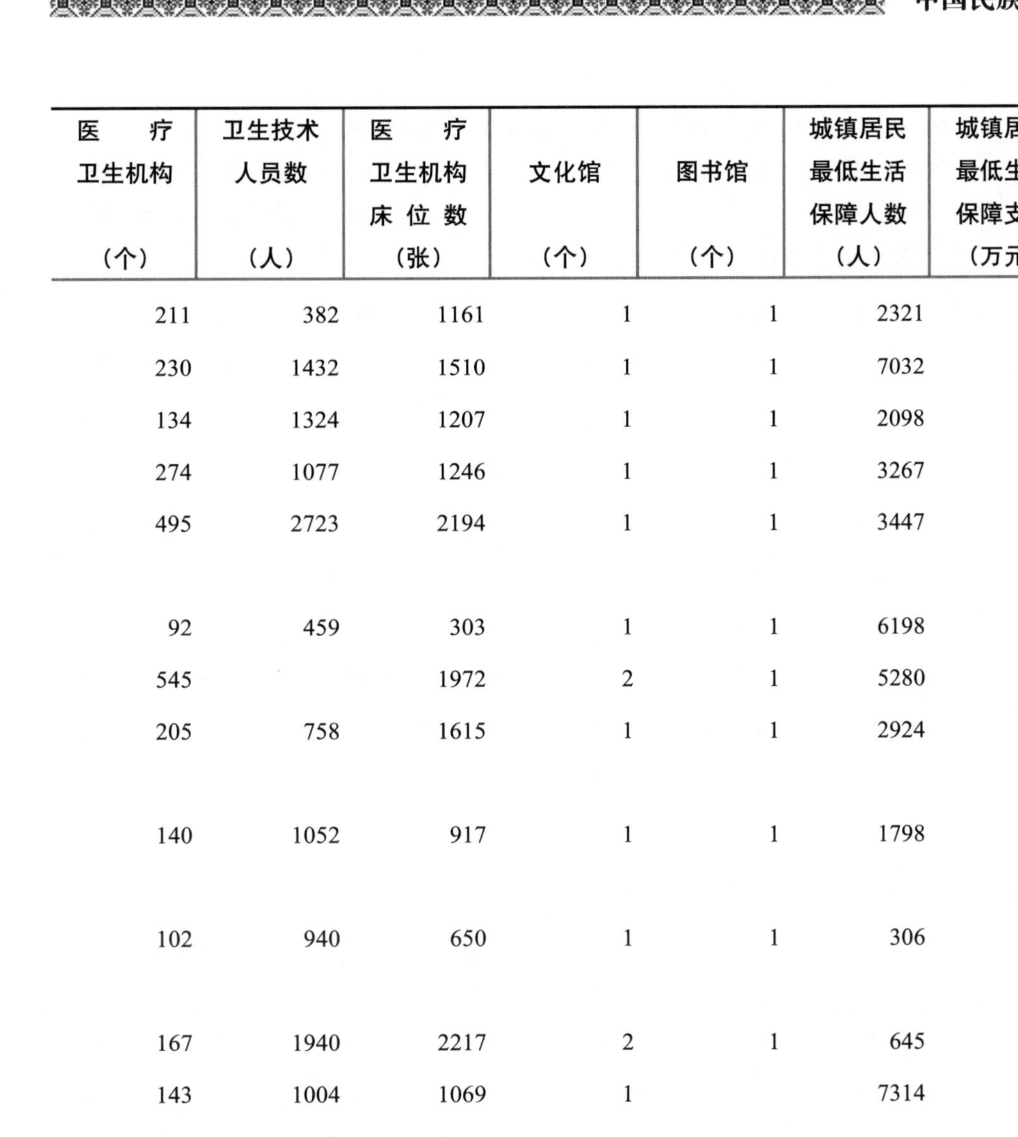

医疗卫生机构（个）	卫生技术人员数（人）	医疗卫生机构床位数（张）	文化馆（个）	图书馆（个）	城镇居民最低生活保障人数（人）	城镇居民最低生活保障支出（万元）	农村居民最低生活保障人数（人）	农村居民最低生活保障支出（万元）
211	382	1161	1	1	2321	1437	12173	3024
230	1432	1510	1	1	7032	1586	16920	5446
134	1324	1207	1	1	2098	3333	5675	2248
274	1077	1246	1	1	3267	1961	9653	3306
495	2723	2194	1	1	3447	2752	3597	5570
92	459	303	1	1	6198	3015	3717	1687
545		1972	2	1	5280	2964	21685	7894
205	758	1615	1	1	2924	1747	11799	3884
140	1052	917	1	1	1798	1088	6823	2241
102	940	650	1	1	306	178	4665	2599
167	1940	2217	2	1	645	501	13727	7246
143	1004	1069	1		7314	212	9027	4035
201	1379	1407		1	3774	2283	7930	2308
295	1857	137	1	1	1913	1070	4813	2000
329	3027	3303	1	2	5063	1115	15608	5060
184	1379	1751	1	1	2350	1139	10855	2989
354	2219	2027	1	1	1451	4610	8721	2726
230	1501	1963	7	7	4191	1981	3037	1577
246	2365	2615	1	1	1361	641	12050	2915
93	717	483	1	1	146	122	3658	1577
86	650	472	1	1	8518	95	1967	763
132	994	599	1	1	237	170	3883	1690
312	2850	1903	1	1	9204	5324	103494	41981
313	2570	1925	1	1		1493	30915	6846

2-6(二) 续表 3

地　区	粮　食总产量（万吨）	肉　类总产量（万吨）	社会消费品零售总额（亿元）	进出口总　额（亿元）	普通高中在　校学生数（万人）	初　中在　校学生数（万人）	小　学在　校学生数（万人）
三江侗族自治县	7.01	1.43	25.25	1.81	0.57	1.71	3.54
龙胜各族自治县	6.21	1.20	12.59		0.26	0.50	1.01
金秀瑶族自治县	3.52	0.60	6.25	0.23	0.18	0.46	1.01
隆林各族自治县	8.72	1.37	20.14	0.02	0.88	2.20	3.69
巴马瑶族自治县	6.23	1.93	23.87		0.50	2.99	2.99
罗城仫佬族自治县	10.10	1.82	17.14		0.52	1.34	2.80
富川瑶族自治县	10.92	2.83	20.32	1.85	0.60	1.19	2.98
大化瑶族自治县	7.30	2.54	11.56	0.13	0.99	2.15	4.75
环江毛南族自治县	11.78	1.45	11.92		0.68	1.38	2.57
恭城瑶族自治县	6.84	2.26	27.17		0.46	1.47	2.15
海南省							
白沙黎族自治县	2.10	1.05	16.60		0.22	0.80	1.55
昌江黎族自治县	2.56	0.40	26.05		0.44	0.92	1.98
乐东黎族自治县	11.06	2.05	45.02	0.03	0.92	1.74	3.76
陵水黎族自治县	5.13	0.58	33.92		0.48	1.44	3.67
琼中黎族苗族自治县	2.50	1.58	17.16		0.21	0.83	1.67
保亭黎族苗族自治县	2.06	0.69	15.76		0.89	0.89	1.37
重庆市							
石柱土家族自治县	22.03	2.48	82.73	23.23	1.26	1.81	2.82
秀山土家族苗族自治县	30.00	3.81	201.79	0.64	0.98	2.40	4.60
酉阳土家族苗族自治县	36.96	6.45	83.98	26.71	1.93	3.59	6.09
彭水苗族土家族自治县	31.22	4.87	110.58	0.07	1.55	2.52	4.39
四川省							
北川羌族自治县	8.63	1.73	32.12	0.15	0.30	0.51	1.10
木里藏族自治县	7.10	1.61	8.56		0.17	0.61	1.19
马边彝族自治县	9.37	1.27	22.99	0.06	0.22	0.31	2.33
峨边彝族自治县	5.03	1.34	22.48	0.05	0.10	0.46	1.22
贵州省							
松桃苗族自治县	38.36	4.83	63.98	0.01	1.42	3.19	5.09
镇宁布依族苗族自治县	8.61	1.55	27.46	0.06	0.40	1.33	3.08
紫云苗族布依族自治县	14.37	4.28			0.52	1.73	0.62

医疗卫生机构（个）	卫生技术人员数（人）	医疗卫生机构床位数（张）	文化馆（个）	图书馆（个）	城镇居民最低生活保障人数（人）	城镇居民最低生活保障支出（万元）	农村居民最低生活保障人数（人）	农村居民最低生活保障支出（万元）
361	1626	1392	1	1	7147	3456	33286	7497
159	1089	695	1	1	1073	658	12585	3334
89	821	733	1	1	450	298	8161	3247
195	1538	2028	1	1	631	53626	53626	18716
		953		1	2829	1655	24565	7951
187	1675	1400	1	1	7300	3705	11002	11002
154	1495	1155	1	1	1719	977	20133	6580
255	2220	1960	1	1	6174	3296	75253	28477
213	720	1190	1	1	4331	2408	25236	23
324	1489	1001	1	1	1093	485	15051	3928
139	950	860	1	1	1085	553	5789	1825
147	1521	861	1	1	7071	1933	5826	2174
200	2033	1416	1	1	3068	1877	15290	6262
217	2215	1752	1	1	1204	2909	6661	1873
150	1396	1140	1	1	928	591	4060	1907
112	1017	671	1	1	1161	729	3143	1148
343	2699	3894	1	1	3893	2459	15256	7101
347	3253	3514		2	6954	8020	15763	8098
292	2513	3298	1	1	6472	4942	34696	19916
443	2737	2805	1	2	5300	10379	25795	12741
	1743	1266	1	1	1939	922	5740	2161
174	664	701	1	1	1951	826	16410	4611
173	997	788	1	1	8320	605	23763	8746
156	652	668	1	1	395	213	11055	2944
577	287	5345			7968	21877	60504	19808
458	1516	1509	1	1	3029	2109	14879	
175	1331	1386	1	1	8359	3802	35772	10527

2-6(二) 续表 4

地　　区	粮　食 总产量 (万吨)	肉　类 总产量 (万吨)	社会消费品 零售总额 (亿元)	进出口 总　额 (亿元)	普通高中 在　校 学生数 (万人)	初　中 在　校 学生数 (万人)	小　学 在　校 学生数 (万人)
威宁彝族回族苗族自治县	67.94	10.16	94.38		4.03	5.06	16.16
关岭布依族苗族自治县	112.76	2.00	6.05		0.59	1.67	3.46
三都水族自治县	8.94	1.32	40.74		0.72	1.58	3.69
玉屏侗族自治县	1.62	1.65	20.09		0.29	0.66	1.59
道真仡佬族苗族自治县	29.37	1.51	17.70		0.71	1.31	2.21
务川仡佬族苗族自治县	23.82	2.22	22.08		1.04	1.65	3.18
印江土家族苗族自治县	8.09	2.43	40.02		0.99	1.64	3.12
沿河土家族自治县	12.60	3.00	74.70	0.01	4.54	2.43	5.68
云南省							
峨山彝族自治县	7.32	1.68	50.45	4.24	0.42	0.45	0.82
石林彝族自治县	14.23	5.06	44.98	0.16	0.54	0.79	1.69
沧源佤族自治县	7.91	1.02	19.46	10.44	0.27	0.52	1.49
耿马傣族佤族自治县	11.71	1.51	38.51	3.53	1.43	1.10	2.83
玉龙纳西族自治县	10.96	3.30	36.94	0.40	0.28	0.49	1.23
宁蒗彝族自治县	7.59	1.56	30.06		0.72	1.09	2.45
江城哈尼族彝族自治县	5.26	0.55	13.41		0.16	0.40	0.97
澜沧拉祜族自治县	25.44	3.58	34.63	2.51	0.43	1.50	3.62
孟连傣族拉祜族佤族自治县	7.59	1.00	18.92	4.64	0.18	0.52	1.33
西盟佤族自治县	4.16	0.45	6.52	0.86	0.18	0.23	0.78
河口瑶族自治县	2.25	0.41	23.49	0.28	0.12	0.29	0.85
屏边苗族自治县	6.28	0.91	30.87	0.02	0.15	0.49	1.17
贡山独龙族怒族自治县	0.43	0.11	3.46		0.05	0.14	0.29
巍山彝族回族自治县	16.07	3.38	32.65	0.31	0.55	1.03	1.96
南涧彝族自治县	11.00	31.27	27.43	0.04	0.40	0.76	1.54
寻甸回族彝族自治县	23.54	6.23	62.86	2.68	1.33	1.91	3.44
元江哈尼族彝族傣族自治县	9.50	1.19	50.83	0.39	0.31	0.72	1.57
新平彝族傣族自治县	17.98	2.91	78.60	5.38	0.41	0.88	1.74
墨江哈尼族自治县	15.56	2.68	20.93		0.42	1.00	2.23
双江拉祜族佤族布朗族傣族自治县	7.32	1.20	16.05		0.36	0.52	1.51
兰坪白族普米族自治县	8.05	1.53	12.90		0.45	1.29	1.90
维西傈僳族自治县	7.32	1.42	13.90		0.07	0.52	1.19

医疗卫生机构（个）	卫生技术人员数（人）	医疗卫生机构床位数（张）	文化馆（个）	图书馆（个）	城镇居民最低生活保障人数（人）	城镇居民最低生活保障支出（万元）	农村居民最低生活保障人数（人）	农村居民最低生活保障支出（万元）
742	2769	5752		1	12816	4017	142960	28946
174	957	1183	1	1	5668	3237	13742	4425
185	1565	1589	1	1	5190	1569	26988	8680
119	1235	1121	8	1	9461	3754	5660	2451
129	1744	1306	1	1	3606	2715	15888	3935
165	2146	2696	1	1	4908	3866	31855	11092
415	2354	2000	1	1	6178	2575	24161	8729
520	2059	2521	1	3	29011	11456	3799	17856
127	1164	670	1	1	1944	1157	3856	1505
182	2097	1785	1	1	6115	260	3126	1366
130	754	811	1	1	881	454	20984	6382
147	1472	2196	1	1	1028	513	13814	4070
226	1093	934	1	1	141	106	10971	3366
111	1134	1261	1	1	3334	545	32336	12794
72	837	784	1	1	885	546	8541	2872
253	1025	2182	1	1	782	618	59257	23536
72	920	648	1	1	217	135	5958	2065
53	552	420	1	1	596	365	4728	1865
65	858	808	1	1	6381	3606	1662	571
105	814	738	1	1	1738	850	10082	3065
36	272	184	1	1	488	509	6137	2220
137	1839	1280	1	1	2627	515	19336	1151
114	1181	959	1	1	334	191	17919	5374
288	2819	3299	1	1	2388	1500	9742	4622
119	1330	862	1	1	659	3390	6328	2206
181	1834	1428	1	1	1623	982	8257	3194
220	1787	1665	1	1	285	178	29905	10544
103	1152	791	1	1	627	362	11017	3412
128	737	690	1	1	2409	1571	24065	7632
110	871	493	1	1	434	298	25409	6071

2-6(二) 续表 5

地 区	粮 食 总产量 (万吨)	肉 类 总产量 (万吨)	社会消费品 零售总额 (亿元)	进出口 总 额 (亿元)	普通高中 在 校 学生数 (万人)	初 中 在 校 学生数 (万人)	小 学 在 校 学生数 (万人)
景东彝族自治县	19.18	3.30	31.39		0.43	1.15	2.26
景谷傣族彝族自治县	15.81	1.93	31.84		0.44	1.05	2.34
宁洱哈尼族彝族自治县	8.56	1.93	19.37		0.29	0.51	1.19
漾濞彝族自治县	7.20	1.22	10.01	0.30	0.12	0.28	0.84
禄劝彝族苗族自治县	22.91	3.60	57.33		0.83	1.33	2.53
金平苗族瑶族傣族自治县	13.57	2.11	34.71	13.78	0.56	1.74	3.47
镇沅彝族哈尼族拉祜族自治县	7.32	1.68	50.45	4.24	0.42	0.45	0.82
甘肃省							
张家川回族自治县	13.07	0.90	9.45		0.53	1.14	2.82
天祝藏族自治县	4.84	1.61	19.75	0.01	0.31	0.47	1.08
肃南裕固族自治县	4.60	1.24	5.49		0.04	0.07	0.14
肃北蒙古族自治县	0.48	0.33	3.05		0.02	0.03	0.07
阿克塞哈萨克族自治县	0.16	0.18	2.89		0.03	0.04	0.07
东乡族自治县							
积石山保安族东乡族撒拉族自治县	6.23	0.27	6.85		0.58	0.88	2.79
青海省							
互助土族自治县	13.97	0.95	21.88	0.05	0.79	1.01	2.61
化隆回族自治县	7.99	0.67	10.06		0.44	0.99	2.52
循化撒拉族自治县	4.49		11.35		0.34	0.63	1.63
河南蒙古族自治县			1.66			0.18	0.35
门源回族自治县	7.46	1.40	11.93		0.43	0.60	1.24
大通回族土族自治县	9.51	2.19	13.08			1.61	
民和回族土族自治县	15.65		31.84		0.92	1.60	3.22
新疆维吾尔自治区							
巴里坤哈萨克自治县	11.42	0.91	8.06	0.44	0.09	0.20	0.56
塔什库尔干塔吉克自治县	1.88	0.71	0.83	1.04	0.09	0.17	0.41
木垒哈萨克自治县	16.50	1.19	7.57		0.09	0.19	0.50
焉耆回族自治县	7.54	1.01	19.85		0.19	0.46	1.18
察布查尔锡伯自治县	69.94	1.67	1.20	3.44	0.31	0.64	1.71
和布克赛尔蒙古自治县	55.28		6.35		0.07	0.16	0.42

医疗卫生机构（个）	卫生技术人员数（人）	医疗卫生机构床位数（张）	文化馆（个）	图书馆（个）	城镇居民最低生活保障人数（人）	城镇居民最低生活保障支出（万元）	农村居民最低生活保障人数（人）	农村居民最低生活保障支出（万元）
177	1288	2022	1	1	1118	950	24543	
164	647	2468	1	1	414	274	14330	5940
113	1160	1083	1	1	822	525	6652	2176
107	598	438	1	1	868	529	4824	1286
226	2354	2611	1	1	366	291	14264	6447
235	1581	2524	1	1	1142	580	22322	7604
127	1164	670	1	1	872	530	11467	4065
	1356	1277	1	1	1283	805	27694	6540
200	920	1483	1	1	2635	1702	7197	2754
54	289	404	1	1	636	1311	2337	1311
38	147	152	1	1	6490	195	161	6490
11	117	82	1	1	283	218		
					7687	3032	41270	
197	429	898	1	1	605	345	21693	6415
451	1578	1762	1	1	702	352	13772	4424
414	530	973	1	1	2294	6489	20492	10530
193	924	744	1	1	767	917	5798	1416
47	400	326	1	1	438	1040	5883	4261
416	817	825	1	1	3685	3778	8301	4798
330	2376	2705	1	1	2012	1000	10379	6941
184	846	1486			8361	1984	25388	12979
58	438	203	1	1	2083	1015	8322	3077
67	347	207	1	1	5844	195	3411	1492
52	351	430	1	1	515	268	1736	689
102	972	675	1	1	522	330	3088	1313
111	1117	763	1	1	1233	603	7026	2417
17	749	494	1		1221	552	1327	463

主要统计指标解释

国内（地区）生产总值(GDP) 指按市场价格计算的一个国家所有常住单位在一定时期内生产活动的最终成果。国内生产总值有三种表现形态，即价值形态、收入形态和产品形态。从价值形态看，它是所有常住单位在一定时期内生产的全部货物和服务价值与同期投入的全部非固定资产货物和服务价值的差额，即所有常住单位的增加值之和；从收入形态看，它是所有常住单位在一定时期内创造并分配给常住单位和非常住单位的初次收入之和；从产品形态看，它是所有常住单位在一定时期内最终使用的货物和服务价值与货物和服务净出口价值之和。在实际核算中，国内生产总值有三种计算方法，即生产法、收入法和支出法。三种方法分别从不同的方面反映国内生产总值及其构成。

对于一个地区来说，称为地区生产总值或地区GDP。

当年价格 指报告期的实际价格，如工厂的出厂价格、农产品的收购价格、商业的零售价格等。使用当年价格计算的数字，是为了使国民经济各项指标互相衔接，便于考察当年社会经济效益，便于对生产和流通、生产和分配、生产和消费进行经济核算和综合平衡。

按当年价格计算的价格指标在不同年份之间进行对比时，因为包含有各年间价格的因素，不能确切地反映实物量的增减变动，必须消除价格变动因素后才能真正反映经济发展动态。因此，在计算增长速度时都使用按可比价格计算的数字。

不变价格 指用同类产品的年平均价格作为固定价格来计算各年产品价值。按不变价格计算的产品价值消除了价格变动因素，不同时期对比可以反映生产的发展速度。新中国成立后，随着工农业产品价格水平的变化，国家统计局先后五次制定了全国统一的工业产品不变价格和农业产品不变价格，1949—1957 年使用 1952 年工（农）业产品不变价格，1957—1971 年使用 1957 年不变价格，1971—1981 年使用 1970 年不变价格，1981—1990 年使用 1980 年不变价格，1990 年开始使用 1990 年不变价格。

平均每年增长速度 在我国计算平均增长速度有两种方法：一种是习惯上经常使用的“水平法”，又称几何平均法，是以间隔期最后一年的水平同基期水平对比来计算平均每年增长（或下降）速度；另一种是“累计法”，又称代数平均法或议程法，是以间隔期内各年水平的总和同基期水平对比来计算平均每年增长（或下降）速度。

三次产业 三次产业的划分是世界上较为常用的产业结构分类，但各国的划分不尽一致。根据国家统计局《三次产业划分规定》和《国民经济行业分类》（GB/T 4754—2017），我国的三次产业划分是：

第一产业是指农、林、牧、渔业（不含农、林、牧、渔专业及辅助性活动业）。

第二产业是指采矿业（不含开采专业及辅助活动），制造业（不含金属制品、机械和设备修理业），电力、热力、燃气及水生产和供应业，建筑业。

第三产业即服务业，是指除第一、二产业以外的其他行业。

三、人　口

3-1 民族自治地方分地区年末总人口和少数民族人口(2020年)

地　　区	年末总人口（万人）	#少数民族人口	少数民族占总人口的比重(%)
合　　计	**19089.32**	**9269.22**	**48.56**
河　　北	212.94	136.16	63.94
内 蒙 古	2404.90	511.36	21.26
辽　　宁	317.16	177.64	56.01
吉　　林	313.53	106.72	34.04
黑 龙 江	23.11	4.64	20.08
浙　　江	16.95	2.02	11.92
湖　　北	460.06	261.20	56.78
湖　　南	479.68	374.63	78.10
广　　东	53.38	21.06	39.45
广　　西	5012.68	1880.80	37.52
海　　南	177.27	92.94	52.43
重　　庆	277.65	203.56	73.31
四　　川	791.83	502.53	63.46
贵　　州	1847.90	1129.01	61.10
云　　南	2308.70	1322.80	57.30
西　　藏	364.81	320.47	87.85
甘　　肃	336.97	208.93	62.00
青　　海	384.28	260.55	67.80
宁　　夏	720.27	258.97	35.95
新　　疆	2585.23	1493.22	57.76

3-2 民族自治地方分地区人口构成(2020年)

单位：万人

地区	按性别分		按城乡分	
	男	女	城镇人口	乡村人口
合计	**9847.65**	**9240.34**	**9152.00**	**9938.01**
河北	110.65	102.29	59.92	153.02
内蒙古	1227.53	1177.39	1622.75	782.17
辽宁	161.41	155.76	79.01	238.15
吉林	156.31	157.21	171.03	142.50
黑龙江	11.63	11.48	6.08	17.03
浙江	8.86	8.09	3.60	13.35
湖北	239.74	220.32	172.47	287.59
湖南	249.25	230.42	175.90	303.78
广东	27.72	25.66	16.41	36.98
广西	2591.62	2421.06	2717.10	2295.58
海南	92.74	84.53	55.54	121.73
重庆	146.40	131.25	85.86	191.79
四川	405.42	386.31	181.20	610.53
贵州	972.30	875.60	690.06	1157.84
云南	1187.61	1121.09	806.93	1502.57
西藏	191.36	173.45	130.34	234.47
甘肃	169.01	166.72	121.85	215.11
青海	195.75	188.53	126.73	257.55
宁夏	366.89	353.37	467.87	252.40
新疆	1335.44	1249.80	1461.36	1123.87

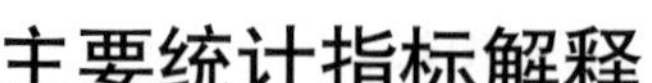

主要统计指标解释

人口数　指一定时点、一定地区范围内的有生命的个人的总和。年度统计的年末人口数指每年 12 月 31 日 24 时的人口数。

城镇人口和乡村人口　城镇人口是指居住在城镇范围内的全部常住人口；乡村人口是指除上述人口以外的全部人口。

市　指经国家批准成立“市”建制的城市。

镇　指经省、自治区、直辖市批准的镇。1963 年以前为常住人口在 2000 人以上，非农业人口占 50%以上的人口聚居地。1964 年起改为常住人口在 3000 人以上，非农业人口占 70%以上或常住人口在 2500 人以上，不满 3000 人，非农业人口占 85%以上的。1984 年后又调整为凡县级地方国家机关所在地；或总人口在 20000 人以下的乡，乡政府驻地非农业人口超过 2000 人的；或总人口在 20000 人以上的乡，乡政府驻地非农业人口占全乡 10%以上；或少数民族地区、人口稀少的边远地区、山区和小型工矿区、小港口、风景旅游地、边境口岸等地，非农业人口虽不足 2000 人，都可建镇。

四、财 政

4-1 民族自治地方分地区财政收入情况(2020年)

单位：亿元

地区	地方一般公共预算收入	#税收收入	#国内增值税	#企业所得税	#个人所得税
合计	**7729.81**	**5022.20**	**1821.45**	**588.84**	**208.90**
河北	67.88	52.14	10.07	4.22	1.39
内蒙古	2051.20	1457.76	456.00	161.10	58.38
辽宁	56.38	35.88	13.36	4.58	1.81
吉林	74.52	45.49	12.22	4.66	1.70
黑龙江	3.64	1.91	0.19	0.44	0.05
浙江	8.96	7.78	1.70	0.74	1.38
湖北	63.31	48.22	20.32	5.38	1.56
湖南	97.77	60.89	11.83	5.92	1.72
广东	9.06	5.57	1.98	0.12	0.43
广西	1716.94	1113.22	456.64	170.13	46.66
海南	67.14	39.33	4.47	6.64	0.90
重庆	44.53	32.94	14.06	3.69	1.62
四川	241.15	151.01	73.21	20.32	3.86
贵州	333.72	179.43	61.73	18.75	6.15
云南	613.11	374.86	113.91	18.86	5.57
西藏	220.99	143.24	83.06	15.53	17.52
甘肃	40.53	22.89	10.88	1.64	0.44
青海	122.34	75.58	25.32	9.10	2.46
宁夏	419.44	263.87	110.88	28.45	10.63
新疆	1477.22	910.19	339.63	108.59	44.68

4-2 民族自治地方分地区财政支出情况(2020年)(一)

单位：亿元

地　区	地方一般公共预算支出	#一般公共服务	#教育	#科学技术
合　计	**31255.21**	**2785.64**	**4867.58**	**252.06**
河　北	234.13	22.21	39.06	1.53
内蒙古	5270.16	396.71	642.17	32.38
辽　宁	249.64	22.42	42.08	0.15
吉　林	524.64	39.69	54.37	1.27
黑龙江	26.90	2.58	3.81	0.02
浙　江	43.81	5.40	4.83	0.53
湖　北	549.60	50.25	85.49	8.08
湖　南	574.05	61.64	99.62	7.39
广　东	69.87	7.64	11.73	1.22
广　西	6179.47	520.48	1061.10	66.26
海　南	294.19	25.37	44.95	1.08
重　庆	256.48	16.95	54.85	1.46
四　川	1606.54	146.38	227.13	4.13
贵　州	1771.70	178.18	380.67	32.34
云　南	2800.07	267.84	508.57	11.82
西　藏	2210.92	294.60	273.89	8.99
甘　肃	667.53	72.68	95.11	1.89
青　海	912.01	82.40	121.60	2.36
宁　夏	1480.36	98.21	208.42	27.91
新　疆	5533.16	474.02	908.11	41.25

4–2 民族自治地方分地区财政支出情况(2020年)(二)

单位：亿元

地　　区	#文化体育与传媒	#社会保障和就业	#医疗卫生	#农林水
合　　计	**579.87**	**4106.66**	**2484.58**	**5667.97**
河　　北	3.08	29.15	27.41	49.51
内 蒙 古	123.64	854.83	375.05	867.59
辽　　宁	2.47	45.39	15.41	62.75
吉　　林	10.72	110.09	37.87	104.07
黑 龙 江	0.38	4.96	2.15	5.64
浙　　江	1.36	4.97	4.17	6.41
湖　　北	1.65	81.44	60.64	102.60
湖　　南	9.77	74.28	63.86	116.46
广　　东	1.11	10.76	7.41	9.72
广　　西	109.49	918.25	624.84	904.38
海　　南	3.99	32.05	31.00	59.18
重　　庆	2.80	29.03	31.28	53.10
四　　川	31.87	123.37	141.00	391.35
贵　　州	21.02	199.12	193.20	335.65
云　　南	43.95	374.77	323.52	550.41
西　　藏	59.43	183.69		430.61
甘　　肃	18.48	70.34	57.30	179.21
青　　海	22.71	149.62	67.43	207.00
宁　　夏	29.43	203.85	118.69	254.92
新　　疆	82.50	606.72	302.36	977.41

主要统计指标解释

一般公共预算收入 指国家财政参与社会产品分配所取得的收入，是实现国家职能的财力保证。主要包括：(1) 各项税收：包括国内增值税、国内消费税、进口货物增值税和消费税、出口货物退增值税和消费税、营业税、企业所得税、个人所得税、资源税、城市维护建设税、房产税、印花税、城镇土地使用税、土地增值税、车船税、船舶吨税、车辆购置税、关税、耕地占用税、契税、烟叶税等。(2) 非税收入：包括专项收入、行政事业性收费、罚没收入和其他收入。财政收入按现行分税制财政体制划分为中央本级收入和地方本级收入。

一般公共预算支出 指国家财政将筹集起来的资金进行分配使用，以满足经济建设和各项事业的需要。主要包括：一般公共服务、外交、国防、公共安全、教育、科学技术、文化体育与传媒、社会保障和就业、医疗卫生与计划生育、节能环保、城乡社区、农林水、交通运输、资源勘探信息等、商业服务业等、金融、援助其他地区、国土海洋气象等、住房保障、粮油物资储备、政府债务付息等方面的支出。财政支出根据政府在经济和社会活动中的不同职权，划分为中央财政支出和地方财政支出。

五、人民生活

5-1-1 民族自治地方分地区城镇居民生活水平情况(2020年)(一)

单位：元

地　　区	城镇居民人均可支配收入	城镇居民人均消费支出	#食品烟酒	#衣　着	#居　住
合　　计	**35986.96**	**21551.63**	**6685.33**	**1469.53**	**4439.07**
河　　北	34998.72	21105.71	5753.70	2161.44	4138.84
内 蒙 古	41353.10	23887.69	6690.64	2123.50	5149.27
辽　　宁	25658.38	18061.51	5452.22	1568.01	3014.80
吉　　林	28660.52	16551.20	4566.08	1909.85	3376.38
黑 龙 江	25568.00	14062.00	3916.00	1002.00	2501.00
浙　　江	41735.00	26818.00	8529.00	2316.00	6630.00
湖　　北	30850.06	21766.41	7845.88	1837.85	4345.09
湖　　南	27530.68	18748.54	5539.15	1438.43	3748.37
广　　东	28186.23	16961.28	7671.71	696.60	2798.71
广　　西	35859.32	20906.52	7091.89	874.06	4645.11
海　　南	33746.98	19678.20	9750.31	795.81	3427.75
重　　庆	34381.00	20039.00	6926.00	2330.00	3812.00
四　　川	35185.53	21503.69	7944.48	1728.39	3886.76
贵　　州	34327.10	15354.08	4384.39	1158.10	2873.95
云　　南	36518.43	24172.80	6864.39	1440.71	4630.55
西　　藏	41156.00	24927.40	8637.70	2303.10	5855.30
甘　　肃	25138.57	18007.00	5668.29	1830.02	3496.71
青　　海	35098.88	18714.86	5395.54	1706.35	3066.27
宁　　夏	35720.00	22379.00	6068.29	1776.27	4319.23
新　　疆	34838.00	22951.77	7194.27	1616.82	4483.14

5-1-2 民族自治地方分地区城镇居民生活水平情况(2020年)(二)

单位：元

地　区	#生活用品及服务	#医疗保健	#交通通信	#教育文化娱乐
合　计	**1347.89**	**1995.29**	**3080.80**	**2059.53**
河　北	1552.40	1815.12	3003.18	2201.54
内蒙古	1472.86	2039.77	3724.39	2099.52
辽　宁	960.60	2084.32	2186.07	2219.08
吉　林	1205.13	1136.57	1864.60	1606.37
黑龙江	613.00	3229.00	1496.00	1305.00
浙　江	1285.00	3342.00	2439.00	1615.00
湖　北	1372.11	1384.26	2322.06	2151.13
湖　南	1126.40	1745.79	2107.19	2701.20
广　东	823.20	988.48	1837.48	1161.18
广　西	1232.94	1903.41	2601.79	2181.09
海　南	987.93	1209.74	2177.68	1763.70
重　庆	1371.00	1332.00	1854.00	2031.00
四　川	1462.43	1481.20	2595.19	1972.94
贵　州	1062.21	1091.25	2536.64	1639.89
云　南	1444.81	3032.66	4079.00	2587.93
西　藏	1827.70	1098.90	3621.10	1015.10
甘　肃	1423.91	1430.33	1959.09	1682.19
青　海	1384.90	2022.04	2986.10	1706.46
宁　夏	1383.50	2267.25	3680.30	2250.27
新　疆	1500.80	2349.12	3413.53	1778.18

5-2-1 民族自治地方分地区农村居民生活水平情况(2020年)(一)

单位：元

地 区	农村居民人均可支配收入	农村居民人均消费支出	#食品烟酒	#衣 着	#居 住
合 计	**13805.55**	**11039.61**	**3662.19**	**551.78**	**2235.24**
河 北	12577.09	10217.33	3139.04	724.50	1641.31
内蒙古	16566.87	13593.73	4164.27	727.11	2632.58
辽 宁	17089.64	11065.01	2839.28	497.66	1902.04
吉 林	14286.17	10741.53	3010.33	722.23	1831.93
黑龙江	16687.00	11254.00	2902.00	714.00	1625.00
浙 江	21625.00	15364.00	6398.00	781.00	3471.00
湖 北	11889.43	10145.51	4057.32	620.89	2064.58
湖 南	11149.51	9723.95	3144.75	451.10	2273.90
广 东	16102.44	12854.76	5428.19	432.32	2950.77
广 西	14851.00	12431.12	4296.92	354.17	2659.16
海 南	15008.00	12314.35	5346.57	356.57	2105.81
重 庆	13115.00	10786.00	4214.00	673.00	2041.00
四 川	15026.12	11216.52	4588.18	774.57	1809.61
贵 州	11536.58	8134.20	2281.52	456.54	1777.45
云 南	13177.28	11322.37	3625.16	522.01	2316.92
西 藏	14598.00	8917.10	3369.00	708.00	1908.60
甘 肃	8597.12	7841.97	2671.56	592.46	1791.27
青 海	11247.45	9212.80	3000.28	762.46	1566.23
宁 夏	13889.00	11724.32	3331.06	655.95	2197.52
新 疆	14056.00	10778.19	3473.30	713.33	2255.36

5−2−2 民族自治地方分地区农村居民生活水平情况(2020年)(二)

单位：元

地区	#生活用品及服务	#医疗保健	#交通通信	#教育文化娱乐
合计	**612.29**	**1028.02**	**1559.36**	**1186.60**
河北	622.12	1603.84	1381.30	917.38
内蒙古	583.45	1666.95	2152.10	1436.48
辽宁	408.58	1314.01	1710.44	1066.03
吉林	468.33	1632.97	1605.54	1016.71
黑龙江	582.00	1621.00	1848.00	1962.00
浙江	701.00	888.00	1675.00	1234.00
湖北	702.03	800.79	880.11	854.89
湖南	546.41	824.23	1013.48	1338.95
广东	847.71	1296.31	1416.50	734.00
广西	666.96	1227.77	1681.83	1408.19
海南	710.72	953.57	1259.79	1119.85
重庆	774.00	750.00	1129.00	1069.00
四川	710.90	733.50	1320.71	936.55
贵州	524.84	609.06	1274.82	1033.89
云南	618.42	952.99	1918.49	1308.36
西藏	474.60	402.50	1386.20	380.10
甘肃	601.35	767.85	815.24	478.54
青海	491.55	715.46	1482.17	849.49
宁夏	626.42	1478.03	2022.35	1179.65
新疆	612.65	955.03	1344.21	1230.38

5-3 民族自治地方分地区城乡居民储蓄存款年末余额(2020年)

单位：亿元

地　　区	城乡居民储蓄存款年末余额
合　　计	**72579.68**
河　　北	1059.75
内 蒙 古	15302.78
辽　　宁	1476.95
吉　　林	1910.58
黑 龙 江	
浙　　江	67.14
湖　　北	1405.57
湖　　南	1518.18
广　　东	136.31
广　　西	18936.20
海　　南	431.76
重　　庆	795.82
四　　川	1989.87
贵　　州	3765.89
云　　南	6659.12
西　　藏	1080.80
甘　　肃	932.71
青　　海	823.72
宁　　夏	3943.84
新　　疆	10342.69

主要统计指标解释

居民可支配收入 指居民可用于最终消费支出和储蓄的总和，即居民可用于自由支配的收入。既包括现金收入，也包括实物收入。按照收入的来源，可支配收入包含四项，分别为：工资性收入、经营净收入、财产净收入和转移净收入。

工资性收入 指就业人员通过各种途径得到的全部劳动报酬和各种福利，包括受雇于单位或个人、从事各种自由职业、兼职和零星劳动得到的全部劳动报酬和福利。

经营净收入 指住户或住户成员从事生产经营活动所获得的净收入，是全部经营收入中扣除经营费用、生产性固定资产折旧和生产税之后得到的净收入。计算公式为：

经营净收入=经营收入−经营费用−生产性固定资产折旧−生产税

财产净收入 指住户或住户成员将其所拥有的金融资产、住房等非金融资产和自然资源交由其他机构单位、住户或个人支配而获得的回报并扣除相关的费用之后得到的净收入。财产净收入包括利息净收入、红利收入、储蓄性保险净收益、转让承包土地经营权租金净收入、出租房屋净收入、出租其他资产净收入和自有住房折算净租金等。财产净收入不包括转让资产所有权的溢价所得。

转移净收入 计算公式为：转移净收入=转移性收入−转移性支出

转移性收入 指国家、单位、社会团体对住户的各种经常性转移支付和住户之间的经常性收入转移。包括养老金或退休金、社会救济和补助、政策性生产补贴、政策性生活补贴、救灾款、经常性捐赠和赔偿、报销医疗费、住户之间的赡养收入，本住户非常住成员寄回带回的收入等。转移性收入不包括住户之间的实物馈赠。

转移性支出 指调查户对国家、单位、住户或个人的经常性或义务性转移支付。包括缴纳的税款、各项社会保障支出、赡养支出、经常性捐赠和赔偿支出以及其他经常转移支出等。

居民消费支出 指居民用于满足家庭日常生活消费需要的全部支出，既包括现金消费支出，也包括实物消费支出。消费支出可划分为食品烟酒、衣着、居住、生活用品及服务、交通通信、教育文化娱乐、医疗保健以及其他用品及服务八大类。

食品烟酒 指用于各种食品和烟草、酒类的支出。

衣着 指与居民穿着有关的支出，包括服装、服装材料、鞋类、其他衣类及配件、衣着相关加工服务的支出。

居住 指与居住有关的支出，包括房租、水、电、燃料、物业管理等方面的支出，也包括自有住房折算租金。

生活用品及服务 指家庭及个人的各类生活品及家庭服务。包括家具及室内装饰品、家用器具、家用纺织品、家庭日用杂品、个人用品和家庭服务。

交通通信 指用于交通和通信工具及相关的各种服务费、维修费和车辆保险等支出。

教育文化娱乐 指用于教育、文化和娱乐方面的支出。

医疗保健 指用于医疗和保健的药品、用品和服务的总费用。包括医疗器具及药品，以及医疗服务。

其他用品及服务 指无法直接归入上述各类支出的其他用品与服务支出。

居民储蓄存款余额 指城乡居民在某一时点上在银行和其他金融机构的本（人民币）、外币储蓄存款总额。不包括居民的手存现金和工矿企业、部队、机关、团体等单位存款。

六、城市概况

6-1 民族自治地方分地区城市情况(2020年)

地　　区	城市数(个)	#地级市	#县级市
合　　计	**121**	**38**	**83**
河　　北			
内 蒙 古	20	9	11
辽　　宁			
吉　　林	6		6
黑 龙 江			
浙　　江			
湖　　北	2		2
湖　　南	1		1
广　　东			
广　　西	23	14	9
海　　南			
重　　庆			
四　　川	3		3
贵　　州	5		5
云　　南	12		12
西　　藏	6	6	
甘　　肃	2		2
青　　海	4		4
宁　　夏	7	5	2
新　　疆	30	4	26

6-2 民族自治地方分地区城市市区情况(2020年)

地　　区	市区面积（平方公里）	市区人口（万人）	市区暂住人口（万人）
合　　计	**845887**	**6371**	**1193**
河　　北			
内 蒙 古	148743	937	277
辽　　宁			
吉　　林	27270	166	22
黑 龙 江			
浙　　江			
湖　　北	8573	176	9
湖　　南	1093	36	4
广　　东			
广　　西	75177	2519	311
海　　南			
重　　庆			
四　　川	21008	91	23
贵　　州	10230	294	38
云　　南	44939	487	96
西　　藏	48869	92	43
甘　　肃	2774	37	8
青　　海	193424	49	6
宁　　夏	21123	432	58
新　　疆	242663	1054	298

6-3 民族自治地方分地区城市城区面积和人口情况(2020年)

地　区	城区面积（平方公里）	城区人口（万人）	城区暂住人口（万人）
合　计	**17827**	**3201**	**1024**
河　北			
内蒙古	4984	687	235
辽　宁			
吉　林	504	106	18
黑龙江			
浙　江			
湖　北	253	46	6
湖　南	48	32	4
广　东			
广　西	5877	985	285
海　南			
重　庆			
四　川	776	58	12
贵　州	668	111	34
云　南	657	205	70
西　藏	632	58	43
甘　肃	54	23	6
青　海	171	31	14
宁　夏	911	244	49
新　疆	2291	616	248

6–4 民族自治地方分地区城市用地情况(2020年)

地　　区	建成区面积 (平方公里)	城市建设用地 (平方公里)
合　　计	**6029**	**5701**
河　　北		
内 蒙 古	1262	1153
辽　　宁		
吉　　林	161	142
黑 龙 江		
浙　　江		
湖　　北	61	61
湖　　南	38	31
广　　东		
广　　西	1618	1572
海　　南		
重　　庆		
四　　川	60	56
贵　　州	242	217
云　　南	360	367
西　　藏	168	158
甘　　肃	38	34
青　　海	88	87
宁　　夏	482	443
新　　疆	1453	1381

6–5 民族自治地方分地区城市供水、液化气供气情况(2020年)

地　　区	城市供水综合生产能力(万立方米/日)	供水管道长度(公里)	城市液化石油气储气能力(吨)	液化石油气供气总量(吨)
合　　计	**2536**	**70870**	**180405**	**545194**
河　　北				
内 蒙 古	402	12733	7695	57053
辽　　宁				
吉　　林	51	1596	2375	16983
黑 龙 江				
浙　　江				
湖　　北	26	1715	500	2000
湖　　南	13	685	100	2832
广　　东				
广　　西	708	23871	144754	317494
海　　南				
重　　庆				
四　　川	27	833	3041	13294
贵　　州	75	3653	7437	21493
云　　南	125	6032	3925	26086
西　　藏	68	1771	888	8596
甘　　肃	12	377	177	2008
青　　海	79	1385	2158	4617
宁　　夏	197	2834	3740	14776
新　　疆	754	13386	3615	57962

6–6 民族自治地方分地区城市道路情况(2020年)

地　区	城市道路长度(公里)	城市道路面积(万平方米)
合　计	**49832**	**99752**
河　北		
内蒙古	10506	22074
辽　宁		
吉　林	965	1621
黑龙江		
浙　江		
湖　北	361	555
湖　南	495	1045
广　东		
广　西	14919	30186
海　南		
重　庆		
四　川	438	736
贵　州	1877	3968
云　南	2778	5170
西　藏	988	2077
甘　肃	243	560
青　海	631	1441
宁　夏	2894	7827
新　疆	12738	22492

6-7 民族自治地方分地区城市绿化面积(2020年)

地 区	绿化覆盖面积（公顷）	建成区	绿地面积（公顷）	建成区
合 计	**383545**	**246480**	**300522**	**223051**
河 北				
内蒙古	72877	51058	68541	47190
辽 宁				
吉 林	7319	6211	6016	5657
黑龙江				
浙 江				
湖 北	3839	2655	2956	2363
湖 南	1801	1577	1662	1373
广 东				
广 西	122926	66813	74719	58134
海 南				
重 庆				
四 川	2462	2227	2175	2115
贵 州	26325	9873	10604	9318
云 南	18632	14125	16100	12670
西 藏	6656	6410	6290	6050
甘 肃	1471	1321	1235	1162
青 海	2909	2717	2644	2452
宁 夏	27886	20250	26301	19152
新 疆	88442	61243	81280	55414

6-8 民族自治地方分地区城市公园情况(2020年)

地　　区	公园绿地面积（公顷）	公园个数（个）	公园面积（公顷）
合　　计	**63849**	**1699**	**50152**
河　　北			
内 蒙 古	17704	340	14325
辽　　宁			
吉　　林	1640	36	916
黑 龙 江			
浙　　江			
湖　　北	822	36	440
湖　　南	343	5	98
广　　东			
广　　西	16332	346	15222
海　　南			
重　　庆			
四　　川	732	43	930
贵　　州	2061	78	1677
云　　南	3299	186	2993
西　　藏	1204	155	907
甘　　肃	483	7	215
青　　海	575	12	437
宁　　夏	6194	106	3604
新　　疆	12460	349	8388

6-9 民族自治地方分地区城市环境卫生情况(2020年)

地　区	生活垃圾处理量 (万吨)	垃圾无害化 处理厂数 (座)	公厕数 (座)
合　计	**1796**	**163**	**16269**
河　北			
内蒙古	387	29	7237
辽　宁			
吉　林	49	5	307
黑龙江			
浙　江			
湖　北	27	3	167
湖　南	11	1	102
广　东			
广　西	520	33	1934
海　南			
重　庆			
四　川	30	5	266
贵　州	56	7	338
云　南	124	13	1624
西　藏	62	11	778
甘　肃	24	2	100
青　海	18	5	155
宁　夏	125	13	886
新　疆	361	36	2375

6-10 民族自治地方分地区城市市政公用设施水平情况(2020年)(一)

地　区	人口密度 (人/平方公里)	人均日生活 用水量 (升)	用水普及率 (%)	燃气普及率 (%)
合　计	**3555**	**181**	**98.66**	**94.50**
河　北				
内蒙古	3928	99	99.21	97.21
辽　宁				
吉　林	3958	104	96.25	88.99
黑龙江				
浙　江				
湖　北	2044	172	97.17	95.89
湖　南	7396	177	95.21	78.48
广　东				
广　西	2922	280	99.73	99.51
海　南				
重　庆				
四　川	3209	180	85.58	71.80
贵　州	3538	145	99.93	91.64
云　南	5142	153	98.76	70.24
西　藏	2618	289	98.73	63.21
甘　肃	5533	215	98.85	88.10
青　海	4185	286	94.42	87.84
宁　夏	3423	163	99.27	97.83
新　疆	4133	159	99.57	98.03

6-10 民族自治地方分地区城市市政公用设施水平情况(2020年)(二)

地　　区	建成区供水管道密度(公里/平方公里)	人均道路面积(平方米)	建成区排水管道密度(公里/平方公里)	人均公园绿地面积(平方米)
合　　计	**11.35**	**24.12**	**8.84**	**14.31**
河　　北				
内 蒙 古	10.47	25.70	9.77	20.04
辽　　宁				
吉　　林	10.16	13.18	9.60	13.00
黑 龙 江				
浙　　江				
湖　　北	21.94	9.62	5.97	14.50
湖　　南	18.01	29.44	6.74	9.65
广　　东				
广　　西	15.21	23.00	11.68	12.29
海　　南				
重　　庆				
四　　川	14.12	10.46	7.47	10.43
贵　　州	11.72	26.05	8.65	13.31
云　　南	13.31	20.78	10.09	10.86
西　　藏	11.26	20.86	3.80	11.32
甘　　肃	10.90	18.44	11.17	16.64
青　　海	16.58	38.16	19.64	12.57
宁　　夏	5.42	24.24	4.73	20.08
新　　疆	7.63	26.40	5.85	14.20

6-10 民族自治地方分地区城市市政公用设施水平情况(2020年)(三)

地区	建成区绿化覆盖率(%)	建成区绿地率(%)	生活垃圾处理率(%)	生活垃圾无害化处理率(%)
合　　计	**40.51**	**36.08**	**99.86**	**99.72**
河　　北				
内 蒙 古	40.44	37.35	99.92	99.92
辽　　宁				
吉　　林	38.76	35.16	100.00	100.00
黑 龙 江				
浙　　江				
湖　　北	43.76	38.93	100.00	100.00
湖　　南	41.49	36.13	100.00	100.00
广　　东				
广　　西	41.33	35.94	100.00	100.00
海　　南				
重　　庆				
四　　川	37.19	35.32	99.77	99.77
贵　　州	40.87	38.57	96.06	96.06
云　　南	39.30	35.25	100.00	100.00
西　　藏	37.93	35.79	99.63	99.63
甘　　肃	34.91	30.75	100.00	100.00
青　　海	31.01	27.99	98.07	98.07
宁　　夏	41.89	39.75	99.96	99.96
新　　疆	40.85	36.88	99.22	99.14

主要统计指标解释

供水管道长度 指从送水泵至用户水表之间所有管道的长度。不包括新安装尚未使用、水厂内以及用户建筑物内的管道。

供水总量 指报告期供水企业（单位）供出的全部水量。包括有效供水量和漏损水量。

用水普及率 指报告期末城区内用水人口与总人口的比率。计算公式为：

$$用水普及率=\frac{城区用水人口（含暂住人口）}{城区人口+城区暂住人口}\times100\%$$

供气管道长度 指报告期末人工燃气生产厂制气、净化、输送等环节的综合生产能力，不包括备用设备能力。一般按设计能力计算，当实际生产能力大于设计能力时，应按实际测定的生产能力计算。测定时应以制气、净化、输送三个环节中最薄弱的环节为主。

供气总量 指报告期燃气企业（单位）向用户供应的燃气数量。包括销售量和损失量。

燃气普及率 指报告期末城区内使用燃气的人口与总人口的比率。

$$燃气普及率=\frac{城区用气人口（含暂住人口）}{城区人口+城区暂住人口}\times100\%$$

城市道路 指城市供车辆、行人通行的，具备一定技术条件的道路、桥梁、隧道及其附属设施。城市道路由车行道和人行道等组成。在统计时只统计路面宽度在 3.5 米（含 3.5 米）以上的各种铺装道路，包括开放型工业区和住宅区道路在内。

道路长度 指道路长度和与道路相通的桥梁、隧道的长度，按车行道中心线计算。

道路面积 道路实际铺装面积和与道路相通的广场、桥梁、隧道的铺装面积（统计时，将车行道面积、人行道面积分别统计）。

人行道面积按道路两侧面积相加计算，包括步行街和广场，不含人车混行的道路。

建成区面积 城市行政区内实际已成片开发建设、市政公用设施和公共设施基本具备的区域。对核心城市，它包括集中连片的部分以及分散的若干个已经成片建设起来，市政公用设施和公共设施基本具备的地区组成。因此建成区范围，一般是指建成区外轮廓线所能包括的地区，也就是这个城市实际建设用地所达到的范围。

绿地面积 指报告期末建成区内用作园林和绿化的各种绿地面积。包括公园绿地、生产绿地、防护绿地、附属绿地的面积。

其中：**公园绿地** 指向公众开放的、以游憩为主要功能，有一定游憩设施的绿地。

人口密度 指建成区范围内的人口疏密程度。

计算公式：

$$建成区人口密度（人/平方公里）=\frac{建成区常住人口（人）}{建成区面积（公顷）}\times100$$

人均日生活用水量 指用水人口平均每天的生活用水量。计算公式：

$$建成区人均日生活用水量（升/人）=\frac{建成区年生活用水量（万立方米）}{建成区用水人口（人）}\div365\times10^7$$

人均公园绿地面积 指报告期末建成区范围内平均每人拥有的公园绿地面积。

计算公式：

$$建成区人均公园绿地面积（平方米/人）=\frac{建成区公园绿地面积（公顷）}{建成区常住人口（人）}\times10^4$$

建成区绿化覆盖率 指报告期末建成区范围内绿化覆盖面积与建成区面积的比率。

计算公式：

$$建成区绿化覆盖率(\%)=\frac{建成区绿化覆盖面积（公顷）}{建成区面积（公顷）}\times100\%$$

建成区绿化率 指报告期末镇（乡）建成区范围内绿地面积与建成区面积的比率。

计算公式：

$$建成区绿地率(\%)=\frac{建成区绿地面积（公顷）}{建成区面积（公顷）}\times100\%$$

生活垃圾处理率 指报告期建成区范围内生活垃圾处理量与生活垃圾产生量的比率。

计算公式：

$$建成区生活垃圾处理率(\%)=\frac{建成区生活垃圾处理量（吨）}{建成区生活垃圾产生量（吨）}\times100\%$$

生活垃圾无害化处理率 指报告期建成区范围内生活垃圾无害化处理量与生活垃圾产生量的比率。

计算公式：

$$建成区生活垃圾无害化处理率(\%)=\frac{建成区生活垃圾无害化处理量（吨）}{建成区生活垃圾产生量（吨）}\times100\%$$

由于生活垃圾产生量不易取得，用清运量代替。

七、农　业

7-1 民族自治地方分地区农村基层组织情况(2020年)

地　区	乡镇个数(个)	村民委员会(个)	乡村人口(万人)	乡个数(个)	镇个数(个)
合　计	**7406**	**79372**	**9938**	**3339**	**4067**
河　北	117	1453	153	64	53
内蒙古	778	11113	782	270	508
辽　宁	149	1513	238	29	120
吉　林	111	1544	142	32	79
黑龙江	11	79	17	6	5
浙　江	19	136	13	15	4
湖　北	102	2548	288	35	67
湖　南	202	2818	304	70	132
广　东	23	220	37		23
广　西	1118	14220	2296	312	806
海　南	60	588	122	16	44
重　庆	126	913	192	55	71
四　川	912	6574	611	547	365
贵　州	527	6683	1158	109	418
云　南	782	6989	1503	367	415
西　藏	676	5263	234	534	142
甘　肃	268	2350	215	116	152
青　海	310	3091	258	194	116
宁　夏	193	2233	252	90	103
新　疆	922	9044	1124	478	444

注：本表所指的乡包括民族乡。

7-2 民族自治地方分地区农、林、牧、渔业总产值及指数(2020年)(一)

地区	绝对数(亿元)				
	农林牧渔业总产值	#农业	#林业	#牧业	#渔业
合　计	**24259.70**	**13336.02**	**1366.48**	**7858.39**	**756.58**
河　北	293.72	140.80	30.66	111.59	0.67
内蒙古	3472.36	1699.01	89.78	1603.36	27.79
辽　宁	449.81	165.02	49.05	209.58	16.11
吉　林	369.31	167.20	11.22	176.01	9.29
黑龙江	98.79	32.50	0.55	55.65	9.14
浙　江	11.13	6.89	1.62	2.26	0.20
湖　北	492.61	268.60	27.67	159.12	4.83
湖　南	438.11	219.77	31.74	171.39	6.29
广　东	47.41	25.80	7.78	12.14	0.88
广　西	5913.30	3268.80	437.40	1423.80	508.30
海　南	369.86	228.97	36.69	49.07	43.56
重　庆	232.27	130.79	14.90	80.18	3.14
四　川	1013.05	481.77	62.26	454.88	5.42
贵　州	1879.59	1133.59	151.45	473.64	31.34
云　南	3303.32	1688.29	318.78	1137.94	65.95
西　藏	233.53	103.99	3.68	119.69	0.15
甘　肃	218.84	97.70	5.28	93.27	0.32
青　海	404.00	142.31	9.05	240.15	4.19
宁　夏	703.11	397.91	10.92	246.59	19.00
新　疆	4315.61	2936.33	66.00	1038.08	

7-2 民族自治地方分地区农、林、牧、渔业总产值及指数(2020年)(二)

地　区	指数(上年=100)				
	农林牧渔业总产值	#农业	#林业	#牧业	#渔业
合　计	**104.6**	**105.4**	**105.7**	**104.0**	**100.3**
河　北	104.3	105.0	128.9	102.0	77.8
内蒙古	101.8	100.3	93.8	104.2	99.5
辽　宁	100.9	102.8	98.8	107.4	74.2
吉　林	104.0	103.2	103.5	105.2	104.5
黑龙江	104.4	109.2	101.4	101.5	107.2
浙　江	102.8	102.3	103.3	103.8	103.3
湖　北	102.8	105.2	92.7	102.3	118.4
湖　南	104.3	107.5	106.5	99.2	96.3
广　东	100.8	105.4	87.1	99.1	102.9
广　西	105.0	106.5	107.7	102.1	101.1
海　南	101.0	104.5	105.4	83.4	96.3
重　庆	105.3	106.4	110.3	103.1	99.1
四　川	104.9	104.8	105.5	105.9	98.9
贵　州	107.0	109.0	105.6	103.3	111.1
云　南	106.7	106.3	108.9	108.7	99.3
西　藏	108.2	108.0	102.5	108.8	39.5
甘　肃	109.6	112.9	85.1	110.1	55.9
青　海	104.4	105.3	103.5	105.5	102.6
宁　夏	103.6	102.2	87.4	107.3	101.4
新　疆	104.7	105.8	108.3	100.9	104.8

注：本表绝对数按当年价格计算，指数按可比价格计算。

7–3 民族自治地方分地区农、林、牧、渔业总产值构成(2020年)

(以农、林、牧、渔业和农林牧渔服务业总产值为100)

地　区	农　业	林　业	牧　业	渔　业
合　计	**54.97**	**5.63**	**32.39**	**3.12**
河　北	47.94	10.44	37.99	0.23
内蒙古	48.93	2.59	46.17	0.80
辽　宁	36.69	10.90	46.59	3.58
吉　林	45.27	3.04	47.66	2.52
黑龙江	32.90	0.55	56.33	9.26
浙　江	61.86	14.52	20.28	1.80
湖　北	54.53	5.62	32.30	0.98
湖　南	50.16	7.24	39.12	1.44
广　东	54.42	16.42	25.60	1.86
广　西	55.28	7.40	24.08	8.60
海　南	61.91	9.92	13.27	11.78
重　庆	56.31	6.42	34.52	1.35
四　川	47.56	6.15	44.90	0.53
贵　州	60.31	8.06	25.20	1.67
云　南	51.11	9.65	34.45	2.00
西　藏	44.53	1.58	51.25	0.06
甘　肃	44.64	2.41	42.62	0.15
青　海	35.23	2.24	59.44	1.04
宁　夏	56.59	1.55	35.07	2.70
新　疆	68.04	1.53	24.05	

注：本表按当年价格计算。

7-4 民族自治地方分地区农作物播种面积(2020年)

单位：千公顷

地　区	农作物总播种面积	#粮　食	#油　料	#棉　花
合　计	**34408.44**	**20363.46**	**2406.98**	**2509.56**
河　北	252.99	207.59	9.29	0.01
内蒙古	8882.80	6833.17	909.48	0.06
辽　宁	588.38	488.62	53.43	
吉　林	842.61	822.00	66.20	
黑龙江	152.94	141.52	4.80	
浙　江	12.72	6.40	0.05	
湖　北	543.97	427.86	69.75	
湖　南	713.95	365.78	115.79	6.04
广　东	54.30	22.71	6.08	
广　西	6107.32	2806.09	262.20	1.12
海　南	122.84	49.38	4.09	
重　庆	452.69	256.75	58.12	
四　川	980.57	926.40	37.35	
贵　州	2167.72	1110.44	282.52	0.40
云　南	3996.29	2350.52	148.83	
西　藏	272.08	182.31	20.17	
甘　肃	329.52	221.86	30.53	
青　海	480.52	234.69	118.07	
宁　夏	1174.23	679.18	33.00	
新　疆	6280.01	2230.19	177.21	2501.92

7-5 民族自治地方分地区主要农产品产量(2020年)

单位：万吨

地　区	粮　食	油　料	棉　花	糖　料	烟　叶	茶　叶	水　果
合　计	**10636.82**	**550.23**	**516.28**	**9907.63**	**79.22**	**66.53**	**6580.67**
河　北	101.55	2.17		0.21		0.84	51.30
内蒙古	3664.10	217.25		620.71	0.47		238.69
辽　宁	276.12	12.77		1.50	0.58		27.83
吉　林	467.73	16.16		1.38	0.26		21.14
黑龙江	84.73	1.94					1.80
浙　江	3.46	0.04				0.22	0.97
湖　北	164.21	13.65			4.06	15.34	54.07
湖　南	189.23	16.13	0.03	2.06	2.70	1.18	209.14
广　东	11.54	2.26		0.37	0.15	0.20	7.38
广　西	1370.02	73.88	0.11	7412.47	1.89	8.84	2785.74
海　南	25.41	1.33		28.79		0.07	94.90
重　庆	120.22	11.04		0.05	2.25	1.14	23.62
四　川	309.05	7.11		4.97	11.97	1.28	235.47
贵　州	644.75	47.82	0.04	57.70	10.43	9.70	239.44
云　南	1048.05	26.37		1314.98	44.36	27.73	710.32
西　藏	0.01	5.08					2.16
甘　肃	103.99	9.19		0.20			10.93
青　海	88.75	24.55					0.91
宁　夏	380.49	6.65			0.08		204.45
新　疆	1583.40	54.85	516.10	462.23			1660.39

7–6 民族自治地方分地区牲畜饲养情况（2020年）

单位：万头

地　区	牲畜年末存栏数		
	大牲畜	猪	羊
合　计	**5212.99**	**6123.29**	**15892.81**
河　北	41.86	46.65	87.27
内蒙古	825.40	534.10	6074.20
辽　宁	55.88	138.76	259.27
吉　林	48.10	106.19	71.93
黑龙江	13.34	10.11	29.70
浙　江	0.28	2.14	0.28
湖　北	18.07	271.71	94.74
湖　南	64.15	237.14	76.92
广　东	1.03	12.71	3.81
广　西	363.29	1828.34	239.19
海　南	37.51	42.65	19.55
重　庆	33.92	113.95	55.01
四　川	660.24	386.86	689.24
贵　州	151.60	652.14	203.51
云　南	461.50	1125.63	519.52
西　藏	656.00	50.15	951.38
甘　肃	205.48	51.28	531.76
青　海	721.93	47.02	1218.14
宁　夏	180.40	90.02	596.11
新　疆	672.99	375.73	4171.28

7-7 民族自治地方分地区畜产品和水产品产量(2020年)(一)

单位：万吨

地 区	肉类总产量	#猪 肉	#牛 肉	#羊 肉	奶类产量
合 计	**1485.20**	**577.07**	**244.94**	**236.59**	**1264.44**
河 北	21.88	6.36	7.08	1.81	9.73
内蒙古	267.95	61.35	66.25	112.97	617.87
辽 宁	79.53	31.28	8.40	9.09	5.34
吉 林	25.29	13.69	6.43	0.91	1.83
黑龙江	3.78	1.60	1.51	0.67	28.16
浙 江	0.32	0.26	0.02		
湖 北	32.36	26.04	1.43	1.22	
湖 南	19.75	13.45	1.77	0.78	5.00
广 东	2.43	1.49	0.03	0.05	
广 西	380.36	174.10	13.60	3.60	11.20
海 南	6.36	3.62	0.47	0.32	
重 庆	17.61	11.61	2.38	1.13	
四 川	68.49	35.58	19.49	9.13	30.73
贵 州	83.17	61.63	11.86	2.65	0.04
云 南	194.55	91.42	14.95	7.60	44.34
西 藏	27.79	0.89	21.17	5.73	49.17
甘 肃	20.14	3.26	8.22	7.26	17.90
青 海	28.93	1.82	15.37	11.33	20.89
宁 夏	33.77				215.35
新 疆	170.74	37.62	44.52	60.32	206.90

7-7 民族自治地方分地区畜产品和水产品产量(2020年)(二)

单位：万吨

地　区	羊　毛	羊　绒	水产品
合　计	**24.27**	**0.97**	**579.08**
河　北	0.15	0.01	0.40
内蒙古	12.27	0.67	11.76
辽　宁	0.27	0.02	35.07
吉　林	0.04		3.50
黑龙江	0.11		5.10
浙　江			0.18
湖　北			0.96
湖　南			
广　东			0.73
广　西			345.80
海　南			20.44
重　庆			0.91
四　川	0.49		0.16
贵　州			67.06
云　南	0.02		52.84
西　藏	0.82	0.08	0.09
甘　肃	0.25	0.01	0.01
青　海	1.26	0.02	1.60
宁　夏	0.93	0.04	16.16
新　疆	7.65	0.10	16.30

7-8 民族自治地方分地区农业机械总动力、有效灌溉面积、农村用电量和化肥施用量(2020年)

地　区	农业机械总动力 (万千瓦)	有效灌溉面积 (千公顷)	农村用电量 (亿千瓦小时)	农用化肥施用量 (万吨)
合　计	**17587.36**	**13895.97**	**583.81**	**1676.29**
河　北	182.39	95.11	24.09	7.69
内蒙古	4056.60	3199.12	93.21	207.69
辽　宁	358.00	136.44	30.83	32.64
吉　林	485.64	744.91	15.33	530.27
黑龙江	82.00	114.73	0.97	5.25
浙　江	8.95	3.85	0.28	0.41
湖　北	276.46	97.29	7.96	27.16
湖　南	252.95	293.91	3.69	41.41
广　东	12.30	12.46	1.30	1.17
广　西	3901.40	1731.03	141.30	247.85
海　南	169.80	35.73	3.30	11.18
重　庆	108.50	63.84	7.18	11.63
四　川	569.45	70.12	5.59	15.11
贵　州	936.66	532.46	45.36	69.07
云　南	1568.82	909.03	51.40	158.52
西　藏	576.80	282.82		4.40
甘　肃	169.70	83.91	6.13	9.96
青　海	297.41	43.34	4.02	8.60
宁　夏	644.10	552.53	16.85	38.06
新　疆	2929.44	4893.35	125.02	248.23

主要统计指标解释

农林牧渔业总产值 指以货币表现的农、林、牧、渔业全部产品和对农林牧渔业生产活动进行的各种支持性服务活动的价值总量，它反映一定时期内农林牧渔业生产总规模和总成果。1957 年以前的农林牧渔业总产值中包括了厩肥和农民自给性手工业(如农民自制衣服、鞋、袜，自己从事粮食初步加工等)。1958 年及以后，林业中增加了村及村以下竹木采伐产值；牧业中取消了厩肥产值；副业中取消了农民自给性手工业产值，增加了村及村以下办的工业产值； 渔业中增加了海洋捕捞水产品产值。1980 年及以后，在副业中增加了农民家庭兼营工业商品部分的产值。从 1984 年起村及村以下工业产值划归工业。从 1993 年起取消副业，将野生动物的捕猎划入牧业，野生植物采集和农民家庭兼营商品性工业划归农业。从 2003 年起，执行新的国民经济行业分类标准，农林牧渔业总产值中包括了农林牧渔服务业产值。林业中增加了森林采运业产值。农业中取消了家庭兼营商品性工业产值，将野生林产品的采集划归林业。第一次农业普查以后，由于畜牧业产品年报数据与普查数据之间存在一定的差距，根据农业普查结果，对畜牧业年报数据和畜牧业产值进行了修正。2010 年执行《统计用产品分类目录》，对 2009 年的农业、林业产值做了相应调整。

农林牧渔业总产值的计算方法通常是按农、林、牧、渔业产品及其副产品的产量分别乘以各自单位产品价格求得；少数生产周期较长，当年没有产品或产品产量不易统计的，则采用间接方法匡算其产值；然后将四业产品产值及农林牧渔服务业产值相加即为农林牧渔业总产值。

农业机械总动力 指全部农业机械动力的额定功率之和。农业机械是指用于种植业、畜牧业、渔业、农产品初加工、农用运输和农田基本建设等活动的机械及设备。农机总动力按使用能源不同分为以下四部分：

柴油发动机动力：指全部柴油发动机额定功率之和；

汽油发动机动力：指全部汽油发动机额定功率之和；

电动机动力：指全部电动机（含潜水电泵的电动机）额定功率之和；

其他机械动力：指采用柴油、汽油、电力之外的其他能源，如水力、风力、煤炭、太阳能等动力机械功率之和。

这个指标的统计数据主要来源于农机部门。

农村用电总量 指调查年度内农村范围内所有企业、事业、行政单位和住房从事生产经营活动、工作和日常生活用电总量。

农用化肥施用量 指本年内实际用于农业生产的化肥数量，包括氮肥、磷肥、钾肥和复合肥。化肥施用量要求按折纯量计算数量。折纯量是指把氮肥、磷肥、钾肥分别按含氮、含五氧化二磷、含氧化钾的百分之百成分进行折算后的数量。复合肥按其所含主要成分折算。公式为：

折纯量=实物量×某种化肥有效成分含量的百分比

耕地灌溉面积 指具有一定的水源，地块比较平整，灌溉工程或设备已经配套，在一般年景下能够进行正常灌溉的耕地面积。在一般情况下，耕地灌溉面积应等于灌溉工程或设备已经配套，能够进行正常灌溉的水田和水浇地面积之和。它是反映我国农田水利建设的重要指标。

农作物总播种面积 指农业生产经营者应在日历年度内收获农作物在全部土地（耕地或非耕地）上的播种或移植面积。凡是本年内收获的农作物，无论是本年还是上年播种，都算为播种面积，但不包括本年播种，下年收获的农作物面积。

农作物产量 指调查年度内全社会生产农产品的数量，不论耕地上与非耕地上的农作物产量，都应该统计在内。各种主要作物产量按国家的统一规定计算。谷物一律按脱粒后原粮计算（玉米按脱粒后的粒子计算）；薯类产量按五斤折一斤计算；豆类按去豆荚后干豆计算；棉花按去籽后的皮棉计算；麻类除亚麻以麻秆计算、苎麻以刮皮后的干麻计算、苘麻和线麻以熟麻皮计算外，其余一律以生麻计算；烤烟和晒烟均以干烟叶计算；花生以带壳的干花生计算；甘蔗以蔗秆计算；甜菜以根块计算。城市郊区按蔬菜计算的薯类和豆类产量按鲜品统计。

粮食产量 指农业生产经营者日历年度内生产的全部粮食数量。按收获季节包括夏收粮食、早稻和秋收粮食，按作物品种包括谷物、薯类和豆类。其产量计算方法：谷物按脱粒后的原粮计算，豆类按去豆荚后的干豆计算；薯类(包括甘薯和马铃薯，不包括芋头和木薯)1963 年以前按每 4 公斤鲜薯折 1 公斤粮食计算，从 1964 年开始改为按 5 公斤鲜薯折 1 公斤粮食计算，2014 年开始按鲜薯计算；城市郊区作为蔬菜的薯类(如马铃薯等)按鲜品计算，并且不作粮食统计。1989 年以前全国粮食产量数据主要靠全面报表取得，1989 年开始使用抽样调查数据。

棉花产量 指全社会的产量。包括春播棉和夏播棉。产量按皮棉计算。不包括木棉。

油料产量 指全部油料作物的生产量。包括花生、油菜籽、芝麻、向日葵籽、胡麻籽（亚麻籽）和其他油料。不包括大豆、木本油料和野生油料。花生以带壳干花生计算。

茶叶产量 指调查年度内生产的全部茶叶数量。包括从成片茶园和荒芜未垦土地上种植的以及零星种植的茶树上所采摘的全部产量，不论自食的或出售的，都应统计在内。茶叶产量按经过初步加工后的干毛茶计算。

水果产量 指调查年度内从果树上收获的全部水果数量。不论自食的或出售的，都应统计在内。但不包括果用瓜，如西瓜、甜瓜、白兰瓜、哈密瓜、脆瓜等以及主要作蔬菜用的藕、西红柿等；也不包括采集的野生水果。水果产量按鲜果计算，干枣、葡萄干、柿饼、橘饼等应统一折成鲜果计算。

期初(末)畜禽存栏头(只)数 指报告期初(末)农村各种合作经济组织和国营农场、农民个人、机关、团体、学校、工矿企业、部队等单位以及城镇居民饲养的大牲畜、猪、羊、家禽等畜禽的数量。数据上报方式及数据调整情况同猪、牛、羊肉产量。

猪、牛、羊肉产量 指当年出栏并已屠宰、除去头蹄下水后带骨肉(即胴体重)的重量。包括全社会范围内的产量。1996 年以前为全面统计并逐级上报数据。1996 年第一次农业普查以后，根据普查结果，对畜牧业主要年报数据进行了修正。1999 年以后，国家统计局在部分地区开展了猪、牛、羊、禽等主要畜禽品种的抽样调查，并用抽样数据作为国家定案数据使用。未开展抽样调查的地区和品种，仍使用各级统计部门逐级上报数据。2007 年，根据第二次农业普查结果，对 2000—2006 年畜牧业主要年报数据进行了修正。2008 年，建立了主要畜禽监测调查制度，猪、牛、羊、禽等主要畜禽数据均以抽样调查数为法定数据。

水产品产量 指渔业（捕捞和养殖）生产活动的最终有效成果，包括全部海水和淡水鱼类、甲壳类（虾、蟹）、贝类、头足类、藻类和其他类渔业产品的最终产量。水产品产量是通过各级水产部门逐级上报取得数据。1995 年及以前，贝类中牡蛎按鲜肉计算；蚶、蛤、蛏按 5 斤鲜品折 1 斤计算。1996 年以后则统一按鲜品计算。

八、工 业

8-1 民族自治地方分地区规模以上工业企业单位数(2020年)

单位：个

地 区	总 计	#国有企业	#私营企业	#外资及港、澳、台商投资企业
合 计	**22490**	**2778**	**9565**	**858**
河 北	286	11		17
内蒙古	2985	747	1287	124
辽 宁	318	23	21	15
吉 林	362	6	1	20
黑龙江	40	2		1
浙 江	30			1
湖 北	416	11	1	1
湖 南	638	19	1	9
广 东	72	1	1	7
广 西	7099	657	5204	418
海 南	48	6	8	2
重 庆	170	15	1	1
四 川	597	19	1	10
贵 州	1998	44	3	35
云 南	1908	43	34	65
西 藏	167	56	55	5
甘 肃	140	15		
青 海	342	10	4	9
宁 夏	1241	201	891	39
新 疆	3633	892	2052	79

8-2 民族自治地方分地区规模以上工业企业主要财务指标（2020年）

单位：亿元

地　区	资产合计	负债合计	所有者权益合计	利润总额
合　计	**116384.94**	**72154.32**	**45120.89**	**4348.51**
河　北	1172.72	768.60	404.11	62.08
内蒙古	34255.77	20311.15	13961.13	1314.98
辽　宁	626.92	358.88	268.05	35.93
吉　林	854.01	518.65	413.57	32.67
黑龙江	134.56	100.92	33.64	2.20
浙　江	22.07	11.35	10.72	1.09
湖　北	560.97	321.14	239.83	26.38
湖　南	1165.33	636.72	526.67	45.60
广　东	250.00	138.65	111.35	10.43
广　西	20709.93	13185.07	7473.94	990.49
海　南	21.52	508.44	364.13	42.14
重　庆	477.64	297.54	180.10	20.08
四　川	4596.49	3154.90	1442.21	153.82
贵　州	3800.23	2569.69	1227.29	124.77
云　南	6667.39	4029.17	2638.22	287.15
西　藏	2044.00	1064.31	979.69	19.17
甘　肃	302.93	193.43	109.49	6.69
青　海	3207.93	2290.20	917.73	306.45
宁　夏	10657.48	6625.31	4032.17	194.61
新　疆	24857.05	15070.20	9786.85	671.79

8—3 民族自治地方分地区主要工业产品产量(2020年)(一)

地　区	机制纸及纸板（万吨）	原　盐（万吨）	成品糖（万吨）	卷　烟（亿支）
合　计	**416.22**	**1048.96**	**1024.31**	**1526.00**
河　北				
内蒙古	7.37	103.86	81.51	305.10
辽　宁				
吉　林				0.04
黑龙江	0.50			
浙　江				
湖　北	0.20			
湖　南	8.52			
广　东				
广　西	313.38	3.85	677.03	706.71
海　南		3.95	3.01	
重　庆				
四　川	1.80			
贵　州	14.06		2.92	
云　南	30.97		198.63	259.80
西　藏				
甘　肃				
青　海		453.32		
宁　夏	23.30	90.89	0.28	80.00
新　疆	16.13	393.08	60.93	174.35

8–3 民族自治地方分地区主要工业产品产量(2020年)(二)

地　　区	焦　炭 (万吨)	天然气 (万立方米)	发电量 (亿千瓦小时)	生　铁 (万吨)
合　计	**8627.84**	**3957070.01**	**19227.66**	**6549.62**
河　北			103.26	347.03
内蒙古	4222.53	255500.00	5810.97	2380.83
辽　宁			50.83	79.28
吉　林		581.00	52.64	
黑龙江			13.50	
浙　江				
湖　北			111.05	6.38
湖　南			53.63	
广　东			3.39	
广　西	811.82	2200.00	1970.88	1457.14
海　南			134.71	
重　庆			112.40	
四　川	252.30		1630.98	427.40
贵　州	43.11	425.00	722.39	9.69
云　南	130.39		1336.11	351.96
西　藏			88.90	
甘　肃			253.91	
青　海	0.02	64.01	773.90	11.62
宁　夏	920.81		1882.36	319.98
新　疆	2246.86	3698300.00	4121.86	1158.32

8-3 民族自治地方分地区主要工业产品产量(2020年)(三)

地　区	粗钢（万吨）	钢材（万吨）	水泥（万吨）	平板玻璃（万箱）	农用氮磷钾化肥（万吨）
合　计	**9686.67**	**10520.21**	**37387.63**	**7255.06**	**1547.12**
河　北	398.21		161.53		
内蒙古	3119.87	2883.92	3610.88	1041.24	424.17
辽　宁	25.00		145.02	1791.00	
吉　林			265.90		3.54
黑龙江					
浙　江					
湖　北			480.07		
湖　南		2.55	599.65		18.98
广　东			15.02		
广　西	3452.23	4731.16	12129.05	2650.24	47.71
海　南			636.30		
重　庆			380.42		
四　川	404.20	391.19	1189.59		
贵　州		59.41	3623.54	520.00	94.59
云　南	514.41	528.57	5940.59		90.46
西　藏			1085.04		
甘　肃		20.89	337.05		15.70
青　海			777.17		468.67
宁　夏	466.62	482.00	1979.94	422.68	67.90
新　疆	1306.13	1420.52	4030.88	829.90	315.40

主要统计指标解释

工业 指从事自然资源的开采，对采掘品和农产品进行加工和再加工的物质生产部门。具体包括：(1)对自然资源的开采，如采矿、晒盐等(但不包括禽兽捕猎和水产捕捞)；(2)对农副产品的加工、再加工，如粮油加工、食品加工、缫丝、纺织、制革等；(3)对采掘品的加工、再加工，如炼铁、炼钢、化工生产、石油加工、机器制造、木材加工等，以及电力、燃气及水的生产和供应等；(4)对工业品的修理、翻新，如机器设备的修理等。工业统计调查单位为工业法人单位。

工业法人单位指从事工业生产经营活动的法人单位。工业法人单位应同时具备以下条件：①依法成立，有自己的名称、组织机构和场所，能够独立承担民事责任；②独立拥有（或授权）使用资产，承担负债，有权与其他单位签订合同；③具有包括资产负债表在内的账户，或者能够根据需要编制账户。

主营业务收入 指企业确认的销售产品、提供劳务等主要经营业务取得的收入。

主营业务成本 指企业经营主要业务所发生的成本总额。

资产总计 指企业过去的交易或者事项形成的，由企业拥有或控制的，预期会给企业带来经济利益的资源。资产一般按流动性分为流动资产和非流动资产。其中流动资产可分为货币资金、交易性金融资产、应收票据、应收账款、预付款项、其他应收款、存货等；非流动资产可分为长期股权投资、固定资产、无形资产及其他非流动资产。

负债合计 指企业过去的交易或者事项形成的，预期会导致经济利益流出企业的现时义务。负债一般按偿还期长短分为流动负债和长期负债。

所有者权益 指企业投资人对企业净资产的所有权。企业净资产为企业全部资产与企业全部负债的差额，包括实收资本、资本公积、盈余公积、未分配利润等。

利润总额 指企业在一定会计期间的经营成果、是生产经营过程中各种收入扣除各种耗费后的盈余，反映企业在报告期内实现的盈亏总额。

九、建筑业

9-1 民族自治地方分地区建筑业基本情况(2020年)

地区	单位数（个）	建筑业总产值（亿元）	房屋建筑施工面积（万平方米）	房屋建筑竣工面积（万平方米）	年末从业人数（万人）
合计	**9550**	**13940.00**	**61322.45**	**19100.82**	**266.98**
河北	58	48.76	160.63	104.71	1.15
内蒙古	1014	1134.44	7016.70	1411.00	18.02
辽宁	189	57.11	357.67	162.42	3.41
吉林	314	159.01	931.03	199.20	2.06
黑龙江	13	1.59	2.15	1.90	0.04
浙江	41	26.26	64.14	27.49	0.79
湖北	210	140.87	636.48	221.16	5.42
湖南	133	77.34	517.97	214.61	4.19
广东	29	74.06	83.34	28.30	1.50
广西	1913	5853.24	28695.30	8295.81	125.68
海南	12	6.05	68.18	48.62	0.03
重庆	121	168.55	260.26	125.12	5.36
四川	612	184.81	121.74	44.80	2.17
贵州	585	703.25	4025.60	931.58	11.60
云南	1531	1579.22	5524.72	2322.76	27.16
西藏	402	294.74	477.20	205.10	5.24
甘肃	100	17.61	95.92	27.63	0.96
青海	132	78.17	294.71	155.40	1.55
宁夏	654	641.81	2107.70	757.00	12.06
新疆	1487	2693.12	9881.00	3816.20	38.59

9—2 民族自治地方分地区建筑业主要财务指标（2020年）

单位：亿元

地　区	企业资产合计	企业负债合计	企业所有者权益	企业利润总额
合　计	**14477.55**	**10440.58**	**4036.97**	**303.03**
河　北	67.78	49.71	18.07	1.01
内蒙古	2287.51	1610.55	676.96	22.85
辽　宁	95.65	63.55	32.10	1.95
吉　林	237.05	169.13	67.92	2.29
黑龙江	2.45	1.28	1.17	-0.08
浙　江	23.08	13.92	9.16	0.86
湖　北	130.56	75.40	55.15	6.32
湖　南	178.03	98.26	79.77	7.56
广　东	54.77	41.48	20.30	15.44
广　西	3900.97	2884.19	1016.77	87.22
海　南	3.95	2.38	0.96	0.09
重　庆	255.46	175.33	80.13	16.70
四　川	63.64	36.22	27.42	2.14
贵　州	701.41	547.89	153.52	21.74
云　南	890.77	558.57	332.20	30.76
西　藏	760.18	511.20	248.98	18.51
甘　肃	17.11	5.94	9.88	0.58
青　海	115.29	74.82	40.47	0.37
宁　夏	800.28	571.10	229.18	13.22
新　疆	3886.49	2949.65	936.84	53.51

主要统计指标解释

建筑业统计单位 指从事房屋、构筑物建造和设备安装活动的法人企业。建筑业法人企业应具有建筑业资质并能够独立核算，同时还应具备以下条件：①依法成立，有自己的名称、组织机构和场所，能够承担民事责任；②独立拥有和使用资产，承担负债，有权与其他单位签订合同；③独立核算盈亏，能够编制资产负债表。

建筑业总产值 是以货币形式表现的建筑业企业在一定时期内生产的建筑业产品和提供服务的总和。建筑业总产值包括：

⑴建筑工程产值：指列入建筑工程预算内的各种工程价值。

⑵安装工程产值：指设备安装工程价值，不包括被安装设备本身的价值。

⑶其他产值：建筑业总产值中除建筑工程、安装工程以外的产值。包括房屋构筑物修理产值、非标准设备制造产值、总包企业向分包企业收取的管理费以及不能明确划分的施工活动所完成的产值。

a.房屋构筑物修理产值：指房屋和构筑物修理所完成的产值，但不包括被修理房屋、构筑物本身价值和生产设备的修理价值。

b.非标准设备制造产值：指加工制造没有定型的非标准生产设备的加工费和原材料价值(如化工厂、炼油厂用的各种罐、槽，矿井生产统一使用的各种漏斗、三角槽、阀门等)以及附属加工厂为本企业承建工程制作的非标准设备的价值。

房屋建筑施工面积 指报告期内施工的全部房屋建筑面积，包括本期新开工的房屋建筑面积、上期跨入本期继续施工的房屋建筑面积、上期停缓建在本期恢复施工的房屋建筑面积、本期竣工的房屋建筑面积及本期施工后又停缓建的房屋建筑面积。

房屋建筑竣工面积 指报告期内房屋建筑按照设计要求已全部完工，达到住人和使用条件，经验收鉴定合格或达到竣工验收标准，可正式移交使用的各栋房屋建筑面积的总和。

十、运输和邮电

10—1 民族自治地方分地区运输条件(2020年)

单位：公里

地区	公路线路里程	#等级公路	铁路营业里程	内河航道里程
合计	**1407177**	**1166620**	**35838**	**18463**
河北	13334	5742	323	
内蒙古	210217	205313	14190	2403
辽宁	19830	18859	517	249
吉林	15812	11207		170
黑龙江	1827	1526	60	146
浙江	1978	1966		105
湖北	43093	24534	307	594
湖南	25326	23258	457	1493
广东	3227	2587		
广西	131642	124235	5206	5707
海南	8970	7336	104	29
重庆	25135	22153	356	262
四川	84221	80540	20	74
贵州	97281	77413	1770	3544
云南	269334	161124	1754	3186
西藏	118238	98677	785	
甘肃	23914	21582		211
青海	67677	59265	495	160
宁夏	36901	36874	1663	130
新疆	209220	182425	7831	

10—2 民族自治地方分地区公路、铁路旅客、货物运输量(2020年)

地　区	客运量合计（万人）	#公　路	#铁　路	货运量合计（万吨）	#公　路	#铁　路
合　计	**131268**	**103006**	**22623**	**635083**	**487786**	**113322**
河　北	648	608	40	4912	4900	12
内蒙古	6522	3224	3298	178071	109002	69069
辽　宁	6655	1974	3779	7221	6126	1082
吉　林	1711	1407	304	4657	3750	907
黑龙江	162	162		201	201	
浙　江	63	63		242	242	
湖　北	3296	2748	360	4185	4055	5
湖　南	5468	5066	318	2564	2178	386
广　东	99	148		351	250	
广　西	34947	26771	7838	187444	145323	9269
海　南	916	624		337	311	
重　庆	2920	2742	175	2204	2145	32
四　川	1273	1273		4439	4306	134
贵　州	28123	24783	1501	59485	53733	4990
云　南	23043	18909	2191	60995	59680	1242
西　藏	825	576	249	4091	4039	52
甘　肃	2562	2562		8278	8278	
青　海	1515	1515		4745	4745	
宁　夏	3560	2903	558	42850	34216	8634
新　疆	6960	4948	2012	57814	40305	17509

10—3 民族自治地方分地区公路、铁路旅客、货物周转量(2020年)

地区	旅客周转量(亿人公里)	#公路	#铁路	货物周转量(亿吨公里)	#公路	#铁路
合计	**1925.75**	**1233.73**	**638.00**	**13699.78**	**6827.77**	**4948.09**
河北	5.77	4.95	0.82	27.51	26.78	0.73
内蒙古	164.90	49.40	115.50	4567.36	1888.79	2678.57
辽宁	72.07	66.40	5.46	153.41	152.25	0.23
吉林	12.63	12.63		126.66	126.66	
黑龙江	0.48	0.48		0.56	0.56	
浙江	0.26	0.26		3.74	3.74	
湖北	14.44	13.84		63.54	61.17	
湖南	35.99	32.04	3.82	11.73	9.46	0.29
广东	0.84	0.97		1.52	1.52	
广西	553.96	250.89	301.56	4159.61	1486.86	754.24
海南	6.23	3.81		1.43	1.24	
重庆	14.66	14.11		26.45	21.26	5.19
四川	51.62	51.62		172.19	172.19	
贵州	465.29	440.22	8.21	865.57	849.26	16.31
云南	228.05	171.76	24.47	753.37	731.99	21.12
西藏	26.96	14.61	12.34	156.53	116.73	39.80
甘肃	25.10	25.10		135.75	136.05	
青海	9.05	9.05		66.53	66.53	
宁夏	52.51	28.22	24.23	698.29	483.67	214.62
新疆	184.97	43.39	141.58	1708.03	491.05	1216.98

10-4 民族自治地方分地区邮电业情况(2020年)

地　区	邮政业务总　量（亿元）	营业网点（处）	邮路总长度（万公里）	农村投递线　路（万公里）	电信业务总　量（亿元）	移动电话年末用户（万户）	固定电话年末用户（万户）	互联网宽带接入用户（万户）
合　计	**507.15**	**31928**	**159.95**	**82.23**	**14702.81**	**18735.79**	**1786.06**	**5532.49**
河　北	1.93	204	0.57	1.25	9.02	181.62	12.71	54.58
内蒙古	63.68	7327	20.00	15.96	2584.73	2962.20	198.70	722.90
辽　宁	4.39	238	1.64	1.97	2.13	206.77	65.11	47.30
吉　林	11.06	145	0.33	0.19	1.11	286.68	52.13	77.21
黑龙江	0.30	11	12.28	0.01		7.00	2.40	
浙　江	0.30	22	0.22	0.19	1.01	13.27	1.02	4.79
湖　北	8.42	118	2.54	2.21	26.44	462.78	18.06	261.84
湖　南	9.07	334	1.58	2.00	278.01	371.83	14.93	275.34
广　东	0.62	30	0.06	0.05	1.24	26.99	3.70	4.73
广　西	215.30	10311	35.40	11.65	4826.86	5332.90	333.60	1650.80
海　南	1.87	104	0.29	0.47	28.34	194.97	20.42	40.73
重　庆	4.42	222	0.66	0.90	10.99	208.20	86.12	62.48
四　川	12.69	290	3.42	5.11	127.71	623.20	110.00	182.16
贵　州	25.15	2046	2.53	12.31	996.51	1147.42	41.66	260.88
云　南	66.74	2731	11.06	14.83	1251.10	2356.62	221.58	505.25
西　藏	4.99	1232	5.85	0.78	429.09	321.90	75.70	96.33
甘　肃	3.10	506	1.15	1.58	107.52	166.72	34.25	70.56
青　海	2.16	401	9.86	2.16	4.62	178.97	39.20	47.12
宁　夏	24.98	1637	8.47	1.71	924.34	839.20	51.44	283.64
新　疆	45.97	4019	42.06	6.88	3092.05	2846.56	403.32	883.86

主要统计指标解释

铁路营业里程 又称营业长度，指办理客货运输业务的铁路正线总长度。

公路里程 指报告期末公路的实际长度。统计范围：包括城间、城乡间、乡（村）间能行驶汽车的公共道路，公路通过城镇街道的里程，公路桥梁长度、隧道长度、渡口宽度。不包括城市街道里程，断头路里程，农（林）业生产用道路里程，工（矿）企业等内部道路里程。统计原则：按已竣工验收或交付使用的实际里程计算；两条或多条公路共同经由同一路段的重复里程，只计算一次。

内河航道里程 指在一定时期内，能通航运输船舶及排筏的天然河流、湖泊水库、运河及通航渠道的长度。包括全年季节性通航累计三个月以上的航道，不包括仅供零散流放竹、木排的河道。两省以河为界的航道里程，双方均按一半计算，以免重复。

货（客）运量 指在一定时期内，各种运输工具实际运送的货物重量(旅客数量)。货运按吨计算，客运按人计算。货物不论运输距离长短、货物类别，均按实际重量统计。旅客不论行程远近或票价多少，均按一人一次客运量统计；半价票、儿童票也按一人统计。

货（客）周转量 指在一定时期内，由各种运输工具运送的货物(旅客)数量与其相应运输距离的乘积之总和。该指标可以反映运输业生产的总成果，也是编制和检查运输生产计划，计算运输效率、劳动生产率以及核算运输单位成本的主要基础资料。计算货物周转量通常按发出站与到达站之间的最短距离，也就是计费距离计算。计算公式为：

$$货物（旅客）周转量=\sum（货物（旅客）运输量\times运输距离）$$

邮电、电信业务总量 指以货币形式表示的邮政、电信通信企业为社会提供各类邮政、电信通信服务的总数量。计算方法为各类业务的实物量分别乘以相应的不变单价，求出各类业务的货币量加总求得。没有不变单价的业务按其业务收入直接相加。

移动电话用户 指在电信运营企业营业网点办理开户登记手续，通过移动电话交换机进入移动电话网，占用移动电话号码的各类电话用户。包括各类签约用户、智能网预付费用户、无线上网卡用户。

固定电话用户 指在电信企业营业网点办理开户登记手续并已接入固定电话网上的全部电话用户。包括普通电话用户、无线市话用户、公用电话用户、窄带综合业务数字网（N—ISDN）用户、智能网专用接入终端用户等。

邮路 指各邮电局、所、代办所之间，邮电局、所与代办所、车站、码头、机场、转运站、报刊社之间，有自编或委办人员按固定班期规定路线交换邮件、报刊的路线。包括农村地区运邮兼投递的路线，不包括城市、农村地区纯投递路线。

农村投递路线 指农村局、所自编或委办人员按固定班期、规定路线至农村乡（镇）、行政村等收件单位投递邮件、报刊的路线。

十一、国内贸易

11-1 民族自治地方分地区社会消费品零售总额(2020年)

地　区	社会消费品零售总额（亿元）
合　计	**27450.63**
河　北	233.32
内蒙古	4760.45
辽　宁	185.44
吉　林	356.88
黑龙江	22.60
浙　江	38.33
湖　北	655.74
湖　南	469.78
广　东	36.98
广　西	7831.01
海　南	154.50
重　庆	479.08
四　川	966.95
贵　州	1814.21
云　南	3979.46
西　藏	745.78
甘　肃	85.49
青　海	270.70
宁　夏	1301.39
新　疆	3062.55

11-2 民族自治地方分地区限额以上批发业情况(2020年)

地 区	法人企业（个）	年末从业人员（人）	商品购进额（亿元）	商品销售额（亿元）	期末商品库存额（亿元）	主营业务收入（亿元）	主营业务利润（亿元）
合 计	**7783**	**288253**	**29226.02**	**30721.14**	**1818.51**	**27784.94**	**399.32**
河 北	32	1436	519.25	22.96	5.33	13.81	0.66
内蒙古	1147	43849	4252.51	4654.25	332.43	4182.44	59.28
辽 宁	40	1239	40.88	48.65	2.11	34.44	0.39
吉 林	55	1775	57.16	78.65	15.95	149.38	-0.01
黑龙江	7	155	21.98		3.57	20.40	0.15
浙 江	16	2672	623.05	637.93	27.10	562.45	14.77
湖 北	55	3705	92.68	113.68	3.99	100.07	6.23
湖 南	40	3146	59.74	92.69	2.28	88.90	7.88
广 东	50	1636	181.51	200.67	0.67	174.54	6.83
广 西	2236	83131	10483.11	11059.50	399.26	9924.02	105.30
海 南	48	398	77.48	80.28	1.02	72.40	0.28
重 庆	122	3420	147.46	177.08	4.97	170.28	10.60
四 川	218	7871	247.96	318.02	25.04	287.34	1.24
贵 州	264	7482	403.45	494.98	31.43	424.11	7.71
云 南	634	19138	1508.19	1696.74	112.88	1556.06	79.47
西 藏	69	6975	441.26	536.25	35.78	508.68	22.90
甘 肃	5	391	6.49	8.79	0.68	7.83	1.01
青 海	58	2384	264.02	299.82	3.88	209.77	2.69
宁 夏	237	12134	1225.49	1162.65	46.42	1046.60	5.56
新 疆	2450	85316	8572.34	9037.54	763.73	8251.43	66.37

11-3 民族自治地方分地区限额以上零售业情况(2020年)

地　　区	法人企业（个）	年末从业人员（人）	商品购进额（亿元）	商品销售额（亿元）	期末商品库存额（亿元）	主营业务收入（亿元）	主营业务利润（亿元）
合　　计	**8391**	**395159**	**5402.32**	**6333.75**	**658.28**	**5608.85**	**77.95**
河　　北	43	2972	13.51	20.63	2.07	13.86	0.01
内 蒙 古	1042	71490	1038.71	1190.93	120.48	1065.05	
辽　　宁	53	1051	6.08	12.30	0.69	9.41	-0.17
吉　　林	143	8996	72.17	99.34	10.59	80.93	0.04
黑 龙 江	2	141	0.25			0.38	0.03
浙　　江	13	287	1.69	2.09	0.23	1.16	
湖　　北	222	8125	48.17	66.58	6.95	60.32	0.31
湖　　南	229	7312	71.55	112.47	4.48	105.16	-2.39
广　　东	10	298	13.74	4.28	4.56	3.94	-0.32
广　　西	2697	134347	1850.16	2035.28	216.69	1868.77	33.40
海　　南	30	777	3.46	4.50	0.67	4.04	0.09
重　　庆	272	6823	76.59	92.71	4.86	78.35	2.80
四　　川	224	6759	113.69	124.60	8.69	110.61	0.45
贵　　州	507	13816	166.39	306.08	24.72	217.10	0.89
云　　南	984	32018	416.62	513.75	41.59	422.88	14.97
西　　藏	155	6663	131.53	204.81	16.73	166.42	9.28
甘　　肃	12	427	10.42	11.64	0.54	10.56	0.95
青　　海	64	1774	13.96	15.56	1.56	16.30	4.07
宁　　夏	292	21927	290.63	310.63	36.04	268.92	2.89
新　　疆	1397	69156	1063.01	1205.58	156.12	1104.68	10.67

主要统计指标解释

社会消费品零售总额 指企业（单位、个体户）通过交易售给个人、社会集团非生产、非经营用的实物商品金额，以及提供餐饮服务所取得的收入金额。个人包括城乡居民和入境人员，社会集团包括机关、社会团体、部队、学校、企事业单位、居委会或村委会等。

批发零售贸易业商品购、销、存总额 指各种登记注册类型的批发和零售业企业(单位)以本企业(单位)为总体的，从国内、国外市场购进的商品总量，销售和出口的商品总量，库存的商品总量等情况。该指标可以反映商品流转过程中商品的购进、销售、库存之间的比例关系和存在的问题。

商品购进额 指从本企业以外的单位和个人购进（包括从国外直接进口）作为转卖或加工后转卖的商品金额（含增值税）。商品购进包括：（1）从工农业生产者、批发和零售业企业、住宿和餐饮业企业、出版社或报社的出版发行部门和其他服务业企业购进的商品；（2）从机关团体、事业单位购进的商品；（3）从海关、市场管理部门购进的缉私和没收的商品；（4）从居民收购的废旧商品等。不包括：（1）企业为本单位自身经营用，不是作为转卖而购进的商品，如材料物资、包装物、低值易耗品、办公用品等；（2）未通过买卖行为而收入的商品，如接受其他部门移交的商品、借入的商品、收入代其他单位保管的商品、其他单位赠送的样品、加工回收的成品等；（3）经本单位介绍，由买卖双方直接结算，本单位只收取手续费的业务；（4）销售退回和买方拒付货款的商品；（5）商品溢余。

商品销售额 指对本单位以外的单位和个人出售的商品金额（包括售给本单位消费用的商品，含增值税）。商品销售包括：（1）售给城乡居民和社会集团消费用的商品；（2）售给农业、工业、建筑业、服务业等国民经济各行业用于生产、经营用的商品，包括售予批发和零售业作为转卖或加工后转卖的商品；（3）对国（境）外直接出口的商品。不包括：（1）未通过买卖行为付出的商品，如随机构变动移交给其他企业单位的商品、借出的商品、归还受其他单位委托代保管的商品、付出的加工原料和赠送给其他单位的样品等；（2）经本单位介绍，由买卖双方直接结算，本单位只收取手续费的业务；（3）购货退回的商品；（4）商品损耗和损失；（5）出售本单位自用的废旧物资。

期末商品库存额 对于批发和零售业法人单位和个体经营户，是指报告期末取得所有权的全部商品金额（含增值税）；对于批发和零售业产业活动单位，是指报告期末实际在库且归属法人具有所有权的全部商品金额（含增值税）。库存商品包括：(1)存放在本单位(如门市部、批发站、采购站、经营处)的仓库、货场、货柜和货架中的商品；(2)挑选、整理、包装中的商品；(3)已记入购进而尚未运到本单位的商品，即发货单或银行承兑凭证已到而货未到的商品；(4)寄放他处的商品，如因购货方拒绝付款而暂时存在购货方的商品；(5)委托其他单位代销(未作销售或调出)尚未售出的商品；(6)代其他单位购进尚未交付的商品。不包括：所有权不属于本单位的商品；委托外单位加工的商品；外贸企业代理其他单位从国外进口，尚未付给订货单位的商品；代国家储备部门保管的商品。

十二、对外经济贸易

12—1 民族自治地方分地区对外贸易和利用外资情况(2020年)

地区	进出口总额（亿元）	出口总额（亿元）	进口总额（亿元）	外商投资企业年底注册登记情况 企业数（个）	投资总额（亿美元）	注册资本（亿美元）
合计	**9397**	**5249**	**4148**	**14356**	**4102**	**1412**
河北	9.28	6.79	2.49	7	0.14	3.52
内蒙古	1054.20	349.00	705.10	3329	560.84	208.44
辽宁	13.66	12.75	0.91	25	2.91	0.98
吉林	120.19	57.83	62.28	359	0.04	
黑龙江						
浙江	41.36	16.26	25.10	8	0.17	0.15
湖北	16.83	12.31	4.52			
湖南	63.04	61.63	1.41	5	0.92	0.75
广东	10.10	2.52	7.58	64	0.42	0.42
广西	4869.80	2707.40	2162.40	6577	2894.00	770.00
海南	0.03	0.02	0.01	2	0.04	0.04
重庆	330.71	176.54	154.17	25	0.10	0.07
四川	7.43	6.61	0.82	11	0.01	
贵州	27.46	26.21	1.25	20	2.48	1.03
云南	1202.33	613.00	589.33	749	20.75	13.01
西藏	21.33	12.94	8.39	282	29.00	19.00
甘肃	0.31	0.24	0.07			
青海	2.52	2.33	0.19			
宁夏	123.40	86.67	36.70	899	270.00	128.00
新疆	1483.40	1098.10	385.30	1994	320.00	267.00

注：进出口总额按经营单位所在地分。

主要统计指标解释

货物进出口总额 指实际进出我国国境的货物总金额。包括对外贸易实际进出口货物，来料加工装配进出口货物，国家间、联合国及国际组织无偿援助物资和赠送品，华侨、港澳台同胞和外籍华人捐赠品，租赁期满归承租人所有的租赁货物，进料加工进出口货物，边境地方贸易及边境地区小额贸易进出口货物，中外合资企业、中外合作经营企业、外商独资经营企业进出口货物和公用物品，到、离岸价格在规定限额以上的进出口货样和广告品(无商业价值、无使用价值和免费提供出口的除外)，从保税仓库提取在中国境内销售的进口货物，以及其他进出口货物。该指标可以观察一个国家在对外贸易方面的总规模。我国规定出口货物按离岸价格统计，进口货物按到岸价格统计。

进口 指直接从国外进口的商品和委托外贸部门代理进口的商品，不包括从国内有关单位（包括对外贸易部门和其他单位）购进的进口商品。对外贸易企业只统计自主经营进口的商品，不包括受托代理进口的商品。

出口 指直接向国（境）外出口商品和委托外贸部门代理出口的商品，不包括售给外贸部门出口或加工后出口的商品以及在国内市场以外币销售的商品。

商品经营单位所在地进、出口额 指在所在地海关注册登记的有进出口经营权的企业实际进、出口额。

商品目的地进口额和商品货源地出口额 目的地进口额指进口货物的消费、使用或最终抵运地的实际进口额；货源地出口额指出口货物的产地或原始发货地的实际出口额。

十三、旅 游

13—1　民族自治地方分地区世界遗产情况(2020年)

单位：个

地　　区	世　界 自然遗产	世　界 文化遗产	人类口述和 非物质遗产
合　　计	**7**	**7**	**11**
河　　北			
内 蒙 古		1	2
辽　　宁		1	
吉　　林			
黑 龙 江			1
浙　　江			
湖　　北		1	
湖　　南			
广　　东			
广　　西		1	
海　　南			
重　　庆			
四　　川	3		
贵　　州	1		1
云　　南	1	1	
西　　藏		1	3
甘　　肃			1
青　　海	1		1
宁　　夏			
新　　疆	1	1	2

13-2 民族自治地方分地区国家级自然保护区、国家AAAAA级旅游区、国家级风景名胜区(2020年)

单位：个

地　区	国家级自然保护区	国家AAAAA级旅游区	国家级风景名胜区
合　计	**158**	**66**	**50**
河　北	3		
内蒙古	29	6	2
辽　宁	3	1	2
吉　林	9	2	2
黑龙江			
浙　江			
湖　北	5	4	
湖　南	1		4
广　东			
广　西	23	8	3
海　南	4	2	
重　庆		2	
四　川	16	6	4
贵　州	6	3	11
云　南	12	6	9
西　藏	11	5	4
甘　肃	7	1	
青　海	5	2	1
宁　夏	9	4	2
新　疆	15	14	6

13–3 民族自治地方分地区全国重点文物保护单位(2020年)

单位：个

地　区	全国重点文物保护单位	古遗址	古墓葬	古建筑及历史纪念建筑物	近现代重要史迹及代表性建筑	石窟寺石刻及其他
合　计	**584**	**245**	**85**	**145**	**73**	**36**
河　北						
内蒙古	128	74	22	22	8	2
辽　宁	16	10	6			
吉　林	14	9	4	1		
黑龙江						
浙　江	1			1		
湖　北	9	5		2	1	1
湖　南	18	5	1	6	3	3
广　东						
广　西	66	19	2	17	25	3
海　南		2			1	
重　庆	3	1		1	1	
四　川	20	5	1	10	3	1
贵　州	21	2	6	9	4	
云　南	53	11	2	26	10	4
西　藏	52	7	5	31	4	5
甘　肃	18	11		2	1	4
青　海	21	8	4	5	3	1
宁　夏	29	15	3	7	1	3
新　疆	112	61	29	5	8	9

13-4 民族自治地方分地区国家历史文化名城和中国历史文化名镇、名村(2020年)

单位：个

地　区	国家历史文化名城	中国历史文化名镇	中国历史文化名村
合　计	**20**	**43**	**73**
河　北			
内蒙古	1	5	2
辽　宁		1	
吉　林			1
黑龙江			
浙　江		1	
湖　北		1	4
湖　南	1	4	5
广　东			1
广　西	3	10	29
海　南			
重　庆		2	
四　川	1		1
贵　州	1	3	10
云　南	3	6	6
西　藏	3	5	4
甘　肃		1	
青　海	1	1	5
宁　夏	1		1
新　疆	5	3	4

13-5 民族自治地方分地区旅行社单位数和旅游人数（2020年）

地　　区	旅行社数（个）	旅游人次（万人次）	国际旅游	国内旅游
合　　计	**3856**	**119077.7**	**176.7**	**118900.9**
河　　北	14	773.8	0.1	773.6
内 蒙 古	1202	12503.1	8.7	12494.4
辽　　宁	65	2858.4	0.3	2858.2
吉　　林	203	1101.2	2.3	1098.9
黑 龙 江	2	261.0		261.0
浙　　江	7			
湖　　北	2	4140.2	0.2	4140.1
湖　　南		7886.0	2.0	7884.0
广　　东	9	601.7	0.6	601.1
广　　西	881	6.6		6.6
海　　南	44	904.6	0.5	904.1
重　　庆	16	7742.6	0.8	7741.7
四　　川	2	4172.7	1.0	4171.7
贵　　州	157	20829.8	1.9	20827.9
云　　南	396	25521.2	150.8	25370.4
西　　藏	13	3505.0	0.3	3504.7
甘　　肃	33	3388.3		3388.3
青　　海	28	3640.6		3640.5
宁　　夏	171	3429.5	1.1	3428.4
新　　疆	611	15811.5	6.1	15805.4

主要统计指标解释

旅游人数 包括入境国际旅游者人数、出境居民人数和国内旅游者人数。

入境游客 指报告期内来中国（大陆）观光、度假、探亲访友、就医疗养、购物、参加会议或从事经济、文化、体育、宗教活动的外国人、港澳台同胞等游客（即入境旅游人数）。统计时，入境游客按每入境一次统计 1 人次。入境旅游人数包括入境过夜游客和入境一日游游客。

出境人数（出境游客） 指中国（大陆）居民因公或因私出境前往其他国家、中国香港特别行政区、澳门特别行政区和台湾省观光、度假、探亲访友、就医疗养、购物、参加会议或从事经济、文化、体育、宗教活动的人数（即出境游客）。统计时，出境游客按每出境一次统计 1 人次。

国内游客 指报告期内在中国（大陆）观光游览、度假、探亲访友、就医疗养、购物、参加会议或从事经济、文化、体育、宗教活动的中国（大陆）居民人数，其出游的目的不是通过所从事的活动谋取报酬。统计时，国内游客按每出游一次统计 1 人次。

国际旅行社 指经营对外招徕并接待外国人、华侨、港澳同胞和台湾同胞来中国、归国或回内地旅游业务的旅行社。

国内旅行社 指负责经营招徕、组团、接待国内旅客的旅游业务，以及不对外招徕，负责经营接待国际旅行社或其他涉外部门组织的外国人、华侨、港澳同胞和台湾同胞来中国、归国或回内地旅游业务的旅行社。

十四、金 融

14-1 民族自治地方分地区金融机构信贷(2020年)

单位：亿元

地 区	全部金融机构人民币各项存款余额	全部金融机构人民币各项贷款余额
合 计	**133128.32**	**121329.62**
河 北	1396.71	1130.41
内蒙古	24969.98	23249.19
辽 宁	1687.92	766.80
吉 林	2694.02	1595.47
黑龙江	96.50	65.23
浙 江	125.84	106.28
湖 北	1971.23	1578.75
湖 南	2082.51	1567.00
广 东	197.26	95.62
广 西	34515.57	34738.99
海 南	880.21	510.56
重 庆	1038.64	954.52
四 川	4508.04	2351.71
贵 州	5875.01	6548.15
云 南	10435.08	8342.93
西 藏	5418.09	4956.89
甘 肃	1373.35	970.84
青 海	1776.06	1111.89
宁 夏	7121.31	7782.59
新 疆	24965.00	22905.80

主要统计指标解释

信贷资金　指金融机构以信用方式积聚和分配的货币资金。金融机构信贷资金的来源有各项存款、金融债券、对国际金融机构负债、流通中现金、其他项目等；信贷资金的运用有各项贷款、有价证券及投资、黄金占款、外汇买卖、财政借款及在国际金融机构中的资产等。

存款　指企业、机关、团体或居民根据资金必须收回的原则，把货币资金存入银行或其他信贷机构保管并取得一定利息的一种信用活动形式。根据存款对象或性质的不同可划分为住户存款、非金融企业存款、政府存款、非银行业金融机构存款等科目。它是银行信贷资金的主要来源。

贷款　指银行或其他信贷机构根据资金必须归还的原则，按一定利率，为企业、个人等提供资金的一种信用活动形式。我国银行贷款分为短期贷款、中长期贷款、融资租赁、票据融资、各项垫款、境外贷款等。

十五、教育和科技

15—1 民族自治地方分地区高等学校基本情况（2020年）

单位：人

地 区	学校数（所）	在校本、专科学生数	招生数	毕业生数	教职工数	#专任教师数
合 计	**271**	**2797587**	**853353**	**642861**	**201637**	**136646**
河 北						
内蒙古	54	486647	134292	130772	41887	28025
辽 宁						
吉 林	3	34622	10323	7590	2923	1880
黑龙江						
浙 江						
湖 北	3	44915	16552	10674	2723	2025
湖 南	3	57514	20683	21018	2665	1896
广 东						
广 西	82	1184167	353979	262817	82313	53438
海 南						
重 庆						
四 川	4	42876	12955	9132	2635	1934
贵 州	15	127947	45258	29251	7310	5249
云 南	17	127535	47376	31830	6981	5313
西 藏	7	38556	11586	9846	3981	2712
甘 肃	2	15618	5128	4063	1278	1019
青 海	5	3831	1220	787	142	142
宁 夏	20	146679	47554	34134	12574	9129
新 疆	56	486680	146447	90947	34225	23884

15-2 民族自治地方分地区普通高中基本情况(2020年)

单位：人

地　区	学校数（所）	在校学生数	招生数	毕业生数	教职工数	#专任教师数
合　计	**2030**	**3774724**	**1303119**	**1157064**	**377114**	**269013**
河　北	13	36960	12658	9918	2853	2498
内蒙古	305	405893	143101	142672	57744	37519
辽　宁	24	43527	12214	13145	4309	3106
吉　林	37	44278	7140	5790	1088	987
黑龙江	2	5067	1782	1547	283	271
浙　江	1	1806	636	540	192	165
湖　北	32	77227	30345	23804	6354	5180
湖　南	42	83718	29094	25993	6878	6254
广　东	3	8243	2438	2051	597	559
广　西	499	1151497	408710	336609	102600	71043
海　南	24	31683	10415	10200	3403	3150
重　庆	13	57257	19347	18759	4005	3888
四　川	82	110209	37621	36922	1895	7385
贵　州	148	418351	136867	107283	26528	23185
云　南	251	438700	163262	123953	54625	33017
西　藏	38	75004	26674	20335	7037	6080
甘　肃	46	62341	21313	20338	8030	5482
青　海	86	64042	16990	14492	6504	5274
宁　夏	68	160796	56778	49120	14483	11615
新　疆	316	498125	165734	193593	67706	42355

15-3 民族自治地方分地区初中基本情况(2020年)

单位：人

地　区	学校数(所)	在校学生数	#专任教师数
合　计	**6704**	**7307692**	**541311**
河　北	65	78259	5995
内蒙古	711	661608	60849
辽　宁	116	73761	7955
吉　林	181	69451	3111
黑龙江	14	8181	752
浙　江	6	4859	342
湖　北	167	145649	10915
湖　南	298	185273	14887
广　东	25	16453	1386
广　西	1754	2254893	152003
海　南	105	66181	4942
重　庆	91	103280	7491
四　川	227	341886	22990
贵　州	500	702656	38846
云　南	885	848612	66016
西　藏	105	142938	12371
甘　肃	167	131395	11006
青　海	145	139229	9161
宁　夏	247	292625	20679
新　疆	895	1040503	89614

15-4 民族自治地方分地区中等职业学校基本情况(2020年)

单位：人

地 区	学校数(所)	在校学生数	招生数	毕业生数	教职工数	#专 任 教师数
合 计	**1005**	**1908842**	**724789**	**509772**	**94024**	**75443**
河 北	7	15178	5786	4246	1236	1073
内蒙古	231	175446	67926	56234	17941	13535
辽 宁	8	6952	2470	1412	872	527
吉 林	24	12995	4946	3562	1973	1720
黑龙江	1	148	79	43	97	79
浙 江	1	1764	605	510	116	106
湖 北	14	36628	12299	10817	1621	1464
湖 南	38	49691	17302	14818	2723	2345
广 东	3	1748	729	555	189	160
广 西	230	699890	270668	191496	26867	20554
海 南	3	2921	1313	776	224	197
重 庆	9	17526	6733	4640	1207	1157
四 川	17	89428	10049	7317	1050	1373
贵 州	65	147187	59540	50052	5678	4899
云 南	148	242249	124394	57787	10440	8786
西 藏	13	32120	14776	6272	2668	2544
甘 肃						
青 海	17	45028	13072	4404	901	513
宁 夏	29	75524	26444	22446	3733	3028
新 疆	147	256419	85658	72385	14488	11383

15—5 民族自治地方分地区小学基本情况(2020年)

单位：人

地区	学校数(所)	在校学生数	#专任教师数
合计	**30146**	**16214927**	**987187**
河北	253	166655	10280
内蒙古	1652	1381519	105222
辽宁	314	120636	12538
吉林	417	126050	12583
黑龙江	14	8691	915
浙江	14	7584	620
湖北	490	278417	15734
湖南	616	414748	23504
广东	55	44954	2461
广西	8000	5071781	281724
海南	454	140173	8825
重庆	421	178969	12626
四川	1403	852981	45627
贵州	2645	1190325	66856
云南	5435	1865226	118124
西藏	827	352875	24486
甘肃	1829	350464	25271
青海	517	290394	15874
宁夏	1149	592434	33823
新疆	3641	2780051	170094

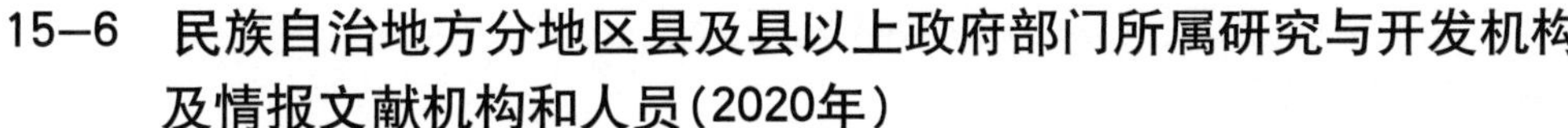

15-6 民族自治地方分地区县及县以上政府部门所属研究与开发机构及情报文献机构和人员(2020年)

地　　区	机构数（个）	从业人员（人）	#从事科技活动人员	#大学本科及以上学历
合　　计	**848**	**55631**	**41835**	**38567**
内 蒙 古	159	10980	9068	8265
辽　　宁	1	184	184	164
吉　　林	9	245	211	199
湖　　北	18	846	347	330
湖　　南	15	796	560	530
广　　东	1	12	4	4
广　　西	156	15361	10407	9725
海　　南	3	39	35	17
重　　庆	24	385	360	338
四　　川	22	1481	1024	950
贵　　州	19	1377	772	673
云　　南	140	4999	3983	3508
西　　藏	30	2036	1303	1181
甘　　肃	15	558	522	484
青　　海	12	500	440	421
宁　　夏	84	4769	4046	3732
新　　疆	119	6846	5005	4805

15-7 民族自治地方分地区县及县以上政府部门所属研究与开发机构及情报文献机构经费(2020年)

单位：千元

地　　区	经费收入	#科技活动收入	经费支出	#科技经费支出
合　　计	**19892307**	**14459200**	**17963189**	**12570139**
内 蒙 古	3363712	2713126	3086508	2438803
辽　　宁	18933	18384	12815	12266
吉　　林	55317	52245	45727	41048
湖　　北	123404	110248	115978	93805
湖　　南	146878	137011	141341	118825
广　　东	595	595	595	480
广　　西	6574993	4009241	6103937	3462789
海　　南	3616	2946	2997	2579
重　　庆	183682	160933	154399	131473
四　　川	349062	293362	310154	241064
贵　　州	334570	200925	321875	167775
云　　南	1380018	916553	1212348	910528
西　　藏	920852	581454	761311	423921
甘　　肃	118612	106176	114414	90977
青　　海	297174	259968	289526	237892
宁　　夏	1762283	1512787	1559237	1307697
新　　疆	2177251	1552324	2085015	1472577

15-8 民族自治地方分地区县及县以上政府部门所属研究与开发机构及情报文献机构科技活动成果情况(2020年)

单位：篇

地区	发表科技论文	#国外发表	出版科技著作	有效发明专利总数(项)	专利申请数	#发明专利	专利授权数	#发明专利
合计	12245	1867	483	3874	2672	1189	2248	614
内蒙古	1229	38	75	172	270	112	166	33
辽宁								
吉林	25		4	1	20	1	10	
湖北	82	11	5	25	42	29	15	9
湖南	50	2	2	5	7	5	1	1
广东	1							
广西	4164	580	157	1936	1189	585	1046	308
海南	1		1					
重庆	45		1	6	2	2	4	1
四川	250	13	5	121	38	12	22	9
贵州	140	3	4	43	11	9	7	5
云南	617	63	37	167	100	27	118	24
西藏	433	52	13	40	62	18	77	19
甘肃	109			8	44	2	17	
青海	39		5	1	3	1	10	1
宁夏	1046	45	37	167	248	99	230	42
新疆	2277	146	106	610	406	119	341	85

主要统计指标解释

普通高等学校 指通过国家普通高等教育招生考试，招收高中毕业生为主要培养对象，实施高等学历教育的全日制大学、独立设置的学院、独立学院和高等专科学校、高等职业学校及其他机构。

大学、独立设置的学院主要实施本科及本科层次以上的教育。独立学院主要实施本科层次的教育。高等专科学校、高等职业学校实施专科层次的教育。其他机构是指承担国家普通招生计划任务不计校数的机构，包括普通高等学校分校、大专班等。

研究与开发机构 指有明确的任务和研究方向，有一定学术水平的业务骨干和一定数量的研究人员，具有研究、开发、开展学术工作的基本条件，主要进行科学研究与技术开发活动，并且在行政上有独立的组织形式，财务上独立核算盈亏，有权与其他单位签订合同，在银行有单独户头的单位。包括国务院各部门、中国科学院、中国社会科学院和各省、自治区、协调以及地（市）以上［含地（市）］各部门所属的国有科学研究与技术开发机构。

研究与开发机构职工 指参与研究与试验发展项目研究、管理和辅助工作的人员，包括项目(课题)组人员，企业科技行政管理人员和直接为项目(课题)活动提供服务的辅助人员。反映投入从事拥有自主知识产权的研究开发活动的人力规模。

研究与开发经费支出合计 指调查单位用于内部开展 R&D 活动（基础研究、应用研究和试验发展）的实际支出。包括用于 R&D 项目（课题）活动的直接支出，以及间接用于 R&D 活动的管理费、服务费、与 R&D 有关的基本建设支出以及外协加工费等。不包括生产性活动支出、归还贷款支出以及与外单位合作或委托外单位进行 R&D 活动而转拨给对方的经费支出。

十六、文化和出版

16-1 民族自治地方分类别按登记注册类型分的主要文化事业机构(2020年)

单位：个

类　别	合　计	按执行会计制度分类		按单位所属部门分类	
		事业	企业	文化部门	其他部门
总　计	**48352**	**24047**	**24305**	**23965**	**24387**
一、文化合计	45578	21286	24292	21398	24180
艺术表演团体	1317	428	889	470	847
其中：公有制艺术表演团体	488	428	60	470	18
艺术表演场馆	254	87	167	88	166
其中：公有制艺术表演场馆	95	87	8	88	7
公共图书馆	769	769		769	
文化馆	800	800		800	
文化站	8644	8644		8644	
其中：乡镇综合文化站	8049	8049		8049	
艺术展览创作机构	128	128		127	1
其中：美术馆	110	110		109	1
艺术教育业	11	11		11	
文化科研机构	35	35		35	
文化市场经营机构(不包括非公有制院团和场馆)	23129		23129		23129
文化行政主管部门	789	789		789	
其他文化机构	602	563	39	592	10
其中：文化市场执法机构	358	358		357	1
二、文物合计	2774	2761	13	2567	207
博物馆	661	661		554	107
文物保护管理机构	1746	1746		1691	55
文物科研机构	13	13		13	
文物商店	7		7	7	
其他文物机构	347	341	6	302	45

16–2 民族自治地方分类别按登记注册类型分的主要文化事业机构职工(2020年)

单位：人

类　别	合　计	按执行会计制度分类		按单位所属部门分类	
		事业	企业	文化部门	其他部门
总　计	**324806**	**168964**	**155842**	**173480**	**151326**
一、文化合计	308992	153203	155789	158789	150203
艺术表演团体	38692	19315	19377	21563	17129
其中：公有制艺术表演团体	22289	19315	2974	21563	726
艺术表演场馆	6061	611	5450	688	5373
其中：公有制艺术表演场馆	717	611	106	688	29
公共图书馆	8057	8057		8057	
文化馆	11054	11054		11054	
文化站	30449	30449		30449	
其中：乡镇综合文化站	28213	28213		28213	
艺术展览创作机构	719	719		717	2
其中：美术馆	610	610		608	2
艺术教育业	852	852		852	
文化科研机构	489	489		489	
文化市场经营机构(不包括非公有制院团和场馆)	126393		126393		126393
文化行政主管部门	22748	22748		22748	
其他文化机构	7982	6493	1489	7439	543
其中：文化市场执法机构	3667	3667		3661	6
二、文物合计	15814	15761	53	14691	1123
博物馆	9839	9839		8722	1117
文物保护管理机构	4288	4288		4282	6
文物科研机构	371	371		371	
文物商店	53		53	53	
其他文物机构	1263	1263		1263	

16-3 民族自治地方分地区按登记注册类型分的主要文化事业机构(2020年)

单位：个

地 区	合 计	按执行会计制度分类		按单位所属部门分类	
		事业	企业	文化部门	其他部门
合 计	**38890**	**11948**	**26942**	**12016**	**26874**
河 北	269	145	124	146	123
内 蒙 古	5855	1747	4108	1752	4103
辽 宁	501	186	315	186	315
吉 林	953	206	747	208	745
黑 龙 江	36	16	20	16	20
浙 江	65	25	40	26	39
湖 北	815	159	656	159	656
湖 南	2193	428	1765	434	1759
广 东	55	35	20	36	19
广 西	6231	1731	4500	1750	4481
海 南	444	112	332	113	331
重 庆	757	187	570	187	570
四 川	2515	1163	1352	1163	1352
贵 州	2298	801	1497	804	1494
云 南	5607	1270	4337	1273	4334
西 藏	2525	1042	1483	1042	1483
甘 肃	1030	376	654	383	647
青 海	1017	463	554	462	555
宁 夏	1215	340	875	358	857
新 疆	4509	1516	2993	1518	2991

16–4 民族自治地方分地区按登记注册类型分的主要文化事业机构职工(2020年)

单位：人

地　区	合　计	按执行会计制度分类		按单位所属部门分类	
		事业	企业	文化部门	其他部门
合　计	**350923**	**95229**	**255694**	**97943**	**252980**
河　北	2174	505	1669	553	1621
内蒙古	48724	18088	30636	18112	30612
辽　宁	1939	676	1263	676	1263
吉　林	6249	2320	3929	2388	3861
黑龙江	713	111	602	111	602
浙　江	797	142	655	177	620
湖　北	7458	1645	5813	1645	5813
湖　南	17191	2818	14373	2949	14242
广　东	720	392	328	411	309
广　西	79075	15085	63990	15853	63222
海　南	3696	661	3035	771	2925
重　庆	5089	1060	4029	1060	4029
四　川	12162	4336	7826	4336	7826
贵　州	20690	5433	15257	5560	15130
云　南	49246	10016	39230	10068	39178
西　藏	22601	9610	12991	9617	12984
甘　肃	9771	2980	6791	3256	6515
青　海	8346	2830	5516	2830	5516
宁　夏	11788	2974	8814	3984	7804
新　疆	42494	13547	28947	13586	28908

16–5 民族自治地方分地区艺术事业机构(2020年)

单位：个、座

地 区	合 计	艺术表演团体	艺术表演场馆	艺术创作机构
合 计	**1697**	**1319**	**250**	**128**
河 北	28	27		1
内蒙古	269	204	32	33
辽 宁	8	5	3	
吉 林	26	14	9	3
黑龙江	4	4		
浙 江	19	19		
湖 北	89	85	2	2
湖 南	117	88	20	9
广 东	3	3		
广 西	132	78	48	6
海 南	21	17	4	
重 庆	127	127		
四 川	55	34	14	7
贵 州	85	76	8	1
云 南	226	198	22	6
西 藏	112	87	25	
甘 肃	33	24	2	7
青 海	118	84	34	
宁 夏	34	30	3	1
新 疆	191	115	24	52

16-6 民族自治地方分地区艺术事业机构职工(2020年)

单位：人

地 区	合 计	艺术表演团 体	艺术表演场 馆	艺术创作机 构
合 计	**47498**	**40534**	**6222**	**742**
河 北	939	937		2
内 蒙 古	9424	8555	642	227
辽 宁	146	128	18	
吉 林	694	571	25	98
黑 龙 江	93	93		
浙 江	419	419		
湖 北	1266	1222	28	16
湖 南	3092	2355	707	30
广 东	113	113		
广 西	4744	3153	1505	86
海 南	589	471	118	
重 庆	1662	1662		
四 川	950	647	290	13
贵 州	2160	2098	62	
云 南	8155	6044	2090	21
西 藏	2665	2540	125	
甘 肃	1089	987	74	28
青 海	2088	1971	117	
宁 夏	1962	1932	21	9
新 疆	5248	4636	400	212

16–7 民族自治地方分地区群众文化事业、图书馆事业机构(2020年)

单位：个、座

地　区	群众文化事业			图书馆
	合　计	文化馆	文化站	
合　计	**9223**	**789**	**8434**	**762**
河　北	127	7	120	6
内蒙古	1205	120	1085	117
辽　宁	166	8	158	8
吉　林	152	13	139	12
黑龙江	12	1	11	1
浙　江	22	1	21	1
湖　北	120	12	108	11
湖　南	339	20	319	20
广　东	26	3	23	3
广　西	1300	125	1175	116
海　南	85	8	77	8
重　庆	173	5	168	5
四　川	1026	52	974	52
贵　州	682	40	642	41
云　南	938	89	849	88
西　藏	779	82	697	81
甘　肃	297	24	273	24
青　海	353	44	309	42
宁　夏	272	27	245	27
新　疆	1149	108	1041	99

16-8 民族自治地方分地区群众文化事业、图书馆事业机构职工(2020年)

单位：人

地区	群众文化事业			图书馆事业
	合计	文化馆	文化站	
合计	**25367**	**11088**	**25367**	**8001**
河北	172	48	172	35
内蒙古	3049	1820	3049	1784
辽宁	219	122	219	88
吉林	377	572	377	261
黑龙江	11	13	11	12
浙江	65	18	65	13
湖北	470	131	470	120
湖南	769	270	769	201
广东	72	56	72	25
广西	3189	2099	3189	1680
海南	128	108	128	66
重庆	604	93	604	51
四川	1365	654	1365	272
贵州	1468	597	1468	290
云南	2679	1232	2679	859
西藏	5389	541	5389	198
甘肃	598	344	598	269
青海	732	615	732	305
宁夏	741	586	741	568
新疆	3270	1169	3270	904

16-9 民族自治地方分地区文物事业机构和职工(2020年)

单位：个、人

地 区	文物事业机构		#文物保护管理机构		#博物馆	
	机构数	职工人数	机构数	职工人数	机构数	职工人数
合 计	**2451**	**16453**	**1733**	**5230**	**718**	**11223**
河 北	10	79	6	9	4	70
内 蒙 古	269	3348	97	699	172	2649
辽 宁	15	345	7	252	8	93
吉 林	28	306	12	100	16	206
黑 龙 江	2	15	1		1	15
浙 江	4	44	1	5	3	39
湖 北	14	204	2	11	12	193
湖 南	25	611	10	129	15	482
广 东	3	52			3	52
广 西	212	2986	70	446	142	2540
海 南	8	65			8	65
重 庆	10	75	5	27	5	48
四 川	52	728	28	182	24	546
贵 州	60	603	21	72	39	531
云 南	158	1302	83	458	75	844
西 藏	1267	2210	1259	1977	8	233
甘 肃	49	584	11	75	38	509
青 海	38	376	22	49	16	327
宁 夏	76	1049	22	275	54	774
新 疆	151	1471	76	464	75	1007

16-10-1 民族自治地方分地区广播电视机构设置情况(2020年)(一)

单位：个

地　区	合　计	广播电台	电视台	广播电视台	融媒体中心
合　计	**713**	**3**	**6**	**514**	**190**
河　北	6			6	
内蒙古	89		2	86	1
辽　宁	8			6	2
吉　林	12			12	
黑龙江	1				1
浙　江	1			1	
湖　北	10			10	
湖　南	16			16	
广　东	3				3
广　西	94	2		85	7
海　南	6			5	1
重　庆	4			1	3
四　川	55			55	
贵　州	49			49	
云　南	95			10	85
西　藏	76			76	
甘　肃	24			24	
青　海	43		4	39	
宁　夏	19			18	1
新　疆	102	1		15	86

16—10—2 民族自治地方分地区广播电视机构设置情况(2020年)(二)

单位：个

地 区	省			
	合 计	广播电台	电视台	广播电视台
合 计	**5**			**5**
内蒙古	1			1
广 西	1			1
西 藏	1			1
宁 夏	1			1
新 疆	1			1

16—10—3 民族自治地方分地区广播电视机构设置情况(2020年)(三)

单位：个

地 区	地			
	合 计	广播电台	电视台	广播电视台
合 计	**79**	**3**	**6**	**70**
内蒙古	14		2	12
吉 林	1			1
湖 北	1			1
湖 南	1			1
广 西	14	2		12
四 川	3			3
贵 州	3			3
云 南	8			8
西 藏	7			7
甘 肃	2			2
青 海	6		4	2
宁 夏	5			5
新 疆	14	1		13

16-10-4 民族自治地方分地区广播电视机构设置情况(2020年)(四)

单位：个

地区	县				
	合计	广播电台	电视台	广播电视台	融媒体中心
合计	**629**			**439**	**190**
河北	6			6	
内蒙古	74			73	1
辽宁	8			6	2
吉林	11			11	
黑龙江	1				1
浙江	1			1	
湖北	9			9	
湖南	15			15	
广东	3				3
广西	79			72	7
海南	6			5	1
重庆	4			1	3
四川	52			52	
贵州	46			46	
云南	87			2	85
西藏	68			68	
甘肃	22			22	
青海	37			37	
宁夏	13			12	1
新疆	87			1	86

16–11–1 民族自治地方使用民族语言广播播出机构（2020年）（一）

单位：个

地 区	总 计	蒙古语	藏语	维吾尔语	苗语	彝语	壮语	朝鲜语
合 计	**157**	**32**	**53**	**44**	**2**	**4**	**16**	**6**
内蒙古	22	22						
辽 宁	4	2						2
吉 林	4	1						3
黑龙江	2	1						1
广 西	16				1		15	
四 川	5		2			3		
云 南	3				1	1	1	
西 藏	25		25					
甘 肃	2		2					
青 海	26	2	24					
新 疆	48	4		44				

16–11–2 民族自治地方使用民族语言广播播出机构（2020年）（二）

单位：个

地 区	总 计	哈尼语	哈萨克语	傣语	傈僳语	拉祜语	景颇语	柯尔克孜语
合 计	**28**	**2**	**15**	**3**	**2**	**1**	**2**	**3**
内蒙古								
辽 宁								
吉 林								
黑龙江								
广 西								
四 川								
云 南	10	2		3	2	1	2	
西 藏								
甘 肃								
青 海								
新 疆	18		15					3

16—12—1 民族自治地方广播节目制作情况(2020年)(一)

单位：小时

地区	全年制作广播节目时间	全年制作新闻资讯类广播节目时间	全年制作专题服务类广播节目时间	全年制作综艺类广播节目时间
合计	**1085643**	**225950**	**325326**	**306768**
河北	4804	2402	1157	212
内蒙古	299322	52758	92728	93446
辽宁	21795	2564	5548	6927
吉林	32424	5085	11677	12782
黑龙江	247	197		49
浙江	640	91	198	91
湖北	9054	3812	2860	397
湖南	8044	2561	1239	1713
广东	1147	33		
广西	215456	49313	34765	80091
海南	1348	648	659	
重庆	4167	1421	915	356
四川	14746	3303	7086	2788
贵州	26085	9442	11026	2588
云南	67971	14542	30100	12272
西藏	39313	7125	12030	14574
甘肃	8984	4175	2729	1191
青海	7137	3709	2075	763
宁夏	57342	11413	18688	9990
新疆	265616	51355	89848	66539

16—12—2 民族自治地方广播节目制作情况(2020年)(二)

单位：小时

地　区	全年制作广播剧类广播节目时间	全年制作广告类广播节目时间	全年制作其他类广播节目时间
合　计	**25747**	**76120**	**125731**
河　北		253	780
内蒙古	9321	16577	34492
辽　宁	3715	1500	1541
吉　林	627	1352	901
黑龙江		1	
浙　江		30	230
湖　北	62	934	990
湖　南	696	696	1139
广　东		50	1064
广　西	1242	13105	36940
海　南	5	5	30
重　庆	200	112	1164
四　川		588	981
贵　州	102	1959	968
云　南	2660	2983	5413
西　藏	2289	2053	1242
甘　肃	25	108	756
青　海	121	197	273
宁　夏	1515	7436	8302
新　疆	3167	26181	28526

16—13—1 民族自治地方广播覆盖情况(2020年)(一)

地区	广播综合人口覆盖		中央节目		省级节目	
	人口(万人)	覆盖率(%)	人口(万人)	覆盖率(%)	人口(万人)	覆盖率(%)
合计	**19606.48**	**98.30**	**19553.33**	**98.04**	**19211.94**	**96.32**
河北	187.04	97.76	187.04	97.76	161.28	84.30
内蒙古	2530.90	99.66	2521.71	99.30	2468.96	97.22
辽宁	314.31	97.88	313.43	97.61	309.38	96.34
吉林	315.92	99.72	315.86	99.70	315.45	99.57
黑龙江	23.32	100.00	23.32	100.00	22.82	97.86
浙江	17.02	100.00	17.02	100.00	17.02	100.00
湖北	459.96	99.94	459.96	99.94	459.53	99.84
湖南	472.38	98.76	472.37	98.75	467.68	97.77
广东	38.68	100.00	38.68	100.00	38.68	100.00
广西	5590.34	98.16	5572.66	97.85	5555.44	97.54
海南	174.77	98.78	174.77	98.78	162.81	92.02
重庆	270.81	97.44	270.81	97.44	270.81	97.44
四川	768.91	94.22	766.68	93.95	700.30	85.82
贵州	1799.20	95.57	1798.37	95.52	1748.18	92.86
云南	2512.87	99.08	2511.51	99.03	2434.40	95.99
西藏	347.30	99.07	343.12	97.88	343.96	98.12
甘肃	441.97	99.09	426.51	95.62	406.95	91.23
青海	411.28	98.86	411.28	98.86	404.63	97.26
宁夏	692.95	99.76	692.95	99.76	688.38	99.10
新疆	2236.55	98.68	2235.28	98.62	2235.28	98.62

16–13–2 民族自治地方广播覆盖情况(2020年)(二)

地 区	广播综合人口覆盖				无线广播综合覆盖			
	地市级节目		县级节目				中央节目	
	人 口（万人）	覆盖率（%）	人 口（万人）	覆盖率（%）	人 口（万人）	覆盖率（%）	人 口（万人）	覆盖率（%）
合 计	**15545.56**	**77.94**	**9046.79**	**45.36**	**19192.83**	**96.23**	**19137.50**	**95.95**
河 北	187.04	97.76	173.01	90.43	187.04	97.76	187.04	97.76
内蒙古	2461.96	96.94	1444.55	56.88	2525.05	99.43	2516.07	99.08
辽 宁	276.34	86.06	288.20	89.75	311.12	96.89	306.10	95.32
吉 林	294.37	92.91	281.83	88.96	315.74	99.66	315.74	99.66
黑龙江	21.47	92.07	21.42	91.85	23.32	100.00	23.32	100.00
浙 江	8.00	47.00	8.00	47.00	17.02	100.00	17.02	100.00
湖 北	437.37	95.03	163.30	35.48	459.13	99.76	459.13	99.76
湖 南	375.34	78.47	279.28	58.39	463.77	96.96	463.77	96.96
广 东	38.68	100.00	38.68	100.00	38.00	98.24	37.00	95.66
广 西	5272.05	92.57	2477.59	43.50	5535.80	97.20	5527.87	97.06
海 南			144.00	81.39	174.58	98.67	174.58	98.67
重 庆			173.57	62.45	261.03	93.92	261.03	93.92
四 川	441.17	54.06	243.27	29.81	725.10	88.86	722.93	88.59
贵 州	900.25	47.82	284.19	15.10	1593.43	84.64	1592.93	84.61
云 南	2039.94	80.44	534.31	21.07	2454.25	96.77	2448.55	96.55
西 藏	83.17	23.72	21.50	6.13	343.46	97.97	338.70	96.62
甘 肃	260.95	58.50	270.93	60.74	427.25	95.79	414.07	92.83
青 海	198.58	47.73	249.11	59.88	411.20	98.84	411.20	98.84
宁 夏	660.72	95.12	355.18	51.13	692.44	99.68	692.43	99.68
新 疆	1588.16	70.07	1594.87	70.37	2234.10	98.57	2228.02	98.30

16-14 民族自治地方使用民族语言电视播出机构(2020年)

单位：个

地区	合计	蒙古语	藏语	维吾尔语	彝语	壮语	朝鲜语	哈萨克语	傣语	景颇语	柯尔克孜语
合计	**271**	**34**	**102**	**55**	**8**	**20**	**6**	**27**	**10**	**6**	**3**
内蒙古	24	24									
辽宁	1	1									
吉林	7	1					6				
黑龙江	1	1									
山东											
广西	19					19					
四川	22		18		4						
云南	21				4	1			10	6	
西藏	51		51								
甘肃	7		7								
青海	28	2	26								
新疆	90	5		55				27			3

16—15—1 民族自治地方电视节目制作情况(2020年)(一)

单位：小时

地区	全年制作电视节目时间	#新闻资讯类	#专题服务类	#综艺益智类	#影视剧类	#广告类
合计	**438233**	**201584**	**87747**	**28893**	**8227**	**59720**
河北	3060	936	639	142		651
内蒙古	85210	32218	23118	8602	52	13514
辽宁	4613	692	1315	1298		613
吉林	12764	2033	3573	1071	5	5581
黑龙江	401	400				1
浙江	479	96	54	98		110
湖北	2805	2049	422	64		215
湖南	10103	3435	1698	846		1639
广东	225	175				50
广西	93984	39381	13530	3855	2062	20681
重庆	2614	694	812	77		385
四川	18565	11543	3262	1922	21	521
贵州	23344	16456	1653	109		1070
云南	49967	25851	9340	1926	182	7251
西藏	20245	13688	3088	1247	205	1453
甘肃	8714	4481	2900	569		411
青海	9206	5703	1765	729	65	221
宁夏	19181	7058	4369	3008	1	2169
新疆	72754	34694	16209	3332	5634	3183

16-15-2 民族自治地方电视节目制作情况(2020年)(二)

单位：小时

地　区	全年制作其他类电视节目时间（小时）	全年制作电视剧数量	
		部	集
合　计	**52062**	**12**	**376**
河　北	692		
内蒙古	7706	1	47
辽　宁	695		
吉　林	500		
黑龙江			
浙　江	121		
湖　北	55		
湖　南	2484		
广　东			
广　西	14474	7	198
重　庆	647		
四　川	1297		
贵　州	4056		
云　南	5416		
西　藏	563	1	40
甘　肃	353		
青　海	722	1	6
宁　夏	2576		
新　疆	9703	2	85

16—16—1 民族自治地方电视覆盖情况(2020年)(一)

地　区	电视综合人口覆盖		中央节目		省级节目	
	人　口 (万人)	覆盖率 (%)	人　口 (万人)	覆盖率 (%)	人　口 (万人)	覆盖率 (%)
合　计	**19746.87**	**99.01**	**19709.24**	**98.82**	**19392.56**	**97.23**
河　北	190.05	99.34	190.05	99.34	190.05	99.34
内蒙古	2531.39	99.68	2529.59	99.61	2469.41	97.24
辽　宁	312.74	97.39	311.81	97.10	312.23	97.23
吉　林	316.51	99.90	315.18	99.48	315.73	99.66
黑龙江	23.32	100.00	23.32	100.00	22.82	97.86
浙　江	17.02	100.00	17.02	100.00	17.02	100.00
湖　北	459.77	99.90	459.77	99.90	459.77	99.90
湖　南	474.55	99.21	474.55	99.21	465.44	97.31
广　东	38.68	100.00	38.68	100.00	38.68	100.00
广　西	5646.67	99.15	5633.56	98.92	5607.25	98.45
海　南	175.06	98.94	175.06	98.94	171.64	97.01
重　庆	276.50	99.49	276.50	99.49	276.50	99.49
四　川	789.75	96.78	787.25	96.47	707.66	86.72
贵　州	1839.18	97.69	1837.98	97.63	1788.64	95.01
云　南	2519.56	99.35	2518.70	99.31	2455.73	96.83
西　藏	347.86	99.23	343.34	97.94	345.36	98.52
甘　肃	442.07	99.11	433.67	97.22	405.38	90.88
青　海	411.49	98.91	411.44	98.90	411.44	98.90
宁　夏	694.20	99.94	694.20	99.94	694.20	99.94
新　疆	2240.50	98.85	2237.57	98.72	2237.61	98.73

16-16-2 民族自治地方电视覆盖情况(2020年)(二)

地区	电视综合人口覆盖率							
	地市级节目		县级节目		无线电视综合覆盖			
							中央节目	
	人口(万人)	覆盖率(%)	人口(万人)	覆盖率(%)	人口(万人)	覆盖率(%)	人口(万人)	覆盖率(%)
合计	**16169.19**	**81.07**	**12615.06**	**63.25**	**19177.93**	**96.15**	**19108.69**	**95.81**
河北	147.66	77.18	190.05	99.34	190.05	99.34	190.05	99.34
内蒙古	2430.92	95.72	1488.51	58.61	2496.77	98.32	2479.45	97.63
辽宁	290.06	90.33	278.05	86.59	290.76	90.55	290.08	90.33
吉林	285.69	90.17	304.46	96.10	314.82	99.37	313.55	98.97
黑龙江	22.34	95.80	19.43	83.32	23.32	100.00	23.32	100.00
浙江	8.35	49.06	8.35	49.06	17.02	100.00	17.02	100.00
湖北	425.41	92.43	308.15	66.95	459.12	99.75	459.12	99.75
湖南	365.98	76.51	303.74	63.50	461.00	96.38	461.00	96.38
广东	38.68	100.00	38.68	100.00	36.00	93.07	35.00	90.49
广西	5161.38	90.62	3593.25	63.09	5597.12	98.28	5573.82	97.87
海南					174.86	98.83	174.86	98.83
重庆			156.65	56.37	256.44	92.27	256.44	92.27
四川	518.59	63.55	473.77	58.06	742.52	90.99	741.34	90.85
贵州	968.59	51.45	686.36	36.46	1547.83	82.22	1547.38	82.19
云南	2093.56	82.55	1932.59	76.20	2461.73	97.07	2459.82	96.99
西藏	110.56	31.54	59.17	16.88	341.40	97.39	336.93	96.11
甘肃	277.51	62.21	295.21	66.18	428.09	95.97	416.79	93.44
青海	327.79	78.79	325.78	78.31	411.35	98.88	411.30	98.87
宁夏	672.79	96.86	376.54	54.21	688.23	99.08	688.23	99.08
新疆	2023.33	89.27	1776.32	78.37	2239.50	98.81	2233.19	98.53

16—17 民族自治地方分地区图书、杂志、报纸出版情况(2020年)

单位：种数：种；印数：万册(份)

地区	图书		杂志		报纸	
	种数	印数	种数	印数	种数	印数
合计	**17682**	**70656**	**1155**	**6425**	**423**	**152344**
河北	6	1	2	1	2	203
内蒙古	3524	6322	150	1129	55	24449
辽宁	1	12			3	377
吉林		4659				57
黑龙江					1	26
浙江					1	88
湖北	40	70	2	4	3	1500
湖南	23	10	3	2	24	4514
广东						
广西	6695	31375	179	3499	46	47814
海南		8	7	4	1	
重庆	25	12	72	2	51	590
四川			2	5	3	2038
贵州	65	20	349	6	63	2800
云南	176	30	74	104	18	3393
西藏	676	1649	40	246	26	9501
甘肃						
青海	35	19	24	6	12	497
宁夏	2855	7948	35	380	13	8926
新疆	3561	18521	216	1037	101	45569

主要统计指标解释

文化产业机构 指专门从事文化工作具有法人资格、独立核算的事业、企业单位以及单独核算、附属于事业单位的经营性专业文化活动单位。

文化产业机构包括艺术业、图书馆业、群众文化业、文物业、文化艺术教育业、出版业、娱乐业、文化艺术经纪与代理业以及不属于以上分类的其他文化产业。

艺术业 包括戏剧、舞蹈、音乐、美术等各种艺术团及艺术家的活动。如演员、音乐家、作家、雕刻家、画家、漫画家、雕塑家的活动等。也包括剧场、音乐厅、美术展览馆等演出、展出设施的管理。

在制度中，将艺术业分为艺术表演团体、艺术表演场所和其他艺术三类。

艺术表演团体 指由文化部门主办或实行行业管理（经文化行政部门审批或已申报登记并领取相关许可证），专门从事表演艺术等活动的各类专业艺术表演团体，含民间职业剧团。不包括群众业余文艺表演团体。

艺术表演场所 指由文化部门主办或实行行业管理（经文化市场行政部门审批或已申报登记并领取相关许可证），有观众席、舞台、灯光设备，公开售票、专供文艺团体演出的文化活动场所。

图书馆 包括公共图书馆和除部队系统外的各类单位内部举办的或单独举办的图书馆。不包括群众艺术馆、文化馆、文化站内设的图书室。目前制度仅统计公共图书馆。

群众文化机构 包括群众艺术馆、文化馆、文化站、文化宫、少年宫等群众文化活动。在制度中，目前暂时不统计文化系统外的文化宫和少年宫。

群众艺术馆、文化馆、文化站指从事群众文化工作的专业机构。不包括临时抽调人员组成、没有编制的农村和街道文化工作队、服务站等。

广播电台 经国家广播电影电视总局（原广播电影电视部，下同）批准设置并颁发许可证，独立建制，财务上独立核算，有自办节目并正式播出的无线广播播出机构。

广播节目套数 经国家广播电影电视总局批准，并在颁发许可证中载明的，用固定频率自办播出节目并编有整套节目时间表，定期向听众公布广播节目名称和播出时间和节目的套数。

广播/电视节目覆盖人口数 按一定的技术标准在对象区内能接收广播节目的人口数。

广播/电视节目综合人口覆盖率 指根据原国家广电总局制定的《广播电视人口覆盖率统计技术标准和方法》进行统计调查的，在对象区内能接收到由中央、省、地市或县通过无线、有线或卫星等各种技术方式转播的各级广播/电视节目的人口数占全国总人口数的百分比。

电视台 经国家广播电影电视总局批准设置，并颁发许可证，独立建制，财务上独立核算，有自办节目并正式播出的无线电视播出机构。

电视节目套数 经国家广播电影电视总局批准，并在颁发许可证中载明的，用固定频道自办电视节目，并编有整套节目时间表，定期向观众公布电视节目名称和播出时间的节目的套数。

电视覆盖人口数 按一定的技术标准在对象区内能接收电视节目的人口数。

电视发射台和转播台 经广播电影电视行政主管部门批准设置正式开播的电视发射台和转播台。

电影放映单位 指具有放映机器设备、固定或不固定的放映场所与专职或兼职的放映技术人员，经有关部门登记批准，经常为一定的观众对象放映电影的机构。包括经批准对外开放进行营业，并与电影发行放映管理机构分账的专用放映单位和军委系统租片单位。

十七、卫　生

17-1 民族自治地方分地区卫生机构数(2020年)(一)

单位：个

地　区	卫生机构	医　院	卫生院	门诊部	疗养院、所	专科防治所、站	疾病预防控制中心	妇幼保健所、站	社区卫生服务中心（站）
合　计	**56798**	**4724**	**8524**	**1765**	**14**	**117**	**821**	**686**	**3261**
河　北	680	30	116	25			6	6	21
内蒙古	11519	777	1257	588	3	29	120	114	1200
辽　宁	1000	52	159	18		5	7	8	18
吉　林	1946	86	127	87	1	11	12	12	19
黑龙江	64	4	11	1			1	1	1
浙　江	57	3	19				1	1	2
湖　北	868	65	105	17		1	11	11	21
湖　南	1285	116	338	32		6	16	16	9
广　东	82	7	28	1		2	3	3	1
广　西	14577	733	1265	476	5	32	121	105	325
海　南	67	9	13	3			1	1	2
重　庆	458	47	126	3		2	4	4	16
四　川	2185	225	1147	11			54	54	39
贵　州	2544	403	588	24	1	1	44	44	187
云　南	5204	648	849	120		24	89	86	137
西　藏	1662	172	679	9			82	43	14
甘　肃	1032	100	295	4	1		24	23	39
青　海	945	112	271	16		1	39	36	85
宁　夏	2402	218	205	59			25	23	231
新　疆	8221	917	926	271	3	3	161	95	894

17-1 民族自治地方分地区卫生机构数(2020年)(二)

单位：个

地　区	诊所、卫生所、医务室	急救中心(站)	采供血机构	卫生监督所(中心)	医学科学研究机构	医学在职培训机构	健康教育所(站、中心)	其他卫生机构
合　计	**35021**	**52**	**127**	**689**	**23**	**16**	**47**	**911**
河　北	469			6				1
内蒙古	7202	9	18	117	4	3	25	53
辽　宁	693		1	2	1			36
吉　林	1570	1	7	6		1		6
黑龙江	42			1		1		1
浙　江	28			1				2
湖　北	619		1	11				6
湖　南	689		1	16	1			45
广　东	34			3				
广　西	10785	4	34	125	11		1	555
海　南	36		1					1
重　庆	251			4				1
四　川	587	3	3	43	1	5		13
贵　州	1200	1	8	38	1			4
云　南	3114	26	8	83	2	4	7	7
西　藏	653		7	2		1		
甘　肃	487	2	2	23	2	1	3	26
青　海	339		7	38				1
宁　夏	1580	3	6	24			11	17
新　疆	4643	3	23	146				136

17-2 民族自治地方分地区卫生机构床位数(2020年)

单位：张

地区	卫生机构床位	医院			卫生院		门诊部	疗养院、所	专科防治所、站	妇幼保健所、站	其他卫生机构
			市	县		乡卫生院					
合计	**1125986**	**839023**	**459196**	**379827**	**225942**	**225113**	**702**	**1458**	**1801**	**38256**	**18804**
河北	10357	6844		6844	3077	3077				248	188
内蒙古	162072	130166	86906	43260	21481	21481	103	332	372	4433	5185
辽宁	13993	9475		9475	4099	4099			30	182	207
吉林	15055	12158	7932	4226	2456	2456		48	48	189	156
黑龙江	850	608		608	171	171				71	
浙江	650	553		553	83	83					14
湖北	29863	19311	10096	9215	9259	8981	10		15	823	445
湖南	36661	26180	6561	19619	9353	9353	27		42	631	428
广东	1535	801		801	625	625			10	99	
广西	295562	201994	133205	68789	72947	72947	140	725	568	16018	3170
海南	1040	841		841	174	174					25
重庆	14776	8394		8394	5102	5102				224	1056
四川	43383	31739	9344	22395	9693	9671	6			1433	512
贵州	79453	61707	22033	39674	13694	13383	22	83		2691	1256
云南	145109	107293	43259	64034	30377	30159	206		621	4968	1644
西藏	18586	14335	8805	5530	3703	3703	26			384	138
甘肃	18866	13738	3636	10102	3978	3978	8	100		761	281
青海	15459	12338	3717	8621	2610	2610			40	259	212
宁夏	41261	35565	26741	8824	3657	3657	5			1602	432
新疆	181455	144983	96961	48022	29403	29403	149	170	55	3240	3455

17–3 民族自治地方分地区专业卫生人员(2020年)(一)

单位：人

地　区	卫生人员合计	#卫生技术人员	#执业(助理)医师
合　计	**1505723**	**1271065**	**443215**
河　北	10727	9156	4014
内蒙古	235024	198013	76658
辽　宁	16033	13019	4905
吉　林	26797	22164	9160
黑龙江	1207	1015	467
浙　江	1127	913	395
湖　北	31539	27456	9971
湖　南	36374	31142	10747
广　东	2767	2329	749
广　西	435828	365679	120718
海　南	1597	1273	461
重　庆	13426	11212	3994
四　川	54144	45468	14130
贵　州	93292	80830	25515
云　南	178231	155368	49044
西　藏	28297	22564	9325
甘　肃	23785	19738	6619
青　海	18252	15502	5853
宁　夏	68470	58259	21907
新　疆	228806	189965	68583

17–3 民族自治地方分地区专业卫生人员(2020年)(二)

单位：人

地区	市属卫生人员	#卫生技术人员	#执业(助理)医生	县属专业卫生人员	#卫生技术人员	#执业(助理)医生
合计	**463527**	**390616**	**132465**	**572843**	**486529**	**157710**
河北				8686	7359	3051
内蒙古	82668	68811	24628	69648	59111	22750
辽宁				12788	10355	3882
吉林	9906	8164	3113	7792	6159	2416
黑龙江				1055	899	405
浙江				756	610	232
湖北	8549	7462	2574	11829	10504	3708
湖南	6004	5232	1618	24577	21222	7167
广东				1668	1363	395
广西	167470	140353	45119	138539	114458	32996
海南				1048	845	303
重庆				10135	8562	3098
四川	10781	8827	2900	34255	29425	8763
贵州	17672	15280	5159	48706	42888	13200
云南	47403	41297	13420	88667	77746	23554
西藏	6306	5048	2028	8374	6691	2591
甘肃	5000	3900	1248	13474	11537	3799
青海	3313	2803	1049	7801	6666	2406
宁夏	20395	17473	6222	12887	11354	4140
新疆	78060	65966	23387	70158	58775	18854

17-4 民族自治地方分地区卫生机构万元以上设备台数(2020年)

单位：台

地　　区	合　计	10万元以下	10-49万元	50-99万元	100万元以上
合　　计	**1124823**	**832895**	**223730**	**37103**	**31095**
河　　北	7263	5373	1505	194	191
内 蒙 古	199864	146620	39946	6903	6395
辽　　宁	9558	7055	1983	284	236
吉　　林	18400	13359	4009	557	475
黑 龙 江	1228	1026	165	14	23
浙　　江	1449	1127	259	32	31
湖　　北	25209	18706	5019	834	650
湖　　南	21180	16009	4148	529	494
广　　东	1772	1233	427	68	44
广　　西	308009	223185	64248	11588	8988
海　　南	1241	910	262	40	29
重　　庆	9880	7175	2113	348	244
四　　川	36841	28100	6765	1173	803
贵　　州	60966	46504	11294	1751	1417
云　　南	124208	94391	23103	3430	3284
西　　藏	16986	11197	4416	855	518
甘　　肃	14041	10452	2844	442	303
青　　海	14583	9807	3838	559	379
宁　　夏	59499	43609	12221	1881	1788
新　　疆	192646	147057	35165	5621	4803

17—5 民族自治地方分地区乡村医生、卫生员(2020年)

单位：人

地　区	乡村医生和卫生员	乡村医生	卫生员
合　计	**133296**	**121252**	**12044**
河　北	1817	1758	59
内蒙古	15515	14303	1212
辽　宁	2718	2613	105
吉　林	1498	1360	138
黑龙江	130	129	1
浙　江	28	28	
湖　北	2910	2786	124
湖　南	2771	2675	96
广　东	197	195	2
广　西	30083	28085	1998
海　南	72	72	
重　庆	1647	1578	69
四　川	8321	8247	74
贵　州	10029	7951	2078
云　南	19825	18752	1073
西　藏	12564	9868	2696
甘　肃	2318	2057	261
青　海	2985	2663	322
宁　夏	3141	2949	192
新　疆	14727	13183	1544

17—6　民族自治地方分地区民族医院情况（2020年）

单位：个

地　区	机构个数	床位数	人员数				
			合　计	卫生技术人员		其　他技术人员	管理人员
				小　计	医　生		
合　计	**302**	**39979**	**42755**	**35146**	**13821**	**3073**	**1824**
内蒙古	96	17203	21113	17772	6901	1338	882
辽　宁	1	300	523	406	176	67	24
吉　林	2	100	160	138	65	5	17
黑龙江	1	100	42	32	15		5
湖　北	2	350	460	407	156	41	3
湖　南	1	40	34	27	11	1	3
广　西	5	1303	2306	1795	644	149	252
四　川	35	1698	1667	1381	572	85	58
贵　州	8	386	334	267	69	8	34
云　南	4	375	565	472	196	8	30
西　藏	47	2895	3019	2219	1255	244	138
甘　肃	14	856	858	732	426	26	41
青　海	29	2663	1844	1509	718	129	80
宁　夏	1	20	13	11	5		
新　疆	56	11690	9817	7978	2612	972	257

主要统计指标解释

医疗卫生机构　指从卫生(卫生计生)行政部门取得《医疗机构执业许可证》、《计划生育技术服务许可证》，或从民政、工商行政、机构编制管理部门取得法人单位登记证书，为社会提供医疗服务、公共卫生服务或从事医学科研和医学在职培训等工作的单位。医疗卫生机构包括医院、基层医疗卫生机构、专业公共卫生机构、其他医疗卫生机构。

医院　包括综合医院、中医医院、中西医结合医院、民族医院、各类专科医院和护理院，不包括专科疾病防治院、妇幼保健院和疗养院，包括医学院校附属医院。

基层医疗卫生机构　包括社区卫生服务中心、社区卫生服务站、街道卫生院、乡镇卫生院、村卫生室、门诊部、诊所(医务室)。

专业公共卫生机构　包括疾病预防控制中心、专科疾病防治机构、妇幼保健机构（含妇幼保健计划生育服务中心)、健康教育机构、急救中心（站)、采供血机构、卫生监督机构、取得《医疗机构执业许可证》或《计划生育技术服务许可证》的计划生育技术服务机构。

其他医疗卫生机构　包括疗养院、临床检验中心、医学科研机构、医学在职教育机构、卫生监督（监测、检测）机构、医学考试中心、农村改水中心、人才交流中心、统计信息中心等卫生事业单位。

卫生人员　指在医院、基层医疗卫生机构、专业公共卫生机构及其他医疗卫生机构工作的职工，包括卫生技术人员、乡村医生和卫生员、其他技术人员、管理人员和工勤人员。一律按支付年底工资的在岗职工统计，包括各类聘任人员(含合同工)及返聘本单位半年以上人员，不包括临时工、离退休人员、退职人员、离开本单位仍保留劳动关系人员、本单位返聘和临聘不足半年人员。

卫生技术人员　包括执业医师、执业助理医师、注册护士、药师（士)、检验技师（士)、影像技师、卫生监督员和见习医（药、护、技）师（士）等卫生专业人员。不包括从事管理工作的卫生技术人员(如院长、副院长、党委书记等)。

执业医师　指《医师执业证》“级别”为“执业医师”且实际从事医疗、预防保健工作的人员，不包括实际从事管理工作的执业医师。执业医师类别分为临床、中医、口腔和公共卫生四类。

执业(助理)医师　指《医师执业证》“级别”为“执业助理医师”且实际从事医疗、预防保健工作的人员，不包括实际从事管理工作的执业助理医师。执业助理医师类别分为临床、中医、口腔和公共卫生四类。

床位数　指年底固定实有床位（非编制床位)，包括正规床、简易床、监护床、正在消毒和修理床位、因扩建或大修而停用的床位、不包括产科新生儿床、接产室待产床、库存床、观察床、临时加床和病人家属陪侍床。

十八、社会服务

18—1 民族自治地方分地区收养单位、民间组织和社区建设情况(2020年)

地区	收养单位		民间组织		社区建设
	福利类收养单位床位数(万张)	福利类收养单位收养救助人数(万人)	单位数(个)	#社会团体	城镇社区服务设施数(个)
合计	**43.13**	**19.59**	**96019**	**53664**	**16349**
河北	0.55	0.26	489	241	59
内蒙古	8.16	4.50	16751	7864	2801
辽宁	0.70	0.34	766	298	291
吉林	2.05	1.17	2628	1356	840
黑龙江	0.05	0.04	111	37	11
浙江	0.09	0.01	38	24	
湖北	0.07	0.05	233	163	5
湖南	1.54	0.86	2345	1259	713
广东	0.11	0.04	254	168	31
广西	9.71	3.18	28921	13450	2849
海南	0.11	0.02	646	310	116
重庆	0.16	0.06	1439	870	337
四川	1.87	0.90	2943	2095	482
贵州	3.39	1.55	4320	2702	2329
云南	4.51	1.41	11900	8222	1704
西藏	0.86	0.56	559	491	73
甘肃	0.35	0.19	3773	3207	556
青海	0.53	0.32	3550	2859	466
宁夏	2.14	0.88	5583	3202	633
新疆	6.18	3.25	8770	4846	2053

18—2 民族自治地方分地区城镇居民最低生活保障情况(2020年)

地　　区	城镇居民最低生活保障人数(人)	城镇居民最低生活保障户数(户)	城镇居民最低生活保障支出(万元)	城镇居民最低生活保障年支出水平(元/人、年)
合　　计	**1860656**	**987367**	**1103026**	**5928**
河　　北	8632	4766	5517	6391
内 蒙 古	314469	199188	215405	6850
辽　　宁	17123	12119	11883	6940
吉　　林	60134	44666	44088	7332
黑 龙 江	1798	1178	1088	6049
浙　　江	306	187	178	5824
湖　　北	226	151	205	9071
湖　　南	49398	26441	26156	5295
广　　东	495	348	388	7838
广　　西	349422	154547	186901	5349
海　　南	10180	5158	6195	6086
重　　庆	27197	15151	19048	7004
四　　川	61040	35147	30661	5023
贵　　州	296281	107097	130440	4403
云　　南	170571	116866	105163	6165
西　　藏	24633	13053	21488	8723
甘　　肃	63356	24333	39571	6246
青　　海	52282	26264	54815	10485
宁　　夏	84096	50289	55695	6623
新　　疆	269017	150418	148142	5507

18—3 民族自治地方分地区农村居民最低生活保障情况(2020年)

地　区	农村居民最低生活保障人数(人)	农村居民最低生活保障户数(户)	农村居民最低生活保障支出(万元)	农村居民最低生活保障年支出水平(元/人、年)
合　计	**10662833**	**4792080**	**3683475**	**3454**
河　北	110438	88033	43115	3904
内蒙古	1334022	856578	494067	3704
辽　宁	122327	71309	38630	3158
吉　林	76565	50512	29334	3831
黑龙江	6823	4609	2241	3285
浙　江	4665	2661	2599	5571
湖　北	4984	2760	3559	7141
湖　南	222248	104066	68974	3103
广　东	9508	4821	4030	4239
广　西	2679474	903050	856361	3196
海　南	41405	16995	15188	3668
重　庆	91510	44099	47857	5230
四　川	895235	349747	284240	3175
贵　州	1056745	405835	326321	3088
云　南	1390371	669982	469975	3380
西　藏	131860	38209	50634	3840
甘　肃	339186	98755	100529	2964
青　海	293110	94974	159992	5458
宁　夏	395650	283797	161224	4075
新　疆	1456707	701288	524607	3601

主要统计指标解释

城市居民最低生活保障人数 指在报告期末共同生活的家庭成员人均收入低于当地最低生活保障标准，且家庭财产状况符合相关规定的城镇居民，并已发放补助经费的人数。

农村居民最低生活保障人数 指报告期末共同生活的家庭成员人均收入低于当地最低生活保障标准，得到当地政府给予最低生活保障待遇的农业人口家庭人数。

社区服务机构和设施数 指报告期末设立的社区服务指导中心、社区服务中心、社区服务站、社区养老机构、社区互助型养老设施及其他社区服务机构的总和数。具有面向老人，残疾人，儿童及其家庭的商品递送、医疗保健、家庭保洁、日间照料、陪伴服务等为社区居家养老服务的设施和突出综合服务的职能。

陆地边境县

1—1 陆地边境县经济发展主要指标

指　　标	2019年	占全国比重(%)	2020年	占全国比重(%)
人口与就业				
年末总人口(万人)	2378.53	1.70	2387.07	1.69
#少数民族人口	1226.54		1191.92	
地区生产总值(亿元)	**9843.76**	**1.09**	**10012.00**	**0.99**
第一产业	2158.80	3.33	2377.11	3.06
第二产业	2970.06	0.81	2856.54	0.74
第三产业	4717.05	1.00	4778.30	0.86
人均地区生产总值(元)	**41385.81**	**64.02**	**41942.70**	**58.25**
财政(亿元)				
地方一般公共预算收入	570.52	0.58	587.31	0.59
地方一般公共预算支出	3569.96	1.90	3754.12	1.78
农业				
耕地面积(万公顷)	599.96	4.45	657.55	4.87
灌溉面积(万公顷)	256.33	3.75	284.11	4.11
农林牧渔总产值(亿元)	3121.84	2.75	3792.95	2.75
主要农产品产量(万吨)				
粮食产量	2218.61	3.37	2442.31	3.65
棉花产量	24.43	4.00	22.46	3.80
油料产量	79.54	2.32	52.90	1.47
牲畜年末存栏数(万头)				
大牲畜	898.20	9.33	812.33	7.91
羊	2923.63	9.84	3039.69	9.92
猪	611.05	1.43	638.88	1.57
肉类总产量(万吨)	191.62	2.22	207.65	2.68
工业				
规模以上工业企业资产总计(亿元)	9982.74	0.88	9778.93	0.77
教育				
普通高中和初中				
学校数(个)	1217	1.85	1195	1.82
在校学生数(人)	1043017	1.48	1094428	1.56
专任教师数(人)	93148	1.71	95522	1.75
普通小学				
学校数(个)	4219	2.61	4461	2.82
在校学生数(人)	1628563	1.58	1726391	1.61
专任教师数(人)	112697	1.85	119268	1.85
医疗卫生				
医疗卫生机构数(个)	16488	1.69	16183	1.58
医疗机构床位数(张)	113260	1.40	116688	1.28
卫生技术人员数(人)	130657	1.37	137473	1.29

2-1 陆地边境县行政区划(2020年末)

地　区	合计	市辖区	县级市	县	旗	自治县
合　计	**140**	**8**	**34**	**66**	**15**	**17**
内蒙古	20	1	4		15	
辽　宁	5	3	1			1
吉　林	10	1	6	2		1
黑龙江	18	1	8	9		
广　西	8	1	3	4		
云　南	25		5	11		9
西　藏	18			18		
甘　肃	1					1
新　疆	35	1	7	22		5

2–2 我国陆地边境县(旗)、市(市辖区)分布(2020年末)

地区	个数	县、旗、市(市辖区)
内蒙古自治区	1 市辖区 4 县级市 15 旗	包头市：达尔罕茂明安联合旗 呼伦贝尔市：扎赉诺尔区、满洲里市、额尔古纳市 陈巴尔虎旗、新巴尔虎左旗、新巴尔虎右旗 巴彦淖尔市：乌拉特中旗、乌拉特后旗 乌兰察布市：四子王旗 兴安盟：阿尔山市、科尔沁右翼前旗 锡林郭勒盟：二连浩特市、阿巴嘎旗、苏尼特左旗 苏尼特右旗、东乌珠穆沁旗 阿拉善盟：阿拉善左旗、阿拉善右旗、额济纳旗
辽宁省	3 市辖区 1 县级市 1 自治县	丹东市：振兴区、元宝区、振安区、东港市、宽甸满族自治县
吉林省	1 市辖区 6 县级市 2 县 1 自治县	通化市：集安市 白山市：浑江区、临江市、抚松县、长白朝鲜族自治县 延边朝鲜族自治州：图们市、珲春市、龙井市、和龙市、安图县
黑龙江省	1 市辖区 8 县级市 9 县	鸡西市：虎林市、密山市、鸡东县 鹤岗市：萝北县、绥滨县 双鸭山市：饶河县 伊春市：嘉荫县 佳木斯市：同江市、抚远市 牡丹江市：绥芬河市、穆棱市、东宁市 黑河市：爱辉区、逊克县、孙吴县 大兴安岭地区：漠河市、呼玛县、塔河县

2–2 续表

地区	个数	县、旗、市(市辖区)
广西壮族自治区	1 市辖区 3 县级市 4 县	防城港市：防城区、东兴市 百色市：靖西市、那坡县 崇左市：凭祥市、宁明县、龙州县、大新县
云南省	5 县级市 11 县 9 自治县	保山市：腾冲市、龙陵县 普洱市：江城哈尼族彝族自治县、孟连傣族拉祜族佤族自治县 澜沧拉祜族自治县、西盟佤族自治县 临沧市：镇康县、耿马傣族佤族自治县、沧源佤族自治县 红河哈尼族彝族自治州：绿春县、金平苗族瑶族傣族自治县、河口瑶族自治县 文山壮族苗族自治州：麻栗坡县、马关县、富宁县 西双版纳傣族自治州：景洪市、勐海县、勐腊县 德宏傣族景颇族自治州：芒市、瑞丽市、盈江县、陇川县 怒江傈僳族自治州：泸水市、福贡县、贡山独龙族怒族自治县
西藏自治区	18 县	日喀则市：定日县、康马县、定结县、仲巴县、亚东县、吉隆县、 聂拉木县、萨嘎县、岗巴县 林芝市：墨脱县、察隅县 山南市：洛札县、错那县、浪卡子县 阿里地区：噶尔县、普兰县、札达县、日土县
甘肃省	1 自治县	酒泉市：肃北蒙古族自治县
新疆维吾尔自治区	1 市辖区 7 县级市 22 县 5 自治县	哈密市：伊州区、巴里坤哈萨克自治县、伊吾县 阿克苏地区：温宿县、乌什县 喀什地区：叶城县、塔什库尔干塔吉克自治县 和田地区：和田县、皮山县 昌吉回族自治州：奇台县、木垒哈萨克自治县 博尔塔拉蒙古自治州：博乐市、阿拉山口市、温泉县 克孜勒苏柯尔克孜自治州：阿图什市、阿克陶县、阿合奇县、乌恰县 伊犁哈萨克自治州：霍尔果斯市、霍城县、昭苏县、察布查尔锡伯自治县 塔城地区：塔城市、额敏县、托里县、裕民县、和布克赛尔蒙古自治县 阿勒泰地区：阿勒泰市、布尔津县、富蕴县、福海县、哈巴河县、青河县、吉木乃县 自治区直辖县级行政单位：可克达拉市

3–1 陆地边境县分地区年末总人口和少数民族人口(2020年)

单位：万人

地区	年末总人口	#少数民族人口	乡村人口	城镇人口
合计	**2387.07**	**1191.92**	**1358.77**	**1023.95**
内蒙古	182.06	58.25	85.62	92.11
辽宁	175.20	40.02	88.31	86.89
吉林	187.35	40.51	57.54	129.81
黑龙江	283.78	21.47	117.17	166.61
广西	272	220.40	203.59	68.15
云南	710.87	416.70	473.15	237.71
西藏	38.44	35.63	30.12	8.33
甘肃	1.24	0.52	0.43	0.81
新疆	536.37	358.41	302.84	233.53

4–1 陆地边境县分地区生产总值(2020年)

单位：亿元

地区	地区生产总值	第一产业	第二产业	第三产业	人均地区生产总值(元)
合计	**10012.00**	**2377.11**	**2856.54**	**4778.30**	**41943**
内蒙古	1234.35	234.34	489.53	510.47	65658
辽宁	546.16	117.04	115.21	313.91	32491
吉林	649.51	80.57	192.03	376.82	35463
黑龙江	1261.37	621.78	172.39	467.20	45849
广西	730.86	178.88	196.42	355.56	32785
云南	2733.06	621.72	777.46	1333.89	40109
西藏	133.15	18.64	58.27	56.23	35559
甘肃	16.91	1.23	7.35	8.33	136285
新疆	2706.64	502.92	847.88	1355.89	50463

4-2 陆地边境县分地区生产总值指数(2020年)

地　　区	地区生产总值 (以2019年为100)	第一产业	第二产业	第三产业
合　　计	**103.7**	**104.1**	**107.7**	**102.0**
内 蒙 古	98.9	102.2	98.8	96.9
辽　　宁	100.6	103.5	105.2	97.7
吉　　林	102.0	103.3	107.5	102.0
黑 龙 江	103.4	103.5	112.3	99.8
广　　西	104.4	105.0	109.7	102.4
云　　南	105.8	105.7	108.3	104.0
西　　藏	107.9	106.9	113.0	104.1
甘　　肃	107.8	105.6	107.4	101.6
新　　疆	104.8	103.6	111.5	103.7

4-3 陆地边境县分地区生产总值构成(2020年)

单位：%

地　　区	地区生产总值	第一产业	第二产业	第三产业
合　　计	**100**	**23.7**	**28.5**	**47.7**
内 蒙 古	100	19.0	39.7	41.4
辽　　宁	100	21.4	21.1	57.5
吉　　林	100	12.4	29.6	58.0
黑 龙 江	100	49.3	13.7	37.0
广　　西	100	24.5	26.9	48.7
云　　南	100	22.7	28.4	48.8
西　　藏	100	14.0	43.8	42.2
甘　　肃	100	7.3	43.5	49.3
新　　疆	100	18.6	31.3	50.1

5-1 陆地边境县分地区社会消费品零售总额和进出口总额(2020年)

单位：亿元

地　区	社会消费品零售总额	进出口总额
合　计	**2935.11**	**4685.04**
内蒙古	306.42	295.52
辽　宁	219.26	89.81
吉　林	241.86	89.84
黑龙江	300.86	274.26
广　西	213.59	2409.54
云　南	1142.03	1279.10
西　藏	29.71	13.09
甘　肃	3.05	
新　疆	478.33	233.88

6-1 陆地边境县分地区财政收入情况(2020年)

单位：亿元

地　区	地方一般公共预算收入	#收入税收	#国内增值税	#企业所得税	#个人所得税
合　计	**587.31**	**401.23**	**129.79**	**43.45**	**14.12**
内蒙古	79.89	77.34	20.95	12.54	1.78
辽　宁	39.51	28.58	12.97	3.75	0.83
吉　林	41.74	29.19	6.80	3.73	0.94
黑龙江	53.08	29.13	7.21	3.64	0.91
广　西	41.51	23.99	6.16	1.40	0.49
云　南	121.98	75.54	26.10	3.58	1.32
西　藏	11.46	4.41	1.82	0.49	0.56
甘　肃	3.00	0.92			
新　疆	195.14	132.13	47.79	14.32	7.29

6–2 陆地边境县分地区财政支出情况(2020年)

单位：亿元

地　　区	一般公共预算支出	#一般公共服务	#教　　育	#科学技术
合　　计	**3754.12**	**372.57**	**521.83**	**10.97**
内 蒙 古	396.61	36.72	33.44	0.96
辽　　宁	112.58	11.68	19.87	0.07
吉　　林	320.32	23.26	33.07	0.47
黑 龙 江	441.89	36.37	40.75	2.24
广　　西	270.49	25.24	40.13	0.43
云　　南	861.42	92.49	148.29	1.53
西　　藏	217.28	41.23	20.49	0.18
甘　　肃	14.28			
新　　疆	1119.25	105.58	185.79	5.09

7–1 陆地边境县分地区居民收入和支出情况(2020年)

单位：元

地　　区	城镇居民人均可支配收入	城镇居民人均消费支出	农村居民人均可支配收入	农村居民人均消费支出
合　　计	**32222**	**19924**	**14223**	**10657**
内 蒙 古	38471	23121	17963	13027
辽　　宁	34510	20108	18897	14607
吉　　林	26530	16294	14265	10756
黑 龙 江	28628	21227	19170	13219
广　　西	35070	20406	14100	9264
云　　南	33236	23125	12410	10367
西　　藏	42449		13039	
甘　　肃	41874	35111	28888	24844
新　　疆	32373	16941	12891	10255

8—1 陆地边境县分地区农村基层组织情况(2020年)

地　区	乡镇个数 (个)	乡村人口 (万人)	村民委员会 (个)
合　计	**1235**	**1358.77**	**10692**
内蒙古	151	85.62	1084
辽　宁	46	88.31	466
吉　林	81	57.54	951
黑龙江	160	117.17	1334
广　西	84	203.59	1041
云　南	251	473.15	2042
西　藏	139	30.12	851
甘　肃	4	0.43	26
新　疆	319	302.84	2897

注:本表所指的乡包括民族乡。

8—2 陆地边境县分地区农、林、牧、渔业总产值及指数(2020年)

单位:亿元

地　区	农林牧渔业总产值	#农业	#林业	#牧业	#渔业	农林牧渔业总产值指数
合　计	**3792.95**	**2251.56**	**292.69**	**874.44**	**190.32**	**104.9**
内蒙古	247.47	51.47	5.00	134.45	7.06	103.8
辽　宁	204.70	71.82	2.72	47.25	74.27	103.6
吉　林	117.40	81.73	13.10	31.76	6.98	104.5
黑龙江	1036.60	822.92	47.91	115.33	21.73	103.6
广　西	317.27	173.01	34.77	47.58	47.00	105.0
云　南	993.57	539.87	171.04	227.68	27.12	105.8
西　藏	26.17	9.23	0.46	15.16	0.04	107.7
甘　肃	1.23					105.6
新　疆	848.54	501.50	17.68	255.23	6.12	105.9

8-3 陆地边境县分地区耕地面积和有效灌溉面积(2020年)

单位：千公顷

地　区	年末实有耕地面积	有效灌溉面积
合　计	**6575.53**	**2841.09**
内蒙古	1032.80	287.46
辽　宁	170.19	56.19
吉　林	207.76	35.40
黑龙江	2567.62	934.51
广　西	343.25	71.36
云　南	905.88	376.33
西　藏	33.89	29.22
甘　肃	1.23	1.23
新　疆	1312.89	1049.37

8-4 陆地边境县分地区主要农产品产量(2020年)

单位：万吨

地　区	粮食	油料	棉花
合　计	**2442.31**	**52.90**	**22.46**
内蒙古	264.74	21.25	0.01
辽　宁	84.14	1.18	
吉　林	100.40	0.43	
黑龙江	902.67	1.84	
广　西	60.05	1.70	0.02
云　南	312.87	8.52	
西　藏	11.81	0.64	
甘　肃	0.48	0.07	
新　疆	705.15	17.26	22.43

8-5 陆地边境县分地区牲畜年末存栏数(2020年)

单位：万头

地　区	牲畜年末存栏数		
	大牲畜	猪	羊
合　计	**812.33**	**638.88**	**3039.69**
内蒙古	160.82	39.29	1290.33
辽　宁	4.03	35.74	12.75
吉　林	19.18	24.47	7.27
黑龙江	36.23	71.05	49.79
广　西	26.94	74.22	11.08
云　南	107.07	351.19	75.44
西　藏	75.56	3.98	230.28
甘　肃	2.91	0.18	20.80
新　疆	379.59	38.75	1341.96

8-6 陆地边境县分地区畜产品产量(2020年)

单位：万吨

地　区	肉类总产量	#猪肉	#牛肉	#羊肉
合　计	**207.65**	**63.80**	**38.60**	**49.73**
内蒙古	43.80	5.82	10.13	25.96
辽　宁	21.07	2.68	0.15	0.07
吉　林	4.94	2.38	1.46	0.08
黑龙江	12.37	7.17	3.05	0.91
广　西	11.08	5.74	0.98	0.17
云　南	57.61	34.96	6.38	1.32
西　藏	2.27	0.11	1.14	1.01
甘　肃	0.33	0.02	0.06	0.19
新　疆	54.19	4.93	15.24	20.01

8-7 陆地边境县分地区农业机械总动力和农村用电量(2020年)

地　　区	农业机械总动力 (万千瓦)	农村用电量 (亿千瓦小时)
合　　计	**2732.93**	**51.23**
内 蒙 古	306.59	7.38
辽　　宁	91.00	1.30
吉　　林	33.85	3.85
黑 龙 江	702.23	6.01
广　　西	218.04	6.30
云　　南	494.91	12.02
西　　藏	346.88	0.25
甘　　肃		0.02
新　　疆	539.44	14.11

9-1 陆地边境县分地区规模以上工业企业单位数和资产总计(2020年)

地　　区	工业企业单位数 (个)	资产总计 (亿元)
合　　计	**2715**	**9778.93**
内 蒙 古	404	2271.09
辽　　宁	239	363.83
吉　　林	243	646.28
黑 龙 江	371	539.02
广　　西	235	642.26
云　　南	558	1653.65
西　　藏	33	6.77
甘　　肃		
新　　疆	632	3656.01

10-1 陆地边境县分地区教育情况(2020年)

单位：人

地 区	普通高中			初中			普通小学		
	学校数（所）	在校学生数	#专任	学校数（所）	在校学生数	#专任	学校数（所）	在校学生数	#专任教师数
合 计	**236**	**346116**	**28672**	**959**	**748312**	**66850**	**4461**	**1726391**	**119268**
内蒙古	23	25413	2018	83	36391	3937	112	73031	5518
辽 宁	6	16068	1301	67	24231	3405	223	62885	5675
吉 林	21	20123	1783	121	29739	6249	199	60536	7124
黑龙江	34	36295	3222	146	68855	7502	232	99756	9523
广 西	13	33503	1897	84	96038	6098	713	210964	12272
云 南	77	125330	9791	258	265358	19491	1841	615332	36115
西 藏				19	14477	1441	143	31689	2806
甘 肃	1	214	35	2	321	49	2	628	78
新 疆	61	89170	8625	179	212902	18678	996	571570	40157

11-1 陆地边境县分地区医疗卫生情况(2020年)

单位：个、张、人

地 区	医疗卫生机构数	医疗卫生机构床位数	卫生技术人员数
合 计	**16183**	**116688**	**137473**
内蒙古	1335	6675	9942
辽 宁	1296	6150	11009
吉 林	1455	6033	10102
黑龙江	2181	15031	15330
广 西	1476	10529	12245
云 南	3540	43141	42061
西 藏	1001	2007	1682
甘 肃	38	152	38
新 疆	3861	26970	35064

12—1 陆地边境县分地区收养单位、民间组织和社区建设情况(2020年)

地　区	收养单位		民间组织		社区建设
	福利类收养单位床位数(万张)	福利类收养单位收养救助人数(万人)	单位数(个)	#社会团体(个)	城镇社区服务设施数(个)
合　计	**5.43**	**2.59**	**8722**	**4881**	**3129**
内蒙古	0.45	0.23	1097	709	340
辽　宁	0.63	0.37	649	97	319
吉　林	1.07	0.64	1060	671	587
黑龙江	1.15	0.48	1253	472	291
广　西	0.29	0.03	1350	672	131
云　南	0.92	0.29	2295	1696	396
西　藏	0.03	0.03	18	18	5
甘　肃	0.01		27	19	7
新　疆	0.88	0.52	973	527	1053

12—2 陆地边境县分地区城镇居民最低生活保障情况(2020年)

地　区	城镇居民最低生活保障人数(人)	城镇居民最低生活保障户数(户)	城镇居民最低生活保障支出(万元)	城镇居民最低生活保障年支出水平(包括春节等一次性补助)(元/人、年)
合　计	**254097**	**165466**	**152528**	**6003**
内蒙古	26283	18154	19448	7399
辽　宁	12738	9650	10148	7966
吉　林	65410	48565	39857	6093
黑龙江	35970	24624	22349	6213
广　西	13828	6152	6172	4464
云　南	35504	24521	20152	5676
西　藏	2099	849	2475	11789
甘　肃	300	151	195	6490
新　疆	61965	32800	31735	5121

12—3 陆地边境县分地区农村居民最低生活保障情况(2020年)

地　区	农村居民最低生活保障人数(人)	农村居民最低生活保障户数(户)	农村居民最低生活保障支出(万元)	农村居民最低生活保障年支出水平(元/人、年)
合　计	**1238564**	**609763**	**447236**	**3611**
内蒙古	84693	56307	35367	4176
辽　宁	29541	19986	11243	3806
吉　林	51894	36256	19437	3746
黑龙江	44854	29514	20259	4517
广　西	177790	59333	55023	3095
云　南	440484	209753	156511	3553
西　藏	7414	2635	4520	6097
甘　肃	161	94	49	3050
新　疆	401733	195885	144828	3605

13-1 各陆地边境县主要经济社会指标(2020年)(一)

地　区	年　末 总人口 (万人)	地　区 生产总值 (亿元)	人均地区 生产总值 (元)	规模以上 工业企业资产总计 (亿元)
内蒙古自治区	**182.06**	**1234.35**	**65658**	**2271.09**
达尔罕茂明安联合旗	10.95	91.61	83647	332.18
四子王旗	21.11	58.94	27923	102.42
二连浩特市	7.58	65.94	92039	40.59
阿巴嘎旗	4.31	34.93	89819	69.23
东乌珠穆沁旗	6.21	57.44	81129	49.82
苏尼特左旗	3.41	26.23	81980	19.77
苏尼特右旗	6.60	37.55	61302	66.00
满洲里市	17.21	141.49	60975	129.63
额尔古纳市	7.79	39.41	50554	36.90
陈巴尔虎旗	5.38	84.55	166771	213.36
新巴尔虎左旗	4.14	25.01	60373	9.22
新巴尔虎右旗	3.50	59.51	169572	97.39
乌拉特中旗	14.30	95.16	66544	346.61
乌拉特后旗	5.81	67.61	116332	226.80
阿拉善左旗	17.60	115.90	65852	241.94
阿拉善右旗	2.50	20.40	79013	41.60
额济纳旗	3.58	38.11	106585	43.14
阿尔山市	3.22	19.72	58768	20.88
科尔沁右翼前旗	28.47	104.04	36390	82.89
扎赉诺尔区	8.39	47.27	55453	100.71
辽宁省	**175.20**	**546.16**	**32491**	**363.83**
振安区	16.55	48.24	28995	120.38
元宝区	17.70	64.09	36212	
振兴区	41.30	119.18	28857	34.09
东港市	58.77	219.40	37189	149.07
宽甸满族自治县	40.88	95.25	28463	60.30
吉林省	**187.35**	**649.51**	**35463**	**646.28**
集安市	20.78	68.07	32503	88.35
浑江区	32.20	138.17	42830	201.68

农林牧渔业总产值（亿元）	粮　食总产量（万吨）	肉　类总产量（万吨）	社会消费品零售总额（亿元）	城镇居民人均可支配收入（元）	农村居民人均可支配收入（元）	地方一般公共预算收入（亿元）	地方一般公共预算支出（亿元）
247.47	**264.74**	**43.80**	**306.42**	**38471**	**17963**	**79.89**	**396.61**
28.40	6.69	3.07	23.09	43466	18628	5.90	21.16
25.57	20.76	2.54	16.88		12093	1.20	30.63
1.70		0.13	21.58	46358	29556	3.50	21.19
19.06		3.89	5.14	40826	30857	3.55	16.61
33.98		3.55	10.38	42308	34899	9.40	22.12
8.23		2.09	4.99	41636	18409	2.48	
13.14	0.02	1.53	8.27	39933	14231	1.83	16.38
6.26		0.40	47.99	40338		9.76	44.51
28.83	29.32	0.93	12.46	31820	30378	1.69	21.12
1.24		1.66	7.11	34972	25810	6.86	20.39
	5.04	2.18	6.17	28999	25393	0.75	14.69
31.63	0.06	4.36	6.71	33090	25583	3.29	15.19
37.71	30.14	2.52	13.57	34370	19953	7.35	30.16
9.01	7.81	1.13	7.00	34108	18169	8.18	22.25
	10.88	1.05	50.87	43694	22191		
	0.36	0.31	5.23	44900	25401	1.88	14.63
	0.21	0.04	9.08	44910	26906	3.00	18.71
0.03	4.75	0.44	4.91	30987	12612	1.86	14.12
	148.69	11.98	32.16	29909	12827	3.47	45.21
2.67	0.01		12.83	37217		3.94	7.52
204.70	**84.14**	**21.07**	**219.26**	**34510**	**18897**	**39.51**	**112.58**
14.97	4.42	1.40	7.36	33002	18439	4.85	11.56
0.98	0.16	0.16	48.82	33905	18439	4.67	7.06
3.27	0.88	0.15	87.24	35091		7.68	10.69
139.20	54.18	8.56	48.78		20192	15.25	49.02
46.28	24.49	10.80	27.08		17163	7.06	34.26
117.40	**100.40**	**4.94**	**241.86**	**26530**	**14265**	**41.74**	**320.32**
14.42	6.94	0.47	19.85	27148	16034	3.77	34.76
19.32	3.96	0.29	109.70	26736	12993	2.61	20.39

13-1(一) 续表 1

地　区	年　末 总人口 (万人)	地　区 生产总值 (亿元)	人均地区 生产总值 (元)	规模以上 工业企业资产总计 (亿元)
临江市	15.04	78.54	52163	29.37
抚松县	27.50	107.09	38942	86.14
长白朝鲜族自治县	7.55	36.29	47677	7.56
图们市	10.46	25.47	23983	
龙井市	14.70	31.77	21289	
珲春市	23.93	91.11	40165	178.65
和龙市	16.00	33.34	20548	
安图县	19.19	39.65	25876	54.54
黑龙江省	**283.78**	**1261.37**	**45849**	**539.02**
萝北县	20.99	101.93	48559	76.94
绥滨县	17.39	59.97	34341	23.47
饶河县	13.05	68.72	50257	8.57
密山市	38.49	140.95	36436	73.80
虎林市	27.10	159.97	58739	140.93
鸡东县	26.20	86.80	33130	
嘉荫县	6.90	24.94	36126	5.24
绥芬河市	6.85	50.18	72920	21.81
东宁市	20.04	72.35	35973	22.40
同江市	17.48	110.94	63434	37.73
抚远市	8.22	81.95	99446	14.90
爱辉区	19.15	36.43	40787	
逊克县	9.43	39.71	41964	51.04
孙吴县	8.09	22.34	27624	
呼玛县	4.37	17.08	38819	
塔河县	6.96	21.65	30357	6.00
漠河市	6.77	34.28	50033	26.08
穆棱市	26.30	131.19	49733	30.10
广西壮族自治区	**271.75**	**730.86**	**32785**	**642.26**
防城区	45.24	123.46	31595	26.63
东兴市	16.02	78.24	36777	27.69

农林牧渔业总产值（亿元）	粮　食总产量（万吨）	肉　类总产量（万吨）	社会消费品零售总额（亿元）	城镇居民人均可支配收入（元）	农村居民人均可支配收入（元）	地方一般公共预算收入（亿元）	地方一般公共预算支出（亿元）
0.15	4.50	0.42	12.22	25637	15832	2.68	26.14
41.70	8.26	0.52	27.24	26268	16327	6.64	41.18
9.70	2.09	0.16	7.10	24537	12804	1.31	20.09
3.21	6.55	0.31	7.22	28023	13429	1.46	27.74
8.48	17.27	1.25	8.09	25287	12097	2.73	34.17
11.82	17.86	0.40	29.24	28561	15111	15.07	43.62
	16.83	0.74	12.11	24956	12326	2.19	35.91
8.60	16.14	0.39	9.08	25522	12474	3.27	36.33
1036.60	**902.67**	**12.37**	**300.86**	**28628**	**19170**	**53.08**	**441.89**
	45.05	0.01	12.68	28642	21765	4.37	28.25
77.83	13.46	1.10	9.22	25277	15007	1.59	22.55
131.65	18.15	0.33	3.26	26526	10603	1.38	24.08
125.67	19.54	1.69	52.37	28137	17842	3.98	40.32
185.42	293.45	0.43	24.85	27984	22622	3.81	28.70
61.67	75.65	2.02	21.30	27415	19847	2.77	27.25
22.18	29.85	0.16	7.00	25047	20248	1.17	17.06
2.55	0.67	0.16	32.31	38374	23984	5.00	22.19
46.85	19.03	0.52	47.76	34219	27596	3.65	25.25
115.53	23.71	0.51	14.11	26514	11374	2.48	31.86
105.15	179.44	0.73		27228	17544	2.54	29.85
29.92	39.70	0.54	7.27	30899	17989	2.63	28.96
	56.92	0.64	6.61	26745	17876	3.47	24.96
17.68	24.94	0.89	7.15	22311	15777	2.39	19.57
14.95	12.25	0.13	4.53	27361	17686	1.11	17.77
22.29	1.19	0.26	4.31	26093	14705	0.57	8.31
20.81	0.49	0.33	7.37	29034	22179	4.07	10.23
56.47	49.18	1.92	38.77	30461	21707	6.11	34.72
317.27	**60.05**	**11.08**	**213.59**	**35070**	**14100**	**41.51**	**270.49**
60.02	9.33	2.31	33.75	38524	17536	5.06	26.21
31.78	1.85	0.75	23.20	43430	21173	5.90	24.36

13-1(一) 续表 2

地　区	年　末 总人口 (万人)	地　区 生产总值 (亿元)	人均地区 生产总值 (元)	规模以上 工业企业资产总计 (亿元)
凭祥市	11.71	67.64	52806	22.41
大新县	38.52	101.63	35760	80.87
宁明县	44.44	97.76	30479	49.95
龙州县	27.51	89.89	38905	74.19
靖西市	66.41	130.93	26673	348.77
那坡县	21.90	41.30	24181	11.77
云南省	**710.87**	**2733.06**	**40109**	**1653.65**
澜沧拉祜族自治县	44.15	120.07	27013	202.94
江城哈尼族彝族自治县	11.10	50.38	45181	40.63
西盟佤族自治县	8.70	26.03	29743	4.76
孟连傣族拉祜族佤族自治县	14.50	51.68	35664	10.07
镇康县	17.29	56.93	32810	28.92
沧源佤族自治县	16.02	51.57	32031	15.12
耿马傣族佤族自治县	29.85	121.47	42398	47.30
龙陵县	30.58	123.00	44972	120.87
腾冲市	69.08	282.35	43911	159.85
麻栗坡县	28.36	86.68	35307	48.51
马关县	38.94	122.21	38011	118.94
富宁县	43.98	127.48	29530	33.75
绿春县	24.67	52.61	24932	7.24
金平苗族瑶族傣族自治县	39.61	89.01	26729	43.24
河口瑶族自治县	9.34	110.22	108054	20.13
景洪市	64.40	316.64	49553	200.43
勐海县	33.71	160.73	45532	110.79
勐腊县	30.60	126.81	41713	32.15
芒市	43.99	177.22	41065	109.98
瑞丽市	26.43	167.02	63264	81.75
盈江县	31.52	118.03	38187	146.83
陇川县	18.14	72.83	36898	48.92
泸水市	20.40	79.16	39913	
福贡县	12.02	24.16	22248	5.83
贡山独龙族怒族自治县	3.48	18.81	48861	14.71

农林牧渔业总产值（亿元）	粮食总产量（万吨）	肉类总产量（万吨）	社会消费品零售总额（亿元）	城镇居民人均可支配收入（元）	农村居民人均可支配收入（元）	地方一般公共预算收入（亿元）	地方一般公共预算支出（亿元）
10.35	1.59	0.34	35.15	39078	14315	3.42	20.42
50.10	12.26	2.10	30.87	35966	15081	1.68	33.94
66.42	6.72	1.44	20.43	30607	14053	2.87	35.33
49.26	1.35	0.70	26.52	31806	12709	3.02	28.64
33.07	20.60	2.42	34.96	31866	12334	17.05	66.50
16.27	6.37	1.02	8.71	27242	10043	2.52	35.09
993.57	**312.87**	**57.61**	**1142.03**	**33236**	**12410**	**121.98**	**861.42**
49.95	25.44	4.40	34.63	30651	11779	5.33	58.01
21.90	5.26	0.55	13.41	31953	11879	1.15	18.92
8.52	4.16	0.45	6.52	27865	11736	0.63	17.42
28.94	7.59	0.73	18.92	28343	11934	1.70	19.35
24.77	8.65	1.31	18.03	30338	12571	3.39	22.30
25.62	7.91	1.02	19.46	30091	12401	3.36	26.63
65.03	11.71	1.51	38.51	31492	13484	4.74	32.64
51.28	15.40	4.48	37.23	31455	12626	5.93	30.64
86.68	43.11	9.16	94.53	35667	13463	16.60	77.80
27.48	10.64	2.10	47.20	30603	11984	3.60	34.99
45.35	16.05	2.61	52.49	33824	12054	7.81	42.16
50.12	13.05	2.00	61.48	33255	12453	3.67	38.68
24.82	11.13	1.66	32.27	34290	10266	1.59	25.93
29.74	13.57	2.11	34.71	34908	10311	2.03	38.14
22.56	2.25	0.41	23.49	37315	14973	3.49	25.88
92.16	9.39	1.61	171.55	36552	17615	15.01	43.13
57.28	29.02	1.24	51.33	32525	13951	5.53	32.13
80.66	9.28	1.44	49.64	28077	12777	3.36	31.61
51.43	22.30	2.01	116.09	32070	13618	8.00	48.36
20.20	4.53	1.39	127.20	39051	13955	9.08	38.75
60.20	22.69	1.59	44.54	31269	12679	5.76	31.95
39.91	11.80	11.50	25.07	29989	11434	3.52	23.44
17.09	5.87	1.77	15.78	28455	7973	4.34	49.48
6.86	1.65	0.42	4.49	26209	7557	1.21	34.88
5.03	0.43	0.11	3.46	26132	7681	1.14	18.19

13-1(一)　续表 3

地　区	年　末 总人口 （万人）	地　区 生产总值 （亿元）	人均地区 生产总值 （元）	规模以上 工业企业资产总计 （亿元）
西藏自治区	**38.44**	**133.15**	**35559**	**6.77**
洛札县	2.04	7.72	32626	
错那县	1.61	8.14	50657	
浪卡子县	3.79	10.00	26417	6.77
定结县	2.04	5.50	22299	
定日县	5.82	11.19	19996	
康马县	2.09	7.11	29993	
聂拉木县	1.70	10.00	47388	
吉隆县	1.75	9.58	50259	
亚东县	1.54	4.54	67693	
岗巴县	1.13	6.25	55353	
仲巴县	2.69	10.05	36708	
萨嘎县	1.62	6.31	37638	
噶尔县	3.11	4.57	36252	
普兰县	1.22	4.23	33121	
日土县	1.12	4.78	36482	
札达县	0.85	4.11	47810	
墨脱县	1.49	7.63	51246	
察隅县	2.84	11.44	40500	
甘肃省	**1.24**	**16.91**	**136285**	
肃北蒙古族自治县	1.24	16.91	136285	
新疆维吾尔自治区	**536.37**	**2706.64**	**50463**	**3656.01**
伊州区	56.94	454.99	79908	1284.95
伊吾县	3.85	76.46	198774	407.83
巴里坤哈萨克自治县	6.55	76.47	116687	208.71
和田县	34.26	46.36	13535	56.17
皮山县	28.16	41.46	14724	6.14

农林牧渔业总产值（亿元）	粮　食总产量（万吨）	肉　类总产量（万吨）	社会消费品零售总额（亿元）	城镇居民人均可支配收入（元）	农村居民人均可支配收入（元）	地方一般公共预算收入（亿元）	地方一般公共预算支出（亿元）
26.17	**11.81**	**2.27**	**29.71**	**42449**	**13039**	**11.46**	**217.28**
0.84	1.03	0.11	2.03		15637	0.51	17.74
0.55	0.54	0.16	2.07	40303	14007	0.41	15.20
1.11	0.54	0.23	2.11	40206	14125	2.78	8.33
1.51	0.88	0.08	1.35		10120	0.18	10.93
4.00	3.29	0.12	2.14		10727	0.77	22.35
1.87	1.28	0.28	1.33		13848	0.27	11.21
1.78	0.85	0.15	1.48		11145	0.24	14.70
1.36	0.40	0.06	1.80		14068	0.31	10.37
1.65	0.09	0.04	3.25		14488	0.83	10.99
0.62		0.04	0.82		13999	0.15	8.57
2.83		0.33	1.19		15050	0.23	16.57
1.46	0.15	0.11	2.68		11238	0.22	10.96
0.82	0.05	0.08	1.09	44021	14470	0.82	8.65
0.86	0.28	0.07	1.11	43327	14079	0.26	8.34
1.37	0.15	0.14	1.23	44362	14365	1.09	8.82
0.65	0.07	0.06	1.08	43400	13252	0.44	8.84
0.57	0.49	0.05	0.65	36480	12866	0.58	11.23
2.31	1.72	0.17	2.31	36480	13040	1.38	13.50
1.23	**0.48**	**0.33**	**3.05**	**41874**	**28888**	**3.00**	**14.28**
1.23	0.48	0.33	3.05	41874	28888	3.00	14.28
848.54	**705.15**	**54.19**	**478.33**	**32373**	**12891**	**195.14**	**1119.25**
25.90	2.05	0.63	87.05	38208	20284	30.66	54.80
6.67	0.38	0.41	2.67		20478	8.02	14.98
14.51	11.42	0.91		32805	15704	6.09	24.53
30.78	25.39	3.54	3.96	30970	10184	2.61	62.16
22.14	10.10	3.63	4.16	30040	9463	1.92	67.88

13-1(一) 续表 4

地　区	年　末 总人口 （万人）	地　区 生产总值 （亿元）	人均地区 生产总值 （元）	规模以上 工业企业资产总计 （亿元）
温宿县	26.60	84.98	31948	3.86
乌什县	20.56	51.48	25041	33.05
叶城县	52.54	109.46	20831	38.57
塔什库尔干塔吉克自治县	3.99	17.79	44542	
阿图什市	29.09	69.75	23976	51.29
阿合奇县	4.44	15.63	35218	
乌恰县	6.09	36.03	59153	92.42
阿克陶县	22.60	47.83	21163	62.13
奇台县	21.98	177.62	80807	378.59
木垒哈萨克自治县	6.73	48.72	72438	127.41
博乐市	24.67	174.10	70571	91.43
阿拉山口市	1.11	83.91	756182	57.25
温泉县	4.97	29.44	59246	4.07
昭苏县	14.69	45.82	31196	16.66
霍城县	24.33	99.63	40948	75.88
察布查尔锡伯自治县	15.78	69.96	44344	74.70
霍尔果斯市	7.15	193.89	271311	
塔城市	15.81	106.60	67424	5.72
额敏县	18.86	104.10	55182	35.20
裕民县	5.08	19.57	38515	5.49
托里县	8.55	43.77	51218	58.76
和布克赛尔蒙古自治县	6.18	44.51	72039	105.83
阿勒泰市	22.15	101.38	45777	32.06
青河县	6.17	26.73	43332	28.80
吉木乃县	3.43	17.92	52193	27.70
富蕴县	9.97	57.53	57679	129.05
布尔津县	7.29	30.99	42517	59.66
福海县	7.55	51.70	68447	23.17
哈巴河县	8.25	50.06	60660	73.46

农林牧渔业 总产值 （亿元）	粮　食 总产量 （万吨）	肉　类 总产量 （万吨）	社会消费品 零售总额 （亿元）	城镇居民人均 可支配收入 （元）	农村居民人均 可支配收入 （元）	地方一般 公共预算收入 （亿元）	地方一般 公共预算支出 （亿元）
75	28.05	2.15	48.85	32598	15638	5.42	39.32
32.15	32.77	3.59	4.28	30713	10387	2.30	36.14
80.57	39.89	7.09	11.95	26061	9686	5.55	95.43
4.13	1.88	0.71	0.83	30875	9403	1.50	27.17
16.44	9.72	0.78	15.44	28426	9609	4.40	49.36
4.12	0.51		5.91	32158	8681	1.00	16.50
2.52	0.55	0.65	6.29		9272	4.50	25.60
19.47	16.64	1.20	7.23	32478	8216	4.47	57.82
43.96	8.55	1.65	23.48	34934	19404	8.11	28.47
19.20	16.50	1.19	7.57	29449	17542	4.58	20.44
36.01	24.43	1.58	31.52	35947	19903	12.40	43.44
			1.31	34275		7.26	16.67
14.53	30.85	1.25	3.18	31660	14368	1.72	18.22
27.14	20.29	2.39	11.81	31268	15210	2.02	28.87
36.89	23.70	2.26	24.91	30200	15214	4.33	34.40
3.81	69.94	1.67	12.01	28209	15431	4.54	35.30
5.90	12.46	0.19		32735	15530	28.84	35.47
34.84	99.70	1.29	15.22	28586	18668	3.71	33.75
44.20	112.79	1.95	13.64	28508	17454	2.42	25.70
8.92	20.27	0.94	2.43	27442	16082	1.10	13.77
17.84	22.47	1.32	2.84	27383	13074	1.61	18.14
110.63	0.77		63.46	32404	14461	5.87	16.34
24.85	13.35	1.94	26.54	34507	16134	3.83	39.18
9.64	6.73	4.76	3.00	34057	14653	2.12	27.02
3.85	2.08	0.47	1.20	29479	12097	1.16	14.46
16.25	13.76	1.38	9.34	28372	12029	10.20	28.32
10.87	3.27	1.16	13.45	32204	14119	2.63	17.99
26.96	19.85		6.29	28259	16026	3.41	26.46
17.44	4.05	1.52	6.51	30215	13492	4.84	25.17

13—1 各陆地边境县主要经济社会指标(2020年)(二)

地 区	普通高中在校学生数（人）	普通高中专任教师数（人）	初中在校学生数（人）	初中专任教师数（人）	普通小学在校学生（人）	普通小学专任教师（人）	文化馆（个）
内蒙古自治区	**25413**	**2018**	**36391**	**3937**	**73031**	**5518**	**20**
达尔罕茂明安联合旗	321	69	973	154	2692	304	1
四子王旗							
二连浩特市	12293	932	2798	241	5335	359	1
阿巴嘎旗	390		674	196	1542	183	1
东乌珠穆沁旗	687		1941		4255	366	
苏尼特左旗	207		668	110	1694	162	
苏尼特右旗	832	90	1634	271	3080	358	1
满洲里市	3025	353	6608	762	9048	531	1
额尔古纳市	813	90	1422	205	2481	318	1
陈巴尔虎旗			959	224	1713	403	1
新巴尔虎左旗			771	155	1835	208	
新巴尔虎右旗	69	21	806	171	1729	128	1
乌拉特中旗	1121	137	1737	212	4019	413	1
乌拉特后旗	506	61	805	174	2317	275	7
阿拉善左旗	984	108	3884	500	8258	799	1
阿拉善右旗	299	69	413	74	1223	200	1
额济纳旗			510	109	1454	109	1
阿尔山市			338	129	905	153	
科尔沁右翼前旗	3199		7563		17144		1
扎赉诺尔区	667	88	1887	250	2307	249	
辽宁省	**16068**	**1301**	**24231**	**3405**	**62885**	**5675**	**5**
振安区	1210	77	1942	445	5177	555	1
元宝区			526	86	6463	326	1
振兴区			1294	249	15770	916	1
东港市	9755	858	12330	1459	21996	1866	1
宽甸满族自治县	5103	366	8139	1166	13479	2012	1
吉林省	**20123**	**1783**	**29739**	**6249**	**60536**	**7124**	**10**
集安市	2756	244	3753	997	6802	703	
浑江区	2091	169	2952	621	7147	879	1

图书馆（个）	博物馆（个）	医疗卫生机构数（个）	医疗卫生机构床位数（张）	卫生技术人员（人）	城镇居民最低生活保障人数（人）	城镇居民最低生活保障支出（万元）	农村居民最低生活保障人数（人）	农村居民最低生活保障支出（万元）
23	**22**	**1335**	**6675**	**9942**	**26283**	**19448**	**84693**	**35367**
1	1	84	614	571	317	210	2184	967
					3697	2399	34468	12790
1	1	7	229	487	508	408		
1	1	70	220	282	779	542	568	317
		33	356	395	1515	1055	867	524
1	1	79	130	225	553	336	991	492
1		38	372	320	2158	1384	4844	1860
2	2	113	1062	2068	1581	1368		
1	2	101	421	587	2621	1878		
1	1	50	272	313	1810	1294	424	293
		24	158	126	1260	984	1514	798
1	2	23	178	395	1138	852	582	306
1	1	133	367	806	1128	874	5465	2538
6	1	47	212	270	2371	1686	2094	1428
2	3				1299	1359	725	418
1	1	23	172	209	78	79	1	1
1	1	22	154	128	76	91		
		30	204	283	1685	1295		
1	2	406	1344	1674	1709	1354	29966	12636
1	2	52	210	803				
4	**2**	**1296**	**6150**	**11009**	**3901**	**3031**	**1574**	**599**
1		144	450	513	1641	1156	2325	890
1		76	23	479	2902	2513	352	159
		193	418	1080	3901	3031	1574	599
1	1	388	3065	6214	847	696	9806	4025
1	1	495	2194	2723	3447	2752	15484	5570
7	**10**	**1455**	**6033**	**10102**	**65410**	**39857**	**51894**	**19437**
		253	951	1069	3700	1558	5789	2184
		63	436	466	15241	9032	4113	1512

13-1(二) 续表 1

地 区	普通高中在校学生数（人）	普通高中专任教师数（人）	初中在校学生数（人）	初中专任教师数（人）	普通小学在校学生（人）	普通小学专任教师（人）	文化馆（个）
临江市	2517	273	2577	656	5061	463	1
抚松县	5001	526	5811	1255	11016	1555	1
长白朝鲜族自治县	1019	129	1214	260	2269	437	1
图们市	674	127	1156	267	2205	286	1
龙井市	985		1476		3293	376	2
珲春市	3144	122	5135	1133	11686	1105	1
和龙市	1139		1997	515	3643	664	1
安图县	797	193	3668	545	7414	656	1
黑龙江省	**36295**	**3222**	**68855**	**7502**	**99756**	**9523**	**18**
萝北县	1067	161	4091	502	2858	393	1
绥滨县	1799	150	3448	547	5511	389	1
饶河县	1523	145	6135	198	3246	372	1
密山市	4846	430	10980	1082	11327	1124	1
虎林市	3785	307	6635	720	11028	669	1
鸡东县	3234	295	6618	766	6124	927	1
嘉荫县	638	63	1463	142	2403	229	1
绥芬河市	2814	181	3549	270	7126	406	
东宁市	3790	406	4650	415	9676	1011	1
同江市	1797	151	3283	317	5666	615	1
抚远市	1128	80	2983	292	5493	471	1
爱辉区	1119	85	2529	708	8382	670	1
逊克县	1230	105	1911	233	3488	392	1
孙吴县	1539	137	2224	188	3787	403	1
呼玛县	736	68	936	121	1435	146	1
塔河县	645	81	769	199	1319	249	1
漠河市	701	66	908	175	1619	231	1
穆棱市	3904	311	5743	627	9268	826	2
广西壮族自治区	**33503**	**1897**	**96038**	**6098**	**210964**	**12272**	**8**
防城区	513	25	17503	1086	41452	2164	1
东兴市	2845	209	8835	653	26480	1598	1

图书馆（个）	博物馆（个）	医疗卫生机构数（个）	医疗卫生机构床位数（张）	卫生技术人员（人）	城镇居民最低生活保障人数（人）	城镇居民最低生活保障支出（万元）	农村居民最低生活保障人数（人）	农村居民最低生活保障支出（万元）
1	3	89		1322	4176	1944	6148	1775
1	1	312	2165	2006	11781	5965	8788	2952
1	1	92	303	459	4864	3015	3717	1687
1	1	95	340	2088	3623	2690	2210	958
	1	15	389	600	4153	3548	1982	1452
1	1	285	851	1931	7193	4811	3542	1341
1	1	19		678	6175	4690	6011	2549
1	1	232	598	903	4504	2605	9594	3028
18	**31**	**2181**	**15031**	**15330**	**3312**	**2186**	**8246**	**4620**
1	4	189	851	804	3211	1967	2431	859
1	1	133	784	626	2151	1034	3217	1004
1	1	150	812	1024	906	508	2123	828
1	1	269	3056	3055	3312	2186	8246	4620
1	1	162	1547	1834	2918	1904	1270	554
1		177	1686	1148	2161	1347	4870	2721
1	2	45	346	404	1402	831	2610	859
1	1	42	568	748	486	337	406	252
1	2	196	1087	1090	1718	1165	1870	1054
1	3	92	447	612	2928	1694	2901	1558
1		56	303	411	599	401	934	485
1	1	97	473	673	4048	2784	523	185
1		72	377	362	528	293	1481	529
1	5	122	460	557	2094	1217	4545	2174
1	1	59	202	355	954	543	1310	511
1	1	18	432	335	2049	1282	320	173
1	4	38	336	228				
1	3	264	1264	1064	4505	2855	5797	1894
8	**7**	**1476**	**10529**	**12245**	**13828**	**6172**	**177790**	**55023**
1		270	1754	1679	2877	1846	14542	5831
1	1	124	501	1038	748	404	4854	1813

13-1(二) 续表 2

地　区	普通高中在校学生数（人）	普通高中专任教师数（人）	初中在校学生数（人）	初中专任教师数（人）	普通小学在校学生（人）	普通小学专任教师（人）	文化馆（个）
凭祥市	2017	126	4196	87	11707	663	1
大新县	6641	354	10639	679	23619	1582	1
宁明县	5874	260	15400	918	29722	1820	1
龙州县	3555	189	6642	411	16707	1129	1
靖西市	9054	582	24012	1626	45879	2334	1
那坡县	3004	152	8811	638	15398	982	1
云南省	**125330**	**9791**	**265358**	**19491**	**615332**	**36115**	**27**
澜沧拉祜族自治县	4291	288	15025	1203	36193	1923	1
江城哈尼族彝族自治县	1594	115	4015	427	9697	567	1
西盟佤族自治县	1792	151	2315	199	7803	566	1
孟连傣族拉祜族佤族自治县	1844	145	5190	378	13291	738	1
镇康县	2889	200	7709	508	19846	1064	1
沧源佤族自治县	2673	247	5169	493	14888	1083	1
耿马傣族佤族自治县	14323	893	10964	714	28342	1604	1
龙陵县	7930	459	17121	775	26072	1580	1
腾冲市	16846	1175	27969	1917	52365	2992	1
麻栗坡县	4691	587	6717	545	24026	1901	1
马关县	5485	470	13894	1411	33235	2093	1
富宁县	10444	972	20572	1663	42282	3035	1
绿春县	3025	228	8791	674	23594	1151	1
金平苗族瑶族傣族自治县	5647	415	17367	1092	34651	1840	1
河口瑶族自治县	1195	86	2878	364	8548	759	1
景洪市	10061	774	20643	1312	44268	2288	2
勐海县	3106	383	10889	743	28010	1357	1
勐腊县	3926	295	11652	734	25799	1403	1
芒市	4191	315	14305	1063	38039	2158	1
瑞丽市	3692	331	7729	526	20670	1004	2
盈江县	4908	397	13383	1032	30849	1758	1
陇川县	3386	235	7664	594	18594	1034	1
泸水市	5331	444	7726	614	18599	1248	1
福贡县	1537	136	4286	340	12727	686	1
贡山独龙族怒族自治县	523	50	1385	170	2944	283	1

图书馆（个）	博物馆（个）	医疗卫生机构数（个）	医疗卫生机构床位数（张）	卫生技术人员（人）	城镇居民最低生活保障人数（人）	城镇居民最低生活保障支出（万元）	农村居民最低生活保障人数（人）	农村居民最低生活保障支出（万元）
1	1	78	588	896	911	307	3219	771
1	1	168	1686	1617	1275	566	18621	4950
1		213	1459	2083	1690	598	20394	5165
1	1	138	1310	1652	1253	294	8796	1594
1	1	350	2359	2541	2908	1613	78071	25909
1	2	135	872	739	2166	546	29293	8989
30	**18**	**3540**	**43141**	**42061**	**217**	**135**	**5958**	**2065**
1	1	253	2182	1025	782	618	59257	23536
1	1	72	784	837	885	546	8541	2872
1	1	53	420	552	596	365	4728	1865
1	1	72	648	920	217	135	5958	2065
1		112	1075	1021	651	353	9304	3222
1		130	811	754	881	454	20984	6382
1	1	147	2196	1472	1028	513	13814	4070
1		141	1185	509	424	285	18402	7749
2	4	379	3859	4658	867	558	22297	9658
1		119	1132	1085	1533	890	23614	8386
1		133	1740	1803	2491	1354	37900	13257
1	1	172	1758	2342	4253	1966	42833	15955
1	1	114	1021	983	880	367	17709	4828
1	1	235	2524	1581	1142	580	22322	7604
1		65	808	858	6381	3606	1662	571
2	1	235	4772	5444	2635	1523	6518	2178
1		203	3649	2560	716	499	6087	2324
1		173	1259	1922	1649	702	5944	2570
3	1	167	4755	4696	1073	590	9143	3002
2		98	1851	2035	543	328	3811	1083
1	1	157	1109	1510	757	508	15533	4889
1		94	1157	1328	409	244	12323	3827
1	1	112	1902	1657	1516	1063	40084	13976
1	1	68	360	237	2707	1597	25579	8422
1	1	36	184	272	488	509	6137	2220

13-1(二) 续表 3

地 区	普通高中在校学生数（人）	普通高中专任教师数（人）	初中在校学生数（人）	初中专任教师数（人）	普通小学在校学生（人）	普通小学专任教师（人）	文化馆（个）
西藏自治区			**14477**	**1441**	**31689**	**2806**	**31**
洛札县			716	53	1576	125	1
错那县			327	54	779	94	1
浪卡子县			1628	134	3022	264	
定结县			851	72	2006	170	1
定日县			2756	234	6904	366	1
康马县			912	88	1990	218	1
聂拉木县			803	75	1756	137	1
吉隆县			717	77	1731	137	1
亚东县			448	52	1079	119	1
岗巴县			497	73	1037	140	1
仲巴县			1363	111	3231	177	1
萨嘎县			774	70	1757	141	1
噶尔县			435	69	860	95	5
普兰县			225	41	953	77	3
日土县			426	39	891	85	5
札达县			120	30	521	60	6
墨脱县			452	64	1393	148	1
察隅县			1027	105	203	253	
甘肃省	**214**	**35**	**321**	**49**	**628**	**78**	**1**
肃北蒙古族自治县	214	35	321	49	628	78	1
新疆维吾尔自治区	**89170**	**8625**	**212902**	**18678**	**571570**	**40157**	**33**
伊州区	9688	975	14915	1307	30570	2829	2
伊吾县	645	72	605	94	1802	290	1
巴里坤哈萨克自治县	906	110	2042	319	5577	771	1
和田县	4254	566	11098	1070	57744	3117	1
皮山县	5477	469	12531	1188	45796	2183	1

图书馆（个）	博物馆（个）	医疗卫生机构数（个）	医疗卫生机构床位数（张）	卫生技术人员（人）	城镇居民最低生活保障人数（人）	城镇居民最低生活保障支出（万元）	农村居民最低生活保障人数（人）	农村居民最低生活保障支出（万元）
11	**1**	**1001**	**2007**	**1682**	**2099**	**2475**	**7414**	**4520**
1		36	71	64	29	5	254	39
1		15	85	45	20	128	242	116
1		93	67	155	34	28	898	178
		86	67	92	43	67	288	29
		194	200	184	95	22	1507	2690
		60	84	101	6	4	153	5
		44	95	98	1424	1677	934	205
		51	78	105	33	35	828	390
		37	56	100	33	8	2	350
		33	58	80	10	16	889	100
		73	123	135	59	23	604	135
		52	93	85	36	31	373	177
2		19	150	48	202	372	16	4
2		22	110	54	1	2		
1		20	150	43	25	18		
1		24	240	47	20	22		
1	1	45	149	141	17	9	367	95
1		97	131	105	12	8	59	8
1	**1**	**38**	**152**	**38**	**300**	**195**	**161**	**49**
1	1	38	152	38	300	195	161	49
34	**24**	**3861**	**26970**	**35064**	**61965**	**31735**	**401733**	**144828**
2	2	290	2732	4081	1580	1152	5059	2195
1	1	31	239	329	60	26	268	65
1	1	58	203	438	423	225	1864	757
1		277	1019	961	1528	817	64774	23192
1		210	1238	1211	3170	1749	51446	19983

13-1(二) 续表 4

地　区	普通高中在校学生数（人）	普通高中专任教师数（人）	初中在校学生数（人）	初中专任教师数（人）	普通小学在校学生（人）	普通小学专任教师（人）	文化馆（个）
温宿县	4171	361	11131	941	28807	2135	1
乌什县	3184	338	10255	1266	29680	2066	1
叶城县	11411	935	25102	1987	93801	4313	1
塔什库尔干塔吉克自治县	944	63	1671	98	4079	296	1
阿图什市	9455	993	13201	1172	37557	2636	1
阿合奇县			1857	276	4489	679	
乌恰县			2391	393	6199	1245	1
阿克陶县	3924	526	10659	1217	33604	2703	1
奇台县	3710		6296	478	13389	1056	1
木垒哈萨克自治县	867	148	1857	216	5025	761	1
博乐市	3372	285	16602	1299	16602	1299	1
温泉县	65	27	273	24	594	35	1
阿拉山口市	500	79	1482	264	3278	496	1
昭苏县	2508	254	5852	610	16274	1104	1
霍城县	5435	435	11519	904	26305	2155	1
察布查尔锡伯自治县	3064		6421		17065		1
霍尔果斯市	782	68	1585	117	3014	259	
塔城市	1337		5518		9249		1
额敏县	2802	209	6002	461	12678	990	1
裕民县	562	777	1495	210	3971	339	1
托里县	1142	95	5565	399	8772	695	1
和布克赛尔蒙古自治县	702		1634	295	4154	635	1
阿勒泰市		104	6222	408	11872	1003	1
青河县	1437	108	2691	219	7124	696	1
吉木乃县	209	78	1163	76	2609	291	1
富蕴县	2113	162	4291	418	10185	955	1
布尔津县	1407	144	2742	328	6470	825	1
福海县	1100	85	2290	240	5631	527	1
哈巴河县	1997	159	3944	384	7604	773	1

图书馆（个）	博物馆（个）	医疗卫生机构数（个）	医疗卫生机构床位数（张）	卫生技术人员（人）	城镇居民最低生活保障人数（人）	城镇居民最低生活保障支出（万元）	农村居民最低生活保障人数（人）	农村居民最低生活保障支出（万元）
1		197	878	1112	1182	707	5673	2400
1	1	134	650	1037	2438	1536	22748	10007
1	1	448	3579	3837	18758	8440	111084	36903
1	1	67	207	347	334	195	3411	1492
2		95	580	799	3709	1600	25018	7589
		26	270	316	1120	597	2157	709
1	1	39	345	584	834	417	3682	1081
1		121	1011	1473	3158	1793	33354	12045
1	1	205	1062	1553	306	155	2232	820
1	1	52	430	351	515	268	1736	689
1	1	279	1638	2697	2607	1581	4431	2195
1		1	100	91	1008	527	1492	664
1	1	78	346	428	2443	1128	8901	2830
1	1	72	785	1156	4125	2222	16930	6708
1		153	1411	885	1233	603	7026	2417
1	1	111	763	1117	1869	686	3842	1179
		17	128	356	2052	1206	2917	1081
1		22	1225	1362	899	428	1177	486
1	1	161	736	1312	1113	572	3314	822
1	1	57	260	412	1221	552	1327	463
1	1	142	664	608	973	602	3224	1212
		17	494	749	495	305	2196	830
1	1	123	1461	2177	397	161	1023	327
1	1	56	360	349	825	489	2817	1064
1	1		139	304	529	283	2171	884
1	1	85	538	602	616	398	1406	619
2	1	74	566	689	445	317	3033	1123
1	1	70	363	631	495	305	2196	830
1	1	93	550	710	397	161	1023	327

牧区半牧区县

1—1 牧区半牧区县经济社会发展主要指标

指　　标	2019年	占全国比重(%)	2020年	占全国比重(%)
人口				
年末总人口(万人)	4727.64	3.38	4557.10	3.23
地区生产总值(亿元)	**19068.87**	**1.92**	**19407.92**	**1.91**
第一产业	4055.61	5.76	4488.05	5.77
第二产业	6753.25	1.75	6746.37	1.76
第三产业	8260.00	1.55	8172.91	1.48
人均地区生产总值(元)	**42159.25**		**43520.45**	
财政(亿元)				
地方一般公共预算收入	1264.63	1.25	1300.32	1.30
地方一般公共预算支出	6444.50	3.16	7220.60	3.43
农业				
农林牧渔总产值(亿元)	5908.90	4.77	7054.40	5.12
粮食产量(万吨)	7407.34	11.16	7148.08	10.68
牲畜年末存栏数(万头)				
大牲畜	3428.13	34.71	3523.57	34.33
羊	10107.93	33.61	10024.54	32.70
猪	1996.02	6.43	1778.78	4.38
肉类总产量(万吨)	606.88	7.82	577.30	7.45
工业				
规模以上工业企业资产总计(亿元)	25099.11	2.08	28268.53	2.23
教育				
普通高中和初中				
学校数(个)	2082	3.14	2042	3.12
在校学生数(人)	2064560	2.85	2118556	3.16
专任教师数(人)	180718	3.22	182687	2.29
普通小学				
学校数(个)	6547	4.09	6736	4.26
在校学生数(人)	2973260	2.82	2927356	2.73
专任教师数(人)	209774	3.35	236387	3.68
医疗卫生				
医疗卫生机构数(个)	41398	4.19	43950	4.30
医疗卫生机构床位数(张)	202805	2.39	205823	2.26
卫生技术人员数(人)	218610	2.15	218506	2.05
人民生活				
农村居民人均可支配收入(元)	13489		14511	

2-1 牧区半牧区县行政区划(2020年末)

地　区	合计	市辖区	县级市	县	自治县	旗	自治旗
合　计	**268**	**3**	**21**	**180**	**18**	**44**	**2**
河　北	6			4	2		
山　西	1			1			
内蒙古	53	1	2	4		44	2
辽　宁	6		1	3	2		
吉　林	8		3	4	1		
黑龙江	15		4	10	1		
四　川	48		3	44	1		
云　南	3		1	1	1		
西　藏	38	1		37			
甘　肃	20		1	15	4		
青　海	30		3	25	2		
宁　夏	3			3			
新　疆	37	1	3	29	4		

2—2 我国牧区半牧区县(旗)、市(市辖区)分布(2020年末)

地区	个数	县、旗、市(市辖区)
河北省	4 县 2 自治县	张家口市：张北县、康保县、沽源县、尚义县 承德市：丰宁满族自治县、围场满族蒙古族自治县
山西省	1 县	朔州市：右玉县
内蒙古自治区	1 市辖区 2 县级市 4 县 44 旗 2 自治旗	包头市：达尔罕茂明安联合旗 赤峰市：林西县、阿鲁科尔沁旗、巴林左旗、巴林右旗、克什克腾旗、 翁牛特旗、敖汉旗 通辽市：开鲁县、科尔沁左翼中旗、科尔沁左翼后旗、 库伦旗、奈曼旗、扎鲁特旗 鄂尔多斯市：东胜区、达拉特旗、准格尔旗、鄂托克前旗、鄂托克旗、 杭锦旗、乌审旗、伊金霍洛旗 呼伦贝尔市：扎兰屯市、阿荣旗、陈巴尔虎旗、新巴尔虎左旗、 新巴尔虎右旗、莫力达瓦达斡尔族自治旗、鄂温克族自治旗 巴彦淖尔市：磴口县、乌拉特前旗、乌拉特中旗、乌拉特后旗 乌兰察布市：察哈尔右翼中旗、察哈尔右翼后旗、四子王旗 兴安盟：突泉县、科尔沁右翼前旗、科尔沁右翼中旗、扎赉特旗 锡林郭勒盟：锡林浩特市、阿巴嘎旗、苏尼特左旗、苏尼特右旗、 东乌珠穆沁旗、西乌珠穆沁旗、太仆寺旗、镶黄旗、 正镶白旗、正蓝旗 阿拉善盟：阿拉善左旗、阿拉善右旗、额济纳旗
辽宁省	1 县级市 3 县 2 自治县	沈阳市：康平县 阜新市：彰武县、阜新蒙古族自治县 朝阳市：北票市、建平县、喀喇沁左翼蒙古族自治县
吉林省	3 县级市 4 县 1 自治县	四平市：双辽市 松原市：长岭县、乾安县、前郭尔罗斯蒙古族自治县 白城市：洮南市、大安市、镇赉县、通榆县
黑龙江省	4 县级市 10 县 1 自治县	齐齐哈尔市：龙江县、泰来县、甘南县、富裕县 鸡西市：虎林市 大庆市：肇州县、肇源县、林甸县、杜尔伯特蒙古族自治县 佳木斯市：同江市 绥化市：安达市、肇东市、兰西县、青冈县、明水县

2–2 续表

地区	个数	县、旗、市(市辖区)
四川省	3 县级市 44 县 1 自治县	阿坝藏族羌族自治州：马尔康市、汶川县、理县、茂县、松潘县、九寨沟县、金川县、小金县、黑水县、壤塘县、阿坝县、若尔盖县、红原县 甘孜藏族自治州：康定市、泸定县、丹巴县、九龙县、雅江县、道孚县、炉霍县、甘孜县、新龙县、德格县、白玉县、石渠县、色达县、理塘县、巴塘县、乡城县、稻城县、得荣县 凉山彝族自治州：西昌市、会理县、盐源县、德昌县、会东县、宁南县、普格县、布拖县、金阳县、昭觉县、喜德县、冕宁县、越西县、甘洛县、美姑县、雷波县、木里藏族自治县
云南省	1 县级市 1 县 1 自治县	迪庆藏族自治州：香格里拉市、德钦县、维西傈僳族自治县
西藏自治区	2 市辖区 36 县	拉萨市：林周县、当雄县 日喀则市：昂仁县、谢通门县、康马县、仲巴县、亚东县、萨嘎县、岗巴县 昌都市：卡若区、江达县、贡觉县、类乌齐县、丁青县、察雅县、八宿县 林芝市：工布江达县 山南市：曲松县、措美县、错那县、浪卡子县 那曲市：色尼区、嘉黎县、比如县、聂荣县、安多县、申扎县、索县、班戈县、巴青县、尼玛县 阿里地区：噶尔县、普兰县、札达县、日土县、革吉县、改则县、措勤县
甘肃省	1 县级市 15 县 4 自治县	兰州市：永登县 金昌市：永昌县 白银市：靖远县 武威市：民勤县、天祝藏族自治县 张掖市：山丹县、肃南裕固族自治县 酒泉市：瓜州县、肃北蒙古族自治县、阿克塞哈萨克族自治县 庆阳市：环县、华池县 定西市：漳县、岷县 甘南藏族自治州：合作市、卓尼县、迭部县、玛曲县、碌曲县、夏河县
青海省	3 县级市 25 县 2 自治县	海北藏族自治州：海晏县、祁连县、刚察县、门源回族自治县 黄南藏族自治州：同仁市、尖扎县、泽库县、河南蒙古族自治县 海南藏族自治州：共和县、同德县、贵德县、兴海县、贵南县 果洛藏族自治州：玛沁县、班玛县、甘德县、达日县、久治县、玛多县 玉树藏族自治州：玉树市、杂多县、称多县、治多县、囊谦县、曲麻莱县 海西蒙古族藏族自治州：德令哈市、格尔木市、乌兰县、都兰县、天峻县
宁夏回族自治区	3 县	吴忠市：盐池县、同心县 中卫市：海原县
新疆维吾尔自治区	1 市辖区 3 县级市 29 县 4 自治县	乌鲁木齐市：乌鲁木齐县 哈密市：伊州区、巴里坤哈萨克自治县、伊吾县 阿克苏地区：温宿县、沙雅县 喀什地区：塔什库尔干塔吉克自治县 和田地区：民丰县 昌吉回族自治县：奇台县、木垒哈萨克自治县 博尔塔拉蒙古自治州：博乐市、精河县、温泉县 巴音郭楞蒙古自治州：尉犁县、且末县、和静县、和硕县 克孜勒苏柯尔克孜自治州：阿克陶县、阿合奇县、乌恰县 伊犁哈萨克自治州：巩留县、新源县、昭苏县、特克斯县、尼勒克县 塔城地区：塔城市、额敏县、托里县、裕民县、和布克赛尔蒙古自治县 阿勒泰地区：阿勒泰市、布尔津县、富蕴县、福海县、哈巴河县、青河县、吉木乃县

3-1 牧区半牧区县分地区年末总人口(2020年)

单位:万人

地　区	年末总人口	城镇人口	乡村人口
合　计	**4557.10**	**1370.96**	**3178.04**
河　北	196.33	42.07	154.26
山　西	8.80	5.10	3.70
内蒙古	1070.18	334.64	727.94
辽　宁	289.28	57.55	231.73
吉　林	324.80	103.96	220.64
黑龙江	584.75	164.53	420.21
四　川	745.63	166.11	579.21
云　南	38.75	12.05	26.70
西　藏	152.56	28.49	124.07
甘　肃	361.79	112.52	249.26
青　海	191.05	68.16	122.89
宁　夏	101.19	23.96	77.23
新　疆	491.99	251.81	240.18

4-1 牧区半牧区县分地区生产总值(2020年)

单位：亿元

地　区	地区生产总值				人均地区生产总值
		第一产业	第二产业	第三产业	
合　计	**19407.92**	**4488.05**	**6746.37**	**8172.91**	**43520**
河　北	596.84	204.78	168.06	224.00	35744
山　西	85.32	6.27	33.77	45.28	95592
内蒙古	7179.40	1217.79	3209.25	2752.37	67086
辽　宁	713.25	256.90	153.29	303.05	28278
吉　林	844.50	299.23	132.40	412.87	25948
黑龙江	1665.52	796.98	247.05	621.49	29137
四　川	2535.25	566.25	746.17	1222.83	34001
云　南	266.94	18.47	102.67	145.81	68711
西　藏	567.48	71.94	212.78	282.76	37197
甘　肃	1067.80	227.47	290.01	463.28	29515
青　海	919.42	168.52	404.66	346.24	48123
宁　夏	299.84	43.45	112.69	143.70	36465
新　疆	2666.36	594.87	893.34	1177.54	54195

4-2 牧区半牧区县分地区生产总值指数(2020年)

地 区	地区生产总值(以2019年为100)	第一产业	第二产业	第三产业
合 计	**102.1**	**103.5**	**102.5**	**101.5**
河 北	105.1	104.0	107.0	104.5
山 西	101.4	87.4	104.0	102.3
内蒙古	99.2	102.3	97.6	100.6
辽 宁	102.8	102.8	104.4	102.3
吉 林	102.5	103.0	107.7	100.3
黑龙江	103.2	104.1	109.0	99.3
四 川	103.8	104.6	105.3	103.6
云 南	105.2	105.7	108.2	102.7
西 藏	107.7	107.5	117.4	101.3
甘 肃	103.9	105.1	106.4	101.7
青 海	100.9	104.8	100.7	99.7
宁 夏	108.5	104.4	113.0	106.1
新 疆	104.6	103.3	109.6	102.3

4-3 牧区半牧区县分地区生产总值构成(2020年)

单位：%

地 区	地区生产总值	第一产业	第二产业	第三产业
合 计	**100**	**23.1**	**34.8**	**42.1**
河 北	100	34.3	28.2	37.5
山 西	100	7.4	39.6	53.1
内蒙古	100	17.0	44.7	38.3
辽 宁	100	36.0	21.5	42.5
吉 林	100	35.4	15.7	48.9
黑龙江	100	47.9	14.8	37.3
四 川	100	22.3	29.4	48.2
云 南	100	6.9	38.5	54.6
西 藏	100	12.7	37.5	49.8
甘 肃	100	23.2	29.6	47.2
青 海	100	18.3	44.0	37.7
宁 夏	100	14.5	37.6	47.9
新 疆	100	22.3	33.5	44.2

5-1 牧区半牧区县分地区农村居民生活水平情况(2020年)(一)

单位：元

地　区	农村居民人　均可支配收入	农村居民人　均消费支出
合　计	**14511.19**	**13565.42**
河　北	11698.39	10714.70
山　西	10025.00	8145.00
内蒙古	15831.56	12131.23
辽　宁	16185.92	9450.08
吉　林	13870.74	11892.84
黑龙江	15075.03	11554.51
四　川	14217.79	11242.95
云　南	10096.87	9645.47
西　藏	13944.99	10158.01
甘　肃	11269.07	9616.16
青　海	11323.92	8863.04
宁　夏	11497.11	9745.39
新　疆	17826.51	11667.52

6-1 牧区半牧区县分地区财政收支、城乡居民储蓄存款和社会消费品零售总额(2020年)

单位：亿元

地　区	地方一般公共预算收入	地方一般公共预算支出	城乡居民储蓄存款年末余额	社会消费品零售总额
合　计	**1300.32**	**7220.60**	**11778.15**	**3886.68**
河　北	36.01	271.78	702.74	144.69
山　西	4.22	18.24	73.76	15.00
内蒙古	514.44	1592.44	3009.58	1053.16
辽　宁	50.22	247.75	1124.76	164.11
吉　林	56.97	434.82	1025.91	153.21
黑龙江	67.50	482.71	1460.34	448.93
四　川	180.14	1211.49	1110.80	755.71
云　南	10.70	119.89	147.81	66.22
西　藏	50.70	545.60	109.72	121.18
甘　肃	48.17	682.08	947.91	347.43
青　海	85.84	453.39	367.61	148.46
宁　夏	14.29	163.55	207.16	80.53
新　疆	181.11	996.86	1490.06	388.05

7—1 牧区半牧区县分地区农业经济和规模以上工业企业资产总计(2020年)

地 区	农林牧渔业总产值(亿元)	粮食总产量(万吨)	规模以上工业企业资产总计(亿元)
合 计	**7054.40**	**7148.08**	**28268.53**
河 北	354.10	124.42	1496.29
山 西	12.85	5.52	238.47
内蒙古	1301.16	2454.81	13306.26
辽 宁	573.58	448.64	651.40
吉 林	547.21	780.78	918.67
黑龙江	1599.72	2050.61	1124.15
四 川	873.19	249.61	2831.36
云 南	30.46	15.97	437.02
西 藏	132.73	26.77	178.08
甘 肃	400.51	199.54	1025.23
青 海	239.66	36.93	1727.12
宁 夏	94.59	64.34	650.68
新 疆	894.65	690.15	3683.80

7—2 牧区半牧区县分地区牲畜年末存栏数和奶产量(2020年)

地 区	牲畜年末存栏数(万头)			奶产量(万吨)
	大牲畜	猪	羊	
合 计	**3523.57**	**1778.78**	**10024.54**	**645.57**
河 北	55.79	49.95	157.31	33.23
山 西	1.41	1.30	25.10	0.27
内蒙古	719.78	351.82	3801.65	243.53
辽 宁	131.44	287.05	410.54	29.57
吉 林	67.92	149.81	255.04	15.14
黑龙江	216.04	315.72	383.62	174.68
四 川	554.14	360.97	540.84	30.64
云 南	1.32	26.99	18.37	2.21
西 藏	461.35	53.51	661.30	20.68
甘 肃	183.44	85.06	847.37	15.72
青 海	556.83	35.38	1151.08	12.81
宁 夏	19.29	8.29	248.37	4.19
新 疆	554.81	52.94	1523.96	62.89

7-3 牧区半牧区县分地区肉产量(2020年)

单位：万吨

地　区	肉类总产量	#猪肉	#牛肉	#羊肉
合　计	**577.30**	**199.24**	**150.38**	**144.51**
河　北	20.28	4.45	7.92	2.42
山　西	0.79	0.23	0.19	0.34
内蒙古	130.05	28.95	34.49	54.22
辽　宁	106.65	56.05	17.36	12.18
吉　林	35.12	18.29	5.18	3.35
黑龙江	83.02	39.18	15.37	12.46
四　川	74.04	37.85	21.30	11.18
云　南	3.16	2.42	0.37	0.15
西　藏	18.70	0.48	13.35	4.45
甘　肃	25.00	6.50	7.06	10.53
青　海	19.70	0.49	8.47	7.93
宁　夏	7.45	0.66	1.74	4.86
新　疆	53.34	3.68	17.58	20.43

8-1 牧区半牧区县分地区教育情况(2020年)

地　区	普通高中			初中			普通小学		
	学校数(所)	在校学生数(人)	专任教师数(人)	学校数(所)	在校学生数(人)	专任教师数(人)	学校数(所)	在校学生数(人)	专任教师数(人)
合　计	**481**	**728718**	**60779**	**1561**	**1389838**	**121908**	**6736**	**2927356**	**236387**
河　北	13	36430	2118	46	63058	7115	197	109620	7319
山　西	1	1640	203	3	2299	280	11	4973	560
内蒙古	139	189842	18373	276	210689	21295	798	548770	45068
辽　宁	24	46175	3984	92	66325	7289	209	124497	11662
吉　林	27	47290	3424	190	84368	9928	699	140461	15694
黑龙江	40	83205	5666	253	176093	16476	331	202768	17689
四　川	72	102562	7035	191	307618	18452	1565	681676	55435
云　南	4	7021	557	6	13189	1013	35	27933	2184
西　藏	11	21434	1656	32	41366	3489	437	153007	10882
甘　肃	45	61353	6505	193	116422	10987	1126	242829	20659
青　海	21	35717	2747	73	70505	5398	273	168122	9793
宁　夏	25	20247	1357	29	44183	3070	375	91800	5176
新　疆	59	75802	7154	177	193723	17116	680	430900	34266

9–1 牧区半牧区县分地区医疗卫生情况(2020年)

地　　区	医疗卫生机构（个）	医疗卫生机构床位数（张）	卫生技术人员（人）
合　　计	**43950**	**205823**	**218506**
河　　北	2095	9002	7111
山　　西	269	509	676
内 蒙 古	11232	53792	57893
辽　　宁	3157	12439	13733
吉　　林	2475	13376	13228
黑 龙 江	2706	24461	20838
四　　川	9011	28205	36890
云　　南	292	1889	2352
西　　藏	3121	5772	5081
甘　　肃	3512	16085	16441
青　　海	1980	10691	7322
宁　　夏	504	3926	3935
新　　疆	3596	25676	33006

10–1 牧区半牧区县分地区城镇居民最低生活保障情况(2020年)

地　　区	城镇居民最低生活保障人数（人）	城镇居民最低生活保障户数（户）	城镇居民最低生活保障支出（万元）	城镇居民最低生活保障年支出水平（元/人、年）
合　　计	**471709**	**287002**	**310558**	**6584**
河　　北	12720	8962	7882	6196
山　　西	1309	745	645	4924
内 蒙 古	125955	81891	88400	7018
辽　　宁	20230	12564	11257	5565
吉　　林	39777	27451	23181	5828
黑 龙 江	55121	39412	33297	6041
四　　川	55986	32019	28072	5014
云　　南	3843	2597	2076	5402
西　　藏	13921	6234	9781	7026
甘　　肃	40040	18502	25076	6263
青　　海	37489	18126	41383	11039
宁　　夏	17647	8770	12567	7121
新　　疆	47671	29729	26943	5652

10-2 牧区半牧区县分地区农村居民最低生活保障情况(2020年)

地区	农村居民最低生活保障人数(人)	农村居民最低生活保障户数(户)	农村居民最低生活保障支出(万元)	农村居民最低生活保障年支出水平(元/人、年)
合计	**2935708**	**1555123**	**1054405**	**3592**
河北	182796	148307	75924	4153
山西	10917	7223	4011	3674
内蒙古	690502	444716	261953	3794
辽宁	101720	55285	30223	2971
吉林	156517	100063	50487	3226
黑龙江	193756	134035	51713	2669
四川	838008	328438	265676	3170
云南	12224	6906	4352	3560
西藏	76846	22335	25402	3306
甘肃	185460	68129	57767	3115
青海	189671	60029	109760	5787
宁夏	113042	81727	48030	4249
新疆	184249	97930	69109	3751

11—1 各牧区半牧区县主要经济社会指标(2020年)(一)

地 区	年末总人口（万人）	地区生产总值（亿元）	人均地区生产总值（元）	规模以上工业企业资产总计（亿元）
河北省	**196.33**	**596.84**	**35744**	**1496.29**
张北县	35.69	121.78	34121	466.45
康保县	26.40	61.46	41200	162.58
沽源县	22.18	65.50	29803	125.11
尚义县	18.39	52.61	34609	209.29
丰宁满族自治县	40.42	131.26	35862	293.75
围场满族蒙古族自治县	53.25	164.24	38562	239.11
山西省	**8.80**	**85.32**	**95592**	**238.47**
右玉县	8.80	85.32	95592	238.47
内蒙古自治区	**1070.18**	**7179.40**	**67086**	**13306.26**
达尔罕茂明安联合旗	10.95	91.61	83647	
阿鲁科尔沁旗	28.88	92.08	31882	79.56
巴林左旗	33.64	124.21	44425	54.46
巴林右旗	18.06	58.97	32654	83.79
林西县	22.59	82.75	34534	68.68
克什克腾旗	24.39	124.36	66769	493.04
翁牛特旗	47.04	143.94	30600	64.41
敖汉旗	59.80	146.57	32680	61.59
科尔沁左翼中旗	39.96	131.08	32800	136.52
科尔沁左翼后旗	32.14	122.83	38213	90.42
开鲁县	38.79	130.88	37047	139.66
库伦旗	17.65	54.00	48150	19.94
扎鲁特旗	30.45	131.94	43331	
奈曼旗	44.47	124.53	30605	
东胜区	57.42	702.20	137933	1334.93
达拉特旗	37.21	322.65	96071	646.75
准格尔旗	33.24	751.90	217780	2246.80
鄂托克旗	9.80	373.04	228000	1448.80
鄂托克前旗	8.10	135.30	187000	274.90
杭锦旗	14.36	125.33	87277	767.28
乌审旗	11.70	316.89	228000	1307.76
伊金霍洛旗	24.80	710.70	243082	1778.67
阿荣旗	31.98	94.82	29530	28.79
莫力达瓦达斡尔族自治旗	31.42	86.69	37553	8.51
鄂温克族自治旗	13.63	110.63	80978	242.71

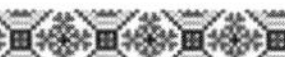

农林牧渔业总产值（亿元）	粮食总产量（万吨）	肉类总产量（万吨）	社会消费品零售总额（亿元）	农村居民人均可支配收入（元）	地方一般公共预算收入（亿元）	地方一般公共预算支出（亿元）
354.10	**124.42**	**20.28**	**144.69**	**11698**	**36.01**	**271.78**
56.35	14.09	1.22	26.59	13460	8.75	46.40
46.28	13.15	4.49	14.04	12365	6.16	38.59
54.15	23.88	1.43	19.31	11795	4.00	35.45
45.40	4.35	3.46	7.55	11519	3.02	35.35
57.93	23.43	4.61	32.74	10497	7.79	55.27
94.00	45.52	5.06	44.46	11059	6.30	60.71
12.85	**5.52**	**0.79**	**15.00**	**10025**	**4.22**	**18.24**
12.85	5.52	0.79	15.00	10025	4.22	18.24
1301.16	**2454.81**	**130.05**	**1053.16**	**15832**	**514.44**	**1592.44**
28.40	6.69	3.07		18628	5.90	21.16
36.17	65.87	3.51	8.39	11674	3.47	34.76
46.37	57.68	2.52	44.77	12373	4.13	37.51
	33.45	1.34	16.85	12768	5.54	30.55
26.45	22.48	2.17	17.18	11428	4.06	28.47
39.07	21.04	2.32	20.11	13624	6.32	
	86.57	8.84	31.86	12545	4.57	47.01
86.49	100.08	7.66	36.20	13639	4.23	48.84
	221.87		31.91	12965	2.61	43.68
	130.16		23.91	14956	3.01	33.74
	129.65		25.50	18858	2.81	31.55
36.62	60.14		10.52	13468	1.81	18.60
83.28	66.91	3.84	19.93	18402	7.99	34.95
60.34	116.51	6.48		13726	3.87	42.17
2.70	1.52	0.25			47.19	71.75
67.77	76.67	3.86	66.00	19681	19.45	46.25
19.36	21.94	1.04	128.46	19814	82.60	90.18
16.46	11.82	2.03	46.74	20244	28.12	45.56
23.70	11.25	1.94	25.45	20519	11.87	32.62
36.30	3.69	1.98	34.81	20028	5.29	29.04
26.50	19.26	2.05	41.70	20153	26.11	45.06
1.48	9.47	0.64	56.30	18300	75.19	81.42
76.30	151.47	2.91	20.02	21483	2.91	38.85
89.64	159.28		19.71	12418	2.70	34.41
18.35	2.72	1.80	18.90	26795	6.96	24.81

11-1(一) 续表 1

地　区	年末总人口（万人）	地区生产总值（亿元）	人均地区生产总值（元）	规模以上工业企业资产总计（亿元）
陈巴尔虎旗	5.38	84.55	156132	213.36
新巴尔虎左旗	4.14	25.01	60373	
新巴尔虎右旗	3.50	59.51	169572	97.39
扎兰屯市	40.13	153.34	37822	117.21
磴口县	11.14	57.85	51945	58.43
乌拉特前旗	32.91	139.28	53828	186.73
乌拉特中旗	14.30	95.16	66544	346.61
乌拉特后旗	5.81	67.61	116332	226.80
察哈尔右翼中旗	19.59	53.67	27385	163.04
察哈尔右翼后旗	20.30	67.12	33071	
四子王旗	12.94	58.94	27923	
科尔沁右翼前旗	28.47	104.04	36390	82.89
科尔沁右翼中旗	20.68	68.69	32828	69.63
扎赉特旗	31.43	102.77	32278	36.34
突泉县	22.01	75.55	33888	69.54
锡林浩特市	20.00	245.50	122750	652.70
阿巴嘎旗	4.31		89819	69.23
苏尼特左旗	3.41			
苏尼特右旗	6.60	37.55	61302	66.00
东乌珠穆沁旗	4.71	50.19	62115	31.06
西乌珠穆沁旗	8.05	132.37	164387	536.08
太仆寺旗	20.26	45.79	41071	73.12
镶黄旗	3.12	21.35	71141	49.39
正镶白旗	7.00	30.69	71452	40.09
正蓝旗	8.42	54.41	64643	106.70
阿拉善左旗	13.29			
阿拉善右旗	2.50	20.40	81595	41.60
额济纳旗	3.58	38.11	106585	43.14
辽宁省	**289.28**	**713.25**	**28278**	**651.40**
康平县	33.69	114.65	41182	111.31
阜新蒙古族自治县	69.80	149.62	27415	179.36
彰武县	33.40	114.31	29248	109.63
建平县	56.73	117.78	25839	80.40
喀喇沁左翼蒙古族自治县	41.62	100.46	29022	54.69
北票市	54.05	116.44	23043	116.01

农林牧渔业总产值（亿元）	粮食总产量（万吨）	肉类总产量（万吨）	社会消费品零售总额（亿元）	农村居民人均可支配收入（元）	地方一般公共预算收入（亿元）	地方一般公共预算支出（亿元）
1.24			7.11	25810	6.86	20.39
	5.04	2.18	6.17	25393	0.75	14.69
31.63	0.06		6.71	25583	3.29	15.19
91.26	125.22	6.05	26.45	20148	4.83	42.10
23.26		3.18	12.16	21095	4.20	18.78
71.06	56.48	3.96	28.55	20640	7.70	36.12
37.71	30.14		13.57	19953	7.35	30.16
9.01	7.81	1.13		18169	8.18	22.25
16.21	12.53	1.97	10.70	10930	1.26	26.12
	12.19	3.71	10.25	13665	2.60	26.09
	148.69	11.98	19.01	12827	3.47	45.21
	113.75	6.71	9.56	11832	3.87	34.73
	217.64	3.76	18.70	12678	13.63	50.06
	119.24	3.98	12.84	12200	3.44	33.63
37.07	3.05	1.88	93.85	30232	23.52	40.63
19.06		3.89		30857	3.55	16.61
8.23		2.09	4.99	18409	2.48	
13.14	0.02	1.53	8.27	14231	1.83	16.38
33.98				23047		
32.53		4.43	10.97	30389	20.40	23.38
27.50		1.23		14058		
8.45		0.77	3.19	17411	1.93	14.28
12.49	0.66	1.19	4.89	13706	1.68	15.01
	2.63	2.79		21194	2.71	17.57
	10.88	1.05		22191		
	0.36	0.31		25401	1.88	14.63
	0.21	0.04		26906	3.00	18.71
573.58	**448.64**	**106.65**	**164.11**	**16186**	**50.22**	**247.75**
69.59	63.16	7.58	30.60	17585	11.32	33.68
149.15	114.58	40.14	23.91	17827	7.68	48.63
122.81	100.53	13.73	21.65	14768	5.98	31.61
78.34	102.50	18.42	29.40	15201	10.57	45.94
75.73	25.09	10.20	23.68	15074	6.15	34.85
77.98	42.79	16.58	34.87	15517	8.52	53.04

11−1(一)　续表 2

地　区	年末总人口（万人）	地区生产总值（亿元）	人均地区生产总值（元）	规模以上工业企业资产总计（亿元）
吉林省	**324.80**	**844.50**	**25948**	**918.67**
双辽市	38.60	96.15	24722	113.68
前郭尔罗斯蒙古族自治县	56.92	150.07	26299	8.88
长岭县	62.99	151.09	24036	129.14
乾安县	26.92	68.07	25217	32.39
镇赉县	25.87	82.64	31699	94.96
通榆县	35.04	83.46	23798	134.52
洮南市	41.28	121.07	29762	268.89
大安市	37.17	91.96	24305	136.20
黑龙江省	**584.75**	**1665.52**	**29137**	**1124.15**
龙江县	57.38	125.90	21941	86.95
泰来县	29.98	65.23	21678	22.42
甘南县	36.77	91.18	24079	69.79
富裕县	27.72	75.13	27034	35.14
虎林市	27.10	159.97	58739	140.93
肇州县	42.60	137.40	32289	75.80
肇源县	43.29	113.33	26053	52.99
林甸县	24.93	71.16	28473	35.99
杜尔伯特蒙古族自治县	23.11	105.62	45707	134.56
同江市	17.48	110.94	63434	37.73
兰西县	48.03	74.33	22665	17.66
青冈县	44.05	80.61	18298	90.10
明水县	32.90	53.15	16143	18.25
安达市	85.41	219.85	25742	122.15
肇东市				
四川省	**745.63**	**2535.25**	**34001**	**2831.36**
汶川县	9.17	74.75	70864	125.43
理县	4.29	29.02	58289	
茂县	10.93	43.02	35772	64.45
松潘县	7.30	25.95	44000	37.08
九寨沟县	6.69	30.69	36988	57.73
金川县	6.83	20.67	26912	10.00
小金县	7.66	24.37	29762	34.31
黑水县	5.77	28.56	36891	
马尔康市	5.31	41.42	66269	12.06
壤塘县	4.71	13.21	28709	4.45
阿坝县	8.17	18.91	16733	

农林牧渔业总产值（亿元）	粮食总产量（万吨）	肉类总产量（万吨）	社会消费品零售总额（亿元）	农村居民人均可支配收入（元）	地方一般公共预算收入（亿元）	地方一般公共预算支出（亿元）
547.21	**780.78**	**35.12**	**153.21**	**13871**	**56.97**	**434.82**
93.12	120.34	6.36	21.88	15393	5.09	49.02
126.62	190.43	8.12		15053	8.95	67.22
125.43	173.69	8.68	33.03	14353	8.70	69.01
			11.91	14934	6.49	38.65
64.61	116.05	1.43	12.62	12189	4.44	43.02
46.30	89.98	3.21		12306	7.71	61.41
42.91	3.70	2.00	58.99	12786	7.17	54.07
48.23	86.59	5.31	14.78	12131	8.41	52.42
1599.72	**2050.61**	**83.02**	**448.93**	**15075**	**67.50**	**482.71**
118.54	231.54	8.68	35.26	18433	6.16	45.22
56.44	107.80	3.35	17.32	10147	3.82	2.65
85.70	156.17	5.22	18.21	10029	5.00	41.64
72.19	95.26	4.97	9.14	15474	4.52	30.84
185.42	293.45	0.43	24.85	22622	3.81	28.70
118.47	100.38	8.40		16606	3.62	28.01
106.39	110.40	10.82	48.97	16285	3.01	11.98
62.94	84.00	4.77	20.50	10921	2.50	10.00
98.79	84.73	3.78	21.20	16687	3.64	26.90
167.84	237.13	0.51		11374	2.48	31.86
78.68	100.34	6.03	16.55	11466	4.01	37.82
91.76	115.79	4.56	15.87	11477	3.43	47.19
60.94	64.80	4.28	12.13	12173	2.22	31.09
209.46	170.20	12.36	165.13	19081	8.79	36.44
873.19	**249.61**	**74.04**	**755.71**	**14218**	**180.14**	**1211.49**
21.48	1.13	0.48	13.05	16525	4.14	27.78
6.56	0.72	0.35	6.31	15501	1.20	13.24
15.75	2.67	0.55	11.33	15588	2.00	20.19
9.82	1.33	0.78	6.43	15544	0.92	19.90
6.14	1.09	0.42	10.36	15666	1.54	37.21
7.72	2.26	0.46	6.64	15513	1.00	16.82
8.00	2.10	0.43	6.69	15414	0.91	23.36
7.77	1.70	0.58	4.60	15200	1.47	15.61
6.81	0.96	0.58	9.55	16102	2.51	18.77
6.36	0.41	0.65	3.33	13976	0.25	19.16
11.35	1.10	1.20	6.52	15332	1.56	23.15

11-1(一) 续表 3

地　区	年末总人口（万人）	地区生产总值（亿元）	人均地区生产总值（元）	规模以上工业企业资产总计（亿元）
若尔盖县	8.00	30.08	37607	8.76
红原县	4.90	18.29	31028	
康定市	10.63	109.96	86177	585.63
泸定县	8.62	29.27	34641	84.83
丹巴县	5.66	21.91	43136	84.39
九龙县	6.41	27.93	51349	183.04
雅江县	4.75	16.05	31403	19.14
道孚县	5.54	13.78	25567	
炉霍县	4.74	12.85	27104	4.32
甘孜县	6.49	17.80	24579	6.38
新龙县	5.14	13.28	28810	
德格县	8.78	16.43	18606	
白玉县	5.41	20.11	33911	13.70
石渠县	10.28	19.56	19012	
色达县	5.62	14.86	23070	
理塘县	6.80	19.63	28992	3.26
巴塘县	5.10	17.57	35496	8.90
乡城县	2.91	15.29	48372	115.67
稻城县	3.14	13.27	40212	
得荣县	2.56	11.07	44123	35.97
西昌市	72.58	573.62	64451	486.54
木里藏族自治县	13.77	54.53	37415	
盐源县	38.50	137.29	37308	104.31
德昌县	22.10	77.00	35812	88.01
会理县	45.99	175.90	42994	196.49
会东县	42.64	140.26	32894	81.96
宁南县	20.14	67.01	35997	29.54
普格县	21.90	27.96	18832	60.24
布拖县	21.47	35.35	19051	19.53
金阳县	21.45	41.39	19297	17.18
昭觉县	32.84	41.61	15844	49.50
喜德县	21.60	32.87	15791	30.03
冕宁县	40.50	118.31	32062	34.68
越西县	51.43	53.60	11824	
甘洛县	23.77	41.85	19884	35.76
美姑县	28.05	37.06	13212	44.25
雷波县	28.59	70.10	24669	53.82

农林牧渔业总产值（亿元）	粮食总产量（万吨）	肉类总产量（万吨）	社会消费品零售总额（亿元）	农村居民人均可支配收入（元）	地方一般公共预算收入（亿元）	地方一般公共预算支出（亿元）
21.13	0.61	2.44	7.50	15353	0.70	21.38
12.81		1.68	4.50	15919	0.53	16.34
10.67	1.68	0.56	25.12	16447	5.63	23.06
8.91	1.22	0.44	14.38	14761	2.87	14.77
6.33	1.02	0.37	7.04	15797	1.88	17.67
7.01	2.07	0.49	4.07	16716	1.89	13.89
4.92	0.99	0.26	4.90	13743	3.70	14.60
5.61	1.48	0.33	3.19	13161	0.82	16.20
5.36	1.00	0.61	4.49	12765	0.45	14.53
7.83	3.55	0.49	8.68	13527	0.68	17.82
6.78	1.03	0.41	2.14	13158	0.48	15.64
8.51	1.04	1.02	3.34	13048	0.72	18.83
6.60	1.06	0.55	4.21	13754	2.27	18.75
7.59	0.67	0.79	4.99	12902	0.60	23.86
8.89	0.24	0.99	3.22	12986	0.79	21.86
9.71	1.33	0.71	8.44	13009	1.22	21.89
6.70	1.57	0.42	6.49	13640	1.50	15.48
4.11	0.97	0.24	3.73	13538	0.82	12.29
3.88	0.91	0.31	4.11	14351	1.62	14.31
3.88	1.25	0.22	1.76	13325	0.55	10.77
86.98	13.32	3.91	292.53	21346	55.04	86.00
17.41	7.10	2.07	8.56	12319	6.41	28.73
79.47	22.94	3.76	28.48	14953	8.86	44.27
	10.10	11.80	35.40	13600	6.25	18.45
99.37	34.00	6.83	76.80	20658	9.39	29.72
90.59	25.64	5.10	0.01	20026	10.06	27.12
34.81	10.95	2.23	27.37	18695	4.93	19.72
19.45	8.00	1.02		12647	1.41	32.07
18.17	10.64	1.68	5.91	10831	1.40	40.56
19.96	7.04	1.24	9.47	10806	2.73	43.10
			9.19	11324	1.69	50.10
17.79	8.33	1.79	9.58	10778	1.16	32.44
47.21	22.08	3.16	5.58	17533	8.38	28.15
0.48	0.36	0.04		9300	1.94	40.83
22.49	11.00	6.30	12.57	10678	3.06	25.43
25.66	9.80	2.04	7.11	10522	1.18	51.34
28.36	9.19	1.23	16.02	12079	9.00	34.30

11-1(一) 续表 4

地 区	年末总人口（万人）	地区生产总值（亿元）	人均地区生产总值（元）	规模以上工业企业资产总计（亿元）
云南省	**38.75**	**266.94**	**68711**	**437.02**
香格里拉市	18.64	161.54	86848	275.21
德钦县	5.47	41.89	75484	50.35
维西傈僳族自治县	14.64	63.51	43205	111.47
西藏自治区	**152.56**	**567.48**	**37197**	**178.08**
林周县	6.52	15.35	23551	1.63
当雄县	5.47	22.00	40247	96.52
卡若区	14.85	78.01	52531	54.99
江达县	9.28	26.60	28663	
贡觉县	4.00	11.89	29718	
类乌齐县	5.89	15.64	26573	3.61
丁青县	9.87	19.38	19640	
察雅县	5.70	16.06	28142	
八宿县	4.35	14.38	33018	
曲松县	1.57	9.60	61348	21.33
措美县	1.35	36.92		
错那县	1.61	8.14	50657	
浪卡子县	3.79	10.00	26417	
昂仁县		12.15	20110	
谢通门县		15.85	30178	
康马县	2.09	7.11	29993	
仲巴县	2.69	10.05	36708	
亚东县	1.54	4.54	67693	
萨嘎县	1.62	6.31	37638	
岗巴县	1.13	6.52	55353	
色尼区	11.29	73.07	64690	
嘉黎县	4.14	9.29	22550	
比如县	8.25	13.19	16004	
聂荣县	3.91	9.13	23336	
安多县	4.40	12.36	28098	
申扎县	2.22	6.98	31055	
索县	5.60	10.51	18773	
班戈县	4.35	10.06	23133	

农林牧渔业总产值（亿元）	粮食总产量（万吨）	肉类总产量（万吨）	社会消费品零售总额（亿元）	农村居民人均可支配收入（元）	地方一般公共预算收入（亿元）	地方一般公共预算支出（亿元）
30.46	**15.97**	**3.16**	**66.22**	**10097**	**10.70**	**119.89**
11.47	6.44	1.45	42.01	10139	7.62	48.19
4.07	2.22	0.29	10.32	10045	1.15	30.14
14.92	7.32	1.42	13.90	10076	1.93	41.56
132.73	**26.77**	**18.70**	**121.18**	**13945**	**50.70**	**545.60**
	6.07	0.39	2.44	16115	2.57	14.90
8.32		1.35	2.56	20057	4.00	14.41
6.19	2.24	1.74	27.84	14171	1.79	24.36
6.15	1.79	1.05	5.02	12938	1.37	24.27
3.04	1.48	0.36	3.63	12570	0.60	18.53
4.49		0.72	4.17	13230	0.07	5.37
6.85	2.85	0.89	5.41	13767	0.54	21.99
3.74	1.15	1.02	4.39	12734	0.62	26.34
2.94	1.10	0.36	5.11	12790	9.75	9.45
0.83	0.80	0.20	1.85	15571	0.67	6.19
0.55	0.32	0.23	0.19	14222	0.33	8.36
0.55	0.54	0.16	2.07	14007	0.41	15.20
1.11	0.54	0.23	2.11	14125	2.78	8.33
4.17	2.32	0.75	3.05	10865	0.30	15.38
3.55	1.79	0.41	1.63	13220	0.47	17.92
1.87	1.28	0.28	1.33	13848	0.27	11.21
2.83		0.33	1.19	15050	0.23	16.57
1.65	0.09	0.04	3.24	14488	0.84	10.99
1.46	0.15	0.11	2.68	11238	0.22	10.96
0.62		0.04	0.82	13999	0.15	8.57
8.41		1.07	5.93	11751	0.17	28.80
3.08	0.09	0.73	2.65	14566	1.62	15.08
2.97	0.29	1.41	3.23	16020	0.97	18.60
1.83		0.62	1.92	11740	13.32	35.09
			2.82	13454	0.36	14.16
1.49		0.57	1.98	12601	0.36	11.23
31.02	0.42	0.35	2.56	11976	0.44	17.01
4.35		0.72	2.44	11751	0.17	14.15

11-1(一) 续表 5

地 区	年末总人口（万人）	地区生产总值（亿元）	人均地区生产总值（元）	规模以上工业企业资产总计（亿元）
巴青县	5.99	11.46	19381	
尼玛县	3.49	9.79	26324	
普兰县	1.22	4.23	33121	
札达县	0.85	4.11	47810	
噶尔县	3.11	4.57	36252	
日土县	1.12	4.78	36482	
革吉县	1.80	6.11	30953	
改则县	2.53	8.16	30319	
措勤县	1.70	4.71	24422	
工布江达县	3.29	18.48	56215	
甘肃省	**361.79**	**1067.80**	**29515**	**1025.23**
永登县	42.78	112.61	26268	90.20
永昌县	17.76	87.20	43372	161.85
靖远县	50.36	75.71	15036	55.65
民勤县	26.06	81.34	38743	175.15
天祝藏族自治县	20.22	48.85	29428	32.62
肃南裕固族自治县	3.93	30.25	76949	75.40
山丹县	19.82	61.73	31145	84.17
瓜州县	12.93	96.68	74772	42.57
肃北蒙古族自治县	1.24	16.91	136285	
阿克塞哈萨克族自治县	0.94	10.21	87123	19.87
环县	36.49	109.65	30049	143.99
华池县	13.96	96.78	69347	3.93
漳县	21.09	24.37	14567	12.43
岷县	49.60	51.17	10316	12.55
合作市	9.58	57.15	59650	29.49
卓尼县	11.11	29.05	30583	25.70
迭部县	5.21	19.40	37236	31.25
玛曲县	5.59	21.64	38708	14.08
碌曲县	3.79	14.38	38763	2.67
夏河县	9.33	22.69	19860	11.65
青海省	**191.05**	**919.42**	**48123**	**1727.12**
门源回族自治县	16.23	34.96	24242	27.16
祁连县	5.29	19.59	37088	8.89
海晏县		21.30		13.68

农林牧渔业总产值（亿元）	粮食总产量（万吨）	肉类总产量（万吨）	社会消费品零售总额（亿元）	农村居民人均可支配收入（元）	地方一般公共预算收入（亿元）	地方一般公共预算支出（亿元）
3.21		0.52	2.38	13348	0.33	16.92
1.46	0.02	0.82	1.86	13990	0.24	12.36
0.86	0.28	0.07	1.11	14079	0.26	8.34
0.65	0.07	0.06	1.08	13252	0.44	8.84
0.83	0.05	0.08	1.09	14470	0.82	8.65
1.37	0.15	0.14	1.23	14365	1.09	8.82
2.40		0.26	1.16	13491	0.32	8.34
3.22		0.23	1.24	13666	0.28	9.94
1.40		0.21	1.22	13223	0.13	7.98
3.25	0.90	0.19	4.56	19720	1.40	12.00
400.51	**199.54**	**25.00**	**347.43**	**11269**	**48.17**	**682.08**
24.02	15.12	1.60	50.60	12602	4.67	29.37
42.94	34.43	1.08	32.95	15604	2.73	23.13
68.28	21.10	2.65	21.03	11307	4.46	42.26
65.93	17.85	2.43	18.86	15466	1.27	14.26
24.30	4.84	1.61	19.75	8844	3.36	48.75
12.06	4.60	1.22	5.49	19801	2.56	21.96
23.25	19.78	1.35	24.29	15447	3.20	20.98
29.91	5.81	1.09	33.75	19394	2.49	19.01
1.25	0.48	0.33		28888	3.00	14.28
2.11	0.16	0.18	2.89	31145	0.79	7.66
28.21	41.69	1.75	16.16	10032	6.30	53.81
10.40	15.24	0.57	8.03	10044	2.88	20.66
9.39	8.16	0.33	56.98	8329	1.65	16.70
18.59	6.67	0.60	20.16	8348	2.26	44.69
4.42	0.99	0.69	17.74	9298	2.21	19.84
8.90	1.10	1.38	3.94	8975	0.90	26.73
5.88	0.11	0.69	2.60	8698	0.73	193.56
9.82		2.17	3.31	10913	1.20	21.83
	0.29	1.33	2.81	10788	0.32	17.79
10.86	1.14	1.96	6.08	9162	1.18	24.84
239.66	**36.93**	**19.70**	**148.46**	**11324**	**85.84**	**453.39**
17.70	7.46	1.41	11.93	13244	1.48	27.41
10.64	0.44	1.61	6.05	17355	0.92	20.97
4.29	0.84	0.73	4.34			

11-1(一) 续表 6

地　区	年末总人口（万人）	地区生产总值（亿元）	人均地区生产总值（元）	规模以上工业企业资产总计（亿元）
刚察县	4.49	19.25	42890	33.16
同仁市	10.15	38.95	38329	0.51
尖扎县	5.91	23.81	40314	
泽库县				
河南蒙古族自治县				
共和县	13.28	86.52	65149	260.72
同德县	6.39	16.57	25955	
贵德县	11.24	33.73	30007	
兴海县	8.28	24.57	30213	19.02
贵南县	8.15	20.17	24714	
玛沁县	5.81	14.84	23739	
班玛县	3.18	4.96	15587	
甘德县	4.10	4.17	10200	
达日县	4.02	4.47	11114	
久治县	2.99	5.53	18490	
玛多县	1.45	3.82		
玉树市	11.43	17.69	15475	
杂多县	7.24	12.51	17266	
称多县	11.87	6.67	5620	
治多县				
囊谦县	10.73	10.85	12815	
曲麻莱县	4.68	6.06	12945	
格尔木市	13.83	305.93	117575	1203.58
德令哈市	7.33	86.38	117786	0.02
乌兰县	3.48	30.95	88415	
都兰县	7.15	44.37	62056	103.07
天峻县	2.34	20.82	88782	57.30
宁夏回族自治区	**101.19**	**299.84**	**36465**	**650.68**
盐池县	17.28	115.40	72655	331.81
同心县	38.55	103.00	31221	223.66
海原县	45.36	81.44	24419	95.20
新疆维吾尔自治区	**491.99**	**2666.36**	**54195**	**3683.80**
乌鲁木齐县	7.36	28.23	54117	74.62
伊州区	56.94	454.99	79908	1284.95
巴里坤哈萨克自治县	6.55	76.47	73177	208.71

农林牧渔业总产值（亿元）	粮食总产量（万吨）	肉类总产量（万吨）	社会消费品零售总额（亿元）	农村居民人均可支配收入（元）	地方一般公共预算收入（亿元）	地方一般公共预算支出（亿元）
9.86	0.02	1.12	4.75	17914	1.19	17.40
8.24	1.51	0.58	9.41	11162	34.26	34.20
3.26	1.76	0.21	1.29	15947	0.94	16.38
17.40	3.57	2.36	16.31	14122	9.94	33.90
14.03	2.10	1.20	2.02	12852	0.58	17.59
8.02	3.39	0.91	6.39	12333	2.53	22.41
15.20	1.97	1.09	2.48	14673	1.03	17.21
16.05	4.28	1.55	4.38	12751	0.46	18.51
3.44	0.07	0.49	1.92	23739	0.85	18.18
1.69	0.01	0.48	0.76	9141	0.25	11.95
1.73		0.52		9156	1.50	12.83
1.59		0.39	0.88	8836	0.26	13.15
2.25		0.72			0.22	10.43
0.90		0.19	0.92	9393	0.20	10.67
9.19	0.22	0.60	10.68	10842		
10.66			1.90	9822	0.24	14.35
4.10	0.46	0.29			0.11	15.69
5.51				10613	0.20	13.05
7.15	1.08	0.97	0.96	6785	0.11	38.60
17.04					1.38	9.89
10.11	0.22	0.48	49.88	20543	16.83	46.47
	2.44			17121	3.59	20.43
8.16	1.24	1.02	2.13	14445	3.69	15.64
24.90	4.93	1.07	5.06	14492	1.93	3.95
6.55		0.66	4.97	15385	1.28	10.72
94.59	**64.34**	**7.45**	**80.53**	**11497**	**14.29**	**163.55**
22.71	7.94	2.79	24.18	13922	8.86	39.38
37.63	33.16	2.83	27.61	11339	3.29	60.82
34.24	23.25	1.83	28.74	10641	2.14	63.35
894.65	**690.15**	**53.34**	**388.05**	**17827**	**181.11**	**996.86**
14.07	2.60	0.74	6.44	22176	6.06	14.49
25.90	2.05	0.63	87.05	20284	30.66	54.80
14.51		0.91	8.06	32805	6.09	24.53

11-1(一) 续表 7

地 区	年末总人口（万人）	地区生产总值（亿元）	人均地区生产总值（元）	规模以上工业企业资产总计（亿元）
伊吾县	3.85	76.46	362105	
奇台县	21.98	177.62	75484	378.59
木垒哈萨克自治县	6.73	48.72	72438	127.41
博乐市	24.67	174.10	66198	91.43
精河县	12.60	89.68	62950	34.08
温泉县	4.97	29.44	40645	4.07
尉犁县	10.19	76.92	75509	11.73
且末县	6.92	34.80	50257	13.10
和静县	14.79	92.39	62485	200.38
和硕县	5.93	38.88	65572	12.32
温宿县	26.60	84.98	36009	3.86
沙雅县	27.85	85.88	32676	109.72
阿克陶县	22.60	47.83	20745	62.13
阿合奇县	4.44	15.63	33964	
乌恰县	6.09	36.03	61662	92.42
塔什库尔干塔吉克自治县	3.99	17.79	44542	30.05
民丰县	4.26	15.14	35490	
巩留县	17.58	56.58	29208	115.62
新源县	30.65	111.18	35419	120.88
昭苏县	14.69	45.82	31196	16.66
特克斯县	14.89	38.18	23036	31.18
尼勒克县	15.57	57.76	32162	74.99
塔城市	15.81	106.60	67424	5.72
额敏县	18.86	104.10	55182	35.20
托里县	8.55	43.77	43224	58.76
裕民县	5.08	19.57	29048	5.49
和布克赛尔蒙古自治县	6.18	44.51	72039	105.83
阿勒泰市	22.15	101.38	50547	32.06
布尔津县	7.29	30.99	42509	59.66
富蕴县	8.25	50.06	55116	73.46
福海县	3.43	17.92	44048	27.70
哈巴河县	7.55	51.70	61907	23.17
青河县	9.97	57.53	57179	129.05
吉木乃县	6.17	26.73	36772	28.80

农林牧渔业总产值（亿元）	粮食总产量（万吨）	肉类总产量（万吨）	社会消费品零售总额（亿元）	农村居民人均可支配收入（元）	地方一般公共预算收入（亿元）	地方一般公共预算支出（亿元）
6.67	0.38	0.41		20478	8.02	14.98
43.96	59.70	1.65	23.48	19404	0.81	28.47
19.20	16.50	1.19	7.57	17542	4.58	20.44
36.01	24.43	1.58	31.52	19903	12.40	73.48
43.43	2.22	0.81	8.17	18891	4.86	24.60
14.53	30.85	1.25	3.18	14368	1.72	18.22
41.52	0.28	0.46	6.66			
14.00	3.49	0.66	2.62	17927	3.41	23.83
32.83	6.87			18440	7.86	32.33
26.45	11.47	0.91	6.64	12375	1.97	15.04
75.37	28.05	2.15		32598	5.42	39.32
59.07	14.94	2.31	14.69	16927	15.89	42.51
19.47	16.64	1.20	7.23	8216	4.47	57.82
4.12	0.51	0.27		8681	1.00	16.50
2.52	0.55	0.65	6.29	9272	4.50	25.60
4.13	1.88	0.71	0.83	9403	1.50	27.17
5.39	3.64	1.23	2.01	12936	1.42	15.40
31.81	41.38	2.76	12.66	15151	2.12	25.88
48.89	62.82	5.22	33.71	15231	5.76	36.18
27.14	20.29	2.39	11.81	15210	2.02	28.87
26.85	1.49	1.82	12.49	14830	2.25	25.69
32.98	18.04	3.84	12.57	15358	3.42	24.41
34.84	99.70	1.29		18668	3.71	33.75
44.20	112.79	1.95	13.64	17454	2.42	25.70
17.84	22.47	1.32	2.84	13074	1.61	18.14
8.92	20.27	0.94	2.43	16082	1.10	13.77
8.16	0.77				5.87	16.34
24.85	13.35	1.94	26.54	16134	3.83	39.18
10.87	3.27	1.16	13.45	14119	2.63	17.99
17.44	4.05	1.52	6.51	13492	4.84	25.17
3.84	2.08	0.47	1.20	12097	1.16	14.46
26.96	19.85	0.87	6.29	28259	3.41	26.46
16.25	13.76	1.38	6.48	28372	10.20	28.32
9.64	6.73	4.76	3.00	14653	2.12	27.02

11-1 各牧区半牧区县主要经济社会指标(2020年)(二)

地 区	普通高中在校学生数(人)	普通高中专任教师数(人)	初中在校学生数(人)	初中专任教师数(人)	普通小学在校学生(人)
河北省	**36430**	**2118**	**63058**	**7115**	**109620**
张北县	13112	595	16025	605	21779
康保县	2224	195	2989	292	5338
沽源县	1650	192	4233	3831	10523
尚义县	872	135	2651	260	4703
丰宁满族自治县	7997	617	14838	942	25821
围场满族蒙古族自治县	10575	384	22322	1185	41456
山西省	**1640**	**203**	**2299**	**280**	**4973**
右玉县	1640	203	2299	280	4973
内蒙古自治区	**189842**	**18373**	**210689**	**21295**	**548770**
达尔罕茂明安联合旗	321	69	973	154	2692
阿鲁科尔沁旗	4728	414	7331	670	13661
巴林左旗	5716	545	10397	788	16490
巴林右旗	3207	338	4616	456	9717
林西县	4198	338	5579	488	9145
克什克腾旗	2959	277	4227	541	9976
翁牛特旗	5842	498	9755	800	19355
敖汉旗	9073	826	15678	1339	30930
科尔沁左翼中旗	5388	458	10758	1109	21163
科尔沁左翼后旗	4897	405	11384	968	19833
开鲁县	7194	662	10479	1184	18929
库伦旗	2676	28	4764	530	9097
扎鲁特旗	4706	490	12930	1329	15618
奈曼旗	8437	554	12752	1073	26330
东胜区	27584	2295			44457
达拉特旗	18611	1489			25481
准格尔旗	15895	1555			27500
鄂托克旗					
鄂托克前旗	3154	600			5329
杭锦旗	4105	730			6994
乌审旗	4333	494			11131
伊金霍洛旗	6395	663			15435
阿荣旗	4132	234	8839	1239	16635
莫力达瓦达斡尔族自治旗	1490	92	7012	985	15230
鄂温克族自治旗	807	189	277	66	4187
陈巴尔虎旗			959	224	1713

普通小学专任教师（人）	医疗卫生机构数（个）	医疗卫生机构床位数（张）	卫生技术人员（人）	城镇居民最低生活保障人数（人）	城镇居民最低生活保障支出（万元）	农村居民最低生活保障人数（人）	农村居民最低生活保障支出（万元）
7319	**2095**	**9002**	**7111**	**12720**	**7882**	**182796**	**75924**
1416	402	1707	1148	3758	2419	38014	15876
642	356	878	541	706	464	29044	13277
759	249	790	560	2328	1373	27782	11573
756	211	504	494	3043	1938	21607	9498
1659	341	2119	1299	1901	1132	32016	12202
2087	536	3004	3069	984	556	34333	13497
560	**269**	**509**	**676**	**1309**	**645**	**10917**	**4011**
560	269	509	676	1309	645	10917	4011
45068	**11232**	**53792**	**57893**	**125955**	**88400**	**690502**	**261953**
304	84	614	571	317	210	2184	967
1256	421	1497	2463				
1468	227	2043	1497	1336	999	31479	10974
949	227	917	1277	1801	1301	15816	6386
925	35	1478	1278	2738	2322	22729	8108
1015	286	1491	1662	2461	2012	23932	6645
1720	422	1300	1476	968	790	44308	16625
2099	611	3316	2609	1910	1505	46120	15924
1816	746	2718	1887	6545	4792	41687	15483
1647	509	1627	859	2628	1842	14776	5398
1336	605	808	1682	2528	1796	18281	6566
963	251	1158	364	1689	1288	9150	3395
1616	374	1356	1703	5277	3716	22645	8408
2372	832	1819	2838	3622	2658	34618	13070
2554	431	5595	5437	2903	1858	916	398
1478	365	2799	1438	532	434	4641	2313
1849	262	1486	2470	776	547	6709	3364
				421	306	1754	756
401	94	538	630	212	151	384	197
612	65	573	699	250	200	1582	786
924	127	785	835	388	296	2239	1250
1175	174	1145	1450	341	281	2856	1632
1099	289	1316	1605	6556	4987	11342	4682
1653	449	1652	1377	6883	4584	14742	5426
562	120	623	1026	13095	8806	4081	1655
403	50	272	313	1810	1294	424	293

11-1(二) 续表 1

地　区	普通高中在校学生数（人）	普通高中专任教师数（人）	初中在校学生数（人）	初中专任教师数（人）	普通小学在校学生（人）
新巴尔虎左旗			771	155	1835
新巴尔虎右旗	69	21	806	171	1729
扎兰屯市					
磴口县	968	91	1343	187	3090
乌拉特前旗	3069	238	6084	531	12935
乌拉特中旗	1121	137	1737	212	4019
乌拉特后旗	506	61	805	174	2317
察哈尔右翼中旗	1256	193	1336	165	665
察哈尔右翼后旗	814	138	2059	169	4059
四子王旗					
科尔沁右翼前旗	3199		7563		17144
科尔沁右翼中旗	4122	369	7001	744	12368
扎赉特旗	4002	344	10088	891	21339
突泉县	3026	237	6502	1067	12875
锡林浩特市	4758	416	8654	723	19558
阿巴嘎旗	150	390	674	196	1542
苏尼特左旗	207		668	110	1694
苏尼特右旗	832	90	1634	271	3080
东乌珠穆沁旗	254	687	1941		4255
西乌珠穆沁旗	729	121	2191	216	5090
太仆寺旗	1754	159	2521	309	4806
镶黄旗	387	63	676	105	1290
正镶白旗	369	75	693	114	1593
正蓝旗	803	93	1425	159	3524
阿拉善左旗	984	108	3884	500	8258
阿拉善右旗	299	69	413	74	1223
额济纳旗	316	30	510	109	1454
辽宁省	**46175**	**3984**	**66325**	**7289**	**124497**
康平县	4654	365	8067	1150	14231
阜新蒙古族自治县	11073	879	16590	1628	23624
彰武县	5021	362	4438	257	15805
建平县	8983	755	14752	1395	25623
喀喇沁左翼蒙古族自治县	8615	753	11148	1124	20644
北票市	7829	870	11330	1735	24570

普通小学专任教师（人）	医疗卫生机构数（个）	医疗卫生机构床位数（张）	卫生技术人员（人）	城镇居民最低生活保障人数（人）	城镇居民最低生活保障支出（万元）	农村居民最低生活保障人数（人）	农村居民最低生活保障支出（万元）
208	24		338	1260	984	1514	798
128	23	178	395	1138	852	582	306
	252	1964	2568	7196	5294	17402	7634
342	12	1188	986	3398	2399	8146	3093
1008	293	1574	1913	1922	1301	17068	5929
413	133	367	806	1128	874	5465	2538
275	47	212	270	2371	1686	2094	1428
364	194	384	403	2869	1689	33099	11307
364	106	430	622	2393	1358	26866	11137
				3697	2399	34468	12790
	406	1344	1674	1709	1354	29966	12636
1742	308	1595	1819	2880	2199	14118	5659
2064	362	1475	1721	4313	3351	37462	14877
1133	229	862	1451	4688	3135	33260	11724
1132	57	347	81	2228	1647	634	448
183	70	220	282	779	542	568	317
162	79	130	225	553	336	991	492
358	38	372	320	2158	1384	4844	1860
366	2	220		1515	1055	867	524
374	87	342	545	2436	1349	1313	528
464	163	453	504	3518	1583	23005	8507
136	80	262	339	842	405	1602	704
234	95	270	402	623	280	8133	3177
314	71	351	310	901	442	6914	2424
799				1299	1359	725	418
200	23	172	209	78	79	1	1
109	22	154	264	76	91		
11662	**3157**	**12439**	**13733**	**20230**	**11257**	**101720**	**30223**
1180	317	1363	1603	1288	1230	7470	2863
2497	439	2231	2318	1716	944	32546	8765
1689	313	1750	1837	945	685	14132	3309
1980	813	2276	3513	1573	1089	12775	4404
1949	657	2439	2362	1376	851	15237	4871
2367	618	2380	2100	13332	6458	19560	6012

11-1(二) 续表 2

地　区	普通高中在校学生数（人）	普通高中专任教师数（人）	初中在校学生数（人）	初中专任教师数（人）	普通小学在校学生（人）
吉林省	**47290**	**3424**	**84368**	**9928**	**140461**
双辽市	5291	395	10286	1147	18934
前郭尔罗斯蒙古族自治县	8999	317	15963	1587	25493
长岭县	9676	503	17953	1412	29673
乾安县	4221	370	5494	718	10173
镇赉县	4020	489	6452	1266	10260
通榆县	6420	566	8182	1222	15193
洮南市	2916	362	13256	1203	20089
大安市	5747	422	6782	1373	10646
黑龙江省	**83205**	**5666**	**176093**	**16476**	**202768**
龙江县	7000	470	15000	1123	22700
泰来县	1800	230	12000	1024	19000
甘南县	5812	423	10583	889	15573
富裕县	3587	235	5992	589	9083
虎林市	3785	307	6635	720	11028
肇州县	7467	485	12892	1248	11555
肇源县	7894	296	18218	2213	18204
林甸县	4120	228	8071	561	10110
杜尔伯特蒙古族自治县	5067	271	8181	752	8691
同江市	1797	151	3283	317	5666
兰西县	5473	413	18775	1488	15443
青冈县	8380	490	11561	1060	11199
明水县	3158	480	7268	721	8062
安达市	5609	414	12341	1337	12059
肇东市	12256	773	25293	2434	24395
四川省	**102562**	**7035**	**307618**	**18452**	**681676**
汶川县	3194	276	2947	384	5232
理县	632	73	629	120	1979
茂县					
松潘县	649	69	1492	196	4478
九寨沟县	1132	133	1922	204	4504
金川县	770	129	1286	235	4759
小金县	1112	118	1931	246	3894
黑水县	336	47	1070	119	2228
马尔康市	1898	432	1674		3706
壤塘县			2067	141	5811

普通小学专任教师（人）	医疗卫生机构数（个）	医疗卫生机构床位数（张）	卫生技术人员（人）	城镇居民最低生活保障人数（人）	城镇居民最低生活保障支出（万元）	农村居民最低生活保障人数（人）	农村居民最低生活保障支出（万元）
15694	**2475**	**13376**	**13228**	**39777**	**23181**	**156517**	**50487**
2149	214	1482	2714	2972	1853	15036	3691
2747	545	1972		5280	2964	21685	7894
2280	543	2327	1866	2167	2126	24108	9172
1151	87	990	1896	1711	1197	9187	3245
1329	147	814	1066	5197	2140	23791	6676
2118	196	1377	1292	4417	2930	25233	6853
2287	398	2566	2070	9994	5700	15703	5087
1633	345	1848	2324	8039	4270	21774	7871
17689	**2706**	**24461**	**20838**	**55121**	**33297**	**193756**	**51713**
1535	24	2263	2265	2803	1854	23048	7795
945	312	2382	1320	2539	50	11003	100
1077	198	1238	1347	4456	2778	13100	4103
905	18	1367	1258	1597	1108	12304	2801
669	162	1547	1834	2918	1904	1270	554
1149	245	1200	1192	1704	1059	9049	2390
2220	251	1083	736	1472	767	3507	920
964	250	1700	1153	1171	581	12226	3360
915	140	917	1052	1798	1088	6823	2241
615	92	447	612	2928	1694	2901	1558
1451	175	2201	1763	6847	5271	23197	8411
1004	178	1490	1658	7082	3201	36920	6950
563	175	1795		3838	2450	15436	3515
1203	172	1706	2324	7018	5397	16559	5545
2474	314	3125	2324	6950	4096	6413	1471
55435	**9011**	**28205**	**36890**	**55986**	**28072**	**838008**	**265676**
685	129	586	973	562	295	1773	588
434	96	305	390	511	222	729	204
				7624	3835	1332	387
567	149		457	3777	1440	2584	802
492	136	437	586	543	983	2521	1246
587	119	598	510	38	26	663	251
524	155	376	492	223	136	1507	561
348	22	201	377	232	85	6350	2428
361	143	1011	1190	1165	653	4809	1470
341	63	284	291	413	153	15989	3472

11-1(二) 续表 3

地 区	普通高中在校学生数（人）	普通高中专任教师数（人）	初中在校学生数（人）	初中专任教师数（人）	普通小学在校学生（人）
阿坝县	629	67	3211	196	8619
若尔盖县	1807	142	4090	288	7528
红原县	3348	206	3348	206	5882
康定市	4080	245	4469	383	8936
泸定县	4520	280	3019	318	5999
丹巴县	922	73	1121	130	3040
九龙县	1619	100	2568	129	5797
雅江县	782	57	1748	115	4531
道孚县	220	14	2278	152	5042
炉霍县	709	46	2660	164	6141
甘孜县	1644	135	2862	212	8152
新龙县			2129	122	5864
德格县			3196	145	12968
白玉县			1552	102	7077
石渠县			4892	232	14407
色达县			2321	115	8066
理塘县			3873	234	10108
巴塘县	1621	110	3028	141	5619
乡城县			1359	99	2261
稻城县			1398	94	2612
得荣县			863	95	1843
西昌市	13066	1263	37706	2544	93264
木里藏族自治县	1749	230	6098	312	11927
盐源县	5887	268	18012	1140	37201
德昌县	9432	57	11728	67	22104
会理县	5977	456	14684	1225	29000
会东县	7159	272	20432	1313	31469
宁南县	2875		8471		934
普格县	3222	184	12047	640	33914
布拖县	974	36	10271	357	37058
金阳县	1297	83	11069	763	31546
昭觉县	3398	222	15893	1039	
喜德县	3288	124	11846	371	27434
冕宁县	4922	620	17720	876	44791
越西县					313

普通小学专任教师（人）	医疗卫生机构数（个）	医疗卫生机构床位数（张）	卫生技术人员（人）	城镇居民最低生活保障人数（人）	城镇居民最低生活保障支出（万元）	农村居民最低生活保障人数（人）	农村居民最低生活保障支出（万元）
743	132	493	396	462	215	24538	6390
560	123	307	340	149	58	4310	1208
423	56	239		113	52	6058	1964
615	295	1789	1815	2175	1148	4900	1860
570	179	317	554	1555	876	1266	529
438	211	352	340	128	71	2319	1023
424	91	272	295	137	76	4908	1748
320	125	247	261	28	16	4067	1469
321	173	193	319	294	166	5984	2611
393	198	243	316	80	45	3732	1397
532	174	323	360	517	243	17397	6085
389	132	214	285	414	204	9122	3093
410	181	234	329	545	284	16415	4202
401	168	240	311	353	144	8209	2457
600	81	204	301	433	266	36175	11799
317	157	131	282	904	351	13531	4368
547	183	246	363	482	287	10348	4441
464	117	188	290	144	98	4287	2159
266	81	131	204	193	139	790	570
259	130	154	261	274	140	4098	1261
274	137	128	200	245	146	5039	1954
4056	741		8758	3230	1258	16226	3251
876	174	654	664	1951	826	16410	4611
1880	363	2003	1885	2028	928	48518	15764
731	208	1297	1526	740	362	18082	5684
1679	503	2397	2490	2284	927	21617	5626
1764	506	1681	1678	423	162	24858	7399
18394	163	1501	482	1574	760	20293	6145
1200	278	624	527	776	346	42825	16043
1442	225	578	650	2836	1636	46972	13895
1610	181	824	599	2126	1030	55166	17719
	333	1494	1213	3065	1453	73382	23268
1372				2925	1516	42378	13036
1964	375	2247	1955	705	336	13099	3971
18	3	4	4	2566	1578	49472	14297

11-1(二)　续表 4

地　区	普通高中在校学生数（人）	普通高中专任教师数（人）	初中在校学生数（人）	初中专任教师数（人）	普通小学在校学生（人）
甘洛县	2721	155	11537	611	27034
美姑县	1337	94	13890	903	42537
雷波县	3634	219	15211	974	34067
云南省	**7021**	**557**	**13189**	**1013**	**27933**
香格里拉市	6339	491	6438	496	12544
德钦县			1579	157	3470
维西傈僳族自治县	682	66	5172	360	11919
西藏自治区	**21434**	**1656**	**41366**	**3489**	**153007**
林周县	2015	193	1992	192	4593
当雄县	2340	163	2521	170	5692
卡若区	1858	178			7795
江达县	3526	278			8782
贡觉县	1543	120			4592
类乌齐县	2625	189			6533
丁青县	4004	267			11302
察雅县	1779	139			5940
八宿县	1744	129			4485
曲松县			374	59	1012
措美县			231	44	917
错那县			327	54	779
浪卡子县			1628	134	3022
昂仁县			2763	203	5631
谢通门县			1778	147	5004
康马县			912	88	1990
仲巴县			1363	111	3231
亚东县			448	52	1079
萨嘎县			774	70	1757
岗巴县			497	73	1037
色尼区			1781	149	3840
嘉黎县			1814	134	5566
比如县			3864	292	12024
聂荣县			1434	110	3332
安多县			1677	138	3961
申扎县			1114	105	2400
索县			2562	198	8205

普通小学专任教师（人）	医疗卫生机构数（个）	医疗卫生机构床位数（张）	卫生技术人员（人）	城镇居民最低生活保障人数（人）	城镇居民最低生活保障支出（万元）	农村居民最低生活保障人数（人）	农村居民最低生活保障支出（万元）
1264	162	832	666	1069	558	26738	8695
1975	323	648	705	1681	777	59110	17561
1605	337	978		1294	770	37112	14716
2184	**292**	**1889**	**2352**	**3843**	**2076**	**12224**	**4352**
1004	117	1158	1708	641	438	6658	3071
369	65	238	354	1854	1089	11454	3882
811	110	493	290	434	298	25409	6071
10882	**3121**	**5772**	**5081**	**13921**	**9781**	**76846**	**25402**
330	10	65	306	683	1099	741	382
361	9	63	185	590	544	1946	1220
459	175	193	146	2758	2239	6913	2623
575	110	202	171	565	254	5806	2739
371	162	117	144	739	766	6078	2256
606	96	122	160	308	220	4753	1759
600	16	311	217	164	156	7643	2578
427	152	196	211	229	208	7805	2822
327	127	101	136	228	175	5592	2277
119	31	100	115	76	88	410	96
124	17	46	42	66	70	348	84
94	15	85	45	20	128	242	116
264	93	67	155	34	28	898	178
326	207	266	185	24	12	2332	978
323	119	188	272	58	50	1229	786
218	60	84	101	6	4	153	5
177	73	123	135	59	23	604	135
119	37	56	100	33	8	2	350
141	52	93	85	36	31	373	177
140	33	58	80	10	16	889	100
481	101	138	166	3031	1594	5735	963
310	135	139	178	189	77	1505	0
605	182	423	277	345	271	1190	472
238	154	143	143	487	258	1507	380
281	90		162	1181	90	1443	460
157	73	135	121	262	83	539	83
457	137	180	157	97	40	1223	145

11-1(二) 续表 5

地 区	普通高中在校学生数（人）	普通高中专任教师数（人）	初中在校学生数（人）	初中专任教师数（人）	普通小学在校学生（人）
班戈县			2781	149	3840
巴青县			2414	193	8023
尼玛县			1484	118	3424
普兰县			225	41	953
札达县			120	30	521
噶尔县			435	69	860
日土县			426	39	891
革吉县			641	58	1975
改则县			1092	82	2899
措勤县			663	53	1328
工布江达县			1231	134	3792
甘肃省	**61353**	**6505**	**116422**	**10987**	**242829**
永登县	5741	1011	9160	607	20025
永昌县	4303	402	6101	648	9324
靖远县	7607	976	13313	1552	31062
民勤县	3833	456	4443	588	7174
天祝藏族自治县	3092	419	4663	576	10841
肃南裕固族自治县	372	38	689	124	1442
山丹县	2867	254	5629	399	11590
瓜州县	2786	265	4595	412	8993
肃北蒙古族自治县	214	35	321	49	682
阿克塞哈萨克族自治县	286	17	438	37	743
环县	7205	764	11975	1923	23008
华池县	2221	227	4804	506	10999
漳县	3797	321	6413	571	16956
岷县	9242	702	19662	1378	44212
合作市	997	90	2234	147	7906
卓尼县	2096	197	4713	461	14818
迭部县	1281	145	1805	251	4683
玛曲县	989	90	2543	165	7022
碌曲县	1035	96	1746	161	3796
夏河县	1389		11175	432	7553
青海省	**35717**	**2747**	**70505**	**5398**	**168122**
门源回族自治县	4287	527	6014	740	12408
祁连县	979	87	1897	136	3995

普通小学专任教师（人）	医疗卫生机构数（个）	医疗卫生机构床位数（张）	卫生技术人员（人）	城镇居民最低生活保障人数（人）	城镇居民最低生活保障支出（万元）	农村居民最低生活保障人数（人）	农村居民最低生活保障支出（万元）
481	101	138	166	704	322	1456	296
424	168	330		165	128	2917	500
251	94	200	201	231	122	3059	245
77	14	110	54	1	2		
60	24	240	47	20	22		
95	19	150	48	202	372	16	4
85	20	150	43	25	18		
144	25	154	39	56	42	179	13
191	56	256	59	140	144	452	35
120	28	200	58	71	52	575	78
324	106	150	171	28	25	293	69
20659	**3512**	**16085**	**16441**	**40040**	**25076**	**185460**	**57767**
1964	437	1935	832	1248	761	15390	4500
862	359	835	1543	4127	2294	4833	2479
3221	546	1689	1854	3859	2529	27637	6433
812	257	1088	1364	5650	3841	6104	2604
1253	200	1483	920	2635	1702	7197	2754
194	54	404	289	636	459	2337	729
905	182	1435	1432	4952	2463	6451	1639
706	131	724	863	1586	968	4109	1227
78	32	152	147	300	195	161	49
61	11	82	99	283	218		
1956	320	1271	1238	1427	949	31455	7597
952	151	780	917	2284	1519	9881	2591
1262	154	675	481	1797	876	12621	4110
2462	452	1962	2400	3012	1756	38284	14723
622	46	101	249	3271	2383	2631	770
931	23	455	381	287	224	5166	2907
575	27	260	298	621	471	3010	695
521	45	228	303	851	579	3245	652
591	10	262	323	454	321	1726	430
731	75	264	508	760	572	3222	878
9793	**1980**	**10691**	**7322**	**37489**	**41383**	**189671**	**109760**
1325	416	825	817	3685	3778	8301	4798
307	59	238	210	1074	1066	2383	1366

11-1(二) 续表 6

地　区	普通高中在校学生数（人）	普通高中专任教师数（人）	初中在校学生数（人）	初中专任教师数（人）	普通小学在校学生（人）
海晏县					
刚察县			1767	118	4199
同仁县	15681	1184	3838	289	10233
尖扎县			2099	148	5235
泽库县					
河南蒙古族自治县					
共和县			6000	328	12677
同德县	527	55	2743	231	6291
贵德县	3899	268	4336	344	9535
兴海县	859	52	4509	289	8853
贵南县			3413	287	7557
玛沁县			2821	355	6359
班玛县			1350	96	3985
甘德县	215		1633	178	4606
达日县			1673	85	5537
久治县	638	4	1124	84	3772
玛多县			379	53	1716
玉树市					
杂多县			4194	231	10952
称多县	878	80	2981	164	7178
治多县			1500	110	4547
囊谦县	260	46	4356	250	11704
曲麻莱县			1283	109	3927
格尔木市	4063	293	7886	609	18722
德令哈市	1508		2774		6265
乌兰县	591	65	969	127	2183
都兰县	1317	97	2519	201	5607
天峻县	275	35	803	86	1783
宁夏回族自治区	**20247**	**1357**	**44183**	**3070**	**91800**
盐池县	2904	217	5550	403	12163
同心县	7945	562	19139	1312	40127
海原县	9398	578	19494	1355	39510
新疆维吾尔自治区	**75802**	**7154**	**193723**	**17116**	**430900**
乌鲁木齐县	388	11	1636	348	3945
伊州区	9688	975	14915	1307	30570

普通小学专任教师（人）	医疗卫生机构数（个）	医疗卫生机构床位数（张）	卫生技术人员（人）	城镇居民最低生活保障人数（人）	城镇居民最低生活保障支出（万元）	农村居民最低生活保障人数（人）	农村居民最低生活保障支出（万元）
				663	541	1178	550
256	46	263	251	994	1091	3522	1638
731	95	1266	189				
383	102	334	507	583	1053	10865	4300
				1982	1990	21892	10175
				438	1040	5883	4261
746	230	396	540	2992	3500	7198	4500
398	109	496	241	1087	955	4490	2040
547	202	1167	616	832	1025	6741	6980
289	72	402	243	454	711	5902	4189
451	12	545	428	1011	2581	3544	2480
258	12	222	142	1916	1719	3419	1643
216	44	179	140	973	1149	5461	3382
379	48	251	166	1577	1352	3958	4174
235	47	171	148	544	904	8174	4344
	60	96	29	342	335	8074	3985
57	40	106	97	812	1086	4077	2763
				5681	5213	12230	7263
456	43	147	161	1812	1480	10587	4819
374	76	335	44	862	865	16525	8936
347				915	686	3866	3183
575	15	383	117	2755	2224	21989	11296
291	11	144		744	661	6094	3410
1059	74	1445	1967	432	572	424	239
		725		1610	2208	1174	1686
161	48	174	89	282	1201	461	735
356	122	280	185	257	241	1159	538
171	12	101	112	180	156	100	88
5176	**504**	**3926**	**3935**	**17647**	**12567**	**113042**	**48030**
750	117	892	483	1993	1474	9801	3770
2032	179	1394	1651	5285	4989	47895	21129
2394	208	1640	1801	10369	6104	55346	23131
34266	**3596**	**25676**	**33006**	**47671**	**26943**	**184249**	**69109**
103	44	185	261	53	35	578	298
2829	290	2732	4081	1580	1152	5059	2195

11-1(二) 续表 7

地　区	普通高中在校学生数（人）	普通高中专任教师数（人）	初中在校学生数（人）	初中专任教师数（人）	普通小学在校学生（人）
巴里坤哈萨克自治县	906	110	2042	319	5577
伊吾县	645	72	605	94	1802
奇台县	3710	350	6290	478	13389
木垒哈萨克自治县	867	148	1857	216	5025
博乐市	3372	285	16602	1299	16602
精河县	1262	116	3998	525	9413
温泉县	500	79	1482	264	3278
尉犁县	1367	74	3331	206	7000
且末县	868	100	2537	201	7685
和静县	2230	228	6215	480	14354
和硕县	864	82	2140	170	4619
温宿县	4171	361	11131	941	28807
沙雅县	5161	379	13202	897	32869
阿克陶县	3924	526	10659	1217	33604
阿合奇县	1857	276	1857	276	4489
乌恰县			2391	393	6199
塔什库尔干塔吉克自治县	944	63	1671	98	4079
民丰县	290	61	1719	176	4822
巩留县	3016	268	10603	854	18785
新源县	6411		13281	1307	31261
昭苏县	816	254	5852	610	16274
特克斯县	3163	187	7249	415	18671
尼勒克县	2714	196	6901	587	17462
塔城市	1337		5518		9249
额敏县	2802	209	6002	461	12678
托里县	1142	127	5565	399	8772
裕民县	130	777	1495	210	3971
和布克赛尔蒙古自治县	702		1634	295	4154
阿勒泰市	3737	104	6222	408	11872
布尔津县	1407	144	2742	328	6470
富蕴县	1997	159	3944	384	7604
福海县	209	78	1163	76	2609
哈巴河县	1100	85	2290	240	5631
青河县	668	162	4291	418	10185
吉木乃县	1437	108	2691	219	7124

普通小学专任教师（人）	医疗卫生机构数（个）	医疗卫生机构床位数（张）	卫生技术人员（人）	城镇居民最低生活保障人数（人）	城镇居民最低生活保障支出（万元）	农村居民最低生活保障人数（人）	农村居民最低生活保障支出（万元）
771	74	203	438	423	225	1864	757
290	51	239	329	60	26	268	65
1056	205	1062	1553	306	155	2232	820
761	52	430	351	515	268	1736	689
1299	279	1638	2697	2607	1581	4431	2195
580	85	508	711	1438	705	4021	1505
496	78	346	428	1008	527	1492	664
507	81	420	440	944	605	1902	754
717	68	959	591	141	92	151	79
1057	137	766	992	1004	840	4174	2466
451	73	332	465	1884	1154	4738	2030
2135	23	878	1112	239	140	1590	711
1623	193	1183	1575	1182	707	5673	2400
2703	121	1011	1473	1421	805	8608	3211
679	26	270	316	3158	1793	33354	12045
1245	39	345	584	1120	597	2157	709
296	67	207	347	834	417	3682	1081
418	45	252	426	334	195	3411	1492
1194	127	810		164	158	1730	676
1572	212	1235	1597	2406	1323	10151	3820
1104	72	785	1156	1946	1158	9301	3587
981	74	736	171	2443	1128	8901	2830
1670	108	788	1007	2632	1375	8742	2795
	22	1225	1362	1870	1013	8615	2638
990	161	736	1312	1869	686	3842	1179
695	142	664	608	2052	1206	2917	1081
339	57	260	412	1113	572	3314	822
635	50	494	749	899	428	1177	486
1003	123	1461	2177	1221	552	1327	463
825	74	566	689	4280	2555	15870	6058
773	93	550	710	973	602	3224	1212
291	39	139	304	529	283	2171	884
527	70	363	631	825	489	2817	1064
955	85	538	602	616	398	1406	619
696	56	360	349	445	317	3033	1123

民族乡

1—1 全国分地区民族乡基本情况(2020年)

地　区	民族乡数(个)	行政区划面积(平方公里)	年末总人口(万人)	#少数民族	村民委员会(个)
合　计	**963**	**265091**	**1623.88**	**869.62**	**9080**
北　京	5	621	8.95	2.02	62
天　津	1	25	0.72	0.30	13
河　北	42	3866	72.55	26.99	550
内蒙古	18	28471	22.73	7.07	191
辽　宁	54	7433	87.62	51.12	515
吉　林	28	6160	44.28	13.28	313
黑龙江	52	22626	67.51	25.43	406
江　苏	1	54	2.29	0.70	6
浙　江	14	644	10.97	2.78	106
安　徽	9	432	20.68	6.31	67
福　建	19	2168	42.88	14.91	321
江　西	8	1080	11.31	2.90	71
河　南	12	204	19.34	8.34	93
湖　北	10	2219	24.90	14.29	125
湖　南	83	11742	148.04	87.94	974
广　东	7	1401	8.73	3.66	50
广　西	59	15793	118.99	89.30	589
重　庆	14	1422	16.52	6.27	98
四　川	83	14855	71.55	33.12	449
贵　州	193	20104	454.48	234.13	2101
云　南	140	41149	284.01	180.22	1067
西　藏	9	3504	0.98	0.65	28
甘　肃	32	16171	32.56	20.90	295
青　海	28	5820	22.51	15.15	340
新　疆	42	57126	28.77	21.83	250

注:内蒙古含一个民族苏木。

2-1 全国分地区民族乡乡镇企业情况(2020年)

地区	乡镇企业从业人员(万人)	乡镇企业总产值(亿元)	#工业企业总产值(亿元)	乡镇企业年净利润总额(亿元)
合计	**72.45**	**2347.98**	**1540.26**	**251.36**
北京	9.28	288.68	14.19	8.42
天津	0.01	0.34	0.34	0.01
河北	8.79	366.45	285.67	36.23
内蒙古	0.16	3.09	2.81	0.95
辽宁	4.25	161.25	124.53	13.51
吉林	3.29	168.34	84.01	19.26
黑龙江	1.00	43.32	11.16	2.59
江苏	1.29	103.57	72.50	2.59
浙江	0.33	11.01	10.35	1.81
安徽	0.97	20.62	14.24	1.26
福建	6.58	230.99	194.45	10.76
江西	0.56	11.22	8.57	0.88
河南	1.71	109.85	58.27	14.15
湖北	0.95	37.84	29.97	8.92
湖南	5.22	106.04	85.57	17.79
广东	0.37	12.78	25.37	3.14
广西	1.64	35.66	31.15	4.86
重庆	0.62	6.81	1.29	0.60
四川	1.29	25.80	16.36	5.81
贵州	17.32	354.51	270.17	73.24
云南	5.72	202.72	165.09	19.83
西藏				
甘肃	0.59	27.00	24.49	3.29
青海		0.17	0.12	0.04
新疆	0.49	19.91	9.60	1.41

3–1 全国分地区民族乡农业基本情况(2020年)

地　区	农作物总播种面积（公顷）	#粮食播种面积	农林牧渔业总产值（亿元）	粮食产量（万吨）	肉类总产量（万吨）
合　计	**3023045**	**2083684**	**1772.79**	**1305.02**	**184.76**
北　京	1409	486	3.05	0.30	0.02
天　津	132	100	1.25	0.04	0.15
河　北	94804	58770	92.49	44.26	9.20
内蒙古	254063	194157	93.13	106.03	2.44
辽　宁	176280	124900	104.91	104.82	24.69
吉　林	207565	183321	67.23	137.58	4.94
黑龙江	337974	312444	96.11	229.52	5.57
江　苏	4010	3605	6.71	2.74	0.24
浙　江	10098	5532	16.26	3.27	0.26
安　徽	39114	30762	22.33	21.68	1.47
福　建	34733	17400	52.28	10.61	3.66
江　西	8386	5090	9.82	3.56	1.70
河　南	20929	14402	11.75	12.47	1.67
湖　北	42810	22542	39.76	10.36	2.40
湖　南	168775	104445	127.28	70.36	17.25
广　东	8883	4486	12.70	4.00	0.56
广　西	126041	68332	88.07	41.83	7.23
重　庆	25047	13748	18.20	10.48	2.13
四　川	111173	67666	66.80	40.84	9.87
贵　州	505707	298177	301.58	180.44	38.06
云　南	616141	367674	449.95	168.98	35.71
西　藏	546	343	0.77	0.15	0.07
甘　肃	59565	41301	13.40	17.75	2.79
青　海	40109	22489	10.86	11.70	6.71
新　疆	128751	121512	66.10	71.24	5.96

4-1 全国分地区民族乡财政收支和农村居民人均可支配收入情况(2020年)

地　　区	财政收入 (万元)	财政支出 (万元)	农村居民人均可支配收入 (元)
合　　计	**2030123**	**2034257**	**12959**
北　　京	63761	85676	31246
天　　津	2029	2029	25500
河　　北	75492	75434	11876
内 蒙 古	36279	34508	15386
辽　　宁	84967	93522	12996
吉　　林	58389	58486	12878
黑 龙 江	89450	77145	16670
江　　苏	14710	6582	36180
浙　　江	37285	36482	27523
安　　徽	35400	39707	18719
福　　建	65571	65911	19686
江　　西	23753	23588	16570
河　　南	15473	19087	12863
湖　　北	30399	34379	14967
湖　　南	135372	137699	10984
广　　东	12925	11638	18091
广　　西	118139	134531	10490
重　　庆	31139	31458	13969
四　　川	83417	94551	15161
贵　　州	470201	389155	10663
云　　南	373580	410766	11272
西　　藏	3413	3169	19992
甘　　肃	49914	49855	8907
青　　海	17791	17960	10283
新　　疆	101273	100940	15762

5-1 全国分地区民族乡教育情况(2020年)

地区	普通高中			初中			小学		
	学校总数（所）	在校学生数（人）	教师总数（人）	学校总数（所）	在校学生数（人）	教师总数（人）	学校总数（所）	在校学生数（人）	教师总数（人）
合计	**40**	**27213**	**2144**	**743**	**352866**	**34470**	**4017**	**924763**	**72993**
北京	1	492	92	2	2148	255	12	5551	514
天津				1	260	28	2	352	26
河北	2	5564	447	16	10834	752	187	42202	2864
内蒙古				12	2604	404	23	6115	878
辽宁	2	702	56	52	15382	2067	139	27623	3349
吉林				31	6171	1173	73	10077	2123
黑龙江	2	262	81	32	6043	1171	77	6823	1687
江苏				1	253	44	1	708	60
浙江				2	403	47	12	1799	212
安徽				7	2443	180	30	5848	526
福建	1	3259	203	17	9141	874	53	22479	1576
江西				8	2649	211	36	4920	430
河南				9	3114	316	55	10872	809
湖北				10	3631	387	37	8663	679
湖南	2	3253	246	73	23948	2146	295	67078	4867
广东				5	1335	157	11	2973	263
广西				40	24608	4072	386	72652	5858
重庆				2	781	79	24	5998	581
四川				31	14691	1066	160	39643	2966
贵州	21	10863	764	218	120190	10807	1155	306469	21987
云南	3	1441	112	123	83157	6522	910	215918	14687
西藏				1	1361	127	6	1138	160
甘肃				20	6616	601	171	19974	1970
青海	1	892	66	16	4860	399	81	12932	910
新疆	5	485	77	14	6243	585	81	25956	3011

6-1 全国分地区民族乡文化情况(2020年)

地　　区	图书馆	文化站	村文化活动室
合　　计	**1553**	**1419**	**11152**
北　　京	4	5	61
天　　津	1	1	13
河　　北	102	75	541
内 蒙 古	30	18	172
辽　　宁	32	54	504
吉　　林	48	27	301
黑 龙 江	163	110	354
江　　苏	1	1	8
浙　　江	32	22	88
安　　徽	35	9	67
福　　建	7	21	326
江　　西	15	12	72
河　　南	15	12	93
湖　　北	21	10	145
湖　　南	174	168	941
广　　东	5	7	91
广　　西	98	68	568
重　　庆	7	18	92
四　　川	111	190	472
贵　　州	358	266	2123
云　　南	33	139	3297
西　　藏	22	8	27
甘　　肃	34	33	287
青　　海	100	81	262
新　　疆	105	64	247

7–1 全国分地区民族乡医疗卫生情况(2020年)(一)

地区	医疗卫生机构(个)					卫生人员(人)	
		医院	基层医疗卫生机构	卫生院	村卫生室		卫生技术人员
合计	**10462**	**196**	**10061**	**1073**	**9355**	**37641**	**22561**
北京	95	1	70	4	66	398	318
天津	12		12	1	11	25	7
河北	646	4	640	47	593	1424	664
内蒙古	200	8	171	18	180	650	441
辽宁	681	11	668	53	615	1568	722
吉林	327	1	326	31	289	949	531
黑龙江	422	14	405	49	360	1256	724
江苏	9		9	1	8	65	52
浙江	66		66	15	51	174	123
安徽	76	3	73	9	64	276	119
福建	328	2	326	18	308	980	600
江西	85		85	9	76	277	162
河南	106	1	105	11	93	386	253
湖北	158	1	156	10	148	661	468
湖南	1094	7	1052	120	1034	2822	1849
广东	64		63	7	56	177	123
广西	687	3	655	86	594	2650	1886
重庆	115		113	15	98	371	258
四川	698	43	646	104	577	1751	985
贵州	2450	77	2319	199	2253	10897	6306
云南	1211	1	1209	143	1066	7261	4305
西藏	33	2	31	9	24	113	61
甘肃	277	5	258	36	251	699	442
青海	365	7	354	27	340	568	332
新疆	257	5	249	51	200	1243	830

7-1 全国分地区民族乡医疗卫生情况(2020年)(二)

地区	其中：执业(助理)医师	乡村医生和卫生员	医疗卫生机构床位数(张)	医院	基层医疗卫生机构	卫生院
合计	**9200**	**13566**	**30857**	**5640**	**23125**	**21707**
北京	152	60	76	40	35	16
天津	5	18	12		12	12
河北	423	760	1229	134	1095	854
内蒙古	191	152	423	55	249	195
辽宁	383	825	1788	404	1265	989
吉林	273	388	540		426	407
黑龙江	387	493	1126	49	884	715
江苏	34	13	44		44	32
浙江	76	34	39		31	39
安徽	64	157	405	30	375	355
福建	203	380	474	133	341	341
江西	71	116	270		270	250
河南	128	128	435	38	351	272
湖北	177	197	550		550	487
湖南	792	993	3057	78	2765	2616
广东	49	55	122	7	105	105
广西	574	746	1994	147	1896	1960
重庆	104	109	382		378	334
四川	473	742	1452	181	1166	1107
贵州	2621	3432	10230	4107	5202	5008
云南	1407	2753	4292	113	4179	4190
西藏	20	54	51	3	34	29
甘肃	163	255	691	71	529	508
青海	156	304	467	28	361	318
新疆	274	402	708	22	582	568

8-1 全国分地区民族乡农业科技情况(2020年)

地　区	农业科技与服务单位数	中高级农业技术人员数
合　计	**1502**	**8409**
北　京	4	18
天　津		
河　北	100	243
内蒙古	16	143
辽　宁	153	1255
吉　林	103	384
黑龙江	60	325
江　苏	7	34
浙　江	14	56
安　徽	15	39
福　建	31	182
江　西	12	55
河　南	40	160
湖　北	19	90
湖　南	104	507
广　东	11	27
广　西	84	254
重　庆	14	93
四　川	103	361
贵　州	232	1729
云　南	207	1586
西　藏	5	77
甘　肃	74	252
青　海	26	76
新　疆	68	463

9-1 全国各民族乡基本情况(2020年)(一)

民族乡名称	行政区划面积(平方公里)	村民委员会(个)	年末总人口(人)	#少数民族(人)	乡镇企业从业人员(人)
北京	**621**	**62**	**89539**	**20209**	**92782**
朝阳区常营回族乡	9		38452	9133	72229
通州区于家务回族乡	66	23	28535	2108	5323
密云县檀营满族蒙古族乡	3		5714	1373	
怀柔区喇叭沟门满族乡	302	15	6913	3275	
怀柔区长哨营满族乡	242	24	9925	4320	15230
天津市	**25**	**13**	**7237**	**3041**	**88**
蓟县孙各庄满族乡	25	13	7237	3041	88
河北省	**3866**	**550**	**725462**	**269865**	**87879**
石家庄市新乐市彭家庄回族乡	31	8	22692	6197	6121
石家庄市藁城市九门回族乡	47	13	49211	7006	5109
石家庄市无极县高头回族乡	32	15	37446	15202	10986
唐山市遵化市汤泉满族乡	22	10	9743	9061	2000
唐山市遵化市西下营满族乡	33	14	11875	5739	550
唐山市遵化市东陵满族乡	78	27	23990	17992	4313
邯郸市邱县陈村回族乡	12	5	7518	6510	1160
邯郸市大名县营镇回族乡	20	17	16350	4550	2088
保定市易县凌云册满族回族乡	62	19	33014	8830	414
定州市号头庄回族乡	43	17	40499	13964	1722
张家口市沽源县大二号回族乡	55	4	3172	945	
张家口市怀来县王家楼回族乡	132	16	8085	1629	484
廊坊市永清县管家务回族乡	33	12	13339	3415	1680
廊坊市文安县大围河回族满族乡	62	24	33131	6293	7663
承德市滦平县平坊满族乡	68	8	7366	5149	1428
承德市滦平县安纯沟门满族乡	157	11	13334	9420	370
承德市滦平县五道营子满族乡	124	6	4723	4110	270
承德市滦平县邓厂满族乡	74	3	2638	1919	
承德市滦平县马营子满族乡	141	10	9753	6044	180
承德市滦平县付家店满族乡	81	6	5516	2259	702

乡镇企业总产值（万元）	#工业企业（万元）	乡镇企业年净利润总额（万元）	农林牧渔业总产值（万元）	农作物总播种面积（亩）	#粮食播种面积（亩）	粮食产量（吨）	肉类总产量（吨）	农民合作社个数（个）	农民合作社成员数（户）
2886780	**141865**	**84204**	**30491**	**21139**	**7297**	**3027**	**238**	**17**	**543**
2199181	108981	22117	933	49					
263599	32884	32407	24857	13647	3738	1643	234		
			2204	4747	1621	678	1	3	227
424000		29680	2498	2695	1938	706	3	14	316
3370	**3370**	**76**	**12540**	**1980**	**1500**	**427**	**1545**	**31**	**1208**
3370	3370	76	12540	1980	1500	427	1545	31	1208
3664529	**2856747**	**362279**	**924864**	**1422062**	**881551**	**442585**	**91967**	**1011**	**12301**
466750	28612	36752	36228	54927	44092	21105	8521	25	330
593955	510911	54406	72760	81432	70360	32053	4485	13	73
40766	36633	6053	50565	64008	64008	27897	2167	9	86
37790	33524	518	4780	12950	8779	3259	1259	2	46
11384	6500	5500	5969	5323	359	2010	1058	3	15
135903	58570	32623	16598	257500	18850	8532	5770	10	124
33806	27900	510	15247	20185	9234	4166	4000	4	690
12580	7000	1040	3628	37260	17611	8138	660	17	226
27444	27347	2612	43230	42018	40210	34533	3120	43	160
1980	398	450	48995	139253	101010	50505	1584	33	1030
			4501	16423	1475	519	78	32	165
5059	3534	542	7307	16736	14843	6430	1623	14	163
37026	29369	2636	24587	23355	15450	9351	2355	17	502
97269	54665	7696	14262	47655	43800	22502	3373	16	172
5890	5890	562	25670	15480	11700	3790	1100	9	37
3066	1930	206	24550	15732	10980	3989	1330	9	31
58	40	39	5144	6550	1582	1797	1065	15	79
			6700	5400	3900	1328	1152	18	90
5392		308	19525	7182	7182	2176	2071	10	31
16400	7952	4413	5985	6699	6321	2528	1703	5	82

9-1(一) 续表 1

民族乡名称	行政区划面积（平方公里）	村民委员会（个）	年末总人口（人）	#少数民族（人）	乡镇企业从业人员（人）
承德市滦平县西沟满族乡	154	9	7815	5148	459
承德市承德县岗子满族乡	80	10	8658	3570	135
承德市承德县两家满族乡	101	9	10720	4180	217
承德市兴隆县八卦岭满族乡	100	8	14842	8565	112
承德市兴隆县南天门满族乡	100	10	7497	2324	471
承德市隆化县尹家营满族乡	90	11	8766	6017	
承德市隆化县庙子沟蒙古族满族乡	96	6	6887	3916	
承德市隆化县偏坡营满族乡	178	14	13070	8256	181
承德市隆化县八达营蒙古族乡	189	12	13947	10315	196
承德市隆化县太平庄满族乡	173	11	11348	7775	210
承德市隆化县旧屯满族乡	174	11	8111	6275	159
承德市隆化县西阿超满族蒙古族乡	189	10	10637	6755	145
承德市平泉市七家岱满族乡	115	4	9524	5767	362
承德市平泉市茅兰沟满族蒙古族乡	170	9	19197	12805	277
沧州市黄骅市羊二庄回族乡	330	48	54131	6893	14002
沧州市黄骅市新村回族乡	43	4	11638	2258	
沧州市河间市果子洼回族乡	27	20	23182	7136	4196
沧州市献县本斋回族乡	24	11	17110	4275	2868
沧州市沧县大褚村回族乡	55	26	27487	4351	3024
沧州市沧县杜林回族乡	79	38	46612	4527	1325
沧州市沧县捷地回族乡	39	16	31224	6900	8710
沧州市黄骅市羊三木回族乡	55	8	9664	5623	3590
内蒙古自治区	**28471**	**191**	**227299**	**70660**	**1617**
呼伦贝尔市莫力达瓦达斡尔族自治旗巴彦鄂温克民族乡	1542	17	16928	4285	
呼伦贝尔市莫力达瓦达斡尔族自治旗杜拉尔鄂温克民族乡	529	10	7759	1535	
呼伦贝尔市扎兰屯市达斡尔民族乡	423	7	11424	2730	42
呼伦贝尔市扎兰屯市萨马街鄂温克民族乡	2596	6	8363	2074	
呼伦贝尔市扎兰屯市南木鄂伦春民族乡	2006	8	14741	2457	357
呼伦贝尔市阿荣旗查巴奇鄂温克民族乡	726	11	12389	2496	285
呼伦贝尔市阿荣旗新发朝鲜族民族乡	162	7	11686	1744	260

乡镇企业总产值（万元）	#工业企业（万元）	乡镇企业年净利润总额（万元）	农林牧渔业总产值（万元）	农作物总播种面积（亩）	#粮食播种面积（亩）	粮食产量（吨）	肉类总产量（吨）	农民合作社个数（个）	农民合作社成员数（户）
750	675	232	19680	12559	10245	3234	2716	30	723
2860	2860	138	7328	11715	10400	4218	2869	20	170
1615	1615	37	12339	13125	8120	3215	813	20	224
5677	2190	48	27724	3600	2220	673	184	32	402
3840	3490	-13	8462	3660	3570	1105	301	3	30
			24555	23559	14164	5842	2687	56	1280
			11520	18205	4445	4325	2050	20	110
3202	1070	321	38953	48837	24900	9813	3889	63	362
6820	2290	1100	37601	21300	18895	4174	2451	11	67
1700	690	122	16470	21710	15742	6623	1744	7	63
3020	289	561	14999	12311	11918	4858	1085	38	212
6467	2684	2010	35260	20317	7104	2814	276	53	265
2960	2220	482	10975	12079	12079	5354	225	16	199
976	900	55	28420	30271	30271	14366	2450	32	353
1634759	1366828	135455	71837	28170	24734	38302	8302	125	615
			22805						
133456	85370	6998	15016	37355	19123	9375	1922	48	406
211852	181969	20226	20418	51090	23203	11664	3380	27	1450
28326	10859	12159	20580	32100	5325	13920	2321	13	302
206420	159500	6830	17506	59887	59887	16237	100	56	421
90988	33993	7756	20979	28325	27960	26200	3114	8	350
253823	156480	10896	5206	55820	55500	9665	614	29	165
30922	**28080**	**9495**	**931340**	**3810939**	**2912349**	**1060339**	**24373**	**1191**	**6392**
			457500	610000	600000	360000	1500	168	860
			189100	248000	210900	82484		92	471
7400	7400	4300	42160	226999	211064	56774	856	44	244
			38300	221501	168501	50308	4130	54	321
3260	2450	565	39800	137944	137944	16318	391	86	540
175	80	16	13900	292395	286975	65300	2077	134	475
900	500	700	8319	125000	90000	45410		84	96

9-1(一) 续表 2

民族乡名称	行政区划面积（平方公里）	村民委员会（个）	年末总人口（人）	#少数民族（人）	乡镇企业从业人员（人）
呼伦贝尔市阿荣旗音河达斡尔鄂温克民族乡	558	9	12457	1539	157
呼伦贝尔市阿荣旗得力其尔鄂温克民族乡	372	9	14716	2103	
呼伦贝尔市根河市敖鲁古雅鄂温克民族乡	1762	1	1416	323	93
呼伦贝尔市额尔古纳市三河回族乡	3535	17	9923	4972	
呼伦贝尔市额尔古纳市室韦俄罗斯民族乡	2068	7	2790	1205	174
兴安盟科尔沁右翼前旗满族屯满族乡	4318	8	4678	4584	220
赤峰市松山区当铺地满族乡	386	25	42673	16394	
赤峰市喀喇沁旗十家满族乡	341	14	27425	14549	
乌兰察布市凉城县曹碾满族乡	690	21	22876	3104	
呼伦贝尔市鄂温克族自治旗巴彦塔拉达斡尔族乡	418	7	2561	2316	
呼伦贝尔市陈巴尔虎旗鄂温克苏木	6037	7	2494	2250	29
辽宁省	**7433**	**515**	**876169**	**511238**	**42529**
沈阳市康平县柳树屯蒙古族满族乡	105	9	15008	7805	50
沈阳市康平县沙金台蒙古族满族乡	150	11	17920	13442	794
沈阳市法库县四家子蒙古族乡	95	9	16409	8027	674
沈阳市康平县东升满族蒙古族乡	123	10	17573	7502	176
沈阳市康平县西关屯蒙古族满族乡	89	9	15215	6390	221
大连市瓦房店市三台满族乡	130	10	26565	11465	2875
大连市瓦房店市杨家满族乡	109	11	22418	6726	1349
大连市庄河市太平岭满族乡	104	6	20757	5349	3931
大连市庄河市桂云花满族乡	215	5	19029	8326	8919
抚顺市抚顺县拉古满族乡	104	10	17130	6508	2050
抚顺市抚顺县汤图满族乡	149	9	7800	6912	30
本溪市桓仁县雅河朝鲜族乡	212	8	19258	10286	329
丹东市宽甸满族自治县下露河朝鲜族乡	259	6	10640	7801	65
丹东市东港市合隆满族乡	99	10	20202	12815	508
丹东市凤城市大堡蒙古族乡	266	8	21896	21516	1710
锦州市义县地藏寺满族乡	116	5	6774	3164	543
锦州市义县大定堡满族乡	109	8	6487	2595	700
阜新市彰武县二道河子蒙古族乡	93	8	12718	4050	85

乡镇企业总产值（万元）	#工业企业（万元）	乡镇企业年净利润总额（万元）	农林牧渔业总产值（万元）	农作物总播种面积（亩）	#粮食播种面积（亩）	粮食产量（吨）	肉类总产量（吨）	农民合作社个数（个）	农民合作社成员数（户）
1225	439	139	27000	192000	165000	57277	1427	56	478
				465000	300000	110558	2340	110	805
1900	1900		1169	31155	11900	2212	5	10	75
			48942	520000	208000	55000		30	150
851		212	14323	192593	92857	20458	685	12	60
15200	15300	3634		4505	2600	1806	5200	49	283
				214493	188963	75733	3787	50	425
				79390	75800	35202		106	614
			43927	82564	70615	10804	349	18	95
			6900				22	60	400
11	11	-71		167400	91230	14695	1605	28	
1612505	**1245303**	**135122**	**1049121**	**2644205**	**1873493**	**1048210**	**246940**	**1707**	**23772**
1890	1890	80	40312	82543	64330	38245	4659	80	532
16300	6000	550	42140	119000	110000	25387	5934	43	232
19000	15000	480	41000	69845	63405	39000	12420	59	520
823	706	30	37621	94052	89841	44235	6958	59	845
1002	899	86	22963	77000	61201	21701	1284	58	216
96487	35742	1737	80739	55489	38944	13465	7587	19	558
136821	130716	1719	29692	75348	48480	13280	14412	15	254
78427	52393	4153	43865	56357	49091	17026	1850	7	50
119863	58867	11997	18221	34329	25112	9861	7259	26	600
312068	272658	31415	14265	33164	33036	15898	765	2	34
			11492	24309	20715	182380	1246	52	725
19652	13492	64	17122	28447	28187	12925	176	7	255
700		400	11240	25400	6900	3000	740	12	300
7488	5876	170	62071	59160	46904	21754	5800	105	2642
6120	5100	150		83450	44498	24252	8750	31	422
70256	67412	3892		33247	33247	11032	4118	8	138
12000	12000	4000	10000	20377	1800	9900	2320	29	325
2900	2900	500	21000	96720	58635	30021	10300	11	60

9−1(一) 续表 3

民族乡名称	行政区划面积（平方公里）	村民委员会（个）	年末总人口（人）	#少数民族（人）	乡镇企业从业人员（人）
辽阳市辽阳县吉洞峪满族乡	282	12	18883	12750	1280
辽阳市辽阳县甜水满族乡	314	14	20207	17719	388
铁岭市开原市林丰满族乡	142	10	10419	9461	430
铁岭市铁岭县白旗寨满族乡	166	9	11625	6266	276
铁岭市西丰县成平满族乡	147	10	12173	9481	
铁岭市西丰县德兴满族乡	106	7	9200	6510	7
铁岭市西丰县和隆满族乡	265	10	16972	12156	
铁岭市西丰县金星满族乡	134	9	13096	9416	140
铁岭市西丰县明德满族乡	116	7	9900	7920	48
铁岭市西丰县营厂满族乡	179	9	10110	6785	
铁岭市清河区聂家满族乡	132	10	10941	8352	
朝阳市北票市马友营蒙古族乡	207	9	16589	3865	410
朝阳市北票市凉水河蒙古族乡	112	6	6635	657	52
朝阳市建平县三家蒙古族乡	160	14	29923	3578	682
朝阳市凌源县三家子蒙古族乡	233	17	36818	1888	680
朝阳市朝阳县松岭门蒙古族乡	83	6	9196	2740	355
朝阳市朝阳县乌兰河硕蒙古族乡	66	7	9380	3024	206
葫芦岛市绥中县西平坡满族乡	115	10	18576	17896	197
葫芦岛市绥中县范家满族乡	129	10	16053	11872	164
葫芦岛市绥中县高甸子满族乡	111	9	18222	15871	780
葫芦岛市绥中县葛家满族乡	104	10	14058	12601	457
葫芦岛市绥中县明水满族乡	112	8	14653	12504	560
葫芦岛市绥中县网户满族乡	75	14	20950	10067	851
葫芦岛市兴城市白塔满族乡	153	11	23616	16296	1139
葫芦岛市兴城市大寨满族乡	77	13	16078	15304	210
葫芦岛市兴城市碱厂满族乡	161	7	10986	8853	1421
葫芦岛市兴城市旧门满族乡	83	8	9731	5895	615
葫芦岛市兴城市刘台子满族乡	40	10	14958	7431	105
葫芦岛市兴城市南大山满族乡	130	15	20677	18237	215
葫芦岛市兴城市望海满族乡	81	10	19644	15140	1420

乡镇企业总产值（万元）	#工业企业（万元）	乡镇企业年净利润总额（万元）	农林牧渔业总产值（万元）	农作物总播种面积（亩）	#粮食播种面积（亩）	粮食产量（吨）	肉类总产量（吨）	农民合作社个数（个）	农民合作社成员数（户）
28712	27712	5542	11900	47966	47765	28659	920	58	1471
6025	5078	586	17585	39500	38000	10603	1982	36	1136
4271	4271	1190	16740	32061	28146	19818	1096	5	436
7860	6511	1220	4950	27687	27687	17788	4162	41	246
			12050	35768	33510	17000	9800	20	924
150	150	3	7000	27501	23693	8689	2240	16	96
			22365	39187	26550	16016	362	33	321
320	125	25	7834	45003	41156	27157	3530	29	317
391	391	134	500	31601	30898	16425	6710	7	40
			7260	27960	23870	11950	1700	16	606
			9100	42540	42540	21455	4500	11	278
4952	295	1395	15100	120829	64429	42885	5854	66	358
5100	2800	420	2412	23403	23108	4140	2115	19	260
19213	1027	1957	38433	128145	124084	73063	1123	134	693
102900	101900	35550	45850	46785	42280	17490	3980	17	794
235600	204050	969	16100	23414	22214	3800	4350	3	18
2984	560	1117	26758	41931	39831	15932	2431	11	923
12868	2960	725	25548	26750	24690	11385	8552	38	380
1888	1030	424	6555	39780	16175	6365	7550	44	230
11200	8700	430	12420	55395	23663	17140	7250	50	339
15676	9667	790	12405	15705	15705	4997	3650	6	97
3000	800	150	11921	9210	7800	3900	2670	32	635
29870	11205	2560	37600	59800	16500	9900	14300	76	535
26375	23801	1094	10220	45909	22338	6522	10428	26	161
7610	3340	623	32200	73260	43225	23108	5134	6	251
1763	1236	527	13835	41869	13660	513	763	10	113
36478	32682	4120	10058	22145	10315	3376	6346	18	162
4790	3765	498	9816	33744	10200	4523	2174	29	149
3612	2580	223	10964	74601	9267	4980	4410	30	267
39210	37120	2730	24000	65253	15182	8450	7800	42	507

9-1(一) 续表 4

民族乡名称	行政区划面积（平方公里）	村民委员会（个）	年末总人口（人）	#少数民族（人）	乡镇企业从业人员（人）
葫芦岛市兴城市围屏满族乡	112	8	13022	11706	386
葫芦岛市兴城市羊安满族乡	68	11	21177	12966	1931
葫芦岛市兴城市药王满族乡	138	11	16033	10656	386
葫芦岛市兴城市三道沟满族乡	170	11	20123	17167	280
葫芦岛市兴城市元台子满族乡	112	9	17710	11135	1371
葫芦岛市建昌二道湾子蒙古族乡	89	12	24036	6394	78
吉林省	**6160**	**313**	**442835**	**132817**	**32942**
延边朝鲜族自治州珲春市三家子满族乡	60	8	8620	5001	
延边朝鲜族自治州珲春市杨泡满族乡	232	7	3812	2497	
吉林市昌邑区土城子满族朝鲜族乡	96	12	19692	9629	90
吉林市昌邑区两家子满族乡	161	13	17045	3527	205
吉林市永吉县金家满族乡	160	7	20475	5682	90
吉林市蛟河市乌林朝鲜族乡	278	20	15862	4120	1009
通化市梅河口市小杨满族朝鲜族乡	180	17	15722	4802	8017
通化市集安市凉水朝鲜族乡	175	9	5896	1769	68
通化市通化县金斗朝鲜族满族乡	105	5	7213	2899	152
通化市通化县大泉源满族朝鲜族乡	339	21	24157	6986	1017
通化市辉南县楼街朝鲜族乡	120	12	23002	2890	1520
通化市柳河县姜家店朝鲜族乡	92	10	11145	4015	295
辽源市东丰县三合满族朝鲜族乡	167	16	24078	5180	6507
长春市双阳区双营子回族乡	75	6	17397	5660	7780
长春市榆树市延和朝鲜族乡	10	3	2026	1945	30
长春市九台市胡家回族乡	168	9	22629	8725	2027
长春市九台市莽卡满族乡	153	12	33640	13466	1130
白城市通榆县包拉温都蒙古族乡	244	4	4705	2213	
白城市通榆县向海蒙古族乡	1175	16	25672	8488	
白城市洮南市呼和车力蒙古族乡	260	7	9612	2109	
白城市洮南市胡力吐蒙古族乡	150	10	7912	1458	
白城市镇赉县哈吐气蒙古族乡	151	5	4583	1265	
白城市镇赉县莫莫格蒙古族乡	487	13	11571	6750	

乡镇企业总产值（万元）	#工业企业（万元）	乡镇企业年净利润总额（万元）	农林牧渔业总产值（万元）	农作物总播种面积（亩）	#粮食播种面积（亩）	粮食产量（吨）	肉类总产量（吨）	农民合作社个数（个）	农民合作社成员数（户）
3850	2950	210	15520	53262	16047	6598	1782	31	473
46820	31011	3816	12519	39379	6156	2145	1187	36	220
4385	4205	520	8000	33936	24426	10051	2623	12	665
2900	1500	210	7295	21312	20312	11053	691	35	483
39500	30230	3900	12665	37700	28080	11232	2110	18	360
435		41	9900	45679	45665	15740	4087	23	120
1683443	**840091**	**192632**	**672348**	**3113474**	**2749813**	**1375844**	**49367**	**1657**	**22611**
			252	54362	51226	29512	2000	41	206
			5359	38494	34852	12960	90		
5811	3450	288	20321	60691	60101	47000	3000	54	262
3012	1892	603	39912	74269	69729	42622	9391	41	349
163	129	28	34328	91895	85917	59010	1193	58	1899
6208	5016	620	20192	105000	99740	60181	4721	58	820
28280	27933	5586	17723	71565	71565	45712	345	103	1713
1810	942	233	9634	19410	6825	2444	289	9	142
4002		152	11066	19467	16920	6984	353	13	232
14260	9600	2020	20105	60755	54284	15229	1349	30	1904
51786	38756	2816	32328	95895	90375	55313	888	203	2890
12050		60	21375	61470	60165	130000	66	68	335
342748	322547	90772	24040	64210	64210	65101	1345	122	1820
1139000	396000	81200	75000	60702	56114	31790	1314	68	545
5225	5225	903	5222	10095	10095	4428	290	4	20
16300	5961	1655	57000	140160	136112	95072	169	77	678
17280	5100	1800	23755	156000	111000	66600	5777	113	904
			7985	89600	76900	16200	271	25	180
			35600	395805	256500	73530	684	135	717
			19187	120840	75615	44298	343	32	493
			11250	5315	4950	30660	1200	7	44
			12000	453400	439169	35000		8	380
			21407	133425	104820	56204	1244	13	225

9-1(一) 续表 5

民族乡名称	行政区划面积（平方公里）	村民委员会（个）	年末总人口（人）	#少数民族（人）	乡镇企业从业人员（人）
白城市大安市新艾里蒙古族乡	83	5	5260	1176	
白城市洮北区德顺蒙古族乡	388	19	21363	6715	255
松原市扶余县三骏满族蒙古族锡伯族乡	296	29	45846	6362	170
四平市公主岭市龙山满族乡	146	8	14076	5197	2580
四平市双辽市那木斯蒙古族乡	210	10	19824	2291	
黑龙江省	**22626**	**406**	**675130**	**254307**	**9984**
哈尔滨市南岗区红旗满族乡	56	8	21409	8135	1500
哈尔滨市双城市乐群满族乡	88	9	18620	14017	220
哈尔滨市双城市同心满族乡	92	7	18399	11599	
哈尔滨市双城市希勤满族乡	122	8	19652	13210	32
哈尔滨市双城市青岭满族乡	102	9	18932	13716	522
哈尔滨市五常市红旗满族乡	209	12	42250	19000	152
哈尔滨市五常市营城子满族乡	112	7	27760	18000	
哈尔滨市五常市民乐朝鲜族乡	56	6	12010	6232	580
哈尔滨市尚志市河东朝鲜族乡	112	8	12215	4763	72
哈尔滨市尚志市鱼池朝鲜族乡	460	7	11155	2458	
哈尔滨市依兰县迎兰朝鲜族乡	1008	15	22849	2527	
齐齐哈尔市梅里斯达斡尔族区莽格吐达斡尔族乡	330	3	7500	2500	
齐齐哈尔市泰来县宁姜蒙古族乡	417	7	17489	2732	
齐齐哈尔市泰来县胜利蒙古族乡	333	5	17157	2571	
齐齐哈尔市富裕县友谊达满柯族乡	471	14	25532	3592	
齐齐哈尔市讷河市兴旺鄂温克族乡	374	12	33603	3303	3436
齐齐哈尔市富拉尔基区杜尔门沁达族乡	100	3	13057	2575	
牡丹江市穆棱市福禄朝鲜族满族乡	109	11	16737	6162	324
牡丹江市宁安市江南朝、满族乡	447	25	26049	9936	
牡丹江市宁安市卧龙朝鲜族乡	1247	13	16520	3786	326
牡丹江市西安区海南朝鲜族乡	1079	16	17160	3329	175
佳木斯市同江市街津口赫哲族乡	287	6	3696	1315	
佳木斯市同江市八岔赫哲族乡	172	4	3470	449	
佳木斯市桦川县星火朝鲜族乡	57	14	10124	8063	84

乡镇企业总产值（万元）	#工业企业（万元）	乡镇企业年净利润总额（万元）	农林牧渔业总产值（万元）	农作物总播种面积（亩）	#粮食播种面积（亩）	粮食产量（吨）	肉类总产量（吨）	农民合作社个数（个）	农民合作社成员数（户）
			3150	70650	65175	33900	445	22	180
2100	1900	270	45000	170000	163000	8500	1900	154	2072
19935	15640	2010	38432	233934	232320	143000	6100	120	936
13473		1616	26725	84840	82634	50444		25	175
			34000	171225	169500	114150	4600	54	2490
433167	**111604**	**25893**	**961072**	**5069615**	**4686663**	**2295179**	**55736**	**2189**	**25205**
88972	46461	4232	31412	51206	40630	41053	1292	98	490
1105	801	412	3800	7910	7519		525	4	99
				103613	98553	73915	566	39	370
12000	5000	1000	70000	13640	12850	10000	500	64	620
603	594	117	85530	126401	123660	80379	5271	76	413
				254100	253910	172658	519	198	1080
								173	925
23652	4223	2058	18365	5560	5325			412	5325
11237	3604	28	17545	52133	50888	37500	176	40	242
			50180	57839	55671	1635	426	39	260
				214000					
				192100	185200	53100		7	52
12366	3123		18400	13843	13843	7600		40	634
2000	1143		29843	14050	14050			4	1728
			136899	266890	263440	87055	1540	8	51
200843	27436	8903	40100	366916	366916			7	230
			1273	92984	92884	46349	314	21	345
3500	3000	950	11300	57930	57430	17328	1165	15	362
				280222	253543	103360	3231	71	1008
8900	960	1056	43219	138000	112800	560000	5060	105	645
4000	2800	1200	44200	192795	188837	55000	3500	35	690
			23639	121711	121711	34364	158	12	120
			13758	217200	217200	48570		37	1388
1305		260		67634	66276	41479	6423	4	58

9-1(一) 续表 6

民族乡名称	行政区划面积（平方公里）	村民委员会（个）	年末总人口（人）	#少数民族（人）	乡镇企业从业人员（人）
佳木斯市汤原县汤旺朝鲜族乡	36	6	4679	4617	
大庆市肇源县超等蒙古族乡	247	7	18985	6152	
大庆市肇源县浩德蒙古族乡	153	5	8487	1402	351
大庆市肇源县义顺蒙古族乡	269	7	14691	4701	30
黑河市逊克县新鄂鄂伦春族乡	7561	5	2037	616	
黑河市逊克县新兴鄂伦春族乡	389	4	1326	181	
黑河市爱辉区新生鄂伦春族乡	1700	3	1054	208	
黑河市爱辉区四嘉子满族乡	225	6	4537	1637	
黑河市爱辉区坤河达斡尔族满族乡	88	6	2535	1329	
黑河市北安市主星朝鲜族乡	58	4	4285	2365	
黑河市孙吴县沿江达斡尔族满族乡	576	8	7373	1193	
绥化市北林区兴和朝鲜族乡	20	2	3151	3088	27
绥化市北林区红旗满族乡	100	5	17995	15855	120
绥化市望奎县厢白满族乡	151	7	25163	11323	1205
绥化市望奎县灵山满族乡	78	5	17000	5670	
伊春市铁力市年丰朝鲜族乡	142	10	13528	2335	102
鹤岗市萝北县东明朝鲜族乡	49	7	3210	3143	8
鹤岗市绥滨县福兴满族乡	92	3	4190	1935	
大兴安岭地区呼玛县白银纳鄂伦春族乡	514	6	1957	258	
大兴安岭地区塔河县十八站鄂伦春族乡	1572	6	3673	515	4
双鸭山市饶河县四排赫哲族乡	52	4	1578	193	20
双鸭山市友谊县成富朝鲜族满族乡	88	3	4916	1108	
七台河市勃利县杏树朝鲜族乡	126	11	18269	2518	125
七台河市勃利县吉兴朝鲜族、满族乡	121	14	14980	1145	10
鸡西市密山市和平朝鲜族乡	191	12	16250	3904	425
鸡西市鸡东县鸡林朝鲜族乡	50	6	8049	7846	49
鸡西市鸡东县明德朝鲜族乡	61	8	8886	2750	85
鸡西市城子河区永丰朝鲜族乡	78	7	9001	2350	
江苏省	**54**	**6**	**22921**	**7043**	**12864**
扬州市高邮市菱塘回族乡	54	6	22921	7043	12864

乡镇企业总产值（万元）	#工业企业（万元）	乡镇企业年净利润总额（万元）	农林牧渔业总产值（万元）	农作物总播种面积（亩）	#粮食播种面积（亩）	粮食产量（吨）	肉类总产量（吨）	农民合作社个数（个）	农民合作社成员数（户）
			6756	2441	2441	19731		17	625
			15950	114000	84700	65037	5890	35	195
2600	2600	175	14400	78195	78195	37600	6385	35	400
610	610	200	13900	9505	8131	12684	800	7	1520
			3798	46140	46140	6000	861	6	30
				27601	27282	6406	263	31	155
			1868	41880	41880	5152	20	16	80
			6214	82000	77175	38	242	23	162
			5500	56220	53517	12621	80	8	450
			6883	62471	61593	30852	42	7	50
			29600	145320	145320	51108	872	36	382
1000	1000	500	866	24480	24480	11424		2	63
1440	267	396	21531	119000	103150	138000		117	1170
600		50	16000	187204	187000		45	82	301
			36000	120000	120000	60000	1800	70	850
6400	6400	320	36398	96686	94561	47072	2368	7	292
2600			7582	47300	47300	24522	527	10	64
			6912	51840	51810	27648		5	55
			6420	80305	80278	8064	80	13	72
20		3	1885	38645	35774	4471	132	7	55
105	79	77	5417	47047	42081	18452	151	11	206
				100382	100382			3	65
552	552	25	22206	154245	147765	59000	3720	27	138
35		2	11000	148385	146300	48283	5	48	260
29273		2079	24930	147735	145435	62000	326	2	87
12950	950	550	15393	49307	49307	24653	11	21	123
4500		1300	4200	67275	66200	37000	450	18	120
				15331	15331	6017		16	100
1035658	**724960**	**25890**	**67148**	**60150**	**54075**	**27380**	**2355**	**39**	**4059**
1035658	724960	25890	67148	60150	54075	27380	2355	39	4059

9-1(一) 续表 7

民族乡名称	行政区划面积（平方公里）	村民委员会（个）	年末总人口（人）	#少数民族（人）	乡镇企业从业人员（人）
浙江省	**644**	**106**	**109745**	**27753**	**3349**
金华市兰溪市水亭畲族乡	47	19	21600	3150	1100
衢州市龙游县沐尘畲族乡	81	10	11463	2880	65
丽水市莲都区丽新畲族乡	83	9	10636	2058	290
丽水市龙泉市竹垟畲族乡	102	8	7716	2391	98
丽水市云和县雾溪畲族乡	33	2	2035	568	
丽水市云和县安溪畲族乡	35	8	2731	728	498
丽水市遂昌县三仁畲族乡	79	8	8407	2044	265
丽水市松阳县板桥畲族乡	32	5	4794	1115	100
杭州市桐庐县莪山畲族乡	29	7	9744	2365	928
温州市平阳县青街畲族乡	22	9	9909	2388	
温州市苍南县岱岭畲族乡	20	7	6904	2516	
温州市苍南县凤阳畲族乡	21	5	5594	2917	
温州市文成县周山畲族乡	14	6	4968	1563	5
温州市泰顺县竹里畲族乡	47	3	3244	1070	
安徽省	**432**	**67**	**206815**	**63106**	**9709**
淮南市谢家集区孤堆回族乡	38	8	17579	6037	145
合肥市肥东县牌坊回族满族乡	90	11	45960	6230	3688
滁州市定远县二龙回族乡	41	5	16408	12306	225
淮南市凤台县李冲回族乡	23	6	19083	7802	1937
淮南市潘集区古沟回族乡	43	12	32695	6438	951
六安市寿县陶店回族乡	38	4	14796	4662	461
宣城市宁国市云梯畲族乡	51	4	5725	1805	144
蚌埠市五河县临北回族乡	60	11	28117	9141	1843
阜阳市颍上县赛涧回族乡	49	6	26452	8685	315
福建省	**2168**	**321**	**428798**	**149074**	**65814**
福州市罗源县霍口畲族乡	198	24	20253	5078	50
福州市连江县小沧畲族乡	60	5	4371	2485	
宁德市福安市坂中畲族乡	67	19	27582	10734	6893
宁德市福安市康厝畲族乡	110	32	29803	7612	2176

乡镇企业总产值（万元）	#工业企业（万元）	乡镇企业年净利润总额（万元）	农林牧渔业总产值（万元）	农作物总播种面积（亩）	#粮食播种面积（亩）	粮食产量（吨）	肉类总产量（吨）	农民合作社个数（个）	农民合作社成员数（户）
110114	**103461**	**18107**	**162573**	**151466**	**82984**	**32657**	**2583**	**268**	**2671**
1200	1200	1200	59531	44870	19500			19	57
5000	5000	1500	10000	10230	7820	985	55	18	170
14404	14404	1138	17673	20055	9963	4027	777	22	602
5479	5479	252	25101	18552	13113	4647	253	22	89
				2359	1222	1554	19	12	78
				3125	1487	560	387	10	50
10152	4810	7802	11162	12900	8901	2705	374	46	322
2000	2000	400	12000	8502	570	10000	50	3	45
71864	70563	5812	12973	15154	7188	3357	143	13	556
			4733	5264	5264	1268	147	30	143
			2340	3232	3232	1190	167	45	278
			4000	3400	2700	984	139	4	20
15	5	3	1560	3735	1944	960	43	21	256
			1500	88	80	420	30	3	5
206242	**142382**	**12648**	**223273**	**586717**	**461431**	**216813**	**14741**	**233**	**8667**
20825	18391	1415	13084	63819	54855	24325	594	10	383
38152	21068	2155	67219	109886	61328	30288	2034	34	2433
6300	2750	140	17865	69180	63255	29479	991	19	837
14928	12732	2983	16893	32985	20685	5374	1294	35	180
81000	73000	3950	17500	33000	32500	32600	980	9	67
17993	8874	706	21356	85242	80803	42120	2302	24	151
4420	700	150	7880	7850	3740	1165	900	10	61
18264	1217	969	34616	106740	81765	31362	4786	69	4210
4360	3650	180	26860	78015	62500	20100	860	23	345
2309860	**1944467**	**107551**	**522783**	**520996**	**261004**	**106135**	**36606**	**724**	**9533**
2574	551	113	32621	23115	13965	5281	378	50	775
			3796	3121	2350	1368	171	3	30
269269	239647	7725	20257	46220	15450	4488	437	20	152
91753	75230	1632	37560	46050	21835	5920	1390	74	514

9-1(一) 续表 8

民族乡名称	行政区划面积（平方公里）	村民委员会（个）	年末总人口（人）	#少数民族（人）	乡镇企业从业人员（人）
宁德市福安市穆云畲族乡	121	33	26659	10357	335
宁德市霞浦县盐田畲族乡	158	22	28435	7765	4576
宁德市霞浦县崇儒畲族乡	142	27	20956	4096	6331
宁德市霞浦县水门畲族乡	150	23	20757	4348	1235
宁德市蕉城区金涵畲族乡	65	16	23997	7918	5321
宁德市福鼎市硖门畲族乡	59	9	17983	4679	1675
宁德市福鼎市佳阳畲族乡	73	12	21070	7640	35
漳州市漳浦县赤岭畲族乡	101	9	16625	12372	504
漳州市漳浦县湖西畲族乡	81	10	27986	9077	1180
漳州市龙海市隆教畲族乡	76	10	29371	8576	1922
三明市永安市青水畲族乡	258	21	19114	6195	4523
三明市宁化县治平畲族乡	178	12	14883	4715	7028
龙岩市上杭县官庄畲族乡	124	18	34583	12038	615
龙岩市上杭县庐丰畲族乡	131	14	26802	8501	6415
泉州市惠安县百崎回族乡	17	5	17568	14888	15000
江西省	**1080**	**71**	**113067**	**29020**	**5643**
鹰潭市贵溪樟坪畲族乡	122	5	3963	1156	90
上饶市铅山县太源畲族乡	79	4	2280	869	12
上饶市铅山县篁碧畲族乡	81	4	4233	1422	221
吉安市永丰县龙冈畲族乡	140	10	15665	4715	554
赣州市南康赤土畲族乡	157	18	51465	10249	2635
吉安市青原区东固畲族乡	243	15	19695	5300	1520
抚州市乐安县金竹畲族乡	248	10	12515	4211	69
吉安市峡江县金坪民族乡	11	5	3251	1098	542
河南省	**204**	**93**	**193373**	**83401**	**17059**
郑州市荥阳市金寨回族乡	6	2	7950	5828	930
商丘市民权县伯党回族乡	25	9	22956	10196	2050
商丘市民权县胡集回族乡	24	13	20532	9872	1898
平顶山市叶县马庄回族乡	11	8	12176	6531	980
平顶山市郏县姚庄回族乡	9	6	8506	4926	983

乡镇企业总产值（万元）	#工业企业（万元）	乡镇企业年净利润总额（万元）	农林牧渔业总产值（万元）	农作物总播种面积（亩）	#粮食播种面积（亩）	粮食产量（吨）	肉类总产量（吨）	农民合作社个数（个）	农民合作社成员数（户）
8934	7914	821	50357	52655	26224	8194	377	55	352
153801	131648	1031	22400	17687	9918	2957	158	65	328
70341	61500	383	20266	17815	9161	3292	692	81	2340
67868	49578	833	20903	18867	11772	3963	745	74	886
219764	134765	11435	10087	8597	4087	1174	169	30	413
127546	105325	1510	21945	13699	4646	3427	697	19	89
5874	5874	265	38794	22172	12070	4540	814	46	277
9245	6900	408	22584	20295	8298	4195	11685	21	225
6346	2738	985	32687	28939	13492	6087	1484	24	738
105982	70655	5299	63707	19525	5053	2447	6518	33	330
228257	202650	3825	58025	55318	20383	13280	2918	82	561
33094	29603	2546	8616	25135	17373	6457	902	11	738
48550	36230	1865	22249	42110	26580	9480	4350	18	275
59162	7283	351	31429	58914	37916	18992	2145	13	485
801500	776376	66524	4500	762	431	593	576	5	25
112166	**85732**	**8782**	**98174**	**125785**	**76353**	**35601**	**16964**	**163**	**4817**
1295	1135	260	303	3940	2510	903	7	12	60
89	89	5	2286	1426	1246	448	135	5	138
2300	1403	398	2830	3589	3014	1362	129	16	91
30240	30132	2463	15838	36375	26010	8564	246	24	1299
34075	22716	4372	53588	26635	12817	11865	16034	21	1963
32200	23860	263	20650	40290	23145	9160	400	30	635
237		23		7635	4312	1987		40	523
11730	6397	998	2679	5895	3300	1312	13	15	108
1098547	**582669**	**141487**	**117539**	**313937**	**216023**	**124719**	**16658**	**157**	**37385**
44578	44578	18230	3100	2400	2400	2266	192		
8580	7010	860	17890	57005	34130	16950	5326	11	77
17400	13500	6100	25340	53820	40125	24860	1432	11	274
35205	17969	4800	7238	9340	9041	9810	670	7	166
18391	9213	1015	4048	18660	11850	4809	1444	7	42

9-1(一) 续表 9

民族乡名称	行政区划面积（平方公里）	村民委员会（个）	年末总人口（人）	#少数民族（人）	乡镇企业从业人员（人）
新乡市封丘县荆乡回族乡	8	5	7251	7131	235
许昌市许昌县艾庄回族乡	14	9	15012	1783	1360
许昌市禹州市山货回族乡	12	6	13366	5762	1915
南阳市镇平县郭庄回族乡	18	9	14088	4591	1527
南阳市方城县袁店回族乡	35	9	18059	7339	1443
驻马店市西平县蔡寨回族乡	20	6	17095	4250	1520
洛阳市瀍河回族区瀍河回族乡	24	11	36382	15192	2218
湖北省	**2219**	**125**	**249020**	**142858**	**9504**
荆门市钟祥市九里回族乡	100	9	13187	2996	3852
荆州市洪湖市老湾回族乡	40	7	17821	4703	47
荆州市松滋市卸甲坪土家族乡	103	8	14789	9316	140
宜昌市宜都市潘家湾土家族乡	144	9	14998	6347	618
十堰市郧西县湖北口回族乡	251	17	22565	4513	285
恩施土家族苗族自治州恩施市芭蕉侗族乡	285	18	66173	42291	3395
恩施土家族苗族自治州宣恩县长潭河侗族乡	430	17	37018	23756	396
恩施土家族苗族自治州宣恩县晓关侗族乡	421	22	42165	31623	421
神农架林区下谷坪土家族乡	216	6	5356	4177	50
恩施土家族苗族自治州鹤峰县铁炉白族乡	228	12	14948	13136	300
湖南省	**11742**	**974**	**1480365**	**879380**	**52200**
怀化市辰溪县罗子山瑶族乡	61	8	7821	5241	
怀化市辰溪县苏木溪瑶族乡	55	10	9969	6982	
怀化市辰溪县上蒲溪瑶族乡	63	8	9790	5342	
怀化市辰溪县后塘瑶族乡	69	12	19677	12560	
怀化市辰溪县仙人湾瑶族乡	133	16	24988	11140	
怀化市洪江市深渡苗族乡	87	9	10538	7903	31
怀化市洪江市龙船塘瑶族乡	104	7	8447	7273	63
怀化市会同县炮团侗族苗族乡	84	8	12972	12428	
怀化市会同县宝田侗族苗族乡	65	6	9872	7982	153
怀化市会同县蒲稳侗族苗族乡	56	6	10121	9612	180
怀化市会同县金子岩侗族苗族乡	237	26	33319	24322	308

乡镇企业总产值（万元）	#工业企业（万元）	乡镇企业年净利润总额（万元）	农林牧渔业总产值（万元）	农作物总播种面积（亩）	#粮食播种面积（亩）	粮食产量（吨）	肉类总产量（吨）	农民合作社个数（个）	农民合作社成员数（户）
11797	7263	798	1847	13680	12300	6138	1659	9	72
43653	41237	850	5865	29490	24600	11431	1020	6	120
143491	129575	12950	11634	24465	20565	9896	863	6	37
6310	6310	394	7852	18160	12540	11660		19	95
10627	6254	1535	16306	41550	17130	9919	2059	35	598
37163	18510	690	16419	43770	30075	16561	1981	35	175
721352	281250	93265		1597	1267	419	12	11	35729
378423	**299660**	**89238**	**397612**	**642156**	**338127**	**103627**	**24021**	**511**	**13145**
43765	40744	3025	37000	86587	65882	27392	1213	49	330
2786	2538	1427	35311	25170	10780	10473	2385	10	102
2565	2565	500	7666	26565	13343	4627	192	27	956
23000	14000	2100	35000	33864	17273	4607	1437	39	1384
6298	4772	3414	30625	53144	27637	4969	1254	39	2950
182910	182910	36582	159042	101846	46406	11207	3376	134	1213
4021	3611	3006	78629	140607	65521	15160	5914	126	4866
90416	27249	36166		133888	70050	17776	6600	10	272
2097	2097	603	5157	15535	7125	2959	350	15	352
20565	19175	2415	9182	24950	14110	4457	1300	62	720
1060423	**855723**	**177945**	**1272823**	**2531628**	**1566682**	**703586**	**172536**	**2460**	**66848**
			6874	8500	7000	3500	1582	10	314
			895	11500	7300	3650	242	18	1200
			7630	9138	7079	4008	1100	8	500
			2900	15680	11200	5600		29	1580
			3020	22600	16400	14012	2300	21	50
365		60	4998	27532	17250	6166	725	9	90
268	268	160	650	16500	16300	700	840	11	322
			1321	4189	3568	3057	36	13	60
1364	1364	698	8000	7100	5900	6500	1000	14	1256
3680	3680	820	5800	14960	6710	2723	785	6	128
1020	1020	208	19016	32722	29800	10978	1570	27	437

9-1(一) 续表 10

民族乡名称	行政区划面积（平方公里）	村民委员会（个）	年末总人口（人）	#少数民族（人）	乡镇企业从业人员（人）
怀化市会同县漠滨侗族苗族乡	76	7	13734	10412	40
怀化市会同县青朗侗族苗族乡	118	13	23479	15732	482
怀化市沅陵县二酉苗族乡	366	30	41449	37304	500
怀化市沅陵县火场土家族乡	101	6	7409	7260	
怀化市中方县蒿吉坪瑶族乡	74	6	7049	3194	
怀化市通道侗族自治县大高坪苗族乡	28	4	4800	4320	
怀化市新晃侗族自治县步头降苗族乡	83	7	10466	9927	
怀化市新晃侗族自治县米贝苗族乡	122	8	14857	14153	132
邵阳市绥宁县河口苗族乡	142	10	15178	12413	83
邵阳市绥宁县麻塘苗族乡	250	13	16392	10812	138
邵阳市绥宁县东山侗族乡	116	12	18445	1625	292
邵阳市绥宁县鹅公岭侗族苗族乡	72	11	12631	12340	50
邵阳市绥宁县寨市苗族侗族乡	415	27	31459	26536	1679
邵阳市绥宁县乐安铺苗族侗族乡	106	8	10566	10345	478
邵阳市绥宁县关峡苗族乡	217	9	25275	24334	571
邵阳市绥宁县长铺子苗族乡	553	29	39501	32078	2031
邵阳市隆回县山界回族乡	47	16	28923	9565	535
邵阳市隆回县虎形山瑶族乡	96	12	17554	7216	650
邵阳市洞口县那溪瑶族乡	236	12	11767	7493	
邵阳市洞口县大屋瑶族乡	74	7	5260	3530	
邵阳市洞口县长塘瑶族乡	60	6	5392	2314	
邵阳市新宁县黄金瑶族乡	143	11	8806	6113	2415
邵阳市新宁县麻林瑶族乡	172	11	13843	9551	2719
永州市蓝山县荆竹瑶族乡	183	6	4458	4235	72
永州市蓝山县湘江源瑶族乡	56	5	3321	3080	515
永州市蓝山县浆洞瑶族乡	172	6	5619	2320	1500
永州市蓝山县汇源瑶族乡	50	5	3171	1659	381
永州市蓝山县犁头瑶族乡	39	4	3141	1292	920
永州市蓝山县大桥瑶族乡	138	7	9604	4518	732
永州市江永县松柏瑶族乡	228	14	29422	27068	74

乡镇企业总产值（万元）	#工业企业（万元）	乡镇企业年净利润总额（万元）	农林牧渔业总产值（万元）	农作物总播种面积（亩）	#粮食播种面积（亩）	粮食产量（吨）	肉类总产量（吨）	农民合作社个数（个）	农民合作社成员数（户）
			7593	7000	4300	2150	230	3	21
4720	4720	877	13195	29889	16201	5482	985	33	1862
1000		200	14035	72378	52260	13200	1026	60	500
			905	6780	5734	2867	150	9	899
			139	7560	3526	1030	81	9	539
			1080	3200	2800	2240	80	10	115
			4019	12789	10858	4365	39	8	782
5546	5546	1649	12483	30982	22794	6582	2458	15	1048
7310	7310	960	9870	28950	15865	7933	2231	36	369
6327	6034	1523	13125	20025	15326	6983	2389	64	1250
8700	7630	490	20452	22220	16459	9243	2433	99	778
1300	800	200	18300	11865	10050	3215	347	38	477
18401	9432	7433	186911	66783	39702	16800	5805	167	936
62529	57662	200	5625	20535	12300	4691	5369	34	1429
90192	90192	16234	23179	32277	25298	12198	3123	84	1121
115532	95801	16801	43872	78426	35689	15965	6890	149	6328
14000	9600	2100	21888	77273	31834	11700	1871	20	225
8800	8800	2860	20000	20826	17436	7950	1520	35	735
			26739	56645	16654	6677	701	35	1880
			8549	3800	3600	1480	680	13	260
			8673	4206	3014	1726	300	11	1032
14599	8154	6223	37565	16689	8961	4156	389	17	1165
20853	20489	6254	30645	1463	798	4940	1131	31	499
6301	116	680	5082	2878	2612	1109	300	11	217
3720	3015	330	4885	4620	2380	880	570	16	60
9100	2030	695	9800	4560	4200	1515	95	8	90
1086	826	138	4598	9180	2895	980	565	5	116
351	94	51	4649	6750	1668	559	128	4	114
1568	875	220	15693	10500	10200	3012	216	7	283
4929	4590	2705	4976	38115	26493	14416	1825	45	1959

9-1(一) 续表 11

民族乡名称	行政区划面积（平方公里）	村民委员会（个）	年末总人口（人）	#少数民族（人）	乡镇企业从业人员（人）
永州市江永县千家洞瑶族乡	367	12	23524	21406	125
永州市江永县兰溪瑶族乡	66	6	9957	9708	185
永州市江永县源口瑶族乡	203	12	25348	20174	220
永州市宁远县九疑瑶族乡	328	21	37890	7441	516
永州市宁远县棉花坪瑶族乡	49	5	7220	4850	
永州市宁远县桐木漯瑶族乡	69	6	4849	2113	120
永州市宁远县五龙山瑶族乡	168	11	11738	4166	40
永州市道县横岭瑶族乡	101	8	11021	5863	355
永州市道县洪塘营瑶族乡	222	10	15269	8954	265
永州市道县审章塘瑶族乡	108	14	29652	11516	378
永州市祁阳县晒北滩瑶族乡	155	9	7113	3615	
永州市新田县门楼下瑶族乡	134	13	9968	5939	66
永州市双牌县上梧江瑶族乡	196	13	14523	4586	226
永州市江华瑶族自治县小圩壮族乡	133	19	28205	15315	8100
张家界市桑植县刘家坪白族乡	38	6	12038	10462	195
张家界市桑植县马合口白族乡	119	9	15472	13723	240
张家界市桑植县走马坪白族乡	133	15	19500	17400	
张家界市桑植县芙蓉桥白族乡	206	13	18331		320
张家界市桑植县洪家关白族乡	147	23	33941	33785	
张家界市慈利县三官寺土家族乡	114	17	25485	20586	
张家界市慈利县高峰土家族乡	148	16	17401	12268	39
张家界市慈利县金岩土家族乡	138	12	18266		
张家界市慈利县许家坊土家族乡	81	10	20054	19051	
张家界市慈利县阳和土家族乡	76	10	20342	18000	
张家界市慈利县甘堰土家族乡	180	20	34589	31130	90
张家界市慈利县赵家岗土家族乡	73	12	16129	14838	193
郴州市桂阳县白水瑶族乡	135	14	22987	4837	20
郴州市北湖区保和瑶族乡	101	11	19060	2078	4768
郴州市北湖区仰天湖瑶族乡	171	15	24952	3645	1164
郴州市宜章县莽山瑶族乡	89	6	9625	6524	

乡镇企业总产值（万元）	#工业企业（万元）	乡镇企业年净利润总额（万元）	农林牧渔业总产值（万元）	农作物总播种面积（亩）	#粮食播种面积（亩）	粮食产量（吨）	肉类总产量（吨）	农民合作社个数（个）	农民合作社成员数（户）
623	235	70	42155	109980	64311	3550	3600	24	710
51	36	13	11788	27863	13753	4700	2611	23	2026
2250	2120	1620	38520	37790	21270	7412	4023	29	1320
1405	740	619	10718	16800	15090	14902	8200	40	674
			4493	5514	3203	1310	593	5	119
			2000	900	400	160	10	6	130
411	162	70	587	1320	5710	1920	1100	16	772
2165	1521	371	8118	30700	17310	6595	1230	11	315
2456	197	1546		27241	16870	5980	443	10	51
2379	1665	743	19973	48600	40000	17039	1547	15	931
			5500	1380	860	550	300	26	378
1340		266	6547	14986	9521	2122	1416	24	998
5000	1500	600	23000	36849	21562	6864	1170	74	868
430	285	155	12790	60899	38125	13215	4623	24	213
756	160	260	1118	9160	5860	2550	220	18	294
325		170	932	23583	11000	6032	375	29	29
			342	11337	9987	2521	251	15	1510
2000		300	1680	13400	9300	3720	640	62	1003
			6854	28800	19600	10603	829	23	2946
			6881	42418	27937	10572	660	22	135
890		120	12727	28677	28677	10293	2544	30	220
			7535	40080	24765	9916		18	
			5100	30000	25500	9959	1050	20	160
			5787	41434	27215	14540	170	16	195
1214	726	109	17600	67532	58300	25414	1578	35	180
2576	1776	1030	7930	25895	18713	7660	2680	20	2948
565		385	16512	57868	26118	25568	21467	33	150
71000	71000	45107	22687	65558	19986	8218	1078	32	161
23218	21600	6078	11129	43557	16893	6699	980	58	1246
			2165	31035	9646	3786	550	6	33

9–1(一) 续表 12

民族乡名称	行政区划面积（平方公里）	村民委员会（个）	年末总人口（人）	#少数民族（人）	乡镇企业从业人员（人）
郴州市汝城县文明瑶族乡	383	36	52492	25889	2300
郴州市汝城县延寿瑶族乡	173	17	30446	24486	816
郴州市临武县西山瑶族乡	205	13	13610	2640	90
郴州市资兴市回龙山瑶族乡	130	11	18937	1195	32
郴州市资兴市八面山瑶族乡	241	15	15600	1021	350
常德市鼎城区许家桥回族维吾尔族乡	117	13	37760	9000	795
常德市汉寿县毛家滩回族维吾尔族乡	53	6	26873	7820	2339
常德市桃源县枫树维吾尔族回族乡	59	12	32207	9352	1512
常德市桃源县青林回族维吾尔族乡	101	13	39887	12165	2370
株洲市炎陵县中村瑶族乡	291	12	13109	2347	82
衡阳市常宁市塔山瑶族乡	146	11	12821	6420	965
益阳市桃江县鲊埠回族乡	48	9	21689	9548	5200
广东省	**1401**	**50**	**87275**	**36610**	**3749**
惠州市龙门县蓝田瑶族乡	132	7	11046	8956	1220
清远市连州市三水瑶族乡	139	4	4369	1677	163
清远市连州市瑶安瑶族乡	226	10	13004	4464	238
清远市阳山县秤架瑶族乡	588	10	18707	4196	1073
肇庆市怀集县下帅壮族瑶族乡	77	5	11738	8090	59
韶关市始兴县深渡水瑶族乡	171	4	7901	2152	500
河源市东源县漳溪畲族乡	68	10	20510	7075	496
广西壮族自治区	**15793**	**589**	**1189867**	**893049**	**16373**
梧州市蒙山县长坪瑶族乡	117	6	3051	2567	
梧州市蒙山县夏宜瑶族乡	133	5	6884	5765	
贺州市八步区黄洞瑶族乡	189	4	7603	5702	356
贺州市平桂管理区大平瑶族乡	217	6	14557	3996	50
贺州市昭平县仙回瑶族乡	185	6	15246	8538	405
贺州市钟山县两安瑶族乡	140	6	18057	15340	99
贺州市钟山县花山瑶族乡	188	6	8167	7142	905
贵港市平南县马练瑶族乡	230	12	48347	40252	176
贵港市平南县国安瑶族乡	110	9	23931	22328	120

乡镇企业总产值（万元）	#工业企业（万元）	乡镇企业年净利润总额（万元）	农林牧渔业总产值（万元）	农作物总播种面积（亩）	#粮食播种面积（亩）	粮食产量（吨）	肉类总产量（吨）	农民合作社个数（个）	农民合作社成员数（户）
13100	9601	901	67135	86812	43398	18023	1104	75	2010
28555	25231	9423	33690	41759	19837	7686	654	40	621
6980	4538	3176	6181	25747	15126	5891	530	26	338
3902	3902	126	26794	69494	40740	13454	3064	52	2300
35000	30000	2800	25000	15000	12345	10000	400	40	340
171187	90025	9656	50484	167928	105927	73619	8849	35	2760
25579	17598	3936	20863	95323	59362	25186	385	24	1020
445	395	176	28305	42747	39975	20015	3895	44	986
19003	12625	241	33726	86159	41073	38490	32883	41	480
9366	3036	4648	6365	17228	12674	2823	322	32	663
2691		1186	2283	690	328	91	57	33	1528
210000	205000	11275	19200	22000	18000	7000	350	12	61
127788	**253746**	**31410**	**126995**	**133244**	**67296**	**39954**	**5601**	**137**	**1187**
	134563	13121	27600	23976	13950	4700	154	18	90
5281	5281	913	10356	5901	1925	773	389	22	245
3815	3815	1200	21264	9800	9000	18000	600	17	89
2852	2852	1530	24960	42782	11457	4724	703	34	375
5340		3390	17772	23751	12016	3601	1754	15	77
7500	4300	896	12451	7339	4563	2125	591	10	201
103000	102935	10360	12592	19695	14385	6031	1410	21	110
356643	**311479**	**48650**	**880657**	**1890609**	**1024976**	**418346**	**72273**	**1337**	**59306**
			5175	728	698	3278	171	5	2998
			1001	17274	5229	1610	221	10	223
13100	11000	2665	15600	14870	4105	1203	314	8	49
200		25	13900	27586	11999	3566	44	13	142
1623	700	724	1088	23430	14530	4150	850	21	150
6824	6824	269	15349	28400	15680	5532	1509	14	172
97455	97455	3362	14970	12589	7176	2039	1398	11	131
2190	1561	213	30450	73950	27645	7210	1365	43	465
2900	1100	860	22540	29684	11145	3468	948	16	1201

9-1(一) 续表 13

民族乡名称	行政区划面积（平方公里）	村民委员会（个）	年末总人口（人）	#少数民族（人）	乡镇企业从业人员（人）
防城港市上思县南屏瑶族乡	526	9	14032	13917	14
防城港市防城区十万山瑶族乡	99	5	11802	8210	
南宁市马山县古寨瑶族乡	151	8	21046	20625	
南宁市马山县里当瑶族乡	152	9	21097	20836	
南宁市上林县镇圩瑶族乡	113	11	25568	25101	
柳州市三江侗族自治县同乐苗族乡	180	19	48000	46100	68
柳州市三江侗族自治县福禄苗族乡	168	15	35498	35057	
柳州市三江侗族自治县高基瑶族乡	169	8	7293	5881	185
柳州市融水苗族自治县滚贝侗族乡	292	11	19457	19457	130
柳州市融水苗族自治县同练瑶族乡	204	6	11263	10627	
柳州市柳城县古砦仫佬族乡	247	13	36382	17500	146
桂林市临桂县宛田瑶族乡	336	15	23318	13389	430
桂林市临桂县黄沙瑶族乡	203	5	5629	2258	
桂林市灵川县大境瑶族乡	264	8	12643	4760	4
桂林市灵川县兰田瑶族乡	117	3	6197	2051	163
桂林市全州县蕉江瑶族乡	230	8	15800	2500	
桂林市全州县东山瑶族乡	420	16	35695	30698	24
桂林市兴安县华江瑶族乡	438	9	18128	6085	4852
桂林市灌阳县洞井瑶族乡	212	9	9963	3896	557
桂林市灌阳县西山瑶族乡	188	10	13267	5704	1200
桂林市资源县车田苗族乡	309	12	28217	17299	105
桂林市资源县两水苗族乡	133	6	10708	8347	605
桂林市资源县河口瑶族乡	110	5	4963	2988	
桂林市平乐县大发瑶族乡	456	10	18651	10849	599
桂林市荔浦县蒲芦瑶族乡	259	9	10478	7020	700
桂林市雁山区草坪回族乡	37	4	5514	2095	278
百色市右江区汪甸瑶族乡	547	13	28000	26567	260
百色市田东县作登瑶族乡	371	21	40603	39957	75
百色市田林县潞城瑶族乡	788	19	28301	25202	
百色市田林县利周瑶族乡	253	9	17426	15171	

乡镇企业总产值（万元）	#工业企业（万元）	乡镇企业年净利润总额（万元）	农林牧渔业总产值（万元）	农作物总播种面积（亩）	#粮食播种面积（亩）	粮食产量（吨）	肉类总产量（吨）	农民合作社个数（个）	农民合作社成员数（户）
74		38	2998	3481	749	316	125	18	110
			3015	10120	6730	1677	567	7	88
			14575	79309	29029	8371	2007	52	1326
			11010	30989	21194	7109	1907	60	1328
			24220	41345	25305	7054	1349	31	189
1700		300	35914	29840	14160	5721	1546	47	375
			18829	2000	927	5344	955	15	22613
1280	233	692	10795	16380	6270	2027	613	31	728
4020		820	3210	24445	12100	3716	471	11	4736
			29140	11620	7170	2322	224	12	335
702	215	61	619	7419	3319	15938	1862	14	234
2000	1800	200	281	47603	1799	8679	2448	6	455
			43	6531	623	2831	236	5	3498
			600	31015	14665	4944	718	25	80
1500	1500			17798	6564	2059	363	12	376
			29316	20318	16399	5803	1662	8	148
6000	6000	1300	15879	39465	39465	17907	2120	43	344
25856	23145	2068	16025	25568	14882	6626	1041	21	145
15880	13345	3327	8601	39977	26858	25760	2766	21	250
13765	12419	3943	13200	8200	7100	1900	600	18	110
15000	15000	1500	2689	25954	25954	10163	1423	77	180
890	890	410	20519	1219	826	6347	1031	15	152
			14200	11021	6776	2040	332	7	144
9675	5653	563	24210	50148	25438	7579	1251	15	121
17000	16700	3340	6000	31804	9672	3442	708	7	156
36		186	2544	8775	1770	527	793	3	48
300	300	300	30000	93498	38310	12435	7099	10	155
450	450	185	41626	4599	2489	10190	1509	57	548
				34463	24012	7687	2036	49	459
				33652	21516	6874	1017	28	430

9-1(一) 续表 14

民族乡名称	行政区划面积（平方公里）	村民委员会（个）	年末总人口（人）	#少数民族（人）	乡镇企业从业人员（人）
百色市田林县八桂瑶族乡	336	12	15612	15048	
百色市田林县八渡瑶族乡	677	17	22867	20567	
百色市凌云县伶站瑶族乡	194	9	20698	17498	600
百色市凌云县朝里瑶族乡	176	6	9620	7986	
百色市凌云县沙里瑶族乡	221	12	21271	15104	186
百色市凌云县玉洪瑶族乡	334	18	24099	15318	
百色市西林县足别瑶族苗族乡	269	6	9326	9168	328
百色市西林县普合苗族乡	195	7	12249	11919	98
百色市西林县那佐苗族乡	598	18	27840	25374	
河池市南丹县八圩瑶族乡	510	15	30987	25205	
河池市南丹县里湖瑶族乡	362	14	29566	22174	
河池市南丹县中堡苗族乡	158	5	8767	6750	
河池市天峨县八腊瑶族乡	333	9	22426	6081	
河池市凤山县平乐瑶族乡	170	10	26040	14565	
河池市凤山县江洲瑶族乡	92	7	13472	8775	186
河池市凤山县金牙瑶族乡	236	12	28464	9743	532
河池市东兰县三弄瑶族乡	89	5	5821	5021	
河池市环江毛南族自治县驯乐苗族乡	590	10	28420	27853	1268
河池市宜州市北牙瑶族乡	370	17	62248	52689	513
河池市宜州市福龙瑶族乡	400	15	39292	14434	156
重庆市	**1422**	**98**	**165248**	**62682**	**6202**
奉节县云雾土家族乡	81	3	4563	3180	
奉节县长安土家族乡	274	8	16834	2265	
奉节县龙桥土家族乡	119	6	11854	3699	216
奉节县太和土家族乡	135	8	14298	3480	
万州区恒合土家族乡	82	13	27378	15419	
万州区地宝土家族乡	44	4	7578	4016	82
云阳县清水土家族乡	102	14	19265	4564	1032
巫山县红椿土家族乡	110	5	6438	3623	
巫山县邓家土家族乡	58	5	3912	1399	43

乡镇企业总产值（万元）	#工业企业（万元）	乡镇企业年净利润总额（万元）	农林牧渔业总产值（万元）	农作物总播种面积（亩）	#粮食播种面积（亩）	粮食产量（吨）	肉类总产量（吨）	农民合作社个数（个）	农民合作社成员数（户）
				34480	13331	4401	1337	11	210
				77135	23805	7523	2695	36	318
50000	45000	10000	8000	23000	14900	3870	1033	18	90
			89802	7952	7058	2514	393	6	39
3560		5262	3603	19816	14149	55474	1457	23	274
			26700	28138	26800	7125	1301	18	5238
1785	1302	479		28231	18540	5166	921	26	586
2055		1337		29717	19120	5002	1143	15	1067
				55386	35955	10010	1186	44	908
			20890	35115	28650	6643	1887	39	267
			18847	50580	31245	6532	2741	22	519
			6762	18870	9150	2017	633	12	289
			16475	58922	35220	9005	1255	23	1487
			10465	40400	26480	6397	997	48	536
3120	2052	291	5418	25485	15465	3124	726	7	45
8211	5820	722	8700	40851	26886	5483	1088	12	1008
			2212	9625	6670	1475	368	15	89
43000	38000	2150	31000	53610	26910	9541	1484	29	554
3682	2204	920	80934	136658	61825	14155	1321	63	315
811	811	137	50718	99573	72540	17444	708	4	75
68086	**12924**	**6049**	**182007**	**375702**	**206225**	**104808**	**21317**	**352**	**7387**
			4142	11711	2000	2293	360	12	96
			36842	41370	15430	16382	1780	52	52
5072	2550	2029	11800	22262	19542	6484	1199	11	64
			17105	43410	6421	5512	862	81	362
			29482	63258	34042	10955	1200	36	193
480	80	216	2056	13500	11070	8500	210	11	68
5960	1	2724	3630	21534	21216	19181	450	31	2653
			7962	14230	3315	1357	485	36	362
135		49	1421	12000	2800	4000	268	19	61

9-1(一) 续表 15

民族乡名称	行政区划面积（平方公里）	村民委员会（个）	年末总人口（人）	#少数民族（人）	乡镇企业从业人员（人）
忠县磨子土家族乡	31	8	18585	8084	2806
武隆区石桥苗族土家族乡	106	6	11219	4299	
武隆区文复苗族土家族乡	110	6	9484	3935	25
武隆区后坪苗族土家族乡	87	6	7520	2237	1948
武隆区浩口苗族仡佬族乡	84	6	6320	2482	50
四川省	**14855**	**449**	**715528**	**331199**	**12934**
甘孜藏族自治州九龙县子耳彝族乡	352	5	3933	2753	
甘孜藏族自治州九龙县小金彝族乡	42	3	2696	2431	
甘孜藏族自治州九龙县朵落彝族乡	125	2	1498	1248	
阿坝藏族羌族自治州松潘县十里回族乡	73	7	4039	2669	
攀枝花市仁和区大龙潭彝族乡	224	6	14957	10170	211
攀枝花市仁和区啊喇彝族乡	178	5	9383	5147	29
攀枝花市米易县麻陇彝族乡	228	6	10240	8192	
攀枝花市米易县白坡彝族乡	343	7	10603	3532	
攀枝花市米易县湾丘彝族乡	132	6	15223	6215	
攀枝花市米易县新山傈僳族乡	70	4	7324	1955	96
攀枝花市盐边县红果彝族乡	288	6	9783	5869	1543
攀枝花市盐边县温泉彝族乡	224	5	8140	6780	25
攀枝花市盐边县格萨拉彝族乡	340	6	7867	7567	189
攀枝花市盐边县红宝苗族彝族乡	326	5	3567	2783	
泸州市叙永县白蜡苗族乡	140	7	20616	4359	125
泸州市叙永县合乐苗族乡	97	5	12495	4977	68
泸州市叙永县枧槽苗族乡	81	6	12398	3023	50
泸州市叙永县石厢子彝族乡	35	4	9354	3804	10
泸州市叙永县水潦彝族乡	82	10	23821	9844	31
泸州市古蔺县箭竹苗族乡	133	8	15618	3748	531
泸州市古蔺县大寨苗族乡	47	3	8038	1950	60
泸州市古蔺县马嘶苗族乡	78	6	13500	2800	2
广元市青川县蒿溪回族乡	111	4	4045	1071	1313
广元市青川县大院回族乡	50	5	5604	1391	19

乡镇企业总产值（万元）	#工业企业（万元）	乡镇企业年净利润总额（万元）	农林牧渔业总产值（万元）	农作物总播种面积（亩）	#粮食播种面积（亩）	粮食产量（吨）	肉类总产量（吨）	农民合作社个数（个）	农民合作社成员数（户）
52145	8817	731	13490	42248	25151	8752	562	9	45
			12906	33415	23221	5963	793	21	1236
			13408	2429	2017	5187	11590	18	2131
2819	1		10128	24892	16711	4283	952	9	9
1475	1475	300	17635	29444	23289	5959	606	6	55
258044	**163552**	**58105**	**668032**	**1667596**	**1014994**	**408356**	**98721**	**1817**	**50828**
			2725	6794	4977	1350	173	2	11
			1350	4537	2639	674	83	1	32
			1080	1017	687	221	120	1	18
			7349	3977	2590	490	320	26	280
4080	513	1632	55725	47412	23971	8730	2320	53	2520
6637	1943	157	28502	15135	9647	3968	950	26	1317
			13098	37053	15885	5347	1283	19	1816
			24900	34365	24090	8045	1381	44	521
			21050	30360	22095	8840	854	19	2108
1824	603	639	17471	27195	13035	5220	1164	13	1028
7022	7022	1962	17892	21831	15631	6188	2522	29	2103
1078	774	304	6923	22589	15678	5507	2896	11	123
18000	700	1789	15366	39423	33214	9641	1447	14	228
			5340	8820	6970	1550	752	21	553
8102	7486	4413	8305	39585	31668	10490	2551	11	312
1312	2	310	7214	40199	26599	7890	1010	27	762
6000	300	850	1200	27000	18700	2148	750	10	132
500	500	96	4729	8213	5940	794	524	21	551
2230	2230	1285	215	41255	30021	8969	1572	11	1014
11987	7680	4310	11025	3210	1889	8201	401	21	131
15620	15311	6018	13584	18357	10306	4122	392	13	138
10		2	11495	10831	5879	3500	1200	49	115
			1472	9620	5383	838	483	13	173
			5643	27685	18470	5190	820	7	521

9-1(一) 续表 16

民族乡名称	行政区划面积（平方公里）	村民委员会（个）	年末总人口（人）	#少数民族（人）	乡镇企业从业人员（人）
乐山市金口河区和平彝族乡	41	5	7360	2066	
乐山市金口河区共安彝族乡	168	4	6658	3346	
南充市阆中市博树回族乡	23	5	7082	3856	32
宜宾市筠连县高坪苗族乡	33	5	8221	2322	
宜宾市筠连县联合苗族乡	39	5	9947	3596	
宜宾市筠连县团林苗族乡	44	6	7088	2971	
宜宾市屏山县屏边彝族乡	94	5	11452	5800	34
宜宾市屏山县清平彝族乡	83	6	9157	2804	
宜宾市兴文县大坝苗族乡	128	11	31351	7662	2358
宜宾市兴文县大河苗族乡	125	14	43207	7998	1136
宜宾市兴文县麒麟苗族乡	114	16	32380	8077	286
宜宾市兴文县仙峰苗族乡	111	8	12380	4941	317
宜宾市珙县罗渡苗族乡	41	6	14511	2262	223
宜宾市珙县玉和苗族乡	25	4	6446	2049	
宜宾市珙县观斗苗族乡	21	4	5501	1410	248
雅安市汉源县小堡藏族彝族乡	58	2	2530	828	40
雅安市汉源县坭美彝族乡	67	2	2342	1243	
雅安市汉源县永利彝族乡	109	3	3079	654	
雅安市汉源县顺河彝族乡	79	3	5128	1130	
雅安市汉源县片马彝族乡	55	4	5105	1668	21
雅安市石棉县蟹螺藏族乡	197	4	3933	2094	338
雅安市石棉县栗子坪彝族乡	512	4	5767	5667	1721
雅安市石棉县新民藏族彝族乡	123	5	6571	2336	130
雅安市石棉县草科藏族乡	341	3	2536	1381	328
雅安市宝兴县跷碛藏族乡	335	5	6420	2898	150
雅安市荥经县宝峰彝族民族乡	889	4	5142	4885	
雅安市荥经县民建彝族民族乡	14	3	3227	523	13
雅安市石棉县王岗坪彝族藏族乡	21	4	5294	1375	
凉山彝族自治州西昌市高草回族乡	25	4	13927	3301	
凉山彝族自治州西昌市裕隆回族乡	44	5	20921	6276	111

乡镇企业总产值（万元）	#工业企业（万元）	乡镇企业年净利润总额（万元）	农林牧渔业总产值（万元）	农作物总播种面积（亩）	#粮食播种面积（亩）	粮食产量（吨）	肉类总产量（吨）	农民合作社个数（个）	农民合作社成员数（户）
				14850	12968	3669		46	472
				11325	8038	2091		32	337
905	380	37	6860	22310	14176	4820	784	22	1100
			6480	18504	17106	1410	1355	7	664
			1830	18320	17910	3200	500	40	187
			6100	21033	18972	5364	467	12	109
180		5	5980	38500	2000	200	3100	28	60
			6500	20000	3000	5321	4356	17	265
4110				75306		4325	70	11	41
62721	36895	1171	9770	104200	64000	33000	8400	63	378
6983	6983	749	19580	128658	64329	18403	3519	50	427
1450	1021	257	22145	29200	9100	8500	5100	28	1241
12582	12258	771	9155	39198	21525	7203	3460	28	816
			9030	15240	12500	3985	98	8	205
6500	6500	1130	2170	8821	3300	2312	700	11	700
305	305	145	2420	2012	1282	434	150	10	61
				10440	4216	758	307	14	72
			9539	10066	5000	15000	118	26	103
			3222	2681	1831	525	295	358	10
100	60	40	7549	10839	1120	560	889	7	102
25225	25204	15372	3551	11380	900	1555	818	11	79
1540	1000	800	700	3000	2140	7000	3500	9	140
6592	6033	2042		17668	10568	3299	5817	16	559
1300	1300		3346	12146	7200	1245		16	590
7800	7600	1000	45000	12836	5313	3548	59	15	367
				16308	10760	2790		57	485
939	939	560	2000	6000	100	41	150	6	12
			4531	367	80	17	37	7	98
			23562	35691	28555	11663	3795	17	1263
7173	1356		19746	27803	15109	4995	742	27	138

9-1(一) 续表 17

民族乡名称	行政区划面积（平方公里）	村民委员会（个）	年末总人口（人）	#少数民族（人）	乡镇企业从业人员（人）
凉山彝族自治州木里藏族自治县屋脚蒙古族乡	307	2	2413	2413	
凉山彝族自治州木里藏族自治县俄亚纳西族乡	590	6	6064	5396	
凉山彝族自治州木里藏族自治县白碉苗族乡	380	4	6123	5614	
凉山彝族自治州木里藏族自治县项脚蒙古族乡	139	3	3589	2518	
凉山彝族自治州木里藏族自治县固增苗族乡	388	4	3267	2985	
凉山彝族自治州盐源县大坡蒙古族乡	140	3	3823	3050	
凉山彝族自治州德昌县金沙傈僳族乡	74	3	3393	3378	
凉山彝族自治州德昌县南山傈僳族乡	39	3	2116	2116	
凉山彝族自治州会理县新安傣族乡	137	6	9160	6097	
凉山彝族自治州冕宁县和爱藏族乡	96	5	3319	1189	
凉山彝族自治州越西县保安藏族乡	33	3	5143	4491	
绵阳市平武县木皮藏族乡	251	3	1076	806	
绵阳市平武县木座藏族乡	452	3	1706	1109	121
绵阳市平武县白马藏族乡	715	4	1683	1649	
绵阳市平武县黄羊关藏族乡	199	4	1522	542	
绵阳市平武县虎牙藏族乡	484	5	2607	683	
绵阳市平武县泗耳藏族乡	548	3	845	285	
绵阳市平武县锁江羌族乡	497	12	12493	11453	107
绵阳市平武县旧堡羌族乡	121	4	3551	2114	
绵阳市平武县阔达藏族乡	136	5	5077	2871	
绵阳市平武县土城藏族乡	222	6	5771	4039	55
绵阳市平武县平通羌族乡	244	12	11633	11051	
绵阳市平武县豆叩羌族乡	271	12	10617	9555	100
绵阳市盐亭县大兴回族乡	45	8	12172	3961	5
绵阳市北川羌族自治县桃龙藏族乡	67	6	3311	2622	
达州市宣汉渡口土家族乡	105	6	8040	7638	
达州市宣汉龙泉土家族乡	224	10	11505	9942	
达州市宣汉三墩土家族乡	91	6	14894	12065	500
达州市宣汉漆树土家族乡	104	8	19210	7870	258

乡镇企业总产值（万元）	#工业企业（万元）	乡镇企业年净利润总额（万元）	农林牧渔业总产值（万元）	农作物总播种面积（亩）	#粮食播种面积（亩）	粮食产量（吨）	肉类总产量（吨）	农民合作社个数（个）	农民合作社成员数（户）
			1045	7250	8540	6156	2000	3	14
			2910	14325	13209	3906	882	21	1394
			1124	12990	12447	34127	6001	4	6069
			2833	9321	7527	1972	669	6	382
			1258	6300	4700	400	250	8	3320
			1300	11302	8219	4109	80	14	74
			8583	1154	925	1786	293	5	111
			8921	7065	4035	1538	252	2	31
				29049	25283	8751	1410	6	320
			2000	13251	12393	2830	585	17	150
			4812	19272	16599	3581	415	13	
			464	193	133	41	12	6	101
2000	1800	800	400	203	203	400	20	7	30
			198	1098			14	27	189
				3620	1486	461	13	4	416
				3767	2561				
			1734	489	126	138	25	8	42
862		862	17716	36323	36323	9528	2516	19	684
			4769	7122	6061	362	339	15	124
				1	1				
3280	480	740	9307	13422	10874	2718	232	19	712
			149	25242	17127	5818	1531	23	684
3000		2000	15874	30277	30277	3500	350	43	984
25	25	6	16051	21231	19286	8282	2170	21	1447
			8287	26596	10643	3258	399	7	192
			4689	13627	6969	2572	508	6	1731
			4668	23538	9844	1389	847	21	125
11196	8210	2192	12945	25399	17768	6980	884	11	2118
6874	140	3659	21575	33005	22373	18606	1468	20	1796

9-1(一) 续表 18

民族乡名称	行政区划面积(平方公里)	村民委员会(个)	年末总人口(人)	#少数民族(人)	乡镇企业从业人员(人)
贵州省	**20104**	**2101**	**4544761**	**2341313**	**173222**
贵阳市南明区小碧布依族苗族乡	66	12	20239	8051	
贵阳市花溪区高坡苗族乡	120	19	27452	23305	18
贵阳市花溪区孟关苗族布依族乡	64	8	22852	11384	
贵阳市花溪区马铃布依族苗族乡	81	3	9186	5012	
贵阳市花溪区黔陶布依族苗族乡	74	7	10933	5064	562
贵阳市乌当区偏坡布依族乡	14	2	2055	1994	120
贵阳市乌当区新堡布依族乡	54	7	5922	3494	
贵阳市白云区牛场布依族乡	67	13	14923	5146	310
贵阳市白云区都拉布依族乡	35	7	9835	4872	1100
贵阳市清镇市麦格苗族布依族乡	125	15	26155	9325	975
贵阳市清镇市王庄布依族苗族乡	80	10	25644	8471	877
贵阳市清镇市流长苗族乡	158	26	56120	28964	360
贵阳市开阳县高寨苗族布依族乡	177	8	27438	9552	700
贵阳市开阳县南江布依族苗族乡	120	6	22110	7946	430
贵阳市开阳县禾丰布依族苗族乡	83	6	17324	6237	81
贵阳市修文县大石布依族乡	50	7	14306	3923	
贵阳市息烽县青山苗族乡	50	5	7430	2155	403
六盘水市水城县坪寨彝族乡	97	4	11871	2751	141
六盘水市水城县南开苗族彝族乡	136	12	54009	27540	1560
六盘水市水城县青林苗族彝族乡	64	4	21738	8692	122
六盘水市水城县金盆苗族彝族乡	107	6	31993	19638	239
六盘水市水城县新街彝族苗族布依族乡	52	3	13931	9808	45
六盘水市水城县杨梅彝族苗族回族乡	101	6	27849	14821	103
六盘水市水城县野钟苗族彝族布依族乡	142	5	22215	11073	50
六盘水市水城县果布嘎彝族苗族布依族乡	107	5	18920	11541	128
六盘水市水城县龙场苗族白族彝族乡	101	7	25797	18557	170
六盘水市水城县营盘苗族彝族白族乡	115	6	19536	11132	229
六盘水市水城县顺场苗族彝族布依族乡	119	7	26457	21980	421
六盘水市水城县花戛苗族布依族彝族乡	160	5	17110	14510	45
六盘水市水城县猴场苗族布依族乡	155	6	21623	20203	500

乡镇企业总产值（万元）	#工业企业（万元）	乡镇企业年净利润总额（万元）	农林牧渔业总产值（万元）	农作物总播种面积（亩）	#粮食播种面积（亩）	粮食产量（吨）	肉类总产量（吨）	农民合作社个数（个）	农民合作社成员数（户）
3545073	**2701737**	**732414**	**3015758**	**7585612**	**4472649**	**1804396**	**380626**	**5961**	**240101**
9000	9000	2929	15775	63000	11190	6560	3227	20	60
340000	340000		27010	14253	1527	610	598	12	75
			28160	24000	2900	1970	408	17	542
14812	11850	8086	26978	14012	4775	2598	134	19	179
430		292	9250	660	300	1450	65	12	65
			17915	13640	11597	3962	634	7	286
1210	360	81	44360	17586	2622	933	715	37	281
24900			10120	4637	732	290	18	10	1972
40280	31280	5400	39337	36560	19830	6393	1400	38	502
8	8	1050	3159	23070	15700	15700	1053	23	23
6910	6430	880	36950	100000	44700	6140	6100	50	245
30050	30050	30050	26000	34500	31000	2	350	53	460
1610		250	32000	55300	22650	7140	2090	43	366
27800	23120	14000	26968	55330	21893	6658	1749	33	220
			19281	33730	10332	4524	1243	5	43
1356	670	499	13920	38564	12500	3455	1200	7	550
786	658	462	12669	32012	9588	8393	1065	7	35
1806	850	1050	37056	64157	38000	2874	1588	30	335
780	520	600	15400	24955	4500	900	711	8	900
2890	1880	1569	27300	51062	33685	6210	1115	24	143
203	127	20	17846	43630	18375	2919	362	19	515
2921	1892	962	7	67197	60000	9890	604	15	16850
2289	2289	215	1280	53754	45623	5642	751	10	451
6100	676	692	17893	45233	20743	3990	363	22	5532
5178	2922	650	23737	77468	45618	8188	1415	45	1650
2414	721	399	15605	35900	50	5	752	13	347
26472	26472	4635	19213	31054	12031	4721	546	27	246
13850	13850	2000	13500	32920	6665	3000	600	10	35
4826	2826	448	26596	16696	11357	4849	525	38	1755

9-1(一) 续表 19

民族乡名称	行政区划面积（平方公里）	村民委员会（个）	年末总人口（人）	#少数民族（人）	乡镇企业从业人员（人）
六盘水市盘州市普田回族乡	74	6	15351	4204	160
六盘水市盘州市旧营白族彝族苗族乡	101	11	33598	14389	142
六盘水市盘州市羊场布依族白族苗族乡	136	15	27298	14037	17809
六盘水市盘州市保基苗族彝族乡	147	7	18984	16508	1336
六盘水市盘州市淤泥彝族乡	175	18	31710	23146	16420
六盘水市盘州市普古彝族苗族乡	195	21	27562	18851	1087
六盘水市盘州市坪地彝族乡	152	15	38622	13718	1846
六盘水市六枝特区梭戛苗族彝族乡	57	7	23680	9555	1034
六盘水市六枝特区落别布依族彝族乡	94	13	45737	27251	6575
六盘水市六枝特区中寨苗族彝族布依族乡	165	17	40404	37858	9756
六盘水市六枝特区牛场苗族彝族乡	83	10	27494	10962	1243
六盘水市六枝特区月亮河彝族苗族乡	117	17	36073	22360	2404
遵义市仁怀市后山苗族布依族乡	72	4	11628	4281	
遵义市遵义县平正仡佬族乡	145	7	23606	4100	1400
遵义市遵义县洪关苗族乡	63	3	11489	1152	227
遵义市桐梓县马鬃苗族乡	109	10	8931	2679	12543
遵义市正安县谢坝仡佬族苗族乡	97	6	17078	13600	255
遵义市正安县市坪苗族仡佬族乡	111	4	24079	21430	601
遵义市余庆县花山苗族乡	106	4	14926	7566	312
遵义市道真仡佬族苗族自治县上坝土家族乡	92	4	26571	17388	5990
安顺市西秀区鸡场布依族苗族乡	110	5	19850	7850	2400
安顺市西秀区杨武布依族苗族乡	152	12	31612	17386	183
安顺市西秀区岩腊苗族布依族乡	114	8	21797	10818	11902
安顺市西秀区新场布依族苗族乡	70	8	17783	7322	58
安顺市西秀区黄腊布依族苗族乡	77	7	18621	16112	1308
安顺市平坝县十字回族乡	110	11	39954	9936	396
安顺市平坝县羊昌布依族苗族乡	76	7	24052	15310	1108
安顺市普定县补郎苗族乡	81	11	31611	11013	1700
安顺市普定县猴场苗族仡佬族乡	93	10	28897	9095	153
安顺市普定县猫洞苗族仡佬族乡	89	15	32849	10399	3568

乡镇企业总产值（万元）	#工业企业（万元）	乡镇企业年净利润总额（万元）	农林牧渔业总产值（万元）	农作物总播种面积（亩）	#粮食播种面积（亩）	粮食产量（吨）	肉类总产量（吨）	农民合作社个数（个）	农民合作社成员数（户）
701	158	151	6595	14455	6650	4895	465	7	50
586	375	92	28685	42737	26765	11879	1432	13	9061
665567	473511	84928	16389	24092	13751	10694	2470	16	10994
8520	3069	1856	28144	30540	17193	9529	1275	8	1439
337873	246910	171220	4684	54400	47400	12240	4095	51	597
53956	47860	13561	46032	51899	27017	6777	2545	27	9377
43188	27672	8649	14783	80100	32000	15200	1813	21	8230
22576	12089	1725	17458	29844	14549	6357	792	12	53
62980	8364	16878	38351	41265	26890	15089	1198	32	138
10605	5262	1532	28725	29924	18268	7771	669	25	140
26510	5106	7215	37828	54160	26891	1374	1330	13	72
29635	11748	1992		76665	26800	8194	2278	57	543
			5848	21240	20990	5040	920	12	45
38000	32000	6150	13000	70000	30500	7800	2700	33	1391
30450	21105	3074	23757	59100	27800	7600	1260	17	180
15200	6800	7550	18003	40021	12000	2010	312	21	1025
17769	14000	1832	19867	49876	21310	2314	537	21	625
4523	963	5120	21263	28519	19130	7982	540	10	468
6208	6208	1420	18355	56474	20700	7500	4375	35	229
450	185	180	20400	53200	25400	10500	10628	15	786
3540	500	1024	16749	72190	39350	9046	246	25	185
11762	11762	407	12966	135854	32423	19965	1660	15	258
962	425	203	1523	55183	19181	3512	4163	38	1085
5000	4000	500	1950	27430	10280	4677	1741	31	165
4852	2860	67	13225	56214	26852	12350	5621	30	665
20060	13850	2786	12750	376450	361350	122300	75000	31	165
121520	73680	4498	1855	46300	31300	3184	744	45	225
11600	7400	3500	13300	22000	17800	6750	380	30	170
				16955	3357	4242	1350	9	45
16854	10432	986	13100	28197	11402	7785	335	70	359

9-1(一)　续表 20

民族乡名称	行政区划面积（平方公里）	村民委员会（个）	年末总人口（人）	#少数民族（人）	乡镇企业从业人员（人）
毕节市七星关区大屯彝族乡	60	8	22682	8214	1550
毕节市七星关区田坎彝族乡	61	7	15309	4532	142
毕节市七星关区阿市苗族彝族乡	101	13	27626	9123	74
毕节市七星关区团结彝族苗族乡	84	13	24526	6635	180
毕节市七星关区阴底彝族苗族白族乡	117	12	46798	12643	242
毕节市七星关区千溪彝族苗族白族乡	56	5	25876	6866	127
毕节市黔西县永燊彝族苗族乡	95	13	32044	8801	
毕节市黔西县新仁苗族乡	69	9	26465	5618	348
毕节市黔西县花溪彝族苗族乡	82	10	21821	15532	543
毕节市黔西县中建苗族彝族乡	62	5	12441	3436	
毕节市黔西县定新彝族苗族乡	95	13	23009	5964	
毕节市黔西县太来彝族苗族乡	100	13	32207	9846	273
毕节市黔西县绿化白族彝族乡	43	7	18789	7957	609
毕节市黔西县红林彝族苗族乡	107	11	24904	14942	412
毕节市黔西县五里布依族苗族乡	84	10	23648	9707	
毕节市黔西县铁石苗族彝族乡	90	11	23158	13594	15
毕节市大方县竹园彝族苗族乡	53	9	27697	14377	623
毕节市大方县响水白族彝族仡佬族乡	114	16	45623	14523	705
毕节市大方县鼎新彝族苗族乡	111	12	46717	29641	13
毕节市大方县牛场苗族彝族乡	106	10	45271	16828	1077
毕节市大方县理化苗族彝族乡	131	8	52804	20216	70
毕节市大方县安乐彝族仡佬族乡	68	8	16489	11068	452
毕节市大方县凤山彝族蒙古族乡	60	8	16222	7322	1520
毕节市大方县百纳彝族乡	96	6	22098	8012	468
毕节市大方县三元彝族苗族白族乡	94	8	20111	12807	
毕节市大方县沙厂彝族乡	74	6	13051	3211	39
毕节市大方县黄泥彝族苗族满族乡	64	6	13066	4764	200
毕节市大方县核桃彝族白族乡	88	9	36261	12387	
毕节市大方县八堡彝族苗族乡	106	9	40067	12436	
毕节市大方县兴隆苗族乡	100	8	31168	9530	9658

乡镇企业总产值（万元）	#工业企业（万元）	乡镇企业年净利润总额（万元）	农林牧渔业总产值（万元）	农作物总播种面积（亩）	#粮食播种面积（亩）	粮食产量（吨）	肉类总产量（吨）	农民合作社个数（个）	农民合作社成员数（户）
8312	6447	6374	5281	13015	6008	3382	1789	8	80
480	460	322	23698	35511	23700	6035	868	11	80
4790	2910	920	7541	89100	76020	8400	956	15	85
2295	529	143	4395	45721	33866	5291	731	17	91
7876	1014	733	23157	52524	24280	6905	2225	35	1665
3000	1300	700	1100	16000	16000	5200	1700	33	165
			8000	38657	17149	13587	7992	17	481
415	310	71	66	28125	22995	3285	1012	11	81
24283	24283	543	1214	8555	1610	210	544	20	920
			1081	26334	21000	34898	2	23	115
			12000	32000	26000	13000	1657	8	156
20000	11000	6520	6400	50441	29698	7424	364	32	1426
13579	13009	2671	76	51068	27016	7022	913	14	155
870	650	300	2488	18000	13000	5200	445	23	973
			4220	41250	31000	3100	1200	19	917
7563	6055	2011	28864	15400	9200	6500	2000	32	1251
41230	39250	1200	1	13650	5800	5000	1900	26	1023
39000	32230	800	13	28500	12000	3600	1307	95	675
16		10	108143	62100	41140	19903	335	14	72
2325	606	854	24220	81015	38500	16538	1632	54	324
515	515	125	9745	72500	56000	20215	4323	80	2387
23524	20356	186	11820	1493	1483	5125	1852	55	1254
84000	54000	9800	6325	18000	7000	2000	500	56	4200
6600	2716	1821	17210	4628	1330	1080	560	23	175
			12000	75650	48500	19502	700	37	185
2000	200	77	6850	24335	8265	3306	745	20	267
1250	608	320	2000	6000	1600	500	600	17	68
				23305	9000	2674	1145	43	727
812			1162	51232	44573	7798	1621	28	53
1306			58	12855	12855	7030	1885	95	1833

9–1(一) 续表 21

民族乡名称	行政区划面积（平方公里）	村民委员会（个）	年末总人口（人）	#少数民族（人）	乡镇企业从业人员（人）
毕节市大方县大山苗族彝族乡	83	11	19521	5987	
毕节市大方县星宿苗族彝族仡佬族乡	127	10	14460	5525	200
毕节市织金县自强苗族乡	53	11	17459	13029	603
毕节市织金县官寨苗族乡	63	16	33849	17860	415
毕节市织金县后寨苗族乡	108	13	31149	12046	1040
毕节市织金县大平苗族彝族乡	56	13	24112	13133	116
毕节市织金县茶店布依族苗族彝族乡	86	21	39714	19569	
毕节市织金县金龙苗族彝族布依族乡	108	20	49047	31390	450
毕节市织金县鸡场苗族彝族布依族乡	105	24	53838	28095	378
毕节市金沙县太平彝族苗族乡	97	5	13477	3804	
毕节市金沙县石场苗族彝族乡	120	11	32800	9250	210
毕节市金沙县马路彝族苗族乡	83	7	13828	4269	
毕节市金沙县安洛苗族彝族满族乡	105	8	21339	9815	1230
毕节市金沙县新化苗族彝族满族乡	90	6	24199	8158	3982
毕节市金沙县大田彝族苗族布依族乡	84	7	10076	3562	950
毕节市赫章县兴发苗族彝族回族乡	188	11	28980	12004	500
毕节市赫章县松林坡白族彝族苗族乡	113	18	33224	14871	290
毕节市赫章县雉街彝族苗族乡	140	10	19542	10097	586
毕节市赫章县珠市彝族乡	158	18	26481	14035	2010
毕节市赫章县双坪彝族苗族乡	193	26	43094	9425	812
毕节市赫章县辅处彝族苗族乡	83	6	17691	6176	180
毕节市赫章县铁匠苗族乡	83	11	20622	5270	408
毕节市赫章县可乐彝族苗族乡	132	19	45677	15256	281
毕节市赫章县河镇彝族苗族乡	173	21	40145	17786	598
毕节市赫章县结构彝族苗族乡	106	8	20163	9668	576
毕节市赫章县水塘堡彝族苗族乡	120	14	20719	5498	360
毕节市赫章县古达苗族彝族乡	129	25	27842	7373	135
毕节市纳雍县库东关彝族苗族白族乡	59	10	24468	10571	524
毕节市纳雍县董地苗族彝族乡	99	11	34790	22439	278
毕节市纳雍县左鸠戛彝族苗族乡	59	6	12686	5250	130

乡镇企业总产值（万元）	#工业企业（万元）	乡镇企业年净利润总额（万元）	农林牧渔业总产值（万元）	农作物总播种面积（亩）	#粮食播种面积（亩）	粮食产量（吨）	肉类总产量（吨）	农民合作社个数（个）	农民合作社成员数（户）
			5000	44500	16932	18014	320	11	35
60000	60000	20000	1800	25000	20000	8200	200	74	380
4727	1871	914	9914	29367	19951	52875	2279	56	180
2580	1821	269	7985	33675	27282	2300	274	34	648
23090	23040	12000		39564	39481	2986	810	42	210
8410	8410	3400	20150	59690	36810	10341	1010	65	260
			19680	27100	16100	40000	1200	12	4
1201		410	4509	65030	5023	2609	15531	41	205
4200	2400	710	190560	70000	11750	6215	1500	60	150
			1690	6670	2500	490	580	12	125
2250	1480	920	17209	35800	18200	8960	2105	30	36
			20000	27000	11000	10000	300	20	406
55200	55200	22000	6000	32500	14500	8700	2220	25	5527
99146	99146	28893	15121	2688	2405	8411	1082	20	100
3500	3500	2500	1370	37561	24685	16353	428	7	468
120000	100000	30000	15000	127951	64262	32417	1876	48	829
38000	38000	3850	9572	37521	32263	5624	1956	50	6715
695	670	247	64987	46100	32300	42450	659	24	854
260000	240000	65000	20100	64349	40025	8528	985	46	230
11234	7824	2564	49378	127697	88973	15989	2982	60	3139
13695	1800	490	21206	40120	31280	9300	680	17	630
587	371	269	21184	32454	30017	31057	1174	35	245
1950	950	1300	46000	81000	81000	2300	22500	23	210
4500	1200	3500	23087	66000	66000	70098	2173	56	2210
33615	31370	7425	20336	45871	23796	4680	1123	31	205
80439	70324	3200	3400	40000	33000	20000	1744	68	744
4120	4120	910	4105	46213	29500	4863	1110	45	250
3067	2446	251	76708	20720	13106	3200	1443	28	1423
1130	386	420	5135	61800	44235	1575	4366	30	13526
1225	235	160	1950	46500	46500	6715	1520	16	96

9−1(一) 续表 22

民族乡名称	行政区划面积（平方公里）	村民委员会（个）	年末总人口（人）	#少数民族（人）	乡镇企业从业人员（人）
毕节市纳雍县锅圈岩苗族彝族乡	104	17	31133	17895	240
毕节市纳雍县新房彝族苗族乡	100	25	46081	18988	268
毕节市纳雍县化作苗族彝族乡	97	20	44217	22189	454
毕节市纳雍县姑开苗族彝族乡	77	14	36494	13450	855
毕节市纳雍县羊场苗族彝族乡	117	16	33824	8580	321
毕节市纳雍县昆寨苗族彝族白族乡	90	17	31066	15632	126
毕节市纳雍县猪场苗族彝族乡	87	11	21116	14240	923
毕节市威宁彝族回族苗族自治县新发布依族乡	110	31	49542	14965	121
毕节市大方县大水彝族苗族布依族乡	83	8	16176	10641	168
毕节市黔西县金坡苗族彝族满族乡	72	10	21267	14240	3350
毕节市大方县普底彝族苗族白族乡	74	10	14874	12547	600
毕节市黔西县仁和彝族苗族乡	85	9	22694	11030	300
铜仁市碧江区桐木坪侗族乡	66	3	9939	7454	190
铜仁市碧江区瓦屋侗族乡	115	6	11348	10132	400
铜仁市碧江区和平土家族侗族乡	117	9	25955	18765	158
铜仁市碧江区滑石侗族苗族土家族乡	53	5	15481	13932	567
铜仁市碧江区六龙山侗族土家族乡	86	4	4305	3854	
铜仁市万山区高楼坪侗族乡	76	14	16500	14052	7600
铜仁市万山区黄道侗族乡	92	10	14086	12677	
铜仁市万山区敖寨侗族乡	89	5	9024	7763	185
铜仁市万山区下溪侗族乡	65	7	8532	8155	468
铜仁市万山区鱼塘侗族土家族苗族乡	128	12	26020	25346	126
铜仁市万山区大坪侗族土家族苗族乡	156	12	24868	21326	80
铜仁市德江县楠杆土家族乡	122	13	15531	14524	20
铜仁市德江县沙溪土家族乡	122	15	12763	9080	48
铜仁市德江县桶井土家族乡	94	23	19732	19314	159
铜仁市德江县堰塘土家族乡	102	14	15487	14273	95
铜仁市德江县荆角土家族乡	98	15	16395	16186	124
铜仁市德江县长丰土家族乡	95	14	17445	16875	18
铜仁市德江县龙泉土家族乡	88	13	13308	11758	86

乡镇企业总产值（万元）	#工业企业（万元）	乡镇企业年净利润总额（万元）	农林牧渔业总产值（万元）	农作物总播种面积（亩）	#粮食播种面积（亩）	粮食产量（吨）	肉类总产量（吨）	农民合作社个数（个）	农民合作社成员数（户）
1862	1862	1600	5100	85912	56242	2394	2580	64	2627
850	680	230	42279	84346	62494	13425	1000	51	255
2166	437	271	7911	80419	50117	9920	1429	83	428
8700	2350	3500	605	44645	44645	64450	160	42	2585
2701	201	198	11201	29548	15485	9625	1754	26	772
1721	1482	512	1341	53361	28847	7608	900	32	323
4532	1123	689	2008	50600	40479	8426	1356	15	150
28500	8000	6000	320	39664	8109	56000	4210	31	181
9126		-449	2823	43139	15815	7698	168	13	1538
8960	8320	1820	5056	7957	5560	2935	595	16	285
42000	42000	9500	1250	3300	2100	1500	850	35	300
2780	2610	600	10342	22000	15935	4781	600	20	2582
2000	300	1200	12980	25800	18300	4680	2650	62	630
3000	2900	900	9541	9351	7730	3865	706	11	3204
7022	2706	680	28220	59560	25120	8221	1720	68	483
7890	6812	900	38210	48321	31253	11815	1487	49	1485
			3520	4574	4574	2885	374	12	338
54750	35450	15550	4205	21000	12400	675	1601	50	696
			41892	14000	12500	4900	6200	22	131
1256		326	6500	5272	2820	3280	2223	23	1383
2950	2450	970	11200	1530	530	2050	350	34	1180
4200	2600	930	18500	29929	22778	64500	2310	53	265
800	500	350	16500	42300	31200	12600	2180	31	1867
91		39	8163	46663	20863	5209	1426	34	288
562	341	81	26800	33070	22200	5059	1941	49	7880
984	94	42	15413	30123	25000	5861	976	98	1790
392		315	32774	71360	40967	10399	1444	49	2404
840	650	151	20028	33170	20913	8993	1006	49	3874
298		57	15968	28900	16200	4212	1886	123	701
532		72	21567	46870	30301	7618	2011	40	1500

9–1(一) 续表 23

民族乡名称	行政区划面积（平方公里）	村民委员会（个）	年末总人口（人）	#少数民族（人）	乡镇企业从业人员（人）
铜仁市德江县钱家土家族乡	80	12	14561	14561	170
铜仁市江口县德旺土家族苗族乡	191	10	16639	8215	269
铜仁市江口县官和侗族土家族苗族乡	120	4	9056	7367	
铜仁市石阡县聚凤仡佬族侗族乡	159	18	22013	20272	185
铜仁市石阡县大沙坝仡佬族侗族乡	63	15	20209	17513	
铜仁市石阡县枫香仡佬族侗族乡	70	12	10088	7868	545
铜仁市石阡县青阳苗族仡佬族侗族乡	135	14	11316	8487	88
铜仁市石阡县龙井侗族仡佬族乡	100	23	28093	27956	42
铜仁市石阡县石固仡佬族侗族乡	166	14	14838	8412	300
铜仁市石阡县坪地仡佬族侗族乡	143	18	204061	19636	
铜仁市石阡县甘溪仡佬族侗族乡	158	9	14125	13842	
铜仁市石阡县坪山仡佬族侗族乡	123	8	8266	7464	239
铜仁市思南县思林土家族苗族乡	56	14	14862	8917	70
铜仁市思南县枫芸土家族苗族乡	68	16	16853	5269	76
铜仁市思南县杨家坳苗族土家族乡	76	18	22183	12361	135
铜仁市思南县胡家湾苗族土家族乡	59	14	16829	12880	115
铜仁市思南县宽坪土家族苗族乡	68	14	15652	8658	146
铜仁市思南县三道水土家族苗族乡	62	17	20432	11543	123
铜仁市思南县天桥土家族苗族乡	69	12	16046	8343	150
铜仁市思南县兴隆土家族苗族乡	56	13	16021	8912	279
黔西南布依族苗族自治州晴隆县三宝彝族乡	24	3	6263	6180	
黔西南布依族苗族自治州兴仁县鲁础营回族乡	142	8	19311	7479	395
黔西南布依族苗族自治州望谟县油迈瑶族乡	156	8	13751	13720	
黔东南苗族侗族自治州从江县秀塘壮族乡	178	13	7487	6424	22
黔东南苗族侗族自治州从江县刚边壮族乡	145	15	11517	11390	600
黔东南苗族侗族自治州从江县翠里瑶族壮族乡	165	20	14144	13659	11
黔东南苗族侗族自治州镇远县尚寨土家族乡	73	4	7512	6911	12
黔东南苗族侗族自治州麻江县坝芒布依族乡	127	7	16583	10998	
黔东南苗族侗族自治州榕江县水尾水族乡	171	5	3518	3213	
黔东南苗族侗族自治州榕江县三江水族乡	199	13	14400	12974	7

乡镇企业总产值（万元）	#工业企业（万元）	乡镇企业年净利润总额（万元）	农林牧渔业总产值（万元）	农作物总播种面积（亩）	#粮食播种面积（亩）	粮食产量（吨）	肉类总产量（吨）	农民合作社个数（个）	农民合作社成员数（户）
435	320	54	18325	58496	29340	6300	1480	60	407
9163	7109	1643	3862	21975	21975	61236	2532	19	169
			2350	11650	5456	3368	1054	38	200
1862	683	465	42000	32445	17719	5342	1734	38	397
			14198	58570	29324	7414	3574	46	1176
1360	1008	680	1350	18500	9640	2560	1120	12	900
286	96	103	8433	16912	6127	6000	4151	28	1886
3258		56	1226	39748	25635	10117	1562	23	856
50	10	10	200	12000	3000	200	10	14	105
			750	26000	12000	500	150	49	1765
			9256	40985	23837	10654	1411	9	1559
31200	30600	2860	22680	21490	14216	5120	1570	28	8266
651		141	10404	31960	19330	6110	1322	41	260
1493	896	146	18563	28102	22100	4920	641	42	365
842		98	18112	38113	25179	13421	1890	24	153
350	189	50	14876	39800	30800	5877	966	18	4274
235		58	14450	30821	27526	4568	1675	34	3920
1378		512	14560	35731	23589	7356	836	21	236
560		374	13682	29484	18853	4320	1380	28	117
535		165	12460	32500	23500	7230	1003	24	1326
			38	1190	1190	8	4	8	6263
2451	812	812	7453	39256	18330	4727	668	19	155
			8924	50965	10546	1894	386	33	981
101		35	11332	18396	10373	5176	365	34	170
2100		138	4500	6000	4900	6980	500	45	1150
704	704	240	12917	20691	13605	5000	342	35	594
35	35	28	10936	36860	12270	3350	580	4	24
			17362	62447	16300	6828	850	27	1913
			4750	5991	4681	1499	885	11	809
208	60	27	10050	28652	14230	3958	921	35	1410

9－1(一)　续表 24

民族乡名称	行政区划面积（平方公里）	村民委员会（个）	年末总人口（人）	#少数民族（人）	乡镇企业从业人员（人）
黔东南苗族侗族自治州榕江县仁里水族乡	83	8	12686	11268	
黔东南苗族侗族自治州榕江县定威水族乡	147	7	5241	4754	
黔东南苗族侗族自治州榕江县兴华水族乡	176	9	11494	11385	58
黔东南苗族侗族自治州榕江县塔石瑶族水族乡	86	9	10032	8728	95
黔东南苗族侗族自治州雷山县达地水族乡	72	10	11756	10247	
黔东南苗族侗族自治州黎平县顺化瑶族乡	59	4	5048	4998	
黔东南苗族侗族自治州黎平县雷洞瑶族水族乡	82	16	11788	11773	
黔东南苗族侗族自治州岑巩县羊桥土家族乡	161	15	27294	21945	
黔南布依族苗族自治州都匀市归兰水族乡	150	12	37937	35939	11
黔南布依族苗族自治州荔波县瑶山瑶族乡	207	8	10257	10052	150
黔南布依族苗族自治州荔波县黎明关水族乡	488	14	21351	19213	512
黔南布依族苗族自治州平塘县卡蒲毛南族	108	6	13916	13834	180
贵阳市花溪区湖潮布依族苗族乡	111	20	46369	16730	
云南省	**41149**	**1067**	**2840081**	**1802205**	**57233**
昆明市晋宁县夕阳彝族乡	157	10	9605	7709	
昆明市晋宁县双河彝族乡	152	6	9524	7578	167
昆明市宜良县九乡彝族回族乡	256	8	19411	4537	
昆明市宜良县耿家营彝族苗族乡	199	9	19331	6818	1215
昭通市昭阳区守望回族乡	67	7	48316	37643	1127
昭通市昭阳区小龙洞回族彝族乡	124	6	42111	33878	2050
昭通市布嘎回族乡	97	5	36521	24249	345
昭通市青岗岭回族彝族乡	113	7	32964	10053	160
昭通市鲁甸县桃源回族乡	58	7	44591	42157	1879
昭通市鲁甸县茨院回族乡	43	6	31851	9237	1983
昭通市大关县上高桥回族彝族苗族乡	104	6	22484	7368	186
昭通市永善县马楠苗族彝族乡	211	6	17172	5991	
昭通市永善县伍寨彝族苗族乡	174	5	17024	4792	35
昭通市镇雄县果珠彝族乡	91	5	43793	10918	801
昭通市镇雄县林口彝族苗族乡	117	8	52404	13096	450
昭通市彝良县龙街苗族彝族乡	238	12	49883	11930	

乡镇企业总产值（万元）	#工业企业（万元）	乡镇企业年净利润总额（万元）	农林牧渔业总产值（万元）	农作物总播种面积（亩）	#粮食播种面积（亩）	粮食产量（吨）	肉类总产量（吨）	农民合作社个数（个）	农民合作社成员数（户）
			1238	22060	13066	3406	766	21	109
			8520	26315	8610	1952	261	29	325
1142		86	5438	10811	8000	2806	786	6	30
1278			1739	11500	8454	2120	568	33	165
				24021	16167	5656	480	15	1933
			5054	7077	2400	1716	115	10	366
			3660	7600	7100	4380	520	20	943
			21381	59584	26931	8930	1043	48	376
914		-184	28857	52403	23760	7941	1995	44	4453
1080	1080	260	13120	8120	6516	1842	585	21	272
2511	2511	608	29000	27860	24991	6800	1958	67	867
2500		1500	302	17050	12060	4450	610	13	886
			12100	11230	2300	1300	3397	31	93
2027187	**1650894**	**198269**	**4499457**	**9242120**	**5515116**	**1689773**	**357115**	**4381**	**198433**
			21314	30728	13226	3742	931	11	445
1260	225	105	41500	41373	9521	1505	2511	23	853
				74575	40275	12201	804	17	1542
4698	3812			78500	57700	11953	6508	3	967
9269	6854	420	28412	65709	28482	13790	1265	3	83
1980		830	27351	66200	65400	19800	2910	26	1756
902		71	35200	75800	33000	7322	424	12	2480
3030	1150	1040	16181	46100	38170	16378	2400	30	540
96504	92740	18813	54500	91800	39510	16710	2800	63	520
191308	162409	30145	17930	38442	25925	9327	968	55	280
3701	526	478	21580	46548	38495	5212	1881	19	1348
			11352	34450	30300	6429	1750	53	2372
3000	3000	1000	6500	48500	38000	4800	510	16	1052
8211	8211	2542	40543	71125	57920	14900	5220	48	5325
3500	3500	1520	62000	89600	85300	21000	4200	2	61
			15850	96458	42590	23250	3815	57	3850

9-1(一) 续表 25

民族乡名称	行政区划面积(平方公里)	村民委员会(个)	年末总人口(人)	#少数民族(人)	乡镇企业从业人员(人)
昭通市彝良县奎香苗族彝族乡	229	11	55722	11267	
昭通市彝良县树林彝族苗族乡	124	6	28394	7791	
昭通市彝良县柳溪苗族乡	97	5	23559	6087	
昭通市彝良县洛旺苗族乡	168	9	33089	8004	188
昭通市威信县双河苗族彝族乡	146	8	34892	8712	193
曲靖市师宗县龙庆彝族壮族乡	481	14	43765	20481	534
曲靖市师宗县五龙壮族乡	476	13	37324	14183	960
曲靖市师宗县高良壮族苗族瑶族乡	561	11	28280	22093	921
曲靖市罗平县长底布依族乡	89	6	19009	6382	721
曲靖市罗平县旧屋基彝族乡	120	7	11127	4301	152
曲靖市罗平县鲁布革布依族苗族乡	249	9	20989	18727	171
曲靖市富源县古敢水族乡	83	3	16787	6606	392
曲靖市会泽县新街回族乡	263	16	46453	11423	104
楚雄彝族自治州南华县雨露白族乡	243	7	14022	11778	
楚雄彝族自治州大姚县湾碧傈僳傣族乡	558	12	18154	10347	24
楚雄彝族自治州永仁县永兴傣族乡	539	12	12029	8389	880
楚雄彝族自治州武定县东坡傣族乡	168	8	12578	10572	320
玉溪市红塔区小石桥彝族乡	73	3	6491	3040	901
玉溪市红塔区洛河彝族乡	171	5	10137	9385	1376
玉溪市江川县安化彝族乡	96	5	9712	9255	9
玉溪市通海县高大傣族彝族乡	110	6	11525	7881	1491
玉溪市通海县里山彝族乡	100	6	8973	4646	3911
玉溪市通海县兴蒙蒙古族乡	5	3	5887	5591	1200
玉溪市华宁县通红甸彝族苗族乡	115	6	10603	4670	295
玉溪市易门县十街彝族乡	159	8	12326	6995	583
玉溪市易门县浦贝彝族乡	179	7	17444	9469	720
玉溪市易门县铜厂彝族乡	293	9	21672	14238	
红河哈尼族彝族自治州河口瑶族自治县桥头苗族壮族乡	175	8	19990	15177	
红河哈尼族彝族自治州金平苗族瑶族傣族自治县者米拉祜族乡	376	4	24838	24686	110
红河哈尼族彝族自治州蒙自县期路白苗族乡	212	6	19189	14848	

乡镇企业总产值（万元）	#工业企业（万元）	乡镇企业年净利润总额（万元）	农林牧渔业总产值（万元）	农作物总播种面积（亩）	#粮食播种面积（亩）	粮食产量（吨）	肉类总产量（吨）	农民合作社个数（个）	农民合作社成员数（户）
			35009	66300	42975	24200	3512	22	4566
			5600	51008	41000	10400	1150	4	40
			16350	25990	23540	8230	1020	28	276
3878	2859	1586	13867	64400	35827	15384	2486	22	248
920	450	150	20083	76785	67740	17513	1182	26	530
1246	245	540	83114	166686	86040	28342	16768	13	1595
4040	1300	2040	51736	180360	35340	19430	9460	17	140
11082	1157	1905	13288	146890	53920	35255	8350	33	442
2846	427	638	37361	76035	25725	12899	1698	6	146
1050	300	540	41221	55405	18675	8307	1972	12	615
1736	116	941	26795	42461	15764	6289	3001	33	729
3402	1885	252	18923	48278	15400	9398	5126	21	369
1193	373	188	31620	59912	46312	21120	13665	20	2150
				41438	24342	7299	2290	33	1272
100	6	25	26489	40280	26751	7793	1193	24	1659
17160	6480	1762	26785	36695	23580	9002	2860	26	2331
13210	12404	806	8960	26000	13800	6500	3090	26	2050
37380	35000	12464	25622	42219	7446	2646	1598	4	636
40262	23020	6668	33028	27654	11636	4659	4717	5	251
550	500	53	38610	59939	13045	5833	417	3	255
26120	21830	1900	27363	31198	9571	3109	1523	7	743
776250	774733	29269	34555	45852	10421	3894	2469	20	1588
83539	73558	4954	12491	9552	380	223	191	14	1442
4953	854	1715	28629	28012	9700	3641	1103	3	214
2693		465	27415	50520	23014	8390	3354	20	2098
40414	40414	22309	38256	53794	25871	8482	6146	15	1144
			53426	86920	38234	12693	3765	15	1307
			38349	57503	26327	8653	1320	18	150
2384	1684	1520	24775	49862	32250	11591	1170	13	75
			9189	48300	37500	9438	1004	4	108

9-1(一) 续表 26

民族乡名称	行政区划面积（平方公里）	村民委员会（个）	年末总人口（人）	#少数民族（人）	乡镇企业从业人员（人）
红河哈尼族彝族自治州蒙自县老寨苗族乡	157	4	13062	8933	5000
红河哈尼族彝族自治州开远市大庄回族乡	104	5	19029	15850	74
文山壮族苗族自治州文山市东山彝族乡	158	4	11275	10051	689
文山壮族苗族自治州文山市红甸回族乡	91	4	15160	11752	
文山壮族苗族自治州文山市秉烈彝族乡	293	10	24521	23264	
文山壮族苗族自治州文山市柳井彝族乡	173	7	16032	10429	
文山壮族苗族自治州文山市坝心彝族乡	126	5	8309	4298	
文山壮族苗族自治州砚山县阿舍彝族乡	268	7	27723	23101	
文山壮族苗族自治州砚山县维末彝族乡	581	10	62008	41981	1976
文山壮族苗族自治州砚山县盘龙彝族乡	238	6	36101	23688	
文山壮族苗族自治州砚山县干河彝族乡	237	4	24955	20226	
文山壮族苗族自治州丘北县舍得彝族乡	303	7	24037	22154	37
文山壮族苗族自治州丘北县新店彝族乡	472	6	26669	24722	8
文山壮族苗族自治州丘北县树皮彝族乡	580	9	48890	28823	162
文山壮族苗族自治州丘北县八道哨彝族乡	230	5	37727	28843	423
文山壮族苗族自治州丘北县腻脚彝族乡	424	7	35215	20595	36
文山壮族苗族自治州麻栗坡县猛硐瑶族乡	215	5	15069	14688	235
文山壮族苗族自治州富宁县洞波瑶族乡	535	12	39483	35030	59
普洱市澜沧拉祜族自治县酒井哈尼族乡	381	4	13370	11771	210
普洱市澜沧拉祜族自治县发展河哈尼族乡	486	4	16227	12362	319
普洱市澜沧拉祜族自治县谦六彝族乡	896	15	45432	37059	
普洱市澜沧拉祜族自治县文东佤族乡	180	6	14742	10448	
普洱市澜沧拉祜族自治县安康佤族乡	179	5	12795	12560	15
普洱市澜沧拉祜族自治县雪林佤族乡	247	7	13561	13481	112
普洱市思茅区云仙彝族乡	681	12	17229	8103	
普洱市思茅区龙潭彝族傣族乡	326	6	11660	5247	24
普洱市墨江哈尼族自治县孟弄彝族乡	213	7	12740	11466	12
普洱市西盟佤族自治县力所拉祜族乡	186	5	12178	11745	
大理白族自治州大理市太邑彝族乡	107	5	9279	8979	200
大理白族自治州鹤庆县六合彝族乡	250	13	15780	15528	410

乡镇企业总产值（万元）		乡镇企业年净利润总额（万元）	农林牧渔业总产值（万元）	农作物总播种面积（亩）		粮食产量（吨）	肉类总产量（吨）	农民合作社个数（个）	农民合作社成员数（户）
	#工业企业（万元）				#粮食播种面积（亩）				
2012	2012	250	18468	52965	33700	7678	1356	10	298
10083	10083	511	48195	57715	54620	24140	2355	29	214
6806		646	16338	64267	33230	9613	913	15	620
			25798	85010	40530	10922	1507	22	212
			27057	107494	67054	22252	2021	15	974
			13682	61253	33281	8793	941	21	1213
			11493	39538	23397	7640	827	10	57
			29126	97362	40683	12266	2162	21	1297
7895			72002	272161	125652	41699	5671	69	2021
			607162	131165	60662	19055	1454	41	2712
			33744	135900	66300	17000	2136	28	422
1280		245	14635	71862	39844	10279	1780	8	159
124		16	21053	106000	87700	13974	4261	10	156
275	176	165	63393	337866	90059	21270	6034	72	3568
53383	40631	2744	49292	143298	73963	19029	7893	56	1313
8580	8580	530	57800	284165	156924	19727	5643	32	1431
3474	1403	96	15000	39132	21333	5503	1514	24	2496
			50572	96477	46827	14000	2273	61	61
483		135	17482	46526	27407	9189	924	6	80
1190	653	47	24372	57147	37439	13699	1374	29	952
			29598	142670	109166	29233	1390	40	1120
			16298	71895	50615	11362	1156	38	615
708	708	-19	4702	54762	35385	8849	42	20	516
397		198	14862	32560	25406	6045	669	10	556
			37974	116341	71988	17995	1219	18	436
243		30	21288	37649	26360	6328	1479	18	731
200	200	35	11470	50334	34252	7787	1147	8	313
			8145	38114	28077	6531	586	31	2971
23614	23614		8934	15140	14373	6374	1596	52	2004
1704	774	500	18132	36226	27278	7498	3446	18	1124

9-1(一)　续表 27

民族乡名称	行政区划面积（平方公里）	村民委员会（个）	年末总人口（人）	#少数民族（人）	乡镇企业从业人员（人）
大理白族自治州宾川县钟英傈僳族彝族乡	292	6	8756	5382	35
大理白族自治州宾川县拉乌彝族乡	231	7	10605	4814	150
大理白族自治州祥云县东山彝族乡	316	8	10002	9645	
大理白族自治州弥渡县牛街彝族乡	264	11	19821	7452	111
大理白族自治州永平县北斗彝族乡	482	9	13330	10256	83
大理白族自治州永平县厂街彝族乡	363	11	19672	11074	455
大理白族自治州永平县水泄彝族乡	396	9	17018	13354	114
大理白族自治州云龙县苗尾傈僳族乡	622	8	18210	15485	50
大理白族自治州云龙县团结彝族乡	306	5	11328	10890	315
丽江市华坪县永兴傈僳族乡	315	7	13691	5567	3497
丽江市华坪县通达傈僳族乡	152	5	8027	6319	108
丽江市华坪县新庄傈僳族傣族乡	277	7	17725	8938	38
丽江市华坪县船房傈僳族傣族乡	174	4	9995	3915	219
丽江市永胜县羊坪彝族乡	164	5	8032	8032	
丽江市永胜县东山傈僳族彝族乡	379	5	7496	7445	
丽江市永胜县六德傈僳族彝族乡	331	8	13715	10897	135
丽江市永胜县大安彝族纳西族乡	241	8	15124	11457	
丽江市永胜县光华傈僳族彝族乡	170	8	14930	8050	
丽江市永胜县松坪傈僳族彝族乡	291	8	8068	7833	
丽江市宁蒗彝族自治县翠玉傈僳族普米族乡	593	6	15253	11250	
丽江市古城区金江白族乡	89	5	3347	2830	
丽江市玉龙纳西族自治县九河白族乡	359	11	28415	27432	
丽江市玉龙纳西族自治县石头白族乡	574	5	9478	8823	
丽江市玉龙纳西族自治县黎明傈僳族乡	812	7	15757	12976	
保山市隆阳区瓦马彝族白族乡	307	21	25475	13194	150
保山市隆阳区瓦房彝族苗族乡	300	19	34095	14556	2452
保山市隆阳区杨柳白族彝族乡	492	18	39319	27194	2844
保山市隆阳区芒宽彝族傣族乡	510	13	42926	29791	4394
保山市施甸县摆榔彝族布朗族乡	83	4	7417	5226	
保山市施甸县木老元布朗族彝族乡	77	4	5936	3105	

乡镇企业总产值（万元）	#工业企业（万元）	乡镇企业年净利润总额（万元）	农林牧渔业总产值（万元）	农作物总播种面积（亩）	#粮食播种面积（亩）	粮食产量（吨）	肉类总产量（吨）	农民合作社个数（个）	农民合作社成员数（户）
292	105	66	13110	31506	22170	7233	1329	28	1034
3400	2200	430	19650	28635	18600	6809	2026	31	1700
			48913	31261	20793	8627	608	43	268
2786	2399	459	33600	65094	43873	18552	8603	55	1750
4848	1172	2460	39728	33497	21648	8734	2152	53	1675
37968	14207	4080	48612	74540	60140	15645	3218	72	2486
62513	62513	5187	34885	64217	55316	15234	2147	58	1834
20051	3326	266	18232	47219	35606	9712	3013	22	156
6334	4244	1900	24833	45113	32906	9179	1921	41	506
1533	1533	485	22855	17473	17473	3931	893	29	1204
2667	427	369	1185	28209	18757	5914	1058	19	1915
397	60	39	25999	28878	28875	8317	607	37	3904
2579		172	12566	24105	15411	3950	1500	29	1624
			4839	23654	21052	5184	633	16	283
			10744	30125	26415	5552	745	22	587
11404	1692	528	9830	32036	24776	8834	2095	45	519
			12698	54059	26731	6462	1291	51	708
			15865	35931	26617	8386	2244	24	300
			4655	35820	23050	5210	1802	20	410
				30709	21974	4687	816	30	269
			25284	3973	3189	2881	872	9	166
			250719	64935	51618	44940	2890	85	862
			13225	11730	11730	2430	2131	25	1200
			13832	67650	63007	10520	2953	36	2400
11711	1549	620	43364	86410	57394	22331	6673	27	2907
27952	20010	5628	58927	110323	76643	37404	9102	58	4801
64105	11542	3908	74182	176245	113550	54792	7848	77	7281
107900	89627	2540	114269	114722	67174	39913	8528	84	7139
			13395	31688	22692	6268	2302	18	1633
			9017	11199	10130	3041	2129	6	1186

9-1(一) 续表 28

民族乡名称	行政区划面积（平方公里）	村民委员会（个）	年末总人口（人）	#少数民族（人）	乡镇企业从业人员（人）
保山市龙陵县木城彝族傈僳族乡	234	5	9466	3999	311
保山市昌宁县朱街彝族乡	281	10	14176	13185	206
保山市昌宁县苟街彝族苗族乡	358	11	23633	6231	236
保山市昌宁县湾甸傣族乡	316	5	18727	5801	438
德宏傣族景颇族自治州陇川县户撒阿昌族乡	256	11	26554	17950	2518
德宏傣族景颇族自治州潞西市三台山德昂族乡	158	4	7751	5963	
德宏傣族景颇族自治州梁河县曩宋阿昌族乡	109	9	25460	7246	
德宏傣族景颇族自治州梁河县九保阿昌族乡	134	6	15409	7556	
德宏傣族景颇族自治州盈江县苏典傈僳族乡	428	4	8659	6617	
怒江傈僳族自治州福贡县匹河怒族乡	402	9	13117	12431	79
怒江傈僳族自治州泸水县洛本卓白族乡	267	8	13557	13527	32
迪庆藏族自治州香格里拉县三坝纳西族乡	980	7	18768	17212	68
迪庆藏族自治州德钦县霞若傈僳族乡	1415	8	8085	8004	
迪庆藏族自治州德钦县拖顶傈僳族乡	375	8	9478	9316	
临沧市凤庆县新华彝族苗族乡	340	11	24689	17468	480
临沧市凤庆县腰街彝族乡	92	6	9107	8192	80
临沧市凤庆县郭大寨彝族白族乡	176	11	21984	8725	35
临沧市云县栗树彝族傣族乡	250	16	21734	17182	
临沧市云县忙怀彝族布朗族乡	238	11	20270	16066	
临沧市云县后箐彝族乡	187	11	21148	15559	
临沧市永德县大雪山彝族拉祜族傣族乡	391	8	22335	8226	145
临沧市永德县乌木龙彝族乡	204	10	28179	20832	320
临沧市临翔区平村彝族傣族乡	297	5	9135	5226	2
临沧市临翔区南美拉祜乡	121	4	4906	4154	45
临沧市耿马傣族佤族自治县芒洪拉祜族布朗族乡	259	5	8686	5749	
临沧市沧源佤族自治县勐角傣族彝族拉祜族乡	218	9	14598	14396	89
临沧市镇康县军赛佤族拉祜族傈僳族德昂族乡	184	6	13176	5273	248
西双版纳傣族自治州景洪市基诺山基诺族乡	623	7	15263	13246	28
西双版纳傣族自治州景洪市景哈哈尼族乡	399	6	17105	16493	168
西双版纳傣族自治州勐腊县瑶区瑶族乡	464	4	9269	8534	

乡镇企业总产值（万元）	#工业企业（万元）	乡镇企业年净利润总额（万元）	农林牧渔业总产值（万元）	农作物总播种面积（亩）	#粮食播种面积（亩）	粮食产量（吨）	肉类总产量（吨）	农民合作社个数（个）	农民合作社成员数（户）
4512	4380	530	28124	48947	26115	7360	1900	26	2830
3122	3122	450	20469	70734	43081	12842	2976	27	4824
3557	3557	137	50700	74147	43200	12079	7883	52	3361
12650	2081	321	54307	121656	63955	23424	3139	42	2782
22323	3	6535	50676	133021	65102	23853	1831	34	1421
			21057	45568	27345	8065	639	22	319
			10025	48263	24318	9505	1486	33	2286
			9827	38625	20415	6378	1390	39	960
			6676	47703	24098	7304	962	8	1944
400		241		43248	12945	2016	1009	35	2729
1742		285	4863	47775	27985	2845	875	8	2865
8077	7327	846		48555	42765	12215	1675	158	790
				22321	16183	3994	480	73	1578
				182843	148738	3599	615	156	1200
10200		476	50300	76410	66120	16310	5200	38	3621
14200	14	2000	26000	37281	25119	4561	1539	20	5893
1625		35	38600	55479	37484	7459	1150	33	3896
			28387	68415	50190	17380	4600	41	2039
			28900	47280	46780	15950	4485	11	120
			31570	79452	67900	18975	3450	11	120
3000	3000	-800	33481	64785	43960	13900	1673	26	493
8388	4107	985	24750	84583	78311	13922	1951	18	6800
76		3	14920	46116	21720	6493	362	13	1835
5762	5762	279	8695	31068	11858	2335	446	46	1213
				38650	18424	4892	633	5	711
4917	3217	316	12836	56128	40746	12363	936	41	1561
9580	9580	251	27800	69394	55817	12856	1877	19	546
1415	303	135	52726	62395	32109	9037	544	43	751
16979	16979	324	28621	16456	12493	4675	608	16	225
			28666	47484	27199	8453	553	50	270

9-1(一)　续表 29

民族乡名称	行政区划面积（平方公里）	村民委员会（个）	年末总人口（人）	#少数民族（人）	乡镇企业从业人员（人）
西双版纳傣族自治州勐腊县象明彝族乡	934	5	12489	12186	
西双版纳傣族自治州勐海县格朗和哈尼族乡	313	5	17910	17327	
西双版纳傣族自治州勐海县布朗山布朗族乡	1001	7	23539	22634	
西双版纳傣族自治州勐海县西定哈尼族乡	615	11	26553	24362	
西藏自治区	**3504**	**28**	**9779**	**6531**	
山南市错那县麻玛门巴族乡	83	1	304	304	
山南市错那县贡日门巴族乡	187	2	195	195	
山南市错那县基巴门巴族乡	363	2	151	96	
山南市错那县勒布区勒门巴族乡	112	2	172	172	
林芝市巴宜区更章门巴族乡	619	6	1463	1463	
林芝市米林县南伊珞巴乡	633	3	593	590	
林芝市墨脱县达木珞巴族乡	800	4	1093	1083	
昌都市芒康县下盐井纳西族乡	374	5	5192	2012	
山南市隆子县斗玉洛巴乡	333	3	616	616	
甘肃省	**16171**	**295**	**325622**	**209047**	**5932**
临夏回族自治州广河县阿里麻土东乡族乡	36	6	18711	18711	
甘南藏族自治州临潭县长川回族乡	87	10	10969	3940	
甘南藏族自治州临潭县卓洛回族乡	25	3	2934	2247	
甘南藏族自治州卓尼县勺哇土族乡	100	2	1774	1150	
陇南市文县铁楼藏族乡	324	16	10321	2549	68
陇南市武都区坪垭藏族乡	95	9	6369	6369	82
陇南市武都区磨坝藏族乡	84	8	5259	1882	20
陇南市宕昌县新城子藏族乡	91	10	7269	2080	221
酒泉市肃州区黄泥堡裕固族乡	98	3	1680	1009	
酒泉市玉门市小金湾东乡族乡	24	5	6902	6902	
白银市会宁县新添堡回族乡	208	13	19890	15906	266
庆阳市正宁县五倾源回族乡	145	5	6694	2356	
平凉市崆峒区峡门回族乡	209	24	20527	18884	2934
平凉市华亭市神峪回族乡	101	11	11617	3835	925
平凉市华亭市山寨回族乡	82	8	14368	4120	420

乡镇企业总产值（万元）	#工业企业（万元）	乡镇企业年净利润总额（万元）	农林牧渔业总产值（万元）	农作物总播种面积（亩）	#粮食播种面积（亩）	粮食产量（吨）	肉类总产量（吨）	农民合作社个数（个）	农民合作社成员数（户）
			61256	47412	27246	7744	609	61	456
			1773	53648	38009	13437	469	123	712
			48145	46096	33757	10885	1998	78	806
			39107	124078	84874	27335	778	48	484
			7662	**8185**	**5150**	**1514**	**710**	**48**	**1986**
			53	84	68	30	21	1	66
			408	455	311	81	31	2	26
			87	33	5	1	28	1	56
			104	158	130	20	33	1	10
			1859	2917	1196	293	85	4	1463
			2164	1316	901	217	399	12	109
			2587	2740	2256	739	54	12	156
			87	21				4	4
			314	461	285	132	60	11	96
270021	**244891**	**32863**	**134031**	**893469**	**619510**	**177531**	**27936**	**839**	**11750**
			988	12040	11507	5259	6102	19	1912
			230	35268	17079	2340	451	30	150
				6177	3647	377	182	8	40
			1265	4860	3820	525	320	9	54
1600	900	650	28	2912	933	329	1020	69	360
2500		320	1221	14201	7225	140	20	28	4
90		52	1020	16800	7511	2229	218	10	50
280	145	62	1140	10900	7300	703	34	42	210
			19	7087	1019	475	456	26	130
			6951	22278	5450	2785	362	6	170
7050	6060	800	944	110388	102795	17024	2479	60	300
				14492	10964	4900		12	657
242210	231750	29510	17630	54129	44011	11903	1220	51	728
4990	4021	300	9661	42837	34897	8061	683	13	268
2280	580	165	9458	36509	25790	6161	520	25	125

9-1(一) 续表 30

民族乡名称	行政区划面积（平方公里）	村民委员会（个）	年末总人口（人）	#少数民族（人）	乡镇企业从业人员（人）
平凉市崆峒区白庙回族乡	66	9	13953	6670	
平凉市崆峒区大秦回族乡	58	12	13388	11641	
平凉市崆峒区寨河回族乡	84	12	16389	12634	
平凉市崆峒区大寨回族乡	227	24	26133	18293	95
平凉市崆峒区西阳回族乡	89	13	12700	12700	
平凉市崆峒区上杨回族乡	46	7	8119	7713	245
张掖市肃南裕固族自治县祁丰藏族乡	10202	13	3247	2577	
张掖市肃南裕固族自治县马蹄藏族乡	1879	23	5103	2765	
张掖市肃南裕固族自治县白银蒙古族乡	448	3	681	321	
张掖市甘州区平山湖蒙古族乡	1040	3	873	155	
临夏回族自治州临夏县井沟东乡族乡	62	13	20658		
临夏回族自治州和政县梁家寺东乡族乡	39	8	18075	17436	57
临夏回族自治州临夏县安家坡东乡族乡	16	4	11936	8219	599
酒泉市瓜州县七墩回族东乡族乡	44	3	4017	2267	
酒泉市瓜州县广至藏族乡	70	6	8638	3218	
酒泉市瓜州县沙河回族乡	48	5	8755	2825	
酒泉市玉门市独山子东乡族乡	45	4	7673	7673	
青海省	**5820**	**340**	**225097**	**151502**	**49**
西宁市大通回族土族自治县朔北藏族乡	84	18	18980	7782	
西宁市大通回族土族自治县向化藏族乡	172	9	8121	4417	
西宁市湟中区群加藏族乡	164	5	2259	1378	
西宁市湟中区大才回族乡	72	16	27071	21239	
西宁市湟中区汉东回族乡	40	4	6365	6363	
西宁市湟源县日月藏族乡	482	22	13523	6607	
海东市民和回族土族自治县杏儿藏族乡	65	7	4620	3872	6
海东市乐都县下营藏族乡	72	10	4759	1494	
海东市乐都县中坝藏族乡	130	14	7431	2851	
海东市乐都县达拉土族乡	111	21	8913	4816	
海东市互助土族自治县松多藏族乡	207	8	6900	5096	
海东市化隆回族自治县雄先藏族乡	183	24	9576	6325	

乡镇企业总产值（万元）	#工业企业（万元）	乡镇企业年净利润总额（万元）	农林牧渔业总产值（万元）	农作物总播种面积（亩）	#粮食播种面积（亩）	粮食产量（吨）	肉类总产量（吨）	农民合作社个数（个）	农民合作社成员数（户）
			9414	33579	27729	8068	1260	42	423
			9183	35302	28923	8603	933	29	965
			8441	56646	48585	15185	1285	21	247
5789	389	292	2356	88679	73517	17866	1168	52	336
			243	63183	57683	19141	879	33	959
782	601	465	5121	23228	17148	5158	411	4	88
				6958	4685	2242	1518	30	343
			13033	19133	17407	4360	2733	62	354
			898	1321	1099	450	98	10	25
			363	875	198	105		17	319
				27650	24270	14568		42	606
400	400	160		12985	12000	8400	2500	17	41
2050	45	87	176	12530	9550	4842	296	12	100
			5323	20721	1756	976	147	8	652
			12985	34089	194	80	126	22	120
			9433	32429	5953	2485	128	14	270
			6506	33285	4866	1791	388	16	744
1730	**1200**	**415**	**108632**	**601629**	**337329**	**116998**	**67101**	**745**	**10990**
				45437	17460			22	440
				31212	15153	11028	714	19	19
				4490	3700	812	47121	7	40
						1804	512	29	145
				7344	4764	1310	154	4	25
			19800	46017	25865	6396	3311	42	124
30		15	5338	7540	7000	5287	412	7	4438
			8142	10868	6074	1315	580	26	171
			700	18133	18000	1340	106	21	100
			5863	22340	22340	11675	1200	65	218
			4421	19771	14770	8269	369	67	2014
			7652	35284	19327	5942	521	27	227

9-1(一) 续表 31

民族乡名称	行政区划面积（平方公里）	村民委员会（个）	年末总人口（人）	#少数民族（人）	乡镇企业从业人员（人）
海东市化隆回族自治县查甫藏族乡	121	12	5960	3871	
海东市化隆回族自治县金源藏族乡	315	14	7229	7135	
海东市化隆回族自治县塔加藏族乡	160	9	4603	4553	
海东市循化撒拉族自治县道帏藏族乡	444	27	10792	10792	
海东市循化撒拉族自治县尕楞藏族乡	185	11	4830	4830	
海东市循化撒拉族自治县岗察藏族乡	266	3	1780	1780	
海东市循化撒拉族自治县文都藏族乡	225	16	8558	8558	
海东市平安县沙沟回族乡	85	10	11650	8193	15
海东市平安县巴藏沟回族乡	69	13	4895	3069	
海东市平安县石灰窑回族乡	84	14	9551	4875	
海东市平安县洪水泉回族乡		15	8329	2150	28
海东市平安县古城回族乡	95	14	13158	7540	
海东市互助土族自治县巴扎藏族乡	523	8	5287	3841	
海北藏族自治州门源回族自治县皇城蒙古族乡	543	4	1949	1639	
海北藏族自治州海晏县哈勒景蒙古乡	760	3	1686	1416	
海南藏族自治州贵德县新街回族乡	163	9	6322	5020	
新疆维吾尔自治区	**57126**	**250**	**287737**	**218290**	**4890**
吐鲁番市鄯善县东巴扎回族乡	144	4	3395	3101	27
和田地区皮山县瑙阿巴提塔吉克族乡	6000	3	904	842	
和田地区皮山县康克尔柯尔克孜族乡	2200	2	1806	1691	
巴音郭楞蒙古自治州和硕县乌什塔拉回族乡	443	7	12132	5136	
昌吉回族自治州奇台县大泉塔塔尔族乡	1400	2	3088	2597	15
昌吉回族自治州奇台县五马场哈萨克族乡	1824	4	5847	5263	
昌吉回族自治州奇台县乔仁哈萨克族乡	2210	2	11806	3189	
昌吉回族自治州木垒哈萨克自治县大南沟乌孜别克族乡	1393	3	2754	2694	2
昌吉回族自治州玛纳斯县旱卡子滩哈萨克族乡	425	4	3316	2534	
昌吉回族自治州玛纳斯县塔西河哈萨克族乡	840	5	3066	2848	
昌吉回族自治州玛纳斯县清水河哈萨克族乡	2876	6	4446	3647	
昌吉回族自治州阜康市三工河哈萨克族乡	1323	3	2272	1754	84
昌吉回族自治州阜康市上户沟哈萨克族乡	3780	8	15936	5990	

乡镇企业总产值（万元）	#工业企业（万元）	乡镇企业年净利润总额（万元）	农林牧渔业总产值（万元）	农作物总播种面积（亩）	#粮食播种面积（亩）	粮食产量（吨）	肉类总产量（吨）	农民合作社个数（个）	农民合作社成员数（户）
			5034	29733	16795	4948	387	11	117
			6632	21568	8859	1454	1197	13	109
			3972	11317	7942	1207	310	7	46
				44410	24219	1779	890	91	455
				20280	14503	10805	80	10	109
							1050	5	27
				32900	20110	5205	541	30	380
1200	1200	100	9810	21500	11508	13951	1275	55	128
				4517	2206			13	41
			2000	48000	10000	2375	450	57	600
500		300	11388	34807	12374	3153	669	46	236
				30500	29500	15475	2250	18	90
			2359	7896	5300	127	728	7	10
			4490	16240	9188	1230	1550	9	50
			11031	2325	372	112	724	9	128
				27200	10000			28	503
199087	**96029**	**14073**	**660968**	**1931265**	**1822674**	**712388**	**59600**	**583**	**6338**
70		30	15387	1137	537	1075	753	4	28
			250	4050	780	80	143		
				1101	1090	453	155		
			48445	14	7	6048	586	76	380
220		20	23273	40500	33820	14979	190	12	270
			50199	113134	89552	32250	950	14	84
13000		850	21316	25853	18633	8118	320	5	60
150		80	2219	14014	5907	2361	150	14	15
			12565	25380	14256	15924	32	10	150
			11253	19000	15950	1450	2230	9	27
			17	12950	6587	302	1617	11	43
			19396	47900	7700	2074	71	14	299
			49950	238000	645600	2905	3327	19	102

9-1(一) 续表 32

民族乡名称	行政区划面积（平方公里）	村民委员会（个）	年末总人口（人）	#少数民族（人）	乡镇企业从业人员（人）
昌吉回族自治州昌吉市阿什里哈萨克族乡	3000	6	6050	5768	868
昌吉回族自治州呼图壁县石梯子哈萨克族乡	1226	6	6389	4673	
乌鲁木齐市米东区柏杨河哈萨克族乡	768	6	13767	5172	855
克孜勒苏柯尔克孜自治州阿克陶县塔尔塔吉克族乡	1010	8	3527	3389	
喀什地区塔什库尔干塔吉克自治县科克亚尔柯尔克孜族乡	602	2	1055	952	
喀什地区泽普县布依鲁克塔吉克族乡	2561	4	3115	2413	
喀什地区莎车县孜热普夏提塔吉克族乡	425	13	9642	9354	125
伊犁哈萨克自治州察布查尔锡伯自治县米粮泉回族乡	32	3	4142	3670	1197
伊犁哈萨克自治州特克斯县科克铁热克柯尔克孜族乡	420	7	13368	12627	
伊犁哈萨克自治州特克斯县呼吉尔特蒙古族乡	220	5	7330	4956	159
伊犁哈萨克自治州伊宁县愉群翁回族乡	155	16	39974	38220	350
伊犁哈萨克自治州尼勒克县科克浩特浩尔蒙古族乡	1013	10	11181	8623	
伊犁哈萨克自治州霍城县伊车嘎善锡伯族乡	84	5	17970	10102	175
伊犁哈萨克自治州霍城县三宫回族乡	128	5	11660	10622	13
伊犁哈萨克自治州昭苏县胡松图喀尔逊蒙古族乡	3408	8	7456	6204	1
伊犁哈萨克自治州昭苏县察汗乌苏蒙古族乡	420	7	7746	6809	59
伊犁哈萨克自治州昭苏县夏特柯尔克孜族乡	1062	8	12014	11188	736
塔城地区塔城市阿西尔达斡尔族乡	402	18	4795	2379	
塔城地区乌苏市塔布勒合特蒙古族乡	143	8	1714	1320	140
塔城地区乌苏市吉尔格勒特郭楞蒙古族乡	1854	4	3269	1613	
塔城地区额敏县额玛勒郭楞蒙古族乡	123	10	2090	1062	18
塔城地区额敏县霍吉尔特蒙古族乡	163	5	2318	1890	
阿克苏地区乌什县雅曼苏柯尔克孜族乡	1811	7	8167	7860	52
阿克苏地区温宿县博孜东柯尔克孜族乡	2878	9	6036	5526	14
哈密市伊吾县前山哈萨克族乡	1682	4	2306	2083	
哈密市哈密市德外都如克哈萨克族乡	2000	2	1400	1172	
哈密市哈密市乌拉台哈萨克族乡	679	3	3261	2962	
阿勒泰地区布尔津县禾木哈纳斯蒙古族乡	3040	2	2581	2139	
阿勒泰地区阿勒泰市汗德尕特蒙古族乡	960	6	2646	2256	

乡镇企业总产值（万元）	#工业企业（万元）	乡镇企业年净利润总额（万元）	农林牧渔业总产值（万元）	农作物总播种面积（亩）	#粮食播种面积（亩）	粮食产量（吨）	肉类总产量（吨）	农民合作社个数（个）	农民合作社成员数（户）
3001			88596	34565	8792	3680	9860	10	226
			35051	95776	56616	53756	1918	18	90
1025	615	710	2359	4474	249	43	262	26	26
			1714	9380	7905	2404	52	6	40
			5001	2044	2044	132	45	6	64
			3495	763	200	4689	530	3	24
2050	2000	1020	9013	51905	14556	4367		17	116
8511	2579	4437	11812	16755	16442	14269	720	9	300
			388	85920	43480	12995	2810	23	125
32268	32268	1344	35715	27889	17067	22552	1010	14	117
2577		773	63337	120484	116142	99116	1130	13	160
				74563	51856	32256	9954	13	180
57863	55686	483	28270	61211	56598	34039	1307	17	1359
1800		12	2769	28714	24594	23760	1516	7	35
60000			3900	65000	37000	2220	120	6	6
1700		532	9000	71483	71483	2100	1000	12	206
4939		2613	23859	80890	74250	32656	4250	9	143
				223636	195334	151425		63	315
6550		350	17000	54520	9404	7889	120	5	45
			4400	33718	16810	13435	570	2	78
170		30	9910	55295	47133	49		30	177
				79111	74325	55932	128	9	45
2880	2880	754	17546	37469	25234	14994	4088	49	199
313		34	17904	28855	10663	34444	4200	14	699
			5435	2373	521		604	3	28
			1335	6610			603	1	4
			8324	20402	2699		430	6	38
			566				14	4	35
				14426	858	1168	1835		

9-1 全国各民族乡基本情况(2020年)(二)

民族乡名称	农业技术服务机构个数(个)	农业技术服务机构从业人员数(人)	公共财政收入(万元)	公共财政支出(万元)
北京	**4**	**18**	**63761**	**85676**
朝阳区常营回族乡			19255	20351
通州区于家务回族乡	1	11	27632	27632
密云县檀营满族蒙古族乡			5778	5778
怀柔区喇叭沟门满族乡	2	4	3743	13449
怀柔区长哨营满族乡	1	3	7353	18466
天津市			**2029**	**2029**
蓟县孙各庄满族乡			2029	2029
河北省	**100**	**243**	**75492**	**75434**
石家庄市新乐市彭家庄回族乡	1	2	1136	1136
石家庄市藁城市九门回族乡	2	10	4157	4157
石家庄市无极县高头回族乡	6	15	756	756
唐山市遵化市汤泉满族乡	10	9	240	240
唐山市遵化市西下营满族乡	9	12	273	521
唐山市遵化市东陵满族乡	2	5	915	655
邯郸市邱县陈村回族乡	1	3	206	206
邯郸市大名县营镇回族乡	5	24	410	410
保定市易县凌云册满族回族乡	1	1	2219	2219
定州市号头庄回族乡	1	6	1014	1014
张家口市沽源县大二号回族乡	1	10	612	612
张家口市怀来县王家楼回族乡	1	4	340	340
廊坊市永清县管家务回族乡	1	2	4250	4250
廊坊市文安县大围河回族满族乡	3	5	2245	2245
承德市滦平县平坊满族乡	1	3	3764	3191
承德市滦平县安纯沟门满族乡	1	1	1201	1270
承德市滦平县五道营子满族乡	1	2	763	518
承德市滦平县邓厂满族乡	1	2	246	387
承德市滦平县马营子满族乡			557	626
承德市滦平县付家店满族乡	1	5	494	536
承德市滦平县西沟满族乡	1	2	799	639

农村居民人均可支配收入	普通高中和初中			小学			图书馆
	学校数	在校学生数	教师数	学校数	在校学生数	教师数	
(元)	(个)	(人)	(人)	(个)	(人)	(人)	(个)
31246	**3**	**2640**	**347**	**12**	**5551**	**514**	**4**
35433	2	2206	285	6	3186	254	1
29999	1	434	62	3	1100	118	1
				1	1022	73	
24861				1	97	28	1
23060				1	146	41	1
25500	**1**	**260**	**28**	**2**	**352**	**26**	**1**
25500	1	260	28	2	352	26	1
11876	**18**	**16398**	**1199**	**187**	**42202**	**2864**	**102**
17516	1	442	33	8	1586	80	1
19168	1	1450	80	12	5447	270	1
13420	1	366	25	2	722	28	1
13826	1	246	22	3	565	37	
9808				1	835	79	
10530	1	690	43	6	1585	87	
12630				1	463	24	1
10750	1	120	19	5	1074	60	
5235				6	1059	111	
5330	1	540	51	10	2320	135	
11795				1	70	15	4
11039				1	301	37	1
10072				3	1138	96	1
13882	1	1137	81	10	3189	212	1
7040				1	117	38	1
7151				2	106	45	1
6600				1	112	21	1
6635				1	89	15	1
6153				1	241	27	1
6700				1	78	35	1
5324				1	382	32	

9-1(二) 续表 1

民族乡名称	农业技术服务机构个数（个）	农业技术服务机构从业人员数（人）	公共财政收入（万元）	公共财政支出（万元）
承德市承德县岗子满族乡	11	14	742	688
承德市承德县两家满族乡	3	6	692	692
承德市兴隆县八卦岭满族乡	1	3	673	673
承德市兴隆县南天门满族乡	1	3	537	537
承德市隆化县尹家营满族乡	1	3	998	998
承德市隆化县庙子沟蒙古族满族乡	1	2	786	786
承德市隆化县偏坡营满族乡	1	3	1645	677
承德市隆化县八达营蒙古族乡	1	3	1510	1510
承德市隆化县太平庄满族乡			1035	1035
承德市隆化县旧屯满族乡	1	1	1260	1260
承德市隆化县西阿超满族蒙古族乡	1	2	924	924
承德市平泉县七家岱满族乡	5	7	720	720
承德市平泉县茅兰沟满族蒙古族乡	8	13	942	942
沧州市黄骅市羊二庄回族乡	7	33	9030	9724
沧州市黄骅市新村回族乡			6008	6008
沧州市河间市果子洼回族乡			1635	1635
沧州市献县本斋回族乡	1	2	1227	1587
沧州市沧县大褚村回族乡	1	5	4816	4816
沧州市沧县杜林回族乡			6799	6063
沧州市沧县捷地回族乡	2	8	2003	4096
沧州市黄骅市羊三木回族乡	4	12	4913	4135
内蒙古自治区	**16**	**143**	**36279**	**34508**
呼伦贝尔市莫力达瓦达斡尔族自治旗巴彦鄂温克民族乡	1	10	904	625
呼伦贝尔市莫力达瓦达斡尔族自治旗杜拉尔鄂温克民族乡	1	2	1618	1627
呼伦贝尔市扎兰屯市达斡尔民族乡	1	9	1591	1575
呼伦贝尔市扎兰屯市萨马街鄂温克民族乡	1	10	979	948
呼伦贝尔市扎兰屯市南木鄂伦春民族乡	1	4	1529	1468
呼伦贝尔市阿荣旗查巴奇鄂温克民族乡	1	9	1988	1139
呼伦贝尔市阿荣旗新发朝鲜族民族乡	1	6	1073	1073
呼伦贝尔市阿荣旗音河达斡尔鄂温克民族乡	1	9	904	904

农村居民人均可支配收入（元）	普通高中和初中			小学			图书馆
	学校数（个）	在校学生数（人）	教师数（人）	学校数（个）	在校学生数（人）	教师数（人）	（个）
12562				1	318	21	
7415				1	286	21	
15095				3	941	78	
15095				2	274	31	
11116				7	449	43	1
11800				1	310	40	
10250				2	519	87	1
9354				7	210	20	12
8465				9	408	53	11
9090				10	354	39	
10200				7	397	50	
7963				1	295	34	
10698				9	801	63	
19039	3	807	96	10	2193	178	49
22085							
10275				3	1733	101	1
11000	1	416	32	3	1248	75	1
9558	2	2415	139	10	2564	118	
10275	1	2049	110	14	4047	147	
13125	3	5720	468	6	2871	128	1
16533				4	505	53	8
15386	**12**	**2604**	**404**	**23**	**6115**	**878**	**30**
9867	2	636	111	3	1534	192	
15885	1	9	12	1	79	39	2
20860	1	173	22	1	464	40	7
17349	1	214	27	1	310	37	
16832	1	115	32	2	351	55	
18100	1	212	37	1	449	30	12
25000							
17520	1	418	27	1	142	55	

9-1(二) 续表 2

民族乡名称	农业技术服务机构个数（个）	农业技术服务机构从业人员数（人）	公共财政收入（万元）	公共财政支出（万元）
呼伦贝尔市阿荣旗得力其尔鄂温克民族乡	1	10	3544	3322
呼伦贝尔市根河市敖鲁古雅鄂温克民族乡			1698	1694
呼伦贝尔市额尔古纳市三河回族乡			1756	1274
呼伦贝尔市额尔古纳市室韦俄罗斯民族乡	1	6	2226	2467
兴安盟科尔沁右翼前旗满族屯满族乡	1	10	2787	2787
赤峰市松山区当铺地满族乡	1	5	2054	2054
赤峰市喀喇沁旗十家满族乡	1	5	2469	2351
乌兰察布市凉城县曹碾满族乡	1	5	2820	2820
呼伦贝尔市鄂温克族自治旗巴彦塔拉达斡尔族乡	1	21	2151	2198
呼伦贝尔市陈巴尔虎旗鄂温克苏木	1	22	4188	4183
辽宁省	**153**	**1255**	**84967**	**93522**
沈阳市康平县柳树屯蒙古族满族乡	1	2	3060	3060
沈阳市康平县沙金台蒙古族满族乡	1	12	2328	2328
沈阳市法库县四家子蒙古族乡	5	15	1179	1072
沈阳市康平县东升满族蒙古族乡	1	10	4617	4617
沈阳市康平县西关屯蒙古族满族乡	2	16	6475	6475
大连市瓦房店市三台满族乡	1	15	5232	5232
大连市瓦房店市杨家满族乡	1	14	2979	2979
大连市庄河市太平岭满族乡	1	8	3248	3248
大连市庄河市桂云花满族乡	1	3	4390	4994
抚顺市抚顺县拉古满族乡			2745	1957
抚顺市抚顺县汤图满族乡	1	729	702	1655
本溪市桓仁县雅河朝鲜族乡	1	7	1202	1202
丹东市宽甸满族自治县下露河朝鲜族乡	1	2	231	1333
丹东市东港市合隆满族乡	1	10	541	2896
丹东市凤城市大堡蒙古族乡	1	6	1116	1093
锦州市义县地藏寺满族乡	1	4	602	602
锦州市义县大定堡满族乡	1	15	1606	1606
阜新市彰武县二道河子蒙古族乡	5	28	1113	1113
辽阳市辽阳县吉洞峪满族乡	11	20	1787	1787

农村居民人均可支配收入（元）	普通高中和初中			小学			图书馆
	学校数（个）	在校学生数（人）	教师数（人）	学校数（个）	在校学生数（人）	教师数（人）	（个）
17535	1	157	32	1	410	41	1
11000							1
17000	1	123	33	2	245	66	3
14900				1		14	1
	1	85	19	1	151	37	1
	1	462	52	3	1309	160	1
				3	654	98	
8371				1	12	8	
14300				1	5	6	1
20143							
12996	**54**	**16084**	**2123**	**139**	**27623**	**3349**	**32**
13000	1	286	54	1	484	48	1
15400	1	394	48	1	702	64	
18266				1	647	72	9
15847	1	403	47	1	647	60	1
11252	1	358	51	1	492	59	1
20903	3	972	99	1	1085	65	
20903	1	262	43	3	411	65	1
15000	1	272	50	1	420	61	
17986	2	156	38	2	288	42	
14330	1	134	45	1	333	56	
14600	1	125	23	1	280	28	1
18334				1	170	25	1
15800	1	158	41	1	249	61	1
20357	1	303	50	4	419	57	1
18845	1	347	58	5	413	86	
9256	1	115	38	1	123	16	
10900	1	70	11	1	54	23	1
14100	1	201	35	1	314	40	1
16000	2	410	47	8	535	68	1

9-1(二) 续表 3

民族乡名称	农业技术服务机构个数（个）	农业技术服务机构从业人员数（人）	公共财政收入（万元）	公共财政支出（万元）
辽阳市辽阳县甜水满族乡	1	7	1895	1895
铁岭市开原市林丰满族乡	6	24	1520	2091
铁岭市铁岭县白旗寨满族乡	1	2	442	890
铁岭市西丰县成平满族乡	1	3	283	812
铁岭市西丰县德兴满族乡	2	4	735	735
铁岭市西丰县和隆满族乡	1	6	891	891
铁岭市西丰县金星满族乡	5	17	817	817
铁岭市西丰县明德满族乡	1	2	772	772
铁岭市西丰县营厂满族乡	1	3	513	513
铁岭市清河区聂家满族乡	1	2	927	927
朝阳市北票市马友营蒙古族乡	1	3	3011	3011
朝阳市北票市凉水河蒙古族乡	1	4	1158	1158
朝阳市建平县三家蒙古族乡	3	12	2418	5281
朝阳市凌源县三家子蒙古族乡	1	5	6921	6300
朝阳市朝阳县松岭门蒙古族乡		8	1325	1325
朝阳市朝阳县乌兰河硕蒙古族乡	5	8	2172	2172
葫芦岛市绥中县西平坡满族乡	6	8	852	848
葫芦岛市绥中县范家满族乡	4	12	1067	1067
葫芦岛市绥中县高甸子满族乡	4	12	979	979
葫芦岛市绥中县葛家满族乡	1	4	676	676
葫芦岛市绥中县明水满族乡	5	17	544	544
葫芦岛市绥中县网户满族乡	1	34	739	739
葫芦岛市兴城市白塔满族乡	6	18	1378	1809
葫芦岛市兴城市大寨满族乡	5	6	950	921
葫芦岛市兴城市碱厂满族乡	8	12	63	63
葫芦岛市兴城市旧门满族乡	9	36	145	444
葫芦岛市兴城市刘台子满族乡	1	3	567	634
葫芦岛市兴城市南大山满族乡	4	6	717	785
葫芦岛市兴城市望海满族乡	7	20	794	794
葫芦岛市兴城市围屏满族乡	7	8	590	350

农村居民人均可支配收入	普通高中和初中			小学			图书馆
	学校数	在校学生数	教师数	学校数	在校学生数	教师数	
（元）	（个）	（人）	（人）	（个）	（人）	（人）	（个）
11000	2	363	50	3	527	80	
8125	1	92	12	1	159	27	
15240	1	196	25	2	319	54	
13690	1	134	26	2	121	43	
13600				1	105	25	
13778	1	358	45	3	429	56	1
13690				2	211	50	
13560				1	109	28	
10220	1	132	17	2	172	38	
11500	1	147	26	1	152	40	1
12400	1	298	47	5	647	95	
7500				2	94	50	
14281	1	810	100	7	1230	125	1
8700	1	1191	95	10	2000	159	
9600	1	143	22	1	340	46	
8253	1	166	23	3	335	58	
9784	1	480	39	1	781	52	
8920	1	336	32	1	497	47	1
8500	1	421	45	3	689	70	1
6678	1	326	32	1	576	33	1
8835	1	251	25	2	553	45	1
11080	1	546	36	3	1094	70	1
11500	2	357	66	7	524	119	
11560	1	521	103	7	1610	109	
5300	1	283	37	2	683	69	
11245	1	245	23	2	385	70	
10803	1	269	34	2	533	41	
11320	1	388	39	1	601	72	1
13500	1	364	48	5	718	80	
10850	1	313	27	5	518	52	

9-1(二) 续表 4

民族乡名称	农业技术服务机构个数（个）	农业技术服务机构从业人员数（人）	公共财政收入（万元）	公共财政支出（万元）
葫芦岛市兴城市羊安满族乡	1	1	1811	1811
葫芦岛市兴城市药王满族乡	5	5	653	731
葫芦岛市兴城市三道沟满族乡	5	20	611	611
葫芦岛市兴城市元台子满族乡	5	5	530	530
葫芦岛市建昌二道湾子蒙古族乡	1	2	348	348
吉林省	**103**	**384**	**58389**	**58486**
延边朝鲜族自治州珲春市三家子满族乡	1	3	5074	5217
延边朝鲜族自治州珲春市杨泡满族乡	5	10	1540	2081
吉林市昌邑区土城子满族朝鲜族乡	7	6	1529	1529
吉林市昌邑区两家子满族乡	4	10	1090	1080
吉林市永吉县金家满族乡	2	10	2544	2377
吉林市蛟河市乌林朝鲜族乡	1	5	1651	1428
通化市梅河口市小杨满族朝鲜族乡	5	14	1909	2015
通化市集安市凉水朝鲜族乡	6	21	1828	1828
通化市通化县金斗朝鲜族满族乡	6	13	558	558
通化市通化县大泉源满族朝鲜族乡	1	7	1270	1270
通化市辉南县楼街朝鲜族乡	5	16	946	946
通化市柳河县姜家店朝鲜族乡	13	57	1461	1461
辽源市东丰县三合满族朝鲜族乡	10	46	2975	2975
长春市双阳区双营子回族乡	2	6	5178	6097
长春市榆树市延和朝鲜族乡	1	1	663	663
长春市九台市胡家回族乡	1	7	3352	2566
长春市九台市莽卡满族乡	1	9	4293	4293
白城市通榆县包拉温都蒙古族乡	2	7	284	374
白城市通榆县向海蒙古族乡	1	9	724	912
白城市洮南市呼和车力蒙古族乡	1	5	1290	1290
白城市洮南市胡力吐蒙古族乡	1	11	1285	1290
白城市镇赉县哈吐气蒙古族乡	2	4	518	
白城市镇赉县莫莫格蒙古族乡	4	10	3323	3228
白城市大安市新艾里蒙古族乡	6	13	2380	2380

农村居民人均可支配收入（元）	普通高中和初中			小学			图书馆
	学校数（个）	在校学生数（人）	教师数（人）	学校数（个）	在校学生数（人）	教师数（人）	（个）
15530	1	253	47	1	405	112	1
11240	1	426	33	6	495	82	
6450	1	254	39	2	445	65	
12000	1	306	62	2	405	79	1
9762	1	749	90	4	1095	112	1
12878	**31**	**6171**	**1173**	**73**	**10077**	**2123**	**48**
9500	1	33	18	1	62	20	
12000				1	39	24	1
12105	1	262	38	1	406	45	
10870	1	328	38	1	534	40	2
13560	1	205	30	1	251	48	
15517	2	398	86	4	468	102	
15000	1	90	30	2	252	56	
11704	1	74	30	1	87	37	1
18551				1	62	22	
17079	2	323	79	2	483	107	1
12950	2	676	76	2	690	86	12
17980	1	134	30	1	149	26	
15262	2	328	70	8	472	159	1
11600	1	309	52	5	413	96	1
18580				1		7	3
9800	1	587	56	1	939	112	
10500	1	648	74	2	873	164	12
12477	1	64	33	1	93	38	
10500	2	153	78	3	480	201	
10373	1	162	39	5	269	61	
11000	1	152	25	1	172	23	
10950	1	76	26	1	129	47	6
10332	1	155	46	1	330	93	
11984	1	83	31	1	175	43	6

9-1(二) 续表 5

民族乡名称	农业技术服务机构个数（个）	农业技术服务机构从业人员数（人）	公共财政收入（万元）	公共财政支出（万元）
白城市洮北区德顺蒙古族乡	3	15	450	450
松原市扶余县三骏满族蒙古族锡伯族乡	5	28	7906	7906
四平市公主岭市龙山满族乡	1	2	760	663
四平市双辽市那木斯蒙古族乡	6	39	1610	1610
黑龙江省	**60**	**325**	**89450**	**77145**
哈尔滨市南岗区红旗满族乡	1	10	11071	1095
哈尔滨市双城市乐群满族乡	1	11	900	900
哈尔滨市双城市同心满族乡	1	7	940	940
哈尔滨市双城市希勤满族乡	1	1	1071	1071
哈尔滨市双城市青岭满族乡	6	19	893	893
哈尔滨市五常市红旗满族乡	1	3	895	895
哈尔滨市五常市营城子满族乡	1	4	628	628
哈尔滨市五常市民乐朝鲜族乡	3	8	536	536
哈尔滨市尚志市河东朝鲜族乡	1	6	662	662
哈尔滨市尚志市鱼池朝鲜族乡	1	7	607	608
哈尔滨市依兰县迎兰朝鲜族乡	1	35	1042	1042
齐齐哈尔市梅里斯达斡尔族区莽格吐达斡尔族乡	1	2	3568	3568
齐齐哈尔市泰来县宁姜蒙古族乡	1	20	2656	2656
齐齐哈尔市泰来县胜利蒙古族乡	1	1	1507	1507
齐齐哈尔市富裕县友谊达满柯族乡	1	15	4517	2898
齐齐哈尔市讷河市兴旺鄂温克族乡	1	24	1297	1297
齐齐哈尔市富拉尔基区杜尔门沁达族乡			2217	2496
牡丹江市穆棱市福禄朝鲜族满族乡	1	9	111	111
牡丹江市宁安市江南朝、满族乡	1	13	1951	1799
牡丹江市宁安市卧龙朝鲜族乡	1	1	1500	1500
牡丹江市西安区海南朝鲜族乡	1	3	485	485
佳木斯市同江市街津口赫哲族乡	1	2		
佳木斯市同江市八岔赫哲族乡	1	2	8958	8239
佳木斯市桦川县星火朝鲜族乡	1	6	1799	1802
佳木斯市汤原县汤旺朝鲜族乡	1	1	633	503

农村居民人均可支配收入（元）	普通高中和初中			小学			图书馆
	学校数（个）	在校学生数（人）	教师数（人）	学校数（个）	在校学生数（人）	教师数（人）	（个）
17200	1	103	35	5	253	103	1
13255	2	197	75	7	867	142	
10620	1	525	38	4	694	83	1
11300	1	106	40	9	435	138	
16670	**34**	**6305**	**1252**	**77**	**6823**	**1687**	**163**
21000	1	256	42	1	220	45	9
14820	1	189	20	1	203	22	
16887	1	210	31	1	288	40	3
15000	1	325	39	1	416	56	1
18970	1	102	30	1	222	55	3
18609	1	285	37	1	472	64	1
17160	1	152	41	1	228	48	1
23248							1
17946				1	34	18	8
17900				1	94	37	7
18550	2	511	109	2	77	67	
11500	1	35	30	1	56	22	
13800	2	589	75	2	490	52	
14000	2	416	66	5	465	59	5
11507				2	58	15	14
18203	1	706	65	2	641	61	
23396	3	202	27	3	440	94	1
21200	1	43	38	1	81	40	1
17000	1	167	111	5	342	110	1
18000	1	158	49	1	198	39	15
18120				3	15	45	16
22000				1	6	13	
17957				1	9	14	
16000							15
13028				1	4	14	

9-1(二) 续表 6

民族乡名称	农业技术服务机构个数（个）	农业技术服务机构从业人员数（人）	公共财政收入（万元）	公共财政支出（万元）
大庆市肇源县超等蒙古族乡	2	3	850	850
大庆市肇源县浩德蒙古族乡	1	5	685	685
大庆市肇源县义顺蒙古族乡	1	2	12343	12343
黑河市逊克县新鄂鄂伦春族乡	1	2	935	935
黑河市逊克县新兴鄂伦春族乡	1	13	979	979
黑河市爱辉区新生鄂伦春族乡	1	3	2	2
黑河市爱辉区四嘉子满族乡	1	7	678	678
黑河市爱辉区坤河达斡尔族满族乡	1	6	2188	2188
黑河市北安市主星朝鲜族乡	1	1	196	196
黑河市孙吴县沿江达斡尔族满族乡	1	4	55	33
绥化市北林区兴和朝鲜族乡	1	1	1015	1015
绥化市北林区红旗满族乡	1	11	721	721
绥化市望奎县厢白满族乡	1	2	721	721
绥化市望奎县灵山满族乡	1	1	600	600
伊春市铁力市年丰朝鲜族乡	1	5		
鹤岗市萝北县东明朝鲜族乡	1	10	3209	3209
鹤岗市绥滨县福兴满族乡	1	2		
大兴安岭地区呼玛县白银纳鄂伦春族乡	1	4	1476	1495
大兴安岭地区塔河县十八站鄂伦春族乡	1	2	2713	2725
双鸭山市饶河县四排赫哲族乡	1	2	605	605
双鸭山市友谊县成富朝鲜族满族乡	1	3		
七台河市勃利县杏树朝鲜族乡	3	15	2719	2719
七台河市勃利县吉兴朝鲜族、满族乡	1	2	2578	2578
鸡西市密山市和平朝鲜族乡	1	5	1036	1036
鸡西市鸡东县鸡林朝鲜族乡	1	3	662	662
鸡西市鸡东县明德朝鲜族乡	1	1	797	797
鸡西市城子河区永丰朝鲜族乡			1242	1242
江苏省	**7**	**34**	**14710**	**6582**
扬州市高邮市菱塘回族乡	7	34	14710	6582

农村居民人均可支配收入（元）	普通高中和初中			小学			图书馆（个）
	学校数（个）	在校学生数（人）	教师数（人）	学校数（个）	在校学生数（人）	教师数（人）	
12280	1	455	57	1	341	72	8
14000				1	354	82	1
12200	1	430	37	1	370	28	
16155							3
10980							1
17691							1
16725	1	73	52	1	73	52	7
18000							
17845							
23000				1	4	16	1
23247							2
19967	1	221	66	1		13	12
11500	1	40	35	1	60	64	1
11000	1	165	46	3	108	64	
16960				1	40	47	
22599	2	83	32	1	19	14	1
13221				1	8	16	
15243	1	4	11	17	17	13	
14085				1	87	47	6
13432				1	14	7	1
25210							
13158	1	176	30	4	117	47	
11256	1	182	26	1	144	53	
17102	1	98	25				1
20680							
14100	1	32	25	1	8	22	8
21339							7
36180	**1**	**253**	**44**	**1**	**708**	**60**	**1**
36180	1	253	44	1	708	60	1

9-1(二) 续表 7

民族乡名称	农业技术服务机构个数(个)	农业技术服务机构从业人员数(人)	公共财政收入(万元)	公共财政支出(万元)
浙江省	**14**	**56**	**37285**	**36482**
金华市兰溪市水亭畲族乡	1	3	4913	4913
衢州市龙游县沐尘畲族乡	1	4	1607	1583
丽水市莲都区丽新畲族乡	1	7	4283	3938
丽水市龙泉市竹垟畲族乡	1	3	3734	4632
丽水市云和县雾溪畲族乡	1	1	1094	1086
丽水市云和县安溪畲族乡	1	1	1177	1412
丽水市遂昌县三仁畲族乡	1	8	2631	3101
丽水市松阳县板桥畲族乡			2205	2976
杭州市桐庐县莪山畲族乡	1	5	5086	2013
温州市平阳县青街畲族乡	1	8	1440	1440
温州市苍南县岱岭畲族乡	1	3	2930	2930
温州市苍南县凤阳畲族乡	1	2	2377	2377
温州市文成县周山畲族乡	2	6	1053	1326
温州市泰顺县竹里畲族乡	1	5	2756	2756
安徽省	**15**	**39**	**35400**	**39707**
淮南市谢家集区孤堆回族乡	1	5	2445	2095
合肥市肥东县牌坊回族满族乡	1	2	19379	19739
滁州市定远县二龙回族乡	4	4	797	797
淮南市凤台县李冲回族乡	1	4	1081	1351
淮南市潘集区古沟回族乡	1	4	935	1105
六安市寿县陶店回族乡	1	3	2686	2686
宣城市宁国市云梯畲族乡	1	6	1893	1883
蚌埠市五河县临北回族乡	4	5	5825	8527
阜阳市颍上县赛涧回族乡	1	6	359	1524
福建省	**31**	**182**	**65571**	**65911**
福州市罗源县霍口畲族乡	2	7	2382	2382
福州市连江县小沧畲族乡	1	2	951	951
宁德市福安市坂中畲族乡	1	10	10297	10297
宁德市福安市康厝畲族乡	3	10	2115	2115
宁德市福安市穆云畲族乡	1	11	3147	3147

农村居民人均可支配收入（元）	普通高中和初中			小学			图书馆
	学校数（个）	在校学生数（人）	教师数（人）	学校数（个）	在校学生数（人）	教师数（人）	（个）
27523	**2**	**403**	**47**	**12**	**1799**	**212**	**32**
34161	1	326	34	2	533	36	
27027				1	136	20	1
29455				1	204	23	
23152				1	53	15	
23005							1
24000				1	124	15	4
21258				1	162	22	6
21220				1	105	17	6
34803				1	220	27	2
26469				1	102	11	4
22739	1	77	13	1	114	15	1
				1	46	11	
21012							6
22000							1
18719	**7**	**2443**	**180**	**30**	**5848**	**526**	**35**
16985	1	705	45	3	641	63	
25528				3	450	109	14
15538	1	11	12	1	101	17	1
16200	1	377	32	4	880	56	7
17200	1	410	19	6	880	74	1
12821	1	141	13	3	573	43	5
20300				1	115	16	6
19010	1	306	24	6	1276	90	
16360	1	493	35	3	932	58	1
19686	**18**	**12400**	**1077**	**53**	**22479**	**1576**	**7**
16257	1	93	22	2	265	33	
16533							
19837	2	4206	288	3	3500	154	1
19325	1	1276	62	1	1051	67	
20555				1	326	31	

9-1(二) 续表 8

民族乡名称	农业技术服务机构个数（个）	农业技术服务机构从业人员数（人）	公共财政收入（万元）	公共财政支出（万元）
宁德市霞浦县盐田畲族乡	1	4	5335	5335
宁德市霞浦县崇儒畲族乡	1	3	5711	5711
宁德市霞浦县水门畲族乡	2	6	3707	3684
宁德市蕉城区金涵畲族乡	3	13	2795	3103
宁德市福鼎市硖门畲族乡	1	4	4849	4845
宁德市福鼎市佳阳畲族乡	1	10	1925	1923
漳州市漳浦县赤岭畲族乡	1	4	1004	1004
漳州市漳浦县湖西畲族乡	1	2	1292	1104
漳州市龙海市隆教畲族乡	2	11	7928	7928
三明市永安市青水畲族乡	3	51	2700	2700
三明市宁化县治平畲族乡	1	6	2414	2442
龙岩市上杭县官庄畲族乡	4	11	2505	2817
龙岩市上杭县庐丰畲族乡	1	11	2085	2075
泉州市惠安县百崎回族乡	1	6	2429	2347
江西省	**12**	**55**	**23753**	**23588**
鹰潭市贵溪樟坪畲族乡	1	4	935	724
上饶市铅山县太源畲族乡	1	3	1820	1820
上饶市铅山县篁碧畲族乡	1	8	1125	1125
吉安市永丰县龙冈畲族乡	6	24	3138	3138
赣州市南康赤土畲族乡	1	9	8508	8508
吉安市青原区东固畲族乡	1	5	3000	3000
抚州市乐安县金竹畲族乡			1870	1916
吉安市峡江县金坪民族乡	1	2	3357	3357
河南省	**40**	**160**	**15473**	**19087**
郑州市荥阳市金寨回族乡	1	12	3113	2956
商丘市民权县伯党回族乡	6	36	428	531
商丘市民权县胡集回族乡	7	38	487	487
平顶山市叶县马庄回族乡	1	4	798	898
平顶山市郏县姚庄回族乡	2	9	628	626
新乡市封丘县荆乡回族乡	1	3	130	815

农村居民人均可支配收入（元）	普通高中和初中			小学			图书馆
	学校数（个）	在校学生数（人）	教师数（人）	学校数（个）	在校学生数（人）	教师数（人）	（个）
20164	1	397	35	3	1065	76	
19224	1	94	29	2	300	40	
18894	1	177	38	1	473	45	1
19930	2	2327	190	2	5674	363	
19960	1	250	25	2	976	60	
19373				1	297	36	
19812	1	501	33	2	839	51	
18890	1	803	64	6	1598	94	
22191	1	556	46	9	1386	118	
25506	1	316	44	1	652	56	1
17126	1	192	26	3	487	43	1
19780	1	602	52	3	1379	103	
18321	1	239	73	8	498	97	
18649	1	371	50	3	1713	109	3
16570	**8**	**2649**	**211**	**36**	**4920**	**430**	**15**
19014	1	22	12	5	95	8	
15526	1	68	10	1	70	31	1
14226	1	70	12	1	183	22	
19386	1	592	34	1	1182	79	1
16730	1	960	68	13	1512	135	2
15228	1	710	52	12	1317	92	
15090	2	227	23	2	327	45	10
15099				1	234	18	1
12863	**9**	**3114**	**316**	**55**	**10872**	**809**	**15**
22360				1	404	30	1
8745	1	457	39	6	1455	106	
	1	410	33	6	1275	80	
9013	1	323	48	6	823	81	1
9645	1	278	17	4	473	25	1
14230	1	232	44	2	398	34	5

9-1(二) 续表 9

民族乡名称	农业技术服务机构个数（个）	农业技术服务机构从业人员数（人）	公共财政收入（万元）	公共财政支出（万元）
许昌市许昌县艾庄回族乡	9	12	1046	1027
许昌市禹州市山货回族乡	1	8	255	977
南阳市镇平县郭庄回族乡	9	18	276	820
南阳市方城县袁店回族乡	1	7	697	2074
驻马店市西平县蔡寨回族乡	1	9	1130	1391
洛阳市瀍河回族区瀍河回族乡	1	4	6485	6485
湖北省	**19**	**90**	**30399**	**34379**
荆门市钟祥市九里回族乡	4	12	713	713
荆州市洪湖市老湾回族乡	4	4	633	633
荆州市松滋市卸甲坪土家族乡	2	6	5065	4574
宜昌市宜都市潘家湾土家族乡	1	9	957	2799
十堰市郧西县湖北口回族乡	1	7	1422	1425
恩施土家族苗族自治州恩施市芭蕉侗族乡	1	22	6926	7452
恩施土家族苗族自治州宣恩县长潭河侗族乡	1	9	4805	6609
恩施土家族苗族自治州宣恩县晓关侗族乡	2	11	5084	5979
神农架林区下谷坪土家族乡	1	1	2138	1539
恩施土家族苗族自治州鹤峰县铁炉白族乡	2	9	2657	2657
湖南省	**104**	**507**	**135372**	**137699**
怀化市辰溪县罗子山瑶族乡	1	3	407	407
怀化市辰溪县苏木溪瑶族乡	1	5	1018	926
怀化市辰溪县上蒲溪瑶族乡	3	5	931	931
怀化市辰溪县后塘瑶族乡	3	4	890	890
怀化市辰溪县仙人湾瑶族乡	1	5	1603	1592
怀化市洪江市深渡苗族乡	1	1	997	997
怀化市洪江市龙船塘瑶族乡	1	4	952	952
怀化市会同县炮团侗族苗族乡	1	7	858	922
怀化市会同县宝田侗族苗族乡	1	5	668	419
怀化市会同县蒲稳侗族苗族乡	1	1	4519	4519
怀化市会同县金子岩侗族苗族乡	1	17	1556	1728
怀化市会同县漠滨侗族苗族乡	1	2	1145	1145

农村居民人均可支配收入（元）	普通高中和初中			小学			图书馆（个）
	学校数（个）	在校学生数（人）	教师数（人）	学校数（个）	在校学生数（人）	教师数（人）	
9880				3	503	56	
18934	1	210	28	2	593	51	6
11412	1	222	29	8	1152	71	
15798	1	826	44	9	2482	166	1
13706	1	156	34	6	855	66	
				2	459	43	
14967	**10**	**3631**	**387**	**37**	**8663**	**679**	**21**
20510	1	190	42	1	296	29	
16697	1	320	43	1	627	37	
17468	1	330	45	3	618	64	
17892	1	156	29	1	202	19	
11480	1	803	41	9	1535	107	18
12860	2	996	99	12	2481	203	1
18795				5	925	59	
13876	1	303	28	1	1059	84	1
10274	1	91	17	2	149	28	1
12480	1	442	43	2	771	49	
10984	**75**	**27201**	**2392**	**295**	**67078**	**4867**	**174**
12791	1	49	15	3	161	21	2
7775				7	557	49	
7085	1	85	14	1	169	17	
6000	1	248	18	3	965	56	14
8900	1	483	35	1	1047	74	
8000	1	70	15	1	161	18	10
11579	1	70	17	1	180	23	
3122	1	280	24	1	448	30	
6636	1	233	16	1	271	24	1
6600	1	215	22	1	408	40	
7560	3	655	77	3	1099	97	
12351	1	364	29	4	853	41	10

9-1(二) 续表 10

民族乡名称	农业技术服务机构个数（个）	农业技术服务机构从业人员数（人）	公共财政收入（万元）	公共财政支出（万元）
怀化市会同县青朗侗族苗族乡	1	2	1385	1479
怀化市沅陵县二酉苗族乡	1	13	4107	4107
怀化市沅陵县火场土家族乡	2	3	993	966
怀化市中方县蒿吉坪瑶族乡	1	4	838	838
怀化市通道侗族自治县大高坪苗族乡	1	5	1721	1641
怀化市新晃侗族自治县步头降苗族乡	3	26	1188	1179
怀化市新晃侗族自治县米贝苗族乡	3	5	367	234
邵阳市绥宁县河口苗族乡	1	12	2549	2549
邵阳市绥宁县麻塘苗族乡	1	10	2465	2252
邵阳市绥宁县东山侗族乡	1	2	2299	2304
邵阳市绥宁县鹅公岭侗族苗族乡	1	1	530	530
邵阳市绥宁县寨市苗族侗族乡	2	13	6358	6305
邵阳市绥宁县乐安铺苗族侗族乡	1	2	1713	1719
邵阳市绥宁县关峡苗族乡	1	17	4545	4619
邵阳市绥宁县长铺子苗族乡	1	11	6931	7310
邵阳市隆回县山界回族乡	1	17	643	443
邵阳市隆回县虎形山瑶族乡	1	9	1557	828
邵阳市洞口县那溪瑶族乡	1	2	467	467
邵阳市洞口县大屋瑶族乡	1	2	261	215
邵阳市洞口县长塘瑶族乡	1	2	511	511
邵阳市新宁县黄金瑶族乡	1	10	951	951
邵阳市新宁县麻林瑶族乡	1	13	1451	1451
永州市蓝山县荆竹瑶族乡	1	3	399	431
永州市蓝山县湘江源瑶族乡	1	2	380	372
永州市蓝山县浆洞瑶族乡	1	2	313	313
永州市蓝山县汇源瑶族乡	2	2	342	342
永州市蓝山县犁头瑶族乡	1	1	346	348
永州市蓝山县大桥瑶族乡	1	2	410	613
永州市江永县松柏瑶族乡	1	8	842	842
永州市江永县千家洞瑶族乡	2	10	322	317

农村居民人均可支配收入（元）	普通高中和初中			小学			图书馆（个）
	学校数（个）	在校学生数（人）	教师数（人）	学校数（个）	在校学生数（人）	教师数（人）	
12000	2	976	98	2	1214	59	
10365	3	646	86	2	927	132	1
10200	1	118	18	1	207	21	
9000	1	73	14	4	89	18	1
7500				2	301	27	5
10580	1	159	19	1	375	26	8
4326	1	281	22	6	790	61	
8980	1	252	32	2	419	61	1
12541				2	481	56	1
12600	1	196	22	1	567	40	1
11000	1	240	23	1	488	37	1
11368				3	901	148	1
10800				2	299	51	1
12796	1	415	35	1	664	61	1
7878				5	4328	294	1
16429	2	1014	61	6	1336	90	17
	1	576	30	9	1740	75	1
11023	1	268	24	9	541	41	1
7820	1	66	11	1	151	10	1
8027	1	110	10	2	194	19	1
	1	343	25	1	689	33	
4560	1	317	23	1	643	30	
15000				1	86	18	1
9850				3	111	15	1
12000				1	148	19	1
9451				2	127	17	2
13682				1	78	13	1
12640				2	721	60	8
5876				4	2574	192	4
6420				2	577	54	1

9-1(二) 续表 11

民族乡名称	农业技术服务机构个数（个）	农业技术服务机构从业人员数（人）	公共财政收入（万元）	公共财政支出（万元）
永州市江永县兰溪瑶族乡	1	4	1740	1740
永州市江永县源口瑶族乡	1	6	670	778
永州市宁远县九疑瑶族乡	4	14	1557	1544
永州市宁远县棉花坪瑶族乡	2	2	414	414
永州市宁远县桐木漯瑶族乡	1	10	500	490
永州市宁远县五龙山瑶族乡	1	3	415	435
永州市道县横岭瑶族乡	1	3	73	105
永州市道县洪塘营瑶族乡	2	2	615	615
永州市道县审章塘瑶族乡	1	5	1040	1040
永州市祁阳县晒北滩瑶族乡	1	1	582	652
永州市新田县门楼下瑶族乡	1	5	988	988
永州市双牌县上梧江瑶族乡	1	3	894	894
永州市江华瑶族自治县小圩壮族乡	1	4	17869	17869
张家界市桑植县刘家坪白族乡	1	4	365	798
张家界市桑植县马合口白族乡	1	5	1530	1185
张家界市桑植县走马坪白族乡	1	7	947	947
张家界市桑植县芙蓉桥白族乡	1	3	1349	1368
张家界市桑植县洪家关白族乡	1	7	2298	2455
张家界市慈利县三官寺土家族乡	1	4	968	2181
张家界市慈利县高峰土家族乡	1	8	565	565
张家界市慈利县金岩土家族乡	1	8	64	1425
张家界市慈利县许家坊土家族乡	1	2	1186	1186
张家界市慈利县阳和土家族乡	1	2	209	1271
张家界市慈利县甘堰土家族乡	1	5	1887	1887
张家界市慈利县赵家岗土家族乡	1	6	1461	1461
郴州市桂阳县白水瑶族乡	1	3	1778	1778
郴州市北湖区保和瑶族乡	1	1	1921	1604
郴州市北湖区仰天湖瑶族乡	1	4	1815	1763
郴州市宜章县莽山瑶族乡	1	1	300	400
郴州市汝城县文明瑶族乡	3	10	4740	4465

农村居民人均可支配收入	普通高中和初中			小学			图书馆
	学校数	在校学生数	教师数	学校数	在校学生数	教师数	
（元）	（个）	（人）	（人）	（个）	（人）	（人）	（个）
8450				3	548	41	1
7763				5	1400	70	1
4918				5	1954	148	30
11936				1	216	24	1
10000				2	389	38	
5000				3	458	53	1
6895				2	678	71	
8634				5	1030	67	
20292				18	2142	154	
10200				1	110	15	1
11660				2	278	28	1
10560				2	118	40	1
11078				9	3188	177	
11400	1	91	14	2	260	17	1
10000	1	503	42	1	102	5	
12533	1	288		6	731		15
10163	1	262	20	2	732	61	
	2	2751	203	6	1031	73	1
10090	1	217	73	11	1320	83	
10981	1	1265	78	5	339	18	
	1	510	39	1	865	54	1
4832	1	544	47	4	954	45	
10680	1	543	40	6	925	52	
7709	2	858	65	11	1392	75	
6973	1	497	45	12	863	58	1
15010	2	451	34	3	627	57	
19016	2	613	24	2	738	28	
22132	3	624	73	3	924	71	
7523	1	526	35	1	347	22	
12000	3	2165	169	21	4474	297	

9-1(二) 续表 12

民族乡名称	农业技术服务机构个数（个）	农业技术服务机构从业人员数（人）	公共财政收入（万元）	公共财政支出（万元）
郴州市汝城县延寿瑶族乡	2	5	3200	2904
郴州市临武县西山瑶族乡	1	5	1261	978
郴州市资兴市回龙山瑶族乡	1	7	1327	1140
郴州市资兴市八面山瑶族乡	1	11	960	960
常德市鼎城区许家桥回族维吾尔族乡	1	5	2220	2220
常德市汉寿县毛家滩回族维吾尔族乡	1	6	1675	1670
常德市桃源县枫树维吾尔族回族乡	1	13	2410	2773
常德市桃源县青林回族维吾尔族乡	2	13	4203	4203
株洲市炎陵县中村瑶族乡	1	17	1600	1600
衡阳市常宁市塔山瑶族乡	1	5	647	647
益阳市桃江县鲊埠回族乡	1	8	2400	2400
广东省	**11**	**27**	**12925**	**11638**
惠州市龙门县蓝田瑶族乡	2	4	485	485
清远市连州市三水瑶族乡	2	2	573	581
清远市连州市瑶安瑶族乡	2	2	1982	1982
清远市阳山县秤架瑶族乡	2	10	1865	1800
肇庆市怀集县下帅壮族瑶族乡	1	6	2025	2025
韶关市始兴县深渡水瑶族乡	1	1	1342	1342
河源市东源县漳溪畲族乡	1	2	4654	3423
广西壮族自治区	**84**	**254**	**118139**	**134531**
梧州市蒙山县长坪瑶族乡	1	2	2207	2548
梧州市蒙山县夏宜瑶族乡	1	3	838	488
贺州市八步区黄洞瑶族乡	1	9	1540	1639
贺州市平桂管理区大平瑶族乡	2	2	2958	2958
贺州市昭平县仙回瑶族乡	1	1	833	833
贺州市钟山县两安瑶族乡	3	4	1751	1726
贺州市钟山县花山瑶族乡	1	4	1509	1532
贵港市平南县马练瑶族乡	2	4	158	5067
贵港市平南县国安瑶族乡	2	6	49	2888
防城港市上思县南屏瑶族乡	1	2	3779	3779

农村居民人均可支配收入（元）	普通高中和初中			小学			图书馆
	学校数（个）	在校学生数（人）	教师数（人）	学校数（个）	在校学生数（人）	教师数（人）	（个）
10533	2	963	86	2	1741	91	
10149				3	433	40	
23164	1	179	17	2	258	30	
22082	1	153	19	2	367	45	15
18750	2	580	85	2	1153	71	1
17641	1	400	33	2	1075	70	1
15478	1	789	70	3	1590	83	
15432	2	601	66	6	1396	99	1
8232	3	313	39	3	582	39	
17319	1	270	23	5	430	43	
35000	2	1443	118	3	835	46	
18091	**5**	**1335**	**157**	**11**	**2973**	**263**	**5**
20294	1	289	38	1	548	45	1
12923				1	169	20	
13500	1	320	42	1	380	42	1
19163	1	247	22	1	631	39	
22637	1	326	23	1	678	40	1
16531				1	96	17	1
17936	1	153	32	5	471	60	1
10490	**40**	**24608**	**4072**	**386**	**72652**	**5858**	**98**
9936				1	337	39	1
3974				1	55	12	1
14713				3	445	33	
8763	1	265	23	5	922	67	
				1	1080	56	
13625	1	576	38	11	1435	82	1
12527	1	524	30	7	446	34	
12660	1	848	62	3	2117	129	
9800	1	441	31	4	1036	68	
14202				4	714	105	

9-1(二) 续表 13

民族乡名称	农业技术服务机构个数（个）	农业技术服务机构从业人员数（人）	公共财政收入（万元）	公共财政支出（万元）
防城港市防城区十万山瑶族乡	1	2	1610	1610
南宁市马山县古寨瑶族乡	1	10	9260	9259
南宁市马山县里当瑶族乡	1	8	10410	9639
南宁市上林县镇圩瑶族乡	1	10	4058	4254
柳州市三江侗族自治县同乐苗族乡	1	3	3963	3963
柳州市三江侗族自治县福禄苗族乡	1	3	2901	2901
柳州市三江侗族自治县高基瑶族乡	1	2	1880	1880
柳州市融水苗族自治县滚贝侗族乡	1	2	165	1749
柳州市融水苗族自治县同练瑶族乡	1	2	1766	1749
柳州市柳城县古砦仫佬族乡	3	13	5582	5582
桂林市临桂县宛田瑶族乡	1	4	2961	2961
桂林市临桂县黄沙瑶族乡	1	5	2006	2006
桂林市灵川县大境瑶族乡	1	1	1413	1413
桂林市灵川县兰田瑶族乡	4	11	1199	1199
桂林市全州县蕉江瑶族乡	2	5	816	816
桂林市全州县东山瑶族乡	2	6	1550	1550
桂林市兴安县华江瑶族乡	1	5	1067	1067
桂林市灌阳县洞井瑶族乡	1	2	354	341
桂林市灌阳县西山瑶族乡	1	1	1131	1131
桂林市资源县车田苗族乡	1	4	3475	3154
桂林市资源县两水苗族乡	1	6	579	657
桂林市资源县河口瑶族乡	1	2	976	912
桂林市平乐县大发瑶族乡	1	5	2485	2485
桂林市荔浦县蒲芦瑶族乡	1	6	1456	1348
桂林市雁山区草坪回族乡	1	5	630	606
百色市右江区汪甸瑶族乡	1	1	3050	2940
百色市田东县作登瑶族乡	1	10	4317	4317
百色市田林县潞城瑶族乡	1	2	630	630
百色市田林县利周瑶族乡	1	3	4175	4082
百色市田林县八桂瑶族乡	1	2	1035	1035

农村居民人均可支配收入	普通高中和初中			小学			图书馆
	学校数	在校学生数	教师数	学校数	在校学生数	教师数	
（元）	（个）	（人）	（人）	（个）	（人）	（人）	（个）
6102				5	1036	52	
11844	1	698	51	9	1288	76	1
12851	1	452	23	8	1054	60	
	1	833	49	7	1848	107	
9485	1	1251	87	27	4260	278	
14698	1	1206	82	15	4859	192	1
15000				1	295	39	1
6000				6	643	47	
6000				1	520	51	
14870	1	628	61	11	1322	103	1
12900				4	1540	120	8
7617				2	113	16	
7868	1	268	28	4	329	35	1
	1	102	13	1	198	31	1
17759	1	356	29	9	812	74	8
8563	1	1097	66	23	1912	102	
21273	1	96	12	1	359	35	
8600	1	277	21	1	605	66	1
6829	1	339	22	16	586	71	
9968	1	889	67	2	1894	115	12
13327				7	291	30	1
8712				3	151	19	6
11531	1	285	25	9	656	77	
14789				11	400	50	10
9920				1	308	36	
13000	1	885	58	6	1421	139	
9067				9	1657	143	21
	1	1202	96	3	1273	110	
	1	550	52	1	584	86	
	1	713	63	2	651	67	

9-1(二) 续表 14

民族乡名称	农业技术服务机构个数（个）	农业技术服务机构从业人员数（人）	公共财政收入（万元）	公共财政支出（万元）
百色市田林县八渡瑶族乡	1	2	1711	1711
百色市凌云县伶站瑶族乡	4	7	700	700
百色市凌云县朝里瑶族乡	1	2	147	160
百色市凌云县沙里瑶族乡	1	2	2697	2305
百色市凌云县玉洪瑶族乡	1	2	1445	1445
百色市西林县足别瑶族苗族乡	1	3	1745	1754
百色市西林县普合苗族乡	1	2	1651	1806
百色市西林县那佐苗族乡	4	12	3298	3154
河池市南丹县八圩瑶族乡	1	3	269	2319
河池市南丹县里湖瑶族乡	1	4	82	2346
河池市南丹县中堡苗族乡	2	4	305	651
河池市天峨县八腊瑶族乡	1	10	2580	2580
河池市凤山县平乐瑶族乡	1	4	910	556
河池市凤山县江洲瑶族乡	1	3	809	809
河池市凤山县金牙瑶族乡	1	4	2576	2576
河池市东兰县三弄瑶族乡	5	5	1512	1512
河池市环江毛南族自治县驯乐苗族乡	1	3	3125	3699
河池市宜州市北牙瑶族乡	2	2	39	2153
河池市宜州市福龙瑶族乡	2	2	17	1601
重庆市	**14**	**93**	**31139**	**31458**
奉节县云雾土家族乡	1	4	585	585
奉节县长安土家族乡	1	7	2800	2800
奉节县龙桥土家族乡	1	5	3300	3300
奉节县太和土家族乡	1	7	2459	2459
万州区恒合土家族乡	1	6	173	173
万州区地宝土家族乡	1	5	1893	1893
云阳县清水土家族乡	1	14	3970	3970
巫山县红椿土家族乡	1	4	2274	2253
巫山县邓家土家族乡	1	2	2270	2270
忠县磨子土家族乡	1	12	2412	2412

农村居民人均可支配收入（元）	普通高中和初中			小学			图书馆
	学校数（个）	在校学生数（人）	教师数（人）	学校数（个）	在校学生数（人）	教师数（人）	（个）
	1	954	69	3	677	67	
11530	1	595	43	9	1749	129	
10601	1	432	42	3	42	819	1
10601	1	692	41	8	1567	76	
11000	1	480	35	5	1155	79	
12233				1	369	29	6
				1	477	47	
	1	518	45	5	1418	103	
8953	1	1394	76	14	4613	218	1
4000	1	830	45	13	4480	225	
9503				6	589	37	
8406				7	742	90	
9500	1	657	46	10	1998	125	12
5800	1	555	38	8	1287	93	1
4386	2	843	64	21	1639	163	
6500				1	243	22	
9907	1	556	53	5	1669	105	1
9810	2	124	2310	14	4265	242	
9679	1	1197	76	7	2221	137	
13969	**2**	**781**	**79**	**24**	**5998**	**581**	**7**
13635				1	218	17	
12970	1	47	12	3	485	68	
13871				3	453	39	
13200				2	679	54	
13772	1	734	67	2	953	72	1
14186				1	407	30	
12000				2	1195	90	
13071				1	225	21	1
11794				2	151	19	1
14733				1	259	40	1

9-1(二) 续表 15

民族乡名称	农业技术服务机构个数（个）	农业技术服务机构从业人员数（人）	公共财政收入（万元）	公共财政支出（万元）
武隆区石桥苗族土家族乡	2	17	3101	3230
武隆区文复苗族土家族乡	1	4	1482	1908
武隆区后坪苗族土家族乡			2785	2569
武隆区浩口苗族仡佬族乡	1	6	1637	1637
四川省	**103**	**361**	**83417**	**94551**
甘孜藏族自治州九龙县子耳彝族乡	2	4	1739	1738
甘孜藏族自治州九龙县小金彝族乡	2	4	452	452
甘孜藏族自治州九龙县朵落彝族乡	2	3	469	469
阿坝藏族羌族自治州松潘县十里回族乡	1	7	702	687
攀枝花市仁和区大龙潭彝族乡	1	1	1360	14347
攀枝花市仁和区啊喇彝族乡	1	3	2061	2128
攀枝花市米易县麻陇彝族乡	2	2	1076	1076
攀枝花市米易县白坡彝族乡				234
攀枝花市米易县湾丘彝族乡	1	6	1378	1343
攀枝花市米易县新山傈僳族乡	1	4	1534	1534
攀枝花市盐边县红果彝族乡	1	2	1347	1365
攀枝花市盐边县温泉彝族乡	1	2	1023	1023
攀枝花市盐边县格萨拉彝族乡	1	4	1196	1248
攀枝花市盐边县红宝苗族彝族乡	2	4	799	799
泸州市叙永县白蜡苗族乡	1	4	1396	1396
泸州市叙永县合乐苗族乡	1	3	1114	1114
泸州市叙永县枧槽苗族乡	1	7	1138	1138
泸州市叙永县石厢子彝族乡	1	2	3221	3221
泸州市叙永县水潦彝族乡	1	5	2646	2607
泸州市古蔺县箭竹苗族乡	1	7	1748	1748
泸州市古蔺县大寨苗族乡	1	2	1094	1094
泸州市古蔺县马嘶苗族乡	1	5	304	304
广元市青川县蒿溪回族乡	3	5	623	518
广元市青川县大院回族乡	1	1	623	622
乐山市金口河区和平彝族乡	1	4	974	1066

农村居民人均可支配收入（元）	普通高中和初中			小学			图书馆（个）
	学校数（个）	在校学生数（人）	教师数（人）	学校数（个）	在校学生数（人）	教师数（人）	
16625				2	287	45	1
16607				1	158	25	
15066				2	241	30	1
15433				1	287	31	1
15161	**31**	**14698**	**1066**	**160**	**39643**	**2966**	**111**
12562				1	111	11	1
11510				1	145	8	1
8624				1	79	10	1
16956				1	234	35	
20931				1	673	53	1
20334				1	374	30	7
19440				1	276	22	
22554				1	277	29	7
23500	1	608	63	1	937	68	7
19938				1	258	26	1
17336				1	384	50	1
16890				2	725	62	1
17354				2	201	26	
16525				1	36	14	1
10403	3	896	58	7	1306	67	
9567	1	280	18	2	490	23	1
12385	1	582	23	6	1220	72	1
11635	1	279	21	3	630	40	
11538	2	1103	80	2	1826	103	1
16411	1	459	25	4	606	33	9
18119	1	219	17	2	480	29	
13459	2	476	32	4	998	86	
14113	1	103	18	1	117	21	
12781		85	15	1	204	28	
14561				2	393	44	

9-1(二) 续表 16

民族乡名称	农业技术服务机构个数（个）	农业技术服务机构从业人员数（人）	公共财政收入（万元）	公共财政支出（万元）
乐山市金口河区共安彝族乡	1	3	1266	1504
南充市阆中市博树回族乡	2	6	636	636
宜宾市筠连县高坪苗族乡	1	4	217	214
宜宾市筠连县联合苗族乡	1	4	1082	1110
宜宾市筠连县团林苗族乡	1	4	442	401
宜宾市屏山县屏边彝族乡	1	7	1370	1228
宜宾市屏山县清平彝族乡	1	3	1149	1023
宜宾市兴文县大坝苗族乡	1	12	3160	2533
宜宾市兴文县大河苗族乡	1	14	2951	2614
宜宾市兴文县麒麟苗族乡	1	6	2532	2319
宜宾市兴文县仙峰苗族乡	6	34	2138	1231
宜宾市珙县罗渡苗族乡	1	3	847	937
宜宾市珙县玉和苗族乡	1	5	569	632
宜宾市珙县观斗苗族乡	1	3	850	839
雅安市汉源县小堡藏族彝族乡	1	4	291	291
雅安市汉源县坭美彝族乡	1	3	271	125
雅安市汉源县永利彝族乡			450	450
雅安市汉源县顺河彝族乡	1	4		
雅安市汉源县片马彝族乡	1	6	341	341
雅安市石棉县蟹螺藏族乡	1	4	1643	1650
雅安市石棉县栗子坪彝族乡	1	3	800	800
雅安市石棉县新民藏族彝族乡			1320	1328
雅安市石棉县草科藏族乡	1	4	1121	1109
雅安市宝兴县跷碛藏族乡	1	7	2453	2453
雅安市荥经县宝峰彝族民族乡	1	2	144	132
雅安市荥经县民建彝族民族乡	1	5	447	500
雅安市石棉县王岗坪彝族藏族乡	1	4	390	390
凉山彝族自治州西昌市高草回族乡	1	2	1439	1439
凉山彝族自治州西昌市裕隆回族乡	10	12	3195	2542
凉山彝族自治州木里藏族自治县屋脚蒙古族乡	1	2	35	28

农村居民人均可支配收入（元）	普通高中和初中			小学			图书馆（个）
	学校数（个）	在校学生数（人）	教师数（人）	学校数（个）	在校学生数（人）	教师数（人）	
14156				2	450	45	
18200				1	130	29	1
16880	1	287	21	2	728	34	
13681	1	415	28	4	903	12	
18071	1	226	16	6	468	28	
13818	1	465	22	1	970	70	1
14225	1	266	22	5	687	42	
15532	1	2202	102	2	2317	146	18
18000	1	1512	110	3	2278	161	
16377	2	900	88	2	1228	94	1
16118	1	155	13	7	705	93	1
17263				6	1167	65	6
16499	1	184	16	3	723	32	
14112				2	712	32	
10600				1	167	14	1
27531				1	162	11	3
18215				1	58	11	
9133				1	65	15	
13800				2	155	15	
12414				2	134	26	
5410				1	368	34	1
12764				1	584	27	
11768				1	125	14	
15187				2	424	43	
16174	1	90	16	1	120	25	4
11055				1	129	12	1
16123				1	317	22	1
21638				1	811	50	1
16429	1	1044	66	3	1532	64	9
5400				1	320	17	1

9-1(二) 续表 17

民族乡名称	农业技术服务机构个数（个）	农业技术服务机构从业人员数（人）	公共财政收入（万元）	公共财政支出（万元）
凉山彝族自治州木里藏族自治县俄亚纳西族乡			875	875
凉山彝族自治州木里藏族自治县白碉苗族乡			2011	1189
凉山彝族自治州木里藏族自治县项脚蒙古族乡	1	3	907	1018
凉山彝族自治州木里藏族自治县固增苗族乡	1	4	180	180
凉山彝族自治州盐源县大坡蒙古族乡	1	5		
凉山彝族自治州德昌县金沙傈僳族乡	1	3	1125	1125
凉山彝族自治州德昌县南山傈僳族乡	3	12	894	894
凉山彝族自治州会理县新安傣族乡	1	3	678	551
凉山彝族自治州冕宁县和爱藏族乡	3	10	596	771
凉山彝族自治州越西县保安藏族乡	3	3	568	489
绵阳市平武县木皮藏族乡	1		259	122
绵阳市平武县木座藏族乡	1	2	327	327
绵阳市平武县白马藏族乡	1	2	189	789
绵阳市平武县黄羊关藏族乡	1	1	905	905
绵阳市平武县虎牙藏族乡				
绵阳市平武县泗耳藏族乡			283	273
绵阳市平武县锁江羌族乡	1	5	770	770
绵阳市平武县旧堡羌族乡			393	393
绵阳市平武县阔达藏族乡	1	2	292	292
绵阳市平武县土城藏族乡	1	1	644	774
绵阳市平武县平通羌族乡	1	6	775	1304
绵阳市平武县豆叩羌族乡	1	4	1254	1514
绵阳市盐亭县大兴回族乡	1	8	1182	1182
绵阳市北川羌族自治县桃龙藏族乡	1	1	669	669
达州市宣汉渡口土家族乡	1	2	870	870
达州市宣汉龙泉土家族乡	1	4	734	734
达州市宣汉三墩土家族乡	1	7	1076	1076
达州市宣汉漆树土家族乡	1	12	1399	1399
贵州省	**232**	**1729**	**470201**	**389155**
贵阳市南明区小碧布依族苗族乡	1	2	65100	4159

农村居民人均可支配收入（元）	普通高中和初中			小学			图书馆
	学校数（个）	在校学生数（人）	教师数（人）	学校数（个）	在校学生数（人）	教师数（人）	（个）
12000				1	463	24	7
11092				1	634	51	
11237				1	180	20	4
7800				1	231	20	1
6130				1	81	11	
19901				1	456	32	
13600				1	177	17	1
18000				2	430	27	
8300				1	148	13	
				2	313	18	
23913							
13050				1			
14869							
13254							1
				1	57	6	
13042							
12929				3	214	38	
17435				1	42	10	1
				1	134	16	5
13148				1	47	12	
14517	1	665	87	2	348	55	
13568				1	222	28	
15960				2	188	50	
20234				1	24	10	
22010				1	538	42	
14128	1	298	22	12	423	61	
14693	1	644	45	2	1097	55	
11992	1	255	22	2	1279	77	
10663	**239**	**131053**	**11571**	**1155**	**306469**	**21987**	**358**
	4	2461	167	5	2662	162	

9-1(二) 续表 18

民族乡名称	农业技术服务机构个数（个）	农业技术服务机构从业人员数（人）	公共财政收入（万元）	公共财政支出（万元）
贵阳市花溪区高坡苗族乡	1	8	330	2040
贵阳市花溪区孟关苗族布依族乡	1	12	11932	2294
贵阳市花溪区马铃布依族苗族乡	1	5	850	2583
贵阳市花溪区黔陶布依族苗族乡	1	6	389	1710
贵阳市乌当区偏坡布依族乡	1	7	1391	1391
贵阳市乌当区新堡布依族乡	1	7	2428	2428
贵阳市白云区牛场布依族乡	1	6	3223	3842
贵阳市白云区都拉布依族乡	1	10	2249	2249
贵阳市清镇市麦格苗族布依族乡	1	16	1832	2971
贵阳市清镇市王庄布依族苗族乡	1	5	2912	2980
贵阳市清镇市流长苗族乡	1	7	920	1960
贵阳市开阳县高寨苗族布依族乡	1	15	642	1487
贵阳市开阳县南江布依族苗族乡	3	12	1144	1670
贵阳市开阳县禾丰布依族苗族乡	1	7	1052	2566
贵阳市修文县大石布依族乡	3	15	26	2093
贵阳市息烽县青山苗族乡	1	3	741	741
六盘水市水城县坪寨彝族乡	1	4	1083	1291
六盘水市水城县南开苗族彝族乡	3	7	1996	1377
六盘水市水城县青林苗族彝族乡	1	7	1015	1015
六盘水市水城县金盆苗族彝族乡	1	7	466	1098
六盘水市水城县新街彝族苗族布依族乡	1	4	1337	1337
六盘水市水城县杨梅彝族苗族回族乡	1	5	1703	1703
六盘水市水城县野钟苗族彝族布依族乡	1	4	785	785
六盘水市水城县果布嘎彝族苗族布依族乡	1	6	243	1355
六盘水市水城县龙场苗族白族彝族乡	1	6	1669	1669
六盘水市水城县营盘苗族彝族白族乡	1	4	1617	1822
六盘水市水城县顺场苗族彝族布依族乡	1	3	1520	1520
六盘水市水城县花戛苗族布依族彝族乡	1	3	1700	1700
六盘水市水城县猴场苗族布依族乡	3	11	1551	1551
六盘水市盘县普田回族乡	1	6	1623	1610

农村居民人均可支配收入（元）	普通高中和初中			小学			图书馆
	学校数（个）	在校学生数（人）	教师数（人）	学校数（个）	在校学生数（人）	教师数（人）	（个）
15775	1	785	47	6	3646	123	1
21892	5	2903	215	7	3584	226	1
13486				3	632	49	1
19342				5	788	50	
20350	1	50	11	1	99	13	
22360	1	115	17	4	328	29	8
20428	1	517	40	2	1182	69	
18600				2	974	5	1
16983	1	612	37	7	1821	35	
32189	5	508	44	3	1758	55	1
17163	1	1239	74	9	4051	200	
17973				4	1169	108	1
14600	1	1100	45	1	2700	50	1
17524	1	284	38	1	763	48	
12521	1	260	27	1	670	43	
14560	1	193	19	1	29	484	1
10526	1	222	21	4	682	48	
11748	2	1342	97	36	3590	205	15
10903	1	719	56	6	1693	99	
10816	2	986	77	5	3322	147	
10600	1	208	21	1	710	32	
1012	1	410	37	6	829	35	
8532	1	675	38	5	1539	79	1
9860	1	414	31	3	1260	64	
9580	1	1368	86	5	2426	112	
11000	1	385	31	4	1669	85	
11000				5	1749	132	
9000	1	1050	46	4	1005	74	1
9870	1	653	43	5	1575	86	
11246	1	212	26	5	539	46	1

9-1(二) 续表 19

民族乡名称	农业技术服务机构个数 (个)	农业技术服务机构从业人员数 (人)	公共财政收入 (万元)	公共财政支出 (万元)
六盘水市盘县旧营白族彝族苗族乡	1	14	2090	2090
六盘水市盘县羊场布依族白族苗族乡	1	8	4368	4378
六盘水市盘县保基苗族彝族乡	1	14	1582	1582
六盘水市盘县淤泥彝族乡	1	22	4450	5710
六盘水市盘县普古彝族苗族乡	1	25	2258	2259
六盘水市盘县坪地彝族乡	1	19	2592	2592
六盘水市六枝特区梭戛苗族彝族乡	3	17	339	1210
六盘水市六枝特区落别布依族彝族乡	1	27	1168	1746
六盘水市六枝特区中寨苗族彝族布依族乡	1	22	5887	5857
六盘水市六枝特区牛场苗族彝族乡	2	5	490	1100
六盘水市六枝特区月亮河彝族苗族乡	1	16	1764	1848
遵义市仁怀市后山苗族布依族乡	4	16	3207	3207
遵义市遵义县平正仡佬族乡	1	27	4185	4185
遵义市遵义县洪关苗族乡	1	15	1309	1309
遵义市桐梓县马鬃苗族乡	2	21	8931	2679
遵义市正安县谢坝仡佬族苗族乡	1	12	1565	1020
遵义市正安县市坪苗族仡佬族乡	1	2	889	829
遵义市余庆县花山苗族乡	1	7	1420	1420
遵义市道真仡佬族苗族自治县上坝土家族乡	4	12	1771	1682
安顺市西秀区鸡场布依族苗族乡	2	60	1832	1832
安顺市西秀区杨武布依族苗族乡	1	19	2239	2239
安顺市西秀区岩腊苗族布依族乡	1	11	1622	1622
安顺市西秀区新场布依族苗族乡	1	9	1543	1543
安顺市西秀区黄腊布依族苗族乡	1	6	2349	2349
安顺市平坝县十字回族乡	1	13	2596	2034
安顺市平坝县羊昌布依族苗族乡	1	11	1419	1386
安顺市普定县补郎苗族乡	1	8	1780	1780
安顺市普定县猴场苗族仡佬族乡	1	4	384	384
安顺市普定县猫洞苗族仡佬族乡	1	6	2895	3060
毕节市七星关区大屯彝族乡	1	4	1761	1958

农村居民人均可支配收入（元）	普通高中和初中			小学			图书馆
	学校数（个）	在校学生数（人）	教师数（人）	学校数（个）	在校学生数（人）	教师数（人）	（个）
11606	1	426	32	5	1452	105	12
11965	1	946	68	6	2881	125	
11390	1	1317	53	2	447	27	3
13232	1	864	53	7	3331	147	
11481	1	705	49	4	1387	92	22
11429	1	464	47	8	2181	160	
10310	1	1032	66	8	2998	116	1
11922	1	511	31	8	2717	200	
8752	3	944	47	9	2642	144	1
9941	1	653	49	4	1946	124	5
10022	2	707	48	6	1624	95	1
12567	1	353	45	1	987	67	
11995	1	504	38	4	1228	86	
12298	2	423	54	3	607	52	
8210	1	102	14	5	342	35	10
10398	1	289	40	3	582	50	7
14000	1	400	40	4	1257	110	
13675	1	341	31	4	633	63	1
10586	2	3987	273	3	3456	215	
10950	1	1097	85	2	2044	92	
12136	1	835	51	6	1666	100	12
9753	1	658	45	5	1459	63	
9988	1	488	37	3	707	64	
13246	1	223	42	2	587	67	1
20060	2	1264	106	13	164	2883	
18873	3	1258	101	8	1650	107	1
10135	1	985	54	6	2251	268	1
9740	1	787	62	10	1769	109	
8957	1	932	106	16	1786	235	1
11045	1	715	51	6	1287	67	1

9-1(二) 续表 20

民族乡名称	农业技术服务机构个数（个）	农业技术服务机构从业人员数（人）	公共财政收入（万元）	公共财政支出（万元）
毕节市七星关区田坎彝族乡	1	5	2032	2032
毕节市七星关区阿市苗族彝族乡	1	8	2086	2086
毕节市七星关区团结彝族苗族乡	1	7	2817	2817
毕节市七星关区阴底彝族苗族白族乡	1	11	3595	3595
毕节市七星关区千溪彝族苗族白族乡	1	10	1074	1074
毕节市黔西县永燊彝族苗族乡	1	6	1824	1824
毕节市黔西县新仁苗族乡	1	7	1374	1374
毕节市黔西县花溪彝族苗族乡	1	4	1469	1502
毕节市黔西县中建苗族彝族乡	1	5	1081	1081
毕节市黔西县定新彝族苗族乡	1	4	1661	1661
毕节市黔西县太来彝族苗族乡	1	6	1674	1552
毕节市黔西县绿化白族彝族乡	1	7	2119	2119
毕节市黔西县红林彝族苗族乡	1	6	1819	1552
毕节市黔西县五里布依族苗族乡	2	10	650	733
毕节市黔西县铁石苗族彝族乡	1	8	1737	1737
毕节市大方县竹园彝族苗族乡	1	12	2700	2450
毕节市大方县响水白族彝族仡佬族乡	1	19	4567	2168
毕节市大方县鼎新彝族苗族乡	1	10	4533	4039
毕节市大方县牛场苗族彝族乡	1	5	1358	1028
毕节市大方县理化苗族彝族乡	1	12	2416	3550
毕节市大方县安乐彝族仡佬族乡	1	4	2375	1488
毕节市大方县风山彝族蒙古族乡	1	3	2346	1353
毕节市大方县百纳彝族乡	1	3	1196	1196
毕节市大方县三元彝族苗族白族乡	1	3	2500	1570
毕节市大方县沙厂彝族乡	2	24	1504	1433
毕节市大方县黄泥彝族苗族满族乡	1	3	1969	1746
毕节市大方县核桃彝族白族乡	1	4	2495	2633
毕节市大方县八堡彝族苗族乡	1	8	2492	2377
毕节市大方县兴隆苗族乡	1	8	2451	1633
毕节市大方县大山苗族彝族乡	1	8	1725	1725

农村居民人均可支配收入（元）	普通高中和初中			小学			图书馆（个）
	学校数（个）	在校学生数（人）	教师数（人）	学校数（个）	在校学生数（人）	教师数（人）	
10117	1	236	22	4	832	80	
11100	1	500	43	5	1505	127	
10378	1	583	55	8	2006	147	1
9120	1	1332	87	14	3652	220	1
9152	1	789	66	5	1579	139	
8897	1	462	31	5	1134	65	
11500	1	594	62	7	1821	92	
9543	1	421	26	9	968	59	
10000	1	332	24	5	676	35	
8310	1	415	35	13	1112	96	1
10280	1	734	50	10	2631	142	14
12072	1	565	39	3	1087	87	
9870	1	422	28	7	1538	80	
11547	1	689	48	9	1758	89	
8500	1	870	66	7	1040	65	1
12000	1	555	47	11	2350	184	
7700	2	1365	88	1	1064	36	
10423	2	2717	173	13	4780	189	
9450	2	522	75	12	5562	280	1
11335	1	1902	80	11	3938	167	1
8536	8	2294	147	6	1060	69	
9987	1	1004	48	3	1535	47	1
6708	2	858	34	5	2205	105	
9800	1	400	30	8	1690	98	13
11236	1	429	42	4	1210	69	
11000	1	141	20	4	689	46	
9540	1	1013	65	10	2763	163	10
9893	1	892	67	8	2633	191	1
10125	2	1035	72	11	3012	142	1
9679	1	1405	70	7	1970	100	

9-1(二) 续表 21

民族乡名称	农业技术服务机构个数(个)	农业技术服务机构从业人员数(人)	公共财政收入(万元)	公共财政支出(万元)
毕节市大方县星宿苗族彝族仡佬族乡	2	5	2219	1888
毕节市织金县自强苗族乡	1	5	485	461
毕节市织金县官寨苗族乡	1	1	2209	714
毕节市织金县后寨苗族乡	1	3	4129	3046
毕节市织金县大平苗族彝族乡	2	5	495	495
毕节市织金县茶店布依族苗族彝族乡	1	4	1606	1413
毕节市织金县金龙苗族彝族布依族乡	1	3	1738	1865
毕节市织金县鸡场苗族彝族布依族乡	1	18	1669	1589
毕节市金沙县太平彝族苗族乡	1	5	150	150
毕节市金沙县石场苗族彝族乡	1	6	2161	2161
毕节市金沙县马路彝族苗族乡	1	7	1342	1404
毕节市金沙县安洛苗族彝族满族乡	1	10	280	264
毕节市金沙县新化苗族彝族满族乡	1	5	5948	6135
毕节市金沙县大田彝族苗族布依族乡	1	5	1350	1330
毕节市赫章县兴发苗族彝族回族乡			4237	1967
毕节市赫章县松林坡白族彝族苗族乡	1	9	2614	2614
毕节市赫章县雉街彝族苗族乡	1	3	2495	2847
毕节市赫章县珠市彝族乡	1	10	3904	2410
毕节市赫章县双坪彝族苗族乡	1	11	2803	2803
毕节市赫章县辅处彝族苗族乡	1	6	2195	2185
毕节市赫章县铁匠苗族乡	1	11	3070	3070
毕节市赫章县可乐彝族苗族乡	2	8	2469	2469
毕节市赫章县河镇彝族苗族乡	1	7	492	492
毕节市赫章县结构彝族苗族乡	1	8	1711	1711
毕节市赫章县水塘堡彝族苗族乡	1	8	1760	1760
毕节市赫章县古达苗族彝族乡	1	6	2456	2456
毕节市纳雍县厍东关彝族苗族白族乡	1	9	1792	1792
毕节市纳雍县董地苗族彝族乡	2	6	3064	2453
毕节市纳雍县左鸠戛彝族苗族乡	1	11	132	132
毕节市纳雍县锅圈岩苗族彝族乡	1	20	1441	1441

农村居民人均可支配收入	普通高中和初中			小学			图书馆
	学校数	在校学生数	教师数	学校数	在校学生数	教师数	
（元）	（个）	（人）	（人）	（个）	（人）	（人）	（个）
9655	1	476	35	6	1536	87	
9576	1	254	17	4	925	57	
9120	1	906	52	10	2290	103	
9050	1	898	56	6	3198	110	1
10121	1	615	43	9	2030	85	14
8500	1	836	64	6	2500	116	
10350	1	1446	93	11	3236	150	
8720	1	1398	100	15	4222	160	1
7962	1	715	45	1	1117	85	1
8720	15	859	66	3	2033	136	12
8500	1	298	27	5	777	65	
11200	1	769	38	7	1863	108	
11000	1	1028	72	4	2188	138	1
8010	1	495	50	4	750	35	1
11510	1	1007	64	4	2920	165	
9114	2	1063	66	4	2647	152	
9700	1	485	35	6	1662	36	
10025	2	89	1679	10	3088	135	
11235	1	1846	139	10	4306	238	
9800	1	650	44	7	1357	69	10
9140	1	952	67	6	1760	115	
10800	1	1243	120	6	3813	201	20
9536	1	1521	87	7	3477	173	
8705	1	449	34	2	1740	142	9
10872	2	1565	115	2	2326	120	4
9757	2	1160	80	8	2831	145	
12250	1	699	52	16	2981	176	
10474	1	1200	84	9	2928	242	
8563	1	417	54	6	1134	93	
8541	1	602	50	7	3243	248	

9−1(二) 续表 22

民族乡名称	农业技术服务机构个数（个）	农业技术服务机构从业人员数（人）	公共财政收入（万元）	公共财政支出（万元）
毕节市纳雍县新房彝族苗族乡	1	5	1932	1932
毕节市纳雍县化作苗族彝族乡	1	6	1490	1490
毕节市纳雍县姑开苗族彝族乡	1	5	1100	1100
毕节市纳雍县羊场苗族彝族乡	1	14	1805	1805
毕节市纳雍县昆寨苗族彝族白族乡	1	5	1763	821
毕节市纳雍县猪场苗族彝族乡	1	7	1279	1279
毕节市威宁彝族回族苗族自治县新发布依族乡	1	10	3097	2849
毕节市大方县大水彝族苗族布依族乡	1	2	1577	1355
毕节市黔西县金坡苗族彝族满族乡	1	3	1431	1431
毕节市大方县普底彝族苗族白族乡	1	2	1566	1566
毕节市黔西县仁和彝族苗族乡	1	7	2799	1517
铜仁市碧江区桐木坪侗族乡	2	3	2095	2095
铜仁市碧江区瓦屋侗族乡	1	6	1220	1220
铜仁市碧江区和平土家族侗族乡	1	13	2559	2559
铜仁市碧江区滑石侗族苗族土家族乡	5	20	1519	1519
铜仁市碧江区六龙山侗族土家族乡	1	8	1284	1265
铜仁市万山区高楼坪侗族乡	1	8	3293	3293
铜仁市万山区黄道侗族乡	1	3	2588	2588
铜仁市万山区敖寨侗族乡	1	6	2142	2142
铜仁市万山区下溪侗族乡	1	3	2844	2844
铜仁市万山区鱼塘侗族土家族苗族乡	1	5	1612	1612
铜仁市万山区大坪侗族土家族苗族乡	1	12	1513	1513
铜仁市德江县楠杆土家族乡	3	12	2433	2333
铜仁市德江县沙溪土家族乡	1	6	2635	2748
铜仁市德江县桶井土家族乡	3	16	2016	2016
铜仁市德江县堰塘土家族乡	1	12	2925	2925
铜仁市德江县荆角土家族乡	1	19	2380	2380
铜仁市德江县长丰土家族乡	1	11	2042	3031
铜仁市德江县龙泉土家族乡	1	6	1970	2204
铜仁市德江县钱家土家族乡	5	10	2527	2527

农村居民人均可支配收入（元）	普通高中和初中			小学			图书馆
	学校数（个）	在校学生数（人）	教师数（人）	学校数（个）	在校学生数（人）	教师数（人）	（个）
9631	2	1387	105	7	3997	187	
9824	1	1630	102	10	3476	178	
8450	3	2886	147	8	3168	206	1
9546	2	354	43	15	4523	234	
10086	2	802	62	10	3152	192	
10225	1	958	68	9	1906	128	1
9236	2	1566	105	18	3433	174	
12292	1	120	15	4	909	60	
11434	1	159	19	8	1616	103	
12731	1	471	43	3	1661	75	
8400	1	724	50	9	1364	92	
9000	1	193	32	6	313	52	
15273	1	251	30	1	557	33	
14278	1	396	35	10	908	78	
11349	1	207	26	6	589	57	
5800				2	51	19	
9850	1	465	49	6	732	48	14
10651	1	423	36	8	910	62	
11458	1	115	22	5	354	40	7
8220	7	616	89	5	444	63	8
10898	1	845	72	11	635	112	1
10520	1	775	69	11	1367	109	
9320	1	622	53	3	599	65	
12580	1	210	38	3	503	72	4
8732	1	629	73	4	977	117	
8165	1	280	35	6	680	83	14
10683	1	412	38	4	674	55	
10827	1	561	55	5	963	81	2
10767	1	284	37	1	561	46	
9226	1	340	42	1	627	54	

9-1(二) 续表 23

民族乡名称	农业技术服务机构个数（个）	农业技术服务机构从业人员数（人）	公共财政收入（万元）	公共财政支出（万元）
铜仁市江口县德旺土家族苗族乡	1	6		1139
铜仁市江口县官和侗族土家族苗族乡	1	5	1575	2333
铜仁市石阡县聚凤仡佬族侗族乡	1	27	1247	1247
铜仁市石阡县大沙坝仡佬族侗族乡	1	9	2144	2144
铜仁市石阡县枫香仡佬族侗族乡	1	12	1475	1475
铜仁市石阡县青阳苗族仡佬族侗族乡	1	4	1430	1430
铜仁市石阡县龙井侗族仡佬族乡	1	6	2185	2185
铜仁市石阡县石固仡佬族侗族乡	1	12	600	600
铜仁市石阡县坪地仡佬族侗族乡	1	7	540	1336
铜仁市石阡县甘溪仡佬族侗族乡	1	4	310	310
铜仁市石阡县坪山仡佬族侗族乡	1	11	1336	1336
铜仁市思南县思林土家族苗族乡	1	12	1883	2171
铜仁市思南县枫芸土家族苗族乡	1	16	1862	1915
铜仁市思南县杨家坳苗族土家族乡	1	12	2178	2043
铜仁市思南县胡家湾苗族土家族乡	1	14	1806	1979
铜仁市思南县宽坪土家族苗族乡	1	13	2212	2342
铜仁市思南县三道水土家族苗族乡	1	15	2606	2423
铜仁市思南县天桥土家族苗族乡	1	15	2001	2118
铜仁市思南县兴隆土家族苗族乡	1	13	1718	1224
黔西南布依族苗族自治州晴隆县三宝彝族乡	1	8	4958	4892
黔西南布依族苗族自治州兴仁县鲁础营回族乡	1	12	990	2857
黔西南布依族苗族自治州望谟县油迈瑶族乡	1	13	2910	2910
黔东南苗族侗族自治州从江县秀塘壮族乡	1	4	1966	1437
黔东南苗族侗族自治州从江县刚边壮族乡	1	4	2546	2524
黔东南苗族侗族自治州从江县翠里瑶族壮族乡	1	3	3672	2932
黔东南苗族侗族自治州镇远县尚寨土家族乡	1	2	1093	1099
黔东南苗族侗族自治州麻江县坝芒布依族乡	1	6	1557	1273
黔东南苗族侗族自治州榕江县水尾水族乡	1	6	979	979
黔东南苗族侗族自治州榕江县三江水族乡	1	5	1828	1671
黔东南苗族侗族自治州榕江县仁里水族乡	1	6	1127	1127

农村居民人均可支配收入（元）	普通高中和初中			小学			图书馆（个）
	学校数（个）	在校学生数（人）	教师数（人）	学校数（个）	在校学生数（人）	教师数（人）	
6021				2	453	47	1
6430				1	227	20	3
8896	1	562	51	5	1648	129	1
12300	1	395	63	4	773	84	
6300	1	162	31	12	247	22	1
10730	1	192	26	1	477	32	
6582	2	604	79	3	1276	117	1
4000	1	620	35	1	200	15	1
5860	1	368	57	3	1066	137	
9656	1	287	45	5	727	54	
14580	1	163	19	4	372	26	
9172	1	450	48	5	618	76	
11985	1	763	69	6	800	57	
7783	1	2253	158	5	2751	94	1
9618	1	539	64	3	834	57	
8800	1	555	61	4	897	74	1
10100	1	568	62	6	1043	86	
10800	1	361	43	5	656	63	
9986	1	440	54	5	713	70	1
9681							
9324	1	551	42	6	1008	78	
10120				3	503	43	
8103	1	208	20	2	401	24	
10869	1	357	33	4	973	50	1
8351	1	400	41	6	829	53	
10442	1	162	14	4	415	32	
10494	1	432	43	2	851	59	1
10507				1	258	26	
10529				9	1253	90	
9886				3	608	62	1

9-1(二) 续表 24

民族乡名称	农业技术服务机构个数（个）	农业技术服务机构从业人员数（人）	公共财政收入（万元）	公共财政支出（万元）
黔东南苗族侗族自治州榕江县定威水族乡	1	5	4889	2365
黔东南苗族侗族自治州榕江县兴华水族乡	1	4	2883	2683
黔东南苗族侗族自治州榕江县塔石瑶族水族乡	1	4	2070	2039
黔东南苗族侗族自治州雷山县达地水族乡	1	3	2517	1835
黔东南苗族侗族自治州黎平县顺化瑶族乡	1	3	1243	1243
黔东南苗族侗族自治州黎平县雷洞瑶族水族乡	1	3	1454	1454
黔东南苗族侗族自治州岑巩县羊桥土家族乡	1	6	1160	1160
黔南布依族苗族自治州都匀市归兰水族乡	3	12	1875	1875
黔南布依族苗族自治州荔波县瑶山瑶族乡	1	12	5064	4158
黔南布依族苗族自治州荔波县黎明关水族乡	1	12	3207	3236
黔南布依族苗族自治州平塘县卡蒲毛南族	1	9	591	591
贵阳市花溪区湖潮布依族苗族乡	1	12	16881	12585
云南省	**207**	**1586**	**373580**	**410766**
昆明市晋宁县夕阳彝族乡	1	6	893	2268
昆明市晋宁县双河彝族乡	1	5	1101	2251
昆明市宜良县九乡彝族回族乡	2	15	1448	1448
昆明市宜良县耿家营彝族苗族乡	1	5	2362	1581
昭通市昭阳区守望回族乡	1	11	1942	2043
昭通市昭阳区小龙洞回族彝族乡	1	6	1101	1101
昭通市布嘎回族乡	1	36	2252	2252
昭通市青岗岭回族彝族乡	1	25	1387	1388
昭通市鲁甸县桃源回族乡	1	7	2715	2715
昭通市鲁甸县茨院回族乡	1	8	3280	3280
昭通市大关县上高桥回族彝族苗族乡	1	18	6198	6198
昭通市永善县马楠苗族彝族乡	1	22	1971	2077
昭通市永善县伍寨彝族苗族乡	2	4	1327	1497
昭通市镇雄县果珠彝族乡	1	3	4421	4431
昭通市镇雄县林口彝族苗族乡	1	3	4250	4250
昭通市彝良县龙街苗族彝族乡	1	4	1546	1546
昭通市彝良县奎香苗族彝族乡	6	20	3979	3979

农村居民人均可支配收入（元）	普通高中和初中			小学			图书馆（个）
	学校数（个）	在校学生数（人）	教师数（人）	学校数（个）	在校学生数（人）	教师数（人）	
8905				6	485	35	6
10366				6	1137	57	
10880				5	681	37	1
11120				3	580	48	1
9898				5	341	28	
8960				14	975	53	16
9410	1	975	71	11	1848	112	
10766	1	65	7	10	1349	202	13
11942				6	1096	78	3
10996		904		6	858	43	16
14526				3	603	61	1
17000	5	3738	268	8	3800	226	1
11272	**126**	**84598**	**6634**	**910**	**215918**	**14687**	**33**
12012	1	215	24	1	214	26	
13900	1	212	35	1	402	34	
17750	1	455	51	3	775	74	
9358	1	471	45	4	846	72	
8275	1	1182	85	6	3428	194	
8864	1	1368	83	9	4361	169	
9659	1	1092	87	5	2982	157	
9155	1	1275	79	9	1967	148	
11153	1	901	92	9	2930	252	
10785	1	782	104	3	2586	213	
8910	1	418	41	6	1299	94	1
6711	1	377	34	3	783	62	
11845	1	852	47	1	1340	56	
9553	1	2881	120	14	4328	202	
8230	2	2960	141	17	5236	201	
8450	1	1802	127	13	4575	242	
8115	2	2573	199	11	5306	212	

9-1(二) 续表 25

民族乡名称	农业技术服务机构个数（个）	农业技术服务机构从业人员数（人）	公共财政收入（万元）	公共财政支出（万元）
昭通市彝良县树林彝族苗族乡	1	7	3237	3237
昭通市彝良县柳溪苗族乡	1	5	2449	2449
昭通市彝良县洛旺苗族乡	1	2	4012	3478
昭通市威信县双河苗族彝族乡	1	7	4834	5028
曲靖市师宗县龙庆彝族壮族乡	1	5	2108	2108
曲靖市师宗县五龙壮族乡	1	18	4200	4200
曲靖市师宗县高良壮族苗族瑶族乡	2	19	4839	4928
曲靖市罗平县长底布依族乡	4	28	1838	1838
曲靖市罗平县旧屋基彝族乡	1	3	1623	1623
曲靖市罗平县鲁布革布依族苗族乡	1	13	1672	1672
曲靖市富源县古敢水族乡	1	14	2262	2283
曲靖市会泽县新街回族乡	1	10	1568	2225
楚雄彝族自治州南华县雨露白族乡	1	8	2607	2607
楚雄彝族自治州大姚县湾碧傈僳傣族乡	1	12	1614	1897
楚雄彝族自治州永仁县永兴傣族乡	1	9	2689	2428
楚雄彝族自治州武定县东坡傣族乡	5	22	6747	6973
玉溪市红塔区小石桥彝族乡	4	8	6430	4123
玉溪市红塔区洛河彝族乡	1	17	1019	4129
玉溪市江川县安化彝族乡	7	10	3205	3275
玉溪市通海县高大傣族彝族乡	1	13	426	1231
玉溪市通海县里山彝族乡	1	5	1118	2820
玉溪市通海县兴蒙蒙古族乡	5	5	63	874
玉溪市华宁县通红甸彝族苗族乡	3	8	1436	1436
玉溪市易门县十街彝族乡	1	3	1937	1922
玉溪市易门县浦贝彝族乡	5	17	2536	2602
玉溪市易门县铜厂彝族乡	1	4	1595	2368
红河哈尼族彝族自治州河口瑶族自治县桥头苗族壮族乡	1	5	2898	2283
红河哈尼族彝族自治州金平苗族瑶族傣族自治县者米拉祜族乡	4	19	4353	1078
红河哈尼族彝族自治州蒙自县期路白苗族乡	1	12	2514	2747
红河哈尼族彝族自治州蒙自县老寨苗族乡	1	4	1883	1883

农村居民人均可支配收入（元）	普通高中和初中			小学			图书馆（个）
	学校数（个）	在校学生数（人）	教师数（人）	学校数（个）	在校学生数（人）	教师数（人）	
5903	1	830	86	7	4486	236	
7356	1	1037	67	9	2229	123	
7150	1	1305	90	9	2946	148	
7680	1	815	68	11	2449	143	
9398	1	1810	90	14	4798	272	
6450	1	1096	64	13	2960	201	1
5512	1	1280	63	11	2721	175	
15662	1	739	50	6	1249	102	
11600	1	362	32	7	721	81	
10389	1	1096	64	13	2960	201	1
14669	1	492	41	3	1243	80	
11313	1	465	66	12	1120	164	2
15856	1	261	25	5	675	80	
8832	1	564	43	6	1082	87	
13212				5	500	73	
19059	1	298	29	8	945	68	1
18644				1	316	32	1
20074	1	252	40	3	416	83	1
15031				3	425	49	
14101				3	608	54	1
14500				1	612	60	
16028				1	472	33	
9460	1	375	31	4	805	73	1
15534	1	144	43	7	400	77	
15026	1	229	56	5	426	87	
15389	1	332	47	9	731	12	
8074	1	514	69	9	1420	149	
9865	1	1231	57	6	2726	145	
8820	1	352	26	4	1302	78	
10979	1	453	27	4	1179	71	

9-1(二) 续表 26

民族乡名称	农业技术服务机构个数（个）	农业技术服务机构从业人员数（人）	公共财政收入（万元）	公共财政支出（万元）
红河哈尼族彝族自治州开远市大庄回族乡	1	15	2214	2406
文山壮族苗族自治州文山市东山彝族乡	1	11	3606	2719
文山壮族苗族自治州文山市红甸回族乡	1	12	1561	1892
文山壮族苗族自治州文山市秉烈彝族乡	1	9	3366	3941
文山壮族苗族自治州文山市柳井彝族乡	1	4	1589	1589
文山壮族苗族自治州文山市坝心彝族乡	1	8	2519	4846
文山壮族苗族自治州砚山县阿舍彝族乡	1	4	470	3438
文山壮族苗族自治州砚山县维末彝族乡	1	8	735	3975
文山壮族苗族自治州砚山县盘龙彝族乡	1	6	510	3176
文山壮族苗族自治州砚山县干河彝族乡	1	10	3993	1602
文山壮族苗族自治州丘北县舍得彝族乡	1	11	3316	2327
文山壮族苗族自治州丘北县新店彝族乡	3	14	3064	3411
文山壮族苗族自治州丘北县树皮彝族乡	1	22	4381	4616
文山壮族苗族自治州丘北县八道哨彝族乡	3	12	4564	3540
文山壮族苗族自治州丘北县腻脚彝族乡	4	15	3749	3500
文山壮族苗族自治州麻栗坡县猛硐瑶族乡	1	5	20	8320
文山壮族苗族自治州富宁县洞波瑶族乡	1	6	3218	3370
普洱市澜沧拉祜族自治县酒井哈尼族乡	1	10	3700	3700
普洱市澜沧拉祜族自治县发展河哈尼族乡	1	12	4031	4031
普洱市澜沧拉祜族自治县谦六彝族乡	1	25	8664	8671
普洱市澜沧拉祜族自治县文东佤族乡	1	11	2826	2826
普洱市澜沧拉祜族自治县安康佤族乡	1	5	2902	2092
普洱市澜沧拉祜族自治县雪林佤族乡	1	12	8668	8668
普洱市思茅区云仙彝族乡	1	17	2725	2575
普洱市思茅区龙潭彝族傣族乡	2	17	2136	1503
普洱市墨江哈尼族自治县孟弄彝族乡	3	13	5661	5661
普洱市西盟佤族自治县力所拉祜族乡	1	8	7313	7313
大理白族自治州大理市太邑彝族乡	7	9	1010	2520
大理白族自治州鹤庆县六合彝族乡	2	15	3562	3562
大理白族自治州宾川县钟英傈僳族彝族乡	3	10	2491	2297

农村居民人均可支配收入（元）	普通高中和初中			小学			图书馆
	学校数（个）	在校学生数（人）	教师数（人）	学校数（个）	在校学生数（人）	教师数（人）	（个）
18722	1	496	39	6	1285	101	
	1	524	47	1	991	93	
9779	1	430	43	3	905	70	
	1	944	85	5	2165	131	
7131	1	383	32	5	1026	81	1
	1	200	25	1	440	33	1
11702	1	1165	81	8	3226	193	
13479	2	2393	163	11	4897	311	1
12624	1	1040	86	8	3121	197	
12155	1	983	81	6	2491	164	
11991	1	733	47	7	1924	126	
9352	1	1433	91	6	1458	100	
12318	1	2097	140	12	5070	267	
10186	1	1283	98	11	3686	212	
12818	1	1465	116	10	3719	199	
11100	1	539	45	8	1645	112	1
	1	1209	103	15	2455	220	1
11188	1	354	26	3	958	50	
10070	1	295	30	4	1050	51	
10145	2	923	89	7	3216	180	
9241	1	289	50	4	1090	63	
6149	1	459	33	6	930	61	
9138	1	507	48	7	1282	76	1
12573	1	315	30	4	787	50	
12325	1	321	41	3	842	95	
11030	1	289	26	3	735	47	
9906	1	284	26	3	843	68	1
12206	1	203	32	3	489	52	1
7013	1	264	36	13	729	56	
8647	1	225	24	6	633	68	

9-1(二) 续表 27

民族乡名称	农业技术服务机构个数（个）	农业技术服务机构从业人员数（人）	公共财政收入（万元）	公共财政支出（万元）
大理白族自治州宾川县拉乌彝族乡	1	7	1826	1785
大理白族自治州祥云县东山彝族乡	2	20	2037	1876
大理白族自治州弥渡县牛街彝族乡	1	13	852	4032
大理白族自治州永平县北斗彝族乡	1	7	468	3837
大理白族自治州永平县厂街彝族乡	1	24	3213	3030
大理白族自治州永平县水泄彝族乡	2	28	1569	4150
大理白族自治州云龙县苗尾傈僳族乡	4	19	5943	3492
大理白族自治州云龙县团结彝族乡	1	8	581	6945
丽江市华坪县永兴傈僳族乡	1	8	2061	1198
丽江市华坪县通达傈僳族乡	1	15	937	937
丽江市华坪县新庄傈僳族傣族乡	1	17	2000	2000
丽江市华坪县船房傈僳族傣族乡	1	14	1518	1518
丽江市永胜县羊坪彝族乡	1	5	2083	2064
丽江市永胜县东山傈僳族彝族乡	1	24	3168	3094
丽江市永胜县六德傈僳族彝族乡	1	9	4168	4495
丽江市永胜县大安彝族纳西族乡	1	6	2542	1758
丽江市永胜县光华傈僳族彝族乡	1	19	3177	3210
丽江市永胜县松坪傈僳族彝族乡	1	5	2000	1976
丽江市宁蒗彝族自治县翠玉傈僳族普米族乡	1	5	1420	845
丽江市古城区金江白族乡	1	8	1850	2026
丽江市玉龙纳西族自治县九河白族乡	1	5	3351	3298
丽江市玉龙纳西族自治县石头白族乡	1	3	2329	2187
丽江市玉龙纳西族自治县黎明傈僳族乡	1	3	1251	1251
保山市隆阳区瓦马彝族白族乡	1	7	5141	4371
保山市隆阳区瓦房彝族苗族乡	1	12	2212	2054
保山市隆阳区杨柳白族彝族乡	2	17	1403	4377
保山市隆阳区芒宽彝族傣族乡	2	15	2351	4015
保山市施甸县摆榔彝族布朗族乡	2	12	1988	1988
保山市施甸县木老元布朗族彝族乡	1	15	287	1126
保山市龙陵县木城彝族傈僳族乡	2	13	6564	6564

农村居民人均可支配收入（元）	普通高中和初中			小学			图书馆（个）
	学校数（个）	在校学生数（人）	教师数（人）	学校数（个）	在校学生数（人）	教师数（人）	
15827	1	226	23	2	842	45	
14121	1	215	22	8	557	52	
7230	1	574	73	10	1061	84	
11276	1	396	33	7	1059	90	1
14018	1	508	57	11	1386	118	1
11940	1	406	33	9	1341	117	1
11252	1	670	33	7	1353	67	
10022	1	353	31	5	863	59	
8052				9	928	93	
11519				3	570	46	
14384				8	1079	107	
9856				5	453	64	
11286				5	341	57	
9897				6	585	73	
10214	1	489	38	5	1230	95	
9115	2	418	38	7	801	136	
10872				8	834	96	
9300				8	596	67	
9359	1	450	40	7	1298	75	
16289				5	200	32	
11840	1	615	62	11	1072	142	1
13000	1	67	19	5	539	53	
10028	1	158	22	6	915	89	
12327	2	1163	80	15	1682	121	
13595	2	992	96	19	2321	133	
13547	1	336	38	15	2853	152	1
19537	2	1578	102	10	3818	176	1
13200	1	164	16	4	591	27	1
10030	1	191	19	1	438	23	
13186	1	333	26	5	739	58	

9-1(二) 续表 28

民族乡名称	农业技术服务机构个数（个）	农业技术服务机构从业人员数（人）	公共财政收入（万元）	公共财政支出（万元）
保山市昌宁县朱街彝族乡	1	12	1280	2748
保山市昌宁县苟街彝族苗族乡	1	14	1838	3420
保山市昌宁县湾甸傣族乡	1	15	442	1856
德宏傣族景颇族自治州陇川县户撒阿昌族乡	1	12	2114	1913
德宏傣族景颇族自治州潞西市三台山德昂族乡	1	8	16	2348
德宏傣族景颇族自治州梁河县曩宋阿昌族乡	1	14	2176	2167
德宏傣族景颇族自治州梁河县九保阿昌族乡	1	18	2170	2163
德宏傣族景颇族自治州盈江县苏典傈僳族乡	1	6	1334	1643
怒江傈僳族自治州福贡县匹河怒族乡	1	25	5241	5129
怒江傈僳族自治州泸水县洛本卓白族乡	1	16	1232	1231
迪庆藏族自治州香格里拉县三坝纳西族乡	1	7	958	658
迪庆藏族自治州德钦县霞若傈僳族乡	1	5	6791	1848
迪庆藏族自治州德钦县拖顶傈僳族乡	1	7	8179	8348
临沧市凤庆县新华彝族苗族乡	2	12	2200	2200
临沧市凤庆县腰街彝族乡	2	11	2471	2766
临沧市凤庆县郭大寨彝族白族乡	1	21	2077	1808
临沧市云县栗树彝族傣族乡	1	3		1028
临沧市云县忙怀彝族布朗族乡	1	14	21	1576
临沧市云县后箐彝族乡	1	6		1376
临沧市永德县大雪山彝族拉祜族傣族乡	1	11	5208	6137
临沧市永德县乌木龙彝族乡	1	8	7455	4205
临沧市临翔区平村彝族傣族乡	1	8	2316	2302
临沧市临翔区南美拉祜乡	1	3	2937	3081
临沧市耿马傣族佤族自治县芒洪拉祜族布朗族乡	1	2	1735	1065
临沧市沧源佤族自治县勐角傣族彝族拉祜族乡	1	19	4642	3722
临沧市镇康县军赛佤族拉祜族傈僳族德昂族乡	1	12	914	538
西双版纳傣族自治州景洪市基诺山基诺族乡	1	15	2592	3170
西双版纳傣族自治州景洪市景哈哈尼族乡	1	8	4587	4469
西双版纳傣族自治州勐腊县瑶区瑶族乡	1	10	1940	2125
西双版纳傣族自治州勐腊县象明彝族乡	1	15	2471	2564

农村居民人均可支配收入（元）	普通高中和初中			小学			图书馆（个）
	学校数（个）	在校学生数（人）	教师数（人）	学校数（个）	在校学生数（人）	教师数（人）	
10800	1	419	34	10	772	189	
12097	1	619	52	8	1341	132	
16307	1	550	51	4	1361	75	
11605	1	924	67	12	2512	145	1
10036	1	199	24	1	564	37	1
10052	1	537	66	10	1123	129	1
10000	1	406	55	3	886	91	
6465	1	469	40	8	1058	56	
8091	1	859	102	1	985	56	
8340		773		8	1169	99	1
11378				2	830	89	
12180				1	981	101	
13464							
12960	1	665	54	11	2403	143	
14000	1	415	30	7	758	43	
13320	1	740	51	12	1956	109	
13450	1	797	41	11	1778	104	
12680	1	686	47	10	1377	126	
12553	1	639	41	10	1270	133	
15137	1	912	61	6	2227	115	
13221	1	1189	68	10	2536	138	
12483	1	345	28	3	744	63	
10530	1	163	18	2	373	33	
13913	1	297	28	3	600	46	
12158	1	483	45	8	1077	113	
12630	1	721	44	6	1429	82	
13210				1	736	43	1
18027	1	1020	85	2	2049	157	1
10631	1	333	27	2	838	54	
12777	1	484	49	2	1256	57	1

9-1(二) 续表 29

民族乡名称	农业技术服务机构个数（个）	农业技术服务机构从业人员数（人）	公共财政收入（万元）	公共财政支出（万元）
西双版纳傣族自治州勐海县格朗和哈尼族乡	1	8	2000	2000
西双版纳傣族自治州勐海县布朗山布朗族乡	1	13	1799	1821
西双版纳傣族自治州勐海县西定哈尼族乡	1	19	1704	1704
西藏自治区	**5**	**77**	**3413**	**3169**
山南市错那县麻玛门巴族乡	1	3	644	635
山南市错那县贡日门巴族乡	1	5	284	202
山南市错那县基巴门巴族乡	1	10		
山南市错那县勒布区勒门巴族乡			154	74
林芝市巴宜区更章门巴族乡				
林芝市米林县南伊珞巴乡		47		
林芝市墨脱县达木珞巴族乡	1	6	1122	1122
昌都市芒康县下盐井纳西族乡			1059	1055
山南市隆子县斗玉洛巴乡	1	6	150	80
甘肃省	**74**	**252**	**49914**	**49855**
临夏回族自治州广河县阿里麻土东乡族乡	6	8	994	973
甘南藏族自治州临潭县长川回族乡	1	7	945	942
甘南藏族自治州临潭县卓洛回族乡				
甘南藏族自治州卓尼县勺哇土族乡				
陇南市文县铁楼藏族乡	1	5		
陇南市武都区坪垭藏族乡	5		2640	2419
陇南市武都区磨坝藏族乡	2	2	1245	1222
陇南市宕昌县新城子藏族乡	1	8	3254	3022
酒泉市肃州区黄泥堡裕固族乡	5	5	2114	1539
酒泉市玉门市小金湾东乡族乡	1	5	829	847
白银市会宁县新添堡回族乡	1	7	1569	1312
庆阳市正宁县五倾源回族乡	1	14	1575	1575
平凉市崆峒区峡门回族乡	5	9	1502	1812
平凉市华亭县神峪回族乡	7	17	1490	1351
平凉市华亭县山寨回族乡			1003	1124
平凉市崆峒区白庙回族乡	5	5	956	956

农村居民人均可支配收入	普通高中和初中			小学			图书馆
	学校数	在校学生数	教师数	学校数	在校学生数	教师数	
（元）	（个）	（人）	（人）	（个）	（人）	（人）	（个）
14208				2	525	35	
19161	1	459	44	2	2048	104	
9502				3	1643	71	1
19992	**1**	**1361**	**127**	**6**	**1138**	**160**	**22**
20342				1	40	10	1
19680							1
27430							
15744							3
21220				1	147	38	8
23665				1	215	27	4
14281				1	140	25	1
20085	1	1361	127	1	567	56	
22171				1	29	4	4
8907	**20**	**6616**	**601**	**171**	**19974**	**1970**	**34**
7850				10	1772	127	
5720	1	262	21	9	675	65	
6800				2	220	30	
8850				1	206	31	1
7200	1	79	14	4	167	44	1
8600				1	302	26	
6200				7	159	28	9
8716	1	156	16	3	387	42	
19634				1	20	10	1
17056		426	32	1	1247	66	1
8600	1	361	45	6	1183	132	
	1	621	44				
10766	1	298	29	14	995	94	
6618	1	358	37	12	928	97	
8680	1	412	39	8	473	102	1
9861	1	377	43	9	731	99	1

9-1(二) 续表 30

民族乡名称	农业技术服务机构个数（个）	农业技术服务机构从业人员数（人）	公共财政收入（万元）	公共财政支出（万元）
平凉市崆峒区大秦回族乡	4	12	1030	1134
平凉市崆峒区寨河回族乡	2	3	1017	1017
平凉市崆峒区大寨回族乡	4	38	1474	1493
平凉市崆峒区西阳回族乡	3	3	789	789
平凉市崆峒区上杨回族乡	3	10	934	964
张掖市肃南裕固族自治县祁丰藏族乡	1	2	15850	15850
张掖市肃南裕固族自治县马蹄藏族乡	1	13	2054	3120
张掖市肃南裕固族自治县白银蒙古族乡	1	3	732	699
张掖市甘州区平山湖蒙古族乡	1	13	853	944
临夏回族自治州临夏县井沟东乡族乡	4	29	733	777
临夏回族自治州和政县梁家寺东乡族乡				
临夏回族自治州临夏县安家坡东乡族乡	1	6	464	456
酒泉市瓜州县七墩回族东乡族乡	1	4	623	623
酒泉市瓜州县广至藏族乡	5	13	1206	831
酒泉市瓜州县沙河回族乡	1	5	1096	1117
酒泉市玉门市独山子东乡族乡	1	6	947	947
青海省	**26**	**76**	**17791**	**17960**
西宁市大通回族土族自治县朔北藏族乡	1	2		
西宁市大通回族土族自治县向化藏族乡	1	2	778	519
西宁市湟中县群加藏族乡			421	421
西宁市湟中县大才回族乡			965	965
西宁市湟中县汉东回族乡			621	621
西宁市湟源县日月藏族乡			646	1431
海东市民和回族土族自治县杏儿藏族乡	1	3	598	598
海东市乐都县下营藏族乡	1	1	698	957
海东市乐都县中坝藏族乡	1	2	827	355
海东市乐都县达拉土族乡	1	2	1138	1136
海东市互助土族自治县松多藏族乡	1	3	753	753
海东市化隆回族自治县雄先藏族乡	2	9	1205	1205
海东市化隆回族自治县查甫藏族乡	2	11	546	546

农村居民人均可支配收入（元）	普通高中和初中			小学			图书馆（个）
	学校数（个）	在校学生数（人）	教师数（人）	学校数（个）	在校学生数（人）	教师数（人）	
8213	1	401	25	6	753	72	
7425	1	399	38	11	800	72	
7803	1	468	37	15	843	116	1
7231	1	491	27	11	664	87	
8710	1	148	19	7	340	57	
20157	1	43	11	1	57	15	1
19445	1	35	20	2	73	30	2
19200							1
16254							
7991	1	342	26	13	1426	135	1
4500	1	280	16	8	1985	100	
9574	1	283	34	4	973	114	12
12337				1	407	30	
11600				2	643	53	
13000				1	461	37	
9670	1	376	28	1	1084	59	1
10283	**17**	**5752**	**465**	**81**	**12932**	**910**	**100**
14787	1	449	54	4	1039	56	19
13236	1	211	19	1	277	15	9
8520	1	42	12	1	147	9	
	2	757	51	4	1894	83	
13795				3	420	32	
12570	2	306	42	3	640	42	1
11886	1	580	28	1	484	28	1
9984				1	205	22	1
10239				8	233	28	
10500				12	228	36	22
8809				5	328	33	1
10915	1	312	20	2	498	16	
10644	1	227	20	3	476	23	

9-1(二) 续表 31

民族乡名称	农业技术服务机构个数（个）	农业技术服务机构从业人员数（人）	公共财政收入（万元）	公共财政支出（万元）
海东市化隆回族自治县金源藏族乡	2	11	758	758
海东市化隆回族自治县塔加藏族乡	2	9	718	718
海东市循化撒拉族自治县道帏藏族乡	1	2	1130	1130
海东市循化撒拉族自治县尕楞藏族乡	1	1	784	784
海东市循化撒拉族自治县岗察藏族乡			453	453
海东市循化撒拉族自治县文都藏族乡	1	5	840	840
海东市平安县沙沟回族乡	1	3	338	360
海东市平安县巴藏沟回族乡	1	1	1086	870
海东市平安县石灰窑回族乡	3	4		
海东市平安县洪水泉回族乡	1		1113	1113
海东市平安县古城回族乡	1	2		
海东市互助土族自治县巴扎藏族乡	1	3	676	676
海北藏族自治州门源回族自治县皇城蒙古族乡				
海北藏族自治州海晏县哈勒景蒙古乡			700	753
海南藏族自治州贵德县新街回族乡				
新疆维吾尔自治区	**68**	**463**	**101273**	**100940**
吐鲁番市鄯善县东巴扎回族乡	1	2	1265	1265
和田地区皮山县瑙阿巴提塔吉克族乡	1	1	1300	2075
和田地区皮山县康克尔柯尔克孜族乡	1	1	1638	1638
巴音郭楞蒙古自治州和硕县乌什塔拉回族乡	1	12		
昌吉回族自治州奇台县大泉塔塔尔族乡	1	2		
昌吉回族自治州奇台县五马场哈萨克族乡	1	3	1835	1835
昌吉回族自治州奇台县乔仁哈萨克族乡	1	5	766	766
昌吉回族自治州木垒哈萨克自治县大南沟乌孜别克族乡	1	12	2559	2559
昌吉回族自治州玛纳斯县旱卡子滩哈萨克族乡	2	5	1499	1499
昌吉回族自治州玛纳斯县塔西河哈萨克族乡	1	18	500	500
昌吉回族自治州玛纳斯县清水河哈萨克族乡	3	8	106	128
昌吉回族自治州阜康市三工河哈萨克族乡	1	4	4513	4513
昌吉回族自治州阜康市上户沟哈萨克族乡	1	10	6996	6996

农村居民人均可支配收入（元）	普通高中和初中			小学			图书馆（个）
	学校数（个）	在校学生数（人）	教师数（人）	学校数（个）	在校学生数（人）	教师数（人）	
8784	1	276	20	2	297	27	
9763				1	378	29	
10826	1	420	28	5	1225	91	
10053	1	225	22	2	539	34	
13164				1	196	12	
12752	2	1419	106	1	800	42	
12707	1	225	17	3	652	52	1
11193				2	152	25	15
9100				5	460	56	1
11626				3	201	27	16
10800	1	303	26	5	560	45	1
12288				2	216	26	9
19783							3
27794							
9983				1	387	21	
15762	**19**	**6728**	**662**	**81**	**25956**	**3011**	**105**
18179				1	552	53	
7200				1	78	10	1
5000				1	236	18	3
20010				1	984	176	
18596				1	305	52	
12000				2	628	86	6
7107				1	207	40	
15450				1	280	50	
20502				1	226	35	1
20686				1	257	67	1
20186				1	351	105	1
18611							
19270				2	847	146	

9-1(二) 续表 32

民族乡名称	农业技术服务机构个数（个）	农业技术服务机构从业人员数（人）	公共财政收入（万元）	公共财政支出（万元）
昌吉回族自治州昌吉市阿什里哈萨克族乡	6	28	1941	1941
昌吉回族自治州呼图壁县石梯子哈萨克族乡	1	3	1104	1104
乌鲁木齐市米东区柏杨河哈萨克族乡	1	2	2778	2776
克孜勒苏柯尔克孜自治州阿克陶县塔尔塔吉克族乡	1	11	6140	6140
喀什地区塔什库尔干塔吉克自治县科克亚尔柯尔克孜族乡	2	4	2341	2341
喀什地区泽普县布依鲁克塔吉克族乡	1	55	1032	1032
喀什地区莎车县孜热普夏提塔吉克族乡	4	12	1414	1414
伊犁哈萨克自治州察布查尔锡伯自治县米粮泉回族乡			1499	1431
伊犁哈萨克自治州特克斯县科克铁热克柯尔克孜族乡	5	55	8643	8643
伊犁哈萨克自治州特克斯县呼吉尔特蒙古族乡	2	55	3365	3384
伊犁哈萨克自治州伊宁县愉群翁回族乡	1	16	3938	3938
伊犁哈萨克自治州尼勒克县科克浩特浩尔蒙古族乡	2	10	4916	5917
伊犁哈萨克自治州霍城县伊车嘎善锡伯族乡	4	13	6021	6021
伊犁哈萨克自治州霍城县三宫回族乡	2	8	2055	1820
伊犁哈萨克自治州昭苏县胡松图喀尔逊蒙古族乡			600	1000
伊犁哈萨克自治州昭苏县察汗乌苏蒙古族乡	1	1	1449	1449
伊犁哈萨克自治州昭苏县夏特柯尔克孜族乡	6	47	1735	1735
塔城地区塔城市阿西尔达斡尔族乡	1	2	3704	3704
塔城地区乌苏市塔布勒合特蒙古族乡	1	1	1690	1690
塔城地区乌苏市吉尔格勒特郭楞蒙古族乡	1	1	1047	908
塔城地区额敏县额玛勒郭楞蒙古族乡	1	4	889	889
塔城地区额敏县霍吉尔特蒙古族乡	1	4	2329	2329
阿克苏地区乌什县雅曼苏柯尔克孜族乡	4	14	6152	6152
阿克苏地区温宿县博孜东柯尔克孜族乡	1	18	3986	3986
哈密市伊吾县前山哈萨克族乡			3352	668
哈密市哈密市德外都如克哈萨克族乡	1	1	1042	1039
哈密市哈密市乌拉台哈萨克族乡	1	14	124	124
阿勒泰地区布尔津县禾木哈纳斯蒙古族乡	1	1	1946	2529
阿勒泰地区阿勒泰市汗德尕特蒙古族乡			1062	1062

农村居民人均可支配收入（元）	普通高中和初中			小学			图书馆
	学校数（个）	在校学生数（人）	教师数（人）	学校数（个）	在校学生数（人）	教师数（人）	（个）
17884				1	762	109	7
				1	698	69	
21274	1	88	6	1	395	36	
7506	2	365		3	393	96	8
10172				3	102	20	2
11075				1	488	33	1
8407				6	1732	114	
19106	1	285	28	1	507	34	5
	1	740	77	5	419	31	1
17213				1	667	83	
16562	2	1880	138	14	5559	338	17
17900	1	474	56	3	1143	161	11
17534				3	650	110	6
15718	1	588	64	4	1006	98	12
18804	1	283	22	1	850	86	1
18000	1	478	23	1	845	65	
20675	1	635	92	1	1469	105	
19485	5	310	95				18
16541				1	230	45	
15270							1
16448				1	173	40	
	1	367	46	1	200	93	
12343				3	1000	66	
8366	1	235	15	3	686	50	
22100				1	241	58	
17065				1	126	35	1
17144				3	390	92	
29420				2	143	55	
				1	131	51	1

9-1 全国各民族乡基本情况(2020年)(三)

民族乡名称	文化站(个)	村文化活动室(个)	医疗卫生机构(个)	医院(个)	基层医疗卫生机构(个)
北京	**5**	**61**	**95**	**1**	**70**
朝阳区常营回族乡	1		5		5
通州区于家务回族乡	1	23	48		24
密云县檀营满族蒙古族乡	1		1	1	
怀柔区喇叭沟门满族乡	1	15	16		16
怀柔区长哨营满族乡	1	23	25		25
天津市	**1**	**13**	**12**		**12**
蓟县孙各庄满族乡	1	13	12		12
河北省	**75**	**541**	**646**	**4**	**640**
石家庄市新乐市彭家庄回族乡	1	8	9		9
石家庄市藁城市九门回族乡	7	13	14		14
石家庄市无极县高头回族乡	15	15	16		16
唐山市遵化市汤泉满族乡	1	10	9		9
唐山市遵化市西下营满族乡	1	14	20		20
唐山市遵化市东陵满族乡	1	27	29		29
邯郸市邱县陈村回族乡	1	5	4		4
邯郸市大名县营镇回族乡	1	17	18		18
保定市易县凌云册满族回族乡	1	19	20		20
定州市号头庄回族乡	1	17	19	1	18
张家口市沽源县大二号回族乡	4	4	5		5
张家口市怀来县王家楼回族乡	1	14	17	1	16
廊坊市永清县管家务回族乡	1	12	13		13
廊坊市文安县大围河回族满族乡	1	24	25		25
承德市滦平县平坊满族乡	1	8	9		9
承德市滦平县安纯沟门满族乡	1	11	11		11
承德市滦平县五道营子满族乡	1	6	7		7
承德市滦平县邓厂满族乡	3	3	4		4
承德市滦平县马营子满族乡	10	10	11		11
承德市滦平县付家店满族乡	1	6	7		7

卫生院（个）	村卫生室（个）	卫生人员（人）	卫生技术人员（人）	其中：执业（助理）医师（人）	乡村医生和卫生员（人）	医疗卫生机构床位数（张）	医院（张）	基层医疗卫生机构（张）	卫生院（张）
4	**66**	**398**	**318**	**152**	**60**	**76**	**40**	**35**	**16**
1	4	83	83	53					
1	23	130	89	20	21	21		20	1
		94	94	43		40	40		
1	15	50	35	19	15	6		6	6
1	24	41	17	17	24	9		9	9
1	**11**	**25**	**7**	**5**	**18**	**12**		**12**	**12**
1	11	25	7	5	18	12		12	12
47	**593**	**1424**	**664**	**423**	**760**	**1229**	**134**	**1095**	**854**
1	8	24	16	10	8	35		35	25
1	13	91	54	29	37	62		62	50
1	15	38	8	8	30	60		60	45
1	8	24	4	2	20	9		9	8
1	19	31	12	6	19	36		36	17
2	27	63	36	32	27	59		59	48
1	3	13	12	12	1	28		28	28
1	17	31	8	8	23	20		20	20
1	19	32	13	6	19	44		44	30
1	17	58	26	26	32	38		38	18
1	4	14	10	2	4	30		30	30
2	14	34	14	7	20	60	15	45	29
1	12	32	17	5	15	36		36	36
1	24	33	11	3	22	20		20	20
1	8	19	11	11	8	16		16	3
1	10	25	15	11	10	29		29	7
1	6	9	3	3	6	10		10	3
1	3	4	2	1	2	10		10	3
1	10	30	20	7	10	25		25	3
1	6	7	1		6	7		7	2

9-1(三) 续表 1

民族乡名称	文化站（个）	村文化活动室（个）	医疗卫生机构（个）	医院（个）	基层医疗卫生机构（个）
承德市滦平县西沟满族乡	1	9	10		10
承德市承德县岗子满族乡	1	10	11		11
承德市承德县两家满族乡	1	9	14		14
承德市兴隆县八卦岭满族乡	1	8	8		8
承德市兴隆县南天门满族乡	1	10	11		11
承德市隆化县尹家营满族乡	1	11	12		10
承德市隆化县庙子沟蒙古族满族乡	1	6	7		7
承德市隆化县偏坡营满族乡	1	14	15		15
承德市隆化县八达营蒙古族乡	1	12	13		13
承德市隆化县太平庄满族乡	1	11	11		11
承德市隆化县旧屯满族乡	1	8	12		12
承德市隆化县西阿超满族蒙古族乡	1	10	10		10
承德市平泉市七家岱满族乡	1	4	10		10
承德市平泉市茅兰沟满族蒙古族乡	1	9	15		15
沧州市黄骅市羊二庄回族乡	1	48	53		53
沧州市黄骅市新村回族乡			5		5
沧州市河间市果子洼回族乡	1	20	21		21
沧州市献县本斋回族乡	1	11	12		12
沧州市沧县大褚村回族乡	1	26	45	1	44
沧州市沧县杜林回族乡	1	38	40		40
沧州市沧县捷地回族乡	1	16	34	1	33
沧州市黄骅市羊三木回族乡	1	8	10		10
内蒙古自治区	**18**	**172**	**200**	**8**	**171**
呼伦贝尔市莫力达瓦达斡尔族自治旗巴彦鄂温克民族乡	1	17	21	2	17
呼伦贝尔市莫力达瓦达斡尔族自治旗杜拉尔鄂温克民族乡		10	10		10
呼伦贝尔市扎兰屯市达斡尔民族乡	1	7	7	1	6
呼伦贝尔市扎兰屯市萨马街鄂温克民族乡	1	6	1	1	
呼伦贝尔市扎兰屯市南木鄂伦春民族乡	1	10	4		4
呼伦贝尔市阿荣旗查巴奇鄂温克民族乡	1	11	15		15
呼伦贝尔市阿荣旗新发朝鲜族民族乡	1	9	12		12

卫生院（个）	村卫生室（个）	卫生人员（人）	卫生技术人员（人）	其中：执业（助理）医师（人）	乡村医生和卫生员（人）	医疗卫生机构床位数（张）	医院（张）	基层医疗卫生机构（张）	卫生院（张）
1	9	22	13	4	9	16		16	3
1	10	15	5	5	10	12		12	12
1	13	19	10	2	9	25		25	25
1	7	22	14	13	8	22		22	22
1	10	19	9	9	10	16		16	16
1	9	8	6	5	2	18		18	18
1	6	12	6	6	6	24		24	18
1	14	24	18	6	6	20		20	20
1	12	27	15	15	12	25		25	17
1	10	21	10	3	11	30		30	10
1	11	27	8	8	19	17		17	17
1	9	33	24	11	9	25		25	25
1	9	17	4	9	13	16		16	16
1	14	33	11	12	22	25		25	25
3	50	97	6		91	56		56	56
1	4	23	16	9	7	6		6	6
1	20	58	33	15	25	20		20	20
1	11	21	10	10	11	9		9	9
1	43	90	52	41	38	42	22	20	20
2	38	118	44	13	74	50		50	50
1	32	88	48	29	40	112	97	15	15
1	9	18	9	9	9	9		9	9
18	**180**	**650**	**441**	**191**	**152**	**423**	**55**	**249**	**195**
1	17	34	17	4	17	64	30	17	10
1	9	11	11	11		8		8	8
1	6	28	16	16	12	16	1	6	1
1	6	31	23	11	8	16		16	16
2	2	44	42	19	2	17		16	16
1	14	29	16	8	13	8		8	8
1	11	28	12	7	16	8		8	8

9–1(三) 续表 2

民族乡名称	文化站（个）	村文化活动室（个）	医疗卫生机　构（个）	医院（个）	基层医疗卫生机构（个）
呼伦贝尔市阿荣旗音河达斡尔鄂温克民族乡	1	9	10		10
呼伦贝尔市阿荣旗得力其尔鄂温克民族乡	1	9	16		16
呼伦贝尔市根河市敖鲁古雅鄂温克民族乡		1	1		1
呼伦贝尔市额尔古纳市三河回族乡	3		19	2	17
呼伦贝尔市额尔古纳市室韦俄罗斯民族乡	1	1	1	1	
兴安盟科尔沁右翼前旗满族屯满族乡	1	8	7		7
赤峰市松山区当铺地满族乡	1	25	30		30
赤峰市喀喇沁旗十家满族乡	1	14	20	1	1
乌兰察布市凉城县曹碾满族乡	1	21	22		22
呼伦贝尔市鄂温克族自治旗巴彦塔拉达斡尔族乡	1	7	2		1
呼伦贝尔市陈巴尔虎旗鄂温克苏木	1	7	2		2
辽宁省	**54**	**504**	**681**	**11**	**668**
沈阳市康平县柳树屯蒙古族满族乡	1	9	10		10
沈阳市康平县沙金台蒙古族满族乡	1	11	12		12
沈阳市法库县四家子蒙古族乡	1	9	10		10
沈阳市康平县东升满族蒙古族乡	1	10	11		11
沈阳市康平县西关屯蒙古族满族乡	1	9	10		10
大连市瓦房店市三台满族乡	1	10	9		9
大连市瓦房店市杨家满族乡	1	9	12		12
大连市庄河市太平岭满族乡	1	6	7		7
大连市庄河市桂云花满族乡	1	5	7		7
抚顺市抚顺县拉古满族乡	1	10	10		10
抚顺市抚顺县汤图满族乡	1	9	8		8
本溪市桓仁县雅河朝鲜族乡	1	8	10		10
丹东市宽甸满族自治县下露河朝鲜族乡	1	6	10		10
丹东市东港市合隆满族乡	1	10	22		22
丹东市凤城市大堡蒙古族乡	1	8	12		12
锦州市义县地藏寺满族乡	1	5	6		6
锦州市义县大定堡满族乡	1	8	9		9
阜新市彰武县二道河子蒙古族乡	1	8	9		9

卫生院（个）	村卫生室（个）	卫生人员（人）	卫生技术人员（人）	其中：执业（助理）医师（人）	乡村医生和卫生员（人）	医疗卫生机构床位数（张）	医院（张）	基层医疗卫生机构（张）	卫生院（张）
1	9	59	34	15	10	10		10	10
1	15	57	28	14	15	8		8	8
1		8	6	3		2		1	1
	17	22	22			60			
		24	3	3	4	24	24		
1	6	23	9	6	5	25		25	25
3	27	122	95	41	27	63		50	13
	18	65	65	17		45		45	45
1	21	35	14	5	21	29		21	8
1	1	12	11	2	1	8		8	8
1	1	18	17	9	1	12		2	10
53	**615**	**1568**	**722**	**383**	**825**	**1788**	**404**	**1265**	**989**
1	9	33	16	15	17	24		24	24
1	11	24	16	13	8	31		31	20
1	9	18	9	9	9	25		25	25
1	10	23	11	11	12	35		35	23
1	9	24	13	5	11	35		35	19
1	8	25	16	10	9	30		30	30
1	11	26	15	11	11	26		26	26
1	6	46	25	10	21	32		32	32
2	5	29	17	8	12	40		40	40
1	9	32	20	11	11	20		20	20
1	7	23	15	4	8	12		12	12
1	9	36	14	7	15	50		35	9
1	9	26	13	13	13	24		24	24
1	21	39	17	10	22	30		30	30
1	11	33	22	22	11	20		20	20
1	5	7	2	1	5	12		12	12
1	8	15	5	5	10	15		15	15
1	8	10	2	2	8	10		10	10

9-1(三) 续表 3

民族乡名称	文化站(个)	村文化活动室(个)	医疗卫生机构(个)	医院(个)	基层医疗卫生机构(个)
辽阳市辽阳县吉洞峪满族乡	1	13	16	1	15
辽阳市辽阳县甜水满族乡	1	14	16		16
铁岭市开原市林丰满族乡	1	10	11		10
铁岭市铁岭县白旗寨满族乡	1	9	10		10
铁岭市西丰县成平满族乡	1	10	21		21
铁岭市西丰县德兴满族乡	1	7	8		8
铁岭市西丰县和隆满族乡	1	10	11		11
铁岭市西丰县金星满族乡	1	9	12		12
铁岭市西丰县明德满族乡	1	7	10		10
铁岭市西丰县营厂满族乡	1	9	10		10
铁岭市清河区聂家满族乡	1	10	13		13
朝阳市北票市马友营蒙古族乡	1	9	11	1	10
朝阳市北票市凉水河蒙古族乡	1	6	6		6
朝阳市建平县三家蒙古族乡	1	14	19		18
朝阳市凌源县三家子蒙古族乡	1	17	45	1	44
朝阳市朝阳县松岭门蒙古族乡	1	6	19	1	18
朝阳市朝阳县乌兰河硕蒙古族乡	1	7	15		15
葫芦岛市绥中县西平坡满族乡	1	10	12	1	11
葫芦岛市绥中县范家满族乡	1	10	11	1	10
葫芦岛市绥中县高甸子满族乡	1	9	25	1	24
葫芦岛市绥中县葛家满族乡	1	10	6	1	5
葫芦岛市绥中县明水满族乡	1	8	10	1	9
葫芦岛市绥中县网户满族乡	1	14	16	1	15
葫芦岛市兴城市白塔满族乡	1	11	17		17
葫芦岛市兴城市大寨满族乡	1	3	14		14
葫芦岛市兴城市碱厂满族乡	1	7	6	1	5
葫芦岛市兴城市旧门满族乡	1	8	11		11
葫芦岛市兴城市刘台子满族乡	1	10	12		12
葫芦岛市兴城市南大山满族乡	1	15	17		17
葫芦岛市兴城市望海满族乡	1	10	10		10

卫生院（个）	村卫生室（个）	卫生人员（人）	卫生技术人员（人）	其中：执业（助理）医师（人）	乡村医生和卫生员（人）	医疗卫生机构床位数（张）	医院（张）	基层医疗卫生机构（张）	卫生院（张）
1	14	25	8	7	17	90	59	10	20
2	14	41	28	9	13	60		60	60
1	9	23	6	5	17	20		20	20
1	9	17	8	8	9	15		15	15
1	20	35	15	1	20	12		12	12
1	7	10	3	2	7	12		12	12
1	10	62	30	10	32	19		19	19
1	11	22	5	3	17	20		20	20
1	9	18	8	5	10	20		20	20
1	9	14	5	3	9	21		21	21
1	12	22	10	7	12	12		12	12
1	9	48	23	10	18	76	30	46	46
1	5	18	7	4	11	39		39	19
1	17	38	13	8	24	20		20	20
1	43	132	41	6	91	88	25	43	20
1	17	39	10	10	29	29	10	10	10
1	14	26	7	6	19	22		14	10
	11	70	5	3	65	100	80	20	
	10	35	25	6	10	65	25	40	
	24	24	15	4	9	52	50	2	
1	4	7	6	1	1	16	10	6	2
1	8	48	32	13	11	76	60	16	
1	14	31	17	2	14	41	25	16	1
2	15	28	15	6	13	30		30	30
1	13	33	20	17	13	20		20	20
	5	23	18	2	5	35	30	5	
1	10	26	16	16	10	30		20	10
1	11	18	7	3	11	14		14	10
1	16	31	15	3	16	48		48	15
1	9	15	6	6	9	50		50	37

9–1(三) 续表 4

民族乡名称	文化站（个）	村文化活动室（个）	医疗卫生机构（个）	医院（个）	基层医疗卫生机构（个）
葫芦岛市兴城市围屏满族乡	1	8	11		11
葫芦岛市兴城市羊安满族乡	1	11	14		14
葫芦岛市兴城市药王满族乡	1	11	11		11
葫芦岛市兴城市三道沟满族乡	1	11	9		9
葫芦岛市兴城市元台子满族乡	1	9	19		19
葫芦岛市建昌二道湾子蒙古族乡	1	12	13		13
吉林省	**27**	**301**	**327**	**1**	**326**
延边朝鲜族自治州珲春市三家子满族乡		8	8		8
延边朝鲜族自治州珲春市杨泡满族乡	1	7	5		5
吉林市昌邑区土城子满族朝鲜族乡	1	12	12		12
吉林市昌邑区两家子满族乡	1	13	14		14
吉林市永吉县金家满族乡	1	7	8		8
吉林市蛟河市乌林朝鲜族乡	1	20	16		16
通化市梅河口市小杨满族朝鲜族乡	1	17	16		16
通化市集安市凉水朝鲜族乡	1	10	9		9
通化市通化县金斗朝鲜族满族乡	1	5	6		6
通化市通化县大泉源满族朝鲜族乡	1	21	20		20
通化市辉南县楼街朝鲜族乡	1	12	19		19
通化市柳河县姜家店朝鲜族乡	1	10	11		11
辽源市东丰县三合满族朝鲜族乡	1	16	19	1	18
长春市双阳区双营子回族乡	1	6	6		6
长春市榆树市延和朝鲜族乡	1	1	1		1
长春市九台市胡家回族乡	1	9	9		9
长春市九台市莽卡满族乡	1	12	12		12
白城市通榆县包拉温都蒙古族乡	1	3	4		4
白城市通榆县向海蒙古族乡	1	16	18		18
白城市洮南市呼和车力蒙古族乡	1	7	7		7
白城市洮南市胡力吐蒙古族乡	1	10	11		11
白城市镇赉县哈吐气蒙古族乡	1	5	5		5
白城市镇赉县莫莫格蒙古族乡	1	13	15		15

卫生院（个）	村卫生室（个）	卫生人员（人）	卫生技术人员（人）	其中：执业（助理）医师（人）	乡村医生和卫生员（人）	医疗卫生机构床位数（张）	医院（张）	基层医疗卫生机构（张）	卫生院（张）
1	10	15	4	1	11	20		20	20
1	13	18	7	5	11	15		15	15
1	10	25	15	9	10	20		20	20
1	8	18	10	5	8	20		20	20
1	18	22	4	4	18	56		20	20
1	12	22	10	6	12	34		34	22
31	**289**	**949**	**531**	**273**	**388**	**540**		**426**	**407**
1	7	22	18	8	4	8		8	8
1	4	12	12	8	3	6		3	3
1	11	40	20	10	20	19		19	19
1	13	66	42	18	24	15		15	15
1	7	47	43	23	4	10		10	10
1	15	60	31	13	29	9		9	9
1	15	36	20	4	16	33		15	18
1	8	11	5	5	6	10		10	10
1	5	18	13	13	5	18		18	18
2	18	62	30	12	25	26		26	26
1	12	69	37	9	19	46		18	28
1	10	22	12	2	10	16		16	16
2	16	16			16	65			
1	5	53	12	6	19	12		12	12
1		4	4	2		8		8	8
1	8	30	9	4	21	36		36	20
1	11	20	25	10	15	25		25	25
1	3	9	6	3	3	5		5	5
2	16	60	34	17	16	20		20	20
1	6	24	18	9	6	14		14	8
1	10	42	21	11	21	25		25	15
1	4	13	8	6	4	10		10	10
1	14	21	11	8	10	20		20	20

9-1(三) 续表 5

民族乡名称	文化站(个)	村文化活动室(个)	医疗卫生机构(个)	医院(个)	基层医疗卫生机构(个)
白城市大安市新艾里蒙古族乡	1	5	6		6
白城市洮北区德顺蒙古族乡	1	9	21		21
松原市扶余县三骏满族蒙古族锡伯族乡	1	29	29		29
四平市公主岭市龙山满族乡	1	8	9		9
四平市双辽市那木斯蒙古族乡	1	10	11		11
黑龙江省	**110**	**354**	**422**	**14**	**405**
哈尔滨市南岗区红旗满族乡	1	8	12		12
哈尔滨市双城市乐群满族乡	1	9	5	1	4
哈尔滨市双城市同心满族乡			12	1	11
哈尔滨市双城市希勤满族乡	1	8	12	1	11
哈尔滨市双城市青岭满族乡	1	6	14		14
哈尔滨市五常市红旗满族乡	1	1	13	1	12
哈尔滨市五常市营城子满族乡	1	7	7	1	6
哈尔滨市五常市民乐朝鲜族乡	6	6	8		7
哈尔滨市尚志市河东朝鲜族乡	1	8	5		5
哈尔滨市尚志市鱼池朝鲜族乡	1	7	10		10
哈尔滨市依兰县迎兰朝鲜族乡	1	15	17		17
齐齐哈尔市梅里斯达斡尔族区莽格吐达斡尔族乡	1	3	4		4
齐齐哈尔市泰来县宁姜蒙古族乡			8		8
齐齐哈尔市泰来县胜利蒙古族乡		5	6		6
齐齐哈尔市富裕县友谊达满柯族乡	1	14	19		19
齐齐哈尔市讷河市兴旺鄂温克族乡	1	12	14		14
齐齐哈尔市富拉尔基区杜尔门沁达族乡	1	3	7		7
牡丹江市穆棱市福禄朝鲜族满族乡	1	11	7		7
牡丹江市宁安市江南朝、满族乡	1	25	27	1	26
牡丹江市宁安市卧龙朝鲜族乡	1	13	15		15
牡丹江市西安区海南朝鲜族乡	16	1	16		16
佳木斯市同江市街津口赫哲族乡	1	6	7		7
佳木斯市同江市八岔赫哲族乡	1	4	5		5
佳木斯市桦川县星火朝鲜族乡	1	15	10		10

卫生院（个）	村卫生室（个）	卫生人员（人）	卫生技术人员（人）	其中：执业（助理）医师（人）	乡村医生和卫生员（人）	医疗卫生机构床位数（张）	医院（张）	基层医疗卫生机构（张）	卫生院（张）
1	5	18	13	8	5	14		14	14
1	20	51	28	13	23	12		12	12
1	28	55	26	26	29	18		18	18
1	8	36	11	3	25	15		15	15
1	10	32	22	22	10	25		25	25
49	**360**	**1256**	**724**	**387**	**493**	**1126**	**49**	**884**	**715**
1	11	38	21	21		70		70	70
1	3	16	8	3	8	20		20	20
1	10	28	12	7	14	19		1	1
1	11	29	12	4	17	39	23	16	16
1	13	42	29	17	13	40		40	25
1	12	62	36	10	26	53		15	12
1	6	29	23	9	6	30	12	18	12
1	6	21	12	3	6	24	6	18	18
1	4	12	12	12		30		30	30
1	9	29	16	9	13	10		10	10
2	15								
1	3	14	10	6	4	14			
1	7	20	13		7	20		20	20
1	5	17	12		5	14		14	14
	19	66	26	26	40	38		38	
2	12	35	20	17	15	25		25	25
	7	21	7	14	14	40		7	7
1	6	13	7	4	6	20		20	20
1	26	78	26	5	52	51		31	20
1	14	28	14	6	14	47		29	18
1	15	23	5		18	18		18	18
1	6	20	14	5	6	8		8	8
1	4	16	13	6	3	10		10	10
1	9	18	12	9	6	21		9	12

9-1(三) 续表 6

民族乡名称	文化站（个）	村文化活动室（个）	医疗卫生机构（个）	医院（个）	基层医疗卫生机构（个）
佳木斯市汤原县汤旺朝鲜族乡	7	6	4		4
大庆市肇源县超等蒙古族乡	1	7	8		8
大庆市肇源县浩德蒙古族乡	1	5	6		6
大庆市肇源县义顺蒙古族乡	1	7	8		8
黑河市逊克县新鄂鄂伦春族乡	1	4	5		5
黑河市逊克县新兴鄂伦春族乡	1	4	2		2
黑河市爱辉区新生鄂伦春族乡	1	3	3		3
黑河市爱辉区四嘉子满族乡	7	6	7		7
黑河市爱辉区坤河达斡尔族满族乡	1		6		6
黑河市北安市主星朝鲜族乡	1	4	3		3
黑河市孙吴县沿江达斡尔族满族乡	1	8	10		9
绥化市北林区兴和朝鲜族乡	1	2	1		1
绥化市北林区红旗满族乡	24	17	10	6	3
绥化市望奎县厢白满族乡	1	7	8		8
绥化市望奎县灵山满族乡	1	5	6	1	5
伊春市铁力市年丰朝鲜族乡	1	8	15		15
鹤岗市萝北县东明朝鲜族乡	1	7	5		5
鹤岗市绥滨县福兴满族乡	1	1	4		4
大兴安岭地区呼玛县白银纳鄂伦春族乡	1	6	4		4
大兴安岭地区塔河县十八站鄂伦春族乡	1	6	4		4
双鸭山市饶河县四排赫哲族乡	1	4	1		1
双鸭山市友谊县成富朝鲜族满族乡	1	1	3		3
七台河市勃利县杏树朝鲜族乡	1	11	10		10
七台河市勃利县吉兴朝鲜族、满族乡	1	3	14		14
鸡西市密山市和平朝鲜族乡	1	12	1		1
鸡西市鸡东县鸡林朝鲜族乡	1	8	1		1
鸡西市鸡东县明德朝鲜族乡	1	8	6	1	5
鸡西市城子河区永丰朝鲜族乡	7	7	7		7
江苏省	**1**	**8**	**9**		**9**
扬州市高邮市菱塘回族乡	1	8	9		9

卫生院（个）	村卫生室（个）	卫生人员（人）	卫生技术人员（人）	其中：执业（助理）医师（人）	乡村医生和卫生员（人）	医疗卫生机构床位数（张）	医院（张）	基层医疗卫生机构（张）	卫生院（张）
1	3	18	16	16	2	20		20	20
1	7	22	6	4	16	12		12	12
1	5	23	7	3	16	20		20	20
1	7	31	22	17	9	5		5	5
1	4	14	10	6	4	5		5	5
1	1	10	6	5	4	5	1	3	3
1	2	10	8	8	2	4		4	4
1	6	15	9	2	6	5		5	5
1	5	12	6	3	6	4		4	4
1	2	6	6	3		12	4	8	8
1	8	17	8	3	6	8		8	8
	1	14	14	3		24		24	24
1		39	29	2	4	15	1	3	1
1	7	34	24	17	10	25		25	25
1	5	44	17	11	19	25		25	25
1	14	35	21	10	14	20		20	20
1	4	12	10	4	2	10		10	10
1	3	6	3	3	3	9		9	9
1	3	11	8	3	2	10		10	10
1	3	41	40	19	1	41	1	40	40
1		4	4	1	1	4		4	4
1	2	6	6			10		10	
1	9	33	18	18	15	32		32	12
1	13	48	21	21	27	50		50	24
	1	30	19	8	11	30		30	
1		3	2	2	1	16		16	16
1	5	15	10	2	5	30	1	1	1
	7	28	14		14	14		14	14
1	**8**	**65**	**52**	**34**	**13**	**44**		**44**	**32**
1	8	65	52	34	13	44		44	32

9-1(三) 续表 7

民族乡名称	文化站(个)	村文化活动室(个)	医疗卫生机构(个)	医院(个)	基层医疗卫生机构(个)
浙江省	**22**	**88**	**66**		**66**
金华市兰溪市水亭畲族乡	1	19	20		20
衢州市龙游县沐尘畲族乡	1	10	8		8
丽水市莲都区丽新畲族乡	1	9	5		5
丽水市龙泉市竹垟畲族乡	1	8	3		3
丽水市云和县雾溪畲族乡	1	2	1		1
丽水市云和县安溪畲族乡	1	3	1		1
丽水市遂昌县三仁畲族乡	8	8	8		8
丽水市松阳县板桥畲族乡	1	5	2		2
杭州市桐庐县莪山畲族乡	1	7	8		8
温州市平阳县青街畲族乡	1		3		3
温州市苍南县岱岭畲族乡	1	5	1		1
温州市苍南县凤阳畲族乡	1	5	2		2
温州市文成县周山畲族乡	2	6	2		2
温州市泰顺县竹里畲族乡	1	1	2		2
安徽省	**9**	**67**	**76**	**3**	**73**
淮南市谢家集区孤堆回族乡	1	8	9		9
合肥市肥东县牌坊回族满族乡	1	11	12		12
滁州市定远县二龙回族乡	1	5	6		6
淮南市凤台县李冲回族乡	1	6	8	1	7
淮南市潘集区古沟回族乡	1	12	13	1	12
六安市寿县陶店回族乡	1	4	5		5
宣城市宁国市云梯畲族乡	1	4	5		5
蚌埠市五河县临北回族乡	1	11	11		11
阜阳市颍上县赛涧回族乡	1	6	7	1	6
福建省	**21**	**326**	**328**	**2**	**326**
福州市罗源县霍口畲族乡	1	24	14		14
福州市连江县小沧畲族乡	1	5	4		4
宁德市福安市坂中畲族乡	1	19	24		24
宁德市福安市康厝畲族乡	2	32	24		24

卫生院（个）	村卫生室（个）	卫生人员（人）	卫生技术人员（人）	其中：执业（助理）医师（人）	乡村医生和卫生员（人）	医疗卫生机构床位数（张）	医院（张）	基层医疗卫生机构（张）	卫生院（张）
15	**51**	**174**	**123**	**76**	**34**	**39**		**31**	**39**
1	19	25	20	15	5	8		8	8
2	6	18	12	7	6				
1	4	18	14	9	4				
1	2	7	5	2	2	2		2	2
1		4	3	2					
1		5	3	3					
1	7	19	8	5	11	8			8
1	1	7	6	6	1				
1	7	29	18	10	1	10		10	10
1	2	14	13	7	1	2		2	2
1		8	7	3					
1	1	10	9	4	1				
1	1	6	2	2	2	6		6	6
1	1	4	3	1		3		3	3
9	**64**	**276**	**119**	**64**	**157**	**405**	**30**	**375**	**355**
1	8	20	6	6	14	20		20	20
1	11	49			49	200		200	200
1	5	29	19	8	10	20		20	20
1	6	35	12	1	23	14		14	14
1	11	34	20	18	14	66	30	36	30
1	4	21	15	8	6	20		20	20
1	4	12	8	3	4	6		6	6
1	10	34	15	7	19	15		15	15
1	5	42	24	13	18	44		44	30
18	**308**	**980**	**600**	**203**	**380**	**474**	**133**	**341**	**341**
1	13	31	17	2	14	15		15	15
1	3	18	15	4	3	10		10	10
1	23	73	48	23	25	45		45	45
1	23	52	29	8	23	5		5	5

9-1(三) 续表 8

民族乡名称	文化站（个）	村文化活动室（个）	医疗卫生机构（个）	医院（个）	基层医疗卫生机构（个）
宁德市福安市穆云畲族乡	1	33	23	1	22
宁德市霞浦县盐田畲族乡	1	22	17		17
宁德市霞浦县崇儒畲族乡	1	27	15		15
宁德市霞浦县水门畲族乡	1	23	12		12
宁德市蕉城区金涵畲族乡	1	18	31	1	30
宁德市福鼎市硖门畲族乡	1	10	12		12
宁德市福鼎市佳阳畲族乡	2	12	10		10
漳州市漳浦县赤岭畲族乡	1	10	11		11
漳州市漳浦县湖西畲族乡	1	10	11		11
漳州市龙海市隆教畲族乡	1	10	31		31
三明市永安市青水畲族乡	1	22	22		22
三明市宁化县治平畲族乡	1	12	13		13
龙岩市上杭县官庄畲族乡	1	18	22		22
龙岩市上杭县庐丰畲族乡	1	14	26		26
泉州市惠安县百崎回族乡	1	5	6		6
江西省	**12**	**72**	**85**		**85**
鹰潭市贵溪樟坪畲族乡	5	5	4		4
上饶市铅山县太源畲族乡	1	4	4		4
上饶市铅山县篁碧畲族乡	1	4	5		5
吉安市永丰县龙冈畲族乡	1	11	15		15
赣州市南康赤土畲族乡	1	18	23		23
吉安市青原区东固畲族乡	1	15	19		19
抚州市乐安县金竹畲族乡	1	10	12		12
吉安市峡江县金坪民族乡	1	5	3		3
河南省	**12**	**93**	**106**	**1**	**105**
郑州市荥阳市金寨回族乡	1	2	3		3
商丘市民权县伯党回族乡	1	9	10		10
商丘市民权县胡集回族乡	1	13	14		14
平顶山市叶县马庄回族乡	1	8	9	1	8
平顶山市郏县姚庄回族乡	1	6	7		7

卫生院（个）	村卫生室（个）	卫生人员（人）	卫生技术人员（人）	其中：执业（助理）医师（人）	乡村医生和卫生员（人）	医疗卫生机构床位数（张）	医院（张）	基层医疗卫生机构（张）	卫生院（张）
	22	55	21	6	34	65	65		
1	16	53	30	3	23	12		12	12
1	14	49	38	9	11	31		31	31
1	11	39	28	7	11	20		20	20
1	29	136	102	41	34	78	68	10	10
1	11	40	16	6	24	10		10	10
1	9	30	18	6	12	15		15	15
1	10	41	31	11	10	15		15	15
1	10	60	38	13	22	18		18	18
1	30	56	33	9	23	20		20	20
1	21	34	14	8	20	20		20	20
1	12	32	15	4	17	15		15	15
1	21	77	46	18	31	30		30	30
1	25	64	38	14	26	35		35	35
1	5	40	23	11	17	15		15	15
9	**76**	**277**	**162**	**71**	**116**	**270**		**270**	**250**
1	3	6	1	1	5	9		9	9
1	3	7	4	2	3	12		12	12
1	4	11	10	4	1	15		15	15
1	14	63	41	23	22	32		32	32
1	22	78	46	17	27	70		70	70
1	18	40	12	12	30	78		78	78
2	10	59	36	9	27	42		42	22
1	2	13	12	3	1	12		12	12
11	**93**	**386**	**253**	**128**	**128**	**435**	**38**	**351**	**272**
1	2	22	13	7	4	25		25	15
1	9	24	14	9	10	32		32	32
1	13	51	44	37	7	66		66	40
	8	32	22	5	10	54	38	16	
1	6	22	16	2	6	26			

9-1(三) 续表 9

民族乡名称	文化站(个)	村文化活动室(个)	医疗卫生机构(个)	医院(个)	基层医疗卫生机构(个)
新乡市封丘县荆乡回族乡	1	5	6		6
许昌市许昌县艾庄回族乡	1	9	11		11
许昌市禹州市山货回族乡	1	6	7		7
南阳市镇平县郭庄回族乡	1	9	9		9
南阳市方城县袁店回族乡	1	9	11		11
驻马店市西平县蔡寨回族乡	1	6	7		7
洛阳市瀍河回族区瀍河回族乡	1	11	12		12
湖北省	**10**	**145**	**158**	**1**	**156**
荆门市钟祥市九里回族乡	1	9	10		10
荆州市洪湖市老湾回族乡	1	7	8		8
荆州市松滋市卸甲坪土家族乡	1	8	9		9
宜昌市宜都市潘家湾土家族乡	1	9	10		9
十堰市郧西县湖北口回族乡	1	17	19		19
恩施土家族苗族自治州恩施市芭蕉侗族乡	1	18	23		23
恩施土家族苗族自治州宣恩县长潭河侗族乡	1	17	31	1	30
恩施土家族苗族自治州宣恩县晓关侗族乡	1	42	33		33
神农架林区下谷坪土家族乡	1	6	5		5
恩施土家族苗族自治州鹤峰县铁炉白族乡	1	12	10		10
湖南省	**168**	**941**	**1094**	**7**	**1052**
怀化市辰溪县罗子山瑶族乡	1	8	1		1
怀化市辰溪县苏木溪瑶族乡	1	10	1	1	1
怀化市辰溪县上蒲溪瑶族乡	1	8	9		9
怀化市辰溪县后塘瑶族乡	1	12	18		13
怀化市辰溪县仙人湾瑶族乡	1	16	29		29
怀化市洪江市深渡苗族乡	1	9	10		10
怀化市洪江市龙船塘瑶族乡	1	7	8		
怀化市会同县炮团侗族苗族乡	1	8	1		1
怀化市会同县宝田侗族苗族乡	1	6	11		11
怀化市会同县蒲稳侗族苗族乡	1	6	7		7
怀化市会同县金子岩侗族苗族乡	1	26	29		29

卫生院（个）	村卫生室（个）	卫生人员（人）	卫生技术人员（人）	其中：执业（助理）医师（人）	乡村医生和卫生员（人）	医疗卫生机构床位数（张）	医院（张）	基层医疗卫生机构（张）	卫生院（张）
1	5	25	20	20	5	35		35	30
1	9	40	22	8	18	20		20	20
1	6	25	19	6	6	20		20	20
1	8	33	25	8	8	47		27	40
1	10	64	37	17	27	65		65	30
1	6	36	20	8	16	25		25	25
1	11	12	1	1	11	20		20	20
10	**148**	**661**	**468**	**177**	**197**	**550**		**550**	**487**
1	9	33	24	11	9	48		48	30
1	7	35	14	9	10	25		25	25
1	8	39	23	8	10	20		20	20
1	9	40	38	14	14	32		32	32
1	18	49	47	18	14	50		50	50
1	22	158	98	40	60	165		165	120
1	30	95	60	26	32	60		60	60
1	32	153	118	32	35	95		95	95
1	4	17	13	7	4	20		20	20
1	9	42	33	12	9	35		35	35
120	**1034**	**2822**	**1849**	**792**	**993**	**3057**	**78**	**2765**	**2616**
1	9	16	7	3	9	16		16	16
1	10	22	22	2	12	15	15	15	15
1	8	18	7	3	11	12		12	12
1	12	36	23	11	13	20		20	20
1	28	48	24	6	22	25		25	25
1	9	22	15	6	7	25		25	25
1	7	21	15	1	6	33		33	27
1	10	28	18	6	10	28		28	28
1	10	13	13	6	7	20		20	20
1	6	21	14	7	9	33		12	21
3	26	91	65	30	26	94		94	94

9-1(三) 续表 10

民族乡名称	文化站(个)	村文化活动室(个)	医疗卫生机构(个)	医院(个)	基层医疗卫生机构(个)
怀化市会同县漠滨侗族苗族乡	1				
怀化市会同县青朗侗族苗族乡	1	13	19		19
怀化市沅陵县二酉苗族乡	1	30	34		34
怀化市沅陵县火场土家族乡	1	6	7		7
怀化市中方县蒿吉坪瑶族乡	1	6	8	1	7
怀化市通道侗族自治县大高坪苗族乡	1	4	1	1	1
怀化市新晃侗族自治县步头降苗族乡	1	7	4		3
怀化市新晃侗族自治县米贝苗族乡	1	8	8		8
邵阳市绥宁县河口苗族乡	1	10	12		12
邵阳市绥宁县麻塘苗族乡	1	13	15		15
邵阳市绥宁县东山侗族乡		12	13		12
邵阳市绥宁县鹅公岭侗族苗族乡	1	11	12		12
邵阳市绥宁县寨市苗族侗族乡	1	27	30		30
邵阳市绥宁县乐安铺苗族侗族乡	1	8	9		9
邵阳市绥宁县关峡苗族乡		9	13		13
邵阳市绥宁县长铺子苗族乡	1	29	32		29
邵阳市隆回县山界回族乡	1	16	16		16
邵阳市隆回县虎形山瑶族乡	1	12	13		13
邵阳市洞口县那溪瑶族乡	1	12	13		13
邵阳市洞口县大屋瑶族乡	1	7	8	1	7
邵阳市洞口县长塘瑶族乡		6	7		7
邵阳市新宁县黄金瑶族乡	1	11	14		13
邵阳市新宁县麻林瑶族乡	1	11	13		13
永州市蓝山县荆竹瑶族乡	1	6	4		4
永州市蓝山县湘江源瑶族乡	6	5	1		1
永州市蓝山县浆洞瑶族乡	1	6	7		1
永州市蓝山县汇源瑶族乡	1	5	6		6
永州市蓝山县犁头瑶族乡	1	4	3		3
永州市蓝山县大桥瑶族乡	7	7	10		10
永州市江永县松柏瑶族乡	1	14	16		16

卫生院（个）	村卫生室（个）	卫生人员（人）	卫生技术人员（人）	其中：执业（助理）医师（人）	乡村医生和卫生员（人）	医疗卫生机构床位数（张）	医院（张）	基层医疗卫生机构（张）	卫生院（张）
1	7	33	21	8	11	42		42	42
2	17	70	61	43	14	69		69	69
3	31	61	39	21	21	138		138	77
1	6	10	7	3	3	14		14	14
1	6	12	7	1	5	12	1	1	1
1	4	16	6	2	10	48	8	40	40
1	3	21	16	4	5	28		28	28
1	7	16	10	8	7	40	40		
2	10	29	19	9	10	28		28	25
2	13	53	23	13	11	21		21	21
1	12	37	22	6	15	42		42	28
1	10	21	10	3	11	30		30	20
3	27	61	45	18	16	68		68	30
1	8	17	10	4	7	10		10	10
1	12	40	17	3	23	28		28	10
3	29	81	52	28	29	56		29	27
1	15	53	35	17	18	20		20	20
1	12	27	12	7	15	20		20	20
1	12	23	10	5	13	15		15	15
1	7	16	8	3	8	12	4	8	4
1	6	14	10	5	4	10		10	10
1	13	33	20	6	13	23		13	10
1	12	31	20	11	11	13		13	13
1	3	4	1	3	3	5		5	5
1	5	9	7	6	2	3		3	1
1	6	14	8	3	6	8		8	8
1	5	7	4	2	3	2		1	1
1	2	8	6	2	2	2		2	2
1	9	24	15	9	9	10		10	10
2	14	68	54	20	14	48		48	48

9-1(三) 续表 11

民族乡名称	文化站（个）	村文化活动室（个）	医疗卫生机构（个）	医院（个）	基层医疗卫生机构（个）
永州市江永县千家洞瑶族乡	1	12	15		15
永州市江永县兰溪瑶族乡	1	6	7		7
永州市江永县源口瑶族乡	1	12	23		23
永州市宁远县九疑瑶族乡	1	21	24		24
永州市宁远县棉花坪瑶族乡	1	5	6		6
永州市宁远县桐木漯瑶族乡	6	6	1		1
永州市宁远县五龙山瑶族乡	1	11	14		2
永州市道县横岭瑶族乡	1	8	1		1
永州市道县洪塘营瑶族乡	1	10	2		2
永州市道县审章塘瑶族乡	15	14	16		16
永州市祁阳县晒北滩瑶族乡	1	9	9		9
永州市新田县门楼下瑶族乡	1	13	14	1	13
永州市双牌县上梧江瑶族乡	1	13	11		11
永州市江华瑶族自治县小圩壮族乡	1	21	22		22
张家界市桑植县刘家坪白族乡	1	6	7		7
张家界市桑植县马合口白族乡	1	9	9		9
张家界市桑植县走马坪白族乡	1	15	15		15
张家界市桑植县芙蓉桥白族乡	1	3	11		11
张家界市桑植县洪家关白族乡	1	23	27	1	26
张家界市慈利县三官寺土家族乡	1	17	17		17
张家界市慈利县高峰土家族乡	1	16	17		17
张家界市慈利县金岩土家族乡	1	12	13		13
张家界市慈利县许家坊土家族乡	1	10	12		12
张家界市慈利县阳和土家族乡	1	10	11		11
张家界市慈利县甘堰土家族乡	1	20	22		22
张家界市慈利县赵家岗土家族乡	1	12	12		12
郴州市桂阳县白水瑶族乡	16	16	19		19
郴州市北湖区保和瑶族乡	1	11	13		13
郴州市北湖区仰天湖瑶族乡	1	6	17		17
郴州市宜章县莽山瑶族乡	7	7	7		7

卫生院（个）	村卫生室（个）	卫生人员（人）	卫生技术人员（人）	其中：执业（助理）医师（人）	乡村医生和卫生员（人）	医疗卫生机构床位数（张）	医院（张）	基层医疗卫生机构（张）	卫生院（张）
1	14	58	32	9	26	15		15	15
1	6	21	13	6	8	22		22	22
1	22	36	14	5	22	30		30	30
3	21	48	27	9	21	12		12	12
1	5	10	6	2	4	10		10	10
1	5	15	10		5				
2	12	24	13	4	11				
1	8	24	16	11	8	20		20	20
1	10	40	25	8	10	60		50	50
2	14	55	36	10	19	99		14	85
1	8	14	6	3	8	23		23	15
1	13	12	10	2	18	23	10	13	10
2	9	23	18	10	5	26		26	26
1	21	36	15	11	21	16		16	16
1	6	20	20	3	20	20		10	10
3	6	32	24	6	8	35		35	35
2	13	22	9	6	13	28		28	
3	8	35	24	9	11	9		9	9
1	25	47	40	14	13	48		48	48
1	16	33	23	7	10	25		25	25
1	16	19	16	7	1	20		20	20
1	12	21	13	7	8	37		37	25
1	11	57	41	13	16	32		32	32
1	10	36	30	9	6	45		20	25
2	20	54	34	16	20	40		40	40
1	11	17	14	5	8	10		10	10
3	16	22	6	6	16	25		25	25
2	11	25	18	17	7	28		28	28
3	14	56	48	12	8	32		32	32
1	6	41	35	5	6	21		21	15

9-1(三) 续表 12

民族乡名称	文化站（个）	村文化活动室（个）	医疗卫生机构（个）	医院（个）	基层医疗卫生机构（个）
郴州市汝城县文明瑶族乡	1	36	43		43
郴州市汝城县延寿瑶族乡	1	17	19		19
郴州市临武县西山瑶族乡	13	13	13		13
郴州市资兴市回龙山瑶族乡	12	11	14		14
郴州市资兴市八面山瑶族乡	15	15	16		16
常德市鼎城区许家桥回族维吾尔族乡	1	1	30		30
常德市汉寿县毛家滩回族维吾尔族乡	1	6	13	1	12
常德市桃源县枫树维吾尔族回族乡	1	12	13		13
常德市桃源县青林回族维吾尔族乡	1	13	28		28
株洲市炎陵县中村瑶族乡	1	12	16		16
衡阳市常宁市塔山瑶族乡	1	11	13		13
益阳市桃江县鲊埠回族乡	1	9	10		10
广东省	**7**	**91**	**64**		**63**
惠州市龙门县蓝田瑶族乡	1	7	8		8
清远市连州市三水瑶族乡	1	4	5		5
清远市连州市瑶安瑶族乡	1	40	11		11
清远市阳山县秤架瑶族乡	1	10	11		11
肇庆市怀集县下帅壮族瑶族乡	1	16	12		12
韶关市始兴县深渡水瑶族乡	1	4	5		5
河源市东源县漳溪畲族乡	1	10	12		11
广西壮族自治区	**68**	**568**	**687**	**3**	**655**
梧州市蒙山县长坪瑶族乡	1	6	7		7
梧州市蒙山县夏宜瑶族乡	1	5	5		
贺州市八步区黄洞瑶族乡	1	4	5		5
贺州市平桂管理区大平瑶族乡	1	6	6		6
贺州市昭平县仙回瑶族乡	1	6	8		8
贺州市钟山县两安瑶族乡	1	6	8		8
贺州市钟山县花山瑶族乡	1	6	6		6
贵港市平南县马练瑶族乡	1	12	13		13
贵港市平南县国安瑶族乡	1	10	11		11

卫生院（个）	村卫生室（个）	卫生人员（人）	卫生技术人员（人）	其中：执业（助理）医师（人）	乡村医生和卫生员（人）	医疗卫生机构床位数（张）	医院（张）	基层医疗卫生机构（张）	卫生院（张）
3	40	110	70	24	40	90		90	90
2	17	36	19	13	17	41		41	41
1	12	29	21	4	8	40		40	3
2	12	21	12	7	9	19		19	19
1	15	15	13	7	2	14		14	14
2	28	68	40	40	28	141		141	141
1	12	35	1	10	12	51		51	51
1	12	56	44	26	12	55		55	55
2	26	154	128	42	26	500		500	500
3	13	31	20	4	11	24		24	24
2	11	22	9	8	11	46		46	46
1	9	47	38	21	9	39		9	30
7	**56**	**177**	**123**	**49**	**55**	**122**	**7**	**105**	**105**
1	7	35	28	10	7	37	7	30	30
1	4	14	11	3	3	8		8	8
1	10	18	6	6	12	16		6	10
1	10	28	18	10	10	19		19	19
1	11	28	17	8	11	7		7	7
1	4	17	16	6	2	5		5	1
1	10	37	27	6	10	30		30	30
86	**594**	**2650**	**1886**	**574**	**746**	**1994**	**147**	**1896**	**1960**
1	6	23	15	3	8	13		13	13
1	4	16	12	2	4	5		5	5
1	4	62	31	5	31	37	1	1	1
1	5	37	34	10		25		25	25
1	7	22	14	6	8	20		20	20
1	7	30	24	9	6	30		30	30
1	5	23	19	3	4	9		9	9
1	12	68	46	17	22	60		60	60
1	10	51	39	9	12	39		39	39

9-1(三) 续表 13

民族乡名称	文化站（个）	村文化活动室（个）	医疗卫生机构（个）	医院（个）	基层医疗卫生机构（个）
防城港市上思县南屏瑶族乡	1	9	10		10
防城港市防城区十万山瑶族乡	1	5	1		1
南宁市马山县古寨瑶族乡	1	9	10		10
南宁市马山县里当瑶族乡	1	10	10		10
南宁市上林县镇圩瑶族乡	1	11	11		11
柳州市三江侗族自治县同乐苗族乡	1	19	22	1	1
柳州市三江侗族自治县福禄苗族乡	4	15	16		16
柳州市三江侗族自治县高基瑶族乡	1	8	8		8
柳州市融水苗族自治县滚贝侗族乡	1	11	12		12
柳州市融水苗族自治县同练瑶族乡	1	6	7		7
柳州市柳城县古砦仫佬族乡	1	14	13		13
桂林市临桂县宛田瑶族乡			18	1	16
桂林市临桂县黄沙瑶族乡	1	5	6		6
桂林市灵川县大境瑶族乡	1	10	17		17
桂林市灵川县兰田瑶族乡	1	3	4		4
桂林市全州县蕉江瑶族乡	1	8	11		11
桂林市全州县东山瑶族乡			17		17
桂林市兴安县华江瑶族乡	1	8	20		18
桂林市灌阳县洞井瑶族乡	1	9	10		10
桂林市灌阳县西山瑶族乡	1	10	11		11
桂林市资源县车田苗族乡	1	12	23	1	22
桂林市资源县两水苗族乡	1	6	7		7
桂林市资源县河口瑶族乡	1	6	7		7
桂林市平乐县大发瑶族乡	1	10	10		10
桂林市荔浦县蒲芦瑶族乡	9	9	11		11
桂林市雁山区草坪回族乡	1	4	4		4
百色市右江区汪甸瑶族乡	1	13	16		15
百色市田东县作登瑶族乡	1	21	22		22
百色市田林县潞城瑶族乡	1	19	21		21
百色市田林县利周瑶族乡	1	9	10		10

卫生院（个）	村卫生室（个）	卫生人员（人）	卫生技术人员（人）	其中：执业（助理）医师（人）	乡村医生和卫生员（人）	医疗卫生机构床位数（张）	医院（张）	基层医疗卫生机构（张）	卫生院（张）
1	9	35	22	4	9	16		16	16
1	5	18	13	2	5	8		8	8
1	9	54	44	13	10	60		60	60
1	9	43	33	9	10	60		60	60
1	10	71	49	22	14	88		88	88
1	19	78	52	12	26	74	48	26	48
15	1	68	55	4	13			50	50
1	7	26	20	6	6	10		10	10
1	11	13	30	6	11	30		30	30
1	6	39	12		12	48		48	48
1	12	69	56	13	8	61		61	61
1	15	52	30	10	22	12		12	12
1	5	14	10	5	4	4		4	4
1	16	48	28	4	18	15		15	15
1	3	20	17	7	3	16		16	16
4	7	26	18	12	8	20		20	20
1	16	56	31	29	25	17		23	23
1	17	24	24	5	20	25		25	25
1	9	23	14	2	9			27	27
1	10	48	27	6	21	26		26	26
1	15	36	36	16	28	48	48	48	48
1	6	18	15	2	10	13		13	13
1	6	16	8	3	8	6		6	6
1	9	41	26	8	7	35	35	35	35
1	10	28	16	7	9	16		16	16
1	3	21	15	2	6	13	3	10	10
2	13	92	56	17	13	75		75	75
1	21	82	59	17	23	48		48	48
2	19	72	53	10	19	37		37	37
1	9	46	37	10	9	35		35	35

9-1(三) 续表 14

民族乡名称	文化站（个）	村文化活动室（个）	医疗卫生机构（个）	医院（个）	基层医疗卫生机构（个）
百色市田林县八桂瑶族乡	1	12	14		14
百色市田林县八渡瑶族乡	1	17	19		19
百色市凌云县伶站瑶族乡	1	9	10		10
百色市凌云县朝里瑶族乡	1	6	7		7
百色市凌云县沙里瑶族乡	1	12	12		12
百色市凌云县玉洪瑶族乡	1	18	18		18
百色市西林县足别瑶族苗族乡	1	6	7		7
百色市西林县普合苗族乡	1	7	7		7
百色市西林县那佐苗族乡	1	18	18		18
河池市南丹县八圩瑶族乡	1	15	17		17
河池市南丹县里湖瑶族乡	1	13	14		14
河池市南丹县中堡苗族乡	1	6	7		7
河池市天峨县八腊瑶族乡	1	9	12		12
河池市凤山县平乐瑶族乡	1	10	11		11
河池市凤山县江洲瑶族乡	1	7	10		10
河池市凤山县金牙瑶族乡	1	12	14		14
河池市东兰县三弄瑶族乡	1	5	6		6
河池市环江毛南族自治县驯乐苗族乡	1	12	13		13
河池市宜州市北牙瑶族乡	1	19	21		21
河池市宜州市福龙瑶族乡	1	15	16		16
重庆市	**18**	**92**	**115**		**113**
奉节县云雾土家族乡	1	3	4		4
奉节县长安土家族乡	1	8	9		9
奉节县龙桥土家族乡	1	6	7		7
奉节县太和土家族乡	1	6	7		7
万州区恒合土家族乡	1	13	15		15
万州区地宝土家族乡	1	4	5		5
云阳县清水土家族乡	1	14	18		16
巫山县红椿土家族乡	5		6		6
巫山县邓家土家族乡	1	5	7		7

卫生院（个）	村卫生室（个）	卫生人员（人）	卫生技术人员（人）	其中：执业（助理）医师（人）	乡村医生和卫生员（人）	医疗卫生机构床位数（张）	医院（张）	基层医疗卫生机构（张）	卫生院（张）
2	12	47	31	12	12	39		39	39
2	17	50	25	10	17	45		45	45
1	9	51	42	9	9	23		23	23
1	6	26	5	5	6	12		12	12
1	11	56	46	8	10			22	22
2	16	68	53	7	15	42		11	31
1	6	30	24	2	6	12		12	12
1	6	15	9	2	6	17		17	17
2	18	64	45	20	16	61		16	61
1	16	28	22	22	6	44		16	28
1	13	52	45	15	7	21		21	21
1	6	16	10	6	6	16		16	10
3	9	73	55	15	18	77		77	77
1	10	55	39	32	16	62		62	62
1	9	36	31	8	5	34		34	34
2	12	78	23	19	55	98		98	69
1	5	23	18	2	5	8		8	8
1	12	72	55	22	17	34	12	22	22
2	19	141	123	18	18	140		140	140
1	15	60	45	13	15	55		55	55
15	**98**	**371**	**258**	**104**	**109**	**382**		**378**	**334**
1	3	12	9	2	2	10		10	10
1	8	27	19	4	8	25		25	25
1	6	23	17	3	6	30		30	30
1	6	29	20	5	9	40		40	40
1	14	71	46	35	25	65		65	35
1	4	26	19	7	4	19		15	15
2	14	47	33	16	14	63		63	49
1	5	23	18	5	5	19		19	19
1	6	8	2	2	6	8		8	8

9-1(三) 续表 15

民族乡名称	文化站（个）	村文化活动室（个）	医疗卫生机构（个）	医院（个）	基层医疗卫生机构（个）
忠县磨子土家族乡	1	8	10		10
武隆区石桥苗族土家族乡	1	7	7		7
武隆区文复苗族土家族乡	1	6	7		7
武隆区后坪苗族土家族乡	1	6	6		6
武隆区浩口苗族仡佬族乡	1	6	7		7
四川省	**190**	**472**	**698**	**43**	**646**
甘孜藏族自治州九龙县子耳彝族乡	1	5	7		7
甘孜藏族自治州九龙县小金彝族乡	1	3	4		4
甘孜藏族自治州九龙县朵落彝族乡	1	3	4		4
阿坝藏族羌族自治州松潘县十里回族乡	1	7	7		7
攀枝花市仁和区大龙潭彝族乡	1		12		12
攀枝花市仁和区啊喇彝族乡	1		7		7
攀枝花市米易县麻陇彝族乡		6	7		7
攀枝花市米易县白坡彝族乡	7	7	13		13
攀枝花市米易县湾丘彝族乡	7	6	8		8
攀枝花市米易县新山傈僳族乡	1	4	6		6
攀枝花市盐边县红果彝族乡	11	14	37	12	25
攀枝花市盐边县温泉彝族乡	1	5	6	6	1
攀枝花市盐边县格萨拉彝族乡	7	6	8	7	1
攀枝花市盐边县红宝苗族彝族乡	5	15	11	6	5
泸州市叙永县白蜡苗族乡	1	7	9		9
泸州市叙永县合乐苗族乡	1	5	6		6
泸州市叙永县枧槽苗族乡	1	6	8	1	7
泸州市叙永县石厢子彝族乡	1	5	6	1	5
泸州市叙永县水潦彝族乡	1	10	11	1	10
泸州市古蔺县箭竹苗族乡	9	8	9		9
泸州市古蔺县大寨苗族乡	1	3	7		7
泸州市古蔺县马嘶苗族乡	1	6	11		11
广元市青川县蒿溪回族乡	3	4	8	1	7
广元市青川县大院回族乡	1		8		8

卫生院（个）	村卫生室（个）	卫生人员（人）	卫生技术人员（人）	其中：执业（助理）医师（人）	乡村医生和卫生员（人）	医疗卫生机构床位数（张）	医院（张）	基层医疗卫生机构（张）	卫生院（张）
1	9	46	37	11	9	70		70	70
1	6	16	10	4	6	12		12	12
1	6	15	9	2	6	8		8	8
1	5	19	14	5	5	7		7	7
1	6	9	5	3	4	6		6	6
104	**577**	**1751**	**985**	**473**	**742**	**1452**	**181**	**1166**	**1107**
1	6	11	5	1	6	5			
1	3	6	3	2	3	5			
1	3	7	4		3	5			
1	6	14	8	3	6	2		2	2
1	11	40	30	7	10	25		24	24
1	6	21	17	7	4	23		23	23
1	6	19	11	11	8	8		8	8
1	12	31	18	7	13	15		15	15
1	7	25	16	16	9	25		25	25
1	5	34	27	10	7	11		11	11
11	14	24	10	11	14	8		8	6
	1	18	16	7	2	5		5	5
6	11	51	11	11	40	20		20	20
1	5	15	5	10	10	6		6	6
1	8	40	26	7	14	50		50	50
1	5	12	6	6	6	30		30	30
1	6	30	17	9	13	35		13	3
1	4	31	22	7	9	35	35		
1	9	20	10	8	10	90	45	36	9
1	8	38	30	15	8	30		30	30
1	6	23	5	6	3	25		25	25
1	10	28	17	1	13	20		19	19
1	6	14	7	4	7	6		6	6
1	7	5	5	5	7	4		4	4

9-1(三) 续表 16

民族乡名称	文化站(个)	村文化活动室(个)	医疗卫生机构(个)	医院(个)	基层医疗卫生机构(个)
乐山市金口河区和平彝族乡	1	5	6		6
乐山市金口河区共安彝族乡	1	7	17	1	8
南充市阆中市博树回族乡	1	5	6		6
宜宾市筠连县高坪苗族乡	1	5	6	1	5
宜宾市筠连县联合苗族乡	1	5	6		6
宜宾市筠连县团林苗族乡	1	6	6		6
宜宾市屏山县屏边彝族乡		5	7	1	6
宜宾市屏山县清平彝族乡	1	6	7	1	6
宜宾市兴文县大坝苗族乡	16	17	23		23
宜宾市兴文县大河苗族乡	1	14	42		42
宜宾市兴文县麒麟苗族乡	1	16	48		48
宜宾市兴文县仙峰苗族乡	8	8	14		14
宜宾市珙县罗渡苗族乡	6	6	15		15
宜宾市珙县玉和苗族乡	1	4	6		6
宜宾市珙县观斗苗族乡	1	4	5		5
雅安市汉源县小堡藏族彝族乡	1	2	3		3
雅安市汉源县坭美彝族乡	3	2	3		3
雅安市汉源县永利彝族乡		3	4		4
雅安市汉源县顺河彝族乡	1	4	3		3
雅安市汉源县片马彝族乡	1	4	5		5
雅安市石棉县蟹螺藏族乡	1	4	4		4
雅安市石棉县栗子坪彝族乡	5	4	6	1	5
雅安市石棉县新民藏族彝族乡	1	9	7		7
雅安市石棉县草科藏族乡	1	3	5		4
雅安市宝兴县跷碛藏族乡	6	5			6
雅安市荥经县宝峰彝族民族乡	1	4	5		5
雅安市荥经县民建彝族民族乡	4	3	1		1
雅安市石棉县王岗坪彝族藏族乡	1	4	5		5
凉山彝族自治州西昌市高草回族乡	1	4	5		5
凉山彝族自治州西昌市裕隆回族乡	1	9	11		1

卫生院（个）	村卫生室（个）	卫生人员（人）	卫生技术人员（人）	其中：执业（助理）医师（人）	乡村医生和卫生员（人）	医疗卫生机构床位数（张）	医院（张）	基层医疗卫生机构（张）	卫生院（张）
1	5	18	4	8	6	20	5	15	15
1	7	15	8	2	7	4		4	4
1	5	13	8	3	5	15		10	10
1	5	12	6	6	6	18	6	6	6
1	5	16	3	3	13	8		8	8
1	5	14	9	3	5	6		6	6
1	5	25	16	4	5	100	50	50	50
1	5	24	19	2	5	40	20	20	20
2	21	137	105	25	22	85		85	85
1	41	65	24	8	41	50		50	50
2	46	92	38	17	54	50		50	50
1	13	47	32	9	15	43		43	43
1	14	31	17	11	14	17		17	17
1	5	10			10	5		5	5
1	4	17	3	3	13	10		10	10
1	2	9	7	3	2	3		3	3
1	2	8	8	3	5	3			
1	3	10	5	5	5	3		3	3
1	2		7	6	2	5			
1	4	12		3	9	6		6	2
1	3	11	11	3	4	4		4	4
1	4	13	13	2	13	9	9	9	9
1	6	21	16	1	5	18		18	18
1	3	15	10	3	1	10		10	10
2	4	10	10	10		13		13	13
1	4	20				10		10	10
1	1	10	5		5	30		30	30
1	4	13	9	4	4	2		2	2
1	4	14	10	3	4	20		20	20
1	10	34	17	11	17	20		10	10

9-1(三) 续表 17

民族乡名称	文化站（个）	村文化活动室（个）	医疗卫生机构（个）	医院（个）	基层医疗卫生机构（个）
凉山彝族自治州木里藏族自治县屋脚蒙古族乡	2	2	1	1	6
凉山彝族自治州木里藏族自治县俄亚纳西族乡	6	6	7		7
凉山彝族自治州木里藏族自治县白碉苗族乡	1	4	5		5
凉山彝族自治州木里藏族自治县项脚蒙古族乡	4	3	4		4
凉山彝族自治州木里藏族自治县固增苗族乡	1	4	1		1
凉山彝族自治州盐源县大坡蒙古族乡	1	3	3		3
凉山彝族自治州德昌县金沙傈僳族乡	1	3	4		4
凉山彝族自治州德昌县南山傈僳族乡	1	3	4		4
凉山彝族自治州会理县新安傣族乡	1	6	7		7
凉山彝族自治州冕宁县和爱藏族乡	1	5	1	1	1
凉山彝族自治州越西县保安藏族乡	1	3	3		
绵阳市平武县木皮藏族乡	1	3	2		2
绵阳市平武县木座藏族乡	1	3	3		3
绵阳市平武县白马藏族乡		3	4		4
绵阳市平武县黄羊关藏族乡	1	4	3		3
绵阳市平武县虎牙藏族乡			3		3
绵阳市平武县泗耳藏族乡	1	2	3		3
绵阳市平武县锁江羌族乡	2	22	24		24
绵阳市平武县旧堡羌族乡	1	4	4		4
绵阳市平武县阔达藏族乡	6	5	5		5
绵阳市平武县土城藏族乡		6	7		7
绵阳市平武县平通羌族乡	2	12	22	1	21
绵阳市平武县豆叩羌族乡	1	12	12		11
绵阳市盐亭县大兴回族乡	2	8	18		18
绵阳市北川羌族自治县桃龙藏族乡	1	6	4		4
达州市宣汉渡口土家族乡	1	5	8		8
达州市宣汉龙泉土家族乡	1	10	15		15
达州市宣汉三墩土家族乡	7	7	12		12
达州市宣汉漆树土家族乡	8	6	8		8

卫生院（个）	村卫生室（个）	卫生人员（人）	卫生技术人员（人）	其中：执业（助理）医师（人）	乡村医生和卫生员（人）	医疗卫生机构床位数（张）	医院（张）	基层医疗卫生机构（张）	卫生院（张）
1	2	6	2		6	14	1	1	1
1	6	10	4	1	6	11		11	11
1	4		7	1	4	5		5	5
1	3	3	3	1	3	3		3	
1		7	4						
1	3	3	9	2	3	4		3	4
1	3	11	5	3	3	4		4	4
1	3	9	9	2	5	4		4	3
1	6	15	11	5	4	24		24	24
1	5	5	5	2	6	2	1	1	1
1	2	10	4	4	6	4			4
1	1	4	4	1		3		3	3
1	2	6	3	2	3	5		5	5
1	3	8	4	2	4	6		6	6
1	2	7	4	1	3	2		2	2
1	2	6	4		2	2		2	2
1	2	2			2	2		2	2
2	22	46	18	10	23	16		16	16
1	3	9	6	1	3	5		5	5
1	4	12	10	5	2	14		14	14
1	6	19	12	4	4	15		15	15
2	19	43	22	21	19	41	2	19	2
1	10	34	17	17	10	24		24	24
2	16	27	6	11	10	34		34	34
1	3	7		1	6	5		5	5
1	7	22	13	8	9	10		10	10
1	14	33	15	5	18	18		18	18
1	11	59	18	11	41	30	7	23	23
2	6	35	20	20	15	30		30	30

9-1(三) 续表 18

民族乡名称	文化站（个）	村文化活动室（个）	医疗卫生机构（个）	医院（个）	基层医疗卫生机构（个）
贵州省	**266**	**2123**	**2450**	**77**	**2319**
贵阳市南明区小碧布依族苗族乡		12	6	2	4
贵阳市花溪区高坡苗族乡	1	19	1		1
贵阳市花溪区孟关苗族布依族乡	1	9	11	2	9
贵阳市花溪区马铃布依族苗族乡	1	3	4		1
贵阳市花溪区黔陶布依族苗族乡	1	7	9		9
贵阳市乌当区偏坡布依族乡	1	2	1		1
贵阳市乌当区新堡布依族乡	1	8	8		8
贵阳市白云区牛场布依族乡	1	13	13		13
贵阳市白云区都拉布依族乡	1	7	8		1
贵阳市清镇市麦格苗族布依族乡	1	15	16		16
贵阳市清镇市王庄布依族苗族乡	1	10	14		14
贵阳市清镇市流长苗族乡	1	26	1		1
贵阳市开阳县高寨苗族布依族乡	1	8	2	1	1
贵阳市开阳县南江布依族苗族乡	1	6	16	1	15
贵阳市开阳县禾丰布依族苗族乡	1	6	1		1
贵阳市修文县大石布依族乡	1	7	8		8
贵阳市息烽县青山苗族乡	1	5	7		6
六盘水市水城县坪寨彝族乡	1	4	5		5
六盘水市水城县南开苗族彝族乡	1	12	15	1	14
六盘水市水城县青林苗族彝族乡	1	4	5		5
六盘水市水城县金盆苗族彝族乡	1	6	9		9
六盘水市水城县新街彝族苗族布依族乡	1	3	4		4
六盘水市水城县杨梅彝族苗族回族乡	1	6	13		12
六盘水市水城县野钟苗族彝族布依族乡	1	5	5		5
六盘水市水城县果布嘎彝族苗族布依族乡	1	5	6		6
六盘水市水城县龙场苗族白族彝族乡	1	8	9	1	8
六盘水市水城县营盘苗族彝族白族乡	1	6	8	1	7
六盘水市水城县顺场苗族彝族布依族乡	1	7	7		6
六盘水市水城县花戛苗族布依族彝族乡	1	5	6		6
六盘水市水城县猴场苗族布依族乡	1	6	7		7

卫生院（个）	村卫生室（个）	卫生人员（人）	卫生技术人员（人）	其中：执业（助理）医师（人）	乡村医生和卫生员（人）	医疗卫生机构床位数（张）	医院（张）	基层医疗卫生机构（张）	卫生院（张）
199	**2253**	**10897**	**6306**	**2621**	**3432**	**10230**	**4107**	**5202**	**5008**
1	4	766	640	637	8	1868	1848	10	10
1	19	36	8	7	19	29		19	10
1	8	46	38	18	8	54	26	8	20
1	3	21		4	10	12		6	6
1	8	26	16	5	10	4		4	4
1	1	5	3	1	1	4		1	1
1	7	15	7	7	8	8		8	8
1	12	43	31	17	12	15		15	15
1	7	78	7	3	7	8		8	8
1	15	56	23	4	18	14		14	14
1	13	66	23	19	12	20		13	7
1	30	107	68	20	35	64		64	64
1	18	69	41	7	21	30		30	30
1	15	34	2	2	29	30		30	30
1	12	36	16	8	12	30	8	8	14
1	7	14	6	3	8	8		8	8
1	5	30	5	6	8	12		1	1
1	4	52	39	7	13	45		9	36
1	14	113	65	19	38	99	30	28	30
1	4	53	25	1	18	10		10	10
1	8	46	32	9	14	57		45	25
1	3	55	35	13	7	24		24	24
1	11	96	72	20	24	90		45	45
1	4	82	25	13	12	36		36	
1	5	65	53	10	12	45		36	9
1	7	134	112	22	21	209	80	129	129
1	6	77	38	31	8	92	30	62	62
1	5	70	54	13	16	45		45	45
1	5	55	44	6	11	30		30	30
1	6	80	57	15	13	31		31	31

9-1(三) 续表 19

民族乡名称	文化站（个）	村文化活动室（个）	医疗卫生机构（个）	医院（个）	基层医疗卫生机构（个）
六盘水市盘州市普田回族乡	1	6	7		7
六盘水市盘州市旧营白族彝族苗族乡	1	11	13		13
六盘水市盘州市羊场布依族白族苗族乡	1	16	18	1	17
六盘水市盘州市保基苗族彝族乡	1	7	8		8
六盘水市盘州市淤泥彝族乡	1	20	22	1	20
六盘水市盘州市普古彝族苗族乡	1	21	25	1	15
六盘水市盘州市坪地彝族乡	1	15	17	1	16
六盘水市六枝特区梭戛苗族彝族乡	1	7	8		8
六盘水市六枝特区落别布依族彝族乡	1	13	14	1	13
六盘水市六枝特区中寨苗族彝族布依族乡	1	17	18	1	17
六盘水市六枝特区牛场苗族彝族乡	1	10	11	1	10
六盘水市六枝特区月亮河彝族苗族乡	1	17	18		18
遵义市仁怀市后山苗族布依族乡	1	4	5		4
遵义市遵义县平正仡佬族乡	1	7	13		13
遵义市遵义县洪关苗族乡	1	3	9		9
遵义市桐梓县马鬃苗族乡	1	10	6		6
遵义市正安县谢坝仡佬族苗族乡	1	6	7		7
遵义市正安县市坪苗族仡佬族乡	1	4	5		5
遵义市余庆县花山苗族乡	1	4	6		6
遵义市道真仡佬族苗族自治县上坝土家族乡	1	5	5		5
安顺市西秀区鸡场布依族苗族乡	1	5	11	1	10
安顺市西秀区杨武布依族苗族乡	1	12	14	1	13
安顺市西秀区岩腊苗族布依族乡	1	8	8		8
安顺市西秀区新场布依族苗族乡	1	8	8		8
安顺市西秀区黄腊布依族苗族乡	1	7	13		13
安顺市平坝县十字回族乡	1	11	22		22
安顺市平坝县羊昌布依族苗族乡	1	7	16		16
安顺市普定县补郎苗族乡	1	11	16		16
安顺市普定县猴场苗族仡佬族乡	1	10	11		11
安顺市普定县猫洞苗族仡佬族乡	1	15	16		15

卫生院（个）	村卫生室（个）	卫生人员（人）	卫生技术人员（人）	其中：执业（助理）医师（人）	乡村医生和卫生员（人）	医疗卫生机构床位数（张）	医院（张）	基层医疗卫生机构（张）	卫生院（张）
1	6	23	13	2	10	32		12	20
1	12	76	45	9	8	50		50	50
1	16	131	101	30	30	147	50	97	97
1	7	28	12	6	16	47	7	40	40
1	20	98	68	22	30	181	31	150	150
1	21	61	36	16	21	101	30	48	48
1	15	95	47	20	31	90	30	60	60
1	7	32	7	5	25	30		30	30
1	13	67	40	13	24	38	12	26	26
1	17	34	17	17	17	50	14	36	36
1	9	42	21	12	12	33	24	9	9
1	17	53	35	21	18	60		30	30
1	4	38	19	9	8	45		30	18
1	12	47	30	3	17	20		20	20
1	8	22	14	5	8	6		6	6
1	5	24	11	8	5	10		5	5
1	6	46	33	3	13	13		13	13
1	4	48	8	5	33	32		32	32
1	5	50	29	8	16	15		15	15
1	4	44	29	8	15	22		22	22
1	10	40	30	5	10	25		20	20
1	12	56	9	9	12	52	12	40	40
1	7	41	6	3	35	59		59	59
1	7	44	26	7	6	20		20	20
1	14	24	13	5	11	16		16	16
1	21	70	47	2	23	10		10	10
1	15	51	32	9	19	40		40	40
1	15	50	36	8	14	23		23	23
1	10	62	42	20	11	20		20	20
1	14	72	38	6	32	42		21	21

9-1(三) 续表 20

民族乡名称	文化站(个)	村文化活动室(个)	医疗卫生机构(个)	医院(个)	基层医疗卫生机构(个)
毕节市七星关区大屯彝族乡	1	8	9		9
毕节市七星关区田坎彝族乡	1	7	9		1
毕节市七星关区阿市苗族彝族乡	1	13	15	1	14
毕节市七星关区团结彝族苗族乡	1	13	15		14
毕节市七星关区阴底彝族苗族白族乡	1	12	16	1	13
毕节市七星关区千溪彝族苗族白族乡	1	5	21	3	12
毕节市黔西县永燊彝族苗族乡	1	13	14		14
毕节市黔西县新仁苗族乡	1	9	14		14
毕节市黔西县花溪彝族苗族乡	1	10	14		14
毕节市黔西县中建苗族彝族乡	1	5	7		6
毕节市黔西县定新彝族苗族乡	1	13	13		13
毕节市黔西县太来彝族苗族乡	1	13	14		14
毕节市黔西县绿化白族彝族乡	1	7	7		7
毕节市黔西县红林彝族苗族乡	1	11	15		15
毕节市黔西县五里布依族苗族乡	1	10	17		17
毕节市黔西县铁石苗族彝族乡	1	11	10	1	9
毕节市大方县竹园彝族苗族乡	1	9	15	2	13
毕节市大方县响水白族彝族仡佬族乡	1	16	2		2
毕节市大方县鼎新彝族苗族乡	1	12	19		19
毕节市大方县牛场苗族彝族乡	10	10	20	1	18
毕节市大方县理化苗族彝族乡	1	10	14	1	14
毕节市大方县安乐彝族仡佬族乡	1	8	9		9
毕节市大方县凤山彝族蒙古族乡	1	8	12	2	10
毕节市大方县百纳彝族乡	1	6	14	2	12
毕节市大方县三元彝族苗族白族乡	1	8	12		9
毕节市大方县沙厂彝族乡	1	6	9	1	8
毕节市大方县黄泥彝族苗族满族乡	1	6	7		7
毕节市大方县核桃彝族白族乡	1	9	17	1	16
毕节市大方县八堡彝族苗族乡	1	9	16	1	15
毕节市大方县兴隆苗族乡	1	8	15	2	13

卫生院（个）	村卫生室（个）	卫生人员（人）	卫生技术人员（人）	其中：执业（助理）医师（人）	乡村医生和卫生员（人）	医疗卫生机构床位数（张）	医院（张）	基层医疗卫生机构（张）	卫生院（张）
1	8	37	24	5	13	30		30	30
1	7	30	16	6	14	24		24	24
1	13	30	15	2	15	35		35	35
1	13	29	16	3	12	50		24	26
1	12	36	8	8	21	76	16	60	60
1	5	59	46	10	13	100	50	50	50
1	13	56	20	4	20	30		30	30
1	13	85	35	6	50	25		25	25
1	13	40	26	4	14	30		30	30
1	6	34	23	9	11	30		30	30
1	12	58	22	10	26	20		1	1
1	13	54	38	9	16	50		50	50
	7	34	15	4	15	20		20	20
1	14	72	36	14	22	45		45	45
1	16	91	58	11	23	33		33	33
1	9	55	20	8	25	62	30	32	30
1	13	44	26	17	18	66	40	26	27
1	16	72	19	19	53	121		32	32
1	18	93	57	13	23	43		43	43
1	10	160	13	18	50	50	30	20	20
1	14	91	55	22	14	110	30	80	80
1	8	41	25	5	11	29		10	10
1	10	82	69	13	10	80	60	20	20
1	11	65	19	19	43	110	81	29	29
1	8	23	13	10	10	48		48	48
1	7	46	38	8	5	82	40	42	35
1	6	25	14	1	7	31		31	31
1	14	101	60	20	41	70	20	50	50
1	14	46	26	2	20	103	9	80	80
1	12	88	36	8	52	102	45	57	45

9-1(三) 续表 21

民族乡名称	文化站（个）	村文化活动室（个）	医疗卫生机构（个）	医院（个）	基层医疗卫生机构（个）
毕节市大方县大山苗族彝族乡	1	11	12		12
毕节市大方县星宿苗族彝族仡佬族乡	1	10	13	2	11
毕节市织金县自强苗族乡	1	11	12		12
毕节市织金县官寨苗族乡	1	16	17		17
毕节市织金县后寨苗族乡	13	13	13		13
毕节市织金县大平苗族彝族乡	1	13	14		14
毕节市织金县茶店布依族苗族彝族乡	1	21	20	1	19
毕节市织金县金龙苗族彝族布依族乡	1	20	22	1	21
毕节市织金县鸡场苗族彝族布依族乡	1	24	26	2	24
毕节市金沙县太平彝族苗族乡	1	5	7	1	6
毕节市金沙县石场苗族彝族乡	11	11	13		12
毕节市金沙县马路彝族苗族乡	1	7	8		8
毕节市金沙县安洛苗族彝族满族乡	1	9	16		9
毕节市金沙县新化苗族彝族满族乡	1	10	33	2	31
毕节市金沙县大田彝族苗族布依族乡	1	7	7		7
毕节市赫章县兴发苗族彝族回族乡	1	16	18	1	17
毕节市赫章县松林坡白族彝族苗族乡	1	18	17		17
毕节市赫章县雉街彝族苗族乡	1	10	11		11
毕节市赫章县珠市彝族乡	1	18	18		18
毕节市赫章县双坪彝族苗族乡	1	26	27		27
毕节市赫章县辅处彝族苗族乡	1	9	10		10
毕节市赫章县铁匠苗族乡	1	11	12		12
毕节市赫章县可乐彝族苗族乡	1	19	23	3	20
毕节市赫章县河镇彝族苗族乡		21	24	2	22
毕节市赫章县结构彝族苗族乡	1	8	8		8
毕节市赫章县水塘堡彝族苗族乡	1	14	15		15
毕节市赫章县古达苗族彝族乡	1	25	27	1	26
毕节市纳雍县厍东关彝族苗族白族乡	1	10	11	1	10
毕节市纳雍县董地苗族彝族乡	1	12	13	1	12
毕节市纳雍县左鸠戛彝族苗族乡	1	6	7		7

卫生院（个）	村卫生室（个）	卫生人员（人）	卫生技术人员（人）	其中：执业（助理）医师（人）	乡村医生和卫生员（人）	医疗卫生机构床位数（张）	医院（张）	基层医疗卫生机构（张）	卫生院（张）
1	11	42	16	3	20	24		24	24
1	11	62	51	10	11	67	45	22	22
1	11	41	19	7	22	17		11	6
1	16	30		11	30	20		20	20
1	12	64	53	9	11	25		25	25
1	13	51	23	11	28	25		25	25
1	18	69		14	40	71	20	21	21
1	20	73	20	21	35	51	26	27	27
1	24	138	90	1	48	50	30	20	20
1	5	36	20	6	10	35	1	10	20
1	11	99	68	44	11	64		11	11
1	7	36	21	5	10	22		22	22
1	8	61	52	15	9	30		30	30
1	29	134	75	22	37	138	88	50	50
1	6	25	10	6	15	10		10	10
1	16	101	68	46	16	139	99	40	40
1	16	53	43	10	10	29		29	29
1	10	28	19	2	8	20		20	20
1	17	41	23	4	18	20		20	20
1	26	61	35	16	26	55		55	55
1	9	23	14	3	9	29	9	20	20
1	11	33	19	4	11	20		20	20
1	19	234	32	15	152	158	103	43	43
1	21	29	7	7	22	141	81	60	60
1	8	54	26	2	28	20		20	20
1	14	40	26	7	14	45		45	45
1	25	51	26	8	25	40	20	20	20
1	9	71	43	15	28	70	40	30	30
1	11	67	50	11	17	45	1	45	45
1	6	42	29	11	10	30		30	30

9-1(三) 续表 22

民族乡名称	文化站(个)	村文化活动室(个)	医疗卫生机构(个)	医院(个)	基层医疗卫生机构(个)
毕节市纳雍县锅圈岩苗族彝族乡	1	17	18	1	17
毕节市纳雍县新房彝族苗族乡	1	25	25		25
毕节市纳雍县化作苗族彝族乡	1	20	22	1	21
毕节市纳雍县姑开苗族彝族乡	1	12	15	2	13
毕节市纳雍县羊场苗族彝族乡	1	16	17	1	16
毕节市纳雍县昆寨苗族彝族白族乡	1	17	18		18
毕节市纳雍县猪场苗族彝族乡	1	11	14	2	12
毕节市威宁彝族回族苗族自治县新发布依族乡	1	31	31	1	30
毕节市大方县大水彝族苗族布依族乡	1	8	15		15
毕节市黔西县金坡苗族彝族满族乡	1	10	22		22
毕节市大方县普底彝族苗族白族乡	1	10	19	2	17
毕节市黔西县仁和彝族苗族乡	1	9	16		16
铜仁市碧江区桐木坪侗族乡	1	3	5		5
铜仁市碧江区瓦屋侗族乡	1	6	8		8
铜仁市碧江区和平土家族侗族乡	1	9	14		14
铜仁市碧江区滑石侗族苗族土家族乡	1	5	8		8
铜仁市碧江区六龙山侗族土家族乡	1	4	4		4
铜仁市万山区高楼坪侗族乡	1	13	17		17
铜仁市万山区黄道侗族乡	1	10	11		11
铜仁市万山区敖寨侗族乡	1	5	8		8
铜仁市万山区下溪侗族乡	1	7	9		9
铜仁市万山区鱼塘侗族土家族苗族乡	1	12	17		17
铜仁市万山区大坪侗族土家族苗族乡		12	13		13
铜仁市德江县楠杆土家族乡	1	13	15		12
铜仁市德江县沙溪土家族乡	1	15	13		13
铜仁市德江县桶井土家族乡	2	23	24		24
铜仁市德江县堰塘土家族乡	3	14	23		15
铜仁市德江县荆角土家族乡	1	15	16		16
铜仁市德江县长丰土家族乡	1	15	15		15
铜仁市德江县龙泉土家族乡	1	12	13		13

卫生院（个）	村卫生室（个）	卫生人员（人）	卫生技术人员（人）	其中：执业（助理）医师（人）	乡村医生和卫生员（人）	医疗卫生机构床位数（张）	医院（张）	基层医疗卫生机构（张）	卫生院（张）
1	17	29	9	19	20	85	55	30	30
1	25	66	41	11	25	45		45	45
1	21	61	27	27	34	40	20	20	20
1	12	37	25	3	12	56	28	12	28
1	15	43	27	9	16	36	20	16	20
1	17	73	41	19	32	60		60	60
1	11	42	27	15	15	80	60	20	20
1	29	107	40	13	54	60	40	20	20
2	13	40	26	6	14	40		40	40
1	21	43	22	3	21	30		30	30
1	14	281	263	64	18	482	391	91	43
1	15	33	18	4	15	55		55	40
1	4	17	13	7	4	14		4	10
1	7	31	20	13	11	10		10	10
1	13	48	30	14	18	10		10	10
1	7	40	23	10	13	11		11	11
1	3	15	13	6	2	10		10	10
1	16	22	6	2	16	12		12	12
1	10	33	14	6	13	10		10	10
1	7	19	6	2	8	8		8	8
1	8	28	20	5	8	34		14	20
1	16	33	10	10	13	50		50	50
1	12	35	24	19	11	24		24	24
1	13	32	19	6	13	30		21	9
1	12	51	39	2	12	15		12	7
1	23	67	28	4	24	38		38	19
2	13	28	14	6	14	56		16	14
1	15	31	15	4	16	20		20	5
1	14	32	15	4	16	15		15	15
1	12	41	28	10	13	37		12	25

9-1(三) 续表 23

民族乡名称	文化站（个）	村文化活动室（个）	医疗卫生机构（个）	医院（个）	基层医疗卫生机构（个）
铜仁市德江县钱家土家族乡	1	14	1		15
铜仁市江口县德旺土家族苗族乡	1	10	10		11
铜仁市江口县官和侗族土家族苗族乡	1	4	5		5
铜仁市石阡县聚凤仡佬族侗族乡	1	18	18		18
铜仁市石阡县大沙坝仡佬族侗族乡	1	15	16		16
铜仁市石阡县枫香仡佬族侗族乡	12	12	12	1	11
铜仁市石阡县青阳苗族仡佬族侗族乡	1	14	15		15
铜仁市石阡县龙井侗族仡佬族乡	1	23	24		23
铜仁市石阡县石固仡佬族侗族乡	1	14	15		15
铜仁市石阡县坪地仡佬族侗族乡	19	19	19		19
铜仁市石阡县甘溪仡佬族侗族乡	1	9	10		9
铜仁市石阡县坪山仡佬族侗族乡	9	8	9		9
铜仁市思南县思林土家族苗族乡	1	14	13		13
铜仁市思南县枫芸土家族苗族乡	1	16	17		17
铜仁市思南县杨家坳苗族土家族乡	1	18	19		15
铜仁市思南县胡家湾苗族土家族乡	1	14	15		15
铜仁市思南县宽坪土家族苗族乡	1	14	15		15
铜仁市思南县三道水土家族苗族乡		17	19	1	18
铜仁市思南县天桥土家族苗族乡	1	12	13		13
铜仁市思南县兴隆土家族苗族乡	1	13	15		14
黔西南布依族苗族自治州晴隆县三宝彝族乡		3	4		4
黔西南布依族苗族自治州兴仁县鲁础营回族乡	1	8	9		9
黔西南布依族苗族自治州望谟县油迈瑶族乡	1	8	9		9
黔东南苗族侗族自治州从江县秀塘壮族乡	1	13	13		13
黔东南苗族侗族自治州从江县刚边壮族乡	1	16	13		13
黔东南苗族侗族自治州从江县翠里瑶族壮族乡	1	20	21		21
黔东南苗族侗族自治州镇远县尚寨土家族乡	1	4	4		4
黔东南苗族侗族自治州麻江县坝芒布依族乡	1	7	10		10
黔东南苗族侗族自治州榕江县水尾水族乡	1	5	5		5
黔东南苗族侗族自治州榕江县三江水族乡	1	13	12		12

卫生院（个）	村卫生室（个）	卫生人员（人）	卫生技术人员（人）	其中：执业（助理）医师（人）	乡村医生和卫生员（人）	医疗卫生机构床位数（张）	医院（张）	基层医疗卫生机构（张）	卫生院（张）
1	14	34	20	6	14	29		14	15
1	10	36	21	7	12	25		25	25
1	4	27	20	3	7	15		15	15
1	17	50	29	10	21	45		45	45
1	15	71	50	8	21	56		56	35
1	11	43	28	11	15	21	1	11	11
1	14	34	20	13	14	32		14	18
1	23	27	4	4	23	53		23	30
1	14	40	12	10	28	25		10	15
1	18	44	22		22	24		24	24
1	8	22	12	8	10	35		15	20
1	8	24	15	6	9	33	8	25	25
1	12	32	20	9	12	12		12	12
1	16	32	19	8	13	14		10	10
1	18	33	19	3	14	18		18	18
1	14	35	21	6	14	10		10	10
1	14	40	20	5	14	20		20	20
1	17	57	38	14	17	60	40	20	20
1	12	34	20	7	14	10		10	10
1	13	34	21	8	13	30		15	15
1	3	11	8	2	3	6		1	1
1	8	40	18	12	13	9		9	11
1	8	44	20	4	13	8		8	8
1	12	34	15	5	18	13		3	10
1	12	41	16	16	25	17		17	17
1	20	45	25	7	20	15		15	15
1	3	29	26	3	3	22		22	22
1	9	33	23	6	10	21		21	21
1	4	20	9	6	5	14		14	10
1	11	32	20	9	12	24		24	13

9-1(三) 续表 24

民族乡名称	文化站（个）	村文化活动室（个）	医疗卫生机构（个）	医院（个）	基层医疗卫生机构（个）
黔东南苗族侗族自治州榕江县仁里水族乡	1	8	8		8
黔东南苗族侗族自治州榕江县定威水族乡	8	6	7	6	7
黔东南苗族侗族自治州榕江县兴华水族乡	1	9	9		9
黔东南苗族侗族自治州榕江县塔石瑶族水族乡	1	9	9		9
黔东南苗族侗族自治州雷山县达地水族乡	1	10	12		11
黔东南苗族侗族自治州黎平县顺化瑶族乡	1	4	5		5
黔东南苗族侗族自治州黎平县雷洞瑶族水族乡	1	16	16		15
黔东南苗族侗族自治州岑巩县羊桥土家族乡	1	15	16		14
黔南布依族苗族自治州都匀市归兰水族乡	1	13	12		12
黔南布依族苗族自治州荔波县瑶山瑶族乡	1	8	6		6
黔南布依族苗族自治州荔波县黎明关水族乡	1	14	15		15
黔南布依族苗族自治州平塘县卡蒲毛南族	1	6	6	1	6
贵阳市花溪区湖潮布依族苗族乡	1	18	24	3	21
云南省	**139**	**3297**	**1211**	**1**	**1209**
昆明市晋宁县夕阳彝族乡	1	10	11		11
昆明市晋宁县双河彝族乡	1	6	7		7
昆明市宜良县九乡彝族回族乡	1	8	9		9
昆明市宜良县耿家营彝族苗族乡	1	9	10		10
昭通市昭阳区守望回族乡	1	7	8		8
昭通市昭阳区小龙洞回族彝族乡	1	6	7		7
昭通市布嘎回族乡	1	5	6		6
昭通市青岗岭回族彝族乡	1	7	7		7
昭通市鲁甸县桃源回族乡	1	7	8		8
昭通市鲁甸县茨院回族乡	1	6	7		7
昭通市大关县上高桥回族彝族苗族乡	1	6	7		7
昭通市永善县马楠苗族彝族乡	1	6	6		5
昭通市永善县伍寨彝族苗族乡	1	5	6		6
昭通市镇雄县果珠彝族乡	1	5	6		6
昭通市镇雄县林口彝族苗族乡	1	8	10		10
昭通市彝良县龙街苗族彝族乡	1	12	13		13

卫生院（个）	村卫生室（个）	卫生人员（人）	卫生技术人员（人）	其中：执业（助理）医师（人）	乡村医生和卫生员（人）	医疗卫生机构床位数（张）	医院（张）	基层医疗卫生机构（张）	卫生院（张）
1	7	24	12	4	8	9		9	9
1	6	19	8	7	4	18		18	18
1	8	25	19	7	6	10		10	10
1	8	29	22	11	7	10		10	10
1	10	35	25	15	10	32		20	12
1	4	27	25	5	2	8		8	8
1	15	35	17	3	15	20		10	10
1	14	64	45	19	16	77		77	35
3	9	80	56	21	19	22		19	19
2	4	41	28	3	9	10		10	10
3	12	88	60	20	18	29		29	29
1	5	22	15	4	7	40	20	20	20
1	20	211	115	86	20	189	178	11	11
143	**1066**	**7261**	**4305**	**1407**	**2753**	**4292**	**113**	**4179**	**4190**
1	10	39	19	7	19	10		10	10
1	6	31	17	9	14	10		10	10
1	8	48	30	18	5	30		30	30
1	9	42	25	10	17	50		50	50
1	7	78	48	17	30	60		60	60
1	6	50	24	7	26	49		49	49
1	5	49	17	9	22	43		43	43
1	6	50	29	15	21	40		40	40
1	7	96	60	25	36	65		65	65
1	6	66	38	15	28	78		78	78
1	6	32	20	10	12	36		36	36
1	5	35	23	5	12	26		26	26
1	5	39	33	5	6	15		15	15
1	5	56	26	14	30	50		50	50
1	9	60	22	18	35	35		35	35
1	12	54	27	12	27	35		35	35

9-1(三) 续表 25

民族乡名称	文化站（个）	村文化活动室（个）	医疗卫生机构（个）	医院（个）	基层医疗卫生机构（个）
昭通市彝良县奎香苗族彝族乡	1	9	10		10
昭通市彝良县树林彝族苗族乡	1	4	5		5
昭通市彝良县柳溪苗族乡	1	5	6		6
昭通市彝良县洛旺苗族乡	1	9	10		10
昭通市威信县双河苗族彝族乡	1	8	9		9
曲靖市师宗县龙庆彝族壮族乡	1	14	15		15
曲靖市师宗县五龙壮族乡	1	13	14		14
曲靖市师宗县高良壮族苗族瑶族乡	1	116	12		12
曲靖市罗平县长底布依族乡	1	6	7		7
曲靖市罗平县旧屋基彝族乡	1	48	8		8
曲靖市罗平县鲁布革布依族苗族乡	1	29	14		14
曲靖市富源县古敢水族乡	1	5	4		4
曲靖市会泽县新街回族乡	1	16	17		17
楚雄彝族自治州南华县雨露白族乡	1	39	8		8
楚雄彝族自治州大姚县湾碧傈僳傣族乡	1	123	13		13
楚雄彝族自治州永仁县永兴傣族乡	1	68	13		13
楚雄彝族自治州武定县东坡傣族乡	1	20	8		8
玉溪市红塔区小石桥彝族乡	1	3	4		4
玉溪市红塔区洛河彝族乡	1	5	6		6
玉溪市江川县安化彝族乡	1	5	7		7
玉溪市通海县高大傣族彝族乡	1	6	7		7
玉溪市通海县里山彝族乡	1	6	7		7
玉溪市通海县兴蒙蒙古族乡	1	4	2		2
玉溪市华宁县通红甸彝族苗族乡	1	6	7		7
玉溪市易门县十街彝族乡	1	8	9		9
玉溪市易门县浦贝彝族乡	1	7	8		8
玉溪市易门县铜厂彝族乡	1	9	10		10
红河哈尼族彝族自治州河口瑶族自治县桥头苗族壮族乡	1	93	9		9
红河哈尼族彝族自治州金平苗族瑶族傣族自治县者米拉祜族乡	1	9	10	1	9
红河哈尼族彝族自治州蒙自县期路白苗族乡	1	65	8		8

卫生院（个）	村卫生室（个）	卫生人员（人）	卫生技术人员（人）	其中：执业（助理）医师（人）	乡村医生和卫生员（人）	医疗卫生机构床位数（张）	医院（张）	基层医疗卫生机构（张）	卫生院（张）
1	9	85	50	27	35	80		80	80
1	4	37	25	9	12	40		40	40
1	5	50	30	18	20	38		38	38
1	9	79	44	18	35	46		46	46
1	8	62	26	14	36	25		25	25
1	14	66	22	9	44	60		60	60
1	13	70	41	8	29	56		56	56
1	11	84	47	5	32	27		27	27
1	6	29	17	11	12	12		12	12
1	7	25	15	3	10	13		13	13
1	13	70	41	8	29	56		56	56
1	3	40	26	8	14	10		10	10
1	16	45	16	6	23	22		22	22
1	7	26	14	6	12	18		18	18
1	12	49	29	13	20	28		28	28
1	12	60	37	5	18	24		24	24
1	7	27	12	3	14	40		40	40
1	3	22	12	8	10	30		30	30
1	5	23	10	5	13	17		17	17
1	6	29	12	7	17	7		7	7
1	6	20	12	5	6	15		15	15
1	6	23	13	7	10	8		8	8
1	1	14	10	6	4	25		25	25
1	6	28	18	7	10	12		12	12
1	8	36	20	17	16	16		16	16
1	7	40	24	14	16	12		12	12
1	9	27	10	5	12	15		15	15
1	8	49	32	9	17	30		30	30
1	8	83	69	10	14	112	95	17	15
1	7	30	21	13	9	30		30	30

9-1(三) 续表 26

民族乡名称	文化站(个)	村文化活动室(个)	医疗卫生机构(个)	医院(个)	基层医疗卫生机构(个)
红河哈尼族彝族自治州蒙自县老寨苗族乡	1	41	5		5
红河哈尼族彝族自治州开远市大庄回族乡	1	34	6		6
文山壮族苗族自治州文山市东山彝族乡	1	4	4		4
文山壮族苗族自治州文山市红甸回族乡	1	29	4		4
文山壮族苗族自治州文山市秉烈彝族乡	1	65	10		10
文山壮族苗族自治州文山市柳井彝族乡	1	7	7		7
文山壮族苗族自治州文山市坝心彝族乡	1	38	5		5
文山壮族苗族自治州砚山县阿舍彝族乡	1	103	8		8
文山壮族苗族自治州砚山县维末彝族乡		105	11		11
文山壮族苗族自治州砚山县盘龙彝族乡	1	59	11		11
文山壮族苗族自治州砚山县干河彝族乡	1	54	5		5
文山壮族苗族自治州丘北县舍得彝族乡	1	68	7		7
文山壮族苗族自治州丘北县新店彝族乡	1	6	6		6
文山壮族苗族自治州丘北县树皮彝族乡	1	15	10		10
文山壮族苗族自治州丘北县八道哨彝族乡	1	5	10		10
文山壮族苗族自治州丘北县腻脚彝族乡	1	7	8		8
文山壮族苗族自治州麻栗坡县猛硐瑶族乡	1	74	5		5
文山壮族苗族自治州富宁县洞波瑶族乡	1	136	13		13
普洱市澜沧拉祜族自治县酒井哈尼族乡	1	4	5		5
普洱市澜沧拉祜族自治县发展河哈尼族乡	1	4	4		4
普洱市澜沧拉祜族自治县谦六彝族乡	1	15	16		16
普洱市澜沧拉祜族自治县文东佤族乡	1	6	10		10
普洱市澜沧拉祜族自治县安康佤族乡	1	5	6		6
普洱市澜沧拉祜族自治县雪林佤族乡	1	7	8		8
普洱市思茅区云仙彝族乡	1	12	11		11
普洱市思茅区龙潭彝族傣族乡	1	6	6		6
普洱市墨江哈尼族自治县孟弄彝族乡	1	7	8		8
普洱市西盟佤族自治县力所拉祜族乡	1	5	7		7
大理白族自治州大理市太邑彝族乡	1	5	6		6
大理白族自治州鹤庆县六合彝族乡	1	13	14		14

卫生院（个）	村卫生室（个）	卫生人员（人）	卫生技术人员（人）	其中：执业（助理）医师（人）	乡村医生和卫生员（人）	医疗卫生机构床位数（张）	医院（张）	基层医疗卫生机构（张）	卫生院（张）
1	4	28	10	7	18	16		16	16
1	5	63	40	17	23	33		33	33
1	3	27	12	5	15	10		10	10
1	3	60	49	5	11	20		20	20
1	9	70	42	5	28	30		30	30
1	6	53	37	5	16	20		20	20
1	4	36	26	5	10	10		10	10
1	7	90	53	11	27	48		48	48
1	10	144	82	29	33	102		102	102
1	10	98	62	11	31	40		40	40
1	4	73	47	8	26	30		30	30
1	6	89	68	5	21	42		42	42
1	5	49	29	7	20	26		26	26
1	9	97	63	8	34	54		54	54
1	9	79	61	12	18	39		39	39
1	7	56	31	11	25	32		32	32
1	4	46	32	6	14	29		29	29
1	12	127	89	12	38	99		99	99
1	4	29	20	8	8	15		15	15
1	3	57	43	14	12	20		20	20
1	15	108	48	22	60	84		84	84
1	9	29	17	4	11	20		20	20
1	5	26	13	8	13	15		15	15
1	7	43	35	6	7	16		16	16
2	9	57	35	8	22	20		20	20
1	5	46	34	11	12	30		30	30
1	7	52	35	5	13	15		15	15
1	5	43	30	7	10	16		16	16
1	5	36	20	9	16	18		18	18
1	13	86	45	13	41	15		15	15

9-1(三) 续表 27

民族乡名称	文化站(个)	村文化活动室(个)	医疗卫生机构(个)	医院(个)	基层医疗卫生机构(个)
大理白族自治州宾川县钟英傈僳族彝族乡	1	48	7		7
大理白族自治州宾川县拉乌彝族乡	1	55	8		8
大理白族自治州祥云县东山彝族乡	1	8	9		9
大理白族自治州弥渡县牛街彝族乡	1	122	12		12
大理白族自治州永平县北斗彝族乡	1	9	10		10
大理白族自治州永平县厂街彝族乡	1	11	12		12
大理白族自治州永平县水泄彝族乡	1	9	10		10
大理白族自治州云龙县苗尾傈僳族乡	1	8	9		9
大理白族自治州云龙县团结彝族乡	1	5	6		6
丽江市华坪县永兴傈僳族乡	1	7	8		8
丽江市华坪县通达傈僳族乡	1	5	6		6
丽江市华坪县新庄傈僳族傣族乡	1	7	8		8
丽江市华坪县船房傈僳族傣族乡	1	4	5		5
丽江市永胜县羊坪彝族乡	1	5	6		6
丽江市永胜县东山傈僳族彝族乡	1	28	6		6
丽江市永胜县六德傈僳族彝族乡	1	8	9		9
丽江市永胜县大安彝族纳西族乡	1	40	9		9
丽江市永胜县光华傈僳族彝族乡	1	8	9		9
丽江市永胜县松坪傈僳族彝族乡	1	8	9		9
丽江市宁蒗彝族自治县翠玉傈僳族普米族乡	1	6	7		7
丽江市古城区金江白族乡	1	5	5		5
丽江市玉龙纳西族自治县九河白族乡	1	11	12		12
丽江市玉龙纳西族自治县石头白族乡	1	8	5		5
丽江市玉龙纳西族自治县黎明傈僳族乡	1	37	8		8
保山市隆阳区瓦马彝族白族乡	1	31	23		23
保山市隆阳区瓦房彝族苗族乡	1	78	20		20
保山市隆阳区杨柳白族彝族乡	1	63	20		20
保山市隆阳区芒宽彝族傣族乡	1	12	13		13
保山市施甸县摆榔彝族布朗族乡	1	15	5		5
保山市施甸县木老元布朗族彝族乡	1	14	6		6

卫生院（个）	村卫生室（个）	卫生人员（人）	卫生技术人员（人）	其中：执业（助理）医师（人）	乡村医生和卫生员（人）	医疗卫生机构床位数（张）	医院（张）	基层医疗卫生机构（张）	卫生院（张）
1	6	62	47	10	15	12		12	12
1	7	66	27	10	29	10		10	10
1	8	38	17	10	21	10		10	10
1	11	69	26	13	28	22		22	22
1	9	51	12	12	39	17		17	17
1	11	57	33	14	24	30		30	30
1	9	40	20	9	20	44		44	44
1	8	46	18	10	16	16		16	16
1	5	25	14	12	11	20		20	20
1	7	46	35	18	11	28		28	28
1	5	27	19	5	8	13		13	13
1	7	52	38	15	14	25		25	25
1	4	28	25	12	3	20		20	20
1	5	39	26	9	13	10		10	10
1	5	27	16	9	11	10		10	10
1	8	40	16	9	24	17		17	17
1	8	37	15	9	22	10		10	10
1	8	36	14	9	22	18		18	18
1	8	36	14	7	22	10		10	10
1	6	25	15	3	10	9		9	9
1	4	13	10	4	3	10		10	10
1	11	46	25	14	21	20		20	20
1	4	32	15	7	10	11		11	11
1	7	36	22	11	14	18		18	18
2	21	66	25	15	41	63		63	63
1	19	145	90	20	55	90		90	90
2	18	79	30	13	49	72		72	72
1	12	141	96	26	45	124		124	124
1	4	43	29	9	14	30		30	30
1	5	26	16	6	10	10		10	10

9−1(三) 续表 28

民族乡名称	文化站（个）	村文化活动室（个）	医疗卫生机构（个）	医院（个）	基层医疗卫生机构（个）
保山市龙陵县木城彝族傈僳族乡	1	5	6		6
保山市昌宁县朱街彝族乡	1	57	11		11
保山市昌宁县苟街彝族苗族乡	1	64	12		12
保山市昌宁县湾甸傣族乡	1	5	6		6
德宏傣族景颇族自治州陇川县户撒阿昌族乡	1	128	11		11
德宏傣族景颇族自治州潞西市三台山德昂族乡	1	4	5		5
德宏傣族景颇族自治州梁河县曩宋阿昌族乡	1	66	10		10
德宏傣族景颇族自治州梁河县九保阿昌族乡	1	67	8		8
德宏傣族景颇族自治州盈江县苏典傈僳族乡	1	4	4		4
怒江傈僳族自治州福贡县匹河怒族乡	1	10	10		10
怒江傈僳族自治州泸水县洛本卓白族乡	1	8	9		9
迪庆藏族自治州香格里拉县三坝纳西族乡	1	7	8		8
迪庆藏族自治州德钦县霞若傈僳族乡	1	8	9		9
迪庆藏族自治州德钦县拖顶傈僳族乡	1	8	8		8
临沧市凤庆县新华彝族苗族乡	1	52	12		12
临沧市凤庆县腰街彝族乡	1	6	7		7
临沧市凤庆县郭大寨彝族白族乡	1	26	12		12
临沧市云县栗树彝族傣族乡	1	16	17		17
临沧市云县忙怀彝族布朗族乡	1	11	12		12
临沧市云县后箐彝族乡	1	11	12		12
临沧市永德县大雪山彝族拉祜族傣族乡	1	8	9		9
临沧市永德县乌木龙彝族乡	1	10	11		11
临沧市临翔区平村彝族傣族乡	1	42	6		6
临沧市临翔区南美拉祜乡	1	4	5		5
临沧市耿马傣族佤族自治县芒洪拉祜族布朗族乡	1	5	6		6
临沧市沧源佤族自治县勐角傣族彝族拉祜族乡	1	19	9		9
临沧市镇康县军赛佤族拉祜族傈僳族德昂族乡	1	36	7		7
西双版纳傣族自治州景洪市基诺山基诺族乡	1	32	7		7
西双版纳傣族自治州景洪市景哈哈尼族乡	1	6	8		8
西双版纳傣族自治州勐腊县瑶区瑶族乡	1	4	5		5

卫生院（个）	村卫生室（个）	卫生人员（人）	卫生技术人员（人）	其中：执业（助理）医师（人）	乡村医生和卫生员（人）	医疗卫生机构床位数（张）	医院（张）	基层医疗卫生机构（张）	卫生院（张）
1	5	36	30	9	6	35		35	35
1	10	46	31	11	15	30		30	30
1	11	98	69	20	29	90		90	90
1	5	82	61	9	21	50		50	30
1	10	69	20	12	29	35		35	35
1	4	29	18	10	11	10		10	10
1	9	65	37	7	21	33		33	33
1	7	61	41	15	20	20		20	20
1	3	25	16	7	7	16		16	16
1	9	48	22	6	26	20		20	20
1	8	40	23	4	17	20		20	20
1	7	58	32	11	17	22		22	22
1	8	40	20	8	16	10		10	10
1	7	40	31	11	9	35		35	35
1	11	52	26	5	26	31		31	31
1	6	40	29	7	11	15		15	15
1	11	60	40	14	20	27		27	27
1	16	46	17	5	29	30		30	30
1	11	50	32	12	18	40		40	40
1	11	48	27	8	21	40		40	40
1	8	40	19	8	21	30		30	30
1	10	74	56	9	18	50		50	50
1	5	28	17	5	11	11		11	11
1	4	26	18	7	8	6		6	6
1	5	25	16	7	9	18		18	18
1	8	43	22	6	21	12		12	12
1	6	35	23	7	12	40		40	40
1	6	75	62	8	13	50		50	50
1	7	79	59	26	20	50		50	50
1	4	54	43	7	11	20		20	20

9-1(三) 续表 29

民族乡名称	文化站(个)	村文化活动室(个)	医疗卫生机构(个)	医院(个)	基层医疗卫生机构(个)
西双版纳傣族自治州勐腊县象明彝族乡	1	60	8		8
西双版纳傣族自治州勐海县格朗和哈尼族乡	1	5	7		7
西双版纳傣族自治州勐海县布朗山布朗族乡	1	7	9		9
西双版纳傣族自治州勐海县西定哈尼族乡	1	11	12		12
西藏自治区	**8**	**27**	**33**	**2**	**31**
山南市错那县麻玛门巴族乡	1	1	2		2
山南市错那县贡日门巴族乡	1	1	2		2
山南市错那县基巴门巴族乡	1	2	3		3
山南市错那县勒布区勒门巴族乡	1	2	1		1
林芝市巴宜区更章门巴族乡	1	6	7		7
林芝市米林县南伊珞巴乡	1	3	4		4
林芝市墨脱县达木珞巴族乡	1	4	5		5
昌都市芒康县下盐井纳西族乡		5	5	2	3
山南市隆子县斗玉洛巴乡	1	3	4		4
甘肃省	**33**	**287**	**277**	**5**	**258**
临夏回族自治州广河县阿里麻土东乡族乡	1	6	7	1	1
甘南藏族自治州临潭县长川回族乡	1	10	11		11
甘南藏族自治州临潭县卓洛回族乡	1	1	4		4
甘南藏族自治州卓尼县勺哇土族乡	2	2	3		1
陇南市文县铁楼藏族乡	1	16			
陇南市武都区坪垭藏族乡	1	9	9	1	8
陇南市武都区磨坝藏族乡	1	8	9	1	8
陇南市宕昌县新城子藏族乡	1	10	10		10
酒泉市肃州区黄泥堡裕固族乡	1	10	1		1
酒泉市玉门市小金湾东乡族乡	1	5	5		5
白银市会宁县新添堡回族乡	1	13	14		14
庆阳市正宁县五倾源回族乡	1	5	6		6
平凉市崆峒区峡门回族乡	1	24	24		24
平凉市华亭市神峪回族乡	1	11	14		13
平凉市华亭市山寨回族乡	1	8	10		10

卫生院（个）	村卫生室（个）	卫生人员（人）	卫生技术人员（人）	其中：执业（助理）医师（人）	乡村医生和卫生员（人）	医疗卫生机构床位数（张）	医院（张）	基层医疗卫生机构（张）	卫生院（张）
1	7	58	39	4	19	18	18		18
1	6	43	18	7	18	25		25	25
1	8	74	52	10	22	26		26	26
1	11	70	25	11	34	23		23	23
9	**24**	**113**	**61**	**20**	**54**	**51**	**3**	**34**	**29**
1	1	9	6	2	3	4		4	4
1	1	12	7	3	5	6		6	6
1	2	20	10		10	3		2	1
1		7	2		4	3		1	1
1	6	12	5	5	12	5		1	1
1	3	8			6	6		4	4
1	4	16	8	8	8	6		6	6
1	4	17	17	2		10	3	2	1
1	3	12	6		6	8		8	5
36	**251**	**699**	**442**	**163**	**255**	**691**	**71**	**529**	**508**
1	5	29	27	2	9	15	15	15	15
1	10	24	13	2	11	3		3	3
1	3	11	8	1	3	4		4	4
1	2	7	5	1	2	2		2	2
1	15	34	11	5	23	40		40	40
1	8	18	10	4	8	44	36	8	36
1	8	23	15	3	8	24	8	16	16
1	9	24	14	4	10	12		12	12
1		5	5	5		10		10	10
1	4	14	14	5		23		23	12
1	13	27	14	6	13	22		22	9
1	5	11	6	6	5	17		17	17
1	23	37	20	11	17	37		37	14
1	13	54	38	9	16	41	11	30	30
1	9	41	32	6	9	28		28	28

9-1(三) 续表 30

民族乡名称	文化站（个）	村文化活动室（个）	医疗卫生机构（个）	医院（个）	基层医疗卫生机构（个）
平凉市崆峒区白庙回族乡	1	9	10		10
平凉市崆峒区大秦回族乡	1	12	13		13
平凉市崆峒区寨河回族乡	1	12	13		13
平凉市崆峒区大寨回族乡	1	24	23		23
平凉市崆峒区西阳回族乡	1	13	14		14
平凉市崆峒区上杨回族乡	1	7	8		8
张掖市肃南裕固族自治县祁丰藏族乡	1		10		4
张掖市肃南裕固族自治县马蹄藏族乡	1	23	8		8
张掖市肃南裕固族自治县白银蒙古族乡	1	3	2		2
张掖市甘州区平山湖蒙古族乡	1	3	1		1
临夏回族自治州临夏县井沟东乡族乡	1	13	15	1	14
临夏回族自治州和政县梁家寺东乡族乡	1	8	9	1	8
临夏回族自治州临夏县安家坡东乡族乡	1	4	5		5
酒泉市瓜州县七墩回族东乡族乡	1	3	3		3
酒泉市瓜州县广至藏族乡	1	6	7		7
酒泉市瓜州县沙河回族乡	1	5	5		5
酒泉市玉门市独山子东乡族乡	1	4	4		4
青海省	**81**	**262**	**365**	**7**	**354**
西宁市大通回族土族自治县朔北藏族乡	1	18	22	2	20
西宁市大通回族土族自治县向化藏族乡	1	9	10		10
西宁市湟中区群加藏族乡	1	5	6		6
西宁市湟中区大才回族乡			17		17
西宁市湟中区汉东回族乡	1	4	4		4
西宁市湟源县日月藏族乡	10	22	20		20
海东市民和回族土族自治县杏儿藏族乡	1	7	9	1	8
海东市乐都县下营藏族乡	10	10	11		11
海东市乐都县中坝藏族乡	1	14	15	1	14
海东市乐都县达拉土族乡	1	21	22		22
海东市互助土族自治县松多藏族乡	1	8	9		9
海东市化隆回族自治县雄先藏族乡			27		27

卫生院（个）	村卫生室（个）	卫生人员（人）	卫生技术人员（人）	其中：执业（助理）医师（人）	乡村医生和卫生员（人）	医疗卫生机构床位数（张）	医院（张）	基层医疗卫生机构（张）	卫生院（张）
1	9	25	12	12	13	22		22	22
1	12	26	14	8	12	18		18	18
1	12	18	6	6	12	36		36	36
1	22	50	28	17	22	47		47	25
1	13	25	12	4	13	10		10	10
1	7	16	12	7	4	12		12	12
3	3	30	14	8	8	46			
3	5	31	26	1	5	25		25	25
1	1	4	3	1	1	5		5	5
1		9	9	2		7		7	7
1	13	29	16	6	13	17		17	17
1	8	28	20	3	8	29	1	25	25
1	4	4			4	40		10	30
1	2	9	9	6	4	9		9	9
1	6	2		2	1	27			
1	4	16	12	4		10		10	10
1	3	18	17	6	1	9		9	9
27	**340**	**568**	**332**	**156**	**304**	**467**	**28**	**361**	**318**
2	18	36	26	13	36	12		6	6
1	9	18	9	2	9	7		7	7
1	5	12	3	4	5	8		8	8
1	16	60	46	14	17	16		16	16
	4	6	4	4	2	16		16	
1	19	60	16	3	44	11		11	11
1	7	20	13	2	7	13	6	7	6
1	10	27	12	7	15	10		8	8
1	14	34	34	8	34	25	5	20	5
1	21	26	4	4	21	14		14	14
1	8	20	12	7	8	21		16	8
2	25	9	7			31		31	31

9-1(三) 续表 31

民族乡名称	文化站（个）	村文化活动室（个）	医疗卫生机构（个）	医院（个）	基层医疗卫生机构（个）
海东市化隆回族自治县查甫藏族乡			13		13
海东市化隆回族自治县金源藏族乡			16		16
海东市化隆回族自治县塔加藏族乡			1		
海东市循化撒拉族自治县道帏藏族乡		27	31		28
海东市循化撒拉族自治县尕楞藏族乡		11	12		12
海东市循化撒拉族自治县岗察藏族乡			4		3
海东市循化撒拉族自治县文都藏族乡		16	16		16
海东市平安县沙沟回族乡	1	10	11	1	11
海东市平安县巴藏沟回族乡	15	13	14		14
海东市平安县石灰窑回族乡	14	14	16	1	15
海东市平安县洪水泉回族乡	16	16	16	1	16
海东市平安县古城回族乡	1	14	15		15
海东市互助土族自治县巴扎藏族乡	1	8	9		9
海北藏族自治州门源回族自治县皇城蒙古族乡	3	3	5		4
海北藏族自治州海晏县哈勒景蒙古乡	1	3	4		4
海南藏族自治州贵德县新街回族乡	1	9	10		10
新疆维吾尔自治区	**64**	**247**	**257**	**5**	**249**
吐鲁番市鄯善县东巴扎回族乡		4	1		1
和田地区皮山县瑙阿巴提塔吉克族乡	1	3	6		3
和田地区皮山县康克尔柯尔克孜族乡	1	2	5	1	2
巴音郭楞蒙古自治州和硕县乌什塔拉回族乡	1	8	7	1	6
昌吉回族自治州奇台县大泉塔塔尔族乡	1	2	6		6
昌吉回族自治州奇台县五马场哈萨克族乡	1	4	5		5
昌吉回族自治州奇台县乔仁哈萨克族乡	1	2	2	1	2
昌吉回族自治州木垒哈萨克自治县大南沟乌孜别克族乡		3	3		3
昌吉回族自治州玛纳斯县旱卡子滩哈萨克族乡	1	4	4		4
昌吉回族自治州玛纳斯县塔西河哈萨克族乡	1	5	4		4
昌吉回族自治州玛纳斯县清水河哈萨克族乡	1	6	7		7
昌吉回族自治州阜康市三工河哈萨克族乡	1	3	3		3
昌吉回族自治州阜康市上户沟哈萨克族乡	1	8	10		10

卫生院（个）	村卫生室（个）	卫生人员（人）	卫生技术人员（人）	其中：执业（助理）医师（人）	乡村医生和卫生员（人）	医疗卫生机构床位数（张）	医院（张）	基层医疗卫生机构（张）	卫生院（张）
1	12	3			3	29		29	29
1	15	3			3	21		21	21
1	10	2				17		17	17
1	27	19	19	19		35			
1	11			1		19		19	19
	3			5		7		7	7
	16	14	14	14		30			
1	10	24	14	8	10	20	10	10	10
1	13	27	12	4	15	4		4	4
1	14	25	11	6	14	11	7	4	4
1	15	35	20	3	15	43		43	43
1	14	28	14	6	14	8		8	8
1	8	25	17	9	8	15		15	15
1	4	14	10	3	4	2		4	1
1	3	10	7	3	6	2			
1	9	11	8	7	14	20		20	20
51	**200**	**1243**	**830**	**274**	**402**	**708**	**22**	**582**	**568**
1		31	28	11		4		4	4
1	2	8			8	6		3	3
1	1	11	6	1	4	42	20	20	20
1	5	49	37	15	12	33		33	33
1	5	19	13	6	6	8		8	8
1	4	29	18	4	11	10		10	10
1	1	15	8	4	7	10		10	10
1	2	19	15	6	4			5	5
1	3	20	18	10	2	20		20	20
1	3	22	18	3	3	10		10	10
1	6	25	23	8	2	25		25	25
1	2	15	11	4	4	10		10	10
1	9	32	13	6	13	10		10	10

9-1(三) 续表 32

民族乡名称	文化站（个）	村文化活动室（个）	医疗卫生机构（个）	医院（个）	基层医疗卫生机构（个）
昌吉回族自治州昌吉市阿什里哈萨克族乡	1	7	8		8
昌吉回族自治州呼图壁县石梯子哈萨克族乡	1	6	7		7
乌鲁木齐市米东区柏杨河哈萨克族乡	1	7	7		7
克孜勒苏柯尔克孜自治州阿克陶县塔尔塔吉克族乡	1	8	8		8
喀什地区塔什库尔干塔吉克自治县科克亚尔柯尔克孜族乡	1	2	2		2
喀什地区泽普县布依鲁克塔吉克族乡	1	4	5		5
喀什地区莎车县孜热普夏提塔吉克族乡	1	13	14		14
伊犁哈萨克自治州察布查尔锡伯自治县米粮泉回族乡	1	2	3		3
伊犁哈萨克自治州特克斯县科克铁热克柯尔克孜族乡	1	1	6		6
伊犁哈萨克自治州特克斯县呼吉尔特蒙古族乡	1	5	5		5
伊犁哈萨克自治州伊宁县愉群翁回族乡	1	16	14		14
伊犁哈萨克自治州尼勒克县科克浩特浩尔蒙古族乡	1	10	8		8
伊犁哈萨克自治州霍城县伊车嘎善锡伯族乡	1	14	6		6
伊犁哈萨克自治州霍城县三宫回族乡	1	5	6	1	5
伊犁哈萨克自治州昭苏县胡松图喀尔逊蒙古族乡	1	6	3		3
伊犁哈萨克自治州昭苏县察汗乌苏蒙古族乡	1	7	3		3
伊犁哈萨克自治州昭苏县夏特柯尔克孜族乡	1	8	4		4
塔城地区塔城市阿西尔达斡尔族乡	18	18	21	1	21
塔城地区乌苏市塔布勒合特蒙古族乡	1	8	9		9
塔城地区乌苏市吉尔格勒特郭楞蒙古族乡	1	4	5		5
塔城地区额敏县额玛勒郭楞蒙古族乡	1	6	4		4
塔城地区额敏县霍吉尔特蒙古族乡	1	6	6		6
阿克苏地区乌什县雅曼苏柯尔克孜族乡	1	7	8		8
阿克苏地区温宿县博孜东柯尔克孜族乡	9	9	11		11
哈密市伊吾县前山哈萨克族乡	1	3	3		3
哈密市哈密市德外都如克哈萨克族乡	1	1	1		1
哈密市哈密市乌拉台哈萨克族乡	1	3	4		4
阿勒泰地区布尔津县禾木哈纳斯蒙古族乡		1	10		10
阿勒泰地区阿勒泰市汗德尕特蒙古族乡	1	6	3		3

卫生院（个）	村卫生室（个）	卫生人员（人）	卫生技术人员（人）	其中：执业（助理）医师（人）	乡村医生和卫生员（人）	医疗卫生机构床位数（张）	医院（张）	基层医疗卫生机构（张）	卫生院（张）
1	7	29	23	2	6	20		20	20
1	6	18	4	4	2	15		15	15
1	6	11	6	10	19	19		1	1
1	7	36	18	6	18	20		20	20
1	1	8	3	2	5	6		6	6
1	4	16	8	4	4	23		23	15
1	13	68	42	18	26	50		50	50
1	2	35	30	11	3	20		20	20
1	6	21	2	1	6	30			
1	4	23	13	6	4	12		12	12
1	13	158	117	11	41	35		1	1
1	7	42	38	11	10	25		25	25
1	5	29	20	8	9	10		10	10
1	5	35	30	5	5	18		18	18
1	2	25	15	1	10	21		21	21
1	2	24	14	1	10	20		20	20
1	3	32	23	5	8	28		28	28
1	20	44	42	42	44				
1	8	12	4	4	8	24		24	24
1	4	12	8	3	4	4		4	4
	4	24	12	3	12	6		6	
1	5	43	21	8	11	14			
1	7	43	34	5	9	27		27	27
2	9	30	17	3	13	27	2	17	17
1	2	33	21	4	12	10		10	10
1		22	5	5	4	9		9	9
1	3	23	21	4	2	8		8	8
10		21	20	5	1	10		10	10
1	2	31	11	4	20	9		9	9

全国少数民族发展情况

一、人　口

1-1 历次人口普查全国分民族人口

单位：人

民族	历次普查人口数						
	1953年	1964年	1982年	1990年	2000年	2010年	2020年
全国总计	**577856141**	**691220104**	**1003913927**	**1130510638**	**1242612226**	**1332810869**	**1409778724**
汉族	542824056	651296368	936674944	1039187548	1137386112	1220844520	1284446389
蒙古族	1451035	1965766	3411367	4802407	5813947	5981840	6290204
回族	3530498	4473147	7228398	8612001	9816805	10586087	11377914
藏族	2753081	2501174	3847875	4593072	5416021	6282187	7060731
维吾尔族	3610462	3996311	5963491	7207024	8399393	10069346	11774538
苗族	2490874	2782088	5021175	7383622	8940116	9426007	11067929
彝族	3227750	3380960	5453564	6578524	7762272	8714393	9830327
壮族	6864585	8386140	13383086	15555820	16178811	16926381	19568546
布依族	1237714	1348055	2119345	2548294	2971460	2870034	3576752
朝鲜族	1111275	1339569	1765204	1923361	1923842	1830929	1702479
满族	2399228	2695675	4304981	9846776	10682262	10387958	10423303
侗族	712802	836123	1426400	2508624	2960293	2879974	3495993
瑶族	665933	857265	1411967	2137033	2637421	2796003	3309341
白族	567119	706623	1132224	1598052	1858063	1933510	2091543
土家族		524755	2836814	5725049	8028133	8353912	9587732
哈尼族	481220	628727	1058806	1254800	1439673	1660932	1733166
哈萨克族	509375	491637	907546	1110758	1250458	1462588	1562518
傣族	478966	535389	839496	1025402	1158989	1261311	1329985
黎族	360950	438813	887107	1112498	1247814	1463064	1602104
傈僳族	317465	270628	481884	574589	634912	702839	762996
佤族	286158	200272	298611	351980	396610	429709	430977
畲族		234167	371965	634700	709592	708651	746385
高山族	329	366	1650	2877	4461	4009	3479
拉祜族	139060	191241	304256	411545	453705	485966	499167
水族	133566	156099	286908	347116	406902	411847	495928
东乡族	155761	147443	279523	373669	513805	621500	774947
纳西族	143453	156796	251592	277750	308839	326295	323767
景颇族	101852	57762	92976	119276	132143	147828	160471

注：1. 各年度人口均为中国大陆人口普查数，不包括现役军人。
2. 少数民族人口合计数中不包括其他未识别的民族人口和外国人加入中国籍人口数。
3. 1982年人口数未包括西藏间接调查的28601人，据有关资料计算，如包括间接调查人口数，1982年门巴族约为6248人，珞巴族约为2065人。

1-1 续表

单位：人

民 族	历次普查人口数						
	1953年	1964年	1982年	1990年	2000年	2010年	2020年
柯尔克孜族	70944	70151	113386	143537	160823	186708	204402
土族	53277	77349	159632	192568	241198	289565	281928
达斡尔族		63394	94126	121463	132394	131992	132299
仫佬族		52819	90357	160648	207352	216257	277233
羌族	35660	49105	102815	198303	306072	309576	312981
布朗族		39411	58473	82398	91882	119639	127345
撒拉族	30658	34664	69135	87546	104503	130607	165159
毛南族		22382	38159	72370	107166	101192	124092
仡佬族		26852	54164	438192	579357	550746	677521
锡伯族	19022	33438	83683	172932	188824	190481	191911
阿昌族		12032	20433	27718	33936	39555	43775
普米族		14298	24238	29721	33600	42862	45012
塔吉克族	14462	16236	26600	33223	41028	51069	50896
怒族		15047	22896	27190	28759	37524	36575
乌孜别克族	13626	7717	12213	14763	12370	10569	12742
俄罗斯族	22656	1326	2917	13500	15609	15393	16136
鄂温克族	4957	9681	19398	26379	30505	30875	34617
德昂族		7261	12297	15461	17935	20556	22354
保安族	4957	5125	9017	11683	16505	20074	24434
裕固族	3861	5717	10568	12293	13719	14378	14706
京族		4293	13108	18749	22517	28199	33112
塔塔尔族	6929	2294	4122	5064	4890	3556	3544
独龙族		3090	4633	5825	7426	6930	7310
鄂伦春族	2262	2709	4103	7004	8196	8659	9168
赫哲族		718	1489	4254	4640	5354	5373
门巴族		3809	1140	7498	8923	10561	11143
珞巴族			1066	2322	2965	3682	4237
基诺族			11962	18022	20899	23143	26025
其他未识别民族	1017299	32411	799705	752347	734438	640101	836488
外国人加入中国籍	1004	7416	4937	3498	941	1448	16595

1-2 历次人口普查少数民族人口的分布情况(一)

单位：人，%

地 区	1953年			1964年		
	绝对数	占该地区总人口的比重(%)	占全国少数民族人口的比重(%)	绝对数	占该地区总人口的比重(%)	占全国少数民族人口的比重(%)
全 国	**34013782**	**5.89**	**100.00**	**39883909**	**5.77**	**100.00**
北 京	168404	6.08	0.50	283524	3.75	0.71
天 津	79857	2.96	0.23	115613	2.70	0.29
河 北	715752	1.75	2.10	621926	1.50	1.56
山 西	20316	0.14	0.06	40100	0.22	0.10
内蒙古	959336	15.73	2.82	1604756	13.00	4.02
辽 宁	1482619	8.07	4.36	1858900	6.90	4.66
吉 林	1193237	10.67	3.51	1342170	8.57	3.37
黑龙江	944328	7.98	2.78	1087045	5.40	2.73
上 海	31461	0.51	0.90	43591	0.40	0.11
江 苏	66362	0.16	0.20	83002	9.19	0.21
浙 江	30854	0.14	0.09	106411	0.38	0.27
安 徽	133801	0.45	0.39	155256	0.50	0.39
福 建	19979	0.15	0.06	147017	0.88	0.37
江 西	2001	0.01	0.01	9300	0.04	0.02
山 东	252506	0.52	0.74	294643	0.53	0.74
河 南	405715	0.93	1.19	517195	1.03	1.30
湖 北	35434	0.13	0.10	183035	0.54	0.46
湖 南	586737	1.78	1.72	1275719	3.43	3.20
广 东	430279	1.25	1.27	747181	1.75	1.87
广 西	7337944	37.51	21.57	8553300	41.03	21.45
海 南						
四 川	2022315	3.11	5.95	1728955	2.54	4.33
贵 州	3562493	23.69	10.47	4009683	23.39	10.05
云 南	5411883	31.59	15.91	6384114	31.13	16.01
西 藏	1273969	100.00	3.75	1213796	97.01	3.04
陕 西	56272	0.36	0.17	93978	0.45	0.24
甘 肃	1486775	11.71	4.37	955396	7.56	2.40
青 海	854136	50.95	20.51	829318	38.65	2.18
宁 夏				650366	30.86	1.63
新 疆	4449017	93.01	13.08	4948619	68.07	12.41

1-2 历次人口普查少数民族人口的分布情况(二)

单位：人，%

地区	1982年			1990年		
	绝对数	占该地区总人口的比重(%)	占全国少数民族人口的比重(%)	绝对数	占该地区总人口的比重(%)	占全国少数民族人口的比重(%)
全　国	**66434341**	**6.62**	**100.00**	**90567245**	**8.01**	**100.00**
北　京	322320	3.49	0.49	413937	3.83	0.46
天　津	164241	2.12	0.25	202642	2.31	0.22
河　北	853275	1.61	1.28	2408876	3.94	2.66
山　西	63760	0.25	0.10	82061	0.29	0.09
内蒙古	2996477	15.55	4.51	4166260	19.42	4.60
辽　宁	2909615	8.15	4.38	6165508	15.62	6.81
吉　林	1829555	8.11	2.75	2525212	10.24	2.79
黑龙江	1613043	4.94	2.43	1997934	5.67	2.21
上　海	49748	0.42	0.07	62171	0.47	0.07
江　苏	110559	0.18	0.17	153060	0.23	0.07
浙　江	161546	0.42	0.24	212582	0.51	0.23
安　徽	261760	0.53	0.39	324227	0.58	0.36
福　建	250449	0.97	0.38	465995	1.55	0.51
江　西	22052	0.07	0.03	101144	0.27	0.11
山　东	407849	0.55	0.61	505694	0.60	0.56
河　南	799338	1.07	1.20	1008972	1.18	1.11
湖　北	1778494	3.72	2.68	2140188	3.97	2.36
湖　南	2201087	4.08	3.31	4823649	7.95	5.33
广　东	1057527	1.78	1.59	354625	0.56	0.39
广　西	13933250	38.26	20.97	16577113	39.24	18.30
海　南				1114803	17.00	1.23
四　川	3660402	3.67	5.51	4889295	4.56	5.40
贵　州	6675360	23.38	10.05	10504828	32.43	11.60
云　南	10277069	31.57	15.47	12351834	33.41	13.64
西　藏	1769935	94.97	2.66	2112168	96.18	2.33
陕　西	133098	0.46	2.20	156403	0.48	0.17
甘　肃	1555186	7.95	2.34	1857467	8.30	2.05
青　海	1535774	39.42	2.31	1878028	42.14	2.07
宁　夏	1244238	31.94	1.87	1549067	33.27	1.71
新　疆	7797344	59.61	11.74	9961202	62.42	10.45

1-2 历次人口普查少数民族人口的分布情况(三)

单位：万人

地区	2000年			2010年			2020年		
	总人口	少数民族人口	占总人口比例(%)	总人口	少数民族人口	占总人口比例(%)	总人口	少数民族人口	占总人口比例(%)
全国	**124261**	**10449**	**8.41**	**133281**	**11132**	**8.35**	**140978**	**12448**	**8.83**
北京	1357	59	4.31	1961	80	4.08	2189	105	4.78
天津	985	27	2.71	1294	33	2.56	1387	44	3.17
河北	6668	290	4.35	7185	299	4.17	7461	322	4.31
山西	3247	10	0.32	3571	9	0.26	3492	12	0.35
内蒙古	2332	486	20.83	2471	506	20.46	2405	511	21.26
辽宁	4182	672	16.06	4375	664	15.19	4259	642	15.07
吉林	2680	245	9.15	2745	219	7.96	2407	209	8.67
黑龙江	3624	177	4.89	3831	137	3.59	3185	112	3.52
上海	1641	10	0.63	2302	28	1.20	2487	40	1.60
江苏	7304	26	0.35	7866	38	0.49	8475	61	0.72
浙江	4593	39	0.85	5443	121	2.21	6457	217	3.37
安徽	5900	40	0.67	5950	40	0.66	6103	43	0.71
福建	3410	58	1.71	3689	79	2.15	4154	111	2.68
江西	4040	13	0.31	4457	15	0.34	4519	21	0.47
山东	8997	63	0.70	9579	73	0.76	10153	90	0.89
河南	9124	114	1.25	9403	112	1.19	9937	115	1.16
湖北	5951	260	4.36	5724	247	4.31	5775	277	4.79
湖南	6327	641	10.13	6570	655	9.97	6644	668	10.06
广东	8523	127	1.49	10432	206	1.98	12601	474	3.76
广西	4385	1683	38.37	4602	1711	37.17	5013	1880	37.51
海南	756	131	17.38	867	143	16.44	1008	158	15.68
重庆	3051	197	6.47	2885	194	6.71	3205	217	6.76
四川	8235	412	5.00	8042	491	6.10	8367	569	6.80
贵州	3525	1263	35.82	3475	1179	33.93	3856	1335	34.61
云南	4236	1415	33.41	4597	1535	33.38	4721	1561	33.07
西藏	262	245	93.79	300	275	91.75	365	320	87.73
陕西	3537	18	0.50	3733	19	0.51	3953	22	0.56
甘肃	2512	220	8.75	2558	241	9.42	2502	266	10.62
青海	482	222	45.97	563	264	46.98	592	293	49.47
宁夏	549	190	34.56	630	221	35.15	720	259	35.95
新疆	1846	1097	59.42	2182	1299	59.52	2585	1493	57.76

1-3 2020年全国人口普查各民族分城市、镇、乡村的人口

单位：人，%

民族	总人口	城市人口	镇人口	乡村人口
全国总计	**1409778724**	**575170855**	**324820307**	**509787562**
汉族	1284446389	542511128	295833738	446101523
少数民族合计	124479252	32474485	28709658	63295109
少数民族占全国比重	8.83	5.65	8.84	12.42
蒙古族	6290204	2006108	1829941	2454155
回族	11377914	4539546	2718526	4119842
藏族	7060731	1065697	1400971	4594063
维吾尔族	11774538	2002249	2199107	7573182
苗族	11067929	2281738	2723800	6062391
彝族	9830327	1577772	2010663	6241892
壮族	19568546	6428285	4026442	9113819
布依族	3576752	901109	913640	1762003
朝鲜族	1702479	989339	213410	499730
满族	10423303	3908758	2378244	4136301
侗族	3495993	725451	1078204	1692338
瑶族	3309341	655692	719731	1933918
白族	2091543	584188	466233	1041122
土家族	9587732	2393993	2899874	4293865
哈尼族	1733166	248503	375766	1108897
哈萨克族	1562518	213328	405927	943263
傣族	1329985	230156	328892	770937
黎族	1602104	265033	300160	1036911
傈僳族	762996	79049	188898	495049
佤族	430977	39243	98696	293038
畲族	746385	198660	175159	372566
高山族	3479	2020	826	633
拉祜族	499167	44720	83249	371198
水族	495928	90884	145284	259760
东乡族	774947	119774	138013	517160
纳西族	323767	112114	59473	152180
景颇族	160471	27456	28389	104626
柯尔克孜族	204402	20691	39596	144115

1-3 续表

单位：人

民族	总人口	城市人口	镇人口	乡村人口
土族	281928	62859	83033	136036
达斡尔族	132299	50745	40716	40838
仫佬族	277233	100474	83726	93033
羌族	312981	63769	95071	154141
布朗族	127345	12368	25118	89859
撒拉族	165159	35618	45814	83727
毛南族	124092	35157	34443	54492
仡佬族	677521	172210	232941	272370
锡伯族	191911	101472	29780	60659
阿昌族	43775	6969	8223	28583
普米族	45012	6707	13716	24589
塔吉克族	50896	2135	10184	38577
怒族	36575	3545	7816	25214
乌孜别克族	12742	6201	4152	2389
俄罗斯族	16136	12400	2217	1519
鄂温克族	34617	9263	13650	11704
德昂族	22354	3357	4025	14972
保安族	24434	3546	5064	15824
裕固族	14706	4570	3887	6249
京族	33112	13985	6346	12781
塔塔尔族	3544	1701	751	1092
独龙族	7310	686	2411	4213
鄂伦春族	9168	3145	3800	2223
赫哲族	5373	3205	927	1241
门巴族	11143	1302	1860	7981
珞巴族	4237	430	554	3253
基诺族	26025	5110	2319	18596
其他未识别的民族	836488	179597	273430	383461
外国人加入中国籍	16595	5645	3481	7469

1-4 2020年全国人口普查各民族3岁及以上人口的受教育状况(一)

单位：人，%

民　族	合　计	未上过学	学前教育	小　学	初　中
全国总计	**1368140098**	**48595937**	**53355845**	**349658733**	**487095010**
汉族	1247564630	41214914	47214747	310225809	447493408
少数民族合计	119773256	7296925	6098840	39158900	39355499
少数民族占全国比重	8.75	15.02	11.43	11.20	8.08
蒙古族	6061485	167703	265851	1482660	1900875
回族	10921051	751600	529002	3407936	3280868
藏族	6735027	1554466	338601	2633530	962699
维吾尔族	11539014	309675	901738	4252498	3816240
苗族	10575558	802793	523221	3799786	3528907
彝族	9382692	881172	519229	3993174	2475854
壮族	18854018	647992	945393	5499047	7510157
布依族	3414048	272440	177261	1174992	1165678
朝鲜族	1671001	18509	41143	225441	666448
满族	10095800	178046	377155	2401071	4021325
侗族	3351259	175329	161670	1044036	1212208
瑶族	3166665	172240	174320	1111716	1075008
白族	2007596	86266	86846	615933	675541
土家族	9243956	322507	406359	2780353	3212464
哈尼族	1660698	160389	71852	733246	447530
哈萨克族	1513168	25782	85803	486640	494909
傣族	1277919	121003	55976	533706	362297
黎族	1541070	62879	70284	399822	706932
傈僳族	728268	92115	34873	338630	177350
佤族	410857	41895	17189	190167	111988
畲族	716602	35148	39533	251367	217476
高山族	3325	70	199	597	842
拉祜族	476376	61142	20263	242003	106022
水族	473453	35866	25863	173785	150007
东乡族	720886	125516	59821	350646	127452
纳西族	311635	16213	12731	84786	96776
景颇族	151668	14582	7223	57923	45970

1-4(一) 续表

单位：人，%

民　族	合　计	未上过学	学前教育	小　学	初　中
柯尔克孜族	198714	5272	13864	76547	50603
土族	269542	22764	13415	92726	65154
达斡尔族	127764	1862	5359	23796	44164
仫佬族	264651	9058	16113	80870	87196
羌族	301508	17928	13524	103631	80599
布朗族	120968	15676	5667	53610	29547
撒拉族	155256	24678	9451	69408	31003
毛南族	118709	3921	6773	35758	43760
仡佬族	644185	34553	34644	199793	204236
锡伯族	185452	2031	7662	32770	68011
阿昌族	41457	3171	2308	15397	12720
普米族	42752	3714	2376	14360	11221
塔吉克族	49186	999	2911	20176	11746
怒族	34145	3929	2487	13367	8670
乌孜别克族	12405	183	814	3331	3130
俄罗斯族	15580	190	760	1895	3669
鄂温克族	33177	544	1557	6578	10233
德昂族	21150	2437	1186	9732	5317
保安族	22820	2862	1929	9466	4704
裕固族	14165	461	607	4312	3225
京族	30976	972	2677	7892	9932
塔塔尔族	3444	53	167	726	756
独龙族	6865	629	411	2398	2067
鄂伦春族	8700	143	497	1388	2358
赫哲族	5121	61	283	776	1440
门巴族	10582	2884	680	2985	1242
珞巴族	3978	807	276	1545	475
基诺族	24909	1805	1043	8176	8498
其他未识别的民族	786626	82446	41601	269694	241131
外国人加入中国籍	15586	1652	657	4330	4972

1—4 2020年全国人口普查各民族3岁及以上人口的受教育状况(二)

单位：人，%

民　族	高　中	大学专科	大学本科	硕士研究生	博士研究生
全国总计	**212209922**	**112303002**	**94156072**	**9488228**	**1277349**
汉族	198724224	104803905	87633137	9034841	1219645
少数民族合计	13411649	7460585	6481403	451962	57493
少数民族占全国比重	6.32	6.64	6.88	4.76	4.50
蒙古族	846113	615544	702036	71848	8855
回族	1370529	758180	745902	68302	8732
藏族	465713	432043	334922	11658	1395
维吾尔族	1156307	693918	397206	9899	1533
苗族	1015212	483596	399476	20088	2479
彝族	749177	428899	320654	13042	1491
壮族	2333390	1101580	775115	37346	3998
布依族	305044	154733	157647	5647	606
朝鲜族	388081	132255	177439	17958	3727
满族	1275240	839596	890715	100251	12401
侗族	373496	196266	178910	8363	981
瑶族	347414	154382	122730	7848	1007
白族	237517	148249	146206	9680	1358
土家族	1328716	602756	543017	42117	5667
哈尼族	130574	70874	44408	1637	188
哈萨克族	188223	133005	96269	2295	242
傣族	102919	58205	41884	1748	181
黎族	173614	75147	50742	1506	144
傈僳族	43336	24054	17251	608	51
佤族	26774	14254	8343	229	18
畲族	86526	43024	40199	2972	357
高山族	582	414	530	82	9
拉祜族	22792	13274	10343	495	42
水族	43281	21024	22822	736	69
东乡族	31220	13478	12246	467	40
纳西族	41953	30122	26934	1871	249
景颇族	13747	7544	4462	203	14

1-4(二) 续表

单位：人，%

民 族	高 中	大学专科	大学本科	硕士研究生	博士研究生
柯尔克孜族	23606	17789	10775	226	32
土族	27637	20874	25673	1141	158
达斡尔族	19471	15282	15844	1743	243
仫佬族	32990	19105	17999	1200	120
羌族	33325	28056	22791	1464	190
布朗族	7811	4458	3984	182	33
撒拉族	9966	4825	5699	201	25
毛南族	13627	7363	7103	366	38
仡佬族	72810	42847	52793	2275	234
锡伯族	28301	20961	22857	2497	362
阿昌族	3786	2047	1956	68	4
普米族	4478	3430	3020	138	15
塔吉克族	7117	4996	1221	20	
怒族	2410	1875	1367	38	2
乌孜别克族	1902	1438	1520	70	17
俄罗斯族	2868	2706	3148	303	41
鄂温克族	5369	4384	4113	355	44
德昂族	1404	644	418	10	2
保安族	1963	1027	844	23	2
裕固族	1802	1603	1977	158	20
京族	4536	2476	2339	144	8
塔塔尔族	550	532	590	59	11
独龙族	582	486	272	14	6
鄂伦春族	1311	1426	1417	140	20
赫哲族	746	669	977	144	25
门巴族	1013	890	860	27	1
珞巴族	278	220	371	5	1
基诺族	2500	1760	1067	55	5
其他未识别的民族	72564	37300	40376	1334	180
外国人加入中国籍	1485	1212	1156	91	31

1-5 2020年全国人口普查各民族分年龄的人口

单位：人，%

民 族	人口总计	0-14岁	15-59岁	60岁及以上	其中：65岁及以上
全国总计	**1409778724**	**253383938**	**892376568**	**264018218**	**190635280**
汉族	1284446389	223861511	812984979	247599899	179004076
少数民族合计	124479252	29272773	78874890	16331589	11567662
少数民族占全国比重	8.83	11.55	8.84	6.19	6.07
蒙古族	6290204	1298329	4196799	795076	487119
回族	11377914	2656556	7089865	1631493	1175694
藏族	7060731	1825994	4541826	692911	496480
维吾尔族	11774538	3559228	7219091	996219	658092
苗族	11067929	2776550	6975114	1316265	992756
彝族	9830327	2629529	6200512	1000286	721843
壮族	19568546	4236247	12443237	2889062	2110080
布依族	3576752	857089	2272281	447382	328551
朝鲜族	1702479	191651	1044586	466242	308873
满族	10423303	1906147	6612181	1904975	1223018
侗族	3495993	796015	2205877	494101	370076
瑶族	3309341	878428	2027285	403628	284847
白族	2091543	417737	1374635	299171	219953
土家族	9587732	2021229	6066054	1500449	1168556
哈尼族	1733166	419752	1113104	200310	137584
哈萨克族	1562518	399383	1033951	129184	78902
傣族	1329985	279530	878410	172045	107833
黎族	1602104	370373	1064571	167160	114317
傈僳族	762996	175029	504243	83724	57452
佤族	430977	90807	291329	48841	31587
畲族	746385	177074	455176	114135	80120
高山族	3479	793	2259	427	244
拉祜族	499167	109902	332999	56266	35643
水族	495928	127258	316690	51980	38779
东乡族	774947	275930	434783	64234	48971
纳西族	323767	53803	217198	52766	39853
景颇族	160471	42308	102790	15373	9440

1-5 续表

单位：人，%

民 族	人口总计	0-14岁	15-59岁	60岁及以上	其中：65岁及以上
柯尔克孜族	204402	54342	132594	17466	12146
土族	281928	63883	189181	28864	19930
达斡尔族	132299	26200	89119	16980	9982
仫佬族	277233	69766	173741	33726	24722
羌族	312981	58802	206707	47472	35633
布朗族	127345	31288	83067	12990	8421
撒拉族	165159	55730	95828	13601	9944
毛南族	124092	29081	78677	16334	12024
仡佬族	677521	169302	430299	77920	60702
锡伯族	191911	36453	124338	31120	20197
阿昌族	43775	12291	27150	4334	2650
普米族	45012	10738	29714	4560	3356
塔吉克族	50896	12724	33435	4737	3131
怒族	36575	10099	22792	3684	2490
乌孜别克族	12742	3440	7871	1431	942
俄罗斯族	16136	2991	10402	2743	1728
鄂温克族	34617	7822	23769	3026	1603
德昂族	22354	6244	13898	2212	1323
保安族	24434	8668	13542	2224	1609
裕固族	14706	2684	10121	1901	1366
京族	33112	10875	18464	3773	2772
塔塔尔族	3544	774	2285	485	313
独龙族	7310	1961	4682	667	452
鄂伦春族	9168	2232	6229	707	397
赫哲族	5373	1317	3491	565	334
门巴族	11143	3035	7226	882	541
珞巴族	4237	1393	2573	271	183
基诺族	26025	5967	16849	3209	2108
其他未识别的民族	836488	245941	505266	85281	62582
外国人加入中国籍	16595	3713	11433	1449	960

二、教　　育

2–1 全国分地区少数民族教职工(2020年)(一)

单位：人

地　区	普通高等学校	成人高等学校	中等职业教育
全　国	**161014**	**1556**	**51935**
北　京	8811	162	522
天　津	2183	26	193
河　北	5709	10	2344
山　西	482	1	49
内蒙古	13490	109	4528
辽　宁	11491	162	3603
吉　林	6872	131	1310
黑龙江	3803	84	368
上　海	2198	10	169
江　苏	3086	7	166
浙　江	2020	9	505
安　徽	1182		118
福　建	1707	6	202
江　西	969	10	97
山　东	2433	4	178
河　南	3954	8	338
湖　北	5620		1273
湖　南	7250	18	3465
广　东	5666	67	853
广　西	18790	188	6097
海　南	924	14	307
重　庆	2392	47	987
四　川	4710	34	874
贵　州	14154	24	5613
云　南	11282	11	5780
西　藏	1530		1737
陕　西	2128	17	100
甘　肃	2523	12	1073
青　海	1705	20	1014
宁　夏	2568	21	771
新　疆	9382	344	7301

2-1 全国分地区少数民族教职工(2020年)(二)

单位：人

地　区	普通中学	特殊教育学校	小　学	幼儿园
全　国	**650387**	**7147**	**653024**	**387040**
北　京	5548	94	3752	4286
天　津	1979	33	1393	687
河　北	20395	243	19361	6638
山　西	332	5	204	114
内蒙古	40583	649	36262	19042
辽　宁	41342	500	26440	17222
吉　林	13398	192	9127	2754
黑龙江	8345	85	4490	1013
上　海	1456	22	487	501
江　苏	1589	35	1021	647
浙　江	2596	24	2250	1502
安　徽	1717	23	1462	654
福　建	2404	53	2640	1383
江　西	746	5	608	466
山　东	3572	34	2705	2082
河　南	5813	57	5051	2428
湖　北	16136	153	12151	7292
湖　南	46311	394	32080	22403
广　东	11479	169	4381	7277
广　西	95425	1113	109335	72675
海　南	5474	57	6682	5260
重　庆	14227	107	14038	6691
四　川	18270	169	30519	8012
贵　州	94583	897	93807	57232
云　南	63016	788	77728	41387
西　藏	13243	257	21459	7496
陕　西	968	13	724	567
甘　肃	11558	62	15621	6377
青　海	15365	107	14359	9768
宁　夏	10136	112	10260	7625
新　疆	82381	695	92627	65559

2-2 全国分地区少数民族专任教师(2020年)(一)

单位：人

地　区	普通高等学校	成人高等学校	中等职业教育
全　国	**109192**	**971**	**41968**
北　京	4362	79	342
天　津	1474	18	135
河　北	4058	4	1723
山　西	341	1	38
内 蒙 古	9070	65	3638
辽　宁	7586	100	2657
吉　林	4188	93	961
黑 龙 江	2553	44	273
上　海	1460	8	133
江　苏	2217	4	150
浙　江	1478	7	470
安　徽	857		103
福　建	1011	3	179
江　西	721	9	64
山　东	1806	2	147
河　南	2874	4	233
湖　北	3933		1114
湖　南	5264	8	3037
广　东	3980	32	727
广　西	12266	124	4814
海　南	634	6	220
重　庆	1725	31	924
四　川	3322	23	700
贵　州	9942	18	4690
云　南	8250	3	4771
西　藏	949		1659
陕　西	1437	9	70
甘　肃	1848	10	878
青　海	1246	13	733
宁　夏	1894	11	609
新　疆	6446	242	5776

2-2 全国分地区少数民族专任教师(2020年)(二)

单位：人

地　区	普通中学	特殊教育学校	小　学	幼儿园
全　国	**579661**	**6201**	**595571**	**232256**
北　京	4616	82	3413	2679
天　津	1740	28	1263	446
河　北	17954	202	18355	4471
山　西	304	5	191	57
内蒙古	33326	547	30110	12780
辽　宁	36174	407	23303	11081
吉　林	11583	172	8064	1714
黑龙江	7412	77	4028	601
上　海	1324	21	449	375
江　苏	1495	31	998	460
浙　江	2464	24	2195	925
安　徽	1623	21	1437	464
福　建	2204	50	2581	898
江　西	725	5	601	322
山　东	3381	27	2656	1345
河　南	5400	52	4882	1491
湖　北	14789	145	11803	3699
湖　南	44117	363	31417	11650
广　东	10472	143	4083	4484
广　西	84941	933	102185	38698
海　南	4809	34	6217	2669
重　庆	13476	101	13730	3695
四　川	17218	149	28758	5768
贵　州	86316	794	85744	34854
云　南	57893	717	73342	26094
西　藏	12887	234	21308	6513
陕　西	872	13	667	332
甘　肃	10710	51	15209	4733
青　海	13619	67	12306	5975
宁　夏	9876	105	9960	4212
新　疆	65941	601	74316	38771

2—3 全国分地区少数民族在校学生(2020年)(一)

单位：人

地　　区	博士生（含科研机构）	硕士生（含科研机构）	普通高等学校（普通本、专科）	成人高等学校（成人本、专科）	中等职业教育
全　　国	**28218**	**146783**	**3287008**	**39581**	**1397613**
北　　京	7488	19467	71000	643	3576
天　　津	1041	2900	51522	451	2612
河　　北	169	2816	93938	873	36892
山　　西	70	543	12491	10	486
内 蒙 古	550	7366	133473		42053
辽　　宁	2089	12429	200054	2182	53179
吉　　林	1672	7765	73338	1277	7621
黑 龙 江	1014	4212	61584	1112	5209
上　　海	1726	6728	40122	124	4649
江　　苏	1627	6350	93662	1108	3701
浙　　江	543	2204	39608	362	11327
安　　徽	291	1311	21463	46	2354
福　　建	370	1863	44161	622	8714
江　　西	141	1006	35969	28	2170
山　　东	383	2192	52725	238	8042
河　　南	106	1637	52892	86	6936
湖　　北	2238	9185	146483	277	24555
湖　　南	958	5504	179681	2219	79517
广　　东	1023	4809	44051	6918	17490
广　　西	404	6772	404837	6018	208642
海　　南	33	535	30668	28	33062
重　　庆	602	5269	90773	2243	37694
四　　川	951	5467	154926	2892	72246
贵　　州	272	5612	352723	2165	141486
云　　南	548	6990	285737	1466	245044
西　　藏	83	702	24664		24030
陕　　西	986	5521	42828	3545	2230
甘　　肃	433	2375	64350	60	13175
青　　海	75	994	40439	623	47429
宁　　夏	80	1544	59728	517	36549
新　　疆	252	4715	287118	1448	214943

2-3 全国分地区少数民族在校学生(2020年)(二)

单位：人

地　区	普通中学	特殊教育学校	小　学	幼儿园
全　国	**8455269**	**124817**	**13305407**	**5301102**
北　京	51630	465	101759	48249
天　津	26696	160	38082	10990
河　北	251437	2072	361178	96570
山　西	3880	16	6907	1121
内蒙古	331637	3822	432686	193083
辽　宁	354280	2387	423693	124524
吉　林	104014	598	128910	35656
黑龙江	77286	409	79003	12054
上　海	18786	71	23243	9705
江　苏	29033	127	46979	11661
浙　江	55173	191	134231	54018
安　徽	22802	79	34241	8296
福　建	57310	426	98960	26517
江　西	8319	93	13627	3986
山　东	56124	309	86540	29426
河　南	81835	245	110497	33785
湖　北	180269	2351	226478	85533
湖　南	464388	6634	690843	249533
广　东	106215	451	235227	63256
广　西	1328808	15411	1914161	834802
海　南	98765	1063	151317	54802
重　庆	180240	2329	202927	81740
四　川	412486	6413	782515	301096
贵　州	1232647	15848	1803316	703819
云　南	1045837	17947	1659277	667889
西　藏	208501	7034	345765	145391
陕　西	8318	76	15559	6145
甘　肃	169826	3258	323607	137412
青　海	211644	5679	333350	139104
宁　夏	210493	4070	288967	105123
新　疆	1066590	24783	2211562	1025816

三、文　　化

3–1 全国分地区少数民族文字出版的图书(2020年)(一)

单位：种数：种；印数：万册(份)；印张：千印张

地　　区	总计				书籍			
	种数合计	#新　出	印　数	印　张	种数合计	#新　出	印　数	印　张
全国合计	**5622**	**2321**	**3701**	**324184**	**3997**	**2103**	**1687**	**171371**
中央合计	262	195	79	18450	239	187	76	17797
地　　方	5360	2126	3622	305734	3758	1916	1611	153574
内 蒙 古	2164	634	1497	126866	1369	565	630	60293
辽　　宁	177	77	32	2914	153	76	25	2432
吉　　林	686	287	188	15567	451	236	117	9852
黑 龙 江	18	12	4	583	18	12	4	583
广　　西	36	25	12	1339	26	21	9	1178
四　　川	656	184	515	55285	463	165	196	26536
贵　　州	40	40	5	621	39	39	5	617
云　　南	173	168	31	3583	130	128	21	2929
西　　藏	496	185	438	41036	392	176	229	24592
甘　　肃	112	93	33	5277	112	93	33	5277
青　　海	242	64	290	22874	105	64	55	4790
新　　疆	560	357	577	29789	500	341	287	14495

3–1 全国分地区少数民族文字出版的图书(2020年)(二)

单位：种数：种；印数：万册(份)；印张：千印张

地　　区	课本			
	种数合计	#新　出	印　数	印　张
全国合计	**1621**	**214**	**2011**	**152690**
中央合计	23	8	3	653
地　　方	1598	206	2008	152037
内 蒙 古	795	69	867	66573
辽　　宁	24	1	7	482
吉　　林	235	51	71	5715
黑 龙 江				
广　　西	10	4	3	161
四　　川	193	19	319	28749
贵　　州	1	1		4
云　　南	43	40	9	614
西　　藏	104	9	209	16444
甘　　肃				
青　　海	137		235	18084
新　　疆	56	12	288	15211

3-2 全国分地区少数民族文字出版的期刊(2020年)(一)

单位：种数：种；印数：万册(份)；印张：千印张

地区	合计				综合类			
	种数	平均期印数	总印数	总印张	种数	平均期印数	总印数	总印张
总计	**229**	**76**	**788**	**39119**	**9**	**1**	**5**	**280**
中央	17	7	55	3295	3		4	113
地方	212	69	733	35824	6		1	167
内蒙古	45	27	401	17765				
吉林	14	5	57	3681				
黑龙江	2	1	4	257				
广西	1	1	4	144				
四川	6	4	18	1208				
云南	3		2	89				
西藏	16	9	52	2218	1		1	132
甘肃	3	1	3	232				
青海	13	3	16	1125				
新疆	109	20	176	9106	5			34

3-2 全国分地区少数民族文字出版的期刊(2020年)(二)

单位：种数：种；印数：万册(份)；印张：千印张

地区	哲学、社会科学类				自然科学、技术类			
	种数	平均期印数	总印数	总印张	种数	平均期印数	总印数	总印张
总计	**77**	**53**	**647**	**29474**	**41**	**7**	**43**	**2002**
中央	9	5	43	2315				
地方	68	48	605	27159	41	7	43	2002
内蒙古	19	23	372	15756	8	1	8	362
吉林	5	4	49	2870	2		2	119
黑龙江								
广西								
四川	3	3	12	772				
云南								
西藏	5	6	39	1440	3	1	5	193
甘肃	2		1	60				
青海	6	1	9	444	2		1	59
新疆	28	11	123	5817	26	5	28	1270

3–2 全国分地区少数民族文字出版的期刊(2020年)(三)

单位：种数：种；印数：万册(份)；印张：千印张

地区	文化、教育类				文学、艺术类			
	种数	平均期印数	总印数	总印张	种数	平均期印数	总印数	总印张
总计	**38**	**4**	**22**	**1514**	**64**	**11**	**70**	**5849**
中央					5	1	9	867
地方	38	4	22	1514	59	10	61	4982
内蒙古	6	1	7	447	12	2	15	1201
吉林	3		3	203	4		3	488
黑龙江					2	1	4	257
广西					1	1	4	144
四川	1	1	4	354	2		1	83
云南					3		2	89
西藏	4	1	4	296	3	1	2	158
甘肃					1	1	2	171
青海	2		2	172	3	1	4	451
新疆	22		1	44	28	4	24	1941

3–2 全国分地区少数民族文字出版的期刊(2020年)(四)

单位：种数：种；印数：万册(份)；印张：千印张

地区	少儿读物类				画刊类			
	种数	平均期印数	总印数	总印张	种数	平均期印数	总印数	总印张
总计	**6**	**10**	**226**	**9249**	**5**	**1**	**7**	**251**
中央					3		4	113
地方	6	10	226	9249	2	1	4	138
内蒙古	2	9	213	8520				
吉林	1	1	8	540				
黑龙江	1	1	4	180				
广西								
四川								
云南								
西藏								
甘肃								
青海								
新疆	2		1	10	2	1	4	138

3—3 全国分地区少数民族文字出版的报纸(2020年)

单位：种数：种；印数：万册(份)；印张：千印张

地区	合计			
	种数	平均期印数	总印数	总印张
总计	**100**	**103**	**24178**	**268197**
中央	1	6	2001	20007
地方	99	97	22178	248190
内蒙古	13	10	2165	29648
辽宁	3	1	111	777
吉林	8	5	736	11125
黑龙江	1	1	96	1920
四川	1	1	25	245
云南	3	2	266	2659
西藏	8	4	212	1730
甘肃	12	19	5445	71356
青海	7	5	199	1614
新疆	40	49	12800	126138
兵团	3	1	124	980

3–4 主要少数民族语言广播播出基本情况(2020年)

地区	广播使用语言(种)	合计	转中央台节目	转省级台节目	转地市级台节目	制作节目播出时间
		时:分	时:分	时:分	时:分	时:分
合计	蒙古语	**152393:57**	**34764:0**	**30561:55**	**11325:0**	**75743:2**
内蒙古		109599:48	25689:0	18568:37	7229:0	58113:11
辽宁		5110:00	2737:30	0:0	0:0	2372:30
吉林		5507:40	365:0	533:0	0:0	4609:40
黑龙江		5406:30	1095:0	170:0	3896:0	245:30
青海		7679:59	420:30	4044:18	200:0	3015:11
新疆		19090:00	4457:0	7246:0	0:0	7387:0
合计	朝鲜语	**16077:10**	**9345:20**	**158:0**	**170:0**	**6403:50**
辽宁		9099:00	3772:0	158:0	170:0	4999:0
吉林		6978:10	5573:20	0:0	0:0	1404:50
合计	藏语	**210010:05**	**73460:18**	**79105:1**	**8157:0**	**49287:46**
四川		6101:40	300:20	4671:0	0:0	1130:20
云南		0:00	0:0	0:0	0:0	0:0
西藏		101607:00	24660:18	48340:11	8000:0	20606:31
甘肃		5710:30	568:0	334:0	0:0	4808:30
青海		96590:55	47931:40	25759:50	157:0	22742:25
合计	维吾尔语	**187475:32**	**29317:30**	**49745:43**	**15149:50**	**93262:29**
新疆		187475:32	29317:30	49745:43	15149:50	93262:29

3–5 主要少数民族语言电视播出基本情况(2020年)

地区	电视节目播出语种种类(种)	合计	转中央台节目	转省级台节目	转地市级台节目	制作节目播出时间
		时:分	时:分	时:分	时:分	时:分
合计	蒙古语	**102813:55**	**28820:20**	**20958:40**	**8709:20**	**44325:35**
内蒙古		71070:58	20971:0	8580:0	7357:30	34162:28
辽宁		1064:0	192:0	152:0	0:0	720:0
吉林		3278:2	220:0	365:0	0:0	2693:2
黑龙江		2310:0	182:30	121:40	425:50	1580:0
青海		8581:55	3583:50	3033:0	200:0	1765:5
新疆		16509:0	3671:0	8707:0	726:0	3405:0
合计	朝鲜语	**13267:33**	**1620:24**	**0:0**	**0:0**	**11647:9**
吉林		13267:33	1620:24	0:0	0:0	11647:9
合计	藏语	**279048:1**	**77664:22**	**84096:44**	**51616:34**	**65670:15**
四川		32049:10	12285:0	3594:0	1831:0	14339:10
云南		0:0	0:0	0:0	0:0	0:0
西藏		135801:38	30822:44	39354:2	47428:24	18196:28
甘肃		11826:42	932:0	764:0	1505:10	8625:32
青海		99370:31	33624:44	40384:42	852:0	24509:5
合计	维吾尔语	**133914:20**	**23965:46**	**57414:18**	**8642:8**	**43892:8**
新疆		133914:20	23965:46	57414:18	8642:8	43892:8
合计	哈萨克语	**65922:0**	**7029:53**	**46206:50**	**889:0**	**11796:17**
新疆		65922:0	7029:53	46206:50	889:0	11796:17

四、体　育

4-1 全国少数民族传统体育运动会情况

届 次	时 间	地 点	参加代表团（个）	运动员人数（个）	比赛项目（个）	表演项目（个）
1	1953.11	天津	15	395	6	414
2	1982.9	呼和浩特	29	863	2	68
3	1986.8	乌鲁木齐	29	1097	7	115
4	1991.11	南宁	30	1740	9	120
5	1995.11	昆明	31	2342	11	129
6	1999.8-9	拉萨、北京	31	3390	14	150
7	2003.9	银川、石嘴山	34	3735	14	125
8	2007.11	广州	34	6381	15	149
9	2011.9	贵阳	34	6790	16	185
10	2015.8	鄂尔多斯	33	7000	17	140
11	2019.9	郑州	34	7009	17	102

4-2 全国分地区少数民族在队运动员和教练员(2020年)

单位：人

地　区	少数民族运动员	少数民族教练员
全　国	**3026**	**2629**
中　央	24	11
地　方	3002	2618
北　京	84	38
天　津	34	17
河　北	53	43
山　西	20	16
内蒙古	308	259
辽　宁	286	179
吉　林	36	125
黑龙江	57	55
上　海	17	20
江　苏	33	25
浙　江	34	16
安　徽	15	13
福　建	21	18
江　西		4
山　东	19	77
河　南	37	80
湖　北	30	34
湖　南	78	113
广　东	58	57
广　西	309	282
海　南	136	17
四　川	11	25
贵　州	149	104
云　南	46	81
西　藏	222	293
重　庆	223	54
陕　西	45	34
甘　肃	234	45
青　海	48	46
宁　夏	50	45
新　疆	309	403

五、民族贸易和民族用品生产

5-1 全国分地区定点边销茶企业生产情况(2020年)

地　　区	企业数 (个)	从业人员年末数 (人)	#专业技术人员 (人)	边销茶产量 (吨)	边销茶产量占企业产品总产量的比重(%)	边销茶销售量 (吨)	边销茶产值 (万元)
合　计	**63**	**6460**	**1519**	**74189**	**59**	**46284**	**132842**
浙　江	**5**	**411**	**60**	**6487**	**84**	**5120**	**9105**
宁波赤岩峰茶业有限公司		42	10	1227	80	980	1274
新昌县江南诚茂砖茶有限公司		80	20	2900	100	2700	3000
浙江武义骆驼九龙砖茶有限公司		109	18	2310	82	1360	3500
浙江景宁慧明红实业发展有限公司		165	9	19	48	10	1300
浙江铭达茶叶有限公司		15	3	31	8	70	31
河　南	**1**	**35**	**3**	**1530**	**65**	**1360**	**2450**
信阳市四季香茶业有限公司		35	3	1530	65	1360	2450
湖　北	**13**	**1533**	**329**	**27311**	**62**	**18568**	**34159**
湖北富华茶业有限公司							
羊楼洞茶业股份有限公司		564	179	8200	60	4013	7800
湖北省赵李桥茶厂有限责任公司		331	43	5500	75	5030	8493
咸宁生甡川茶厂有限公司		20	5	50	15	30	250
鑫鼎生物科技有限公司		135	16	3500	56	1800	5000
宜都市安明有机富锌茶业有限公司		36	15	310	34	275	1100
湖北力沃茶业股份有限公司		66	6	3000	92	2350	3000
湖北省洞庄茶业有限公司		119	23	3100	65	2650	3500
湖北赤壁赵李桥茶业有限公司		76	15	1001	42	725	1236
咸宁市三山川茶业股份有限公司		45	5	800	60	120	1240
湖北省赤壁市思庄茶业股份有限公司		46	5	1400	70	1400	2000
咸宁市柏庄茶业有限公司		50	14	200	20	25	240
湖北一盅春茶业科技有限公司		45	3	250	50	150	300
湖　南	**19**	**2277**	**612**	**11723**	**48**	**9053**	**17203**
安化怡清源茶业有限公司		70	10	90	40	87	90
湖南紫艺茶业有限公司		75	12	103	65	78	98
益阳茶厂有限公司		302	60	4496	80	3349	4785
湖南省白沙溪茶厂有限责任公司		578	281	809	58	201	4835
中茶湖南安化第一茶厂有限公司		216	67	211	26	88	601
湖南益阳香炉山茶业有限公司		65	15				
临湘市茶业有限责任公司		31	12	1000	100	700	1000
湖南省临湘永巨茶业有限公司		48	18	508	90	482	558
临湘市明伦茶业有限公司		201	36	2230	26	2019	2484
湖南浩茗茶业食品有限公司		62	10	322	20	226	278
湖南阿香茶果食品有限公司		75	21	69	20	69	83
岳阳三湘茶业有限公司		45	5	1100	100	1100	990
湖南官庄干发茶业有限公司		106	12	450	26	320	840

5-1 续表 1

地 区	企业数	从业人员年末数	#专业技术人员	边销茶产量	边销茶产量占企业产品总产量的比重(%)	边销茶销售量	边销茶产值
	(个)	(人)	(人)	(吨)		(吨)	(万元)
沅陵县天湖茶业开发有限公司		15	3				
会同瑞春茶业有限公司		165	17	20	30	18	200
湖南省高马二溪茶业有限公司		98	18	16	10	16	92
湖南金湘叶茶业股份有限公司		36	8				
安化连心岭茶业有限公司		55	5	300	45	300	270
城步白云湖生态农业发展有限责任公司		34	2				
广 西	**6**	**616**	**122**	**1425**	**37**	**990**	**15137**
广西梧州茂圣茶叶有限公司		121	58	425	45	313	6542
广西壮族自治区梧州茶厂		135	17				
广西梧州圣源茶叶有限公司		32	8				
广西顺来茶业有限公司		126	13	350	39	287	4395
广西南山白毛茶茶业有限公司		89	16	350	25	110	
广西金花茶叶有限公司		113	10	300	48	280	4200
四 川	**11**	**847**	**241**	**16303**	**56**	**7955**	**24577**
四川省茶业集团股份有限公司		220	46	5000	34	300	5100
雅安茶厂股份有限公司		76	22	1674	94	553	3348
四川吉祥茶业有限公司		40	28	1180	40	385	5428
雅安市友谊茶叶有限公司		116	23	2317	92	2153	1854
雅安市蔡龙茶厂		87	35	560	95	220	1449
雅安市和龙茶业有限公司		87	36	2126	82	1696	2468
雅安周公山茶业有限公司		36	18	136	57	108	867
名山区西藏朗赛茶厂		60	10	800	100	455	2563
雅安义兴藏茶有限公司		23	3	200	50	25	70
绵阳平武雪宝顶茶业(集团)有限责任公司		60	10	1050	70	920	800
四川省洪雅县松潘民族茶厂		42	10	1260	100	1140	630
贵 州	**5**	**185**	**55**	**2186**	**63**	**1018**	**5849**
贵州黔韵福生态茶业有限公司		20	2	800	65	30	300
都匀市高寨水库茶场有限公司		56	25	30	11	4	21
贵州都云毛尖茶叶有限公司		19	3	1	8	1	1
镇宁自治县金瀑农产品开发有限责任公司		38	13	723	75	657	4610
贵州梵锦茶业有限公司		52	12	632	63	326	916
云 南	**2**	**348**	**68**	**6540**	**59**	**1787**	**13140**
云南下关沱茶(集团)股份有限公司		270	52	540	49	787	3140
临沧天下茶都茶业集团有限公司		78	16	6000	60	1000	10000
陕 西	**1**	**208**	**29**	**684**	**100**	**434**	**11222**
咸阳泾谓茯茶有限公司		208	29	684	100	434	11222

5-1 续表 2

地 区	边销茶产值占企业产品总产值的比重(%)	边销茶销售收入(万元)	边销茶销售利润(万元)	全年流动资金贷款额(万元)	享受流动资金贷款利率优惠额(万元)	减免增值税(万元)
合 计	**47**	**90628**	**6125**	**117525**	**1538**	**3125**
浙 江	**72**	**6642**	**139**	**11213**	**183**	**431**
宁波赤岩峰茶业有限公司	80	1068	30	1700	49	36
新昌县江南诚茂砖茶有限公司	100	2750	150	3353	53	317
浙江武义骆驼九龙砖茶有限公司	80	2170	-112	3460	81	50
浙江景宁慧明红实业发展有限公司	45	585	65	1200		28
浙江铭达茶叶有限公司	4	69	6	1500		
河 南	**60**	**2545**	**135**	**1150**		
信阳市四季香茶业有限公司	60	2545	135	1150		
湖 北	**53**	**24711**	**2960**	**29250**	**360**	**1249**
湖北富华茶业有限公司						
羊楼洞茶业股份有限公司	47	4327	268	6800		
湖北省赵李桥茶厂有限责任公司	75	7767	80	4200	65	258
咸宁生甡川茶厂有限公司	13	150	15			7
鑫鼎生物科技有限公司	45	2500	80	8400	145	325
宜都市安明有机富锌茶业有限公司	35	1065	150	500	12	10
湖北力沃茶业股份有限公司	83	2642	79	1100	30	343
湖北省洞庄茶业有限公司	60	2800	210	5000	45	222
湖北赤壁赵李桥茶业有限公司	34	870	12	1470	36	71
咸宁市三山川茶业股份有限公司	70	380	36	200	3	9
湖北省赤壁市思庄茶业股份有限公司	70	2000	2000	1400	22	
咸宁市柏庄茶业有限公司	15	30	3			4
湖北一盅春茶业科技有限公司	40	180	27	180	3	
湖 南	**33**	**11903**	**125**	**30997**	**667**	**406**
安化怡清源茶业有限公司	11	83	1	1000	22	
湖南紫艺茶业有限公司	47	80	23	360	14	2
益阳茶厂有限公司	39	4450	-270	8500	239	133
湖南省白沙溪茶厂有限责任公司	43	1202	90	10000	201	65
中茶湖南安化第一茶厂有限公司	10	260	2	500	20	1
湖南益阳香炉山茶业有限公司						
临湘市茶业有限责任公司	100	650	60	99	1	18
湖南省临湘永巨茶业有限公司	88	530	32	400	4	16
临湘市明伦茶业有限公司	28	2271	94	1300	12	47
湖南浩茗茶业食品有限公司	17	211	19	1000		27
湖南阿香茶果食品有限公司	10	83	-1	2400	63	1
岳阳三湘茶业有限公司	100	990	30	93	1	91
湖南官庄干发茶业有限公司	17	553	22	1500	68	1

5-1 续表 3

地　　区	边销茶产值占企业产品总产值的比重(%)	边销茶销售收入(万元)	边销茶销售利润(万元)	全年流动资金贷款额(万元)	享受流动资金贷款利率优惠额(万元)	减　免增值税(万元)
沅陵县天湖茶业开发有限公司						
会同瑞春茶业有限公司	20	180	20	175	5	
湖南省高马二溪茶业有限公司	10	92	3	950	19	4
湖南金湘叶茶业股份有限公司				2520		
安化连心岭茶业有限公司	40	270		200		
城步白云湖生态农业发展有限责任公司						
广　西	**34**	**12162**	**1063**	**10553**	**43**	
广西梧州茂圣茶叶有限公司	29	4349	353	5600	43	
广西壮族自治区梧州茶厂						
广西梧州圣源茶叶有限公司				2128		
广西顺来茶业有限公司	33	3608	499	1930		
广西南山白毛茶茶业有限公司	25	550	95	895		
广西金花茶叶有限公司	47	3655	116			
四　川	**55**	**15732**	**724**	**18372**	**188**	**483**
四川省茶业集团股份有限公司	31	4080	209	2000	41	
雅安茶厂股份有限公司	88	1107	26	3350		144
四川吉祥茶业有限公司	53	1809	64	9130	127	72
雅安市友谊茶叶有限公司	95	1938	58	452	9	223
雅安市蔡龙茶厂	91	990	45	150		44
雅安市和龙茶业有限公司	80	1865	149	660	10	
雅安周公山茶业有限公司	41	691	35	480		
名山区西藏朗赛茶厂	100	1852	45			
雅安义兴藏茶有限公司	14	70	5	300		
绵阳平武雪宝顶茶业(集团)有限责任公司	45	750	40	1850		
四川省洪雅县松潘民族茶厂	100	580	50			
贵　州	**60**	**5039**	**260**	**870**		**522**
贵州黔韵福生态茶业有限公司	52	360	150	50		
都匀市高寨水库茶场有限公司	10	17	5	350		
贵州都云毛尖茶叶有限公司	3	1		130		
镇宁自治县金瀑农产品开发有限责任公司	71	4204	120	340		469
贵州梵锦茶业有限公司	36	457	-15			53
云　南	**34**	**5713**	**121**	**8000**	**58**	**34**
云南下关沱茶(集团)股份有限公司	23	3713	71	7000	58	34
临沧天下茶都茶业集团有限公司	40	2000	50	1000		
陕　西	**100**	**6181**	**598**	**7120**	**39**	
咸阳泾谓茯茶有限公司	100	6181	598	7120	39	

六、其　他

6-1 历届中国共产党全国代表大会少数民族中央委员、候补中央委员人数

届 次	时 间	地 点	代表总数	#少数民族代表	中央委员、中央候补委员总数	#少数民族中央委员、中央候补委员人数
第一届	1921.7.23—31	上 海	12	1		
第二届	1922.7.16—23	上 海	12	1	5	
第三届	1923.6.12—20	广 州	30余人		14	
第四届	1925.1.11—22	上 海	20		14	
第五届	1927.4.27—5.9	武 汉	80	1	45	
第六届	1928.6.18—7.11	莫斯科	118		36	1
第七届	1945.4.23—6.11	延 安	755		77	2
第八届	1956.9.15—27	北 京	1133		170	10
第九届	1969.4.1—24	北 京	1512		279	
第十届	1973.8.24—28	北 京	1249		319	15
第十一届	1977.8.12—18	北 京	1510		333	16
第十二届	1982.9.1—11	北 京	1749	104	348	31
第十三届	1987.10.25—11.1	北 京	1936		285	32
第十四届	1992.10.12—18	北 京	1989	198	319	32
第十五届	1997.9.12—18	北 京	2048	219	344	38
第十六届	2002.11.8—14	北 京	2114	230	356	35
第十七届	2007.10.15—21	北 京	2213	242	371	40
第十八届	2012.11.8—14	北 京	2270	249	376	39
第十九届	2017.10.18—24	北 京	2280	264	376	38

6–2 历届全国人民代表大会少数民族代表人数

届　次	时　间	代表总数	#少数民族代表数	少数民族代表比例（%）	少数民族（个）
第一届	1954年	1226	178	14.50	30
第二届	1959年	1226	179	14.60	30
第三届	1964年	3040	372	12.20	53
第四届	1975年	2885	270	9.40	54
第五届	1978年	3497	381	10.90	54
第六届	1983年	2978	403	13.60	55
第七届	1988年	2970	445	14.90	55
第八届	1993年	2898	554	18.60	55
第九届	1998年	2979	428	14.37	55
第十届	2003年	2985	415	13.90	55
第十一届	2008年	2987	411	13.76	55
第十二届	2013年	2987	409	13.69	55
第十三届	2018年	2980	438	14.70	55

6–3 历届中国人民政治协商会议全国委员会少数民族委员人数

届　次	时　间	委员总数	#少数民族委员数	少数民族委员比例（%）	少数民族（个）
第一届	1949年	198	19	9.60	10
第二届	1954年	753	61	8.10	16
第三届	1959年	1071	78	7.29	19
第四届	1965年	1199	81	6.76	20
第五届	1978年	2268	147	6.49	31
第六届	1983年	2228	185	8.31	37
第七届	1988年	2180	222	10.19	45
第八届	1993年	2172	101	4.65	55
第九届	1998年	2196	259	11.80	55
第十届	2003年	2238	262	11.70	55
第十一届	2008年	2237	250	11.18	55
第十二届	2013年	2237	258	11.53	55
第十三届	2018年	2158	245	11.35	55

6-4 国务院历次全国民族团结进步表彰情况(一)

单位：个，人

地区	1988年第一次表彰			1994年第二次表彰			1999年第三次表彰		
	集体	个人	#女	集体	个人	#女	集体	个人	#女
合　计	**565**	**601**	**106**	**642**	**613**	**106**	**626**	**628**	**118**
北　京	12	5	2	12	9	2	12	10	1
天　津	9	5	1	8	8	1	10	10	4
河　北	11	14	3	15	13	1	16	15	3
山　西	3	4	1	4	5		5	8	2
内蒙古	34	34	8	29	33	5	30	31	5
辽　宁	26	16	4	25	22	4	24	24	4
吉　林	15	26	4	18	22	3	19	23	5
黑龙江	18	12	2	16	16	2	13	19	1
上　海	8	6	2	11	7	1	12	7	4
江　苏	5	7	1	7	7	1	7	8	
浙　江	7	5	2	7	6	2	7	6	1
安　徽	5	5		6	8	1	6	7	1
福　建	8	4	1	11	6	1	8	6	1
江　西	4	3	1	4	3	1	7	4	
山　东	10	9	2	11	12	1	11	13	4
河　南	15	7		10	13	2	12	11	1
湖　北	13	15	5	19	14	3	17	17	4
湖　南	25	16	3	22	20	1	24	19	5
广　东	4	8		8	7	2	9	6	
广　西	46	39	6	41	41	10	41	39	10
海　南	11	9	2	12	10	1	12	11	3
重　庆							15	11	3
四　川	18	37	5	29	30	4	20	20	3
贵　州	33	29	7	33	23	8	31	29	9
云　南	45	39	3	47	30	7	35	44	6
西　藏	10	38	9	19	21	5	21	21	7
陕　西	3	7	1	7	5	1	7	6	1
甘　肃	18	24	1	22	19	3	23	17	4
青　海	26	16	5	17	16	2	14	20	3
宁　夏	17	25	4	17	17	2	15	22	6
新　疆	24	61	15	40	45	10	44	57	8
其　他	82	76	6	115	125	19	99	87	9

6-4 国务院历次全国民族团结进步表彰情况(二)

地区	2005年第四次表彰			2009年第五次表彰		
	集体	个人	#女	集体	个人	#女
合计	**642**	**676**	**135**	**739**	**749**	**161**
北京	12	10	3	15	13	5
天津	9	10	4	10	11	6
河北	17	18	2	19	19	4
山西	5	7	2	7	8	2
内蒙古	32	31	4	32	34	4
辽宁	22	23	5	25	24	4
吉林	19	23	5	20	22	3
黑龙江	17	15	2	17	18	2
上海	13	7	3	16	7	3
江苏	10	8	2	11	10	6
浙江	8	8	1	9	10	4
安徽	7	8	3	9	9	2
福建	8	10	1	10	11	1
江西	8	4	2	8	7	3
山东	13	11	2	14	13	2
河南	13	12	3	17	12	3
湖北	17	18	2	19	19	6
湖南	24	22	4	28	25	4
广东	11	11	1	15	11	2
广西	42	42	11	44	44	11
海南	11	12	2	13	13	3
重庆	16	13	2	16	15	5
四川	23	23	3	29	27	4
贵州	33	32	5	35	34	11
云南	39	40	8	39	40	7
西藏	21	21	9	24	28	5
陕西	6	6		8	8	3
甘肃	21	21	4	24	21	3
青海	17	18	3	18	20	3
宁夏	18	19	6	21	21	7
新疆	40	52	13	40	53	16
其他	90	121	18	127	142	17

6-4 国务院历次全国民族团结进步表彰情况(三)

地区	2014年第六次表彰			2019年第七次表彰		
	集体	个人	#女	集体	个人	#女
合计	**678**	**818**	**195**	**665**	**812**	**231**
北京	14	15	5	14	16	7
天津	9	12	4	9	11	5
河北	17	22	5	15	20	8
山西	6	8		6	7	
内蒙古	31	38	8	27	33	11
辽宁	25	26	9	23	25	9
吉林	19	24	8	21	25	8
黑龙江	15	20	8	16	19	8
上海	13	10	4	10	13	3
江苏	11	11	1	11	15	5
浙江	8	13	4	13	19	3
安徽	8	9		9	13	5
福建	9	14	2	12	12	4
江西	7	8	3	6	11	3
山东	13	15	3	11	14	3
河南	14	16	3	18	20	4
湖北	17	20	5	17	23	7
湖南	25	30	4	23	28	8
广东	17	19	3	17	21	6
广西	40	49	23	34	39	17
海南	12	15	4	12	14	6
重庆	14	17	5	14	16	6
四川	26	34	5	24	30	4
贵州	32	38	15	27	34	15
云南	37	44	12	39	42	10
西藏	22	31	9	24	30	9
陕西	8	7	1	7	9	3
甘肃	19	26	2	20	28	7
青海	17	21	3	23	28	8
宁夏	18	24	7	18	21	6
新疆	37	51	14	34	43	13
其他	118	131	16	111	133	20

主要统计指标解释

普通高等学校　指通过国家普通高等教育招生考试，招收高中毕业生为主要培养对象，实施高等学历教育的全日制大学、独立设置的学院、独立学院和高等专科学校、高等职业学校及其他机构。

大学、独立设置的学院主要实施本科及本科层次以上的教育。独立学院主要实施本科层次的教育。高等专科学校、高等职业学校实施专科层次的教育。其他机构是指承担国家普通招生计划任务不计校数的机构，包括普通高等学校分校、大专班等。

成人高等学校　指通过国家成人高等教育招生考试，招收具有高中毕业或同等学力的人员为主要培养对象，利用函授、业余、脱产等多种形式，对其实施高等学历教育的学校。包括：职工高等学校、农民高等学校、管理干部学院、教育学院、独立函授学院、广播电视大学、其他机构。其他机构是指承担国家成人招生计划任务不计校数的机构。

其他资料

其他资料一　全国行政区划（2020年底）

单位：个

省级区划名称	地级区划数	地级市	地区	自治州	盟
全　国	**333**	**293**	**7**	**30**	**3**
北京市					
天津市					
河北省	11	11			
山西省	11	11			
内蒙古自治区	12	9			3
辽宁省	14	14			
吉林省	9	8		1	
黑龙江省	13	12	1		
上海市					
江苏省	13	13			
浙江省	11	11			
安徽省	16	16			
福建省	9	9			
江西省	11	11			
山东省	16	16			
河南省	17	17			
湖北省	13	12		1	
湖南省	14	13		1	
广东省	21	21			
广西壮族自治区	14	14			
海南省	4	4			
重庆市					
四川省	21	18		3	
贵州省	9	6		3	
云南省	16	8		8	
西藏自治区	7	6	1		
陕西省	10	10			
甘肃省	14	12		2	
青海省	8	2		6	
宁夏回族自治区	5	5			
新疆维吾尔自治区	14	4	5	5	

注：1.数据统计不含香港特别行政区、澳门特别行政区和台湾省。
2.县级总数包含湖北1个林区、贵州1个特区
3.乡镇级总数包含河北省、新疆维吾尔自治区的各一个区公所。

县级区划数					乡镇级区划数				
	市辖区	县级市	县(旗)	自治县(自治旗)		街道	镇	乡(苏木)	民族乡(民族苏木)
2844	**973**	**388**	**1361**	**120**	**38741**	**8773**	**21157**	**7846**	**963**
16	16				343	165	143	30	5
16	16				250	122	125	2	1
167	49	21	91	6	2254	310	1230	671	42
117	26	11	80		1396	207	579	610	
103	23	11	66	3	1024	246	508	252	18
100	59	16	17	8	1355	514	640	147	54
60	21	20	16	3	951	344	426	153	28
121	54	21	45	1	1292	390	562	288	52
16	16				215	107	106	2	
95	55	21	19		1258	515	712	30	1
90	37	20	32	1	1365	488	618	245	14
104	45	9	50		1501	262	968	262	9
85	29	12	44		1107	185	658	245	19
100	27	12	61		1566	168	830	560	8
136	58	26	52		1822	693	1072	57	
158	53	22	83		2453	662	1181	598	12
103	39	26	35	2	1251	329	761	151	10
122	36	18	61	7	1940	415	1133	309	83
122	65	20	34	3	1611	484	1116	4	7
111	41	9	49	12	1251	133	806	253	59
25	10	5	4	6	218	22	175	21	
38	26		8	4	1031	239	621	157	14
183	55	18	106	4	3230	459	1978	710	83
88	16	9	51	11	1509	361	833	122	193
129	17	17	66	29	1410	192	678	400	140
74	8		66		697	21	142	525	9
107	30	6	71		1313	323	973	17	
86	17	5	57	7	1356	127	892	305	32
44	7	5	25	7	403	37	144	194	28
22	9	2	11		241	48	103	90	
106	13	26	61	6	1128	205	444	436	42

其他资料二　全国国民经济和社会发展总量与速度指标

指　　标	总量指标			
	1978年	2000年	2019年	2020年
人口(万人)				
总人口(年末)	96259	126743	141008	141212
城镇人口	17245	45906	88426	90220
乡村人口	79014	80837	52582	50992
就业(万人)				
就业人员	40152	72085	75447	75064
第一产业	28318	36043	18652	17715
第二产业	6945	16219	21234	21543
第三产业	4890	19823	35561	35806
城镇登记失业人员	530	595	945	1160
国民经济核算				
国民总收入(亿元)	3678.7	99066.1	983751.2	1008782.5
国内生产总值(亿元)	3678.7	100280.1	986515.2	1015986.2
第一产业	1018.5	14717.4	70473.6	77754.1
第二产业	1755.1	45663.7	380670.6	384255.3
第三产业	905.1	39899.1	535371.0	553976.8
人均国民总收入(元)	384.7	7845.9	70131.2	71489.1
人均国内生产总值(元)	384.7	7942.1	70328.2	71999.6
人民生活				
全国居民人均可支配收入(元)	171	3721	30733	32189
城镇居民人均可支配收入(元)	343	6256	42359	43834
农村居民人均可支配收入(元)	134	2282	16021	17131
财政(亿元)				
一般公共预算收入	1132.3	13395.2	190390.1	182913.9
一般公共预算支出	1122.1	15886.5	238858.4	245679.0
能源(万吨标准煤)				
一次能源生产总量	62770.0	138569.7	397317.2	408000.0
能源消费总量	57144.0	146964.0	487487.9	498000.0

指数(%)（2020为以下各年）			平均增长速度(%)	
1978年	2000年	2019年	1979—2020年	2001—2020年
146.7	111.4	100.1	0.9	0.5
523.2	196.5	102.0	4.0	3.4
64.5	63.1	97.0	-1.0	-2.3
186.9	104.1	99.5	1.5	0.2
62.6	49.2	95.0	-1.1	-3.5
310.2	132.8	101.5	2.7	1.4
732.2	180.6	100.7	4.9	3.0
218.9	195.0	122.8	1.9	3.4
3987.0	530.9	101.9	9.2	8.7
4015.4	528.2	102.3	9.2	8.7
590.2	214.3	103.0	4.3	3.9
6009.5	560.3	102.6	10.2	9.0
5810.7	606.1	102.1	10.2	9.4
2701.6	475.0	101.3	8.2	8.1
2720.9	472.6	101.7	8.2	8.1
2737.3	546.7	102.1	8.2	8.9
1728.4	452.1	101.2	7.0	7.8
2144.2	438.0	103.8	7.6	7.7
15600.7	1318.6	96.1	12.8	13.8
21142.8	1497.5	102.9	13.6	14.5
650.7	294.8	102.8	4.6	5.6
871.9	339.0	102.2	5.3	6.3

其他资料二　续表 1

指　　标	总量指标			
	1978年	2000年	2019年	2020年
固定资产投资				
全社会固定资产投资(亿元)		32917.7	513608.3	527270.3
#房地产开发		4984.1	132194.3	141442.9
对外经济贸易				
货物进出口总额(亿元)	355.0	39273.3	315627.3	322215.2
出口额	167.7	20634.4	172373.6	179278.8
进口额	187.4	18638.8	143253.7	142936.4
外商直接投资(亿美元)		407.2	1381.3	1443.7
农业				
农林牧渔业总产值(亿元)	1397.0	24915.8	123967.9	137782.2
主要农产品产量(万吨)				
谷　物		40522.4	61369.7	61674.3
棉　花	216.7	441.7	588.9	591.0
油　料	521.8	2954.8	3493.0	3586.4
肉　类	943.0	6013.9	7758.8	7748.4
水产品	465.4	3706.2	6480.4	6549.0
工业				
主要工业产量				
原　煤(亿吨)	6.2	13.8	38.5	39.0
天然气(亿立方米)	137.3	272.0	1753.6	1925.0
水　泥(万吨)	6524.0	59700.0	234430.6	239470.8
粗　钢(万吨)	3178.0	12850.0	99541.9	106476.7
钢　材(万吨)	2208.0	13146.0	120456.9	132489.2
金属切削机床(万台)	18.3	17.7	42.1	43.9
汽　车(万辆)	14.9	207.0	2567.7	2532.5
发电机组(万千瓦)	483.8	1249.0	9073.7	13384.5
发电量(亿千瓦小时)	2565.5	13556.0	75034.3	77790.6

指数(%)（2020为以下各年）			平均增长速度(%)	
1978年	2000年	2019年	1979—2020年	2001—2020年
		102.7		17.1
	2837.9	107.0		20.8
90754.6	820.4	102.1	17.6	11.1
106936.4	868.8	104.0	18.1	11.4
76277.5	766.9	99.8	17.1	10.7
	354.6	104.5		6.5
934.4	238.7	103.4	5.5	4.4
	152.2	100.5		2.1
272.8	133.8	100.4	2.4	1.5
687.3	121.4	102.7	4.7	1.0
821.7	128.8	99.9	5.1	1.3
1407.3	176.7	101.1	6.5	2.9
631.4	281.9	101.5	4.5	5.3
1402.0	707.7	109.8	6.5	10.3
3670.6	401.1	102.1	9.0	7.2
3350.4	828.6	107.0	8.7	11.2
6000.4	1007.8	110.0	10.2	12.2
239.6	248.6	104.3	2.1	4.7
16985.2	1223.4	98.6	13.0	13.3
2766.5	1071.6	147.5	8.2	12.6
3032.2	573.8	103.7	8.5	9.1

其他资料二　续表 2

指　　标	总量指标			
	1978年	2000年	2019年	2020年
规模以上工业企业				
主要指标(亿元)				
资产总计		126211	1205869	1303499
营业收入		84152	1067397	1083658
利润总额		4393	65799	68465
建筑业				
建筑业总产值(亿元)		12498	248443	263947
房地产业				
房地产企业房屋施工面积(万平方米)		65897	893821	926759
房地产企业房屋竣工面积(万平方米)		25105	95942	91218
房地产企业商品房销售面积(万平方米)		18637	171558	176086
#住宅		16570	150144	154878
房地产企业商品房销售额(亿元)		3935	159725	173613
#住宅		3229	139440	154567
批发、零售和旅游业				
社会消费品零售总额(亿元)	1558.6	38447.1	408017.2	391980.6
入境旅客(万人次)	180.9	8344.4	14530.8	
#外国人(万人次)	23.0	1016.0	3188.3	
国内旅客(百万人次)		744.0	6006.0	2879.0
国内旅游总花费(亿元)		3175.5	57250.9	22286.3
交通运输业				
客运量(万人)	253993.0	1478572.5	1760435.7	966539.7
铁　路	81491.0	105072.5	366002.3	220349.9
公　路	149229.0	1347392.0	1301172.9	689425.0
水　路	23042.0	19386.0	27267.1	14987.0
民　航	231.0	6721.7	65993.4	41777.8
货运量(万吨)	319431.4	1358681.7	4713624.4	4729579.0
铁　路	110119.0	178581.0	438904.4	455236.2

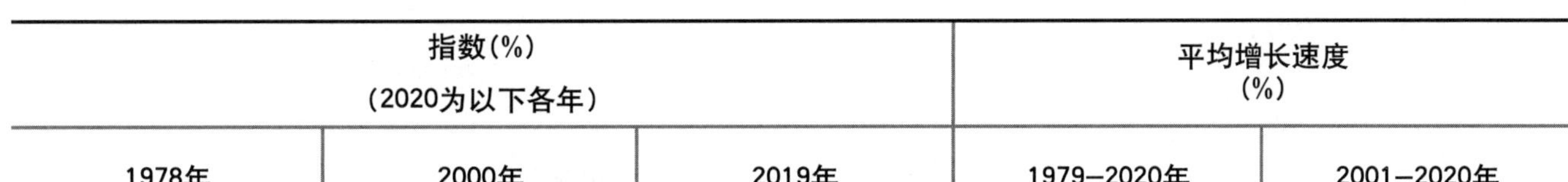

指数(%) (2020为以下各年)			平均增长速度 (%)	
1978年	2000年	2019年	1979—2020年	2001—2020年
	2111.9	106.2		16.5
	1406.4	103.7		14.1
	363.3	95.1		6.7
	944.8	102.6		11.9
	934.7	103.2		11.8
	4411.5	108.7		20.8
	4787.4	110.8		21.3
25149.5	1019.5	96.1	14.1	12.3
	387.0	47.9		7.0
	701.8	38.9		10.2
380.5	65.4	54.9	3.2	-2.1
270.4	209.7	60.2	2.4	3.8
462.0	51.2	53.0	3.7	-3.3
65.0	77.3	55.0	-1.0	-1.3
18085.6	621.5	63.3	13.2	9.6
1480.6	348.1	100.3	6.6	6.4
413.4	254.9	103.7	3.4	4.8

其他资料二 续表 3

指　　标	总量指标			
	1978年	2000年	2019年	2020年
公　路	151602.0	1038813.0	3435480.0	3426413.0
水　路	47357.0	122391.0	747225.5	761630.0
民　航	6.4	196.7	753.1	676.6
管　道	10347.0	18700.0	91261.4	85623.2
沿海规模以上港口货物吞吐量(万吨)		125603.0	918773.8	948002.2
民用汽车拥有量(万辆)	135.8	1608.9	25376.4	27340.9
#私人汽车		625.3	22509.0	24291.2
邮政、电信和信息软件业				
邮政业务总量(亿元)	14.9	232.8	16229.6	21053.2
电信业务总量(亿元)	19.2	4559.9	106810.7	136763.3
移动电话年末用户(万户)		8453.3	160134.5	159407.0
固定电话年末用户(万户)	192.5	14482.9	19103.3	18190.8
互联网宽带接入用户(万户)			44927.9	48355.0
软件业务收入(亿元)			72071.9	81585.9
金融业				
社会融资规模存量(万亿元)			251.4	284.8
货币和准货币(M2)(万亿元)		13.5	198.6	218.7
货币(M1)(万亿元)		5.3	57.6	62.6
流通中现金(M0)(万亿元)		1.5	7.7	8.4
金融机构人民币各项存款余额(万亿元)	0.1	12.4	192.9	212.6
金融机构人民币各项贷款余额(万亿元)	0.2	9.9	153.1	172.7
境内股票发行金额(亿元)		1515.8	12538.8	14221.6
保险公司保费金额(亿元)		1598.0	42644.8	45257.3
保险公司赔款及给付金额(亿元)		526.0	12893.9	13907.1
科学技术				
研究与试验发展经费支出(亿元)		896.0	22143.6	24393.1
发明专利申请授权数(件)		12683.0	452804.0	530127.0
技术市场成交额(亿元)		651.0	22398.4	28251.5

指数(%) （2020为以下各年）			平均增长速度 (%)	
1978年	2000年	2019年	1979—2020年	2001—2020年
2260.1	329.8	99.7	7.7	6.1
1608.3	622.3	101.9	6.8	9.6
10572.0	344.0	89.8	11.7	6.4
827.5	457.9	93.8	5.2	7.9
	754.8	103.2		10.6
20127.3	1699.3	107.7	13.5	15.2
	3884.5	107.9		20.1
	1885.7	99.5		15.8
9447.6	125.6	95.2	11.4	1.1
		107.6		
		113.2		
		113.3		
	1549.4	110.1		14.7
	1157.4	108.6		13.0
	575.9	109.2		9.1
173843.2	1631.1	110.2	19.4	15.0
112782.0	1866.1	112.8	18.2	15.8
	938.2	113.4		11.8
	2832.1	106.1		18.2
	2643.9	107.9		17.8
	2722.4	110.2		18.0
	4179.8	117.1		20.5
	4339.7	126.1		20.7

其他资料二　续表 4

指　　标	总量指标			
	1978年	2000年	2019年	2020年
教育				
专任教师数(万人)				
#普通高等学校	20.6	46.3	174.0	183.3
普通高中	74.1	75.7	185.9	193.3
初中	244.1	328.7	374.7	386.1
普通小学	522.6	586.0	626.9	643.4
在校学生数(万人)				
#普通本专科	85.6	556.1	3031.5	3285.3
普通高中	1553.1	1201.3	2414.3	2494.5
初中	4995.2	6256.3	4827.1	4914.1
普通小学	14624.0	13013.3	10561.2	10725.4
教育经费支出(亿元)		3849.1	50178.1	
卫生				
医院(个)	9293.0	16318.0	34354.0	35394.0
执业(助理)医师(万人)	97.8	207.6	386.7	408.6
医院床位数(万张)	110.0	216.7	686.7	713.1
卫生总费用(亿元)	110.2	4586.6	65841.4	72175.0
文化体育				
图书出版总印数(亿册、亿张)	37.7	62.7	106.0	103.7
电视节目制作时间(万小时)		58.5	345.6	328.2
故事影片产量(部)	46.0	91.0	850.0	531.0
社会保险				
社会保险基金收入(亿元)		2644.9	83550.4	75512.5
社会保险基金支出(亿元)		2385.6	75346.6	78611.8
参加基本养老保险人数(万人)		13617.4	96753.9	99864.9
参加失业保险人数(万人)		10408.4	20542.7	21689.5
参加基本医疗保险人数(万人)		3786.9	135407.4	136131.1

指数(%) (2020为以下各年)			平均增长速度 (%)	
1978年	2000年	2019年	1979—2020年	2001—2020年
889.8	395.9	105.3	5.3	7.1
260.9	255.4	104.0	2.3	4.8
158.2	117.5	103.0	1.1	0.8
123.1	109.8	102.6	0.5	0.5
3838.0	590.8	108.4	9.1	9.3
160.6	207.6	103.3	1.1	3.7
98.4	78.5	101.8		-1.2
73.3	82.4	101.6	-0.7	-1.0
380.9	216.9	103.0	3.2	3.9
417.7	196.8	105.7	3.5	3.4
648.3	329.1	103.9	4.6	6.1
65488.6	1573.6	109.6	16.7	14.8
275.1	165.4	97.9	2.4	2.5
	561.1	95.0		9.0
1154.3	583.5	62.5	6.0	9.2
	2855.0	90.4		18.2
	3295.3	104.3		19.1
	733.4	103.2		10.5
	208.4	105.6		3.7
	3594.7	100.5		19.6

附录

包括相关行政区划名单，以及历史、文化、旅游、文学、体育等相关内容。

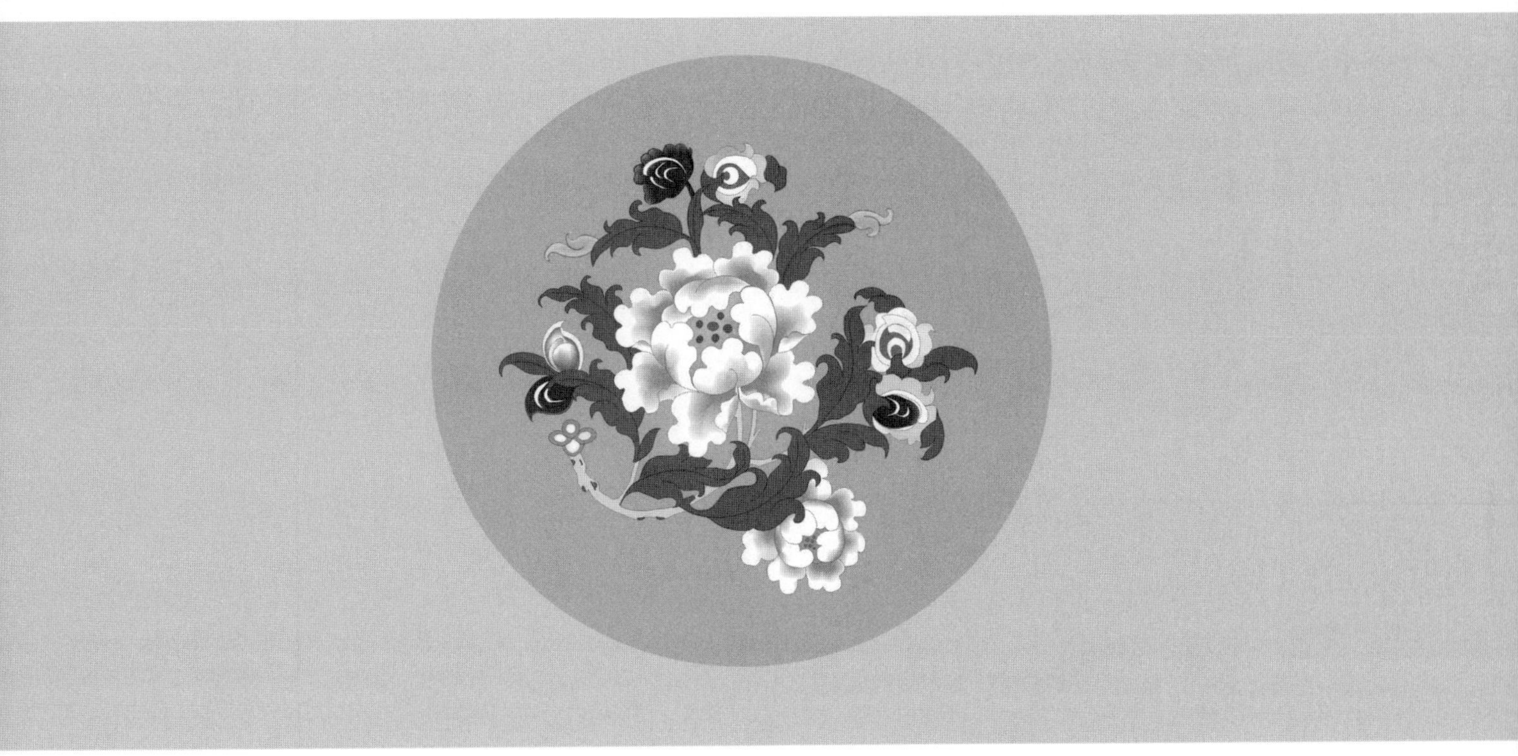

民族自治地方、民族乡名单

■民族自治地方

民族自治地方	建立时间	驻地	面积(万平方公里)
自治区			
内蒙古自治区	1947.5.1	呼和浩特市	118.3000
广西壮族自治区	1958.3.15	南宁市	23.6660
西藏自治区	1965.9.1	拉萨市	122.8400
宁夏回族自治区	1958.10.25	银川市	6.6400
新疆维吾尔自治区	1955.10.1	乌鲁木齐市	166.0400
自治州			
吉林省			
延边朝鲜族自治州	1952.9.3	延吉市	4.3559
湖北省			
恩施土家族苗族自治州	1983.12.1	恩施市	2.3902
湖南省			
湘西土家族苗族自治州	1957.9.20	吉首市	1.5461
四川省			
甘孜藏族自治州	1950.11.24	康定县城关镇	15.1078
凉山彝族自治州	1952.10.1	西昌市	6.0111
阿坝藏族羌族自治州	1953.1.1	马尔康镇	8.3201
贵州省			
黔东南苗族侗族自治州	1956.7.23	凯里市	3.0339
黔南布依族苗族自治州	1956.8.8	都匀市	2.6207
黔西南布依族苗族自治州	1982.5.1	兴义市	1.6804
云南省			
西双版纳傣族自治州	1953.1.24	允景洪镇	1.9700
德宏傣族景颇族自治州	1953.7.24	芒市镇	1.1526
怒江傈僳族自治州	1954.8.23	鲁掌镇	1.4703
大理白族自治州	1956.11.22	大理市	2.9460
迪庆藏族自治州	1957.9.13	中心镇	2.3870
红河哈尼族彝族自治州	1957.11.18	蒙自市	3.2929
文山壮族苗族自治州	1958.4.1	开化镇	3.2239

续表 1

民族自治地方	建立时间	驻地	面积(万平方公里)
甘肃省			
甘南藏族自治州	1953.10.1	合作镇	4.0898
临夏回族自治州	1956.11.19	临夏市	0.8166
青海省			
玉树藏族自治州	1951.12.25	结古镇	18.8794
海南藏族自治州	1953.12.6	恰卜恰镇	4.5895
黄南藏族自治州	1953.12.22	隆务镇	1.7921
海北藏族自治州	1953.12.31	浩门镇	3.9354
果洛藏族自治州	1954.1.1	大武镇	7.6312
海西蒙古族藏族自治州	1954.1.25	德令哈市	32.5785
新疆维吾尔自治区			
巴音郭楞蒙古自治州	1954.6.23	库尔勒市	46.2700
博尔塔拉蒙古自治州	1954.7.13	博乐市	2.5074
克孜勒苏柯尔克孜自治州	1954.7.14	阿图什市	6.9112
昌吉回族自治州	1954.7.15	昌吉市	7.7129
伊犁哈萨克自治州	1954.11.27	伊宁市	49.0039
自治县(旗)			
河北省			
孟村回族自治县	1955.11.30	孟村镇	0.0393
大厂回族自治县	1955.12.7	大厂镇	0.0176
青龙满族自治县	1987.5.10	青龙镇	0.3309
丰宁满族自治县	1987.5.15	大阁镇	0.8747
围场满族蒙古族自治县	1990.6.12	围场镇	0.9058
宽城满族自治县	1990.6.16	宽城镇	0.1933
内蒙古自治区			
鄂伦春自治旗	1951.10.1	阿里河镇	6.0378
鄂温克族自治旗	1958.8.1	巴彦托海镇	1.8750
莫力达瓦达斡尔族自治旗	1958.8.15	尼尔基镇	1.0985
辽宁省			
喀喇沁左翼蒙古族自治县	1958.4.1	大城子镇	0.2238
阜新蒙古族自治县	1958.4.7	阜新镇	0.6284
新宾满族自治县	1985.6.7	新宾镇	0.4287
岫岩满族自治县	1985.6.11	岫岩镇	0.4507
清原满族自治县	1990.6.6	清原镇	0.3926
本溪满族自治县	1990.6.8	小市镇	0.3362
桓仁满族自治县	1990.6.10	桓仁镇	0.3548
宽甸满族自治县	1990.6.12	宽甸镇	0.6125
吉林省			
前郭尔罗斯蒙古族自治县	1956.9.1	前郭镇	0.7076
长白朝鲜族自治县	1958.9.15	长白镇	0.2498
伊通满族自治县	1989.8.30	伊通镇	0.2523

续表 2

民族自治地方	建立时间	驻地	面积(万平方公里)
黑龙江省			
杜尔伯特蒙古族自治县	1956.12.5	泰康镇	0.6427
浙江省			
景宁畲族自治县	1984.12.24	鹤溪镇	0.1950
湖北省			
长阳土家族自治县	1984.12.8	龙舟坪镇	0.3430
五峰土家族自治县	1984.12.12	五峰镇	0.2072
湖南省			
通道侗族自治县	1954.5.7	双江镇	0.2225
江华瑶族自治县	1955.11.25	沱江镇	0.3216
城步苗族自治县	1956.11.30	儒林镇	0.2620
新晃侗族自治县	1956.12.5	新晃镇	0.1511
芷江侗族自治县	1987.9.24	芷江镇	0.2096
靖州苗族侗族自治县	1987.9.27	渠阳镇	0.2211
麻阳苗族自治县	1990.4.1	高村镇	0.1561
广东省			
连南瑶族自治县	1953.1.25	三江镇	0.1231
连山壮族瑶族自治县	1962.9.26	吉田镇	0.1264
乳源瑶族自治县	1963.10.1	乳城镇	0.2125
广西壮族自治区			
龙胜各族自治县	1951.8.19	龙胜镇	0.2537
金秀瑶族自治县	1952.5.28	金秀镇	0.2517
融水苗族自治县	1952.11.26	融水镇	0.4665
三江侗族自治县	1952.12.3	古宜镇	0.2455
隆林各族自治县	1953.1.1	新州镇	0.3542
都安瑶族自治县	1955.12.15	安阳镇	0.4092
巴马瑶族自治县	1956.2.6	巴马镇	0.1966
富川瑶族自治县	1984.1.1	富阳镇	0.1572
罗城仫佬族自治县	1984.1.10	东门镇	0.2639
环江毛南族自治县	1987.11.24	思恩镇	0.4558
大化瑶族自治县	1987.12.23	大化镇	0.2754
恭城瑶族自治县	1990.10.15	恭城镇	0.2149
海南省			
乐东黎族自治县	1987.12.28	抱由镇	0.2746
琼中黎族苗族自治县	1987.12.28	营根镇	0.2693
保亭黎族苗族自治县	1987.12.30	保城镇	0.1161
昌江黎族自治县	1987.12.30	石碌镇	0.1596
白沙黎族自治县	1987.12.30	牙叉镇	0.2118
陵水黎族自治县	1987.12.30	陵城镇	0.1128

续表 3

民族自治地方	建立时间	驻地	面积(万平方公里)
重庆市			
秀山土家族苗族自治县	1983.11.7	中和镇	0.2450
酉阳土家族苗族自治县	1983.11.11	钟多镇	0.5173
彭水苗族土家族自治县	1984.11.10	汉葭镇	0.3903
石柱土家族自治县	1984.11.18	南宾镇	0.3031
四川省			
北川羌族自治县	2003.10.25	曲山镇	0.2865
木里藏族自治县	1953.2.19	博瓦镇	1.3246
峨边彝族自治县	1984.10.5	沙坪镇	0.2395
马边彝族自治县	1984.10.9	民建镇	0.2383
贵州省			
威宁彝族回族苗族自治县	1954.11.11	城关镇	0.6294
松桃苗族自治县	1956.12.31	城关镇	0.2861
三都水族自治县	1957.1.2	三合镇	0.2384
镇宁布依苗族自治县	1963.9.11	城关镇	0.1721
紫云苗族布依族自治县	1966.2.11	松山镇	0.2284
关岭布依族苗族自治县	1981.12.31	关索镇	0.1468
玉屏侗族自治县	1984.11.7	平溪镇	0.0517
印江土家族苗族自治县	1987.11.20	印江镇	0.1961
沿河土家族自治县	1987.11.23	和平镇	0.2469
务川仡佬族苗族自治县	1987.11.26	都濡镇	0.2773
道真仡佬族苗族自治县	1987.11.29	玉溪镇	0.2156
云南省			
峨山彝族自治县	1951.5.12	双江镇	0.1972
澜沧拉祜族自治县	1953.4.7	勐朗镇	0.8807
江城哈尼族彝族自治县	1954.5.18	勐烈镇	0.3476
孟连傣族拉祜族佤族自治县	1954.6.16	孟连镇	0.1957
耿马傣族佤族自治县	1955.10.16	耿宣镇	0.3837
宁蒗彝族自治县	1956.9.20	大兴镇	0.0206
贡山独龙族怒族自治县	1956.10.1	茨开镇	0.4506
巍山彝族回族自治县	1956.11.9	文华镇	0.2266
石林彝族自治县	1956.12.31	鹿阜镇	0.1777
玉龙纳西族自治县	1961.4.10	黄山镇	0.6521
屏边苗族自治县	1963.7.1	玉屏镇	0.1906
河口瑶族自治县	1963.7.11	河口镇	0.1313
沧源佤族自治县	1964.2.28	勐董镇	0.2539
西盟佤族自治县	1965.3.5	西盟镇	0.1391
南涧彝族自治县	1965.11.27	南涧镇	0.1802
墨江哈尼族自治县	1979.11.28	玖联镇	0.5459
寻甸回族彝族自治县	1979.12.20	仁德镇	0.3966

续表 4

民族自治地方	建立时间	驻地	面积(万平方公里)
元江哈尼族彝族傣族自治县	1980.11.12	澧江镇	0.2858
新平彝族傣族自治县	1980.11.25	桂山镇	0.4223
维西傈僳族自治县	1985.10.13	保和镇	0.4661
漾濞彝族自治县	1985.11.1	上街镇	0.1957
禄劝彝族苗族自治县	1985.11.25	屏山镇	0.4378
金平苗族瑶族傣族自治县	1985.12.7	金河镇	0.3677
普洱哈尼族彝族自治县	1985.12.15	宁洱镇	0.3670
景东彝族自治县	1985.12.20	锦屏镇	0.4532
景谷傣族彝族自治县	1985.12.25	威远镇	0.7777
双江拉祜族佤族布朗族傣族自治县	1985.12.30	勐勐镇	0.2292
兰坪白族普米族自治县	1988.5.25	金顶镇	0.4555
镇沅彝族哈尼族拉祜族自治县	1990.5.15	按板镇	0.4223
甘肃省			
天祝藏族自治县	1950.5.6	华藏寺镇	0.7147
肃北蒙古族自治县	1950.7.29	党城湾镇	6.6748
东乡族自治县	1950.9.25	锁南镇	0.1510
张家川回族自治县	1953.7.6	张家川镇	0.1293
肃南裕固族自治县	1954.4.20	红湾寺镇	2.3041
阿克塞哈萨克族自治县	1954.4.27	博罗转井镇	3.3333
积石山保安族东乡族撒拉族自治县	1981.9.30	吹麻滩镇	0.0910
青海省			
门源回族自治县	1953.12.19	浩门镇	0.6896
互助土族自治县	1954.2.17	威远镇	0.3320
化隆回族自治县	1954.3.1	巴燕镇	0.2740
循化撒拉族自治县	1954.3.1	积石镇	0.1749
河南蒙古族自治县	1954.10.16	优干宁	0.6250
民和回族土族自治县	1986.6.27	上川口镇	0.1780
大通回族土族自治县	1986.7.10	桥头镇	0.3090
新疆维吾尔自治区			
焉耆回族自治县	1954.3.15	焉耆镇	0.2439
察布查尔锡伯自治县	1954.3.25	察布查尔镇	0.4469
木垒哈萨克自治县	1954.7.17	木垒镇	1.3235
和布克赛尔蒙古自治县	1954.9.10	和布克赛尔镇	3.2000
塔什库尔干塔吉克自治县	1954.9.17	塔什库尔干镇	5.2300
巴里坤哈萨克自治县	1954.9.30	巴里坤镇	3.5714

■民族乡

地　区	数　量	民族乡名称
北京市	5	朝阳区常营回族乡、通州区于家务回族乡、密云县檀营满族蒙古族乡、怀柔区喇叭沟门满族乡、怀柔区长哨营满族乡
天津市	1	蓟县孙各庄满族乡
河北省	42	石家庄市新乐市彭家庄回族乡、石家庄市藁城市九门回族乡、石家庄市无极县高头回族乡、唐山市遵化市汤泉满族乡、唐山市遵化市西下营满族乡、唐山市遵化市东陵满族乡、邯郸市邱县陈村回族乡、邯郸市大名县营镇回族乡、保定市易县凌云册满族回族乡、保定市定州市号头庄回族乡、张家口市沽源县大二号回族乡、张家口市怀来县王家楼回族乡、廊坊市永清县管家务回族乡、廊坊市文安县大围河回族满族乡、承德市滦平县平坊满族乡、承德市滦平县安纯沟门满族乡、承德市滦平县五道营子满族乡、承德市滦平县邓厂满族乡、承德市滦平县马营子满族乡、承德市滦平县付家店满族乡、承德市滦平县西沟满族乡、承德市承德县岗子满族乡、承德市承德县两家满族乡、承德市兴隆县八卦岭满族乡、承德市兴隆县南天门满族乡、承德市隆化县尹家营满族乡、承德市隆化县庙子沟蒙古族满族乡、承德市隆化县偏坡营满族乡、承德市隆化县八达营蒙古族乡、承德市隆化县太平庄满族乡、承德市隆化县旧屯满族乡、承德市隆化县西阿超满族蒙古族乡、承德市平泉市七家岱满族乡、承德市平泉市茅兰沟满族蒙古族乡、沧州市黄骅市羊二庄回族乡、沧州市黄骅市新村回族乡、沧州市河间市果子洼回族乡、沧州市献县本斋回族乡、沧州市沧县大褚村回族乡、沧州市沧县杜林回族乡、沧州市沧县捷地回族乡、沧州市黄骅市羊三木回族乡
内蒙古自治区	18（含1个民族苏木）	呼伦贝尔市莫力达瓦达斡尔族自治旗巴彦鄂温克民族乡、呼伦贝尔市莫力达瓦达斡尔族自治旗杜拉尔鄂温克民族乡、呼伦贝尔市扎兰屯市达斡尔民族乡、呼伦贝尔市扎兰屯市萨马街鄂温克民族乡、呼伦贝尔市扎兰屯市南木鄂伦春民族乡、呼伦贝尔市阿荣旗查巴奇鄂温克民族乡、呼伦贝尔市阿荣旗新发朝鲜族民族乡、呼伦贝尔市阿荣旗音河达斡尔鄂温克民族乡、呼伦贝尔市阿荣旗得力其尔鄂温克民族乡、呼伦贝尔市根河市敖鲁古雅鄂温克民族乡、呼伦贝尔市额尔古纳市三河回族乡、呼伦贝尔市额尔古纳市室韦俄罗斯民族乡、兴安盟科尔沁右翼前旗满族屯满族乡、赤峰市松山区当铺地满族乡、赤峰市喀喇沁旗十家满族乡、乌兰察布市凉城县曹碾满族乡、呼伦贝尔市鄂温克族自治旗巴彦塔拉达斡尔族乡、呼伦贝尔市陈巴尔虎旗鄂温克苏木
辽宁省	54	沈阳市康平县柳树屯蒙古族满族乡、沈阳市康平县沙金台蒙古族满族乡、沈阳市法库县四家子蒙古族乡、沈阳市康平县东升满族蒙古族乡、沈阳市康平县西关屯蒙古族满族乡、大连市瓦房店市三台满族乡、大连市瓦房店市杨家满族乡、大连市庄河市太平岭满族乡、大连市庄河市桂云花满族乡、抚顺市抚顺县拉古满族乡、抚顺市抚顺县汤图满族乡、本溪市桓仁满族自治县雅河朝鲜族乡、丹东市宽甸满族自治县下露河朝鲜族乡、丹东市东港市合隆满族乡、丹东市凤城市大堡蒙古族乡、锦州市义县地藏寺满族乡、锦州市义县大定堡满族乡、阜新市彰武县二道河子蒙古族乡、辽阳市辽阳县吉洞峪满族乡、辽阳市辽阳县甜水满族乡、铁岭市开原市林丰满族乡、铁岭市铁岭县白旗寨满族乡、铁岭市西丰县成平满族乡、铁岭市西丰县德兴满族乡、铁岭市西丰县和隆满族乡、铁岭市西丰县金星满族乡、铁岭市西丰县明德满族乡、铁岭市西丰县营厂满族乡、铁岭市清河区聂家满族乡、朝阳市北票市马友营蒙古族乡、朝阳市北票市凉水河蒙古族乡、朝阳市建平县三家蒙古族乡、朝阳市凌源市三家子蒙古族乡、朝阳市朝阳县松岭门蒙古族乡、朝阳市朝阳县乌兰河硕蒙古族乡、葫芦岛市绥中县西平坡满族乡、葫芦岛市绥中县范家满族乡、葫芦岛市绥中县高甸子满族乡、葫芦岛市绥中县葛家满族乡、葫芦岛市绥中县明水满族乡、葫芦岛市绥中县网户满族乡、葫芦岛市兴城市白塔满族乡、葫芦岛市兴城市大寨满族乡、葫芦岛市兴城市碱厂满族乡、葫芦岛市兴城市旧门满族乡

续表 1

地　区	数　量	民族乡名称
辽宁省	54	葫芦岛市兴城市刘台子满族乡、葫芦岛市兴城市南大山满族乡、葫芦岛市兴城市望海满族乡、葫芦岛市兴城市围屏满族乡、葫芦岛市兴城市羊安满族乡、葫芦岛市兴城市药王满族乡、葫芦岛市兴城市三道沟满族乡、葫芦岛市兴城市元台子满族乡、葫芦岛市建昌县二道湾子蒙古族乡
吉林省	28	延边朝鲜族自治州珲春市三家子满族乡、延边朝鲜族自治州珲春市杨泡满族乡、吉林市昌邑区土城子满族朝鲜族乡、吉林市昌邑区两家子满族乡、吉林市永吉县金家满族乡、吉林市蛟河市乌林朝鲜族乡、通化市梅河口市小杨满族朝鲜族乡、通化市集安市凉水朝鲜族乡、通化市通化县金斗朝鲜族满族乡、通化市通化县大泉源满族朝鲜族乡、通化市辉南县楼街朝鲜族乡、通化市柳河县姜家店朝鲜族乡、辽源市东丰县三合满族朝鲜族乡、长春市双阳区双营子回族乡、长春市榆树市延和朝鲜族乡、长春市九台市胡家回族乡、长春市九台市莽卡满族乡、白城市通榆县包拉温都蒙古族乡、白城市通榆县向海蒙古族乡、白城市洮南市呼和车力蒙古族乡、白城市洮南市胡力吐蒙古族乡、白城市镇赉县哈吐气蒙古族乡、白城市镇赉县莫莫格蒙古族乡、白城市大安市新艾里蒙古族乡、白城市洮北区德顺蒙古族乡、松原市扶余县三骏满族蒙古族锡伯族乡、四平市公主岭市龙山满族乡、四平市双辽市那木斯蒙古族乡
黑龙江省	52	哈尔滨市南岗区红旗满族乡、哈尔滨市双城市乐群满族乡、哈尔滨市双城市同心满族乡、哈尔滨市双城市希勤满族乡、哈尔滨市双城市青岭满族乡、哈尔滨市五常市红旗满族乡、哈尔滨市五常市营城子满族乡、哈尔滨市五常市民乐朝鲜族乡、哈尔滨市尚志市河东朝鲜族乡、哈尔滨市尚志市鱼池朝鲜族乡、哈尔滨市依兰县迎兰朝鲜族乡、齐齐哈尔市梅里斯达斡尔族区莽格吐达斡尔族乡、齐齐哈尔市泰来县宁姜蒙古族乡、齐齐哈尔市泰来县胜利蒙古族乡、齐齐哈尔市富裕县友谊达满柯族乡、齐齐哈尔市讷河市兴旺鄂温克族乡、齐齐哈尔市富拉尔基区杜尔门沁达族乡、牡丹江市西安区海南朝鲜族乡、牡丹江市宁安市江南朝鲜族满族乡、牡丹江市宁安市卧龙朝鲜族乡、牡丹江市穆棱市福禄朝鲜族满族乡、佳木斯市同江市街津口赫哲族乡、佳木斯市同江市八岔赫哲族乡、佳木斯市汤原县汤旺朝鲜族乡、佳木斯市桦川县星火朝鲜族乡、大庆市肇源县超等蒙古族乡、大庆市肇源县浩德蒙古族乡、大庆市肇源县义顺蒙古族乡、黑河市逊克县新鄂鄂伦春族乡、黑河市逊克县新兴鄂伦春族乡、黑河市爱辉区新生鄂伦春族乡、黑河市爱辉区四嘉子满族乡、黑河市爱辉区坤河达斡尔族满族乡、黑河市北安市主星朝鲜族乡、黑河市孙吴县沿江达斡尔族满族乡、绥化市北林区兴和朝鲜族乡、绥化市北林区红旗满族乡、绥化市望奎县厢白满族乡、绥化市望奎县灵山满族乡、伊春市铁力市年丰朝鲜族乡、鹤岗市萝北县东明朝鲜族乡、鹤岗市绥滨县福兴满族乡、大兴安岭地区呼玛县白银纳鄂伦春族乡、大兴安岭地区塔河县十八站鄂伦春族乡、双鸭山市饶河县四排赫哲族乡、双鸭山市友谊县成富朝鲜族满族乡、七台河市勃利县杏树朝鲜族乡、七台河市勃利县吉兴朝鲜族满族乡、鸡西市密山市和平朝鲜族乡、鸡西市鸡东县鸡林朝鲜族乡、鸡西市鸡东县明德朝鲜族乡、鸡西市城子河区永丰朝鲜族乡

续表 2

地　区	数　量	民族乡名称
江苏省	1	扬州市高邮市菱塘回族乡
浙江省	14	金华市兰溪市水亭畲族乡、衢州市龙游县沐尘畲族乡、丽水市莲都区丽新畲族乡、丽水市龙泉市竹垟畲族乡、丽水市云和县雾溪畲族乡、丽水市云和县安溪畲族乡、丽水市遂昌县三仁畲族乡、丽水市松阳县板桥畲族乡、杭州市桐庐县莪山畲族乡、温州市平阳县青街畲族乡、温州市苍南县岱岭畲族乡、温州市苍南县凤阳畲族乡、温州市文成县周山畲族乡、温州市泰顺县竹里畲族乡
安徽省	9	淮南市谢家集区孤堆回族乡、合肥市肥东县牌坊回族满族乡、滁州市定远县二龙回族乡、淮南市凤台县李冲回族乡、淮南市潘集区古沟回族乡、淮南市寿县陶店回族乡、宣城市宁国市云梯畲族乡、蚌埠市五河县临北回族乡、阜阳市颍上县赛涧回族乡
福建省	19	福州市罗源县霍口畲族乡、福州市连江县小沧畲族乡、宁德市福安市坂中畲族乡、宁德市福安市康厝畲族乡、宁德市福安市穆云畲族乡、宁德市霞浦县盐田畲族乡、宁德市霞浦县崇儒畲族乡、宁德市霞浦县水门畲族乡、宁德市蕉城区金涵畲族乡、宁德市福鼎市硖门畲族乡、宁德市福鼎市佳阳畲族乡、漳州市漳浦县赤岭畲族乡、漳州市漳浦县湖西畲族乡、漳州市龙海市隆教畲族乡、三明市永安市青水畲族乡、三明市宁化县治平畲族乡、龙岩市上杭县官庄畲族乡、龙岩市上杭县庐丰畲族乡、泉州市惠安县百崎回族乡
江西省	8	鹰潭市贵溪市樟坪畲族乡、上饶市铅山县太源畲族乡、上饶市铅山县篁碧畲族乡、吉安市永丰县龙冈畲族乡、赣州市南康市赤土畲族乡、吉安市青原区东固畲族乡、抚州市乐安县金竹畲族乡、吉安市峡江县金坪民族乡
河南省	12	郑州市荥阳市金寨回族乡、商丘市民权县伯党回族乡、商丘市民权县胡集回族乡、平顶山市叶县马庄回族乡、平顶山市郏县姚庄回族乡、新乡市封丘县荆乡回族乡、许昌市许昌县艾庄回族乡、许昌市禹州市山货回族乡、南阳市镇平县郭庄回族乡、南阳市方城县袁店回族乡、驻马店市西平县蔡寨回族乡、洛阳市瀍河回族区瀍河回族乡
湖北省	10	荆门市钟祥市九里回族乡、荆州市洪湖市老湾回族乡、荆州市松滋市卸甲坪土家族乡、宜昌市宜都市潘家湾土家族乡、十堰市郧西县湖北口回族乡、恩施土家族苗族自治州恩施市芭蕉侗族乡、恩施土家族苗族自治州宣恩县长潭河侗族乡、恩施土家族苗族自治州宣恩县晓关侗族乡、神农架林区下谷坪土家族乡、恩施土家族苗族自治州鹤峰县铁炉白族乡
湖南省	83	怀化市辰溪县罗子山瑶族乡、怀化市辰溪县苏木溪瑶族乡、怀化市辰溪县上蒲溪瑶族乡、怀化市辰溪县后塘瑶族乡、怀化市辰溪县仙人湾瑶族乡、怀化市洪江市深渡苗族乡、怀化市洪江市龙船塘瑶族乡、怀化市会同县炮团侗族苗族乡、怀化市会同县宝田侗族苗族乡、怀化市会同县蒲稳侗族苗族乡、怀化市会同县金子岩侗族苗族乡、怀化市会同县漠滨侗族苗族乡、怀化市会同县青朗侗族苗族乡、怀化市沅陵县二酉苗族乡、怀化市沅陵县火场土家族乡、怀化市中方县蒿吉坪瑶族乡、怀化市通道侗族自治县大高坪苗族乡、怀化市新晃侗族自治县步头降苗族乡、怀化市新晃侗族自治县米贝苗族乡、邵阳市绥宁县河口苗族乡、邵阳市绥宁县麻塘苗族乡、邵阳市绥宁县东山侗族乡、邵阳市绥宁县鹅公岭侗族苗族乡、

续表 3

地　区	数　量	民族乡名称
湖南省	83	邵阳市绥宁县寨市苗族侗族乡、邵阳市绥宁县乐安铺苗族侗族乡、邵阳市绥宁县关峡苗族乡、邵阳市绥宁县长铺子苗族乡、邵阳市隆回县山界回族乡、邵阳市隆回县虎形山瑶族乡、邵阳市洞口县那溪瑶族乡、邵阳市洞口县大屋瑶族乡、邵阳市洞口县长塘瑶族乡、邵阳市新宁县黄金瑶族乡、邵阳市新宁县麻林瑶族乡、永州市蓝山县荆竹瑶族乡、永州市蓝山县湘江源瑶族乡、永州市蓝山县浆洞瑶族乡、永州市蓝山县汇源瑶族乡、永州市蓝山县犁头瑶族乡、永州市蓝山县大桥瑶族乡、永州市江永县松柏瑶族乡、永州市江永县千家洞瑶族乡、永州市江永县兰溪瑶族乡、永州市江永县源口瑶族乡、永州市宁远县九疑瑶族乡、永州市宁远县棉花坪瑶族乡、永州市宁远县桐木漯瑶族乡、永州市宁远县五龙山瑶族乡、永州市道县横岭瑶族乡、永州市道县洪塘营瑶族乡、永州市道县审章塘瑶族乡、永州市祁阳县晒北滩瑶族乡、永州市新田县门楼下瑶族乡、永州市双牌县上梧江瑶族乡、永州市江华瑶族自治县小圩壮族乡、张家界市桑植县刘家坪白族乡、张家界市桑植县马合口白族乡、张家界市桑植县走马坪白族乡、张家界市桑植县芙蓉桥白族乡、张家界市桑植县洪家关白族乡、张家界市慈利县三官寺土家族乡、张家界市慈利县高峰土家族乡、张家界市慈利县金岩土家族乡、张家界市慈利县许家坊土家族乡、张家界市慈利县阳和土家族乡、张家界市慈利县甘堰土家族乡、张家界市慈利县赵家岗土家族乡、郴州市桂阳县白水瑶族乡、郴州市北湖区保和瑶族乡、郴州市北湖区仰天湖瑶族乡、郴州市宜章县莽山瑶族乡、郴州市汝城县文明瑶族乡、郴州市汝城县延寿瑶族乡、郴州市临武县西山瑶族乡、郴州市资兴市回龙山瑶族乡、郴州市资兴市八面山瑶族乡、常德市鼎城区许家桥回族维吾尔族乡、常德市汉寿县毛家滩回族维吾尔族乡、常德市桃源县枫树维吾尔族回族乡、常德市桃源县青林回族维吾尔族乡、株洲市炎陵县中村瑶族乡、衡阳市常宁市塔山瑶族乡、益阳市桃江县鲊埠回族乡
广东省	7	惠州市龙门县蓝田瑶族乡、清远市连州市三水瑶族乡、清远市连州市瑶安瑶族乡、清远市阳山县秤架瑶族乡、肇庆市怀集县下帅壮族瑶族乡、韶关市始兴县深渡水瑶族乡、河源市东源县漳溪畲族乡
广西壮族自治区	59	梧州市蒙山县长坪瑶族乡、梧州市蒙山县夏宜瑶族乡、贺州市八步区黄洞瑶族乡、贺州市平桂区大平瑶族乡、贺州市昭平县仙回瑶族乡、贺州市钟山县两安瑶族乡、贺州市钟山县花山瑶族乡、贵港市平南县马练瑶族乡、贵港市平南县国安瑶族乡、防城港市上思县南屏瑶族乡、防城港市防城区十万山瑶族乡、南宁市马山县古寨瑶族乡、南宁市马山县里当瑶族乡、南宁市上林县镇圩瑶族乡、柳州市三江侗族自治县同乐苗族乡、柳州市三江侗族自治县福禄苗族乡、柳州市三江侗族自治县高基瑶族乡、柳州市融水苗族自治县滚贝侗族乡、柳州市融水苗族自治县同练瑶族乡、柳州市柳城县古砦仫佬族乡、桂林市临桂县宛田瑶族乡、桂林市临桂县黄沙瑶族乡、桂林市灵川县大境瑶族乡、桂林市灵川县兰田瑶族乡、桂林市全州县蕉江瑶族乡、桂林市全州县东山瑶族乡、桂林市兴安县华江瑶族乡、桂林市灌阳县洞井瑶族乡、桂林市灌阳县西山瑶族乡、桂林市资源县车田苗族乡、桂林市资源县两水苗族乡、桂林市资源县河口瑶族乡、桂林市平乐县大发瑶族乡、桂林市荔浦市蒲芦瑶族乡、桂林市雁山区草坪回族乡、百色市右江区汪甸瑶族乡、百色市田东县作登瑶族乡、百色市田林县潞城瑶族乡、百色市田林县利周瑶族乡、百色市田林县八桂瑶族乡、百色市田林县八渡瑶族乡、百色市凌云县伶站瑶族乡、百色市凌云县朝里瑶族乡、百色市凌云县沙里瑶族乡、百色市凌云县玉洪瑶族乡、百色市西林县足别瑶族苗族乡、百色市西林县普合苗族乡、百色市西林县那佐苗族乡、河池市南丹县八圩瑶族乡、河池市南丹县里湖瑶族乡、河池市南丹县中堡苗族乡、河池市天峨县八腊瑶族乡、河池市凤山县平乐瑶族乡、河池市凤山县江洲瑶族乡、河池市凤山县金牙瑶族乡、河池市东兰县三弄瑶族乡、河池市环江毛南族自治县驯乐苗族乡、河池市宜州市北牙瑶族乡、河池市宜州市福龙瑶族乡
重庆市	14	奉节县云雾土家族乡、奉节县长安土家族乡、奉节县龙桥土家族乡、奉节县太和土家族乡、万州区恒合土家族乡、万州区地宝土家族乡、云阳县清水土家族乡、巫山县红椿土家族乡、巫山县邓家土家族乡、忠县磨子土家族乡、武隆区石桥苗族土家族乡、武隆区文复苗族土家族乡、武隆区后坪苗族土家族乡、武隆区浩口苗族仡佬族乡

续表 4

地　区	数　量	民族乡名称
四川省	83	甘孜州九龙县子耳彝族乡、甘孜州九龙县小金彝族乡、甘孜州九龙县朵落彝族乡、阿坝州松潘县十里回族乡、攀枝花市仁和区大龙潭彝族乡、攀枝花市仁和区啊喇彝族乡、攀枝花市米易县麻陇彝族乡、攀枝花市米易县白坡彝族乡 、攀枝花市米易县湾丘彝族乡、攀枝花市米易县新山傈僳族乡、攀枝花市盐边县红果彝族乡、攀枝花市盐边县温泉彝族乡、攀枝花市盐边县格萨拉彝族乡、攀枝花市盐边县红宝苗族彝族乡、泸州市叙永县白蜡苗族乡、泸州市叙永县合乐苗族乡、泸州市叙永县枧槽苗族乡、泸州市叙永县石厢子彝族乡、泸州市叙永县水潦彝族乡、泸州市古蔺县箭竹苗族乡、泸州市古蔺县大寨苗族乡、泸州市古蔺县马嘶苗族乡、广元市青川县蒿溪回族乡、广元市青川县大院回族乡、乐山市金口河区和平彝族乡、乐山市金口河区共安彝族乡、南充市阆中市博树回族乡、宜宾市筠连县高坪苗族乡、宜宾市筠连县联合苗族乡、宜宾市筠连县团林苗族乡、宜宾市屏山县屏边彝族乡、宜宾市屏山县清平彝族乡、宜宾市兴文县大坝苗族乡、宜宾市兴文县大河苗族乡、宜宾市兴文县麒麟苗族乡、宜宾市兴文县仙峰苗族乡、宜宾市珙县罗渡苗族乡、宜宾市珙县玉和苗族乡、宜宾市珙县观斗苗族乡、雅安市汉源县小堡藏族彝族乡、雅安市汉源县坭美彝族乡、雅安市汉源县永利彝族乡、雅安市汉源县顺河彝族乡、雅安市汉源县片马彝族乡、雅安市石棉县蟹螺藏族乡、雅安市石棉县栗子坪彝族乡、雅安市石棉县新民藏族彝族乡、雅安市石棉县草科藏族乡、雅安市石棉县王岗坪彝族藏族乡、雅安市宝兴县跷碛藏族乡、雅安市荥经县宝峰彝族民族乡、雅安市荥经县民建彝族民族乡、凉山州西昌市高草回族乡、凉山州西昌市裕隆回族乡、凉山州木里藏族自治县屋脚蒙古族乡、凉山州木里藏族自治县俄亚纳西族乡、凉山州木里藏族自治县白碉苗族乡、凉山州木里藏族自治县项脚蒙古族乡、凉山州木里藏族自治县固增苗族乡、凉山州盐源县大坡蒙古族乡、凉山州德昌县金沙傈僳族乡、凉山州德昌县南山傈僳族乡、凉山州会理县新安傣族乡、凉山州冕宁县和爱藏族乡、凉山州越西县保安藏族乡 绵阳市平武县木皮藏族乡、绵阳市平武县木座藏族乡、绵阳市平武县白马藏族乡、绵阳市平武县黄羊关藏族乡、绵阳市平武县虎牙藏族乡、绵阳市平武县泗耳藏族乡、绵阳市平武县锁江羌族乡、绵阳市平武县旧堡羌族乡、绵阳市平武县阔达藏族乡、绵阳市平武县土城藏族乡、绵阳市平武县平通羌族乡、绵阳市平武县豆叩羌族乡、绵阳市盐亭县大兴回族乡、绵阳市北川羌族自治县桃龙藏族乡、达州市宣汉渡口土家族乡、达州市宣汉龙泉土家族乡、达州市宣汉三墩土家族乡、达州市宣汉漆树土家族乡
贵州省	193	贵阳市南明区小碧布依族苗族乡、贵阳市花溪区高坡苗族乡、贵阳市花溪区孟关苗族布依族乡、贵阳市花溪区马铃布依族苗族乡、贵阳市花溪区黔陶布依族苗族乡、贵阳市乌当区偏坡布依族乡、贵阳市乌当区新堡布依族乡、贵阳市白云区牛场布依族乡、贵阳市白云区都拉布依族乡、贵阳市清镇市麦格苗族布依族乡、贵阳市清镇市王庄布依族苗族乡、贵阳市清镇市流长苗族乡、贵阳市开阳县高寨苗族布依族乡、贵阳市开阳县南江布依族苗族乡、贵阳市开阳县禾丰布依族苗族乡、贵阳市修文县大石布依族乡、贵阳市息烽县青山苗族乡、六盘水市水城县坪寨彝族乡、六盘水市水城县南开苗族彝族乡、六盘水市水城县青林苗族彝族乡、六盘水市水城县金盆苗族彝族乡、六盘水市水城县新街彝族苗族布依族乡、六盘水市水城县杨梅彝族苗族回族乡、六盘水市水城县野钟苗族彝族布依族乡、六盘水市水城县果布嘎彝族苗族布依族乡、六盘水市水城县龙场苗族白族彝族乡、六盘水市水城县营盘苗族彝族白族乡、六盘水市水城县顺场苗族彝族布依族乡、六盘水市水城县花戛苗族布依族彝族乡、六盘水市水城县猴场苗族布依族乡、六盘水市盘州市普田回族乡、六盘水市盘州市旧营白族彝族苗族乡、六盘水市盘州市羊场布依族白族苗族乡、六盘水市盘州市保基苗族彝族乡、六盘水市盘州市淤泥彝族乡、六盘水市盘州市普古彝族苗族乡、六盘水市盘州市坪地彝族乡、六盘水市六枝特区梭戛苗族彝族乡、六盘水市六枝特区落别布依族彝族乡、六盘水市六枝特区中寨苗族彝族布依族乡

续表 5

地　区	数　量	民族乡名称
贵州省	193	六盘水市六枝特区牛场苗族彝族乡、六盘水市六枝特区月亮河彝族苗族乡、遵义市仁怀市后山苗族布依族乡、遵义市遵义县平正仡佬族乡、遵义市遵义县洪关苗族乡、遵义市桐梓县马鬃苗族乡、遵义市正安县谢坝仡佬族苗族乡、遵义市正安县市坪苗族仡佬族乡、遵义市余庆县花山苗族乡、遵义市道真仡佬族苗族自治县上坝土家族乡、安顺市西秀区鸡场布依族苗族乡、安顺市西秀区杨武布依族苗族乡、安顺市西秀区岩腊苗族布依族乡、安顺市西秀区新场布依族苗族乡、安顺市西秀区黄腊布依族苗族乡、安顺市平坝县十字回族乡、安顺市平坝县羊昌布依族苗族乡、安顺市普定县补郎苗族乡、安顺市普定县猴场苗族仡佬族乡、安顺市普定县猫洞苗族仡佬族乡、毕节市七星关区大屯彝族乡、毕节市七星关区田坎彝族乡、毕节市七星关区阿市苗族彝族乡、毕节市七星关区团结彝族苗族乡、毕节市七星关区阴底彝族苗族白族乡、毕节市七星关区千溪彝族苗族白族乡、毕节市黔西县永燊彝族苗族乡、毕节市黔西县新仁苗族乡、毕节市黔西县花溪彝族苗族乡、毕节市黔西县中建苗族彝族乡、毕节市黔西县定新彝族苗族乡、毕节市黔西县太来彝族苗族乡、毕节市黔西县绿化白族彝族乡、毕节市黔西县红林彝族苗族乡、毕节市黔西县五里布依族苗族乡、毕节市黔西县铁石苗族彝族乡、毕节市大方县竹园彝族苗族乡、毕节市大方县响水白族彝族仡佬族乡、毕节市大方县鼎新彝族苗族乡、毕节市大方县牛场苗族彝族乡、毕节市大方县理化苗族彝族乡、毕节市大方县安乐彝族仡佬族乡、毕节市大方县凤山彝族蒙古族乡、毕节市大方县百纳彝族乡、毕节市大方县三元彝族苗族白族乡、毕节市大方县沙厂彝族乡、毕节市大方县黄泥彝族苗族满族乡、毕节市大方县核桃彝族白族乡、毕节市大方县八堡彝族苗族乡、毕节市大方县兴隆苗族乡、毕节市大方县大山苗族彝族乡、毕节市大方县星宿苗族彝族仡佬族乡、毕节市织金县自强苗族乡、毕节市织金县官寨苗族乡、毕节市织金县后寨苗族乡、毕节市织金县大平苗族彝族乡、毕节市织金县茶店布依族苗族彝族乡、毕节市织金县金龙苗族彝族布依族乡、毕节市织金县鸡场苗族彝族布依族乡、毕节市金沙县太平彝族苗族乡、毕节市金沙县石场苗族彝族乡、毕节市金沙县马路彝族苗族乡、毕节市金沙县安洛苗族彝族满族乡、毕节市金沙县新化苗族彝族满族乡、毕节市金沙县大田彝族苗族布依族乡 毕节市赫章县兴发苗族彝族回族乡、毕节市赫章县松林坡白族彝族苗族乡、毕节市赫章县雉街彝族苗族乡、毕节市赫章县珠市彝族乡、毕节市赫章县双坪彝族苗族乡、毕节市赫章县辅处彝族苗族乡、毕节市赫章县铁匠苗族乡、毕节市赫章县可乐彝族苗族乡、毕节市赫章县河镇彝族苗族乡、毕节市赫章县结构彝族苗族乡、毕节市赫章县水塘堡彝族苗族乡、毕节市赫章县古达苗族彝族乡、毕节市纳雍县库东关彝族苗族白族乡、毕节市纳雍县董地苗族彝族乡、毕节市纳雍县左鸠戛彝族苗族乡、毕节市纳雍县锅圈岩苗族彝族乡、毕节市纳雍县新房彝族苗族乡、毕节市纳雍县化作苗族彝族乡、毕节市纳雍县姑开苗族彝族乡、毕节市纳雍县羊场苗族彝族乡、毕节市纳雍县昆寨苗族彝族白族乡、毕节市纳雍县猪场苗族彝族乡、毕节市威宁彝族回族苗族自治县新发布依族乡、毕节市大方县大水彝族苗族布依族乡、毕节市黔西县金坡苗族彝族满族乡、毕节市大方县普底彝族苗族白族乡、毕节市黔西县仁和彝族苗族乡、铜仁市碧江区桐木坪侗族乡、铜仁市碧江区瓦屋侗族乡、铜仁市碧江区和平土家族侗族乡、铜仁市碧江区滑石侗族苗族土家族乡、铜仁市碧江区六龙山侗族土家族乡、铜仁市万山区高楼坪侗族乡、铜仁市万山区黄道侗族乡、铜仁市万山区熬寨侗族乡、铜仁市万山区下溪侗族乡、铜仁市万山区鱼塘侗族土家族苗族乡、铜仁市万山区大坪侗族土家族苗族乡、铜仁市德江县楠杆土家族乡、铜仁市德江县沙溪土家族乡、铜仁市德江县桶井土家族乡、铜仁市德江县堰塘土家族乡、铜仁市德江县荆角土家族乡、铜仁市德江县长丰土家族乡、铜仁市德江县龙泉土家族乡、铜仁市德江县钱家土家族乡、铜仁市江口县德旺土家族苗族乡、铜仁市江口县官和侗族土家族苗族乡、铜仁市石阡县聚凤仡佬族侗族乡、铜仁市石阡县大沙坝仡佬族侗族乡、铜仁市石阡县枫香仡佬族侗族乡、铜仁市石阡县青阳苗族仡佬族侗族乡、铜仁市石阡县龙井侗族仡佬族乡、铜仁市石阡县石固仡佬族侗族乡、铜仁市石阡县坪地仡佬族侗族乡、铜仁市石阡县甘溪仡佬族侗族乡、铜仁市石阡县坪山仡佬族侗族乡、铜仁市思南县思林土家族苗族乡、铜仁市思南县枫柸土家族苗族乡、铜仁市思南县杨家坳苗族土家族乡、铜仁市思南县胡家湾苗族土家族乡、铜仁市思南县宽坪土家族苗族乡、铜仁市思南县三道水土家族苗族乡、铜仁市思南县天桥土家族苗族乡、铜仁市思南县兴隆土家族苗族乡

续表 6

地　区	数　量	民族乡名称
贵州省	193	黔东南苗族侗族自治州岑巩县羊桥土家族乡、黔南布依族苗族自治州都匀市归兰水族乡、黔南布依族苗族自治州荔波县瑶山瑶族乡、黔南布依族苗族自治州荔波县黎明关水族乡、黔南布依族苗族自治州平塘县卡蒲毛南族、贵阳市花溪区湖潮布依族苗族乡
云南省	140	昆明市晋宁县夕阳彝族乡、昆明市晋宁县双河彝族乡、昆明市宜良县九乡彝族回族乡、昆明市宜良县耿家彝族苗族乡、昭通市昭阳区守望回族乡、昭通市昭阳区小龙洞回族彝族乡、昭通市昭阳区布嘎回族乡、昭通市昭阳区青冈岭回族彝族乡、昭通市鲁甸县桃源回族乡、昭通市鲁甸县茨院回族乡、昭通市大关县上高桥回族彝族苗族乡、昭通市永善县马楠苗族彝族乡、昭通市永善县伍寨彝族苗族乡、昭通市镇雄县果珠彝族乡、昭通市镇雄县林口彝族苗族乡、昭通市彝良县龙街苗族彝族乡、昭通市彝良县奎香苗族彝族乡、昭通市彝良县树林彝族苗族乡、昭通市彝良县柳溪苗族乡、昭通市彝良县洛旺苗族乡、昭通市威信县双河苗族彝族乡、曲靖市师宗县龙庆彝族壮族乡、曲靖市师宗县五龙壮族乡、曲靖市师宗县高良壮族苗族瑶族乡、曲靖市罗平县长底布依族乡、曲靖市罗平县旧屋基彝族乡、曲靖市罗平县鲁布革布依族苗族乡、曲靖市富源县古敢水族乡、曲靖市会泽县新街回族乡、楚雄彝族自治州南华县雨露白族乡、楚雄彝族自治州大姚县湾碧傈僳傣族乡、楚雄彝族自治州永仁县永兴傣族乡、楚雄彝族自治州武定县东坡傣族乡、玉溪市红塔区小石桥彝族乡、玉溪市红塔区洛河彝族乡、玉溪市江川县安化彝族乡、玉溪市通海县高大傣族彝族乡、玉溪市通海县里山彝族乡、玉溪市通海县兴蒙蒙古族乡、玉溪市华宁县通红甸彝族苗族乡、玉溪市易门县十街彝族乡、玉溪市易门县浦贝彝族乡、玉溪市易门县铜厂彝族乡、红河哈尼族彝族自治州河口瑶族自治县桥头苗族壮族乡、红河哈尼族彝族自治州金平苗族瑶族傣族自治县者米拉祜族乡、红河哈尼族彝族自治州蒙自县期路白苗族乡、红河哈尼族彝族自治州蒙自县老寨苗族乡、红河哈尼族彝族自治州开远市大庄回族乡、文山壮族苗族自治州文山市东山彝族乡、文山壮族苗族自治州文山市红甸回族乡、文山壮族苗族自治州文山市秉烈彝族乡、文山壮族苗族自治州文山市柳井彝族乡、文山壮族苗族自治州文山市坝心彝族乡、文山壮族苗族自治州砚山县阿舍彝族乡、文山壮族苗族自治州砚山县维末彝族乡、文山壮族苗族自治州砚山县盘龙彝族乡、文山壮族苗族自治州砚山县干河彝族乡 文山壮族苗族自治州丘北县舍得彝族乡、文山壮族苗族自治州丘北县新店彝族乡、文山壮族苗族自治州丘北县树皮彝族乡、文山壮族苗族自治州丘北县八道哨彝族乡、文山壮族苗族自治州丘北县腻脚彝族乡、文山壮族苗族自治州麻栗坡县猛硐瑶族乡、文山壮族苗族自治州富宁县洞波瑶族乡、普洱市澜沧拉祜族自治县酒井哈尼族乡、普洱市澜沧拉祜族自治县发展河哈尼族乡、普洱市澜沧拉祜族自治县谦六彝族乡、普洱市澜沧拉祜族自治县文东佤族乡、普洱市澜沧拉祜族自治县安康佤族乡、普洱市澜沧拉祜族自治县雪林佤族乡、普洱市思茅区云仙彝族乡、普洱市思茅区龙潭彝族傣族乡、普洱市墨江哈尼族自治县孟弄彝族乡、普洱市西盟佤族自治县力所拉祜族乡、大理白族自治州大理市太邑彝族乡、大理白族自治州鹤庆县六合彝族乡、大理白族自治州宾川县钟英傈僳族彝族乡、大理白族自治州宾川县拉乌彝族乡、大理白族自治州祥云县东山彝族乡、大理白族自治州弥渡县牛街彝族乡、大理白族自治州永平县北斗彝族乡、大理白族自治州永平县厂街彝族乡、大理白族自治州永平县水泄彝族乡、大理白族自治州云龙县苗尾傈僳族乡、大理白族自治州云龙县团结彝族乡、丽江市华坪县永兴傈僳族乡、丽江市华坪县通达傈僳族乡、丽江市华坪县新庄傈僳族傣族乡、丽江市华坪县船房傈僳族傣族乡、丽江市永胜县羊坪彝族乡、丽江市永胜县东山傈僳族彝族乡、丽江市永胜县六德傈僳族彝族乡、丽江市永胜县大安彝族纳西族乡、丽江市永胜县光华傈僳族彝族乡、丽江市永胜县松坪傈僳族彝族乡、丽江市宁蒗彝族自治县翠玉傈僳族普米族乡、丽江市古城区金江白族乡、丽江市玉龙纳西族自治县九河白族乡、丽江市玉龙纳西族自治县石头白族乡、丽江市玉龙纳西族自治县黎明傈僳族乡、

续表 7

地　区	数　量	民族乡名称
云南省	140	保山市隆阳区瓦马彝族白族乡、保山市隆阳区瓦房彝族苗族乡、保山市隆阳区杨柳白族彝族乡、保山市隆阳区芒宽彝族傣族乡、保山市施甸县摆榔彝族布朗族乡、保山市施甸县木老元布朗族彝族乡、保山市龙陵县木城彝族傈僳族乡、保山市昌宁县朱街彝族乡、保山市昌宁县苟街彝族苗族乡、保山市昌宁县湾甸傣族乡、德宏傣族景颇族自治州陇川县户撒阿昌族乡、德宏傣族景颇族自治州芒市三台山德昂族乡、德宏傣族景颇族自治州梁河县曩宋阿昌族乡、德宏傣族景颇族自治州梁河县九保阿昌族乡、德宏傣族景颇族自治州盈江县苏典傈僳族乡、怒江傈僳族自治州福贡县匹河怒族乡、怒江傈僳族自治州泸水市洛本卓白族乡、迪庆藏族自治州香格里拉市三坝纳西族乡、迪庆藏族自治州德钦县霞若傈僳族乡、迪庆藏族自治州德钦县拖顶傈僳族乡、临沧市凤庆县新华彝族苗族乡、临沧市凤庆县腰街彝族乡、临沧市凤庆县郭大寨彝族白族乡、临沧市云县栗树彝族傣族乡、临沧市云县忙怀彝族布朗族乡、临沧市云县后箐彝族乡、临沧市永德县大雪山彝族拉祜族傣族乡、临沧市永德县乌木龙彝族乡、临沧市临翔区平村彝族傣族乡、临沧市临翔区南美拉祜乡、临沧市耿马傣族佤族自治县芒洪拉祜族布朗族乡、临沧市沧源佤族自治县勐角傣族彝族拉祜族乡、临沧市镇康县军赛佤族拉祜族傈僳族德昂族乡、西双版纳傣族自治州景洪市基诺山基诺族乡、西双版纳傣族自治州景洪市景哈哈尼族乡、西双版纳傣族自治州勐腊县瑶区瑶族乡、西双版纳傣族自治州勐腊县象明彝族乡、西双版纳傣族自治州勐海县格朗和哈尼族乡、西双版纳傣族自治州勐海县布朗山布朗族乡、西双版纳傣族自治州勐海县西定哈尼族乡
西藏自治区	9	山南市错那县麻玛门巴族乡、山南市错那县贡日门巴族乡、山南市错那县基巴门巴族乡、山南市错那县勒布区勒门巴族乡、林芝市林芝县更章门巴族乡、林芝市米林县南伊珞巴乡、林芝市墨脱县达木珞巴族乡、昌都市芒康县下盐井纳西族乡、山南市隆子县斗玉洛巴乡
甘肃省	32	临夏回族自治州广河县阿里麻土东乡族乡、甘南藏族自治州临潭县长川回族乡、甘南藏族自治州临潭县卓洛回族乡、甘南藏族自治州卓尼县勺哇土族乡、陇南市文县铁楼藏族乡、陇南市武都区坪垭藏族乡、陇南市武都区磨坝藏族乡、陇南市宕昌县新城子藏族乡、酒泉市肃州区黄泥堡裕固族乡、酒泉市玉门市小金湾东乡族乡、白银市会宁县新添堡回族乡、庆阳市正宁县五倾源回族乡、平凉市崆峒区峡门回族乡、平凉市华亭市神峪回族乡、平凉市华亭市山寨回族乡、平凉市崆峒区白庙回族乡、平凉市崆峒区大秦回族乡、平凉市崆峒区寨河回族乡、平凉市崆峒区大寨回族乡、平凉市崆峒区西阳回族乡、平凉市崆峒区上杨回族乡、张掖市肃南裕固族自治县祁丰藏族乡、张掖市肃南裕固族自治县马蹄藏族乡、张掖市肃南裕固族自治县白银蒙古族乡、张掖市甘州区平山湖蒙古族乡、临夏回族自治州临夏县井沟东乡族乡、临夏回族自治州和政县梁家寺东乡族乡、临夏回族自治州临夏县安家坡东乡族乡、酒泉市瓜州县七墩回族东乡族乡、酒泉市瓜州县广至藏族乡、酒泉市瓜州县沙河回族乡、酒泉市玉门市独山子东乡族乡
青海省	28	西宁市大通回族土族自治县朔北藏族乡、西宁市大通回族土族自治县向化藏族乡、西宁市湟中区群加藏族乡、西宁市湟中区大才回族乡、西宁市湟中区汉东回族乡、西宁市湟源县日月藏族乡、海东市民和回族土族自治县杏儿藏族乡、海东市乐都县下营藏族乡、海东市乐都县中坝藏族乡、海东市乐都县达拉土族乡、海东市互助土族自治县松多藏族乡、海东市化隆回族自治县雄先藏族乡、海东市化隆回族自治县查甫藏族乡、海东市化隆回族自治县金源藏族乡、海东市化隆回族自治县塔加藏族乡

续表 8

地 区	数 量	民族乡名称
青海省	28	海东市循化撒拉族自治县道帏藏族乡、海东市循化撒拉族自治县尕楞藏族乡、海东市循化撒拉族自治县岗察藏族乡、海东市循化撒拉族自治县文都藏族乡、海东市平安县沙沟回族乡、海东市平安县巴藏沟回族乡、海东市平安县石灰窑回族乡、海东市平安县洪水泉回族乡、海东市平安县古城回族乡、海东市互助土族自治县巴扎藏族乡、海北藏族自治州门源回族自治县皇城蒙古族乡、海北藏族自治州海晏县哈勒景蒙古族乡、海南藏族自治州贵德县新街回族乡
新疆维吾尔自治区	42	吐鲁番市鄯善县东巴扎回族乡、和田地区皮山县瑙阿巴提塔吉克族乡、和田地区皮山县康克尔柯尔克孜族乡、巴音郭楞蒙古自治州和硕县乌什塔拉回族乡、昌吉回族自治州奇台县大泉塔塔尔族乡、昌吉回族自治州奇台县五马场哈萨克族乡、昌吉回族自治州奇台县乔仁哈萨克族乡、昌吉回族自治州木垒哈萨克自治县大南沟乌孜别克族乡、昌吉回族自治州玛纳斯县旱卡子滩哈萨克族乡、昌吉回族自治州玛纳斯县塔西河哈萨克族乡、昌吉回族自治州玛纳斯县清水河哈萨克族乡、昌吉回族自治州阜康市三工河哈萨克族乡、昌吉回族自治州阜康市上户沟哈萨克族乡、昌吉回族自治州昌吉市阿什里哈萨克族乡、昌吉回族自治州呼图壁县石梯子哈萨克族乡、乌鲁木齐市米东区柏杨河哈萨克族乡、克孜勒苏柯尔克孜自治州阿克陶县塔尔塔吉克族乡、喀什地区塔什库尔干塔吉克自治县科克亚尔柯尔克孜族乡、喀什地区泽普县布依鲁克塔吉克族乡、喀什地区莎车县孜热普夏提塔吉克族乡、伊犁哈萨克自治州察布查尔锡伯自治县米粮泉回族乡、伊犁哈萨克自治州特克斯县科克铁热克柯尔克孜族乡、伊犁哈萨克自治州特克斯县呼吉尔特蒙古族乡、伊犁哈萨克自治州伊宁县愉群翁回族乡、伊犁哈萨克自治州尼勒克县科克浩特浩尔蒙古族乡、伊犁哈萨克自治州霍城县伊车嘎善锡伯族乡、伊犁哈萨克自治州霍城县三宫回族乡、伊犁哈萨克自治州昭苏县胡松图喀尔逊蒙古族乡、伊犁哈萨克自治州昭苏县察汗乌苏蒙古族乡、伊犁哈萨克自治州昭苏县夏特柯尔克孜族乡、塔城地区塔城市阿西尔达斡尔族乡、塔城地区乌苏市塔布勒合特蒙古族乡、塔城地区乌苏市吉尔格勒特郭楞蒙古族乡、塔城地区额敏县额玛勒郭楞蒙古族乡、塔城地区额敏县霍吉尔特蒙古族乡、阿克苏地区乌什县雅曼苏柯尔克孜族乡、阿克苏地区温宿县博孜东柯尔克孜族乡、哈密市伊吾县前山哈萨克族乡、哈密市伊州区德外里都如克哈萨克族乡、哈密市伊州区乌拉台哈萨克族乡、阿勒泰地区布尔津县禾木哈纳斯蒙古族乡、阿勒泰地区阿勒泰市汗德尕特蒙古族乡

陆地边境县、牧区半牧区县、民族自治地方国家乡村振兴重点帮扶县、民族贸易县名单

■陆地边境县（市辖区、市、旗）

地区	市（地区、自治州、盟）	县（市辖区、市、旗）
内蒙古自治区	包头市	达尔罕茂明安联合旗
	呼伦贝尔市	扎赉诺尔区、满洲里市、额尔古纳市 陈巴尔虎旗、新巴尔虎左旗、新巴尔虎右旗
	巴彦淖尔市	乌拉特中旗、乌拉特后旗
	乌兰察布市	四子王旗
	兴安盟	阿尔山市、科尔沁右翼前旗
	锡林郭勒盟	二连浩特市、阿巴嘎旗、苏尼特左旗 苏尼特右旗、东乌珠穆沁旗
	阿拉善盟	阿拉善左旗、阿拉善右旗、额济纳旗
辽宁省	丹东市	振兴区、元宝区、振安区、东港市、宽甸满族自治县
吉林省	通化市	集安市
	白山市	浑江区、临江市、抚松县、长白朝鲜族自治县
	延边朝鲜族自治州	图们市、珲春市、龙井市、和龙市、安图县
黑龙江省	鸡西市	虎林市、密山市、鸡东县
	鹤岗市	萝北县、绥滨县
	双鸭山市	饶河县
	伊春市	嘉荫县
	佳木斯市	同江市、抚远市
	牡丹江市	绥芬河市、穆棱市、东宁市
	黑河市	爱辉区、逊克县、孙吴县
	大兴安岭地区	漠河市、呼玛县、塔河县

续表

<table>
<tr><th>地区</th><th>市（地区、自治州、盟）</th><th>县（市辖区、市、旗）</th></tr>
<tr><td rowspan="3">广西壮族自治区</td><td>防城港市</td><td>防城区、东兴市</td></tr>
<tr><td>百色市</td><td>靖西市、那坡县</td></tr>
<tr><td>崇左市</td><td>凭祥市、宁明县、龙州县、大新县</td></tr>
<tr><td rowspan="8">云南省</td><td>保山市</td><td>腾冲市、龙陵县</td></tr>
<tr><td>普洱市</td><td>江城哈尼族彝族自治县、孟连傣族拉祜族佤族自治县
澜沧拉祜族自治县、西盟佤族自治县</td></tr>
<tr><td>临沧市</td><td>镇康县、耿马傣族佤族自治县、沧源佤族自治县</td></tr>
<tr><td>红河哈尼族彝族自治州</td><td>绿春县、金平苗族瑶族傣族自治县、河口瑶族自治县</td></tr>
<tr><td>文山壮族苗族自治州</td><td>麻栗坡县、马关县、富宁县</td></tr>
<tr><td>西双版纳傣族自治州</td><td>景洪市、勐海县、勐腊县</td></tr>
<tr><td>德宏傣族景颇族自治州</td><td>芒市、瑞丽市、盈江县、陇川县</td></tr>
<tr><td>怒江傈僳族自治州</td><td>泸水市、福贡县、贡山独龙族怒族自治县</td></tr>
<tr><td rowspan="4">西藏自治区</td><td>日喀则市</td><td>定日县、康马县、定结县、仲巴县、亚东县、吉隆县
聂拉木县、萨嘎县、岗巴县</td></tr>
<tr><td>林芝市</td><td>墨脱县、察隅县</td></tr>
<tr><td>山南市</td><td>洛札县、错那县、浪卡子县</td></tr>
<tr><td>阿里地区</td><td>噶尔县、普兰县、札达县、日土县</td></tr>
<tr><td>甘肃省</td><td>酒泉市</td><td>肃北蒙古族自治县</td></tr>
<tr><td rowspan="10">新疆维吾尔自治区</td><td>哈密市</td><td>伊州区、巴里坤哈萨克自治县、伊吾县</td></tr>
<tr><td>阿克苏地区</td><td>温宿县、乌什县</td></tr>
<tr><td>喀什地区</td><td>叶城县、塔什库尔干塔吉克自治县</td></tr>
<tr><td>和田地区</td><td>和田县、皮山县</td></tr>
<tr><td>昌吉回族自治州</td><td>奇台县、木垒哈萨克自治县</td></tr>
<tr><td>博尔塔拉蒙古自治州</td><td>博乐市、阿拉山口市、温泉县</td></tr>
<tr><td>克孜勒苏柯尔克孜自治州</td><td>阿图什市、阿克陶县、阿合奇县、乌恰县</td></tr>
<tr><td>伊犁哈萨克自治州</td><td>霍尔果斯市、霍城县、昭苏县、察布查尔锡伯自治县</td></tr>
<tr><td>塔城地区</td><td>塔城市、额敏县、托里县、裕民县、和布克赛尔蒙古自治县</td></tr>
<tr><td>阿勒泰地区</td><td>阿勒泰市、布尔津县、富蕴县、福海县
哈巴河县、青河县、吉木乃县</td></tr>
</table>

注：1.名单顺序按民政部编《中华人民共和国行政区划简册》排列。
2.统计口径以沿陆地国境线的县级行政区划为单位。
3.资料截止时间为 2020 年 12 月 31 日。
4.新疆建设兵团 58 个边境团场暂未列入本表。

■牧区、半牧区县（旗）

地　区	分　类	县　数	县(旗)名单
河北	半牧区	6	张北县、康保县、沽源县、尚义县、 丰宁满族自治县、围场满族蒙古族自治县
山西	半牧区	1	右玉县
内蒙古	牧区	33	锡林浩特市、达尔罕茂明安联合旗、阿鲁科尔沁旗、巴林左旗、巴林右旗、克什克腾旗、翁牛特旗、科尔沁左翼中旗、科尔沁左翼后旗、扎鲁特旗、鄂托克前旗、鄂托克旗、杭锦旗、乌审旗、陈巴尔虎旗、新巴尔虎左旗、新巴尔虎右旗、鄂温克族自治旗、乌拉特中旗、乌拉特后旗、四子王旗、科尔沁右翼中旗、阿巴嘎旗、苏尼特左旗、苏尼特右旗、东乌珠穆沁旗、西乌珠穆沁旗、镶黄旗、正镶白旗、正蓝旗、阿拉善左旗、阿拉善右旗、额济纳旗
	半牧区	20	东胜区、扎兰屯市、林西县、敖汉旗、开鲁县、库伦旗、奈曼旗、达拉特旗、准格尔旗、伊金霍洛旗、阿荣旗、莫力达瓦达斡尔族自治旗、磴口县、乌拉特前旗、察哈尔右翼中旗、察哈尔右翼后旗、突泉县、科尔沁右翼前旗、扎赉特旗、太仆寺旗
辽宁	半牧区	6	康平县、彰武县、阜新蒙古族自治县 北票市、建平县、喀喇沁左翼蒙古族自治县
吉林	牧区	1	通榆县
	半牧区	7	双辽市、长岭县、洮南市、大安市、乾安县 前郭尔罗斯蒙古族自治县、镇赉县
黑龙江	牧区	7	安达市、龙江县、甘南县、富裕县、肇源县、杜尔伯特蒙古族自治县、青冈县
	半牧区	8	虎林市、同江市、肇东市、泰来县、肇州县、林甸县、兰西县、明水县
四川	牧区	10	松潘县、壤塘县、阿坝县、若尔盖县、红原县、德格县、白玉县、石渠县、色达县、理塘县
	半牧区	38	马尔康市、康定市、西昌市、会理市、汶川县、理县、茂县、九寨沟县、金川县、小金县、黑水县、泸定县、丹巴县、九龙县、雅江县、道孚县、炉霍县、甘孜县、新龙县、巴塘县、乡城县、稻城县、得荣县、盐源县、德昌县、会东县、宁南县、普格县、布拖县、金阳县、昭觉县、喜德县、冕宁县、越西县、甘洛县、美姑县、雷波县、木里藏族自治县
云南	牧区	3	香格里拉市、德钦县、维西傈僳族自治县
西藏	牧区	13	色尼区、当雄县、仲巴县、萨嘎县、嘉黎县、聂荣县、安多县、申扎县、班戈县、巴青县、革吉县、改则县、措勤县
	半牧区	25	卡若区、林周县、昂仁县、谢通门县、康马县、亚东县、岗巴县、江达县、贡觉县、类乌齐县、丁青县、察雅县、八宿县、工布江达县、曲松县、措美县、错那县、浪卡子县、比如县、索县、尼玛县、普兰县、噶尔县、札达县、日土县
甘肃	牧区	7	天祝藏族自治县、肃南裕固族自治县、肃北蒙古族自治县、阿克塞哈萨克族自治县、玛曲县、碌曲县、夏河县
	半牧区	13	合作市、永登县、永昌县、靖远县、民勤县、山丹县、瓜州县、环县、华池县、漳县、岷县、卓尼县、迭部县
青海	牧区	26	玉树市、德令哈市、格尔木市、海晏县、祁连县、刚察县、泽库县、河南蒙古族自治县、共和县、同德县、兴海县、贵南县、玛沁县、班玛县、甘德县、达日县、久治县、玛多县、杂多县、称多县、治多县、囊谦县、曲麻莱县、乌兰县、都兰县、天峻县
	半牧区	4	门源回族自治县、同仁市、尖扎县、贵德县
宁夏	牧区	1	盐池县
	半牧区	2	同心县、海原县
新疆	牧区	22	阿勒泰市、伊吾县、塔什库尔干塔吉克自治县、民丰县、木垒哈萨克自治县、温泉县、和静县、阿合奇县、乌恰县、新源县、昭苏县、特克斯县、尼勒克县、托里县、裕民县、和布克赛尔蒙古自治县、布尔津县、富蕴县、福海县、哈巴河县、青河县、吉木乃县
	半牧区	15	伊州区、博乐市、塔城市、乌鲁木齐县、巴里坤哈萨克自治县、温宿县、沙雅县、奇台县、精河县、尉犁县、且末县、和硕县、阿克陶县、巩留县、额敏县

注：全国共有牧区县和半牧区县 268 个。

■民族自治地方国家乡村振兴重点帮扶县

地 区	数 量	名称
内蒙古	10	巴林左旗、库伦旗、鄂伦春自治旗、化德县、商都县、四子王旗、科尔沁右翼前旗、科尔沁右翼中旗、扎赉特旗、正镶白旗
广西	20	马山县、融水苗族自治县、三江侗族自治县、德保县、那坡县、凌云县、乐业县、田林县、隆林各族自治县、靖西市、昭平县、凤山县、东兰县、罗城仫佬族自治县、环江毛南族自治县、巴马瑶族自治县、都安瑶族自治县、大化瑶族自治县、忻城县、天等县
重庆	2	酉阳土家族苗族自治县、彭水苗族土家族自治县
四川	25	金川县、黑水县、壤塘县、阿坝县、若尔盖县、红原县、道孚县、炉霍县、甘孜县、新龙县、德格县、白玉县、石渠县、色达县、理塘县、盐源县、普格县、布拖县、金阳县、昭觉县、喜德县、越西县、甘洛县、美姑县、雷波县
贵州	15	务川仡佬族苗族自治县、关岭布依族苗族自治县、紫云苗族布依族自治县、威宁彝族回族苗族自治县、沿河土家族自治县、松桃苗族自治县、晴隆县、望谟县、册亨县、锦屏县、剑河县、榕江县、从江县、罗甸县、三都水族自治县
云南	16	宁蒗彝族自治县、澜沧拉祜族自治县、武定县、元阳县、红河县、金平苗族瑶族傣族自治县、绿春县、马关县、广南县、泸水市、福贡县、贡山独龙族怒族自治县、兰坪白族普米族自治县、香格里拉市、德钦县、维西傈僳族自治县
甘肃	6	张家川回族自治县、永靖县、东乡族自治县、积石山保安族东乡族撒拉族自治县、临潭县、舟曲县
青海	15	同仁市、尖扎县、泽库县、共和县、玛沁县、班玛县、甘德县、达日县、玛多县、玉树市、杂多县、称多县、治多县、囊谦县、曲麻莱县
宁夏	5	红寺堡区、同心县、原州区、西吉县、海原县

■民族贸易县（旗、市）

地 区	数 量	县（旗、市）名称
河北	5	青龙满族自治县、丰宁满族自治县、围场满族蒙古族自治县、宽城满族自治县、孟村回族自治县
内蒙古	57	苏尼特左旗、阿巴嘎旗、西乌珠穆沁旗、镶黄旗、正镶白旗、正蓝旗、苏尼特右旗、东乌珠穆沁旗、多伦县、太仆寺旗、达尔罕茂明安联合旗、四子王旗、商都县、化德县、察哈尔右翼前旗、察哈尔右翼右旗、察哈尔右翼后旗、乌拉特中旗、乌拉特后旗、鄂托克旗、杭锦旗、准格尔旗、乌审旗、伊金霍洛旗、鄂托克前旗、林西县、巴林右旗、阿鲁科尔沁旗、克什克腾旗、翁牛特旗、巴林左旗、宁城县、敖汉旗、喀喇沁旗、科尔沁右翼前旗、扎赉特旗、科尔沁左翼后旗、科尔沁右翼中旗、库伦旗、奈曼旗、扎鲁特旗、陈巴尔虎旗、新巴尔虎左旗、新巴尔虎右旗、额尔古纳左旗、鄂温克族自治旗、莫力达瓦达斡尔族自治旗、鄂伦春自治旗、阿拉善左旗、阿拉善右旗、额济纳旗、科尔沁左翼中旗、托克托县、清水河县、武川县、和林格尔县、固阳县
辽宁	5	阜新蒙古族自治县、喀喇沁左翼蒙古族自治县、新宾满族自治县、岫岩满族自治县、桓仁满族自治县
吉林	5	安图县、长白朝鲜族自治县、龙井市、和龙市、汪清县
黑龙江	1	杜尔伯特蒙古族自治县
浙江	1	景宁畲族自治县
湖北	10	来凤县、鹤峰县、咸丰县、利川市、巴东县、建始县、宣恩县、恩施市、五峰土家族自治县、长阳土家族自治县
湖南	12	龙山县、桑植县、永顺县、保靖县、花垣县、古丈县、泸溪县、凤凰县、新晃侗族自治县、通道侗族自治县、城步苗族自治县、江华瑶族自治县
广东	3	连山壮族瑶族自治县、连南瑶族自治县、乳源瑶族自治县

续表

地　区	数　量	县（旗、市）名称
广西	34	那坡县、凌云县、乐业县、西林县、隆林各族自治县、平果县、田林县、德保县、靖西市、田东县、马山县、上林县、天等县、大新县、龙州县、宁明县、隆安县、上思县、巴马瑶族自治县、环江毛南族自治县、罗城仫佬族自治县、东兰县、凤山县、都安瑶族自治县、天峨县、南丹县、大化瑶族自治县、金秀瑶族自治县、融水苗族自治县、三江侗族自治县、忻城县、资源县、龙胜各族自治县、富川瑶族自治县
海南	8	保亭黎族苗族自治县、白沙黎族自治县、乐东黎族自治县、琼中黎族苗族自治县、东方黎族自治县、陵水黎族自治县、昌江黎族自治县、五指山市
重庆	5	酉阳土家族苗族自治县、秀山土家族苗族自治县、黔江区、彭水苗族土家族自治县、石柱土家族自治县
四川	51	马尔康市、会理市、康定市、茂县、红原县、阿坝县、汶川县、若尔盖县、理县、黑水县、小金县、松潘县、金川县、九寨沟县、壤塘县、峨边彝族自治县、马边彝族自治县、冕宁县、宁南县、德昌县、会东县、昭觉县、金阳县、甘洛县、布拖县、普格县、喜德县、雷波县、越西县、美姑县、木里藏族自治县、盐源县、米易县、盐边县、九龙县、炉霍县、甘孜县、雅江县、新龙县、道孚县、白玉县、理塘县、德格县、乡城县、石渠县、稻城县、色达县、巴塘县、泸定县、德荣县、丹巴县
贵州	51	道真仡佬族苗族自治县、剑河县、台江县、黎平县、榕江县、从江县、雷山县、丹寨县、黄平县、锦屏县、天柱县、麻江县、施秉县、镇远县、三穗县、岑巩县、荔波县、罗甸县、惠水县、三都水族自治县、平塘县、独山县、长顺县、贵定县、龙里县、福泉县、瓮安县、松桃苗族自治县、沿河土家族自治县、印江土家族苗族自治县、卢丰县、望谟县、册亨县、安龙县、晴隆县、兴仁市、普安县、威宁彝族回族苗族自治县、赫章县、纳雍县、镇宁布依族苗族自治县、紫云苗族布依族自治县、关岭布依族苗族自治县、大方县、黔西市、织金县、金沙县、水城县、盘县特区、六枝特区、务川仡佬族苗族自治县
云南	68	富宁县、麻栗坡县、马关县、文山县、砚山县、丘北县、广南县、西畴县、屏边苗族自治县、河口瑶族自治县、金平苗族瑶族傣族自治县、绿春县、元阳县、红河县、泸西县、石屏县、武定县、禄劝彝族自治县、石林彝族自治县、巍山彝族回族自治县、南涧彝族自治县、漾濞彝族自治县、剑川县、鹤庆县、云龙县、弥渡县、洱源县、祥云县、宾川县、永平县、景谷傣族彝族自治县、江城哈尼族彝族自治县、孟连傣族拉祜族佤族自治县、西盟佤族自治县、澜沧拉祜族自治县、墨江哈尼族自治县、峨山彝族自治县、新平彝族傣族自治县、元江哈尼族彝族傣族自治县、勐海县、勐腊县、潞西县、陇川县、盈江县、梁河县、福贡县、泸水县、贡山独龙族怒族自治县、兰坪白族普米族自治县、香格里拉县、维西傈僳族自治县、德钦县、宁蒗彝族自治县、丽江纳西族自治县、耿马傣族佤族自治县、镇康县、沧源佤族自治县、双江拉祜族佤族布朗族傣族自治县、寻甸回族彝族自治县、景东彝族自治县、镇源彝族哈尼族拉祜族自治县、龙陵县、南华县、牟定县、大姚县、双柏县、永仁县、姚安县
甘肃	20	临夏市、张家川回族自治县、临潭县、舟曲县、玛曲县、夏河县、卓尼县、迭部县、碌曲县、临夏县、永靖县、和政县、康乐县、广河县、东乡族自治县、积石山保安族东乡族撒拉族自治县、天祝藏族自治县、肃南裕固族自治县、肃北蒙古族自治县、阿克塞哈萨克族自治县
青海	33	门源回族自治县、祁连县、刚察县、海晏县、尖扎县、同仁市、河南蒙古族自治县、泽库县、贵德县、同德县、兴海县、贵南县、共和县、玛沁县、班玛县、甘德县、达日县、久治县、玛多县、玉树县、杂多县、称多县、治多县、囊谦县、曲麻莱县、乌兰县、都兰县、天峻县、循化撒拉族自治县、化隆回族自治县、互助土族自治县、民和回族土族自治县、大通回族土族自治县
宁夏	9	同心县、盐池县、固原县、西吉县、泾源县、海原县、隆德县、灵武县、彭阳县
新疆	53	和田市、喀什市、阿图什市、且末县、若羌县、和静县、和田县、皮山县、洛浦县、民丰县、策勒县、墨玉县、于田县、坷坪县、乌什县、温宿县、巴楚县、伽师县、疏附县、疏勒县、英吉沙县、岳普湖县、麦盖提县、莎车县、泽普县、塔什库尔干塔吉克自治县、叶城县、尼勒克县、新源县、巩留县、伊吾县、巴里坤哈萨克自治县、阿克陶县、阿合奇县、乌恰县、奇台县、木垒哈萨克自治县、温泉县、察布查尔锡伯自治县、霍城县、昭苏县、特克斯县、和布克赛尔蒙古自治县、裕民县、额敏县、托里县、阿勒泰市、布尔津县、青河县、哈巴河县、富蕴县、福海县、吉木乃县

注：吉林省珲春市和新疆维吾尔自治区博乐市、塔城市、焉耆回族自治县境内距县城(市区)100 公里以上，交通不便，少数民族聚居的 16 个乡镇按民族贸易县内的乡镇对待，享受国家有关民族贸易优惠政策。

民族自治地方世界遗产、人类口述和非物质遗产、全国重点文物保护单位名单

■民族自治地方世界遗产

（截至 2020 年）

	名称	地点
世界文化遗产	元上都遗址	内蒙古自治区锡林郭勒盟正蓝旗
	土司遗址	湖北省恩施土家苗族自治州咸丰县
	红河哈尼梯田文化景观	云南省红河哈尼族彝族自治州元阳县
	拉萨布达拉宫历史建筑群（布达拉宫、大昭寺、罗布林卡）	西藏自治区拉萨市
	丝绸之路：长安—天山廊道的路网	新疆维吾尔自治区高昌故城、交河故城、克孜尔尕哈峰燧、克孜尔石窟、苏巴什佛寺遗址、北庭故城遗址
	高句丽王城、王陵及贵族墓葬	辽宁省本溪市桓仁满族自治县
	左江花山岩画文化景观	广西壮族自治区崇左市
世界自然遗产	九寨沟	四川省阿坝藏族羌族自治州九寨沟县
	黄龙	四川省阿坝藏族羌族自治州松潘县
	四川大熊猫栖息地	四川省阿坝藏族羌族自治州、甘孜藏族自治州
	云南三江并流保护区	云南省迪庆藏族自治州、怒江傈僳族自治州
	中国南方喀斯特	云南省石林彝族自治县、贵州省黔南布依族苗族自治州荔波县、贵州省黔东南苗族侗族自治州施秉县、广西壮族自治区桂林市阳朔县、广西壮族自治区河池市环江毛南族自治县
	青海可可西里	青海省玉树藏族自治州治多县、曲麻莱县
	新疆天山	新疆维吾尔自治区昌吉回族自治州、巴音郭勒蒙古自治州、阿克苏地区、伊犁哈萨克自治州

■民族自治地方人类口述和非物质遗产

（截至 2020 年）

名称	省区
蒙古族长调民歌	内蒙古自治区
蒙古族呼麦	内蒙古自治区
朝鲜族农乐舞	吉林省、黑龙江省、辽宁省
贵州侗族大歌	贵州省、广西省
藏戏	西藏自治区、青海省、四川省、甘肃省、云南省
藏医药浴法	西藏自治区
《格萨尔》史诗	西藏自治区、青海省、甘肃省、四川省、内蒙古自治区、新疆维吾尔自治区
甘肃花儿	甘肃省
青海热贡艺术	青海省
新疆《玛纳斯》	新疆维吾尔自治区
新疆维吾尔木卡姆艺术	新疆维吾尔自治区

■民族自治地方全国重点文物保护单位

（截至 2020 年）

（一）古遗址：245 处

地　区	数量	名　称	时 代	地 址
内蒙古自治区	74	辽上京遗址	辽	巴林左旗
		辽中京遗址	辽	宁城县
		大窑遗址	旧石器时代	呼和浩特市
		居延遗址	汉	额济纳旗
		嘎仙洞遗址	北魏	鄂伦春自治旗
		元上都遗址	元	正蓝旗
		兴隆洼遗址	新石器时代	敖汉旗
		大甸子遗址	青铜时代	敖汉旗
		固阳秦长城遗址	秦	固阳县
		缸瓦窑遗址	辽	赤峰市
		敖伦苏木城遗址	元	达尔罕茂明安联合旗
		萨拉乌苏遗址	旧石器时代	乌审旗
		岱海遗址群	新石器时代	凉城县
		庙子沟遗址	新石器时代	察哈尔右翼前旗
		架子山遗址群	青铜时代	喀喇沁旗
		大井古铜矿遗址	青铜时代	林西县
		城子山遗址	青铜时代	敖汉旗
		和林格尔土城子遗址	汉至唐	和林格尔县
		黑山头城址	金、元	额尔古纳市
		金界壕遗址	金	呼伦贝尔盟、兴安盟、通辽市、赤峰市、乌兰察布盟、包头市
		应昌路故城遗址	元	克什克腾旗
		黑城遗址	西夏至元	额济纳旗
		阿善遗址	新石器时代	包头市
		赵宝沟遗址	新石器时代	敖汉旗
		红山遗址群	新石器时代至青铜时代	赤峰市
		夏家店遗址群	新石器时代至战国	赤峰市
		朱开沟遗址	新石器时代至商	伊金霍洛旗
		秦直道遗址	秦	鄂尔多斯市
		麻池城遗址和召湾墓群	汉	包头市
		黑城城址	汉	宁城县
		朔方郡故城	汉	磴口市、巴彦淖尔市
		霍洛柴登城址	汉	杭锦旗
		克里孟城址	汉至南北朝	察哈尔右翼后旗
		沃野镇故城	汉至南北朝	乌拉特前旗
		白灵淖尔城址	南北朝	固阳县
		十二连城城址	隋至唐	准格尔旗
		城川城址	唐	鄂托克前旗

续表 1

地　区	数量	名称	时代	地址
内蒙古自治区	74	查干浩特城址	辽至明	阿鲁科尔沁旗
		安答堡子城址	金至元	达尔罕茂明安联合旗
		净州路故城	金至元	四子王旗
		砂井路总管府故城	元	四子王旗
		巴彦乌拉城址	元	鄂温克族自治旗
		蘑菇山北遗址	旧石器时代	满洲里市
		金斯太洞穴遗址	旧石器时代、商	东乌珠穆沁旗
		辉河水坝遗址	新石器时代	鄂温克族自治旗
		哈克遗址	新石器时代	海拉尔区
		白音长汗遗址	新石器时代	林西县
		兴隆沟遗址	新石器时代	敖汉旗
		魏家窝铺遗址	新石器时代	红山区
		富河沟门遗址	新石器时代	巴林左旗
		寨子圪旦遗址	新石器时代	准格尔旗
		草帽山遗址	新石器时代	敖汉旗
		马架子遗址	新石器时代、夏、商、周	喀喇沁旗
		三座店石城遗址	夏至商	松山区
		二道井子遗址	夏至商	红山区
		太平庄遗址群	夏至商	松山区
		尹家店山城遗址	夏至商	松山区
		南山根遗址	周	宁城县
		奈曼土城子城址	战国至秦汉	奈曼旗
		云中郡故城	战国至隋唐	托克托县
		浩特陶海城址	辽	陈巴尔虎旗
		灵安州遗址	辽	库伦旗
		豫州城遗址及墓地	辽	扎鲁特旗
		韩州城遗址	辽	科尔沁左翼后旗
		饶州故城址	辽	林西县
		武安州遗址	辽、金、元	敖汉旗
		宁昌路遗址	辽、金、元	敖汉旗
		吐列毛杜古城遗址	金	科尔沁右翼中旗
		四郎城古城	金、元、明	正蓝旗
		燕家梁遗址	元	九原区
		新忽热古城址	元、明	乌拉特中旗
		岔河口遗址	新石器时代	清水河县
		哈民遗址	新石器时代	科尔沁左翼中旗
		丰州故城遗址	辽金元	呼和浩特市赛罕区
辽宁省	10	查海遗址	新石器时代	阜新蒙古族自治县
		庙后山遗址	旧石器时代	本溪满族自治县

续表 2

地　区	数量	名称	时代	地址
辽宁省	10	永陵南城址	汉至魏晋	抚顺市新宾满族自治县
		高俭地山城	汉至唐	本溪市桓仁满族自治县
		下古城子城址	汉至唐	本溪市桓仁满族自治县
		赫图阿拉故城	明	新宾满族自治县
		五女山山城	高句丽(公元前37－668年)	桓仁满族自治县
		东山嘴遗址	新石器时代	喀喇沁左翼蒙古族自治县
		鸽子洞遗址	旧石器时代	喀喇沁左翼蒙古族自治县
		卧龙山山城遗址	隋唐	岫岩满族自治县
吉林省	9	渤海中京城遗址	渤海(公元698–926年)	延边朝鲜族自治州和龙市
		八连城遗址	唐、五代	延边朝鲜族自治州珲春市
		塔虎城	辽、金	前郭尔罗斯蒙古族自治县
		百草沟遗址	战国至晋	延边朝鲜族自治州汪清县
		城山子山城	唐	延边朝鲜族自治州敦化市
		磨盘村山城	唐至金	延边朝鲜族自治州图们市
		石人沟遗址	旧石器时代	延边朝鲜族自治州和龙市
		萨其城址	唐	延边朝鲜族自治州珲春市
		温特赫部城址与裴优城址	唐、金	延边朝鲜族自治州珲春市
湖北省	5	建始直立人遗址	旧石器时代	恩施土家族苗族自治州建始县
		施州城址	宋	恩施土家族苗族自治州恩施市
		唐崖土司城址	元至清	恩施土家族苗族自治州咸丰县
		容美土司遗	明至清	恩施土家族苗族自治州鹤峰县
		长阳人遗址	旧石器时代	宜昌市长阳土家族自治县
湖南省	5	不二门遗址	商、周	湘西土家族苗族自治州永顺县
		魏家寨古城遗址	汉	湘西土家族苗族自治州保靖县
		里耶大板遗址与墓群	汉	湘西土家族苗族自治州龙山县
		四方城遗址	战国至汉	湘西土家族苗族自治州保靖县
		老司城遗址	五代至清	湘西土家族苗族自治州永顺县
广西壮族自治区	19	百谷和高岭坡遗址	旧石器时代	百色市、田东县
		甑皮岩遗址	新石器时代	桂林市
		顶蛳山遗址	新石器时代	邕宁县
		白莲洞遗址	旧石器至新石器时代	柳州市
		鲤鱼嘴遗址	旧石器至新石器时代	柳州市
		感驮岩遗址	新石器时代至战国	那坡县
		秦城遗址	秦至晋	兴安县
		智城城址	唐	上林县
		柳城巨猿洞	旧石器时代	柳城县

续表 3

地　区	数量	名称	时代	地址
广西壮族自治区	19	布兵盆地洞穴遗址群	旧石器时代	田东县
		那赖遗址	旧石器时代	田阳区
		晓锦遗址	新石器时代	资源县
		大浪古城遗址	汉	合浦县
		草鞋村遗址	汉	合浦县
		越州故城	南朝	浦北县
		中和窑址	宋	藤县
		娅怀洞遗址	旧石器时代	隆安县
		大岩遗址	旧石器时代至新石器时代	桂林市临桂区
		父子岩遗址	新石器时代至商周	桂林市雁山区
海南省	2	桥山遗址	新石器时代	陵水黎族自治县
		信冲洞遗址	旧石器时代	昌江黎族自治县
重庆市	1	重庆冶锌遗址群	明至清	石柱土家族自治县
四川省	5	营盘山和姜维城遗址	新石器时代	阿坝藏族羌族自治州茂县、汶川县
		大洋堆遗址	周至战国	凉山彝族自治州西昌市
		哈休遗址	新石器时代	阿坝藏族羌族自治州马尔康市
		罕额依新石器时代文化遗址和汉代石棺葬墓群	新石器时代、汉	甘孜藏族自治州丹巴县
		永平堡古城	明	北川羌族自治县
贵州省	2	龙广观音洞遗址	旧石器时代至新石器时代	黔西南布依族苗族自治州安龙县
		普安铜鼓山遗址	战国至西汉	黔西南布依族苗族自治州普安县
云南省	11	太和城遗址	南诏(公元649—902年)	大理白族自治州大理市
		元谋猿人遗址	旧石器时代	楚雄彝族自治州元谋县
		腊玛古猿化石地点		楚雄彝族自治州禄丰县
		石佛洞遗址	新石器时代	耿马傣族佤族自治县
		白羊村遗址	新石器时代	大理白族自治州宾川县
		山龙山于图山城址	唐	巍山彝族回族自治县
		元谋古猿化石地点	旧石器时代	楚雄彝族自治州元谋县
		玉水坪遗址	旧石器时代至新石器时代	怒江傈僳族自治州兰坪白族普米族自治县
		大墩子遗址	新石器时代	楚雄彝族自治州元谋县
		海门口遗址	新石器时代至夏、商、周	大理白族自治州剑川县
		银梭岛遗址	新石器时代至商	大理白族自治州大理市
西藏自治区	7	古格王国遗址	约为公元十世纪前后	扎达县
		卡若遗址	新石器时代	卡若区
		拉加里王宫遗址	13 世纪至 18 世纪	曲松县
		小恩达遗址	新石器时代	卡若区
		皮央和东嘎遗址	宋至明	札达县
		尼阿底遗址	旧石器时代	申扎县
		杰顿珠宗遗址	元明	洛扎县

续表 4

地　区	数量	名称	时代	地址
甘肃省	11	齐家坪遗址	新石器时代	临夏回族自治州广河县
		林家湾遗址	新石器时代	临夏回族自治州东乡族自治县
		八角城城址	唐至明	甘南藏族自治州夏河县
		半山遗址	新石器时代	临夏回族自治州广河县
		然闹遗址	新石器时代	甘南藏族自治州迭部县
		磨沟遗址（含墓群）	新石器时代至商	甘南藏族自治州临潭县
		新庄坪遗址	新石器时代至商	临夏回族自治州积石山保安族东乡族撒拉族自治县
		边家林遗址	新石器时代至商	临夏回族自治州康乐县
		马家塬遗址	新石器时代、战国	天水市张家川回族自治县
		草沟井城址	汉至明	张掖市肃南裕固族自治县
		马鬃山玉矿遗址	战国至汉	北蒙古族自治县
青海省	8	马厂塬(yu á n)遗址	新石器时代	民和回族土族自治县
		西海郡故城遗址	汉至南北朝	海北藏族自治州海晏县
		喇家遗址	新石器时代	民和回族土族自治县
		塔温搭里哈遗址	青铜时代	海西蒙古族藏族自治州都兰县
		宗日遗址	新石器时代	海南藏族自治州同德县
		塔里他里哈遗址	商至周	海西蒙古族藏族自治州都兰县
		门源古城	宋	海北藏族自治州门源回族自治县
		贡萨寺旧址与宗喀巴大殿	清	玉树藏族自治州治多县
宁夏回族自治区	15	水洞沟遗址	旧石器时代	灵武县
		开城遗址	元	固原县
		鸽子山遗址	旧石器时代	青铜峡市
		菜园遗址	新石器时代	海原县
		照壁山铜矿遗址	汉	中卫市
		灵武窑址	宋至明	灵武市
		张家场城址	汉	盐池县
		页河子遗址	新石器时代	隆德县
		固原古城遗址	汉至清	原州区
		省嵬城址	宋	惠农区
		七营北嘴城址	宋至明	海原县
		柳州城址	宋至明	海原县
		大营城址	宋至明	原州区
		兴武营城址	明	盐池县
		姚河塬遗址	西周	彭阳县
新疆维吾尔自治区	61	高昌故城	高昌(公元 500—640 年)	高昌区
		雅尔湖故城	高昌(公元 500—640 年)	高昌区
		楼兰故城遗址	汉至晋	若羌县
		北庭故城遗址	唐	吉木萨尔县
		尼雅遗址	西汉－西晋	民丰县
		苏巴什佛寺遗址	南北朝－唐	库车县

续表 5

地　区	数量	名称	时代	地址
新疆维吾尔自治区	61	奴拉赛铜矿遗址	青铜时代	尼勒克县
		圆沙古城	汉	于田县
		克孜尔尕哈烽燧	汉	库车县
		孔雀河烽燧群	汉至晋	尉犁县
		罗布泊南古城遗址	汉至晋	若羌县
		莫尔寺遗址	汉至唐	疏附县
		托库孜萨来遗址	汉至唐	巴楚县
		米兰遗址	汉至唐	若羌县
		安迪尔古城遗址	汉至唐	民丰县
		石头城遗址	晋至清	塔什库尔干塔吉克自治县
		七个星佛寺遗址	晋至宋	焉耆回族自治县
		热瓦克佛寺遗址	南北朝	洛浦县
		白杨沟佛寺遗址	唐	哈密市
		大河古城	唐	巴里坤县
		乌拉泊古城	唐至元	乌鲁木齐县
		台藏塔遗址	唐至宋	吐鲁番市
		丹丹乌里克遗址	南北朝至唐	策勒县
		麻扎塔格戍堡址	唐	墨玉县
		通古斯巴西城址	唐	新和县
		骆驼石旧石器遗址	旧石器时代	和布克赛尔蒙古自治县
		岳公台—西黑沟遗址群	春秋至战国	巴里坤哈萨克自治县
		龟兹故城	西汉至宋	库车县
		石人子沟遗址群	汉	巴里坤哈萨克自治县
		营盘古城古墓群及古墓群	汉至晋	尉犁县
		喀拉墩遗址	汉至南北朝	于田县
		乌什喀特古城遗址	汉至唐	新和县
		石城子遗址	东汉	奇台县
		达玛沟佛寺遗址	南北朝	策勒县
		克斯勒塔格佛寺遗址	唐	柯坪县
		兰城遗址	唐	和硕县
		唐王城遗址	唐	库车县
		阿萨古城遗址	唐至宋	鄯善县
		达勒特古城遗址	唐至元	博乐市
		唐朝墩古城遗址	唐至元	奇台县
		夏塔古城遗址	唐至元	昭苏县
		昌吉州境内烽燧群	唐至清	木垒哈萨克自治县、奇台县、吉木萨尔县、阜康市、昌吉市、呼图壁县、玛纳斯县
		古代吐鲁番盆地军事防御遗址	唐至清	吐鲁番市、托克逊县、鄯善县
		哈密境内烽隧遗址	唐至清	伊州区、巴里坤哈萨克自治县、伊吾县
		柳中古城遗址	唐至清	鄯善县
		道尔本厄鲁特森木古城遗址	明	和布克赛尔蒙古自治县

续表 6

地　区	数量	名称	时代	地址
新疆维吾尔自治区	61	惠远新、老古城遗址	清	霍城县
		阔纳齐兰遗址	清	柯坪县
		伊犁清代卡伦遗址	清	霍城县、察布查尔锡伯自治县
		通天洞遗址	旧石器时代至商	吉木乃县
		吉仁台沟口遗址	商周	勒克县
		卓尔库特古城遗址	汉	轮台县
		博格达沁古城遗址	汉至唐	焉耆回族自治县
		阔纳协海尔古城遗址	魏晋至唐	轮台县
		乌什吐尔和夏合吐尔遗址	晋至宋	库车县、新和县
		公主堡古城遗址	唐	塔什库尔干塔吉克自治县
		霍拉山佛寺遗址	唐	焉耆回族自治县
		拉甫却克古城遗址	唐	哈密市伊州区
		小央达克协海尔古城遗址	唐	沙雅县
		玛纳斯古城遗址	唐至元	玛纳斯县
		巴里坤故城遗址	清	里坤哈萨克自治县
（二）石窟寺、石刻及其他：36 处				
内蒙古自治区	2	阴山岩画	新石器至青铜时代	乌拉特前旗、乌拉特后旗、乌拉特中旗、磴口县
		真寂之寺石窟	辽	巴林左旗
湖北省	1	仙佛寺石窟	唐	恩施土家族苗族自治州来凤县
湖南省	3	溪州铜柱	五代	湘西土家族苗族自治州永顺县
		阳华岩摩崖	唐至清	江华瑶族自治县
		丹口苗文石刻群	明清	城步苗族自治县
广西壮族自治区	3	花山岩画	战国至东汉	宁明县
		桂林石刻	唐至清	桂林市
		柳侯祠碑刻	宋至民国	柳州市
四川省	1	博什瓦黑岩画	唐至宋	凉山彝族自治州昭觉县
云南省	4	石钟山石窟	南诏、大理（公元 649—1094 年）	大理白族自治州剑川县
		南诏铁柱	南　诏	大理白族自治州弥渡县
		元世祖平云南碑	元	大理白族自治州大理市
		沧源崖画	新石器时代	沧源佤族自治县
西藏自治区	5	查拉路甫石窟	唐宋	拉萨市城关区
		仁达摩崖造像	唐	察雅县
		囊巴朗则石雕	宋	芒康县
		乃甲切木石窟	明	岗巴县
		林恩摩崖石刻	唐	昂仁县
甘肃省	4	炳灵寺石窟	北魏至明	临夏回族自治州临夏县
		马蹄寺石窟群	十六国至清	肃南裕固族自治县
		文殊山石窟	北朝至西夏	肃南裕固族自治县
		河峪摩崖石刻	东汉	张家川回族自治县
青海省	1	贝大日如来佛石窟寺和勒巴沟摩崖	唐	玉树藏族自治州玉树市

续表 7

地　区	数量	名称	时代	地址
宁夏回族自治区	3	须弥山石窟	北朝至唐	固原县
		贺兰山岩画	元	贺兰县
		大麦地岩画	新石器时代至西夏	中卫市沙坡头区
新疆维吾尔自治区	9	克孜尔千佛洞	唐至宋	拜城县
		库木吐喇千佛洞	唐至宋	库车县
		柏孜克里克千佛洞	唐至元	高昌区
		森木塞姆千佛洞	晋－宋	库车县
		克孜尔尕哈石窟	北朝至唐	库车县
		平定准噶尔勒铭碑	清	昭苏县
		吐峪沟石窟	南北朝至唐	鄯善县
		焕彩沟石刻	东汉、唐	哈密市伊州区
		刘平国刻石	东汉	拜城县
（三）古墓葬：85 处				
内蒙古自治区	22	辽陵及奉陵邑(含怀凌陵及奉陵)	辽	巴林右旗、巴林左旗
		成吉思汗陵	1954 年迁建	伊金霍洛旗
		宝山、罕苏木墓群	辽	阿鲁科尔沁旗
		扎赉诺尔墓群	汉	满洲里市
		王昭君墓	汉	呼和浩特市
		韩匡嗣家族墓地	辽	巴林左旗
		吐尔基山墓	辽	科尔沁左翼后旗
		萧氏家族墓	辽	奈曼旗
		张应瑞家族墓地	元	翁牛特旗
		南宝力皋吐古墓地	新石器时代	扎鲁特旗
		小黑石沟墓群	西周至战国	宁城县
		团结墓地	东汉	海拉尔区
		和林格尔东汉壁画墓	东汉	和林格尔县
		谢尔塔拉墓地	唐至五代	海拉尔区
		奈林稿辽墓群	辽	库伦旗
		耶律祺家族墓	辽	阿鲁科尔沁旗
		耶律琮墓	辽	喀喇沁旗
		沙日宝特墓群	辽	阿鲁科尔沁旗
		砧子山古墓群	元	多伦县
		恩格尔河墓群	元	苏尼特左旗
		和硕端静公主墓	清	喀喇沁旗
		马鬃山墓群	商周至汉	乌拉特中旗

续表 8

地　区	数量	名称	时代	地址
辽宁省	6	永陵	清	新宾满族自治县
		马城子墓地	夏至西周	本溪市本溪满族自治县
		望江楼墓地	西汉王东汉	本溪市桓仁满族自治县
		雅河流域墓群	汉至唐	本溪市桓仁满族自治县
		冯家堡子墓地	汉至唐	本溪市桓仁满族自治县
		关山辽墓	辽	阜新市阜新蒙古族自治县
吉林省	4	干沟子墓群	战国至西汉	长白朝鲜族自治县
		龙头山古墓群篱	渤海	延边朝鲜族自治州和龙市
		六顶山古墓	渤海(公元 698—927 年)	延边朝鲜族自治州敦化市
		鸭绿江上游积石墓群	汉至唐	长白朝鲜族自治县
湖南省	1	里耶麦茶战国墓群	战国	湘西土家族苗族自治州龙山县
广西壮族自治区	2	合浦汉墓群	汉	合浦县
		凤腾山古墓群	清	环江毛南族自治县
四川省	1	凉山大石墓群	战国至汉	凉山彝族自治州德昌县、喜德县
贵州省	6	交乐墓群	汉	黔西南布依族苗族自治州兴仁市
		务川大坪墓群	汉	务川仡佬族苗族自治县
		兴义万屯墓群	东汉	黔西南布依族苗族自治州兴义市
		惠水仙人桥洞葬	明至清	黔南布依族苗族自治州惠水县
		黔南水族墓群	明至清	黔南布依族苗族自治州三都水族自治县、荔波县
		明十八先生墓	清	黔西南布依族苗族自治州安龙县
云南省	2	万家坝古墓群	明	楚雄彝族自治州楚雄市
		顺荡火葬墓群	明	大理白族自治州云龙县
西藏自治区	5	藏王墓	公元七世纪	琼结县
		烈山墓地	唐	朗县
		吉堆吐蕃墓群	唐	洛扎县
		查木钦墓群	唐	拉孜县
		故如甲木墓地	汉晋	噶尔县
青海省	4	杂涅墓群	唐	玉树藏族自治州玉树市
		玉树古墓群	唐	玉树藏族自治州治多县、玉树市、称多县
		街子拱北	清	循化撒拉族自治县
		热水墓群	唐	海西蒙古族藏族自治州都兰县
宁夏回族自治区	3	西夏陵	西夏	银川市
		固原北朝隋唐墓地	北朝至唐	原州区
		窨子梁唐墓	唐	盐池县

续表 9

地　区	数量	名称	时代	地址
新疆维吾尔自治区	29	小河墓地	公元前 2000 年—公元前 1500 年	若羌县
		阔科克古墓群	青铜时代	布尔津县
		拜其尔墓地	青铜时代	伊吾县
		大喀纳斯景区墓葬群	青铜时代至铁器时代	布尔津县
		赛里木湖古墓群	青铜时代、汉至唐	博乐市
		阿日夏特科克石围及石堆墓群	春秋至战国	温泉县
		阿敦乔鲁石栅古墓群及岩画群	春秋至战国	温泉县
		库车友谊路墓群	晋、十六国	库车县
		小洪纳海石人墓	隋、唐	昭苏县
		默拉纳额什丁麻扎	明	库车县
		阿斯塔纳古墓群	晋至唐	吐鲁番市
		阿巴和明麻札	清	喀什市
		三海子墓葬及鹿石	青铜时代	青河县
		焉不拉克古墓群	青铜时代	哈密市
		察乌乎古墓群	青铜时代	和静县
		切木尔切克石人及石棺墓群	青铜时代至汉、魏	阿勒泰市
		扎滚鲁克石墓群	青铜时代至汉、晋	且末县
		山普拉古墓群	汉、晋	洛浦县
		楼兰墓群	新石器时代至晋	若羌县
		五堡墓群	青铜时代	哈密市
		洋海墓群	青铜时代至唐	鄯善县
		阿日夏特石人墓	隋至唐	温泉县
		麻赫穆德•喀什噶里墓	元	疏附县
		速檀•歪思汗麻扎	明	伊宁县
		叶尔羌汗国王陵	明	莎车县
		艾比甫•艾洁木麻扎	清	阿图什市
		哈密回王墓	清至民国	哈密市
		吐虎鲁克 · 铁木尔汗麻扎	元	霍城县
		吉尔赞喀勒墓地	东周	塔什库尔干塔吉克自治县
（四）古建筑及历史纪念建筑物：145 处				
内蒙古自治区	22	万部华严经塔	辽	呼和浩特市
		金刚座舍利宝塔	清	呼和浩特市
		美岱召	明	土默特右旗
		五当召	清	包头市

续表 10

地　区	数量	名称	时代	地址
内蒙古自治区	22	汇宗寺	清	多伦县
		福会寺	清	喀喇沁旗
		喀喇沁亲王府及家庙	清	喀喇沁旗
		和硕恪靖公主府	清	呼和浩特市
		开鲁县佛塔	元	开鲁县
		清水河县长城	明	清水河县
		纳林塔秦国长城遗址	战国	伊金霍洛旗
		锦山龙泉寺	清	喀喇沁旗
		大召	明至清	呼和浩特市
		绥远城墙和将军衙署	清	呼和浩特市
		贝子庙	清	锡林浩特市
		定远营	清	阿拉善左旗
		灵悦寺	清	喀喇沁旗
		诺尔古建筑群	清	多伦县
		库伦三大寺	清	库伦旗
		僧格林沁王府	清	科尔沁左翼后旗
		宝善寺	清	阿鲁科尔沁旗
		昆都仑召	清	包头市昆都仑区
吉林省	1	灵光塔	渤海	长白朝鲜族自治县
浙江省	1	时思寺	元至清	景宁畲族自治县
湖北省	2	鱼木寨	明至清	恩施土家族苗族自治州利川市
		大水井古建筑群	清	恩施土家族苗族自治州利川市
湖南省	6	马田鼓楼	清	通道侗族自治县
		芋头侗寨古建筑群	明、清	通道侗族自治县
		坪坦风雨桥	清	通道侗族自治县
		凤凰古城堡	清	湘西土家族苗族自治州凤凰县
		芷江文庙	清	芷江侗族自治县
		宝镜何家大院	清至民国	江华瑶族自治县
广西壮族自治区	17	经略台真武阁	明	容县
		程阳永济桥	民国	三江县
		灵渠	秦	兴安县
		大士阁	明	合浦县
		莫土司衙署	明、清	忻城县
		靖江王府及王陵	明	桂林市
		岜团桥	清	三江侗族自治县

续表 11

地　区	数量	名称	时代	地址
广西壮族自治区	17	临贺故城	汉至清	贺州市
		江头村和长岗岭村古建筑群	明至民国	灵川县
		马殷庙	明至清	富川瑶族自治县
		燕窝楼	明至清	全州县
		恭城古建筑群	明至清	恭城瑶族自治县
		桂林静江府城墙	南宋至明	桂林市叠彩区、秀峰区
		来宾文辉塔	明	来宾市兴宾区
		左江归龙斜塔	明清	崇左市江州区
		贺州江氏客家围屋	清	贺州市八步区
		乐湾村古建筑群	清至民国	恭城瑶族自治县
重庆市	1	湾底谭氏民居	清	石柱土家族自治县
四川省	10	卓克基土司官寨	清	阿坝藏族羌族自治州马尔康市
		德格印经院	清	甘孜藏族自治州德格县
		直波碉楼	清	阿坝藏族羌族自治州马尔康市
		松潘古城墙	明	阿坝藏族羌族自治州松潘县
		棒托寺	明、清	阿坝藏族羌族自治州壤塘县
		丹巴古碉群	唐至清	甘孜藏族自治州丹巴县
		措尔机寺	元至清	阿坝藏族羌族自治州壤塘县
		日斯满巴碉房	元至明	阿坝藏族羌族自治州壤塘县
		松格嘛呢石经城和巴格嘛呢石经墙	明至清	甘孜藏族自治州石渠县
		波日桥	清	甘孜藏族自治州新龙县
贵州省	9	增冲鼓楼	清	黔东南苗族侗族自治州从江县
		青龙洞	清	黔东南苗族侗族自治州镇远县
		福泉城墙	明	黔南布衣族苗族自治州福泉市
		郎德上寨古建筑群	明、清	黔东南苗族侗族自治州雷山县
		地坪风雨桥	清	黔东南苗族侗族自治州黎平县
		寨英村古建筑群	明至清	松桃苗族自治县
		飞云崖古建筑群	明至清	黔东南苗族侗族自治州黄平县
		旧州古建筑群	明至清	黔东南苗族侗族自治州黄平县
		葛镜桥	明	黔南布衣族苗族自治州福泉市
云南省	26	崇圣寺三塔	唐、五代	大理白族自治州大理市
		广允缅寺	清	沧源佤族自治县
		景真八角亭	清	西双版纳傣族自治州勐海县
		曼飞龙塔	清	西双版纳傣族自治州景洪市
		大宝积宫与琉璃殿	明	玉龙纳西族自治县

续表 12

地 区	数量	名称	时代	地址
云南省	26	中心镇公堂	清	迪庆藏族自治州香格里拉市
		喜洲白族古建筑群	明、清	大理白族自治州大理市
		建水文庙	明、清	红河哈尼族彝族自治州建水县
		水目寺塔	唐至明	大理白族自治州祥云县
		佛图寺塔	唐	大理白族自治州大理市
		大姚白塔	唐	楚雄彝族自治州大姚县
		指林寺大殿	元至清	红河哈尼族彝族自治州建水县
		宝山石头城	元	玉龙纳西族自治县
		州城文庙和武庙	明至清	大理白族自治州宾川县
		龙华寺	明至清	楚雄彝族自治州姚安县
		朝阳楼	明	红河哈尼族彝族自治州建水县
		西门街古建筑群	明	大理白族自治州剑川县
		沙溪兴教寺	明至民国	大理白族自治州剑川县
		孟连宣抚司署	清	孟连傣族拉祜族佤族自治县
		曼短佛寺	清	西双版纳傣族自治州勐海县
		双龙桥	清	红河哈尼族彝族自治州建水县
		长春洞	清	巍山彝族回族自治县
		寿国寺	清	维西傈僳族自治县
		叶枝土司衙署	清	维西傈僳族自治县
		墨江文庙	清	墨江哈尼族自治县
		同乐傈僳族民居建筑群	清	维西傈僳族自治县
西藏自治区	31	大昭寺		拉萨市
		昌珠寺		乃东区
		萨迦寺	元	萨迦县
		布达拉宫	明至民国	拉萨市
		噶丹寺	明初至清	拉萨市
		扎什伦布寺	明初至清	日喀则市
		哲蚌寺	明	拉萨市
		色拉寺	明	拉萨市
		罗布林卡	清	拉萨市
		夏鲁寺	元至清	日喀则市
		桑耶寺	789—799 年	扎囊县
		托林寺	宋	扎达县
		扎塘寺	1081—1093 年	扎囊县
		白居寺	明	江孜县

续表 13

地　区	数量	名称	时代	地址
西藏自治区	31	朗色林庄园	明	扎囊县
		曲德寺、卓玛拉康	公元 10 世纪、公元 1274 年	吉隆县（大唐天竺使出铭公元 658 年）
		色喀古托寺	公元 1080 年	洛扎县
		科迦寺	公元 996 年	普兰县
		小昭寺	公元 641 年	拉萨市
		曲西碉楼群	北宋至明	洛扎县
		乃宁曲德寺	北宋至清	康马县
		艾旺寺	北宋至清	康马县
		达律王府	元	贡觉县
		吉如拉康	唐至清	乃东区
		松卡石塔	唐	扎囊县
		聂塘卓玛拉康	宋	曲水县
		敏竹林寺	明	扎囊县
		查杰玛大殿	元至清	昌都市
		平措林寺	明	拉孜县
		邦纳寺	明	索县
		康松桑卡林	清	扎囊县
甘肃省	2	拉卜楞寺	清	甘南藏族自治州夏河县
		天祝东大寺	清	天祝藏族自治县
青海省	5	隆务寺	明、清	黄南藏族自治州同仁县
		贵德文庙及玉皇阁	明、清	海南藏族自治州贵德县
		藏娘佛塔及桑周寺	北宋至清	玉树藏族自治州玉树市
		格萨尔三十大将军灵塔和达那寺	宋、元	玉树藏族自治州囊谦县
		却藏寺	清	互助土族自治县
宁夏回族自治区	7	海宝塔	清	银川市
		同心清真大寺	清	同心县
		拜寺口双塔	西　夏	贺兰县
		一百零八塔	元	青铜峡市
		承天寺塔	清	银川市
		董府	清	吴忠市
		宁夏秦长城遗址	战国	彭阳县、西吉县、固原县
新疆维吾尔自治区	5	苏公塔	清	吐鲁番市
		伊犁将军府	清	伊宁市
		昭苏圣佑庙	清	昭苏县

续表 14

<table>
<tr><th>地　区</th><th>数量</th><th>名称</th><th>时代</th><th>地址</th></tr>
<tr><td rowspan="2">新疆维吾尔自治区</td><td rowspan="2">5</td><td>艾提尕尔清真寺</td><td>明</td><td>喀什市</td></tr>
<tr><td>靖远寺</td><td>明</td><td>察布查尔锡伯自治县</td></tr>
<tr><td colspan="5">（五）革命遗址、革命纪念建筑物及近现代重要史迹和代表性建筑：73 处</td></tr>
<tr><td rowspan="8">内蒙古自治区</td><td rowspan="8">8</td><td>乌兰夫故居</td><td>清至民国</td><td>土默特左旗</td></tr>
<tr><td>成吉思汗庙</td><td>民国</td><td>乌兰浩特市</td></tr>
<tr><td>“独贵龙”运动旧址</td><td>1919—1921 年</td><td>乌审旗</td></tr>
<tr><td>百灵庙起义旧址</td><td>1936 年</td><td>达尔罕茂明安联合旗</td></tr>
<tr><td>内蒙古自治政府成立大会会址</td><td>1947 年</td><td>乌兰浩特市</td></tr>
<tr><td>白塔火车站旧址</td><td>1921 年</td><td>呼和浩特市赛罕区</td></tr>
<tr><td>侵华日军木石匣工事旧址</td><td>1941—1943 年</td><td>克什克腾旗</td></tr>
<tr><td>集宁战役旧址</td><td>1946 年</td><td>乌兰察布市集宁区</td></tr>
<tr><td>湖北省</td><td>1</td><td>五里坪革命旧址</td><td>1929—1933 年</td><td>恩施土家族苗族自治州鹤峰县</td></tr>
<tr><td rowspan="3">湖南省</td><td rowspan="3">3</td><td>沈从文故居</td><td>清</td><td>湘西土家族苗族自治州凤凰县</td></tr>
<tr><td>湘鄂川黔革命根据地旧址</td><td>1934—1935 年</td><td>湘西土家族苗族自治州永顺县、龙山县</td></tr>
<tr><td>抗日胜利芷江洽降旧址</td><td>1945 年</td><td>芷江侗族自治县</td></tr>
<tr><td rowspan="19">广西壮族自治区</td><td rowspan="19">25</td><td>金田起义地址</td><td>1851 年</td><td>桂平县</td></tr>
<tr><td>中国工农红军第七军、第八军军部旧址</td><td>1929—1930 年</td><td>百色市、龙州县</td></tr>
<tr><td>李宗仁故居(包括李宗仁府邸)</td><td>1921—1948 年</td><td>临桂县、桂林市</td></tr>
<tr><td>李济深故居</td><td>民国</td><td>苍梧县</td></tr>
<tr><td>右江工农民主政府旧址</td><td>1929 年</td><td>田东县</td></tr>
<tr><td>八路军桂林办事处旧址</td><td>1938 年</td><td>桂林市</td></tr>
<tr><td>北海近代建筑</td><td>近代</td><td>北海市</td></tr>
<tr><td>刘永福、冯子材旧居建筑群</td><td>清</td><td>钦州市</td></tr>
<tr><td>连城要塞遗址和友谊关</td><td>明至清</td><td>北海市、防城港市、宁明县、凭祥市、龙州县、大新县、靖西市、那坡县</td></tr>
<tr><td>容县近代建筑</td><td>清至民国</td><td>容县</td></tr>
<tr><td>太平天国永安活动旧址</td><td>1851 年</td><td>蒙山县</td></tr>
<tr><td>马胖鼓楼</td><td>民国</td><td>三江侗族自治县</td></tr>
<tr><td>梧州中山纪念堂</td><td>民国</td><td>梧州市</td></tr>
<tr><td>广西农民运动讲习所旧址</td><td>1925 年</td><td>东兰县</td></tr>
<tr><td>红军标语楼</td><td>1930 年</td><td>河池市</td></tr>
<tr><td>湘江战役旧址</td><td>1934 年</td><td>兴安县、 全州县、灌阳县</td></tr>
<tr><td>昆仑关战役旧址</td><td>1939—1940 年</td><td>南宁市、宾阳县、柳州市</td></tr>
<tr><td>胡志明旧居</td><td>1942—1954 年</td><td>柳州市</td></tr>
<tr><td>西林教案发生地</td><td>1856 年</td><td>田林县</td></tr>
</table>

续表 15

地　区	数量	名称	时代	地址
广西壮族自治区	25	法国驻龙州领事馆旧址	1898—1949 年	龙州县
		武宣刘氏庄园	1911 年	武宣县
		武宣郭氏庄园	1924 年	武宣县
		梧州市中共广西早期革命活动旧址	1962—1928 年	梧州市万秀区
		中共广西省第一次代表大会旧址	1928 年	贵港市港北区
		广西省立艺术馆旧址	1944 年	桂林市秀峰区
海南省	1	陵水县苏维埃政府旧址	1927—1928 年	陵水黎族自治县
重庆市	1	赵世炎故居	1904—1914 年	酉阳土家族苗族自治县
四川省	3	泸定桥	1935 年	甘孜藏族自治州泸定县
		阿坝红军长征遗迹	1935 年	阿坝藏族羌族自治州小金县、黑水县、松潘县、若尔盖县、茂县、红原县
		白利寺	1936—1950 年	甘孜藏族自治州泸定县
贵州省	4	黔东特区革命委员会旧址	1934 年	沿河土家族自治县、印江土家族苗族自治县
		黎平会议会址	1934 年	黔东南苗族侗族自治州黎平县
		“二十四道拐”抗战公路	1936 年	黔西南布依族苗族自治州晴隆县
		和平村旧址	1941—1944 年	黔东南苗族侗族自治州镇远县
云南省	10	纳楼长官司署	清	红河哈尼族彝族自治州建水县
		南甸宣抚司署	清、民国	德宏傣族景颇族自治州梁河县
		五家寨铁路桥	清	屏边苗族自治县
		茨中教堂	清	迪庆藏族自治州德钦县
		蒙自海关旧址	清至民国	红河哈尼族彝族自治州蒙自县
		鸡街火车站	民国	红河哈尼族彝族自治州个旧市
		企鹤楼	民国	红河哈尼族彝族自治州石屏县
		陈氏宗祠	民国	红河哈尼族彝族自治州石屏县
		允燕塔	民国	德宏傣族景颇族自治州盈江县
		民族团结誓词碑	1951 年	普洱哈尼族彝族自治县
西藏自治区	4	江孜宗山抗英遗址	1904 年	江孜县
		亚东海关遗址	1894—1903 年	亚东县
		昌都地区人民解放委员会办公旧址	1955—1959 年	昌都市卡若区
		川藏、青藏公路纪念碑	1984 年	拉萨市城关区
甘肃省	1	俄界会议旧址	1935 年	甘南藏族自治州迭部县
青海省	3	第一个核武器研制基地旧址	1957—1995 年	海北藏族自治州海晏县
		新寨嘉那嘛呢	清	玉树藏族自治州玉树市
		循化西路红军革命旧址	1939—1946 年	循化撒拉族自治县
宁夏回族自治区	1	将台堡革命旧址	1936 年	西吉县

续表 16

地　区	数量	名称	时代	地址
新疆维吾尔自治区	8	坎尔井地下水利工程	清	吐鲁番市
		塔城红楼	清至民国	塔城市
		三区革命政府政治文化活动中心旧址	民国	伊宁市
		乌鲁木齐文庙	1922 年	乌鲁木齐市天山区
		赛图拉哨卡遗址	1877—1962 年	皮山县
		毛泽民办公室及宿舍旧址	1940—1941 年	乌鲁木齐市天山区
		石河子军垦旧址	1952 年	新疆生产建设兵团第八师石河子市
		玉尔滚军垦旧址	1973 年	新疆生产建设兵团第一师阿拉尔市

民族自治地方国家级自然保护区、国家AAAAA级旅游景区和国家级风景名胜区名单

■民族自治地方国家级自然保护区

（截至2020年）

地区	数量	保护区名称	行政区域	主要保护对象	类型	建立时间
河北省	3	红松洼草原	围场满族蒙古族自治县	草原生态系统	草原草甸	1994/8/1
		塞罕坝	围场满族蒙古族自治县	森林–草原交错带生态系统	草原草甸	2007/4/6
		滦河上游	围场满族蒙古族自治县	滦河上游的自然生态环境、森林生态系统及其生物多样性和珍稀濒危的野生动植物物种	森林和野生动物	2008/1/14
内蒙古自治区	29	赛罕乌拉	巴林左旗	森林及马鹿等野生动物	森林生态	1997/4/1
		达里诺尔鸟类	克什克腾旗	珍稀鸟类	野生动物	1987/9/8
		白音熬包云杉林	克什克腾旗	沙地云杉林	森林生态	1979/10/4
		黑里河	宁城县	森林生态系统	森林生态	1996/12/31
		大黑山	敖汉旗	天然阔叶林	森林生态	1996/9/1
		大兴安岭汗马	根河市	森林生态系统	森林生态	1996/11/29
		红花尔基樟子松林	额温克旗	樟子松林	森林生态	1998/5/1
		辉河	鄂温克族自治旗	湿地、珍禽、草原	内陆湿地	1997/12/1
		呼伦湖	新巴尔虎右旗、新巴尔虎左旗、满洲里市和扎赉诺尔区	湖泊、湿地、草原生态系统	内陆湿地	1992/10/1
		科尔沁	科尔沁右翼中旗	湿地珍禽、灌丛及疏林草原	野生动物	1986/6/1
		图牧吉	扎赉特旗	草原生态系统及大鸨等珍禽	草原草甸	1996/8/1
		大青沟	科尔沁左翼后旗	针阔混交林	森林生态	1988/5/9
		锡林郭勒草原	锡林浩特市	草甸草原、沙地疏林	草原草甸	1985/8/8
		鄂尔多斯遗鸥	东胜区	遗鸥及其生境	野生动物	1991/1/1
		西鄂尔多斯	鄂托克旗、乌海市	古老残遗濒危植物	野生植物	1986/12/1
		乌拉特梭梭林–蒙古野驴	乌拉特后旗	梭梭林、蒙古野驴及荒漠生态系统	荒漠生态	1985/10/1
		内蒙古贺兰山	阿拉善左旗	水源涵养林、野生动植物	森林生态	1992/10/27
		额济纳胡杨林	额济纳旗	胡杨林	荒漠生态	1968/6/1
		阿鲁科尔沁	阿鲁科尔沁旗	沙地草原、湿地生态系统及珍稀鸟类	森林生态	2005/7/23
		哈腾套海	磴口县	荒漠植被和野生动植物	荒漠生态	2005/7/23

续表 1

地区	数量	保护区名称	行政区域	主要保护对象	类型	建立时间
内蒙古自治区	29	额尔古纳	额尔古纳市	寒温带针叶林	森林生态	2006/2/11
		鄂托克恐龙遗迹化石	鄂托克旗查布苏木	多种类型的恐龙足迹化石,以及恐龙骨骼化石	地质遗迹	2007/4/6
		大青山	乌兰察布市卓资县、呼和浩特市、包头市	山地森林灌丛珍稀野生动植物及水源涵养地	森林生态	2008/1/14
		罕山	扎鲁特旗	天然次生林及草原、章甸生态系统、珍稀濒危野生动植物资源、人文遗迹	综合型生态系统类型自然保护区	2013/12/1
		青山	兴安盟科尔沁右翼前旗	森林草原生态系统	森林草原生态系统	2013/12/25
		毕拉河	大兴安岭毕拉河林业局达尔滨湖林场和扎文河林场境内	森林沼泽、草本沼泽以及珍稀濒危野生动植物等	湿地生态系统,森林生态系统	2014/12/5
		乌兰坝	赤峰市巴林左旗	过渡带森林、草原植被及珍稀野生动物	森林生态	2014/12/23
		高格斯台罕乌拉	内蒙古赤峰市阿鲁科尔沁旗北部	森林、草原、湿地生态系统及珍稀动物	森林生态	2011/4/16
		古日格斯台	大兴安岭南部山地余脉的西麓	大兴安岭南部山地北麓森林系统	草原生态性	1998 年
辽宁省	3	老秃顶子	新宾满族自治县、桓仁满族自治县	长白植物区系原生型森林及紫杉、人参等珍稀物种	森林生态	1981/9/18
		白石砬子	宽甸满族自治县	原生型红松阔叶混交林	森林生态	1981/9/9
		海棠山	阜新蒙古族自治县	油松栎类混交的顶极群落及野生动物	森林生态	2007/4/6
吉林省	9	伊通火山群	伊通满族自治县	火山地质遗迹	地质遗迹	1984/6/27
		鸭绿江上游	长白朝鲜族自治县	冷水性鱼类	野生动物	1996/10/1
		天佛指山松茸	延边朝鲜族自治州龙井市	松茸及森林生态系统	野生植物	1996/8/22
		长白山	延边朝鲜族自治州安图县	森林及野生动物	森林生态	1960/4/1
		珲春东北虎	延边朝鲜族自治州珲春市	东北虎、豹及其栖息地	野生动物	2005/7/23
		查干湖	前郭尔罗斯蒙古族自治县	半干旱地区湖泊水生生态系统、湿地生态系统和野生珍稀、濒危鸟类	内陆湿地和水域生态	2007/4/6
		雁鸣湖	延边朝鲜族自治州敦化市	牡丹江上游湿地及黑鹳、东方白鹳、丹顶鹤、中华秋沙鸭等濒危水禽及东北虎迁移的重要生态通道	内陆湿地和水域生态	2007/4/6
		黄泥河	延边朝鲜族自治州敦化市	东北虎	自然和森林生态系统类型	2012/1/1
		汪清	延边朝鲜族自治州汪清县和珲春市	东北红豆杉、东北虎	森林生态	2012 年
湖北省	5	神农架	恩施土家族苗族自治州巴东县	森林生态系统及珍稀动物金丝猴等	森林生态	1986/7/9
		后河	五峰土家族自治县	原始森林珍稀动植物	森林生态	2000/4/1
		星斗山	恩施土家族苗族自治州利川市、恩施市、咸丰县	水杉、珙桐及森林植被	野生植物	1988/1/1

续表 2

地区	数量	保护区名称	行政区域	主要保护对象	类型	建立时间
湖北省	5	七姊妹山	恩施土家族苗族自治州宣恩县	典型的中亚热带山地常绿阔叶林生态系统、珙桐为主的珍稀濒危植物及群落、大型猫科动物为主的珍稀濒危动物及其栖息环境和亚高山泥炭藓沼泽湿地	野生植物	2008/1/14
		长阳崩尖子	长阳土家族自治县	中亚热带森林生态系统及生物多样性、国家珍稀濒危野生动植物资源及其栖息地	森林生态	1988/8/5
湖南省	1	小溪	湘西土家族苗族自治州永顺县	原始次生林	森林生态	1985/7/16
广西壮族自治区	23	大明山	武鸣区、马山县、上林县	季风常绿阔叶林、水源涵养林及自然景观	森林生态	1981/8/1
		花坪	龙胜各族自治县、临桂区	银杉及典型常绿阔叶林生态系统	野生植物	1961/11/1
		猫儿山	资源县、兴安县	典型常绿阔叶林生态系统、水源涵养林	森林生态	1976/5/1
		山口红树林	合浦县	红树林生态系统	海洋海岸	1990/9/30
		合浦营盘港－英罗港儒艮	合浦县	儒艮及其生态环境	野生动物	1986 年
		北仑河口	防城港市防城区和东兴市境内	红树林生态系统	树林生态系统	2000/4/1
		防城金花茶	防城港市防城区境内	珍稀濒危金花茶组植物及其赖以生存的北热带森林生态系统	森林生态	1994 年
		十万大山	防城港市上思县	珍贵稀有动植物资源及其栖息地	森林生态	1982 年
		弄岗	龙州、宁明两县交界处	石灰岩季雨林生态系、珍稀物种及岩溶地貌	森林生态	1980 年
		大瑶山	金秀瑶族自治县、荔浦县、蒙山县	银杉，瑶山鳄蜥、瑶山苣苔及金斑喙凤蝶	常绿阔叶林生态系统	2000 年
		木论	河池市环江毛南族自治县	喀斯特森林生态系统	森林生态	1998/8/1
		千家洞	灌阳县	银杏、资源冷杉、黄腹角雉、林麝	森林生态	2006/2/1
		岑王老山	田林县、凌云县	南亚热带中山常绿阔叶混交林、垂直带谱森林生态系统和黑颈长尾雉、叉孢苏铁、伯乐树等珍稀濒危物种	森林生态	2007/4/6
		九万山	融水苗族自治县、罗城仫佬族自治县、环江毛南族自治县	水源涵养林	森林生态	2007/4/6
		金钟山黑颈长尾雉	隆林各族自治县、西林县	黑颈长尾雉	野生动物	2008 年
		雅长兰科植物	百色市乐业县	兰科植物	野生植物	2005/4/1
		崇左白头叶猴	崇左市	白头叶猴、黑叶猴等野生动物及其赖以生存的喀斯特石山森林生态系统	野生动物	2012/1/1
		大桂山鳄蜥	贺州市	鳄蜥及其栖息地	野生动物	2013/6/1
		邦亮东黑冠长臂猿	靖西市	东黑冠长臂猿及其主要栖息地	岩溶山地季雨林生态系统	2013/12/25
		恩城	大新县恩城乡	金花茶、黑叶猴、黑熊、冠斑犀鸟、红腹雉等	野生动物	1980 年
		元宝山	融水县	森林植物资源、水资源及其珍稀树种	野生植物	2013/12/1
		七冲	昭平县	野生动植物	森林生态	2013/12/18
		银竹老山	资源县	珍贵树种资源冷杉	森林生态	1982/6/1

续表 3

地区	数量	保护区名称	行政区域	主要保护对象	类型	建立时间
海南省	4	尖峰岭	乐东黎族自治县	热带雨林生态系统	森林生态	1976/10/1
		五指山	琼中黎族苗族自治县	热带原始林生态系统	森林生态	1985/11/1
		坝王岭	昌江黎族自治县	黑冠长臂猿及生境	野生动物	1980/4/9
		吊罗山	陵水黎族自治县、保亭黎族苗族自治县、琼中黎族苗族自治县	森林生态系统及珍稀动植物	森林生态	2008/1/14
四川省	16	马边大风顶	马边彝族自治县	大熊猫及森林生态系统	野生动物	1977/5/1
		卧龙	阿坝藏族羌族自治州汶川县	大熊猫及森林生态系统	野生动物	1975/1/1
		九寨沟	阿坝藏族羌族自治州九寨沟县	大熊猫及森林生态系统	野生动物	1978/1/1
		小金四姑娘山	阿坝藏族羌族自治州小金县	野生动物及高山生态系统	野生动物	1996/11/29
		若尔盖湿地	阿坝藏族羌族自治州若尔盖县	高寒沼泽湿地及黑颈鹤等野生动物	内陆湿地	1994/8/18
		贡嘎山	甘孜藏族自治州康定市、泸定县	珍稀动物及高山生物多样性	森林生态	1997/12/8
		察青松多	甘孜藏族自治州白玉县	白唇鹿、金钱豹等野生动物	野生动物	1995/1/1
		亚丁	甘孜藏族自治州稻城县	森林生态系统、野生动植物、冰川	森林生态	1997/12/16
		美姑大风顶	凉山彝族自治州美姑县	大熊猫及森林生态系统	野生动物	1982/1/1
		海子山	甘孜州理塘县、稻城县	高寒湿地和麝类野生动物	湿地和野生动物	2008/1/1
		长沙贡玛	甘孜藏族自治州石渠县	西藏野驴等野生动物	沼泽湿地和野生动物类型	1995 年
		黑竹沟	峨边彝族自治县	大熊猫、四川山鹧鸪、红豆杉、珙桐等珍稀濒危野生动植物	森林生态系统和野生动物类型	2012/1/21
		格西沟	甘孜藏族自治州东南部的雅江县河口镇境内	四川雉鹑等珍稀野生鸟类	野生动物	1995 年
		白河	阿坝藏族羌族自治州九寨沟县白河乡	大熊猫、金丝猴等	森林和野生动物类型	2018/3/19
		南莫且湿地	阿坝藏族羌族自治州壤塘县	黑颈鹤、白唇鹿和湖泊、沼泽等高原湿地生态系统	内陆湿地	2002/9/1
		海子山	甘孜藏族自治州稻城县、理塘县	高寒湿地生态系统	内陆湿地	2008/1/14
贵州省	6	梵净山	印江土家族苗族自治县、松桃苗族自治县			1986/7/9
		麻阳河黑叶猴	沿河土家族自治县	黑叶猴等珍稀动物及生境	野生动物	1987/8/1
		草海	威宁彝族回族苗族自治县	高原湿地生态系统及黑颈鹤等	内陆湿地	1985/1/1
		雷公山	黔东南苗族侗族自治州	中亚热带森林及秃杉等珍稀植物	森林生态	1982/6/1
		茂兰	黔南布衣族苗族自治州荔波县	喀斯特地貌为主的森林生态系统	森林生态	1986/4/9
		大沙河	道真仡佬族苗族自治县	森林、动植物资源	森林生态	2018/5/31
云南省	12	哀牢山	新平彝族傣族自治县	原始森林、黑长臂猿等珍稀动植物	森林生态	1986/3/1
		高黎贡山	怒江傈僳族自治州泸水市	喜马拉雅红豆杉、戴帽叶猴	森林和野生动物类型	1986

续表 4

地区	数量	保护区名称	行政区域	主要保护对象	类型	建立时间
云南省	12	大围山	屏边苗族自治县	南亚热带常绿阔叶林及珍稀动物	森林生态	1986/6/1
		金平分水岭	金平苗族瑶族傣族自治县	热带半山山地苔藓常绿阔叶林以及珍稀动植物	森林生态	1986/6/1
		黄连山	红河哈尼族彝族自治州绿春县	亚热带常绿阔叶林生态系统、野生动植物	森林生态	1983/4/1
		文山老君山	文山壮族苗族自治州文山市	原始阔叶林	森林生态	1958/10/8
		无量山	景东彝族自治县、南涧县	亚热带常绿阔叶林及长臂猿等	森林生态	1988/3/1
		西双版纳	西双版纳自治州、南涧彝族自治县	热带森林生态系统及珍稀野生动植物	森林生态	1958/10/9
		纳板河	西双版纳傣族自治州景洪市	森林和野生动植物	森林生态	1992/7/1
		苍山洱海	大理白族自治州大理市	断层湖泊、古代冰川遗迹、弓鱼、苍山冷杉、杜鹃林	内陆湿地	1981/11/5
		白马雪山	迪庆藏族自治州德钦县	高山针叶林、滇金丝猴	森林生态	1984/1/1
		南滚河	沧源佤族自治县	亚洲象及其栖息的热带季雨林	野生动物	1980/1/1
西藏自治区	11	雅鲁藏布江中游黑颈鹤	林周县	黑颈鹤及其越冬生境	野生动物	1993/1/1
		芒康滇金丝猴	芒康县	滇金丝猴及其生态系统	野生动物	1993/1/1
		珠穆朗玛峰	日喀则市	高山森林及荒漠生态系统	森林生态	1988/4/5
		色林错	申扎县	黑颈鹤繁殖地、高原湿地生态系统	野生动物	1993/1/1
		羌塘	双湖县、改则县等	藏羚羊、野牦牛等野生动物及高原荒漠生态系统	荒漠生态	1993/4/4
		雅鲁藏布大峡谷	墨脱县	热带山地垂直带植被及珍贵动植物	森林生态	1985/7/9
		察隅慈巴沟	察隅县	羚羊、山地亚热带森林生态系统	森林生态	1985/1/1
		拉鲁湿地	拉萨市	高寒湿地生态系统	内陆湿地	2005/7/23
		类乌齐马鹿	类乌齐县	马鹿、白唇鹿等野生动物及其生境、自然植被	野生动物	2005/7/23
		麦地卡湿地	嘉黎县	黑颈鹤、赤麻鸭等多种珍稀鸟类的迁徙走廊和繁殖地	高原湖泊沼泽草甸湿地	2018/3/19
		玛旁雍错湿地	普兰县	黑颈鹤、斑头雁等	湖泊湿地	2018/3/19
甘肃省	7	莲花山	卓尼、康乐县	森林生态系统	森林生态	1982/12/1
		尕海－则岔	甘南藏族自治州碌曲县	候鸟等野生动物、森林生态、石林等	野生动物	1995/10/1
		盐池湾	肃北蒙古族自治县	白唇鹿及过渡带生态系统	荒漠生态	2006/2/11
		黄河首曲湿地	甘南藏族自治州玛曲县	黄河首曲高原湿地生态系统	内陆湿地和水域生态系统	2013/12/25
		安南坝野骆驼	阿克塞哈萨克族自治县	野骆驼及其荒漠生态系统	野生动物	2006/2/11
		多儿	甘南藏族自治州迭部县	野生大熊猫及其栖息地的连片保护	野生动物	2017/7/4
		洮河	甘南藏族自治州的卓尼、临潭、迭部和合作四县	国家一级重点保护野生动物 5 种，国家重点保护动物 9 种	森林生态	1982 年
青海省	5	孟达	循化撒拉族自治县	森林生态系统及珍稀生物物种	森林生态	1980/4/1
		青海湖	海北藏族自治州刚察县	斑头雁、棕头鸥等水禽及生态系统	野生动物	1975/8/8

续表 5

地区	数量	保护区名称	行政区域	主要保护对象	类型	建立时间
青海省	5	可可西里	玉树藏族自治州	藏羚羊、野驴、野牦牛等有蹄类动物及生态系统	野生动物	1995/10/8
		隆宝	玉树藏族自治州玉树市	黑颈鹤、天鹅等水禽及草甸生态系统	野生动物	1986/8/9
		三江源	玉树藏族自治州玉树市	珍稀动物、湿地、森林、高寒草甸、冰川等生态系统	内陆湿地	2000/5/1
宁夏回族自治区	9	贺兰山	银川市	森林生态系统、野生动植物资源	森林生态	1982/7/1
		沙坡头	中卫县	自然沙生植被及人工植被、野生动物	荒漠生态	1984/9/1
		罗山	同心县	水源涵养林	森林生态	1982/7/1
		白芨滩	灵武市	天然柠条母树林及沙生植被	荒漠生态	1985/1/4
		六盘山	固原县	野生动物及水源涵养林	森林生态	1982/5/9
		哈巴湖	盐池县	过渡区荒漠–湿地生态系统	内陆湿地	2006/2/11
		云雾山	固原市	黄土高原半干旱区典型草原生态系统、典型草原生物多样性、典型草原自然生态“本底”等	草原与草甸生态系统	2013/6/4
		火石寨	西吉县	黄土高原地貌地质遗迹	山地森林灌丛草甸生态	2002 年
		南华山	海原县	山地森林生态系统和山地草原与草甸生态系统	森林草原复合生态	2014/12/23
新疆维吾尔自治区	15	阿尔金山	若羌县	三大有蹄类野生动物	荒漠生态	1983/1/1
		罗布泊野骆驼	若羌县	野骆驼及其生境	野生动物	1986/1/1
		巴音布鲁克	和静县	天鹅等珍稀水禽、沼泽	野生动物	1980/5/9
		托木尔峰	温宿县	野生动植物	森林生态	1980/1/1
		西天山	巩留县	雪岭云杉林森林生态系统	森林生态	1983/1/2
		甘家湖梭梭林	乌苏县	梭梭林及生境	荒漠生态	1983/10/1
		哈纳斯	布尔津县、哈巴河县	西伯利亚动植物区系及自然景观	森林生态	1980/5/1
		塔里木胡杨	尉犁县、轮台县	胡杨林及其荒漠生态系统	森林生态	2006/2/11
		艾比湖湿地	博乐市、精河县	湿地及珍稀野生动植物	内陆湿地	2007/4/6
		布尔根河狸	青河县	珍稀濒危的蒙新河狸和鸟类以及生境	野生动物	2013/12/1
		巴尔鲁克山	裕民县、托里县	巴尔鲁克山森林生态系统以及野巴旦杏、野苹果等濒危珍贵物种	森林生态	2014/12/23
		伊宁小叶白蜡	伊宁县	唯一的天然小叶白蜡集中地	野生植物	2016/5/2
		霍城四爪陆龟	霍城县	珍稀动物四爪陆龟及其生境	野生动物	2016/5/2
		北鲵	苏鲁别珍	北鲵	野生动物	2018/3/19
		阿勒泰科克苏湿地	阿勒泰市	湿地	内陆湿地	2017/7/4

■民族自治地方国家 AAAAA 级旅游景区

（截至 2020 年）

地　区	数量	名　称
内蒙古自治区	6	达拉特旗响沙湾旅游景区
		伊金霍洛旗成吉思汗陵旅游区
		满洲里市中俄边境旅游区
		阿尔山市柴河旅游景区
		赤峰市克什克腾旗阿斯哈图石阵景区
		阿拉善盟额济纳旗胡杨林
辽宁省	1	本溪满族自治县本溪水洞景区
吉林省	2	延边朝鲜族自治州安图县长白山景区
		延边朝鲜族自治州敦化市六鼎山文化旅游区
湖北省	4	长阳土家族自治县清江画廊景区
		恩施土家族苗族自治州恩施市恩施大峡谷景区
		恩施土家族苗族自治州利川市腾龙洞景区
		恩施土家族苗族自治州巴东县神农溪纤夫文化旅游区
广西壮族自治区	8	桂林市漓江景区
		桂林市乐满地度假世界
		桂林独秀峰 · 靖江王城景区
		南宁市青秀山旅游区
		桂林市两江四湖(秀峰区) · 象山(象山区)景区
		崇左市大新县德天跨国瀑布景区
		百色市右江区百色起义纪念园景区
		北海市海城区涠洲岛南湾鳄鱼山景区
海南省	2	保亭黎族苗族自治县呀诺达雨林文化旅游区
		陵水黎族自治县分界洲岛旅游区
重庆市	2	酉阳土家族苗族自治县桃花源景区
		彭水苗族土家族自治县阿依河景区
四川省	6	北川羌族自治县羌城旅游区
		阿坝藏族羌族自治州九寨沟旅游景区
		阿坝藏族羌族自治州松潘县黄龙风景名胜区
		阿坝藏族羌族自治州汶川特别旅游区
		甘孜藏族自治州泸定县海螺沟景区
		甘孜藏族自治州稻城县稻城亚丁旅游景区
贵州省	3	镇宁布依族苗族自治县黄果树瀑布景区
		黔南布依族苗族自治州荔波县樟江景区
		黔东南苗族侗族自治州镇远县镇远古城旅游景区
云南省	6	迪庆藏族自治州香格里拉市普达措国家公园
		西双版纳傣族自治州勐腊县中科院西双版纳热带植物园
		大理白族自治州大理市崇圣寺三塔文化旅游区
		玉龙纳西族自治县玉龙雪山景区
		石林彝族自治县石林风景区
		文山壮族苗族自治州丘北县普者黑旅游景区

续表

地　区	数量	名　称
西藏自治区	5	拉萨市布达拉宫景区
		拉萨市大昭寺景区
		林芝市工布江达县巴松措景区
		日喀则市桑珠孜区扎什伦寺景区
		林芝市米林县雅鲁藏布大峡谷旅游景区
甘肃省	1	临夏回族自治州永靖县炳灵寺景区
青海省	2	互助土族自治县互助土族故土园旅游区
		海北藏族自治州祁连县阿咪东索景区
宁夏回族自治区	4	石嘴山市沙湖旅游景区
		中卫市沙坡头旅游景区
		银川市西夏区宁夏镇北堡西部影视城
		银川市灵武市水洞沟旅游区
新疆维吾尔自治区	14	昌吉回族自治州阜康市天山天池风景名胜区
		吐鲁番市高昌区葡萄沟风景区
		伊犁哈萨克自治州阿勒泰地区布尔津县喀纳斯景区
		伊犁哈萨克自治州新源县那拉提旅游风景区
		伊犁哈萨克自治州阿勒泰地区富蕴县可可托海景区
		喀什地区泽普县金胡杨景区
		乌鲁木齐市乌鲁木齐县天山大峡谷
		巴音郭楞蒙古自治州博湖县博斯腾湖景区
		喀什地区喀什市喀什噶尔老城景区
		伊犁哈萨克自治州特克斯县喀拉峻景区
		巴音郭楞蒙古自治州和静县巴音布鲁克景区
		伊犁哈萨克自治州阿勒泰地区哈巴河县白沙湖景区
		喀什地区塔什库尔干塔吉克自治县帕米尔旅游区
		克拉玛依市乌尔禾区世界魔鬼城景区

■民族自治地方国家级风景名胜区

（截至 2020 年）

地　区	数量	名称
内蒙古自治区	2	扎兰屯风景名胜区
		额尔古纳风景名胜区
辽宁省	2	青山沟风景名胜区
		本溪水洞风景名胜区
吉林省	2	仙景台风景名胜区
		防川风景名胜区
湖南省	4	猛洞河风景名胜区
		德夯风景名胜区
		万佛山—侗寨风景名胜区
		湖南省凤凰风景名胜区

续表 1

地　区	数量	名称
广西壮族自治区	3	桂林漓江风景名胜区
		桂平西山风景名胜区
		花山风景名胜区
四川省	4	黄龙寺－九寨沟风景名胜区
		贡嘎山风景名胜区
		四姑娘山风景名胜区
		邛海－螺髻山风景名胜区
贵州省	11	黄果树风景名胜区
		潕阳河风景名胜区
		荔波樟江风景名胜区
		马岭河峡谷风景名胜区
		都匀斗篷山－剑江风景名胜区
		黎平侗乡风景名胜区
		紫云格凸河穿洞风景名胜区
		平塘风景名胜区
		榕江苗山侗水风景名胜区
		沿河乌江山峡风景名胜区
		瓮安江界河风景名胜区
云南省	9	路南石林风景名胜区
		西双版纳风景名胜区
		大理风景名胜区
		三江并流风景名胜区
		丽江玉龙雪山风景名胜区
		瑞丽江—大盈江风景名胜区
		省建水风景名胜区
		普者黑风景名胜区
		阿庐风景名胜区
西藏自治区	4	雅砻河风景名胜区
		纳木措–念青唐古拉山风景名胜区
		唐古拉山–怒江源风景名胜区
		西藏自治区土林–古格风景名胜区
青海省	1	青海湖风景名胜区
宁夏回族自治区	2	西夏王陵风景名胜区
		宁夏回族自治区须弥山石窟风景名胜区
新疆维吾尔自治区	6	天山天池风景名胜区
		库木塔格沙漠风景名胜区
		博斯腾湖风景名胜区
		赛里木湖风景名胜区
		托木尔大峡谷风景名胜区
		罗布人村寨风景名胜区

民族自治地方国家历史文化名城、中国历史文化名镇、中国历史文化名村名单

■民族自治地方国家历史文化名城

（截至 2020 年）

地区	数量	名称
内蒙古自治区	1	呼和浩特市
湖南省	1	凤凰县
广西壮族自治区	3	桂林市、柳州市、北海市
四川省	1	会理县
贵州省	1	镇远县
云南省	3	大理市、巍山彝族回族自治县、建水县
西藏自治区	3	拉萨市、桑珠孜区、江孜县
青海省	1	同仁县
宁夏回族自治区	1	银川市
新疆维吾尔自治区	5	喀什市、吐鲁番市、库车县、伊宁市、特克斯县

■民族自治地方中国历史文化名镇

（截至 2020 年）

地区	数量	名称
内蒙古自治区	5	牙克石市博克图镇
		多伦县多伦淖尔镇
		丰镇市隆盛庄镇
		喀喇沁旗王爷府镇
		库伦旗库伦镇
辽宁省	1	新宾满族自治县永陵镇
浙江省	1	景宁畲族自治县鹤溪镇
湖北省	1	恩施土家族苗族自治州宣恩县椒园镇
湖南省	4	湘西土家族苗族自治州龙山县里耶镇
		湘西土家族苗族自治州永顺县芙蓉镇
		湘西土家族苗族自治州泸溪县浦市镇
		湘西土家族苗族自治州花垣县边城镇

续表

地区	数量	名称
广西壮族自治区	10	昭平县黄姚镇
		灵川县大圩镇
		阳朔县兴坪镇
		阳朔县福利镇
		兴安县界首镇
		恭城瑶族自治县恭城镇
		贺州市八步区贺街镇
		鹿寨县中渡镇
		防城港市防城区那良镇
		兴安县界首镇
重庆市	2	阳土家族苗族自治县
		酉阳土家族苗族自治县龚滩镇
贵州省	3	黔东南苗族侗族自治州黄平县旧州镇
		黔东南苗族侗族自治州雷山县西江镇
		松桃苗族自治县寨英镇
云南省	6	楚雄彝族自治州禄丰县黑井镇
		大理白族自治州剑川县沙溪镇
		孟连傣族拉祜族佤族自治县娜允镇
		大理白族自治州宾川县州城镇
		大理白族自治州洱源县凤羽镇
		红河哈尼族彝族自治州蒙自市新安所镇
西藏自治区	5	乃东区昌珠镇
		定结县陈塘镇
		贡嘎县杰德秀镇
		日喀则市萨迦镇
		札达县托林镇
甘肃省	1	甘南藏族自治州临潭县新城镇
青海省	1	循化撒拉族自治县街子镇
新疆维吾尔自治区	3	鄯善县鲁克沁镇
		霍城县惠远镇
		富蕴县可可托海镇

■民族自治地方中国历史文化名村

(截至 2020 年)

地区	数量	名称
内蒙古自治区	2	土默特右旗美岱召镇美岱召村
		包头市石拐区五当召镇五当召村
吉林省	1	延边朝鲜族自治州图们市月晴镇白龙村
湖北省	4	恩施土家族苗族自治州恩施市崔家坝镇滚龙坝村
		恩施土家族苗族自治州宣恩县沙道沟镇两河口村
		恩施土家族苗族自治州宣恩县椒园镇庆阳坝村
		恩施土家族苗族自治州利川市谋道镇鱼木村
湖南省	5	湘西土家族苗族自治州龙山县苗儿滩镇捞车村
		通道侗族自治县坪坦乡坪坦村
		通道侗族自治县双江镇芋头村
		通道侗族自治县清塘镇楼田村
		湘西土家族苗族自治州永顺县灵溪镇老司城村
广东省	1	连南瑶族自治县三排镇南岗古排村
广西壮族自治区	29	富川瑶族自治县朝东镇秀水村
		灵山县佛子镇大芦村
		富川瑶族自治县古城镇秀山村
		南宁市江南区江西镇同江村三江坡
		南宁市江南区江西镇扬美村
		玉林市玉州区城北街道办事处高山村
		宾阳县古辣镇蔡村
		岑溪市筋竹镇云龙村
		富川瑶族自治县朝东镇福溪村
		灌阳县文市镇月岭村
		贺州市平桂区沙田镇龙井村
		灵川县青狮潭镇江头村
		灵山县新圩镇萍塘村
		陆川县平乐镇长旺村
		天峨县三堡乡三堡村
		兴安县漠川乡榜上村
		兴业县葵阳镇榜山村
		兴业县龙安镇龙安村
		兴业县石南镇庞村
		兴业县石南镇谭良村

续表 1

地区	数量	名称
		阳朔县白沙镇旧县村
		阳朔县高田镇朗梓村
		玉林市福绵区新桥镇大楼村
		玉林市玉州区南江街道岭塘村(朱砂垌)
		钟山县公安镇大田村
		钟山县公安镇荷塘村
		钟山县回龙镇龙道村
		钟山县清塘镇英家村
		钟山县燕塘镇玉坡村
四川省	1	甘孜藏族自治州丹巴县梭坡乡莫洛村
贵州省	10	黔东南苗族侗族自治州锦屏县隆里乡隆里村
		黔东南苗族侗族自治州黎平县肇兴乡肇兴寨村
		黔东南苗族侗族自治州从江县往洞乡增冲村
		三都水族自治县都江镇怎雷村
		黔东南苗族侗族自治州雷山县郎德镇上郎德村
		务川仡佬族苗族自治县大坪镇龙潭村
		黔东南苗族侗族自治州从江县丙妹镇岜沙村
		黔东南苗族侗族自治州黎平县茅贡乡地扪村
		黔东南苗族侗族自治州榕江县栽麻乡大利村
		务川仡佬族苗族自治县大坪镇龙潭村
云南省	6	大理白族自治州云龙县诺邓镇诺邓村
		红河哈尼族彝族自治州石屏县宝秀镇郑营村
		巍山彝族回族自治县永建镇东莲花村
		大理白族自治州祥云县云南驿镇云南驿村
		大理白族自治州弥渡县密祉乡文盛街村
		大理白族自治州永平县博南镇曲硐村
西藏自治区	4	吉隆县吉隆镇帮兴村
		尼木县吞巴乡吞达村
		普兰县普兰镇科迦村
		工布江达县错高乡错高村
青海省	5	黄南藏族自治州同仁县年都乎乡郭麻日村
		玉树藏族自治州玉树市仲达乡电达村
		循化撒拉族自治县清水乡大庄村
		玉树藏族自治州玉树市安冲乡拉则村
		果洛藏族自治州班玛县灯塔乡班前村
宁夏回族自治区	1	中卫市香山乡南长滩村
新疆维吾尔自治区	4	鄯善县吐峪沟乡麻扎村
		哈密市回城乡阿勒屯村
		哈密市五堡乡博斯坦村
		特克斯县喀拉达拉乡琼库什台村

中国少数民族特色村寨名单

■首批中国少数民族特色村寨

地　区	数量（个）	少数民族特色村寨名称
北京市	4	北京市房山区窦店镇窦店村
		北京市顺义区后沙峪镇回民营村
		北京市密云县古北口镇古北口村
		北京市延庆县大庄科乡慈母川村
天津市	1	天津市蓟县孙各庄满族乡隆福寺村
河北省	9	河北省张家口市崇礼县西湾子镇黄土嘴村
		河北省承德市宽城满族自治县化皮溜子乡西岔沟村
		河北省秦皇岛市青龙满族自治县安子岭乡东山村
		河北省唐山市迁西县汉儿庄乡太阳峪村
		河北省唐山市玉田县唐自头镇小陵村
		河北省保定市易县西陵镇凤凰台村
		河北省保定市易县西陵镇忠义村
		河北省沧州市青县曹寺乡马家场村
		河北省沧州市海兴县赵毛陶镇小尤村
内蒙古自治区	3	内蒙古自治区呼伦贝尔市根河市敖鲁古雅鄂温克民族乡敖鲁古雅村
		内蒙古自治区呼伦贝尔市阿荣旗新发朝鲜族乡东光村
		内蒙古自治区锡林郭勒盟太仆寺旗贡宝力格苏木后瓦窑嘎查
辽宁省	4	辽宁省朝阳市喀喇沁左翼蒙古族自治县南哨镇白音爱里村
		辽宁省抚顺市新宾满族自治县永陵镇赫图阿拉村
		辽宁省丹东市凤城市凤山区大梨树村
		辽宁省盘锦市盘山县胡家镇红岩村
吉林省	9	吉林省吉林市龙潭区乌拉街满族镇阿拉底村
		吉林省白山市浑江区七道江镇鲜明村
		吉林省白山市抚松县漫江镇锦江满族木屋村
		吉林省白山市长白朝鲜族自治县马鹿沟镇果园村
		吉林省延边朝鲜族自治州图们市月晴镇白龙村

续表 1

地　区	数量（个）	少数民族特色村寨名称
吉林省	9	吉林省延边朝鲜族自治州珲春市敬信镇防川村
		吉林省延边朝鲜族自治州和龙市西城镇金达莱村
		吉林省延边朝鲜族自治州安图县石门镇茶条村
		吉林省延边朝鲜族自治州安图县二道白河镇奶头山村
黑龙江省	4	黑龙江省齐齐哈尔市梅里斯达斡尔族区雅尔赛镇哈拉新村
		黑龙江省黑河市爱辉区新生鄂伦春族乡新生村
		黑龙江省佳木斯市郊区敖其镇敖其赫哲族村
		黑龙江省牡丹江市宁安市江南朝鲜族满族乡明星村
江苏省	1	江苏省扬州市高邮市菱塘回族乡清真村
浙江省	6	浙江省杭州市桐庐县莪山畲族乡中门民族村
		浙江省湖州市安吉县章村镇郎村村
		浙江省温州市平阳县南雁镇堂基村
		浙江省丽水市莲都区大港头镇利山村
		浙江省丽水市景宁畲族自治县东坑镇深垟村
		浙江省丽水市景宁畲族自治县大均乡李宝村
安徽省	2	安徽省安庆市望江县漳湖镇回民村
		安徽省宣城市宁国市云梯畲族乡千秋村
福建省	10	福建省福州市长乐市航城街道琴江满族村
		福建省福州市连江县东湖镇天竹村
		福建省南平市延平区水南街道岭炳洋村
		福建省三明市永安市青水畲族乡沧海村
		福建省漳州市漳浦县湖西畲族乡顶坛村
		福建省漳州市华安县新圩镇官畲村
		福建省宁德市蕉城区金涵畲族乡上金贝村
		福建省宁德市蕉城区八都镇猴盾村
		福建省宁德市福安市穆云畲族乡溪塔村
		福建省宁德市霞浦县溪南镇白露坑村
江西省	3	江西省赣州市赤土畲族乡青塘村大岭背组
		江西省吉安市青原区东固畲族乡江口民族村蔡家垅自然村
		江西省吉安市峡江县金坪民族乡新民村
河南省	5	河南省洛阳市栾川县城关镇大南沟村
		河南省焦作市沁阳市太行办事处水南关村
		河南省开封市开封县朱仙镇西大街村
		河南省平顶山市叶县马庄回族乡李庄村
		河南省南阳市方城县袁店回族乡汉山村

续表 2

地　区	数量（个）	少数民族特色村寨名称
湖北省	21	湖北省襄阳市宜城市板桥店镇王台回族村
		湖北省宜昌市点军区土城乡车溪村
		湖北省宜昌市宜都市潘家湾土家族乡潘家湾村
		湖北省宜昌市长阳土家族自治县武落钟离山庄溪村
		湖北省神农架林区下谷坪土家族乡金甲坪村
		湖北省神农架林区下谷坪土家族乡兴隆寺村
		湖北省恩施土家族苗族自治州恩施市白杨坪乡熊家岩村
		湖北省恩施土家族苗族自治州恩施市白杨坪乡麂子渡村
		湖北省恩施土家族苗族自治州恩施市三岔乡莲花池村
		湖北省恩施土家族苗族自治州恩施市芭蕉侗族乡戽口村
		湖北省恩施土家族苗族自治州恩施市芭蕉侗族乡高拱桥村
		湖北省恩施土家族苗族自治州建始县高坪镇大店子村
		湖北省恩施土家族苗族自治州巴东县水布垭镇围龙坝村
		湖北省恩施土家族苗族自治州巴东县野三关镇石桥坪村
		湖北省恩施土家族苗族自治州宣恩县彭家寨
		湖北省恩施土家族苗族自治州咸丰县黄金洞乡麻柳溪村
		湖北省恩施土家族苗族自治州来凤县三湖乡黄柏村
		湖北省恩施土家族苗族自治州来凤县百福司镇南河村
		湖北省恩施土家族苗族自治州鹤峰县中营镇大路坪村
		湖北省恩施土家族苗族自治州鹤峰县五里乡南村村
		湖北省恩施土家族苗族自治州鹤峰县邬阳乡斑竹村
湖南省	27	湖南省长沙市开福区捞刀河镇汉回村
		湖南省张家界市永定区王家坪镇石堰坪村
		湖南省张家界市慈利县阳和土家族乡杨家坪村
		湖南省常德市桃源县枫树维回乡维回新村
		湖南省常德市石门县罗坪乡长梯隘村
		湖南省郴州市资兴市团结瑶族乡二峰村
		湖南省永州市江永县千家峒瑶族乡刘家庄村
		湖南省邵阳市隆回县虎形山瑶族乡崇木凼村
		湖南省邵阳市绥宁县黄桑坪苗族乡上堡村
		湖南省邵阳市城步苗族自治县长安营乡大寨村
		湖南省邵阳市城步苗族自治县丹口镇桃林村
		湖南省怀化市新晃侗族自治县凉伞镇冲首村
		湖南省怀化市新晃侗族自治县贡溪乡天井寨

续表 3

地　区	数量（个）	少数民族特色村寨名称
湖南省	27	湖南省怀化市芷江侗族自治县碧涌镇碧河村
		湖南省怀化市靖州苗族侗族自治县三锹乡地笋村
		湖南省怀化市通道侗族自治县坪坦乡坪坦村
		湖南省怀化市通道侗族自治县坪坦乡横岭村
		湖南省湘西土家族苗族自治州吉首市矮寨镇德夯村
		湖南省湘西土家族苗族自治州吉首市寨阳乡坪朗村
		湖南省湘西土家族苗族自治州花垣县边城乡隘门村
		湖南省湘西土家族苗族自治州花垣县排料乡金龙村
		湖南省湘西土家族苗族自治州保靖县普戎镇亨章村
		湖南省湘西土家族苗族自治州古丈县默戎镇龙鼻村
		湖南省湘西土家族苗族自治州永顺县芙蓉镇（王村古镇）
		湖南省湘西土家族苗族自治州永顺县大坝乡双凤村
		湖南省湘西土家族苗族自治州永顺县灵溪镇司城村
		湖南省湘西土家族苗族自治州龙山县苗儿滩镇捞车河村
广东省	7	广东省清远市连南瑶族自治县三排镇南岗千年瑶寨
		广东省清远市连南瑶族自治县三排镇连水村委会墩龙瑶寨
		广东省清远市连南瑶族自治县三排镇油岭村委会油岭古寨
		广东省韶关市乳源瑶族自治县必背镇必背村委会必背口村
		广东省韶关市乳源瑶族自治县游溪镇大寮坑村委会八一瑶族新村
		广东省韶关市乳源瑶族自治县东坪镇新村村委会东莞“双到”瑶族新村
		广东省汕尾市海丰县鹅埠镇红罗畲族村
广西壮族自治区	59	广西壮族自治区南宁市兴宁区三塘镇路东村留肖坡
		广西壮族自治区桂林市全州县东山瑶族乡清水村委清水村
		广西壮族自治区桂林市兴安县华江瑶族乡千祥村军田头屯、瓦窑面屯
		广西壮族自治区桂林市灌阳县洞井瑶族乡洞井村洞井自然村
		广西壮族自治区桂林市资源县两水苗族乡社水村
		广西壮族自治区桂林市荔浦县蒲芦瑶族乡福文村纳兑屯
		广西壮族自治区桂林市龙胜各族自治县乐江乡宝赠侗寨
		广西壮族自治区桂林市龙胜各族自治县泗水乡周家村白面瑶寨
		广西壮族自治区桂林市龙胜各族自治县和平乡龙脊古壮寨
		广西壮族自治区桂林市龙胜各族自治县和平乡金竹壮寨
		广西壮族自治区桂林市龙胜各族自治县和平乡平安壮寨
		广西壮族自治区桂林市龙胜各族自治县和平乡黄洛瑶寨
		广西壮族自治区桂林市龙胜各族自治县乐江乡地灵侗寨

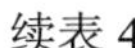

续表 4

地　区	数量（个）	少数民族特色村寨名称
广西壮族自治区	59	广西壮族自治区桂林市龙胜各族自治县平等乡广南侗寨
		广西壮族自治区桂林市龙胜各族自治县平等乡平等侗寨
		广西壮族自治区桂林市龙胜各族自治县三门镇同烈瑶寨
		广西壮族自治区桂林市龙胜各族自治县伟江乡布弄苗寨
		广西壮族自治区桂林市恭城瑶族自治县莲花镇红岩村
		广西壮族自治区柳州市柳城县古砦仫佬族乡滩头屯
		广西壮族自治区柳州市融安县雅瑶乡章口村
		广西壮族自治区柳州市三江侗族自治县林溪乡高秀村
		广西壮族自治区柳州市三江侗族自治县林溪乡高友村
		广西壮族自治区柳州市三江侗族自治县林溪乡冠洞村冠小屯
		广西壮族自治区柳州市三江侗族自治县林溪乡马鞍屯
		广西壮族自治区柳州市三江侗族自治县独峒乡高定村
		广西壮族自治区柳州市三江侗族自治县独峒乡岜团村
		广西壮族自治区柳州市三江侗族自治县独峒乡林略村
		广西壮族自治区柳州市三江侗族自治县独峒乡唐朝村
		广西壮族自治区柳州市三江侗族自治县独峒乡八协村座龙屯
		广西壮族自治区柳州市三江侗族自治县八江乡布央村
		广西壮族自治区柳州市三江侗族自治县丹洲镇丹洲村
		广西壮族自治区柳州市三江侗族自治县良口乡和里村欧阳屯
		广西壮族自治区柳州市融水苗族自治县安陲乡吉曼村吉曼屯
		广西壮族自治区柳州市融水苗族自治县杆洞乡杆洞村杆洞屯
		广西壮族自治区柳州市融水苗族自治县四荣乡东田村小东江屯
		广西壮族自治区柳州市融水苗族自治县四荣乡荣地村
		广西壮族自治区柳州市融水苗族自治县香粉乡雨卜村卜令屯
		广西壮族自治区柳州市融水苗族自治县香粉乡中坪村雨梅屯
		广西壮族自治区柳州市融水苗族自治县安太乡林洞村
		广西壮族自治区柳州市融水苗族自治县大浪乡大新村红邓屯
		广西壮族自治区柳州市融水苗族自治县大浪乡高培村上寨屯
		广西壮族自治区柳州市融水苗族自治县拱洞乡龙培村
		广西壮族自治区梧州市蒙山县长坪瑶族乡平垌瑶寨
		广西壮族自治区防城港市防城区那良镇高林村
		广西壮族自治区崇左市凭祥市夏石镇新鸣村板小屯
		广西壮族自治区崇左市大新县堪圩乡明仕村弄朋屯
		广西壮族自治区崇左市宁明县城中镇珠连村攀龙屯

续表 5

地　区	数量（个）	少数民族特色村寨名称
广西壮族自治区	59	广西壮族自治区百色市右江区平圩民族新村
		广西壮族自治区百色市德保县城关镇西读村大朔屯
		广西壮族自治区百色市靖西县新靖镇旧州街
		广西壮族自治区百色市西林县马蚌乡浪吉村那岩古木寨
		广西壮族自治区河池市南丹县里湖瑶族乡怀里屯
		广西壮族自治区河池市南丹县里湖瑶族乡王尚屯
		广西壮族自治区河池市南丹县里湖瑶族乡八雅村巴哈屯
		广西壮族自治区河池市罗城仫佬族自治县东门镇中石村石围屯
		广西壮族自治区河池市环江毛南族自治县下南乡中南村南昌屯
		广西壮族自治区来宾市金秀瑶族自治县金秀镇金田村美村屯
		广西壮族自治区贺州市昭平县黄姚镇黄姚街黄姚屯
		广西壮族自治区贺州市富川瑶族自治县城北镇凤溪村
海南省	3	海南省万宁市长丰镇边肚村委会文通村
		海南省白沙黎族自治县元门乡罗帅村
		海南省保亭黎族苗族自治县三道镇什进村
重庆市	5	重庆市黔江区小南海镇板夹溪十三寨
		重庆市石柱土家族自治县冷水镇八龙山寨
		重庆市彭水苗族土家族自治县鞍子镇罗家坨苗寨
		重庆市酉阳土家族苗族自治县酉水河镇河湾山寨
		重庆市秀山土家族苗族自治县海洋乡岩院古寨
四川省	5	四川省乐山市峨边彝族自治县哈曲乡解放村
		四川省阿坝藏族羌族自治州茂县南新镇牟托村
		四川省阿坝藏族羌族自治州松潘县山巴乡上磨村
		四川省甘孜藏族自治州色达县色柯镇姑咱二村
		四川省凉山彝族自治州布拖县特木里镇日嘎村
贵州省	62	贵州省贵阳市乌当区偏坡乡偏坡村
		贵州省贵阳市乌当区王岗村
		贵州省贵阳市乌当区偏坡乡下院村
		贵州省贵阳市花溪区青岩镇龙井村
		贵州省贵阳市清镇市红枫湖镇大冲村虎山彝寨
		贵州省贵阳市开阳县南江布依族苗族乡龙广村
		贵州省六盘水市盘县淤泥彝族乡麻郎垤村
		贵州省遵义市赤水市大同镇民族村
		贵州省遵义市遵义县平正仡佬族乡红心村

续表 6

地　区	数量（个）	少数民族特色村寨名称
贵州省	62	贵州省遵义市习水县桑木镇土河村
		贵州省遵义市道真仡佬族苗族自治县玉溪镇桑木坝村
		贵州省遵义市务川仡佬族苗族自治县大坪镇龙潭村
		贵州省安顺市经济技术开发区幺铺镇尚兴村
		贵州省安顺市关岭布依族苗族自治县断桥镇木城村
		贵州省安顺市镇宁布依族苗族自治县城关镇高荡村
		贵州省安顺市黄果树风景名胜区黄果树镇石头寨村
		贵州省安顺市黄果树风景名胜区白水镇滑石哨村
		贵州省毕节市黔西县百里杜鹃管委会金坡彝族苗族满族乡附源村
		贵州省毕节市赫章县朱市乡韭菜坪村
		贵州省毕节市威宁彝族回族苗族自治县板底乡板底村
		贵州省铜仁市万山区高楼坪乡青年湖村
		贵州省铜仁市江口县太平镇梵净山村寨沙侗寨
		贵州省铜仁市江口县太平镇云舍村
		贵州省铜仁市石阡县坪山乡尧上村
		贵州省铜仁市石阡县国荣乡楼上村
		贵州省铜仁市石阡县枫香乡鸳鸯湖村
		贵州省铜仁市印江土家族苗族自治县永义县团龙村
		贵州省铜仁市沿河土家族自治县沙子镇南庄村
		贵州省铜仁市松桃苗族自治县正大乡薅菜村
		贵州省铜仁市松桃苗族自治县盘信镇大湾村
		贵州省铜仁市松桃苗族自治县盘石镇响水洞村
		贵州省黔东南苗族侗族自治州凯里市三棵树镇乌利寨
		贵州省黔东南苗族侗族自治州天柱县坌处镇三门塘村
		贵州省黔东南苗族侗族自治州锦屏县隆里乡隆里所村
		贵州省黔东南苗族侗族自治州剑河县革东镇屯州村
		贵州省黔东南苗族侗族自治州台江县南宫乡交宫村
		贵州省黔东南苗族侗族自治州黎平县肇兴镇肇兴侗寨
		贵州省黔东南苗族侗族自治州黎平县双江镇四寨村
		贵州省黔东南苗族侗族自治州黎平县岩洞镇铜关村
		贵州省黔东南苗族侗族自治州榕江县平阳乡小丹江村
		贵州省黔东南苗族侗族自治州雷山县西江镇西江村
		贵州省黔东南苗族侗族自治州麻江县龙山镇复兴村
		贵州省黔东南苗族侗族自治州麻江县杏山镇六堡村

续表 7

地　区	数量（个）	少数民族特色村寨名称
贵州省	62	贵州省黔东南苗族侗族自治州丹寨县龙泉镇卡拉村
		贵州省黔东南苗族侗族自治州丹寨县南皋乡石桥村
		贵州省黔南布依族苗族自治州都匀市经济开发区坝固镇坝固村坡脚寨
		贵州省黔南布依族苗族自治州福泉市黄丝镇黄丝村
		贵州省黔南布依族苗族自治州荔波县瑶山乡拉片村
		贵州省黔南布依族苗族自治州贵定县盘江镇音寨村
		贵州省黔南布依族苗族自治州独山县影山镇翁奇村
		贵州省黔南布依族苗族自治州平塘县卡蒲乡场河村
		贵州省黔南布依族苗族自治州惠水县好花红乡好花红村
		贵州省黔南布依族苗族自治州惠水县大龙乡九龙村
		贵州省黔南布依族苗族自治州三都水族自治县三合镇姑挂村
		贵州省黔西南布依族苗族自治州兴义市万峰林街道办事处纳灰村
		贵州省黔西南布依族苗族自治州兴义市义龙新区顶效镇楼纳村
		贵州省黔西南布依族苗族自治州兴义市义龙新区郑屯镇民族村
		贵州省黔西南布依族苗族自治州兴仁县屯脚镇鲤鱼坝村
		贵州省黔西南布依族苗族自治州兴仁县鲁础营回族乡鲁础营村
		贵州省黔西南布依族苗族自治州兴仁县李关乡鹧鸪园村
		贵州省黔西南布依族苗族自治州贞丰县者相镇纳孔村
		贵州省黔西南布依族苗族自治州安龙县钱相乡打凼村
云南省	41	云南省昆明市石林彝族自治县石林镇和摩站村委会寺背后村
		云南省玉溪市通海县兴蒙乡白阁村
		云南省保山市腾冲县滇滩镇联族村委会水城村
		云南省保山市腾冲县芒棒镇蔓乃村委会马家寨
		云南省昭通市鲁甸县桃源乡桃源村
		云南省丽江市古城区束河镇龙泉社区仁里村
		云南省丽江市玉龙纳西族自治县白沙乡玉湖村
		云南省丽江市宁蒗彝族自治县永宁乡木底箐村普米新村
		云南省普洱市江城哈尼族彝族自治县整董镇整董村民委员会曼贺村
		云南省普洱市澜沧拉祜族自治县酒井乡老达保村
		云南省普洱市澜沧拉祜族自治县惠民乡芒景村翁基寨
		云南省临沧市耿马傣族佤族自治县孟定镇遮哈村芒团村
		云南省临沧市沧源佤族自治县翁丁村翁丁大寨村
		云南省德宏傣族景颇族自治州芒市三台山允欠村委会允欠三组
		云南省德宏傣族景颇族自治州瑞丽市勐卯镇姐东村委会喊沙村

续表 8

地 区	数量（个）	少数民族特色村寨名称
云南省	41	云南省德宏傣族景颇族自治州陇川县章凤镇芒弄村委会广山村
		云南省德宏傣族景颇族自治州陇川县户撒乡芒炳村委会芒旦村
		云南省怒江傈僳族自治州泸水县上江镇新建村委会大南茂村
		云南省怒江傈僳族自治州福贡县匹河乡老姆登村委会红卫村
		云南省怒江傈僳族自治州贡山独龙族怒族自治县丙中洛镇秋那桶村委会秋那桶村
		云南省怒江傈僳族自治州贡山独龙族怒族自治县独龙江乡孔当村委会腊配村
		云南省怒江傈僳族自治州兰坪白族普米族自治县通甸镇德胜村委会罗古箐村
		云南省迪庆藏族自治州香格里拉县建塘镇红坡村次尺迪村（霞给）
		云南省大理白族自治州祥云县禾甸镇大营社区村委会七宣村
		云南省大理白族自治州宾川县鸡足山镇沙址村委会寺前村
		云南省大理白族自治州云龙县诺邓镇诺邓村委会诺邓古村
		云南省大理白族自治州剑川县沙溪镇寺登村
		云南省大理白族自治州鹤庆县金墩乡银河村委会金翅鹤村
		云南省大理白族自治州鹤庆县草海镇新华村委会北邑村
		云南省大理白族自治州巍山彝族回族自治县永建镇永和村委会东莲花村
		云南省楚雄彝族自治州南华县龙川镇岔河村委会小岔河村
		云南省楚雄彝族自治州永仁县永定镇太平地村委会方山诸葛营村
		云南省红河哈尼族彝族自治州弥勒县西一镇起飞村委会红万村
		云南省红河哈尼族彝族自治州泸西县永宁乡永宁村委会城子古村
		云南省红河哈尼族彝族自治州元阳县新街镇土锅寨村委会大鱼塘村
		云南省红河哈尼族彝族自治州红河县甲寅乡阿撒村委会作夫村
		云南省红河哈尼族彝族自治州红河县宝华乡朝阳村委会龙甲村
		云南省文山壮族苗族自治州丘北县八道哨乡八道哨村民委上那红村
		云南省文山壮族苗族自治州广南县坝美镇者歪村委会坝美村
		云南省西双版纳傣族自治州景洪市基诺山乡巴亚村委会巴坡村
		云南省西双版纳傣族自治州勐腊县勐腊镇曼龙代村委会曼龙代村
西藏自治区	10	西藏自治区拉萨市尼木县吞巴乡吞达村
		西藏自治区拉萨市曲水县曲水镇俊巴村
		西藏自治区拉萨市堆龙德庆县东嘎镇桑木村
		西藏自治区林芝地区林芝县鲁朗镇东巴村
		西藏自治区林芝地区工布江达县江达乡太昭村
		西藏自治区林芝地区米林县南伊乡琼林村
		西藏自治区林芝地区米林县派镇格嘎村
		西藏自治区林芝地区波密县玉普乡米堆村

续表 9

地　区	数量（个）	少数民族特色村寨名称
西藏自治区	10	西藏自治区山南地区乃东县昌珠镇扎西曲登居委会
		西藏自治区日喀则地区拉孜县锡钦乡锡钦村
陕西省	5	陕西省宝鸡市陇县固关镇固关街村
		陕西省汉中市镇巴县清水乡朱家岭村
		陕西省安康市宁陕县江口回族镇高桥村
		陕西省商洛市镇安县茅坪回族镇茅坪村
		陕西省商洛市镇安县西口回族镇聂家沟村
甘肃省	5	甘肃省酒泉市肃北蒙古族自治县党城湾镇马场村
		甘肃省陇南市文县铁楼藏族乡麦贡山村
		甘肃省临夏回族自治州临夏市枹罕镇拜家村
		甘肃省临夏回族自治州东乡族自治县坪庄乡韩则岭村
		甘肃省甘南藏族自治州迭部县旺藏乡茨日那村
青海省	9	青海省西宁市大通回族土族自治县塔尔乡塔尔湾村
		青海省海东地区互助土族自治县五十镇北庄村
		青海省海东地区循化撒拉族自治县街子镇马家村
		青海省海东地区循化撒拉族自治县查汉都斯乡赞上村
		青海省海南藏族自治州贵德县河西镇下排村
		青海省黄南藏族自治州同仁县保安镇卧科村
		青海省黄南藏族自治州尖扎县昂拉乡尖巴昂村
		青海省黄南藏族自治州尖扎县坎布拉镇直岗拉卡村
		青海省海西蒙古族藏族自治州都兰县沟里乡秀拉赛堂村
宁夏回族自治区	12	宁夏回族自治区银川市兴庆区大新镇塔桥村
		宁夏回族自治区银川市永宁县闽宁镇原隆村
		宁夏回族自治区银川市永宁县杨河乡纳家户村
		宁夏回族自治区石嘴山市平罗县灵沙乡东润村
		宁夏回族自治区吴忠市利通区金积乡秦坝关村
		宁夏回族自治区吴忠市利通区古城镇党家河湾村
		宁夏回族自治区吴忠市利通区东塔寺乡穆民新村
		宁夏回族自治区吴忠市青铜峡市青铜峡镇余桥村
		宁夏回族自治区吴忠市盐池县冯记沟乡强记滩村
		宁夏回族自治区固原市原州区三营镇三营村
		宁夏回族自治区固原市泾源县泾河源镇冶家村
		宁夏回族自治区中卫市沙坡头区迎水桥镇鸣沙村

续表 10

地　区	数量（个）	少数民族特色村寨名称
新疆维吾尔自治区	8	新疆维吾尔自治区吐鲁番地区鄯善县鄯善城镇蒲昌村
		新疆维吾尔自治区吐鲁番地区鄯善县吐峪沟乡麻扎村
		新疆维吾尔自治区巴音郭楞蒙古自治州和硕县乃仁克尔乡乌勒泽特村
		新疆维吾尔自治区巴音郭楞蒙古自治州焉耆回族自治县永宁镇下岔河村
		新疆维吾尔自治区伊犁哈萨克自治州伊宁市都来提巴格街道办事处
		新疆维吾尔自治区伊犁哈萨克自治州伊宁县愉群翁回族乡愉群翁村
		新疆维吾尔自治区阿勒泰地区布尔津县喀纳斯景区管理委员会铁热克提乡白哈巴村
		新疆维吾尔自治区阿勒泰地区布尔津县喀纳斯景区管理委员会禾木哈纳斯蒙古民族乡禾木村

■第二批中国少数民族特色村寨

地　区	数量（个）	少数民族特色村寨名称
北京市	7	北京市怀柔区喇叭沟门满族乡中榆树店村
		北京市怀柔区喇叭沟门满族乡对角沟门村
		北京市怀柔区喇叭沟门满族乡苗营村
		北京市怀柔区长哨营满族乡七道梁村
		北京市怀柔区长哨营满族乡西沟村
		北京市怀柔区长哨营满族乡二道河村
		北京市延庆区井庄镇王仲营村
天津市	1	天津市蓟县渔阳镇桃花寺村
河北省	24	河北省辛集市新城镇南街回族村
		河北省唐山市遵化市马兰峪镇官房满族村
		河北省邯郸市大名县金滩镇金北回族村
		河北省邢台市经济开发区东汪镇七里桥村
		河北省保定市高碑店市和平办事处高二村
		河北省保定市涞水县娄村满族乡福山营村
		河北省承德市承德县两家满族乡大杨树林村
		河北省承德市承德县岗子满族乡郑栅子村
		河北省承德市兴隆县南天门满族乡郭家庄村
		河北省承德市平泉县柳溪镇大窝铺村
		河北省承德市平泉县党坝镇永安社区
		河北省承德市滦平县涝洼乡三岔口满族村
		河北省承德市滦平县两间房乡苇塘满族村
		河北省承德市丰宁满族自治县黄旗镇西村
		河北省承德市丰宁满族自治县南关蒙族乡云雾山村
		河北省承德市围场满族蒙古族自治县哈里哈乡扣花营村

续表 1

地　区	数量（个）	少数民族特色村寨名称
河北省	24	河北省承德市宽城满族自治县塌山乡尖宝山村
		河北省沧州市黄骅市羊二庄回族镇西段庄村
		河北省沧州市黄骅市羊三木回族乡刘皮庄村
		河北省沧州市盐山县韩集镇王古宅村
		河北省沧州市孟村回族自治县牛进庄乡北肖庄子村
		河北省廊坊市固安县柳泉镇大韩寨村
		河北省廊坊市大厂回族自治县夏垫镇南王庄村
		河北省廊坊市经济技术开发区南营村
内蒙古自治区	40	内蒙古自治区呼和浩特市回民区攸攸板镇西乌素图村
		内蒙古自治区呼和浩特市玉泉区小黑河镇西地村
		内蒙古自治区包头市昆都仑区卜尔汉图镇卜尔汉图嘎查
		内蒙古自治区包头市九原区阿嘎如泰苏木阿嘎如泰嘎查
		内蒙古自治区包头市九原区阿嘎如泰苏木梅力更嘎查
		内蒙古自治区包头市达茂旗巴音敖包苏木巴音花嘎查
		内蒙古自治区包头市达茂旗希拉穆仁镇哈拉乌素嘎查
		内蒙古自治区包头市达茂旗明安镇莎如塔拉嘎查
		内蒙古自治区包头市达茂旗百灵庙镇黄花滩村
		内蒙古自治区通辽市科左中旗花吐古拉镇浩日彦艾勒嘎查
		内蒙古自治区鄂尔多斯市鄂托克前旗昂素镇阿日赖嘎查
		内蒙古自治区鄂尔多斯市鄂托克旗苏米图苏木苏里格嘎查
		内蒙古自治区鄂尔多斯市乌审旗苏力德苏木陶尔庙嘎查
		内蒙古自治区鄂尔多斯市伊金霍洛旗伊金霍洛镇布拉格嘎查达尔扈特新村
		内蒙古自治区呼伦贝尔市额尔古纳市恩和俄罗斯民族乡恩和村
		内蒙古自治区呼伦贝尔市额尔古纳市三河回族乡上护林村
		内蒙古自治区呼伦贝尔市鄂伦春自治旗大杨树镇多布库尔猎民村
		内蒙古自治区呼伦贝尔市莫力达瓦达斡尔族自治旗腾克镇腾克村
		内蒙古自治区巴彦淖尔市临河区双河镇马场地村
		内蒙古自治区巴彦淖尔市五原县天吉泰镇天吉泰村
		内蒙古自治区巴彦淖尔市磴口县沙金苏木巴音宝力格嘎查
		内蒙古自治区巴彦淖尔市乌拉特前旗白彦花镇乌日图高勒嘎查
		内蒙古自治区巴彦淖尔市乌拉特中旗海流图镇巴仁宝勒格村
		内蒙古自治区巴彦淖尔市乌拉特后旗呼和温都尔镇那仁乌布尔嘎查
		内蒙古自治区巴彦淖尔市杭锦后旗团结镇联合蒙汉新村
		内蒙古自治区乌兰察布市察右后旗乌兰哈达苏木阿里乌素嘎查

续表 2

地　区	数量（个）	少数民族特色村寨名称
内蒙古自治区	40	内蒙古自治区兴安盟乌兰浩特市乌兰哈达镇三合村
		内蒙古自治区兴安盟科右前旗乌兰毛都苏木勿布林嘎查
		内蒙古自治区兴安盟科右前旗满族屯满族乡满族屯嘎查
		内蒙古自治区兴安盟扎赉特旗阿拉达尔吐苏木沙日格台嘎查
		内蒙古自治区兴安盟突泉县永安镇哈拉沁村
		内蒙古自治区锡林郭勒盟锡林浩特市白音锡勒牧场黄花树特分场
		内蒙古自治区锡林郭勒盟阿巴嘎旗洪格尔高勒镇萨如拉图雅嘎查
		内蒙古自治区锡林郭勒盟西乌珠穆沁旗脑干宝力格嘎查
		内蒙古自治区阿拉善盟阿拉善左旗巴彦浩特镇通古淖尔地区五嘎查
		内蒙古自治区阿拉善盟阿拉善右旗巴丹吉林镇阿日毛道嘎查
		内蒙古自治区阿拉善盟阿拉善右旗雅布赖镇新呼都格嘎查
		内蒙古自治区阿拉善盟阿拉善右旗阿拉腾敖包镇查干努如嘎查
		内蒙古自治区阿拉善盟阿拉善右旗塔木素布拉格苏木胡树其嘎查
		内蒙古自治区阿拉善盟额济纳旗达来呼布镇纳林高勒社区
辽宁省	31	辽宁省沈阳市沈北新区黄家街道腰长河村
		辽宁省沈阳市沈北新区兴隆台街道兴隆台村
		辽宁省沈阳市新民市后大河泡村
		辽宁省沈阳市辽中区冷子堡镇社甲村
		辽宁省沈阳市法库县公主陵村
		辽宁省大连市金普新区石河街道石河村
		辽宁省抚顺市新宾满族自治县大房子村
		辽宁省抚顺市新宾满族自治县蓝旗村
		辽宁省本溪市本溪满族自治县东营坊乡湖里村
		辽宁省本溪市本溪满族自治县小市镇同江峪村
		辽宁省本溪市桓仁满族自治县华来镇木盂子管委会木盂子村
		辽宁省丹东市东港市龙王庙镇龙王庙村
		辽宁省丹东市东港市小甸子镇海青房村
		辽宁省丹东市东港市椅圈镇依兰苏村
		辽宁省丹东市宽甸满族自治县青山沟镇青山沟村
		辽宁省丹东市宽甸满族自治县下露河朝鲜族乡通江村
		辽宁省锦州市北镇市常兴店镇杏叶村
		辽宁省阜新市阜新蒙古族自治县王府镇烟台营子村
		辽宁省辽阳市灯塔市大河南镇新光村
		辽宁省辽阳市辽阳县吉洞峪满族乡吉洞峪村

续表 3

地　区	数量（个）	少数民族特色村寨名称
辽宁省	31	辽宁省盘锦市盘山县甜水镇二创村
		辽宁省铁岭市清河区张相镇石家堡子村
		辽宁省铁岭市铁岭县白旗寨满族乡夹河厂村
		辽宁省铁岭市昌图县宝力农场孟可村
		辽宁省朝阳市北票市马友营蒙古族乡马友营村
		辽宁省朝阳市贾家店农场北德立吉村
		辽宁省朝阳市建平县三家蒙古族乡新爱里村
		辽宁省朝阳市喀左蒙古族自治县白塔子镇三道营子村
		辽宁省朝阳市喀左蒙古族自治县官大海管理区东官村
		辽宁省朝阳市喀左蒙古族自治县东哨镇十家子村
		辽宁省葫芦岛市建昌县杨树湾子乡蒙古营子村
吉林省	11	吉林省吉林市龙潭区乌拉街满族镇韩屯村
		吉林省辽源市东辽县安石镇朝阳村
		吉林省松原市前郭尔多斯蒙古族自治县查干花镇查干花村
		吉林省延边朝鲜族自治州延吉市依兰镇春兴村
		吉林省延边朝鲜族自治州延吉市小营镇河龙村
		吉林省延边朝鲜族自治州图们市石砚镇水南村
		吉林省延边朝鲜族自治州珲春市板石镇孟岭村
		吉林省延边朝鲜族自治州珲春市密江乡密江村
		吉林省延边朝鲜族自治州龙井市东盛涌镇仁化村
		吉林省延边朝鲜族自治州和龙市东城镇光东村
		吉林省延边朝鲜族自治州安图县万宝镇红旗村
黑龙江省	17	黑龙江省哈尔滨市南岗区红旗满族乡东升村
		黑龙江省哈尔滨市双城区农丰镇双利锡伯族村
		黑龙江省哈尔滨市双城区希勤乡希勤满族村
		黑龙江省哈尔滨市双城区幸福街道办事处久援满族村
		黑龙江省哈尔滨市尚志市鱼池朝鲜族乡新兴村
		黑龙江省鹤岗市萝北县东明朝鲜族乡红光村
		黑龙江省大庆市杜尔伯特蒙古族自治县巴彦查干乡永珍王府新村
		黑龙江省佳木斯市桦川县星火朝鲜族乡中星村
		黑龙江省佳木斯市同江市街津口赫哲族乡渔业村
		黑龙江省佳木斯市同江市八岔赫哲族乡八岔村
		黑龙江省牡丹江市西安区海南朝鲜族乡中兴村
		黑龙江省牡丹江市宁安市卧龙朝鲜族乡勤劳村

续表 4

地　区	数量（个）	少数民族特色村寨名称
黑龙江省	17	黑龙江省黑河市爱辉区瑷珲镇外四道沟村
		黑龙江省黑河市爱辉区坤河达斡尔族满族乡坤河村
		黑龙江省黑河市逊克县奇克镇边疆村
		黑龙江省绥化市庆安县致富乡兴隆村
		黑龙江省绥化市绥棱县上集镇大兴村
江苏省	3	江苏省南京市江宁区禄口街道石埝民族村
		江苏省常州市武进区雪堰镇城西回民村
		江苏省宿迁市泗阳县众兴镇杨集村
浙江省	15	浙江省杭州市桐庐县莪山畲族乡新丰民族村
		浙江省杭州市建德市大慈岩镇双泉民族村
		浙江省温州市平阳县青街畲族乡王神洞民族村
		浙江省温州市文成县黄坦镇培头民族村
		浙江省温州市泰顺县司前畲族镇左溪民族村
		浙江省温州市泰顺县竹里畲族乡竹里民族村
		浙江省湖州市安吉县报福镇中张民族村
		浙江省金华市武义县柳城畲族镇江下民族村
		浙江省衢州市衢江区大洲镇外焦民族村大路自然村
		浙江省衢州市龙游县沐尘畲族乡社里民族村
		浙江省丽水市莲都区老竹畲族镇沙溪民族村
		浙江省丽水市松阳县裕溪乡内陈民族村
		浙江省丽水市景宁畲族自治县东坑镇马坑民族村
		浙江省丽水市景宁畲族自治县鹤溪街道周湖民族村
		浙江省丽水市龙泉市八都镇署网民族村
安徽省	10	安徽省合肥市肥东县牌坊回族满族乡牌坊民族村
		安徽省蚌埠市五河县临北回族乡临北回族村
		安徽省淮南市八公山区山王镇闪冲回族村
		安徽省马鞍山市郑蒲港新区白桥镇陈桥洲民族村
		安徽省滁州市全椒县西王镇管坝民族村
		安徽省滁州市来安县施官镇贾龙民族村
		安徽省滁州市定远县二龙回族乡中汤村
		安徽省宿州市砀山县曹庄镇许庄回族村
		安徽省池州市东至县胜利镇江心回民村
		安徽省宣城市宣州区沈村镇胡村回族村

续表 5

地　区	数量（个）	少数民族特色村寨名称
福建省	32	福建省福州市连江县丹阳镇后冠村
		福建省福州市罗源县起步镇庭洋坂村
		福建省福州市罗源县霍口畲族乡福湖村
		福建省莆田市涵江区大洋乡坝头村
		福建省三明市永安市青水畲族乡青水村
		福建省三明市宁化县中沙乡下沙村
		福建省三明市大田县桃源镇东坂村
		福建省泉州市泉港区涂岭镇小坝村
		福建省泉州市石狮市永宁镇郭坑村
		福建省泉州市安溪县官桥镇善坛村
		福建省泉州市永春县东关镇南美村
		福建省漳州市芗城区天宝镇茶铺村
		福建省漳州市漳浦县赤岭畲族乡赤岭村
		福建省南平市顺昌县洋口镇田坪村
		福建省龙岩市漳平市赤水镇香寮民族村
		福建省龙岩市上杭县庐丰畲族乡丰康村
		福建省龙岩市上杭县官庄畲族乡树人村
		福建省宁德市蕉城区霍童镇八斗村
		福建省宁德市蕉城区九都镇九仙村
		福建省宁德市福安市康厝畲族乡金斗洋村
		福建省宁德市福安市坂中畲族乡廉岭村
		福建省宁德市福安市松罗乡后洋村
		福建省宁德市福安市穆云畲族乡虎头村
		福建省宁德市福鼎市磻溪镇赤溪村
		福建省宁德市福鼎市佳阳畲族乡双华村
		福建省宁德市福鼎市秦屿镇财堡村
		福建省宁德市福鼎市硖门畲族乡瑞云村
		福建省宁德市霞浦县崇儒畲族乡上水村
		福建省宁德市霞浦县三沙镇东山村
		福建省宁德市霞浦县水门畲族乡茶岗村
		福建省宁德市屏南县甘棠乡巴地村
		福建省宁德市寿宁县竹管垅乡李家洋村
江西省	9	江西省赣州市南康区赤土畲族乡花园畲族村地前组
		江西省赣州市信丰县正平镇球狮畲族村背村自然村

续表 6

地　区	数量（个）	少数民族特色村寨名称
江西省	9	江西省赣州市信丰县安西镇田垅畲族村金田高村小组
		江西省赣州市全南县陂头镇瑶族村(高围组和白芒坑组)
		江西省赣州市大余县青龙镇元龙畲族村蓝屋自然村
		江西省赣州市会昌县洞头乡洞头畲族村（围背组、罗丁坝组和双合坵组）
		江西省抚州市资溪县乌石镇新月畲族村新建村小组
		江西省上饶市铅山县太源畲族乡太源村水美自然村
		江西省上饶市三清山管委会枫林办事处引浆畲族村畲民新村
河南省	1	河南省平顶山市郏县姚庄回族乡三郎庙村
湖北省	28	湖北省宜昌市秭归县九畹溪镇石柱土家族村
		湖北省宜昌市五峰土家族自治县采花乡栗子坪村
		湖北省宜昌市五峰土家族自治县长乐坪镇腰牌村
		湖北省宜昌市枝江市安福寺镇秦家塝村
		湖北省恩施土家族苗族自治州恩施市白果乡金龙坝村
		湖北省恩施土家族苗族自治州恩施市龙凤镇龙马村
		湖北省恩施土家族苗族自治州恩施市龙凤镇青堡村
		湖北省恩施土家族苗族自治州恩施市沐抚办事处营上村
		湖北省恩施土家族苗族自治州利川市柏杨镇水井村
		湖北省恩施土家族苗族自治州利川市沙溪乡荷花村张高寨
		湖北省恩施土家族苗族自治州利川市团堡镇野猫水村
		湖北省恩施土家族苗族自治州建始县茅田乡耍操门村
		湖北省恩施土家族苗族自治州巴东县东瀼口镇牛洞坪村
		湖北省恩施土家族苗族自治州巴东县沿渡河镇石板坪村
		湖北省恩施土家族苗族自治州宣恩县高罗乡小茅坡营村
		湖北省恩施土家族苗族自治州宣恩县高罗镇板寮村
		湖北省恩施土家族苗族自治州宣恩县椒园镇庆阳坝村
		湖北省恩施土家族苗族自治州宣恩县万寨乡五家台村
		湖北省恩施土家族苗族自治州咸丰县大路坝区蛇盘溪村
		湖北省恩施土家族苗族自治州咸丰县高乐山镇沙坝村
		湖北省恩施土家族苗族自治州来凤县百福司镇舍米湖村
		湖北省恩施土家族苗族自治州来凤县百福司镇兴安村
		湖北省恩施土家族苗族自治州来凤县三胡乡石桥村
		湖北省恩施土家族苗族自治州鹤峰县铁炉白族乡细杉村
		湖北省恩施土家族苗族自治州鹤峰县下坪乡岩门村
		湖北省恩施土家族苗族自治州鹤峰县燕子乡董家村

续表 7

地　区	数量（个）	少数民族特色村寨名称
湖北省	28	湖北省恩施土家族苗族自治州鹤峰县走马镇官仓村
		湖北省神农架林区下谷坪土家族乡板桥河村
湖南省	31	湖南省株洲市炎陵县中村瑶族乡龙渣村
		湖南省邵阳市洞口县那溪瑶族乡白椒村
		湖南省邵阳市绥宁县关峡苗族乡花园阁村
		湖南省邵阳市隆回县山界回族乡民族村
		湖南省邵阳市城步苗族自治县丹口镇边溪村
		湖南省常德市石门县壶瓶山镇泥沙社区
		湖南省张家界市永定区王家坪镇关水坪村
		湖南省张家界市武陵源区中湖乡野鸡铺居委会
		湖南省张家界市慈利县广福桥镇老棚村
		湖南省张家界市桑植县洪家关白族乡泉峪村
		湖南省益阳市资阳区蓼东回民村
		湖南省郴州市宜章县莽山瑶族乡黄家塝村
		湖南省郴州市汝城县三江口瑶族镇三江口村
		湖南省永州市江华瑶族自治县大石桥乡井头湾村
		湖南省怀化市会同县高椅乡高椅村
		湖南省怀化市沅陵县二酉苗族乡乌宿村
		湖南省怀化市新晃侗族自治县扶罗镇皂溪村
		湖南省怀化市芷江侗族自治县三道坑镇牛皮寨村
		湖南省怀化市通道侗族自治县播阳镇上湘村
		湖南省怀化市靖州苗族侗族自治县寨牙乡岩脚村
		湖南省怀化市麻阳苗族自治县石羊哨乡石羊哨村
		湖南省怀化市麻阳苗族自治县谭家寨乡楠木桥村
		湖南省娄底市新化县天门乡土坪村
		湖南省湘西土家族苗族自治州吉首市矮寨镇中黄村
		湖南省湘西土家族苗族自治州古丈县红石林镇张家坡村
		湖南省湘西土家族苗族自治州龙山县洗车河镇洗车村
		湖南省湘西土家族苗族自治州永顺县车坪乡咱河村
		湖南省湘西土家族苗族自治州凤凰县山江镇老家寨村
		湖南省湘西土家族苗族自治州泸溪县潭溪镇新寨坪村
		湖南省湘西土家族苗族自治州保靖县普戎镇波溪村
		湖南省湘西土家族苗族自治州花垣县双龙镇十八洞村

续表 8

地　区	数量（个）	少数民族特色村寨名称
广东省	10	广东省广州市增城区正果镇畲族村
		广东省韶关市始兴县深渡水瑶族乡长梅村委会长梅一组
		广东省韶关市乳源瑶族自治县游溪镇中心洞村委会政研瑶族新村
		广东省清远市连南瑶族自治县三江镇金坑村委会红星移民新村
		广东省清远市连南瑶族自治县涡水镇大竹湾村委会小横龙村
		广东省清远市连南瑶族自治县三排镇三排村委会福彩新村
		广东省清远市连山壮族瑶族自治县吉田镇古县坪民族新村
		广东省清远市连山壮族瑶族自治县小三江镇三联村委会东西江村
		广东省清远市连山壮族瑶族自治县永和镇永梅村委会蒙洞村
		广东省潮州市饶平县饶洋镇蓝屋畲族村
广西壮族自治区	38	广西壮族自治区南宁市马山县古零镇乔老村小都百屯
		广西壮族自治区南宁市上林县大丰镇云里村内里庄
		广西壮族自治区南宁市上林县乔贤镇恭睦村内黄旦庄
		广西壮族自治区南宁市上林县巷贤镇古民庄
		广西壮族自治区南宁市上林县镇圩瑶族乡排红村排岜庄
		广西壮族自治区柳州市融安县长安镇安宁村大袍屯
		广西壮族自治区柳州市融水苗族自治县融水镇长赖屯
		广西壮族自治区柳州市融水苗族自治县四荣乡荣塘村
		广西壮族自治区柳州市三江侗族自治县林溪镇冠洞村冠大屯
		广西壮族自治区柳州市三江侗族自治县林溪镇平岩村平寨屯
		广西壮族自治区桂林市雁山区潜经村
		广西壮族自治区桂林市灵川县九屋镇东源村委老寨村
		广西壮族自治区桂林市永福县罗锦镇崇山村
		广西壮族自治区桂林市恭城瑶族自治县西岭镇杨溪村
		广西壮族自治区梧州市蒙山县夏宜瑶族乡夏宜村
		广西壮族自治区防城港市东兴市江平镇巫头村
		广西壮族自治区钦州市钦北区大寺镇那桑村委会那桑村
		广西壮族自治区贵港市覃塘区蒙公乡新岭村新归屯
		广西壮族自治区贵港市覃塘区覃塘镇姚山村群山屯
		广西壮族自治区百色市靖西市安德镇安德街
		广西壮族自治区百色市田阳县那满镇露美村
		广西壮族自治区百色市德保县足荣镇那亮村那雷屯
		广西壮族自治区百色市凌云县伶站乡浩坤屯
		广西壮族自治区百色市凌云县下甲镇彩架村弄福屯

续表 9

地　区	数量（个）	少数民族特色村寨名称
广西壮族自治区	38	广西壮族自治区贺州市富川瑶族自治县朝东镇福溪村
		广西壮族自治区贺州市富川瑶族自治县葛坡镇深坡村
		广西壮族自治区贺州市富川瑶族自治县新华乡虎马岭村
		广西壮族自治区河池市南丹县罗富镇塘丁村塘香屯
		广西壮族自治区河池市天峨县三堡乡三堡村
		广西壮族自治区河池市东兰县三弄瑶族乡弄宁原生态瑶族铜鼓民俗村
		广西壮族自治区河池市罗城仫佬族自治县小长安镇龙腾村大勒洞屯
		广西壮族自治区河池市环江毛南族自治县思恩镇陈双村
		广西壮族自治区来宾市金秀瑶族自治县金秀镇六段村
		广西壮族自治区来宾市金秀瑶族自治县六巷乡古陈村
		广西壮族自治区来宾市金秀瑶族自治县六巷乡门头村
		广西壮族自治区来宾市金秀瑶族自治县桐木镇龙腾村
		广西壮族自治区崇左市江州区驮卢镇莲塘村花梨屯
		广西壮族自治区崇左市大新县恩城乡维新村新胜屯
海南省	11	海南省三亚市吉阳区中廖村
		海南省东方市大田镇报白村
		海南省五指山市南圣镇永忠村
		海南省五指山市毛阳镇初保村
		海南省琼海市会山镇加脑村
		海南省白沙黎族自治县邦溪镇芭蕉村
		海南省昌江黎族自治县七叉镇宝山村
		海南省保亭黎族苗族自治县响水镇番道村
		海南省琼中黎族苗族自治县什运乡便文村
		海南省琼中黎族苗族自治县什运乡番道村
		海南省琼中黎族苗族自治县红毛镇什寒村
重庆市	17	重庆市武隆县浩口苗族仡佬族乡浩口村
		重庆市武隆县后坪苗族土家族乡文凤村
		重庆市云阳县清水土家族乡清水村
		重庆市奉节县云雾土家族乡码头村
		重庆市巫山县邓家土家族乡池塘村
		重庆市石柱土家族自治县金玲乡银杏村
		重庆市秀山土家族苗族自治县里仁镇南庄村
		重庆市秀山土家族苗族自治县梅江镇民族村
		重庆市秀山土家族苗族自治县清溪场镇大寨村

续表 10

地　区	数量（个）	少数民族特色村寨名称
重庆市	17	重庆市秀山土家族苗族自治县溪口镇中和村
		重庆市秀山土家族苗族自治县雅江镇雅江居委会
		重庆市秀山土家族苗族自治县钟灵镇凯堡村
		重庆市武隆县石桥苗族土家族乡八角村
		重庆市酉阳土家族苗族自治县苍岭镇大河口村
		重庆市酉阳土家族苗族自治县楠木乡红庄村
		重庆市彭水苗族土家族自治县梅子垭镇佛山村
		重庆市彭水苗族土家族自治县黄家镇先锋村
四川省	50	四川省绵阳市北川羌族自治县曲山镇石椅村
		四川省绵阳市北川羌族自治县擂鼓镇猫儿石村
		四川省绵阳市北川羌族自治县桂溪乡渭沟村伊纳羌寨
		四川省绵阳市北川羌族自治县马槽乡黑水村
		四川省绵阳市北川羌族自治县青片乡上五村
		四川省攀枝花市东区银江镇阿署达村
		四川省攀枝花市西区格里坪镇庄上村
		四川省攀枝花市仁和区平地镇迤沙拉村
		四川省广元市利州区龙潭乡回民村
		四川省广元市朝天区大滩镇新生村
		四川省广元市青川县青溪镇东方村
		四川省广元市青川县大院回族乡花果村
		四川省广元市青川县篙溪回族乡青光村
		四川省乐山市金口河区共安彝族乡象鼻村
		四川省乐山市金口河区永和镇胜利村
		四川省乐山市金口河区永胜乡顺河村
		四川省乐山市峨边彝族自治县黑竹沟镇底底古村
		四川省乐山市峨边彝族自治县新林镇黄泥村
		四川省乐山市峨边彝族自治县沙坪镇峨星村
		四川省乐山市马边彝族自治县烟峰镇烟峰社区
		四川省乐山市马边彝族自治县民主乡玛瑙村
		四川省雅安市宝兴县硗碛藏族乡夹拉村
		四川省阿坝藏族羌族自治州马尔康市马尔康镇俄尔雅村
		四川省阿坝藏族羌族自治州马尔康市卓克基镇西索村
		四川省阿坝藏族羌族自治州金川县万林乡西里在村
		四川省阿坝藏族羌族自治州小金县日尔乡董马村

续表 11

地　区	数量（个）	少数民族特色村寨名称
四川省	50	四川省阿坝藏族羌族自治州壤塘县吾依乡壤古村
		四川省阿坝藏族羌族自治州汶川县龙溪乡联合村
		四川省阿坝藏族羌族自治州理县甘堡藏寨
		四川省阿坝藏族羌族自治州理县桃坪镇桃坪羌寨
		四川省阿坝藏族羌族自治州茂县松坪沟乡白腊村
		四川省阿坝藏族羌族自治州茂县凤仪镇坪头村
		四川省阿坝藏族羌族自治州松潘县小姓乡埃溪村
		四川省阿坝藏族羌族自治州九寨沟县漳扎镇隆康村
		四川省阿坝藏族羌族自治州九寨沟县大录乡大录村
		四川省阿坝藏族羌族自治州黑水县沙石多乡羊茸村
		四川省阿坝藏族羌族自治州黑水县色尔古镇色尔古村
		四川省甘孜藏族自治州康定市孔玉乡色龙村
		四川省甘孜藏族自治州泸定县得妥乡发旺村
		四川省甘孜藏族自治州丹巴县巴底镇邛山一村
		四川省甘孜藏族自治州丹巴县革什扎乡布科村
		四川省甘孜藏族自治州丹巴县革什扎乡大桑村
		四川省甘孜藏族自治州丹巴县梭坡乡莫洛村
		四川省甘孜藏族自治州九龙县呷尔镇华丘村
		四川省甘孜藏族自治州雅江县西俄洛镇杰珠村
		四川省甘孜藏族自治州道孚县协德乡先锋村
		四川省甘孜藏族自治州巴塘县措拉镇措拉村
		四川省甘孜藏族自治州巴塘县德达乡德达村
		四川省甘孜藏族自治州巴塘县竹巴龙乡基里村
		四川省甘孜藏族自治州稻城县桑堆镇吉乙二村
贵州省	151	贵州省贵阳市花溪区石板镇镇山村
		贵州省贵阳市花溪区董家堰村麦翁寨
		贵州省贵阳市乌当区羊昌镇黄连村
		贵州省贵阳市乌当区新堡布依族乡陇上村
		贵州省贵阳市乌当区新堡布依族乡马头村
		贵州省贵阳市开阳县禾丰乡穿洞村穿洞街上组
		贵州省贵阳市开阳县南江乡苗寨村
		贵州省贵阳市修文县小箐乡岩鹰山村
		贵州省遵义市桐梓县马鬃乡龙台村
		贵州省遵义市道真仡佬族苗族自治县洛龙镇大塘村

续表 12

地　区	数量（个）	少数民族特色村寨名称
贵州省	151	贵州省遵义市湄潭县茅坪镇地关村平顺坝寨
		贵州省遵义市务川仡佬族苗族自治县镇南镇桃符村
		贵州省遵义市务川仡佬族苗族自治县丰乐镇庙坝村
		贵州省遵义市余庆县花山苗族乡花山村飞龙寨
		贵州省六盘水市钟山区月照社区大坝村
		贵州省六盘水市六枝特区落别乡牛角村
		贵州省六盘水市六枝特区梭戛乡高兴村
		贵州省六盘水市水城县猴场乡补那村
		贵州省六盘水市水城县玉舍镇新发村
		贵州省六盘水市水城县玉舍镇海坪村
		贵州省六盘水市盘县羊场乡纳木村关庄新村
		贵州省安顺市西秀区大西桥镇河桥村
		贵州省安顺市西秀区黄蜡乡龙青村
		贵州省安顺市西秀区杨武乡平田村
		贵州省安顺市镇宁布依族苗族自治县双龙山办事处大寨村
		贵州省安顺市平坝区夏云镇小河湾村
		贵州省安顺市平坝区白云镇邢江村
		贵州省安顺市普定县城关镇陇财村
		贵州省安顺市关岭布依族苗族自治县关索街道办事处月亮湾村
		贵州省安顺市紫云苗族布依族自治县格凸河镇坝寨村
		贵州省安顺市开发区管委会宋旗镇平寨村三合苗寨
		贵州省安顺市龙宫管委会龙宫镇龙潭村
		贵州省铜仁市万山区敖寨乡中华山村
		贵州省铜仁市江口县太平镇寨抱村
		贵州省铜仁市江口县桃映镇匀都村羌寨
		贵州省铜仁市江口县太平镇快场村院子沟寨
		贵州省铜仁市玉屏侗族自治县皂角坪街道野鸡坪村
		贵州省铜仁市石阡县龙塘镇神仙庙村
		贵州省铜仁市石阡县中坝镇河西村
		贵州省铜仁市思南县大河坝镇鹅溪村
		贵州省铜仁市印江土家族苗族自治县木黄镇芙蓉村
		贵州省铜仁市印江土家族苗族自治县木黄镇燕子岩村
		贵州省铜仁市印江土家族苗族自治县朗溪镇河西村甘川组
		贵州省铜仁市松桃苗族自治县牛郎镇矮红村

续表 13

地　区	数量（个）	少数民族特色村寨名称
贵州省	151	贵州省毕节市大方县八堡彝族苗族乡新开村
		贵州省毕节市大方县核桃彝族白族乡木寨村
		贵州省毕节市大方县凤山彝族蒙古族乡店子村
		贵州省毕节市威宁彝族回族苗族自治县龙街镇大寨村
		贵州省毕节市威宁彝族回族苗族自治县秀水乡秀中社区
		贵州省毕节市赫章县兴发彝族苗族回族乡中营村
		贵州省毕节市百里杜鹃管理区普底彝族苗族白族乡迎丰村
		贵州省黔东南苗族侗族自治州凯里市开怀街道棉席村棉席寨
		贵州省黔东南苗族侗族自治州凯里市开怀街道养朵村养朵大寨
		贵州省黔东南苗族侗族自治州凯里市三棵树镇朗利村朗利大寨
		贵州省黔东南苗族侗族自治州凯里市三棵树镇南花村南花寨
		贵州省黔东南苗族侗族自治州凯里市湾水镇岩寨村岩寨大寨
		贵州省黔东南苗族侗族自治州凯里市湾水镇洪溪村洪溪寨
		贵州省黔东南苗族侗族自治州凯里市舟溪镇营盘村营盘苗寨
		贵州省黔东南苗族侗族自治州凯里市大风洞乡对江村新寨革寨
		贵州省黔东南苗族侗族自治州凯里市大风洞乡官庄村官庄寨
		贵州省黔东南苗族侗族自治州凯里市碧波镇白秧坪村偿班大寨
		贵州省黔东南苗族侗族自治州镇远县报京乡报京村报京大寨
		贵州省黔东南苗族侗族自治州黄平县谷陇镇山坪村
		贵州省黔东南苗族侗族自治州施秉县城关镇沙坪村
		贵州省黔东南苗族侗族自治州施秉县城关镇云台村
		贵州省黔东南苗族侗族自治州施秉县甘溪乡高碑村
		贵州省黔东南苗族侗族自治州施秉县马号乡黄古村
		贵州省黔东南苗族侗族自治州施秉县双井镇平寨村
		贵州省黔东南苗族侗族自治州施秉县双井镇龙塘村
		贵州省黔东南苗族侗族自治州施秉县双井镇铜鼓村
		贵州省黔东南苗族侗族自治州三穗县台烈镇寨头村
		贵州省黔东南苗族侗族自治州岑巩县注溪镇衙院村
		贵州省黔东南苗族侗族自治州岑巩县羊桥土家族乡杨柳村
		贵州省黔东南苗族侗族自治州天柱县坌处镇抱塘村
		贵州省黔东南苗族侗族自治州锦屏县敦寨镇雷屯村
		贵州省黔东南苗族侗族自治州锦屏县彦洞乡瑶白村
		贵州省黔东南苗族侗族自治州锦屏县河口乡文斗村
		贵州省黔东南苗族侗族自治州锦屏县平略镇平敖村

续表 14

地　区	数量（个）	少数民族特色村寨名称
贵州省	151	贵州省黔东南苗族侗族自治州锦屏县茅坪镇茅坪村
		贵州省黔东南苗族侗族自治州剑河县太拥镇昂英村
		贵州省黔东南苗族侗族自治州剑河县南哨镇反召村
		贵州省黔东南苗族侗族自治州剑河县久仰镇基佑村
		贵州省黔东南苗族侗族自治州台江县台拱街道红阳村
		贵州省黔东南苗族侗族自治州台江县方召镇反排村
		贵州省黔东南苗族侗族自治州台江县老屯乡长滩村
		贵州省黔东南苗族侗族自治州台江县方召镇交汪村
		贵州省黔东南苗族侗族自治州黎平县茅贡镇地扪村
		贵州省黔东南苗族侗族自治州黎平县双江镇黄岗村
		贵州省黔东南苗族侗族自治州黎平县水口镇滚政村
		贵州省黔东南苗族侗族自治州黎平县岩洞镇述洞村
		贵州省黔东南苗族侗族自治州黎平县永从镇中罗村
		贵州省黔东南苗族侗族自治州黎平县肇兴镇堂安村
		贵州省黔东南苗族侗族自治州榕江县栽麻镇大利村
		贵州省黔东南苗族侗族自治州榕江县栽麻镇宰荡村
		贵州省黔东南苗族侗族自治州从江县西山镇秋卡村
		贵州省黔东南苗族侗族自治州从江县丙妹镇岜沙村
		贵州省黔东南苗族侗族自治州从江县翠里乡高文村
		贵州省黔东南苗族侗族自治州从江县高增乡岜扒村
		贵州省黔东南苗族侗族自治州从江县高增乡小黄村
		贵州省黔东南苗族侗族自治州从江县下江镇高坪村
		贵州省黔东南苗族侗族自治州从江县下江镇良文村
		贵州省黔东南苗族侗族自治州从江县加榜乡加车村
		贵州省黔东南苗族侗族自治州从江县加鸠镇加翁村
		贵州省黔东南苗族侗族自治州雷山县达地乡也蒙村
		贵州省黔东南苗族侗族自治州雷山县大塘镇掌坳村
		贵州省黔东南苗族侗族自治州雷山县丹江镇乌东村
		贵州省黔东南苗族侗族自治州雷山县方祥乡格头村
		贵州省黔东南苗族侗族自治州雷山县郎德镇上郎德村
		贵州省黔东南苗族侗族自治州雷山县郎德镇也改村
		贵州省黔东南苗族侗族自治州雷山县望丰乡公统村
		贵州省黔东南苗族侗族自治州雷山县西江镇干荣村
		贵州省黔东南苗族侗族自治州雷山县大塘镇新桥村

续表 15

地　区	数量（个）	少数民族特色村寨名称
贵州省	151	贵州省黔东南苗族侗族自治州雷山县方祥乡陡寨村
		贵州省黔东南苗族侗族自治州雷山县方祥乡平祥村
		贵州省黔东南苗族侗族自治州雷山县望丰乡排肖村
		贵州省黔东南苗族侗族自治州雷山县望丰乡乌响村
		贵州省黔东南苗族侗族自治州雷山县西江镇麻料村
		贵州省黔东南苗族侗族自治州雷山县西江镇猫鼻岭村
		贵州省黔东南苗族侗族自治州雷山县永乐镇乔洛村
		贵州省黔东南苗族侗族自治州雷山县方祥乡毛坪村
		贵州省黔东南苗族侗族自治州麻江县宣威镇龙江村
		贵州省黔东南苗族侗族自治州麻江县宣威镇城中村
		贵州省黔东南苗族侗族自治州麻江县宣威镇卡乌村
		贵州省黔东南苗族侗族自治州麻江县宣威镇翁保村
		贵州省黔东南苗族侗族自治州丹寨县扬武镇扬颂村
		贵州省黔东南苗族侗族自治州丹寨县排调镇麻鸟村
		贵州省黔东南苗族侗族自治州丹寨县雅灰乡送陇村
		贵州省黔东南苗族侗族自治州丹寨县兴仁镇王家村
		贵州省黔东南苗族侗族自治州丹寨县扬武镇排莫村
		贵州省黔东南苗族侗族自治州丹寨县龙泉镇高要村
		贵州省黔东南苗族侗族自治州丹寨县排调镇刘家村
		贵州省黔南布依族苗族自治州都匀市归兰水族乡奉合村榔木寨
		贵州省黔南布依族苗族自治州福泉市仙桥乡大花水村麒麟山苗寨
		贵州省黔南布依族苗族自治州荔波县玉屏街道办事处水甫村水葩古寨
		贵州省黔南布依族苗族自治州荔波县瑶山瑶族乡菇类村董蒙寨
		贵州省黔南布依族苗族自治州三都水族自治县都江镇怎雷村
		贵州省黔南布依族苗族自治州三都水族自治县九阡镇水各村
		贵州省黔南布依族苗族自治州三都水族自治县都江镇来术村
		贵州省黔南布依族苗族自治州三都水族自治县三合街道办事处排烧村
		贵州省黔南布依族苗族自治州三都水族自治县普安镇野记古寨
		贵州省黔南布依族苗族自治州三都水族自治县九阡镇石板寨
		贵州省黔南布依族苗族自治州都匀经济开发区新场村格多苗寨
		贵州省黔西南布依族苗族自治州兴义市南盘江镇南龙古寨
		贵州省黔西南布依族苗族自治州兴仁县巴铃镇绿荫河社区
		贵州省黔西南布依族苗族自治州望谟县桑郎镇桑郎村
		贵州省黔西南布依族苗族自治州望谟县王母街道甘莱村

续表 16

地　区	数量（个）	少数民族特色村寨名称
贵州省	151	贵州省黔西南布依族苗族自治州望谟县蔗香镇蔗香村
		贵州省黔西南册亨县冗渡镇大寨村
		贵州省黔西南册亨县冗渡镇威旁村
		贵州省黔西南布依族苗族自治州安龙县万峰湖镇坝盘村
		贵州省黔西南布依族苗族自治州义龙试验区龙广镇联新村
云南省	113	云南省昆明市五华区西翥街道办事处陡坡社区
		云南省昆明市石林彝族自治县圭山镇糯黑村
		云南省曲靖市宣威市东山镇芙蓉村委会花树脚自然村
		云南省玉溪市红塔区春和街道黄草坝村
		云南省玉溪市江川区九溪镇罗合白村
		云南省玉溪市华宁县华溪镇上拖卓村
		云南省玉溪市易门县龙泉街道中屯社区平滩子村
		云南省玉溪市易门县十街乡摆依村
		云南省玉溪市峨山彝族自治县岔河乡鹏展村
		云南省玉溪市峨山彝族自治县塔甸镇统邑村
		云南省玉溪市峨山彝族自治县塔甸镇大西村
		云南省玉溪市新平彝族傣族自治县漠沙镇曼线村南薅小组
		云南省玉溪市元江哈尼族彝族傣族自治县澧江街道者嘎村
		云南省玉溪市元江哈尼族彝族傣族自治县羊街乡尼果上寨
		云南省玉溪市元江哈尼族彝族傣族自治县因远镇安定村
		云南省昭通市昭阳区小龙洞乡宁边村偏坡苗寨
		云南省昭通市昭阳区旧圃镇小寨子
		云南省昭通市永善县务基镇锦屏村单彝
		云南省昭通市彝良县龙安镇木坪村寨子
		云南省昭通市彝良县奎香乡寸田村后山
		云南省保山市隆阳区潞江镇莫卡村赧浒村
		云南省保山市腾冲市荷花镇民团村坝派
		云南省保山市腾冲市清水乡三家村中寨
		云南省保山市腾冲市猴桥镇猴桥村委会黑泥塘村
		云南省保山市腾冲市芒棒镇大水塘村委会下寨
		云南省保山市施甸县木老元乡哈寨村哈寨
		云南省保山市龙陵县龙新乡黄草坝小米地
		云南省保山市龙陵县勐糯镇大寨村大寨
		云南省普洱市思茅区思茅港镇那澜村委会芒约村

续表 17

地　区	数量（个）	少数民族特色村寨名称
云南省	113	云南省普洱市宁洱哈尼族彝族自治县同心乡那柯里村委会那柯里村
		云南省普洱市江城哈尼族彝族自治县整董镇曼滩村委员会曼滩村
		云南省普洱市江城哈尼族彝族自治县整董镇整董村委会曼乱宰村
		云南省普洱市孟连傣族拉祜族佤族自治县娜允镇娜允村委会娜允四组
		云南省普洱市孟连傣族拉祜族佤族自治县勐马镇芒海村委会芒沙村
		云南省普洱市孟连傣族拉祜族佤族自治县景信乡回俄村委会景信一二组
		云南省普洱市孟连傣族拉祜族佤族自治县芒信乡岔河村委会广伞村
		云南省普洱市孟连傣族拉祜族佤族自治县景信乡朗勒村委会朗岛村
		云南省普洱市孟连傣族拉祜族佤族自治县娜允镇娜允村委会贺雅一组
		云南省普洱市澜沧拉祜族自治县糯福乡阿里村委会老迈村
		云南省普洱市澜沧拉祜族自治县惠民镇景迈村委会笼蚌村
		云南省普洱市澜沧拉祜族自治县竹塘乡东主村委会老缅村
		云南省普洱市西盟佤族自治县勐梭镇秧落村博航十组
		云南省普洱市西盟佤族自治县勐卡镇大马散村委会永俄寨
		云南省普洱市西盟佤族自治县中课乡窝笼村委会六组
		云南省临沧市临翔区博尚镇勐准村腾龙自然村
		云南省临沧市镇康县军赛乡岔路村红岩自然村
		云南省临沧市双江自治县邦丙乡南直村南直自然村
		云南省临沧市沧源自治县单甲乡安也村护俄自然村
		云南省临沧市沧源自治县班洪乡班洪村大寨一组自然村
		云南省德宏傣族景颇族自治州芒市三台山德昂族乡允欠村委会帮弄村
		云南省德宏傣族景颇族自治州芒市遮放镇弄坎村委会贺焕村
		云南省德宏傣族景颇族自治州芒市芒市镇芒核村委会广母村
		云南省德宏傣族景颇族自治州瑞丽市畹町镇芒棒村委会回环村
		云南省德宏傣族景颇族自治州瑞丽市弄岛镇等嘎村委会等噶二组
		云南省德宏傣族景颇族自治州盈江县苏典乡下勐撇村
		云南省德宏傣族景颇族自治州盈江县铜壁关乡三合村松克村民小组
		云南省德宏傣族景颇族自治州陇川县户撒乡户早村委会芒海自然村
		云南省怒江傈僳族自治州泸水县鲁掌镇三河村委会滴水河自然村
		云南省怒江傈僳族自治州泸水县洛本卓乡托拖村委会新村自然村
		云南省怒江傈僳族自治州福贡县鹿马登乡赤恒底村委会娃底自然村
		云南省怒江傈僳族自治州贡山独龙族怒族自治县丙中洛镇甲生村委会甲生自然村
		云南省怒江傈僳族自治州贡山独龙族怒族自治县丙中洛镇甲生村委会重丁自然村
		云南省怒江傈僳族自治州贡山独龙族怒族自治县独龙江乡马库村委会钦兰当自然村

续表 18

地　区	数量（个）	少数民族特色村寨名称
云南省	113	云南省怒江傈僳族自治州贡山独龙族怒族自治县独龙江乡巴坡村委会巴坡自然村
		云南省怒江傈僳族自治州兰坪白族普米族自治县通甸镇八十一村委会八十一自然村
		云南省怒江傈僳族自治州兰坪白族普米族自治县兔峨乡果力村委会果力自然村
		云南省迪庆藏族自治州德钦县云岭乡斯农村明永一、二社
		云南省迪庆藏族自治州维西傈僳族自治县叶枝镇同乐村同乐大村
		云南省大理白族自治州大理市龙下登白族特色村寨
		云南省大理白族自治州大理市双廊白族特色村寨
		云南省大理白族自治州大理市下阳波白族特色村寨
		云南省大理白族自治州祥云县波罗彝族特色村寨
		云南省大理白族自治州宾川县萂村白族特色村寨
		云南省大理白族自治州弥渡县朵祜彝族特色村寨
		云南省大理白族自治州永平县曲硐回族特色村寨
		云南省大理白族自治州永平县龙街彝族特色村寨
		云南省大理白族自治州洱源县西湖南登白族特色村寨
		云南省大理白族自治州洱源县梨园白族特色村寨
		云南省大理白族自治州洱源县郑家庄多民族特色村寨
		云南省大理白族自治州剑川县弥井白族特色村寨
		云南省大理白族自治州剑川县大佛殿彝族特色村寨
		云南省大理白族自治州鹤庆县五星彝族特色村寨
		云南省大理白族自治州漾濞彝族自治县白塔箐白族特色村寨
		云南省大理白族自治州南涧彝族自治县盖瓦洒彝族特色村寨
		云南省大理白族自治州巍山彝族回族自治县下西莲花回族特色村寨
		云南省大理白族自治州巍山彝族回族自治县打竹彝族特色村寨
		云南省大理白族自治州巍山彝族回族自治县琢木郎彝族特色村寨
		云南省楚雄彝族自治州楚雄市紫溪镇紫溪彝村
		云南省楚雄彝族自治州楚雄市苴乡马家村
		云南省楚雄彝族自治州双柏县法脿乡李方村
		云南省楚雄彝族自治州南华县雨露白族乡袁家丫口村
		云南省楚雄彝族自治州姚安县光禄镇朝阳村
		云南省楚雄彝族自治州永仁县宜就镇火把新村（彝人新村）
		云南省红河哈尼族彝族自治州个旧市贾沙乡陡岩村委会阿邦村
		云南省红河哈尼族彝族自治州弥勒市西三镇蚂蚁村委会可邑村
		云南省红河哈尼族彝族自治州弥勒市巡检司镇高甸村委会下高甸村
		云南省红河哈尼族彝族自治州石屏县宝秀镇郑村委会郑营村

续表 19

地　区	数量（个）	少数民族特色村寨名称
云南省	113	云南省红河哈尼族彝族自治州泸西县向阳乡沙马村委会山色村
		云南省红河哈尼族彝族自治州元阳县新街镇哈尼小镇
		云南省红河哈尼族彝族自治州红河县石头寨乡旧施村委会旧施瑶寨
		云南省红河哈尼族彝族自治州金平苗族瑶族傣族自治县马鞍底乡中寨村委会标水岩村
		云南省红河哈尼族彝族自治州河口瑶族自治县桥头乡中寨村委会芭蕉田小组
		云南省文山壮族苗族自治州马关县仁和镇阿峨村委会新寨村
		云南省文山壮族苗族自治州马关县南捞乡小麻栗坡村委会坡角村
		云南省文山壮族苗族自治州马关县金厂镇金厂村委会罗家坪
		云南省文山壮族苗族自治州富宁县剥隘镇甲村村委员会坡芽村
		云南省文山壮族苗族自治州富宁县归朝镇归朝村委会老街三寨村
		云南省西双版纳傣族自治州景洪市嘎洒镇曼占宰曼丢
		云南省西双版纳傣族自治州景洪市勐罕镇曼听曼春满
		云南省西双版纳傣族自治州景洪市勐罕镇曼嘎俭曼峦嘎
		云南省西双版纳傣族自治州景洪市勐罕镇曼听曼乍
		云南省西双版纳傣族自治州景洪市勐龙镇坝卡村委会坝卡
		云南省西双版纳傣族自治州景洪市基诺山巴卡村委会巴卡老寨
西藏自治区	8	西藏自治区拉萨市城关区夺底乡洛欧村
		西藏自治区拉萨市曲水县达嘎乡色康民俗文化村
		西藏自治区昌都市八宿县然乌镇瓦巴村
		西藏自治区日喀则市白朗县嘎东镇马义村
		西藏自治区日喀则市定结县陈塘镇
		西藏自治区林芝市米林县男伊珞巴民族乡才召村
		西藏自治区山南市隆子县斗玉珞巴族民族乡斗玉村
		西藏自治区山南市错那县麻麻门巴民族乡麻麻村
陕西省	6	陕西省宝鸡市凤县凤州镇凤州村
		陕西省安康市汉滨区恒口镇联红村
		陕西省汉中市略阳县接官亭镇何家岩村
		陕西省商洛市镇安县西口回族镇青树村
		陕西省商洛市镇安县茅坪回族镇元坪村
		陕西省商洛市镇安县西口回族镇石景村
甘肃省	12	甘肃省酒泉市肃州区黄泥堡裕固族乡黄泥堡村
		甘肃省酒泉市肃北蒙古族自治县石包城乡石板墩村
		甘肃省酒泉市阿克塞哈萨克族自治县红柳湾镇红柳湾村
		甘肃省张掖市肃南裕固族自治县大河乡松木滩村

续表 20

地　区	数量（个）	少数民族特色村寨名称
甘肃省	12	甘肃省武威市天祝藏族自治县天堂镇天堂村
		甘肃省陇南市文县铁楼藏族乡草河坝村
		甘肃省陇南市文县铁楼藏族乡石门沟村
		甘肃省临夏回族自治州临夏县榆林乡窑湾村
		甘肃省临夏回族自治州积石山保安东乡族撒拉族自治县大河家镇大墩村
		甘肃省甘南藏族自治州夏河县曲奥乡香告村
		甘肃省甘南藏族自治州迭部县多儿乡洋布村
		甘肃省甘南藏族自治州卓尼县尼巴乡尼巴村
青海省	11	青海省海东市民和回族土族自治县官亭镇喇家村
		青海省海东市互助土族自治县东沟乡塘拉村
		青海省海东市互助土族自治县红崖子沟乡张家村
		青海省海东市化隆回族自治县塔加乡塔一村
		青海省海东市化隆回族自治县塔加乡塔二村
		青海省海东市循化撒拉族自治县街子镇三兰巴海村
		青海省海东市循化撒拉族自治县清水乡塔沙坡村
		青海省海东市循化撒拉族自治县清水乡下庄村
		青海省海西蒙古族藏族自治州都兰县香日德镇中庄村
		青海省海西蒙古族藏族自治州都兰县察苏镇下西台村
		青海省海西蒙古族藏族自治州都兰县巴隆乡巴隆托托社区
宁夏回族自治区	8	宁夏回族自治区银川市贺兰县南梁台子铁东村中心区
		宁夏回族自治区石嘴山市平罗县红崖子乡红瑞村
		宁夏回族自治区吴忠市利通区郭家桥乡刘家湾村
		宁夏回族自治区吴忠市青铜峡市青铜峡镇同兴村
		宁夏回族自治区吴忠市同心县丁塘镇团结村
		宁夏回族自治区吴忠市盐池县冯记沟乡老庄子村
		宁夏回族自治区固原市西吉县硝河乡硝河村
		宁夏回族自治区中卫市沙坡头区永康镇永新村
新疆维吾尔自治区	14	新疆维吾尔自治区阿克苏地区新和县依其艾日克乡加依村
		新疆维吾尔自治区喀什地区泽普县布依鲁克塔吉克民族乡布依鲁克村
		新疆维吾尔自治区巴音郭楞蒙古自治州和静县巴音布鲁克镇巴西力克村
		新疆维吾尔自治区克孜勒苏柯尔克孜自治州阿合奇县阿合奇镇科克乔库尔民俗文化村
		新疆维吾尔自治区伊犁哈萨克自治州伊宁市达达木图乡布拉克村
		新疆维吾尔自治区伊犁哈萨克自治州尼勒克县种蜂场艾米尔布拉克队
		新疆维吾尔自治区伊犁哈萨克自治州尼勒克县克令乡克孜勒土木斯克村

续表 21

地　区	数量（个）	少数民族特色村寨名称
新疆维吾尔自治区	14	新疆维吾尔自治区伊犁哈萨克自治州霍城县惠远镇央布拉克村
		新疆维吾尔自治区伊犁哈萨克自治州昭苏县萨尔阔布乡萨尔阔布村
		新疆维吾尔自治区伊犁哈萨克自治州特克斯县特克斯镇博斯坦村
		新疆维吾尔自治区伊犁哈萨克自治州特克斯县喀拉达拉乡琼库什台村
		新疆维吾尔自治区伊犁哈萨克自治州特克斯县特克斯镇霍斯库勒村
		新疆维吾尔自治区伊犁哈萨克自治州特克斯县乔拉克铁热克镇克孜阔拉村
		新疆维吾尔自治区阿勒泰地区布尔津县冲乎尔镇布拉乃村
新疆生产建设兵团	8	新疆生产建设兵团第四师 73 团 8 连
		新疆生产建设兵团第五师 89 团 9 连少数民族特色村寨
		新疆生产建设兵团第六师军户农场 5 连
		新疆生产建设兵团第八师石河子市 143 团紫泥泉镇石门村
		新疆生产建设兵团第九师 165 团 4 连（巴依木扎）
		新疆生产建设兵团第十二师 104 团畜牧连
		新疆生产建设兵团第十三师黄田农场庙尔沟村
		新疆生产建设兵团第十三师红星四场塔水河（现牧场连）

■第三批中国少数民族特色村寨

地　区	数量（个）	少数民族特色村寨名称
北京市	2	北京市怀柔区汤河口镇小梁前村
		北京市密云区古北口镇河西村
天津市	1	天津市北辰区天穆镇天穆村
河北省	20	河北省唐山市遵化市东陵满族乡裕大村
		河北省唐山市遵化市东陵满族乡裕小村
		河北省秦皇岛市卢龙县蛤泊乡青龙河村
		河北省秦皇岛市青龙满族自治县肖营子镇高丽铺村
		河北省邯郸市大名县黄金堤乡马时庄村
		河北省保定市定州市明月店镇三十里铺村
		河北省张家口市尚义县大盘营乡五台蒙古营村
		河北省张家口市怀来县新保安镇前进街村
		河北省承德市平泉市柳溪镇薛杖子社区
		河北省承德市承德县两家满族乡两家村
		河北省承德市滦平县巴克什营镇古城川村
		河北省承德市隆化县茅荆坝乡茅荆坝村
		河北省承德市丰宁满族自治县五道营乡九道沟村
		河北省承德市宽城满族自治县大石柱子乡大闫杖子村
		河北省承德市宽城满族自治县化皮镇任杖子村

续表 1

地　区	数量（个）	少数民族特色村寨名称
河北省	20	河北省承德市围场满族蒙古族自治县四道沟乡庙宫村
		河北省承德市围场满族蒙古族自治县御道口镇御道口村
		河北省沧州市青县盘古乡曹辛庄村
		河北省廊坊市香河县五百户镇香椿营村
		河北省廊坊市大厂回族自治县大厂镇小厂村
山西省	1	山西省临汾市翼城县唐兴镇北关村
内蒙古自治区	45	内蒙古自治区包头市东河区沙尔沁镇阿都赖村
		内蒙古自治区包头市石拐区吉忽伦图苏木爬榆树嘎查
		内蒙古自治区包头市九原区阿嘎如泰苏木阿贵沟嘎查
		内蒙古自治区赤峰市巴林右旗索博日嘎镇索博日嘎嘎查
		内蒙古自治区赤峰市巴林右旗幸福之路苏木关乃英格嘎查
		内蒙古自治区赤峰市巴林右旗幸福之路苏木床金嘎查
		内蒙古自治区赤峰市巴林右旗查干沐沦苏木沙巴尔台嘎查
		内蒙古自治区赤峰市翁牛特旗紫城街道德日苏嘎查
		内蒙古自治区赤峰市喀喇沁旗十家满族乡十家村
		内蒙古自治区通辽市奈曼旗白音他拉苏木伊和乌苏嘎查庙屯小组
		内蒙古自治区鄂尔多斯市东胜区罕台镇九成宫村
		内蒙古自治区鄂尔多斯市鄂托克前旗昂素镇巴彦乌素嘎查
		内蒙古自治区鄂尔多斯市鄂托克旗阿尔巴斯苏木呼和陶勒盖嘎查
		内蒙古自治区鄂尔多斯市鄂托克旗苏米图苏木马什亥嘎查
		内蒙古自治区鄂尔多斯市鄂托克旗棋盘井镇乌仁都西嘎查
		内蒙古自治区鄂尔多斯市杭锦旗塔然高勒巴音巴拉格嘎查
		内蒙古自治区鄂尔多斯市杭锦旗独贵塔拉镇道图嘎查
		内蒙古自治区鄂尔多斯市乌审旗乌兰陶勒盖镇巴音希利嘎查
		内蒙古自治区呼伦贝尔市满洲里市敖尔金街道办事处敖尔金新村
		内蒙古自治区呼伦贝尔市新巴尔虎左旗甘珠尔苏木甘珠尔嘎查
		内蒙古自治区呼伦贝尔市鄂伦春自治旗古里乡猎民村
		内蒙古自治区呼伦贝尔市鄂伦春自治旗托扎敏乡希日特奇猎民村
		内蒙古自治区呼伦贝尔市鄂温克族自治旗辉苏木辉道嘎查
		内蒙古自治区呼伦贝尔市鄂温克族自治旗锡尼河西苏木巴彦胡硕嘎查
		内蒙古自治区乌兰察布市商都县十八顷镇小庙子嘎查
		内蒙古自治区乌兰察布市察哈尔右翼后旗白音察干镇那仁格嘎查
		内蒙古自治区兴安盟乌兰浩特市义勒力特镇义勒力特嘎查
		内蒙古自治区兴安盟乌兰浩特市葛根庙镇哈达那拉嘎查

续表 2

地　区	数量（个）	少数民族特色村寨名称
内蒙古自治区	45	内蒙古自治区兴安盟科尔沁右翼前旗桃合木苏木乌申一合嘎查
		内蒙古自治区兴安盟科尔沁右翼前旗阿力得尔苏木海力森嘎查
		内蒙古自治区兴安盟科尔沁右翼中旗杜尔基镇鲜光嘎查
		内蒙古自治区兴安盟科尔沁右翼中旗额木庭高勒苏木巴彦敖包嘎查
		内蒙古自治区兴安盟扎赉特旗巴彦乌兰苏木巴彦塔拉嘎查
		内蒙古自治区兴安盟扎赉特旗音德尔镇阿拉坦花嘎查
		内蒙古自治区兴安盟扎赉特旗好力保镇五道河子村
		内蒙古自治区锡林郭勒盟阿巴嘎旗吉尔郎图苏木海尔罕嘎查
		内蒙古自治区锡林郭勒盟阿巴嘎旗巴彦图嘎苏木脑木罕嘎查
		内蒙古自治区锡林郭勒盟苏尼特左旗洪格尔苏木新阿米都日勒嘎查
		内蒙古自治区锡林郭勒盟苏尼特右旗脑干塔拉嘎查
		内蒙古自治区锡林郭勒盟正镶白旗宝力根陶海苏木陶林宝拉格嘎查
		内蒙古自治区锡林郭勒盟正镶白旗伊和淖日苏木阿日善嘎查
		内蒙古自治区锡林郭勒盟正镶白旗伊和淖日苏木察罕乌拉嘎查
		内蒙古自治区阿拉善盟阿拉善右旗阿拉腾朝格苏木那仁布拉格嘎查
		内蒙古自治区阿拉善盟阿拉善右旗雅布赖镇努日盖嘎查
		内蒙古自治区阿拉善盟额济纳旗巴彦陶来苏木吉日嘎郎图嘎查
辽宁省	7	辽宁省沈阳市于洪区马三街道边台村
		辽宁省沈阳市新民市公主屯镇辽滨塔村
		辽宁省沈阳市康平县郝官屯镇小塔子村
		辽宁省抚顺市新宾满族自治县永陵镇嘉禾村
		辽宁省抚顺市清原满族自治县大苏河乡三十道河村沙河子组
		辽宁省本溪市南芬区思山岭街道办事处甬子峪村
		辽宁省本溪市桓仁满族自治县五里甸子镇老黑山村
吉林省	19	吉林省吉林市昌邑区土城子满族朝鲜族乡曾通村
		吉林省通化市辉南县样子哨镇样子哨村
		吉林省白山市临江市六道沟镇三道阳岔村
		吉林省松原市前郭尔罗斯蒙古族自治县查干花镇乌兰花村
		吉林省松原市前郭尔罗斯蒙古族自治县查干花镇白音花村
		吉林省松原市前郭尔罗斯蒙古族自治县查干湖镇妙音寺村
		吉林省松原市前郭尔罗斯蒙古族自治县吉拉吐乡七家子村
		吉林省松原市前郭尔罗斯蒙古族自治县长山镇四克基村
		吉林省延边朝鲜族自治州延吉市朝阳川镇太兴村
		吉林省延边朝鲜族自治州延吉市小营镇五凤村

续表 3

地　区	数量（个）	少数民族特色村寨名称
吉林省	19	吉林省延边朝鲜族自治州图们市月晴镇马牌村
		吉林省延边朝鲜族自治州图们市石岘镇河北村
		吉林省延边朝鲜族自治州敦化市官地镇江南村
		吉林省延边朝鲜族自治州珲春市敬信镇圈河村
		吉林省延边朝鲜族自治州龙井市智新镇明东村
		吉林省延边朝鲜族自治州和龙市西城镇龙浦村
		吉林省延边朝鲜族自治州汪清县百草沟镇凤林村
		吉林省延边朝鲜族自治州安图县石门镇镜城村
		吉林省延边朝鲜族自治州安图县松江镇松花村
黑龙江省	8	黑龙江省哈尔滨市宾县居仁镇三合村
		黑龙江省齐齐哈尔市讷河市兴旺鄂温克族乡索伦村
		黑龙江省齐齐哈尔市富裕县塔哈镇吉斯堡村
		黑龙江省齐齐哈尔市富裕县友谊达满柯族乡五家子村
		黑龙江省佳木斯市抚远市乌苏镇抓吉赫哲族村
		黑龙江省佳木斯市桦川县星火朝鲜族乡星火村
		黑龙江省牡丹江市宁安市渤海镇瀑布村
		黑龙江省牡丹江市东宁市三岔口朝鲜族镇三岔口村
江苏省	4	江苏省南京市六合区竹镇镇竹墩社区
		江苏省淮安市淮阴区马头镇张庄镇村
		江苏省淮安市涟水县黄营镇朱桥村
		江苏省镇江市丹徒区世业镇卫星村
浙江省	19	浙江省杭州市桐庐县莪山畲族乡龙峰民族村
		浙江省温州市平阳县青街畲族乡九岱村
		浙江省温州市平阳县水头镇新联村
		浙江省温州市苍南县岱岭畲族乡富源村
		浙江省温州市文成县西坑畲族镇让川民族村
		浙江省温州市泰顺县彭溪镇玉塔畲族村
		浙江省温州市泰顺县司前畲族镇里光村
		浙江省金华市兰溪市水亭畲族乡西方坞村
		浙江省衢州市衢江区举村乡西坑村
		浙江省衢州市开化县池淮镇潭头村
		浙江省衢州市龙游县詹家镇浦山村
		浙江省丽水市莲都区丽新畲族乡咸宜村
		浙江省丽水市遂昌县妙高街道东峰村

续表 4

地　区	数量（个）	少数民族特色村寨名称
浙江省	19	浙江省丽水市遂昌县三仁畲族乡好川村
		浙江省丽水市松阳县板桥畲族乡板桥村
		浙江省丽水市云和县凤凰山街道新岭村
		浙江省丽水市云和县安溪畲族乡黄处村
		浙江省丽水市云和县雾溪畲族乡坪垟岗村
		浙江省丽水市景宁畲族自治县大均乡伏叶村
安徽省	1	安徽省亳州市谯城区牛集镇蒋楼民族村
福建省	26	福建省福州市罗源县松山镇八井村
		福建省福州市罗源县西兰乡许洋村
		福建省莆田市涵江区白塘镇双福村
		福建省三明市永安市青水畲族乡汀海畲族村
		福建省三明市明溪县枫溪乡官坊回族村
		福建省三明市宁化县治平畲族乡治平畲族村
		福建省三明市宁化县治平畲族乡湖背角畲族村
		福建省泉州市泉港区山腰街道钟厝村
		福建省泉州市石狮市蚶江镇石渔村
		福建省泉州市安溪县湖上乡盛富村
		福建省南平市建瓯市房道镇吴大元村
		福建省南平市顺昌县仁寿镇江墩村
		福建省南平市光泽县寨里镇浆源村
		福建省南平市松溪县花桥乡招沙甲村
		福建省龙岩市漳平市桂林街道山羊村
		福建省宁德市蕉城区金涵畲族乡亭坪村
		福建省宁德市蕉城区七都镇北山村
		福建省宁德市蕉城区霍童镇东岭村
		福建省宁德市福安市坂中畲族乡仙岩村
		福建省宁德市福安市溪尾镇坎下村
		福建省宁德市福安市溪潭镇兰田村
		福建省宁德市福安市穆云畲族乡南山村
		福建省宁德市福安市甘棠镇过洋村
		福建省宁德市霞浦县崇儒畲族乡霞坪村
		福建省宁德市霞浦县沙江镇大墓里村
		福建省宁德市周宁县咸村镇云门村

续表 5

地　区	数量（个）	少数民族特色村寨名称
江西省	3	江西省九江市武宁县东林乡山头畲族村高畲雷家自然村
		江西省鹰潭市贵溪市樟坪畲族乡樟坪畲族村樟坪组
		江西省抚州市乐安县金竹畲族乡流舍畲族村吓通村小组
山东省	7	山东省济南市天桥区桑梓店街道小寨村
		山东省泰安市泰山区省庄镇岳庄村
		山东省泰安市肥城市边院镇凤凰村
		山东省临沂市郯城县马头镇民主社区
		山东省德州市临邑县临邑镇老马家村
		山东省滨州市无棣县车王镇五营中村
		山东省菏泽市定陶区天中街道办事处南城社区
河南省	2	河南省平顶山市郏县姚庄回族乡小张庄村
		河南省许昌市襄城县颖桥镇北街村
湖北省	15	湖北省宜昌市长阳土家族自治县龙舟坪镇郑家榜村
		湖北省宜昌市五峰土家族自治县湾潭镇茶园村
		湖北省荆州市松滋市卸甲坪乡覃睦庄社区
		湖北省荆州市松滋市卸甲坪乡曲尺河村
		湖北省恩施土家族苗族州恩施市白杨坪镇洞下槽村
		湖北省恩施土家族苗族州利川市忠路镇老屋基村
		湖北省恩施土家族苗族州利川市柏杨坝镇栏堰村
		湖北省恩施土家族苗族州建始县茅田乡太和街村
		湖北省恩施土家族苗族州宣恩县长潭河乡兴隆村
		湖北省恩施土家族苗族州宣恩县长潭河乡两溪河村
		湖北省恩施土家族苗族州宣恩县晓关乡野椒园村
		湖北省恩施土家族苗族州咸丰县清坪镇龙潭司村
		湖北省恩施土家族苗族州咸丰县忠堡镇马倌屯村
		湖北省恩施土家族苗族州来凤县大河镇五道水村
		湖北省恩施土家族苗族州鹤峰县容美镇屏山村
湖南省	29	湖南省邵阳市隆回县虎形山瑶族乡大托村
		湖南省邵阳市绥宁县乐安铺苗族侗族乡大团村
		湖南省邵阳市城步苗族自治县长安营镇长坪村
		湖南省张家界市永定区四都坪乡牧笛溪村
		湖南省郴州市汝城县文明瑶族乡沙洲村
		湖南省永州市江永县兰溪瑶族乡勾蓝瑶寨
		湖南省永州市江华瑶族自治县湘江乡桐冲口村

续表 6

地　区	数量（个）	少数民族特色村寨名称
湖南省	29	湖南省怀化市洪江市龙船塘瑶族乡翁朗溪村
		湖南省怀化市芷江侗族自治县碧涌镇哨田村
		湖南省湘西土家族苗族自治州吉首市矮寨镇坪年村
		湖南省湘西土家族苗族自治州吉首市矮寨镇补点村
		湖南省湘西土家族苗族自治州吉首市马颈坳镇隘口村
		湖南省湘西土家族苗族自治州吉首市矮寨镇联团村
		湖南省湘西土家族苗族自治州吉首市矮寨镇排兄村
		湖南省湘西土家族苗族自治州吉首市矮寨镇阳孟村
		湖南省湘西土家族苗族自治州泸溪县浦市镇岩头山村
		湖南省湘西土家族苗族自治州泸溪县达岚镇岩门村
		湖南省湘西土家族苗族自治州泸溪县洗溪镇欧溪村
		湖南省湘西土家族苗族自治州凤凰县麻冲乡老洞村
		湖南省湘西土家族苗族自治州凤凰县麻冲乡竹山村
		湖南省湘西土家族苗族自治州凤凰县麻冲乡扭仁村
		湖南省湘西土家族苗族自治州花垣县双龙芷耳村
		湖南省湘西土家族苗族自治州古丈县坪坝镇曹家村
		湖南省湘西土家族苗族自治州古丈县默戎镇中寨村
		湖南省湘西土家族苗族自治州古丈县高峰镇石门寨村
		湖南省湘西土家族苗族自治州永顺县小溪镇小溪村
		湖南省湘西土家族苗族自治州永顺县泽家镇西那司村
		湖南省湘西土家族苗族自治州永顺县灵溪镇那必村
		湖南省湘西土家族苗族自治州永顺县灵溪镇洞坎村
广东省	2	广东省清远市连山壮族瑶族自治县禾洞镇禾联村委会政岐村
		广东省清远市连南瑶族自治县三江镇金坑村委会金坑自然村
广西壮族自治区	40	广西壮族自治区南宁市青秀区南阳镇施厚村古岳坡
		广西壮族自治区南宁市邕宁区新江镇新江社区那蒙坡
		广西壮族自治区南宁市武鸣区双桥镇八桥村大伍屯
		广西壮族自治区南宁市隆安县那桐镇定江村定典屯
		广西壮族自治区南宁市马山县古零镇羊山村三甲屯
		广西壮族自治区南宁市马山县古寨瑶族乡本立村古朗屯
		广西壮族自治区南宁市马山县古寨瑶族乡本立村古奔屯
		广西壮族自治区南宁市上林县巷贤镇高贤社区高磨庄
		广西壮族自治区南宁市横县校椅镇青桐村委藅僧村
		广西壮族自治区柳州市柳江区三都镇三都村边山屯

续表 7

地　区	数量（个）	少数民族特色村寨名称
广西壮族自治区	40	广西壮族自治区柳州市鹿寨县拉沟乡大坪村古报屯
		广西壮族自治区柳州市鹿寨县拉沟乡木龙村五家屯
		广西壮族自治区柳州市鹿寨县平山镇青山村堡底屯
		广西壮族自治区柳州市融水苗族自治县安陲乡乌吉村乌吉屯
		广西壮族自治区柳州市融水苗族自治县安太乡小桑村
		广西壮族自治区柳州市融水苗族自治县安太乡培秀村
		广西壮族自治区柳州市融水苗族自治县红水乡良双村
		广西壮族自治区柳州市融水苗族自治县杆洞乡高培村
		广西壮族自治区柳州市融水苗族自治县良寨乡大里村
		广西壮族自治区桂林市资源县两水苗族乡塘洞村李洞寨
		广西壮族自治区桂林市龙胜各族自治县平等镇昌背侗寨
		广西壮族自治区桂林市龙胜各族自治县平等镇蒙洞村
		广西壮族自治区桂林市龙胜各族自治县乐江乡西腰村
		广西壮族自治区桂林市龙胜各族自治县马堤乡芙蓉村
		广西壮族自治区桂林市龙胜各族自治县伟江乡洋湾村
		广西壮族自治区桂林市恭城瑶族自治县观音乡狮塘村委蕉山村
		广西壮族自治区贵港市港北区港城街道龙井村
		广西壮族自治区贵港市覃塘区覃塘街道龙凤村平田屯
		广西壮族自治区百色市德保县城关镇那温村那温屯
		广西壮族自治区百色市凌云县泗城镇金保村
		广西壮族自治区百色市田林县定安镇定安村
		广西壮族自治区河池市南丹县里湖瑶族乡千户瑶寨
		广西壮族自治区来宾市象州县罗秀镇礼教村委纳禄屯
		广西壮族自治区来宾市象州县妙皇乡盘古村委古朴屯
		广西壮族自治区来宾市金秀瑶族自治县六巷乡六巷屯
		广西壮族自治区崇左市扶绥县岜盆乡弄洞村姑辽屯
		广西壮族自治区崇左市宁明县城中镇耀达村濑江屯
		广西壮族自治区崇左市龙州县上金乡卷逢村白雪屯
		广西壮族自治区崇左市龙州县上金乡中山村旧街屯
		广西壮族自治区崇左市大新县桃城镇万礼村依沙屯
海南省	9	海南省万宁市南桥镇桥南外村
		海南省东方市大田镇马龙村
		海南省澄迈县仁兴镇新兴苗村
		海南省白沙黎族自治县七坊镇高石老村

续表 8

地　区	数量（个）	少数民族特色村寨名称
海南省	9	海南省昌江黎族自治县叉河镇排岸村
		海南省乐东黎族自治县万冲镇抱班村
		海南省陵水黎族自治县文罗镇坡村
		海南省陵水黎族自治县隆广镇常皮村
		海南省琼中黎族苗族自治县什运乡光一二村
重庆市	4	重庆市石柱土家族自治县西沱镇云梯街
		重庆市秀山土家族苗族自治县中平乡地岑村
		重庆市秀山土家族苗族自治县孝溪乡中心村
		重庆市彭水苗族土家族自治县朗溪乡田湾村何家盖
四川省	69	四川省攀枝花市米易县麻陇彝族乡中心村
		四川省攀枝花市米易县新山傈僳族乡新山村
		四川省绵阳市平武县白马藏族乡伊瓦岱惹村
		四川省绵阳市平武县白马藏族乡亚者造祖村
		四川省绵阳市平武县白马藏族乡厄哩村
		四川省绵阳市平武县豆叩镇银岭村
		四川省绵阳市平武县平通镇牛飞村
		四川省绵阳市平武县虎牙藏族乡上游村
		四川省绵阳市北川羌族自治县片口乡保尔村
		四川省绵阳市北川羌族自治县桃龙藏族乡大鹏村
		四川省绵阳市北川羌族自治县青片乡高峰村
		四川省广元市青川县前进乡古城村
		四川省广元市青川县蒿溪回族乡地坪村
		四川省乐山市金口河区和平彝族乡迎春村
		四川省乐山市金口河区共安彝族乡林丰村
		四川省宜宾市珙县上罗镇团胜村
		四川省宜宾市珙县观斗苗族乡白仁村
		四川省宜宾市珙县玉和苗族乡凤凰社区
		四川省宜宾市筠连县镇舟镇马家村
		四川省阿坝藏族羌族自治州马尔康市沙尔宗镇从恩村
		四川省阿坝藏族羌族自治州汶川县漩口镇群益村
		四川省阿坝藏族羌族自治州理县米亚罗镇八角碉村
		四川省阿坝藏族羌族自治州茂县三龙乡纳呼村
		四川省阿坝藏族羌族自治州茂县太平镇牛尾村
		四川省阿坝藏族羌族自治州茂县叠溪镇较场村

续表 9

地　区	数量（个）	少数民族特色村寨名称
四川省	69	四川省阿坝藏族羌族自治州茂县富顺镇槽木村
		四川省阿坝藏族羌族自治州茂县富顺镇团结村
		四川省阿坝藏族羌族自治州茂县白溪乡余家沟村
		四川省阿坝藏族羌族自治州茂县黑虎乡耕读百吉村
		四川省阿坝藏族羌族自治州茂县黑虎乡小河坝村
		四川省阿坝藏族羌族自治州九寨沟县马家乡苗州村
		四川省阿坝藏族羌族自治州九寨沟县草地乡下草地村
		四川省阿坝藏族羌族自治州小金县木坡乡登春村
		四川省阿坝藏族羌族自治州黑水县沙石多乡杨柳秋村
		四川省阿坝藏族羌族自治州黑水县沙石多乡昌德村
		四川省阿坝藏族羌族自治州黑水县沙石多乡羊茸村
		四川省阿坝藏族羌族自治州黑水县沙石多乡甲足村
		四川省阿坝藏族羌族自治州黑水县芦花镇铁别村
		四川省阿坝藏族羌族自治州阿坝县各莫乡俄休村
		四川省阿坝藏族羌族自治州阿坝县哇尔玛乡铁穷村
		四川省阿坝藏族羌族自治州若尔盖县冻列乡然多村
		四川省阿坝藏族羌族自治州红原县壤口乡壤口村
		四川省甘孜藏族自治州丹巴县中路乡基卡依村
		四川省甘孜藏族自治州丹巴县中路乡克格依村
		四川省甘孜藏族自治州丹巴县巴旺乡小巴旺村
		四川省甘孜藏族自治州丹巴县革什扎镇三道桥村
		四川省甘孜藏族自治州丹巴县聂呷乡拖瓦村
		四川省甘孜藏族自治州石渠县洛须镇龙溪卡村
		四川省甘孜藏族自治州白玉县赠科乡下比沙村
		四川省甘孜藏族自治州乡城县然乌乡克麦村
		四川省甘孜藏族自治州乡城县热打乡热打村
		四川省甘孜藏族自治州乡城县青德镇仲德村
		四川省凉山彝族自治州西昌市大箐乡白庙村
		四川省凉山彝族自治州西昌市裕隆回族乡兴富村
		四川省凉山彝族自治州德昌县黑龙潭镇大湾村
		四川省凉山彝族自治州德昌县铁炉乡菠萝村
		四川省凉山彝族自治州德昌县金沙傈僳族乡观音堂村
		四川省凉山彝族自治州会理县小黑箐镇白沙村
		四川省凉山彝族自治州会理县小黑箐镇岔河村

续表 10

地　区	数量（个）	少数民族特色村寨名称
四川省	69	四川省凉山彝族自治州会理县小黑箐镇茨竹村
		四川省凉山彝族自治州会理县绿水镇松坪村
		四川省凉山彝族自治州会东县野租乡柏栎箐村
		四川省凉山彝族自治州越西县南箐镇河坎村
		四川省凉山彝族自治州越西县保安藏族乡梨花村
		四川省凉山彝族自治州越西县大瑞镇林沟村
		四川省凉山彝族自治州越西县大花乡斯觉村
		四川省凉山彝族自治州越西县乐青地乡瓦曲村
		四川省凉山彝族自治州木里藏族自治县东朗乡亚英村
		四川省凉山彝族自治州木里藏族自治县水洛乡两保村
贵州省	99	贵州省贵阳市清镇市王庄布依族苗族乡小坡村
		贵州省贵阳市修文县六屯镇大木村
		贵州省六盘水市钟山区大湾镇海嘎村
		贵州省六盘水市水城县花戛乡天门村
		贵州省六盘水市水城县龙场乡娱乐村
		贵州省六盘水市盘州市淤泥彝族乡岩博村
		贵州省六盘水市六枝特区牂牁镇西陵村
		贵州省遵义市赤水市元厚镇石梅村五星苗寨
		贵州省遵义市凤冈县新建镇新建社区长碛古寨
		贵州省遵义市道真仡佬族苗族自治县河口镇梅江村
		贵州省遵义市务川仡佬族苗族自治县黄都镇丝棉社区沈家坝寨
		贵州省安顺市平坝区羊昌乡龙海村
		贵州省安顺市镇宁布依族苗族自治县丁旗街道幸福村
		贵州省安顺市关岭布依族苗族自治县普利乡马马崖村
		贵州省安顺市紫云苗族布依族自治县猫营镇沙坎村
		贵州省安顺市紫云苗族布依族自治县坝羊镇红院村
		贵州省安顺市紫云苗族布依族自治县火花镇九岭村
		贵州省安顺市经济技术开发区幺铺镇羊场村
		贵州省毕节市金沙县化觉镇前顺村
		贵州省毕节市织金县官寨乡屯上村
		贵州省毕节市纳雍县化作乡枪杆岩村
		贵州省毕节市赫章县可乐彝族苗族乡农场社区顺山苗寨
		贵州省毕节市赫章县兴发苗族彝族回族乡中寨村
		贵州省毕节市赫章县雉街彝族苗族乡发达村

续表 11

地　区	数量（个）	少数民族特色村寨名称
贵州省	99	贵州省毕节市百里杜鹃管理区黄泥乡槽门村
		贵州省毕节市百里杜鹃管理区戛木管理区大堰村
		贵州省铜仁市碧江区云场坪镇路腊村
		贵州省铜仁市万山区高楼坪侗族乡夜郎村
		贵州省铜仁市万山区万山镇土坪社区
		贵州省铜仁市江口县德旺乡坝梅村
		贵州省铜仁市江口县官和乡泗渡村
		贵州省铜仁市石阡县聚凤乡廖家屯村
		贵州省铜仁市思南县长坝镇龙门村
		贵州省铜仁市玉屏侗族自治县新店镇老寨村
		贵州省铜仁市玉屏侗族自治县朱家场镇谢桥村
		贵州省铜仁市印江土家族苗族自治县缠溪镇方家岭村
		贵州省铜仁市沿河土家族自治县后坪乡下坝村葫芦湾
		贵州省铜仁市松桃苗族自治县牛郎镇岑朵村
		贵州省黔西南布依族苗族自治州兴仁市城北街道办丰岩村
		贵州省黔西南布依族苗族自治州兴仁市大山镇野场村
		贵州省黔西南布依族苗族自治州贞丰县白层镇坝桥村
		贵州省黔西南布依族苗族自治州贞丰县珉谷街道坡旗村
		贵州省黔西南布依族苗族自治州贞丰县平街乡花江村
		贵州省黔西南布依族苗族自治州贞丰县永丰街道纳马村
		贵州省黔西南布依族苗族自治州贞丰县者相镇董箐村
		贵州省黔西南布依族苗族自治州望谟县新屯街道办新屯村
		贵州省黔西南布依族苗族自治州望谟县油迈瑶族乡油迈村
		贵州省黔西南布依族苗族自治州册亨县秧坝镇福尧村
		贵州省黔西南布依族苗族自治州安龙县笃山镇梨树村
		贵州省黔东南苗族侗族自治州凯里市舟溪镇曼洞村青曼苗寨
		贵州省黔东南苗族侗族自治州凯里市旁海镇屯寨村屯寨苗寨
		贵州省黔东南苗族侗族自治州黄平县谷陇镇滚水村滚水寨
		贵州省黔东南苗族侗族自治州黄平县重安镇下翁细村下翁细寨
		贵州省黔东南苗族侗族自治州三穗县款场乡龙脚村
		贵州省黔东南苗族侗族自治州三穗县良上镇雅中村
		贵州省黔东南苗族侗族自治州镇远县尚寨土家族乡丰收村苗屯大寨
		贵州省黔东南苗族侗族自治州岑巩县注溪镇周坪村
		贵州省黔东南苗族侗族自治州天柱县竹林镇龙塘村

续表 12

地　区	数量（个）	少数民族特色村寨名称
贵州省	99	贵州省黔东南苗族侗族自治州天柱县渡马镇共和村甘溪侗寨
		贵州省黔东南苗族侗族自治州天柱县石洞镇下腾村
		贵州省黔东南苗族侗族自治州锦屏县隆里乡华寨村
		贵州省黔东南苗族侗族自治州锦屏县偶里乡寨欧村
		贵州省黔东南苗族侗族自治州锦屏县平秋镇平秋村
		贵州省黔东南苗族侗族自治州锦屏县彦洞乡黄门村
		贵州省黔东南苗族侗族自治州剑河县磻溪镇小广村
		贵州省黔东南苗族侗族自治州台江县方召镇方召村
		贵州省黔东南苗族侗族自治州台江县南宫镇交密村
		贵州省黔东南苗族侗族自治州台江县排羊乡九摆村
		贵州省黔东南苗族侗族自治州黎平县洪州镇救寨村
		贵州省黔东南苗族侗族自治州榕江县寨蒿镇晚寨村
		贵州省黔东南苗族侗族自治州榕江县平江镇滚仲村
		贵州省黔东南苗族侗族自治州从江县秀塘壮族乡上敖村
		贵州省黔东南苗族侗族自治州雷山县望丰乡青山村
		贵州省黔东南苗族侗族自治州麻江县龙山镇河坝村
		贵州省黔东南苗族侗族自治州麻江县宣威镇瓮袍村
		贵州省黔东南苗族侗族自治州丹寨县南皋乡清江村
		贵州省黔东南苗族侗族自治州丹寨县龙泉镇高寨村
		贵州省黔东南苗族侗族自治州丹寨县排调镇羊先村
		贵州省黔东南苗族侗族自治州丹寨县兴仁镇乌佐村
		贵州省黔东南苗族侗族自治州丹寨县扬武镇老冬村
		贵州省黔东南苗族侗族自治州丹寨县兴仁镇甲劳村
		贵州省黔南布依族苗族自治州都匀市毛尖镇坪阳村总阳寨
		贵州省黔南布依族苗族自治州福泉市凤山镇金凤村
		贵州省黔南布依族苗族自治州福泉市陆坪镇新桥营村柏秧坪么佬寨
		贵州省黔南布依族苗族自治州荔波县玉屏街道水浦村
		贵州省黔南布依族苗族自治州荔波县佳荣镇大土苗寨
		贵州省黔南布依族苗族自治州荔波县小七孔镇觉巩村巴竹寨
		贵州省黔南布依族苗族自治州平塘县平舟镇京舟村
		贵州省黔南布依族苗族自治州罗甸县沫阳镇麻怀村
		贵州省黔南布依族苗族自治州罗甸县红水河镇红河村
		贵州省黔南布依族苗族自治州长顺县白云山镇中院村
		贵州省黔南布依族苗族自治州龙里县湾滩河镇走马村孔雀寨

续表 13

地　区	数量（个）	少数民族特色村寨名称
贵州省	99	贵州省黔南布依族苗族自治州龙里县醒狮镇大岩村大寨
		贵州省黔南布依族苗族自治州惠水县雅水镇西牛村
		贵州省黔南布依族苗族自治州惠水县摆金镇高寨村
		贵州省黔南布依族苗族自治州三都水族自治县三合街道拉揽村高寨
		贵州省黔南布依族苗族自治州三都水族自治县都江镇月亮村
		贵州省黔南布依族苗族自治州三都水族自治县普安镇高硐村
		贵州省黔南布依族苗族自治州三都水族自治县普安镇望结村
云南省	93	云南省昆明市寻甸回族彝族自治县金所街道草海子社区额秧村
		云南省昆明市寻甸回族彝族自治县塘子街道钟灵社区小海新村
		云南省曲靖市罗平县鲁布革布依族苗族乡舍坡村委会中寨村
		云南省玉溪市峨山彝族自治县甸中镇小甸中村委会栖木堺村
		云南省玉溪市新平彝族傣族自治县彝族自治县平掌乡库独木村委会大寨村
		云南省玉溪市新平彝族傣族自治县彝族自治县桂山街道亚尼社区勒达村
		云南省玉溪市新平彝族傣族自治县彝族自治县新化乡新化村委会小黑达村
		云南省玉溪市新平彝族傣族自治县彝族自治县戛洒镇耀南村委会马家寨村
		云南省玉溪市元江哈尼族彝族傣族自治县洼垤乡它才吉村委会坡垤村
		云南省保山市施甸县摆榔彝族布朗族乡大中村委会大中村
		云南省保山市施甸县甸阳镇沙坝脚社区西山村
		云南省保山市龙陵县平达乡安乐村委会空竹洼村
		云南省昭通市镇雄县以古镇岩洞脚村委会下寨村
		云南省昭通市镇雄县林口彝族苗族乡木黑村委会湾子村
		云南省昭通市水富市两碗镇三角村委会坪头村
		云南省丽江市古城区大研街道义尚社区文林村
		云南省丽江市玉龙纳西族自治县宝山乡宝山村委会石头城村
		云南省丽江市玉龙纳西族自治县黎明傈僳族乡黎明村委会中村
		云南省丽江市玉龙纳西族自治县拉市镇南尧村委会四组
		云南省普洱市思茅区思茅港镇大车树村委会忙播村
		云南省普洱市思茅区云仙彝族乡桃子树村委会芒牛村
		云南省普洱市墨江哈尼族自治县哈尼族自治县联珠镇者铁村委会勐簸村
		云南省普洱市澜沧拉祜族自治县糯福乡南段村委会龙竹棚老寨村
		云南省普洱市澜沧拉祜族自治县惠民镇芒景村委会翁哇村
		云南省临沧市凤庆县诗礼乡古墨村委会平村
		云南省临沧市凤庆县小湾镇锦秀村委会茶王村
		云南省临沧市镇康县凤尾镇芦子园村委会小落水村

续表 14

地　区	数量（个）	少数民族特色村寨名称
云南省	93	云南省临沧市镇康县军赛佤族拉祜族傈僳族德昂族乡南榨村委会酒房坡村
		云南省临沧市双江拉祜族佤族布朗族傣族自治县勐库镇公弄村委会大寨村
		云南省临沧市双江拉祜族佤族布朗族傣族自治县勐勐镇忙乐村委会忙乐四组
		云南省临沧市双江拉祜族佤族布朗族傣族自治县沙河乡允俸村委会景亢村
		云南省临沧市耿马傣族佤族自治县孟定镇下坝村委会芒汀组
		云南省临沧市耿马傣族佤族自治县孟定镇景信村委会四方井组
		云南省临沧市耿马傣族佤族自治县孟定镇河西村委会那永组
		云南省临沧市耿马傣族佤族自治县孟定镇遮哈村委会弄棒组
		云南省临沧市耿马傣族佤族自治县勐撒镇箐门口村委会芒见组
		云南省临沧市沧源佤族自治县班老乡帕浪村委会芒黑村
		云南省楚雄彝族自治州楚雄市东瓜镇桃园社区白花山村
		云南省楚雄彝族自治州双柏县大麦地镇普龙社区进巴珠村
		云南省楚雄彝族自治州双柏县大麦地镇普龙社区埂井村
		云南省楚雄彝族自治州双柏县大麦地镇峨足村委会各莫村
		云南省楚雄彝族自治州牟定县凤屯镇河节村委会大平地村
		云南省楚雄彝族自治州南华县五顶山乡牛丛村委会渔坝塘村
		云南省楚雄彝族自治州南华县兔街镇兔街村委会兔街老村
		云南省楚雄彝族自治州大姚县赵家店镇赵家店社区紫丘村
		云南省楚雄彝族自治州大姚县桂花镇马茨村委会马茨村
		云南省楚雄彝族自治州永仁县永兴傣族乡拉姑村委会下拉姑村
		云南省楚雄彝族自治州元谋县元马镇星火社区环州驿村
		云南省楚雄彝族自治州武定县狮山镇旧城社区马豆沟村
		云南省楚雄彝族自治州武定县发窝乡发窝村委会左中梁子村
		云南省红河哈尼族彝族自治州泸西县午街铺镇水塘村委会小河边村
		云南省红河哈尼族彝族自治州元阳县新街镇爱春村委会阿者科村
		云南省红河哈尼族彝族自治州红河县迤萨镇勐龙村委会勐龙村
		云南省红河哈尼族彝族自治州红河县乐育镇然仁村委会格伍村
		云南省红河哈尼族彝族自治州屏边苗族自治县湾塘乡牛碑村委会人字桥村
		云南省红河哈尼族彝族自治州屏边苗族自治县玉屏镇姑租碑村委会刺竹林村
		云南省文山壮族苗族自治州文山市马塘镇塘子寨村
		云南省文山壮族苗族自治州西畴县西洒镇汤谷村
		云南省文山壮族苗族自治州西畴县兴街镇老黑箐村
		云南省文山壮族苗族自治州马关县坡脚镇小马固新寨村
		云南省文山壮族苗族自治州马关县马白镇马洒村委会马洒村

续表 15

地　区	数量（个）	少数民族特色村寨名称
云南省	93	云南省文山壮族苗族自治州丘北县双龙营镇普者黑村委会仙人洞村
		云南省文山壮族苗族自治州广南县者兔乡马碧村
		云南省西双版纳傣族自治州景洪市勐龙镇曼别村委会曼迷村
		云南省西双版纳傣族自治州景洪市勐罕镇曼景村委会曼景村
		云南省西双版纳傣族自治州景洪市嘎洒镇曼景罕村委会曼景罕村
		云南省西双版纳傣族自治州勐海县打洛镇打洛村委会勐景来村
		云南省西双版纳傣族自治州勐海县勐满镇城子村委会城子村
		云南省西双版纳傣族自治州勐海县勐海镇曼袄村委会曼板村
		云南省西双版纳傣族自治州勐腊县勐捧镇勐哈村委会曼掌村
		云南省大理白族自治州大理市湾桥镇古生村
		云南省大理白族自治州宾川县金牛镇彩凤村委会尼萨村
		云南省大理白族自治州弥渡县牛街彝族乡荣华村委会大核桃箐村
		云南省大理白族自治州弥渡县寅街镇瓦哲村委会瓦哲村
		云南省大理白族自治州云龙县宝丰乡宝丰村
		云南省大理白族自治州云龙县漕涧镇仁山村委会丹梯村
		云南省大理白族自治州洱源县茈碧湖镇碧云村
		云南省大理白族自治州鹤庆县西邑镇奇峰村委会奇峰村
		云南省大理白族自治州鹤庆县西邑镇响水河村委会响水河村
		云南省大理白族自治州鹤庆县草海镇新华村委会南邑村
		云南省大理白族自治州漾濞彝族自治县苍山西镇光明村委会鸡茨坪村
		云南省大理白族自治州南涧彝族自治县乐秋乡乐秋村委会下大湾村
		云南省德宏傣族景颇族自治州芒市三台山德昂族乡出东瓜村委会出东瓜一组
		云南省德宏傣族景颇族自治州芒市风平镇遮晏村委会上井坎村
		云南省德宏傣族景颇族自治州芒市五岔路乡弯丹村委会弯丹村
		云南省德宏傣族景颇族自治州芒市芒海镇吕尹村委会户那村
		云南省德宏傣族景颇族自治州盈江县勐弄乡勐弄村委会龙门寨
		云南省怒江傈僳族自治州贡山独龙族怒族自治县丙中洛镇秋那桶村委会雾里村
		云南省怒江傈僳族自治州贡山独龙族怒族自治县丙中洛镇双拉村委会双拉 1−2 组
		云南省怒江傈僳族自治州兰坪白族普米族自治县河西乡大羊村委会大古梅村
		云南省迪庆藏族自治州香格里拉市尼西乡幸福村委会上桥头村
		云南省迪庆藏族自治州香格里拉市洛吉乡尼汝村委会尼中村
		云南省迪庆藏族自治州维西傈僳族自治县攀天阁乡皆菊村委会迪妈村
西藏自治区	11	西藏自治区拉萨市堆龙德庆区乃琼镇波玛村
		西藏自治区拉萨市曲水县才纳乡四季吉祥村

续表 16

地　区	数量（个）	少数民族特色村寨名称
西藏自治区	11	西藏自治区昌都市江达县岗托镇岗托村
		西藏自治区林芝市巴宜区更章门巴民族乡门仲村
		西藏自治区林芝市米林县羌纳乡西嘎村
		西藏自治区林芝市墨脱县德兴乡德兴村
		西藏自治区阿里地区普兰县普兰镇科迦村
		西藏自治区阿里地区普兰县普兰镇吉让居委会
		西藏自治区阿里地区普兰县普兰镇赤德村
		西藏自治区阿里地区普兰县普兰镇仁贡村
		西藏自治区阿里地区札达县达巴乡达巴村
甘肃省	10	甘肃省武威市天祝藏族自治县天堂镇本康村
		甘肃省张掖市肃南裕固族自治县大河乡西柳沟村
		甘肃省张掖市肃南裕固族自治县皇城镇东顶村
		甘肃省酒泉市肃北蒙古族自治县马鬃山镇巴音布勒格村
		甘肃省临夏回族自治州积石山保安族东乡族撒拉族自治县大河家镇甘河滩村
		甘肃省甘南藏族自治州卓尼县木耳镇博峪村
		甘肃省甘南藏族自治州舟曲县峰迭镇水泉村
		甘肃省甘南藏族自治州迭部县益哇镇扎尕那村
		甘肃省甘南藏族自治州夏河县阿木去乎镇安果行政村安果自然村
		甘肃省甘南藏族自治州夏河县达麦乡达麦行政村当应道自然村
青海省	22	青海省海东市互助土族自治县威远镇小庄村
		青海省海东市互助土族自治县五十镇班彦村
		青海省海东市互助土族自治县丹麻镇索卜滩村
		青海省海东市互助土族自治县丹麻镇哇麻村
		青海省海东市化隆回族自治县金源乡支哈加村
		青海省海东市化隆回族自治县甘都镇阿河滩村
		青海省海东市循化撒拉族自治县街子镇团结村
		青海省黄南藏族自治州同仁县扎毛乡扎毛村
		青海省黄南藏族自治州同仁县曲库乎乡瓜什则村
		青海省黄南藏族自治州尖扎县昂拉乡德吉村
		青海省果洛藏族自治州玛沁县拉加镇洋玉新村
		青海省果洛藏族自治州班玛县灯塔乡班前村
		青海省果洛藏族自治州班玛县江日堂乡多日麻村
		青海省果洛藏族自治州班玛县亚尔堂乡王柔村
		青海省果洛藏族自治州久治县索乎日麻乡索乎日麻村

续表 17

地　区	数量（个）	少数民族特色村寨名称
青海省	22	青海省玉树藏族自治州玉树市安冲乡拉则村
		青海省玉树藏族自治州称多县拉布乡拉司通村
		青海省玉树藏族自治州称多县拉布乡郭吾村
		青海省玉树藏族自治州囊谦县白扎乡巴麦村
		青海省海西蒙古族藏族自治州德令哈市蓄集乡陶尔根家园
		青海省海西蒙古族藏族自治州格尔木市唐古拉山镇长江源村
		青海省海西蒙古族藏族自治州茫崖市花土沟镇代尔森村
新疆维吾尔自治区	25	新疆维吾尔自治区克拉玛依市克拉玛依区小拐乡小拐村
		新疆维吾尔自治区吐鲁番市托克逊县夏乡南湖村
		新疆维吾尔自治区吐鲁番市托克逊县伊拉湖镇郭若村
		新疆维吾尔自治区阿克苏地区库车县伊西哈拉镇库木艾日克社区
		新疆维吾尔自治区昌吉回族自治州奇台县大泉塔塔尔族乡大泉湖村
		新疆维吾尔自治区博尔塔拉蒙古自治州博乐市小营盘镇明格陶勒哈村
		新疆维吾尔自治区博尔塔拉蒙古自治州温泉县扎勒木特乡博格达尔村
		新疆维吾尔自治区巴音郭楞蒙古自治州若羌县铁干里克镇果勒吾斯塘村
		新疆维吾尔自治区巴音郭楞蒙古自治州和静县巩乃斯镇阿尔先郭勒村
		新疆维吾尔自治区巴音郭楞蒙古自治州焉耆回族自治县七个星镇霍拉山村
		新疆维吾尔自治区伊犁哈萨克自治州伊宁市喀尔墩乡东梁村
		新疆维吾尔自治区伊犁哈萨克自治州伊宁市解放路街道六星街社区
		新疆维吾尔自治区伊犁哈萨克自治州伊宁县萨木于孜镇撒拉村
		新疆维吾尔自治区伊犁哈萨克自治州伊宁县阿热吾斯塘镇古库热提曼村
		新疆维吾尔自治区伊犁哈萨克自治州霍城县萨尔布拉克镇萨尔布拉克镇齐巴拉嘎西村
		新疆维吾尔自治区伊犁哈萨克自治州霍城县兰干乡其宁巴克村
		新疆维吾尔自治区伊犁哈萨克自治州霍城县三宫回族乡下三宫村
		新疆维吾尔自治区伊犁哈萨克自治州尼勒克县克令乡阔依塔斯村
		新疆维吾尔自治区伊犁哈萨克自治州察布查尔锡伯自治县纳达齐牛录乡纳达齐牛录村
		新疆维吾尔自治区伊犁哈萨克自治州察布查尔锡伯自治县琼博拉镇琼博拉村
		新疆维吾尔自治区阿勒泰地区布尔津县窝依莫克镇也拉曼村
		新疆维吾尔自治区阿勒泰地区布尔津县窝依莫克镇哈太村
		新疆维吾尔自治区阿勒泰地区布尔津县冲乎尔镇镇哈热阿布拉克村
		新疆维吾尔自治区阿勒泰地区布尔津县也格孜托别乡克孜勒托盖村
		新疆维吾尔自治区阿勒泰地区布尔津县也格孜托别乡克孜勒加尔村
新疆生产建设兵团	2	新疆生产建设兵团第四师可克达拉市六十四团十四连
		新疆生产建设兵团第四师可克达拉市七十八团三连

中国少数民族文学、中国少数民族传统体育运动会资料

■历届全国少数民族文学“骏马奖”获奖作品

	第一届	第二届	第三届	第四届	第五届	第六届	第七届	第八届	第九届	第十届	第十一届	第十二届
长篇小说	7	4	6	6	8	7	7	5	5	5	5	5
中、短篇小说集(中、短篇小说)	29	51	14	28	14	15	17	6	5	5	5	5
诗歌集(诗集、长诗、短诗)	59	33	10	25	13	14	10	5	7	5	5	5
散文、报告文学集(散文、报告文学)	17	12	5	11	10	12	12	10	8	10	9	10
评论集(评论)		6	1	4	4	4	4	5	5			
儿童文学集(儿童文学)	8		3	3	1	4	2					
电影文学	4											
剧　本	5											
翻译奖(人)		8	4	6	3	6	4	1	4	4	3	5
新人新作			18	16	10							
特别奖			22			1						
荣誉奖	11	13										
人口较少民族特别奖									5			
合　计	140	127	83	99	63	63	56	32	39	29	27	30

■历届全国少数民族传统体育运动会

项目	第一届	第二届	第三届	第四届
时间	1953 年 11 月 8 日—12 日	1982 年 9 月 2 日—8 日	1986 年 8 月 10 日—17 日	1991 年 11 月 10 日—17 日
地点	天津市	呼和浩特市	乌鲁木齐市	南宁市
参加单位	华北、东北、西北、中南、西南、东南等 6 大行政区和内蒙古、解放军、铁路系统共 9 个单位	29 个省、自治区、直辖市代表团	29 个省、自治区、直辖市代表团	30 个省、自治区、直辖市代表团
参加人数	395 名运动员	863 名运动员、教练员；2 个观摩团，400 多人；300 多名中外记者	1097 名运动员、教练员；29 个观摩团，872 人；中外记者 580 人；港澳同胞及外国朋友 45 人	1740 名运动员。29 个观摩团，有教练员、裁判员、工作人员、少数民族体育先进地区和单位代表、新闻工作者共 4500 人
比赛项目	举重、拳击、石锁、摔跤、击剑和步射(弓箭射准)	射箭邀请赛、中国式摔跤比赛	摔跤、射箭、赛马、叼羊、射弩、抢花炮、秋千	龙舟、抢花炮、秋千、射弩、珍珠球、木球、摔跤、赛马和武术
表演项目	武术(分棒术和器械，共 383 项)、民间体育(分石提、爬杆等 22 项)、骑术(各种马上技巧表演 9 项)	傣族的孔雀拳、蒙古族的赛骆驼、赛马等 68 项	表演项目 115 项	表演项目 120 项

项目	第五届	第六届	
时间	1995 年 11 月 5 日—12 日	1999 年 9 月 24 日—30 日	1999 年 8 月 18 日—23 日
地点	昆明市	北京市(主赛场)	拉萨市(分赛场)
参加单位	31 个省、自治区、直辖市代表团，新疆生产建设兵团、解放军代表团、台湾少数民族代表团	31 个省、自治区、直辖市代表团，新疆生产建设兵团、解放军代表团、台湾少数民族代表团	31 个省、自治区、直辖市代表团、新疆生产建设兵团、解放军代表团
参加人数	2342 名运动员。30 个省、自治区、直辖市组织了观摩团。运动员、教练员、工作人员、观摩人员、少数民族体育模范代表，中外记者及来宾共 7000 人参加了运动会。	2626 名运动员。各省、自治区、直辖市组织了观摩团、运动员、教练员、工作人员、观摩人员、少数民族体育模范代表及记者共计 6000 人。	764 名运动员。各省、自治区、直辖市组织了 33 个代表团和 40 个观摩团。运动员、教练员、工作人员、观摩人员及记者共计 2386 人。
比赛项目	抢花炮、珍珠球、木球、民族式摔跤(博克、且里西、格、北嘎、绊跤)、秋千、武术、射弩、龙舟、马上项目(速度赛马、走马、跑马、射击、跑马射箭、跑马拣哈达、叼羊)、打陀螺、毽球等共 11 项	抢花炮、珍珠球、毽球、蹴球、木球、秋千、武术、龙舟、民族式摔跤(博克、格、且里西、北嘎、绊跤)、马上项目(速度赛马、走马、跑马、射击、跑马射箭、跑马拾哈达)等 10 个项目	马上项目、射弩、打陀螺、押加等 4 个项目
表演项目	表演项目 129 项	表演项目 11 项	表演项目 39 项

项目	第七届	第八届	第九届	第十届	第十一届
时间	2003 年 9 月 6 日—13 日	2007 年 11 月 10 日—18 日	2011 年 9 月 10 日—2011 年 9 月 18 日	2015 年 8 月 9 日—17 日	2019 年 9 月 8 日—16 日
地点	银川市（主赛场）石嘴山市（分赛场）	广州市	贵阳市	鄂尔多斯市	郑州市
参加单位	31 个省、自治区、直辖市代表团，新疆生产建设兵团、解放军代表团、台湾少数民族代表团	31 个省、自治区、直辖市代表团，新疆生产建设兵团、解放军代表团、台湾少数民族代表团	31 个省、自治区、直辖市代表团，新疆生产建设兵团、中国人民解放军、台湾少数民族代表团	全国各省、自治区、直辖市及中国人民解放军、新疆生产建设兵团	全国 31 个省（自治区、直辖市）、新疆生产建设兵团、解放军以及台湾共 34 个代表团
参加人数	3735 名运动员。30 个省、自治区、直辖市组织了观摩团。运动员、教练员、工作人员、观摩人员、少数民族体育模范代表，中外记者及来宾共 9039 人参加了运动会	6381 名运动员。30 个省、自治区、直辖市组织了观摩团。运动员、教练员、工作人员、观摩人员、少数民族体育模范代表，中外记者及来宾共 1.5 万人参加了运动会	6771 名运动员。31 个省、自治区、直辖市组织了观摩团。运动员、教练员、工作人员、观摩人员、少数民族体育模范代表，中外记者及来宾近万人参加了运动会	运动员、教练员、裁判员及工作人员共 9000 人	参赛运动员 7009 名
比赛项目	抢花炮、珍珠球、木球、民族式摔跤(博克、且里西、格、北嘎、绊跤)、秋千、武术、射弩、龙舟、马术(速度赛马、走马、跑马射箭、跑马射击、跑马拾哈达)、打陀螺、毽球、蹴球、高脚竞速、押加等共 14 项	抢花炮、珍珠球、木球、民族式摔跤(博克、且里西、格、北嘎、绊跤、朝鲜族式摔跤)、秋千、武术、射弩、龙舟、马术(速度赛马、走马、跑马射箭、跑马射击、跑马拾哈达)、打陀螺、毽球、蹴球、高脚竞速、板鞋竞速、押加等共 15 项	花炮、珍珠球、木球、蹴球、毽球、龙舟、独竹漂、秋千、射弩、陀螺、押加、高脚竞速、板鞋竞速、武术、民族式摔跤（博克、且里西、格、北嘎、绊跤、希日木)、马术（速度赛马、走马、跑马射击、跑马射箭、跑马拾哈达）等 16 个大项	花炮、珍珠球、木球、蹴球、毽球、龙舟、独竹漂、秋千、射弩、陀螺、押加、高脚竞速、板鞋竞速、少数民族武术、民族式摔跤、马术、 民族健身操等 17 项	大会设有花炮、珍珠球、木球、蹴球、毽球、龙舟、独竹漂、秋千、射弩、陀螺、押加、高脚竞速、板鞋竞速、民族武术、民族式摔跤、民族马术、民族健身操等 17 个竞赛项目和表演项目
表演项目	表演项目 125 项	表演项目 148 项	3 个大类，共 188 项	表演项目 140 项	10 个表演项目共 102 个小项